Kurt Amonn/Dominik Gasser

Grundriss des Schuldbetreibungs- und Konkursrechts

SfiL

Stämpflis juristische Lehrbücher

Dr. iur. Kurt Amonn
Professor an der Universität Bern

Dominik Gasser
Fürsprecher

Grundriss des Schuldbetreibungs- und Konkursrechts

Sechste, auf Grund des am 1. Januar 1997 in Kraft
getretenen revidierten Gesetzes weitgehend überarbeitete
und auf den neuesten Stand der Rechtsprechung
gebrachte Auflage

Stämpfli Verlag AG Bern · 1997

Die Deutsche Bibliothek - CIP-Einheitsaufnahme
Amonn, Kurt:
Grundriss des Schuldbetreibungs- und Konkursrechts / Kurt
Amonn ; Dominik Gasser. - 6., auf Grund des am 1. Januar
1997 in Kraft getretenen revidierten Gesetzes weitgehend
überarb. und auf den neuesten Stand der Rechtsprechung
gebrachte Aufl. - Bern : Stämpfli, 1997
    (Stämpflis juristische Lehrbücher)
    ISBN 3-7272-0900-3
    NE: Gasser, Dominik:

© Stämpfli Verlag AG Bern · 1997
Gesamtherstellung:
Stämpfli+Cie AG, Graphisches Unternehmen, Bern
Printed in Switzerland
ISBN 3-7272-0900-3

Vorwort zur ersten Auflage

Schuldbetreibungs-, Konkurs- und Nachlassvertragsrecht – im wesentlichen nüchtern und spröde, wie Verfahrensrecht allgemein – dem angehenden Juristen beliebt zu machen, fällt nicht leicht; denn erst seine Anwendung in der Praxis lässt erkennen, welche Rolle ihm bei der Verwirklichung materiellen Rechtes zukommt, und vermag brennendes Interesse zu wecken.

Dieser Überlegung, nicht allein dem schon wiederholt an mich herangetragenen studentischen Wunsch, ist der Versuch entsprungen, eine leicht fassbare Einführung in die vielschichtige Materie und zugleich eine überblickbare Orientierungshilfe zu schaffen: den folgenden Grundriss, der, wie die Vorlesung, aus der er hervorgegangen ist, auf der bewährten Systematik des Gesetzes sowie den praktischen Erkenntnissen der im Gebiete des Schuldbetreibungsrechtes besonders bedeutsamen Rechtsprechung des Bundesgerichts beruht. Mehr Lern- als Lehrbuch möchte er darum sein.

Soweit kantonales Recht massgebend ist, wird die Regelung im Kanton Bern als Beispiel angeführt.

Frau Anita Baggenstos-Brignoni danke ich für ihr Bemühen um ein lesbares Manuskript und für die Beigabe eines Gesetzesregisters.

Bern, im Oktober 1980   K. A.

Vorwort zur sechsten Auflage

Nachdem schon in den beiden vorangegangenen Auflagen eine ganze Reihe legislatorischer Neuerungen, die auch das Schuldbetreibungsrecht berühren, zu berücksichtigen waren, ist nun die am 1. Januar 1997 in Kraft getretene Teilrevision des SchKG selber zum Hauptanliegen dieser Neuauflage geworden. Die Notwendigkeit, das neue Recht in das Buch einzubauen, bot zugleich Gelegenheit zu einer umfassenden Überarbeitung: namentlich zu Präzisierungen, zu vermehrter Illustration anhand von Beispielen wie auch zu noch stärkerer Berücksichtigung des internationalen Vollstreckungsrechts aus schweizerischer Sicht. Dabei musste allerdings eine gewisse Erweiterung des Umfanges in Kauf genommen werden. Die Verfasser haben sich jedoch bemüht, das bisherige Konzept des «Grundrisses» zu bewahren.

Die Rechtsprechung des Bundesgerichts konnte berücksichtigt werden, soweit sie bis Ende 1996 veröffentlicht war (BGE *122* III S. 256).

Bern, im Januar 1997   Die Verfasser

Abkürzungen

AFG	BG über die Anlagefonds vom 18. 3. 1994 (SR 951.31), in Kraft seit dem 1. 1. 1995
AHV	BG über die Alters- und Hinterlassenenversicherung vom 20. 12. 1946 (SR 831.10)
BankG	BG über die Banken und Sparkassen vom 8. 11. 1934 (SR 952.0)
BewG	BG über den Erwerb von Grundstücken durch Personen im Ausland vom 16. 12. 1983 (SR 211.412.41)
BGBB	BG über das bäuerliche Bodenrecht vom 4. 10. 1991 (SR 211.412.11), in Kraft seit dem 1. 1. 1994
BlSchK	Blätter für Schuldbetreibung und Konkurs
BSG	Bernische Systematische Gesetzessammlung
BV	Bundesverfassung der Schweizerischen Eidgenossenschaft vom 29. 5. 1874 (SR 101)
BVG	BG über die berufliche Alters-, Hinterlassenen- und Invalidenvorsorge vom 25. 6. 1982 (SR 831.40)
BZP	BG über den Zivilprozess vom 4. 12. 1947 (SR 273)
EG/SchKG	Einführungsgesetz des Kantons Bern zum SchKG vom 16. 3. 1995/19. 3. 1996 (BSG 281.1)
EigVV	VO betreffend die Eintragung der Eigentumsvorbehalte vom 19. 12. 1910/ 29. 10. 1962 (SR 211.413.1);
EJPD	Eidgenössisches Justiz- und Polizeidepartement
EO	BG über die Erwerbsersatzordnung für Wehr- und Zivilschutzpflichtige vom 25. 9. 1952 (SR 834.1)
GebV	Gebührenverordnung zum SchKG vom 23. 9. 1996 (SR 281.35)
HRegV	Handelsregisterverordnung vom 7. 6. 1937 (SR 221.411)
IPRG	Bundesgesetz über das internationale Privatrecht vom 18. 12. 1987 (SR 291)
IVG	BG über die Invalidenversicherung vom 19. 6. 1959 (SR 831.20)
KOV	VO des Bundesgerichts über die Geschäftsführung der Konkursämter vom 13. 7. 1911/5. 6. 1996 (SR 281.32)
LugÜ	Lugano-Übereinkommen über die gerichtliche Zuständigkeit und die Vollstreckung gerichtlicher Entscheidungen in Zivil- und Handelssachen vom 16. 9. 1988 (SR 0.275.11), für die Schweiz in Kraft seit 1. 1. 1992
MVG	BG 19. 6. 1992 über die Militärversicherung (SR 833.1)
OG	BG über die Organisation der Bundesrechtspflege vom 16. 12. 1943/4. 10. 1991 (SR 173.110)
OR	BG über das Schweizerische Obligationenrecht vom 30. 3. 1911/18. 1. 1936 (SR 220)
PVG	Postverkehrsgesetz vom 2. 10. 1924 (SR 783.0)
SchKG	BG über Schuldbetreibung und Konkurs vom 11. 4. 1889/ 16. 12. 1994 (SR 281.1)
SHAB	Schweizerisches Handelsamtsblatt
SR	Systematische Sammlung des Bundesrechts
StGB	Schweizerisches Strafgesetzbuch vom 21. 12. 1937 (SR 311.0)

URG	BG über das Urheberrecht und verwandte Schutzrechte vom 9. 10. 1992 (SR 231.1)
UVG	BG vom 20. 3. 1981 über die Unfallversicherung (SR 832.20)
VABK	VO des Bundesgerichts über die Aufbewahrung der Betreibungs- und Konkursakten vom 14. 3. 1938/5. 6. 1996 (SR 281.33)
VFRR	VO des Bundesgerichts über die im Betreibungs- und Konkursverfahren zu verwendenden Formulare und Register sowie die Rechnungsführung vom 18. 12. 1991/5. 6. 1996 (SR 281.31)
VGeK	VO des Bundesgerichts über den Genossenschaftskonkurs vom 20. 12. 1937/ 5. 6. 1996 (SR 281.52)
VNB	VO des Bundesgerichts betreffend das Nachlassverfahren von Banken und Sparkassen vom 11. 4. 1935/5. 6. 1996 (SR 952.831)
VPAV	VO des Bundesgerichts betreffend Pfändung, Arrestierung und Verwertung von Versicherungsansprüchen nach dem Bundesgesetz vom 2. 4. 1908 vom 10. 5. 1910/5. 6. 1996 (SR 952.831).
VVAG	VO des Bundesgerichts über die Pfändung und Verwertung von Anteilen an Gemeinschaftsvermögen vom 17. 1. 1923/ 5. 6. 1996 (SR 281.41)
VVG	BG über den Versicherungsvertrag vom 2. 4. 1908 (SR 221.229.1)
VZG	VO des Bundesgerichts über die Zwangsverwertung von Grundstücken vom 23. 4. 1920/5. 6. 1996 (SR 281.42)
ZBJV	Zeitschrift des Bernischen Juristenvereins
ZGB	Schweizerisches Zivilgesetzbuch vom 10. 12. 1907 (SR 210)
ZGB/SchlT	Schlusstitel des Schweizerischen Zivilgesetzbuches
ZPO	Zivilprozessordnung für den Kanton Bern vom 7. 7. 1918/19. 3. 1996 (BSG 271.1)

Literatur

ERNST BLUMENSTEIN, Handbuch des schweizerischen Schuldbetreibungsrechts, Bern 1911

J. ALFRED BÜCHI/ISAAK MEIER/URS BOSSHARD, Grundzüge des schweizerischen Schuldbetreibungsrechts, Zürich, 2. Auflage des ersten Bandes 1982, des zweiten 1983

ANTOINE FAVRE, Cours de droit des poursuites, 3. Auflage, Freiburg 1974

HANS FRITZSCHE/HANS ULRICH WALDER, Schuldbetreibung und Konkurs nach schweizerischem Recht, Zürich, erster Band, 3. Auflage 1984; zweiter Band, 3. Auflage 1993

PIERRE-ROBERT GILLIÉRON, Poursuite pour dettes, faillite et concordat, 3. Auflage, Lausanne 1993

CARL JAEGER, Das Bundesgesetz betreffend Schuldbetreibung und Konkurs, Kommentar in zwei Bänden, Zürich 1911

CARL JAEGER/MARTHA DAENIKER, Schuldbetreibungs- und Konkurspraxis der Jahre 1911–1945, Zürich 1947

MAX KUMMER, Grundriss des Zivilprozessrechts, 4. Auflage, Bern 1984

HANS ULRICH WALDER/INGRID JENT-SÖRENSEN, Tafeln zum Schuldbetreibungs- und Konkursrecht, 4. Auflage, Zürich 1990

KARL SPÜHLER/PETER STÜCHELI/SUSANNE B. PFISTER, Schuldbetreibungs- und Konkursrecht I, Vorlesungsskriptum, Zürich 1996

Nützliches Hilfsmittel zum Studium, vor allem aber auch in der Hand des Praktikers, ist die JAEGER/DAENIKER/WALDER'sche Taschenausgabe sämtlicher schuldbetreibungsrechtlicher Erlasse mit Anmerkungen und Hinweisen, 12. Auflage, Zürich 1990. Die 13. Auflage von 1995 ist diesbezüglich leider bedeutend weniger aufschlussreich.

Im übrigen kann hinsichtlich der einschlägigen Spezialliteratur auf das umfassende Literaturverzeichnis im oben angeführten Werk von FRITZSCHE/WALDER verwiesen werden.

Inhaltsverzeichnis

XVI

Einleitung

§ 1   Funktion und Natur des Schuldbetreibungsrechts

I.   *Verwirklichung des materiellen Rechts*

1.   Rechtsverwirklichung als Funktion des Rechts

Alles Recht soll und muss verwirklicht werden. Recht ist begrifflich etwas Verbindliches. Nur die Erfüllung seiner Verbindlichkeit führt zum erstrebten Ziel, eine gerechte Friedensordnung unter den Rechtsgenossen aufrechtzuerhalten: die Rechtsordnung. 1

Die Verwirklichung des materiellen Rechts – der sich aus den konkreten Rechtsverhältnissen ergebenden rechtlichen Pflichten und Ansprüche – wird gewährleistet durch dessen Erzwingbarkeit. Die Erzwingbarkeit oder – anders ausgedrückt – Vollstreckbarkeit erweist sich als ein wesentliches Merkmal des Rechts. Wo sie fehlt, kann von Rechtspflichten im vollen Sinne des Wortes nicht die Rede sein. 2

Die Erfüllung vollkommener Rechtspflichten kann demnach immer erzwungen werden, wenn auch nicht durchwegs ihr ursprünglicher – primärer – Leistungsinhalt. Viele Vertragspflichten sind nämlich nicht ohne weiteres real erzwingbar, insbesondere nicht Verpflichtungen, etwas persönlich zu tun: so z. B. die Pflicht, einen Dienst zu versehen, ein bestelltes Werk auszuführen oder eine gemietete Wohnung instandzuhalten. Erzwingbar ist in solchen Fällen meist erst die Pflicht, den durch Nichterfüllung verursachten Schaden in Geld zu ersetzen. Wo sich also die primäre Leistungspflicht nicht real (oder nur durch Ersatzvornahme) durchsetzen lässt, wandelt sie sich doch wenigstens in eine erzwingbare sekundäre Schadenersatzpflicht um (OR 97). 3

2.   Freiwillige oder zwangsweise Rechtsverwirklichung

Im allgemeinen braucht allerdings kein Zwang angesetzt zu werden, um rechtliche Ansprüche zu befriedigen. Glücklicherweise wickeln sich die Rechtsbeziehungen meistens friedlich ab. Das ist in einer zivilisierten Gesellschaft so selbstverständlich, dass kaum mehr beachtet wird, wie alltäglich unzählige Rechtspflichten freiwillig erfüllt werden, 4

1

sei es aus Gewohnheit, aus Pflichtbewusstsein oder auch bloss unter der Drohung ihrer rechtlichen Erzwingbarkeit.

5   Nur wenn und soweit die freiwillige Pflichterfüllung ausbleibt, muss mit Zwang nachgeholfen werden. Die Voraussetzung des Zwangsvollzuges ist gegeben, sowohl wenn ein Pflichtiger seine Verbindlichkeit bestreitet als auch wenn er gegen ihre Geltendmachung bloss passiven Widerstand leistet. Der Schuldner will nicht leisten, unter Umständen kann er aber auch gar nicht, weil ihm beispielsweise die flüssigen Mittel dazu fehlen.

6   Zwangsweise Verwirklichung ist einmal möglich auf dem Wege der Selbsthilfe des Leistungsberechtigten. Der private Rechtsschutz muss aber im Interesse der öffentlichen Ordnung und des Friedens die Ausnahme bleiben. Er ist nach OR 52 III nur zulässig, wenn zur Sicherung eines berechtigten Anspruchs rasches Handeln geboten, jedoch amtliche Hilfe nicht rechtzeitig erreichbar ist; oder nach ZGB 926 zur Abwehr verbotener Eigenmacht gegen den Besitz, insbesondere um sich einer gewaltsam oder heimlich entzogenen Sache unmittelbar nach ihrem Entzug wieder zu bemächtigen.

7   Sonst aber ist jedermann stets auf den staatlichen Rechtsschutz angewiesen. Der Rechtsstaat hat das Monopol des Zwanges. Dass der Staat seinen Zwangsapparat auch zur Durchsetzung privater Rechtsansprüche zur Verfügung stellt, gehört zu seinen Hauptaufgaben.

II.   Zivilprozess und Vollstreckung

8   Normalerweise setzt die behördliche Vollstreckung privatrechtlicher Ansprüche deren Klärung in einem vorangehenden Zivilprozess voraus. Es wäre jedenfalls nicht denkbar, die Vollstreckung gegen den Willen des Betroffenen ohne solche verbindliche Klärung durchzuführen. Zivilprozess und Vollstreckung gehören zusammen. Doch müssen ihre Funktionen unterschieden werden.

9   Aufgabe des Zivilprozesses ist es, im Gerichtsentscheid die Grundlage der Vollstreckung, den vollstreckbaren Titel, zu schaffen. Der Richter entscheidet unabhängig und unparteiisch, was zwischen den streitenden Parteien Rechtens und demzufolge erzwingbar ist. Seine autoritative Feststellung setzt im Urteil anstelle des subjektiv bestrittenen ein objektiv unbestreitbares Recht. Der erzwingbare Anspruch wird dadurch vollstreckungsreif. So dient der Zivilprozess der Rechtsverwirklichung.

Aber erst die Vollstreckung bringt die Rechtsverwirklichung selbst, 10
indem sie die Erfüllung des urteilsmässig festgestellten Anspruchs voll-
zieht – sofern ihn der Verurteilte nicht seit dem Urteil bereits freiwillig
erfüllt hat. Die Vollstreckungsbehörde hat nichts Grundsätzliches mehr
über den Anspruch zu entscheiden. Ihre Aufgabe ist im wesentlichen
verwaltungsrechtlicher Natur. Sie übt den staatlichen Zwang aus, dessen
der Rechtsuchende zur Durchsetzung seines Anspruchs bedarf.

Wegen ihres funktionellen Zusammenhangs bilden Zivilprozess und 11
Vollstreckung Gegenstand des Zivilprozessrechts im weiteren Sinne.
Das Zivilprozessrecht im engeren Sinne befasst sich nur mit dem Verfahren, in welchem über den Bestand bestrittener Ansprüche befunden
wird (dem Erkenntnisverfahren), während das Vollstreckungsrecht das
Verfahren regelt, in welchem die im Zivilprozess als unbestreitbar erklärten Ansprüche erzwungen werden können.

III. *Das Schuldbetreibungsrecht als besonderer Teil des Vollstreckungsrechts*

Schuldbetreibung bedeutet – wie der Ausdruck sagt – Eintrei- 12
bung von Schulden; unter Mitwirkung des Staates, muss man beifügen,
denn es handelt sich immer nur um staatliche Zwangsvollstreckung.
Doch ist die schuldbetreibungsrechtliche Vollstreckung wesentlich anderer Art als die rein zivilprozessuale. Sie unterscheidet sich von dieser
in vierfacher Hinsicht: nach ihrem Gegenstand, ihrem Verfahren, ihrem
Anwendungsbereich sowie nach ihrer Organisation.

– *Gegenstand der Schuldbetreibung* bildet ausschliesslich die Eintrei- 13
 bung von Geldforderungen (die Sicherheitsleistung in Geld inbegriffen, SchKG 38 I). Ansprüche auf Geldzahlung sind der zivilprozessualen Vollstreckung entzogen (so ausdrücklich in BZP 75 sowie ZPO
 398); diese ist beschränkt auf alle anderen Arten privatrechtlicher
 Leistungen. Anderseits unterliegen aber der betreibungsrechtlichen Vollstreckung nicht nur die auf Privatrecht beruhenden Geldforderungen, sondern auch die öffentlichrechtlichen, wie z. B. diejenigen
 auf Bezahlung von Bussen, Gebühren, Steuern und anderen Abgaben. Alle Geldforderungen sind also auf dem Betreibungswege geltend zu machen, und nur auf diesem.

– In der Natur dieses Gegenstandes liegt die *Eigenart des Schuldbetrei-* 14
 bungsverfahrens begründet. Der Gläubiger einer Geldforderung ist

daran interessiert, seinen Anspruch möglichst rasch und sicher erfüllt zu sehen. Darum wird ihm erlaubt, bloss mit einem einfachen Begehren direkt an die Vollstreckungsbehörden zu gelangen. Er braucht sich also nicht vorher noch durch einen vollstreckbaren Gerichtsentscheid auszuweisen; die zivilprozessuale Vollstreckung setzt demgegenüber stets einen solchen Vollstreckungstitel voraus.

15   Die Schuldbetreibung schweizerischen Rechts kann unter Umständen sogar vollständig ohne jede gerichtliche Abklärung der zu vollziehenden Forderung durchgeführt werden, wenn es der Betriebene und die übrigen Betreibungsgläubiger so geschehen lassen. An ihnen liegt es, zum Zivilprozess (oder Verwaltungsprozess) über die Betreibungsforderung herauszufordern, wenn sie die Vollstreckung von der gerichtlichen Überprüfung der materiellen Rechtsgrundlage abhängig machen wollen. Allein schon die blosse Möglichkeit, den Richter anzurufen, wahrt das Interesse des Schuldners hinreichend und bietet ihm Schutz vor ungerechtfertigtem Zwangsvollzug. Sieht man vom Konkursverfahren ab, so kann die Vollstreckung eines Geldanspruchs überhaupt ohne jede Mitwirkung eines Richters durchgesetzt werden.

16   Überlegt man sich, welche Unzahl von Geldforderungen laufend auf dem Wege der Schuldbetreibung ohne Gerichtsentscheid vollzogen werden, so kann man die praktische Bedeutung dieser betreibungsrechtlichen Besonderheit ermessen. Das Betreibungsverfahren dient auf diese Weise nicht zuletzt auch der Prozessökonomie.

17   – Mit Rücksicht auf die Bedeutung der Erfüllung von Geldforderungen im Wirtschaftsleben erstreckt sich der *Anwendungsbereich des Betreibungsrechts* zweckmässigerweise auf das ganze Gebiet der Schweiz. Deshalb ist diese Vollstreckungsart längst schon einheitlich durch Bundesrecht geregelt, im Gegensatz zur zivilprozessualen Vollstreckung, die immer noch der kantonalen Gesetzgebungshoheit untersteht (BV 64).

18   – Schliesslich verlangt die Eigenheit der Schuldbetreibung, dass ihre Durchführung einer besonderen *Behördenorganisation* anvertraut wird; diese ist im Hinblick auf den gesamtschweizerischen Anwendungsbereich ebenfalls weitgehend durch Bundesrecht vorgeschrieben. Es handelt sich dabei um besondere (kantonale) Verwaltungsbehörden, deren Tätigkeit von eigenen Aufsichtsbehörden überwacht wird.

19   Das Schuldbetreibungsrecht stellt sich somit als ein besonderer, *selbständiger Teil des Vollstreckungsrechts* dar. Es umfasst alle Rechtsnormen, welche das Verfahren der Zwangsvollstreckung von Ansprüchen auf Geldleistung betreffen. Als Teil des Vollstreckungsrechts gehört es, wie das Zivilprozessrecht im weiteren Sinne, in den Bereich des *öffentlichen Rechts*.

20   Das hat seine Bedeutung für die Rechtsanwendung; denn öffentlichrechtliche Vorschriften sind im allgemeinen unbedingt einzuhalten

und in diesem Sinne zwingend. Darum zeichnet sich auch das Schuldbetreibungsrecht – wie das Prozessrecht und das Vollstreckungsrecht überhaupt – durch Gesetzesstrenge aus.

Den Betreibungsorganen sind genau bestimmte Amtshandlungen vorgeschrieben, und 21
an die Handlungen sowie Unterlassungen der am Verfahren beteiligten oder von ihm
betroffenen Personen sind strenge Rechtsfolgen geknüpft. Die gesetzlichen Verfahrensregeln sind jedoch – wie im Prozessrecht – wohlabgewogen nach den Interessen der Parteien,
aber auch nach denjenigen betroffener Dritter sowie der Öffentlichkeit. In Abwägung
dieser verschiedenen Interessen sind deshalb auch unklare Bestimmungen auszulegen und
allfällige (echte) Gesetzeslücken zu füllen.

Dank Einschaltung von Sonderverfahren (Inzidenzverfahren, § 4   22
N. 47 ff.) in das eigentliche Betreibungsverfahren, insbesondere zum
Zweck der Beurteilung der in Frage stehenden materiellrechtlichen
Ansprüche durch den Richter, wird die Gefahr einer ungerechtfertigten
Zwangsvollstreckung als Folge der Gesetzesstrenge ausgeschaltet.

So zum Beispiel durch die Aberkennungsklage (SchKG 83) oder durch die Klage auf 23
Aufhebung oder Einstellung der Betreibung, wenn der Schuldner Tilgung oder Stundung
der Schuld nachweist (SchKG 85, 85 a); oder durch die Rückforderungsklage, wenn der
Schuldner im Betreibungsverfahren eine Nichtschuld bezahlen musste (SchKG 86). Derartige verfahrensmässige «Sicherungen» rechtfertigen es, das Schuldbetreibungsrecht
strikte anzuwenden. Immerhin wird auch in seinem Bereich der in ZGB 2 I verankerte Grundsatz von Treu und Glauben hochgehalten (BGE *105* III 10, *108* III 104, 120, *112*
III 52).

IV.   *Die Haupttypen betreibungsrechtlicher Zwangsvollstreckung*

Im modernen Rechtsstaat kann sich die Zwangsvollstreckung   24
grundsätzlich nur gegen das Vermögen des Schuldners richten, nicht
gegen seine Person. Es gibt also kein «Absitzen» oder «Abverdienen»
der Schuld mehr wie noch im vorigen Jahrhundert. Im Jahre 1874 wurde
in BV 59 III der «Schuldverhaft» abgeschafft.

Die zur Befriedigung von Geldansprüchen heute allein zulässige Vermögensexekution kann grundsätzlich nach zwei Systemen durchgeführt   25
werden:

Entweder wird das gesamte Vermögen des Schuldners zur Vollstreckung   26
kung herangezogen, um aus dem Erlös alle bekannten Gläubiger im
Rahmen des Möglichen gleichzeitig und gleichmässig zu befriedigen. In
diesem Verfahren – dem Konkurs – werden alle Schuldverhältnisse
zwischen einem Schuldner und seinen Gläubigern und das ganze

Schuldnervermögen liquidiert. Es handelt sich in diesem doppelten Sinne um eine *Generalexekution.*

27   Oder die Vollstreckung wird darauf beschränkt, nur den Anspruch eines einzigen oder einzelner Gläubiger aus dem Verwertungserlös einzelner, besonders bezeichneter Vermögensstücke des Schuldners zu befriedigen. Die zur Verwertung gelangenden Vermögensgegenstände werden entweder von der Vollstreckungsbehörde im amtlichen Pfändungsverfahren oder vorher schon durch private Bestellung eines Pfandes, sei es durch den Schuldner selbst oder durch einen Dritten, bestimmt. Diese beiden Vollstreckungsarten, die sogenannte Pfändungs- und die Pfandverwertungsbetreibung, bezeichnet man als *Spezialexekutionen.*

28   Beide Systeme haben ihren Sinn und praktischen Wert. Je nach den gegebenen Verhältnissen stellt die Spezialexekution oder die Generalexekution das geeignetere Vollstreckungsverfahren dar.

§ 2   Geschichtlicher Rückblick auf das schweizerische Schuldbetreibungsrecht

1   Die Besonderheit des Schuldbetreibungsrechts im schweizerischen Rechtssystem liegt in seiner geschichtlichen Entwicklung begründet. Ein kurzer Rückblick darauf macht deshalb den geltenden Rechtszustand besser verständlich.

2   Bis zum Jahre 1892 hatte jeder Kanton sein eigenes Betreibungsrecht. Es gab damals also in der Schweiz 25 verschiedene Betreibungsordnungen. Ausserdem herrschten allenthalben noch sehr verschiedenartige Systeme. Ursprünglich war hierzulande die Zwangsvollstreckung auf dem Wege der Pfändung heimisch. Sie wurde jedoch nach und nach, vor allem in den alemannischen Gebieten, vom Konkursverfahren verdrängt. Zum Teil hatte man Mittelwege zwischen den beiden Hauptsystemen eingeschlagen. Nur die Westschweiz blieb im wesentlichen der Pfändungsbetreibung treu. In der Ostschweiz wurde sie in der Weise gehandhabt, dass die gepfändete Sache nicht versilbert, sondern dem Gläubiger zum Schätzungspreis direkt ausgehändigt wurde (Kassationsverfahren).

3   In der Mitte des letzten Jahrhunderts hatten Verkehr und Wirtschaft im jungen schweizerischen Bundesstaat einen Entwicklungsstand erreicht, dem die Vielfalt kantonaler Zwangsvollstreckungsordnungen für Geldforderungen neben der Mannigfaltigkeit kantonalen Handelsrechts nicht mehr zu genügen vermochte. Die Rechtszersplitterung wur-

de nicht nur als lästig empfunden, sondern begann sich auf den Geschäftsverkehr zusehends hemmend auszuwirken. Man stelle sich die Schwierigkeiten vor, die ein Unternehmer bei der Eintreibung seiner Guthaben in der ganzen Schweiz zu überwinden hatte. So verwundert es nicht, dass die Bestrebungen zur Schaffung eines einheitlichen schweizerischen Handels- sowie Betreibungsrechts im Jahre 1868 in erster Linie von Wirtschaftskreisen ausgingen.

Beide Werke wurden sofort in Angriff genommen, obschon erst die   4
Verfassungsrevision von 1874 den Bund in BV 64 zur Gesetzgebung auf diesen Gebieten ermächtigte. Die Entwürfe für ein schweizerisches Schuldbetreibungsrecht scheiterten allerdings zunächst der Reihe nach; sie waren noch allzusehr dem einen oder anderen auf kantonalem Boden gewachsenen System verhaftet. Erst der im Jahre 1881 geglückte Wurf eines schweizerischen Obligationenrechts, das auch das Handelsrecht regelte, brachte den Durchbruch zum eidgenössischen Kompromiss. An die darin befolgte Unterscheidung zwischen Kaufleuten und Nichtkaufleuten anknüpfend, wurde unter Führung von Bundesrat Ruchonnet bis 1885 ein neuer Entwurf ausgearbeitet, der für Kaufleute die Betreibung auf Konkurs, für Nichtkaufleute die Betreibung auf Pfändung vorsah. Ohne Begeisterung, mit bescheidenem Mehr, stimmte das Volk im Jahre 1889 der Neuschöpfung zu. Nach Ablauf der den Kantonen eingeräumten Anpassungsfrist trat am 1. Januar 1892 das Bundesgesetz über Schuldbetreibung und Konkurs in Kraft: ein Gesetz typisch schweizerischer Prägung, das sich in den über hundert Jahren seiner Geltung, dank zeitgemässer Anpassungen an die veränderten Bedürfnisse, bewährt hat. Auch die jüngste, umfassende Teilrevision hält deshalb an dem pragmatisch durchdachten Vollstreckungssystem fest. Sie ist am 16. 12. 1994 von der Bundesversammlung verabschiedet worden und seit dem 1. Januar 1997 in Kraft.

Nebst einer Reihe gesetzestechnischer Änderungen bringt die Revision auch im mate-   5
riell-verfahrensrechtlichen Bereich zahlreiche Neuerungen. – Näheres über ihre Zielsetzung kann der Botschaft des Bundesrates an die Bundesversammlung mit Entwurf vom 8. 5. 1991 (veröffentlicht im Bundesblatt 1991 III 1) entnommen werden.

§ 3   Rechtsquellen des Schuldbetreibungsrechts

Das schweizerische Schuldbetreibungsrecht fliesst aus recht vielen, verschiedenartigen Quellen. Die folgende knappe Übersicht mag eine Vorstellung von dieser Vielfalt geben.

1.   Bundesverfassung

1   An der Spitze der betreibungsrechtlichen Ordnung steht die schon erwähnte Kompetenznorm in BV 64, die dem Bund die Befugnis verleiht, das Betreibungs- und Konkursrecht gesetzlich zu regeln. Gestützt darauf kann der Bund auch gewisse prozessuale Vorschriften aufstellen, wo das Prozessrecht mit dem Betreibungsrecht besonders eng in Berührung kommt, obwohl die Zivilprozessgesetzgebung sonst Aufgabe der Kantone ist.

2   Die Verfassung hat jedoch nicht nur als Kompetenznorm für das Betreibungsrecht an sich Bedeutung; auch die in ihr enthaltenen verfassungsmässigen Rechte beanspruchen Geltung (z. B. die Verfahrensgarantien, das Gebot der rechtsgleichen Behandlung und das Willkürverbot aus BV 4).

2.   Bundesgesetze

3   Allgemeine Rechtsgrundlage bildet das Bundesgesetz über Schuldbetreibung und Konkurs vom 11. 4. 1889 (SchKG), gefolgt von verschiedenen Novellen, die es abänderten oder ergänzten, zuletzt durch die am 1. Januar 1997 in Kraft getretene Teilrevision.

4   Ausserdem enthalten zahlreiche andere Bundesgesetze Vorschriften über Schuldbetreibung und Konkurs. Das erklärt sich aus der weiteren Entwicklung des Bundesrechts. So trifft man betreibungsrechtliche Bestimmungen vor allem im Bundeszivilrecht (ZGB und OR), im internationalen Privatrecht (IPRG), aber auch im Privat- und Sozialversicherungsrecht, im Bankenrecht (BankG) und noch andernorts an.

Beispiele:
5   ZGB 375, 397, 435, 440 regeln die Mitteilung vormundschaftlicher Massnahmen an das Betreibungsamt, falls keine Veröffentlichung stattfindet;
   – 524 legitimiert die Konkursverwaltung oder die Erbschaftsgläubiger, die Herabsetzungsklage anzustrengen oder eine Enterbung anzufechten;
   – 586 I schliesst die Betreibung für Schulden des Erblassers während der Dauer des Inventars aus;
   – 597 ordnet die konkursamtliche Liquidation einer überschuldeten Erbschaft an;
   – 656 II und 665 II enthalten Sondervorschriften über den originären Eigentumserwerb von Grundstücken und das Recht auf dessen Eintragung ins Grundbuch.
6   OR 123 gestattet den Gläubigern im Konkurs des Schuldners, auch ihre noch nicht fälligen Forderungen zu verrechnen;
   – 229 ff. befassen sich mit der Zwangsversteigerung;
   – 250 hebt als Folge der Ausstellung eines Verlustscheines oder der Konkurseröffnung über den Schenker jedes Schenkungsversprechen auf;

- 725 a, 764 II, 817 und 903 sehen für überschuldete Handelsgesellschaften und Genossenschaften die Eröffnung oder, falls Aussicht auf Sanierung besteht, den Aufschub des Konkurses durch den Richter vor;
- 1150 nimmt die Anweisung an Order von der Wechselbetreibung aus.

IPRG 25 ff. regeln die Anerkennung und Vollstreckung ausländischer Entscheidungen, 7
- 166 ff. die Anerkennung ausländischer Konkurserkenntnisse.

3. Eidgenössische Vollziehungserlasse

Ursprünglich stand die Oberaufsicht in Betreibungs- und 8
Konkurssachen dem Bundesrat zu. Er hatte deshalb auch allein die zum
Vollzug des Gesetzes notwendigen Verordnungen und Reglemente zu
erlassen sowie den kantonalen Aufsichtsbehörden die der einheitlichen
Rechtsanwendung förderlichen Weisungen zu erteilen. Aber schon 1895
wurde diese Kompetenz dem Bundesgericht übertragen (SchKG 15);
nur zur Aufstellung des Gebührentarifs blieb weiterhin der Bundesrat
zuständig (SchKG 16). Beide Behörden erfüllten ihren Auftrag vor
allem durch den Erlass von allgemeinverbindlichen Verordnungen sowie von Kreisschreiben an die kantonalen Aufsichtsbehörden.

Verordnungen des Bundesgerichts: 9
- über die im Betreibungs- und Konkursverfahren zu verwendenden Formulare und Register sowie die Rechnungsführung vom 18. 12. 1891/5. 6. 1996 (VFRR; SR 281.31)
- über die Geschäftsführung der Konkursämter vom 13. 7. 1911/5. 6. 1996 (KOV; SR 281.32)
- über die Aufbewahrung der Betreibungs- und Konkursakten vom 14. 3. 1938/5. 6. 1996 (VABK; SR 281.33)
- über die Pfändung und Verwertung von Anteilen an Gemeinschaftsvermögen vom 17. 1. 1923/5. 6. 1996 (VVAG; SR 281.41)
- über die Zwangsverwertung von Grundstücken vom 23. 4. 1920/5. 6. 1996 (VZG; SR 281.42)
- betreffend die Pfändung, Arrestierung und Verwertung von Versicherungsansprüchen nach dem Bundesgesetz vom 2. 4. 1908 über den Versicherungsvertrag vom 10. 5. 1910/ 5. 6. 1996 (VPAV; SR 281.51)
- über den Genossenschaftskonkurs vom 20. 12. 1937/5. 6. 1996 (VGeK; SR 281.52)
- betreffend das Nachlassverfahren von Banken und Sparkassen vom 11. 4. 1935/ 5. 6. 1996 (VNB; SR 952.831).
- betreffend die Eintragung der Eigentumsvorbehalte vom 19. 12. 1910/29. 10. 1962 (EigVV; SR 211.413.1)

Gebührenverordnung des Bundesrates vom 23. 9. 1996 (GebV; SR 281.35)

Kreisschreiben wurden bis 1895 vom Eidgenössischen Justiz- und Polizeidepartement 10
erlassen, bis 1911 dann von der Schuldbetreibungs- und Konkurskammer des Bundesgerichts; seit 1912 ist das Plenum des Bundesgerichts zuständig.

Die Verordnungen und Kreisschreiben stellen nach einer vom Bun- 11
desgericht früher vertretenen Auffassung gesetzgeberische Akte dar,

9

die gestützt auf die ihm vom Gesetzgeber in SchKG 15 II eingeräumten Kompetenzen erlassen werden; infolgedessen wurde ihnen dieselbe Kraft zuerkannt, wie sie den Vorschriften des SchKG innewohnt (BGE *50* III 40). So hat das Bundesgericht in seiner Verordnungspraxis selbst unechte Gesetzeslücken «ausgefüllt». Später wurde dieser autonome Standpunkt zwar in Frage gestellt, dafür aber daraus erwachsenes, von der gesetzlichen Norm abweichendes Gewohnheitsrecht vorbehalten (BGE *88* III 44, 117 III 34 f. und 46 f.).

4. Kantonale Gesetze

12   In gewissem Rahmen sind die Kantone von Bundesrechts wegen dazu aufgerufen, selber auf dem Gebiet des Schuldbetreibungs- und Konkursrechts zu legiferieren.

13   Einesteils bedeutet diese Ermächtigung für die Kantone sogar Verpflichtung. So haben sie die Zahl und die Grösse der Betreibungs- und Konkurskreise sowie die Organisation der Behörden und der Hilfsorgane festzulegen (SchKG 1–3, 13, 23, 24). Ferner müssen sie ein beschleunigtes und ein summarisches Gerichtsverfahren vorsehen und regeln (SchKG 25).

14   Andere Bereiche gesetzlich zu ordnen, ist den Kantonen freigestellt, zum Beispiel:
   – nach SchKG 5 III (Staatshaftung) den Rückgriff auf die Personen, die den Schaden verursacht haben;
   – nach SchKG 27 die gewerbsmässige Vertretung der Gläubiger;
   – nach SchKG 30 I die Zwangsvollstreckung gegen Kantone, Bezirke und Gemeinden, soweit nicht eidgenössische Vorschriften bestehen;
   – nach SchKG 44 die Verwertung von Gegenständen, welche auf Grund strafrechtlicher oder fiskalischer Gesetze mit Beschlag belegt wurden.

15   Die in Ausführung des SchKG erlassenen kantonalen Gesetze und Verordnungen unterliegen der Genehmigung des Bundesrates; diese Genehmigung ist Gültigkeitserfordernis (SchKG 29).

5. Konkordat

16   Durch Übereinkunft haben sich die Kantone «gegenseitige Rechtshilfe zur Vollstreckung öffentlichrechtlicher Ansprüche» zugesichert. Heute gilt das vom Bundesrat am 20. 12. 1971 genehmigte Rechtshilfekonkordat, dem alle Kantone beigetreten sind (SR 281.22).

6.   Staatsverträge

Eine Reihe internationaler Verträge, welche die Schweiz abge-   17
schlossen hat, befasst sich – wie schon das IPRG – mit der Urteils-
vollstreckung im internationalen Bereich, zum Teil auch mit dem Arrest
sowie dem Konkurs. Die heute noch in Kraft stehenden sind in der Taschenausgabe Jaeger/Daeniker/Walder bei SchKG 81 III angemerkt.

Drei Beispiele solcher Vollstreckungsverträge: 18
– das Konkursabkommen der alten Eidgenossenschaft mit der Krone Württemberg vom
   12. 12. 1825, dem mit Ausnahme von Neuenburg und Schwyz alle Kantone beigetreten
   sind;
– die Haager Übereinkunft betreffend das Zivilprozessrecht vom 1. 3. 1954 (SR 0.274.12);
– das Lugano-Übereinkommen über die gerichtliche Zuständigkeit und die Vollstrek-
   kung gerichtlicher Entscheidungen in Zivil- und Handelssachen vom 16. 9. 1988 (SR
   0.275.11).

Im internationalen Verhältnis gehen die Vollstreckungsbestim-   19
mungen von Staatsverträgen und – bei deren Fehlen – jene des IPRG
dem SchKG vor (SchKG 30 a). Dank dieser Regel werden Normenkon-
flikte vermieden.

7.   Gewohnheitsrecht

Kein Gesetz ist vollständig, auch das – aus einem Kompromiss   20
hervorgegangene – SchKG nicht. Zahlreiche Lücken sind im Laufe der
Jahrzehnte durch die Rechtsprechung ausgefüllt worden. In konstante
Rechtsübung übergegangen ist namentlich, was das Bundesgericht in
seiner reichen Praxis entschieden hat. So gilt, wo das Gesetz schweigt
oder unklar ist, oft das, was sich aus seinen Urteilen und ihren Erwägungen ergibt. Zum Teil ist diese Gewohnheitsrecht gewordene Rechtsprechung in die bereits erwähnten Kreisschreiben und nunmehr auch in das
revidierte Gesetz eingegangen. Umgekehrt kann aber auch aus den vom
Bundesgericht gestützt auf SchKG 15 II erlassenen Verordnungen und
Reglementen Gewohnheitsrecht erwachsen (siehe N. 9 oben).

11

1. Kapitel: Organisation des Betreibungs- und Konkurswesens

Rechtliche Selbständigkeit und Eigenart des Betreibungsverfahrens erfordern eine seinen besonderen Bedürfnissen angepasste Organisation. Diese muss sich mit vier Gegenständen befassen:

– Einmal sind die *Organe* zu bezeichnen, denen die Durchführung von Betreibung und Konkurs obliegt.
– Sodann muss deren örtliche und sachliche *Zuständigkeit* umschrieben werden.
– Ferner ist die Rechtsstellung der Organe, ihre Unabhängigkeit und ihre *Verantwortlichkeit* klarzulegen.
– Und schliesslich bedarf es einer Regelung der *Aufsicht,* insbesondere des Beschwerdeverfahrens.

§ 4   Die Organe, ihre Funktion und Rechtsstellung

I.   *Überblick*

Die Anwendung des Schuldbetreibungsrechts obliegt sechs   1
verschiedenen Arten von Organen:

– In erster Linie sind es die *Betreibungs- und Konkursämter.* Sie sind die eigentlichen, unmittelbar wirkenden Vollstreckungsbehörden.
– Über diesen stehen die *Aufsichtsbehörden,* denen die Funktion unabhängiger Überwachungsstellen zukommt.
– *Gerichte* entscheiden sodann Streitigkeiten materiellrechtlicher Natur im Rahmen der Betreibung; sie sind überdies für gewisse bedeutsame vollstreckungsrechtliche Entscheidungen zuständig.
– Für besondere Aufgaben werden noch *Hilfsorgane* verschiedenster Art beigezogen.
– Sodann sind gewisse betreibungsrechtliche Funktionen – obligatorisch oder fakultativ – sogenannten *atypischen Organen* übertragen.

Die Organisation der Behörden, die Bestimmung ihres Amtssitzes,   2
ihrer Besetzung sowie der Amtssprache ist *Sache der Kantone* (BGE *114* III 1, *119* III 3). Mit Rücksicht darauf, dass das Betreibungsrecht Bundesrecht ist, dessen einheitliche Anwendung im ganzen Land gewährlei-

stet sein muss, steht aber die oberste Aufsicht einer eidgenössischen Behörde zu: dem Bundesgericht (SchKG 15 I). Aus demselben Grunde enthält das Bundesrecht auch eine Reihe für die kantonalen Gesetzgeber verbindlicher Organisationsbestimmungen (vgl. SchKG 2, 5 ff., 13 f., 23, 24 und 25); insoweit hat das SchKG den Charakter eines *Rahmengesetzes*. Schliesslich besteht für die kantonalen Ausführungsvorschriften noch die *Genehmigungspflicht* des Bundesrates (SchKG 29). Rein informatorische Bedeutung hat die Vorschrift von SchKG 28, wonach die kantonale Organisation und die kantonalen Behörden dem Bundesgericht mitzuteilen sind.

II. Die Betreibungs- und Konkursämter

1. Die Betreibungs- und Konkurskreise

3   Die Betreibungs- und Konkurskreise bilden die Grundlage der Organisation des Betreibungswesens. Sie ergeben die territoriale Gliederung der zuständigen Betreibungs- und Konkursämter.

4   Nach SchKG 1 umfasst das Gebiet jedes Kantons einen oder mehrere Kreise. Ihre Zahl und Grösse bestimmen die Kantone. Dabei können sie in einem Konkurskreis mehrere Betreibungskreise schaffen, nicht aber umgekehrt.

5   Die Kreiseinteilung der Kantone ist verschieden. Sie kann mit dem Gebiet des Kantons, seiner Bezirke oder Gemeinden zusammenfallen, aber auch ganz unabhängig davon sein. Eine Zusammenstellung findet sich im Verzeichnis der schweizerischen Betreibungs- und Konkurskreise und der im SchKG vorgesehenen kantonalen Behörden (zu beziehen bei der Eidgenössischen Drucksachen- und Materialzentrale, Bern).

Der Kanton Bern ist seit dem 1. Januar 1997 in 4 Betreibungs- und Konkursregionen unterteilt (EG/SchKG 1). Jede Region umfasst mehrere Amtsbezirke. Daher gibt es im Kanton Bern nur 4 Betreibungs- und Konkursämter (Berner Jura-Seeland, Emmental-Oberaargau, Bern-Mittelland, Berner Oberland); immerhin besteht in jedem Hauptort eines Amtsbezirks eine Dienststelle des betreffenden Amtes, eine Art «Zweigniederlassung» (EG/SchKG 2).

2. Das Betreibungsamt

6   Aufgabe des Betreibungsamtes ist:
– die Schuldbetreibungen durchzuführen,

14

– die Spezialexekutionen zu vollziehen (Pfändungen, Verwertungen usw.) und
– Zahlungen für Rechnung des betreibenden Gläubigers entgegenzunehmen (SchKG 12).

Ausserdem ist in ZGB 715 I den Betreibungsbeamten – als Nebenaufgabe – aufgetragen, die Eigentumsvorbehaltsregister zu führen (vgl. dazu die unter § 3 N. 9 angeführte Verordnung des Bundesgerichts).

Die Organisation des Betreibungsamtes ist teils bundes-, teils kantonalrechtlich festgelegt (SchKG 2):   7
– In jedem Kreis besteht ein Amt, das von einem Betreibungsbeamten geleitet wird. Dieser ist für die Geschäftsführung verantwortlich. Dem Betreibungsbeamten ist ein Stellvertreter beigeordnet, der ihn bei Ausstand oder tatsächlicher Verhinderung ersetzt (SchKG 2 III).
– Im übrigen sind die Kantone in der Organisation frei (SchKG 2 V). Sie können dem Betreibungsbeamten und seinem Stellvertreter Angestellte beigeben, wie Betreibungsgehilfen, Weibel und Büropersonal.

3. Das Konkursamt

Seine Aufgabe besteht darin, die vom Gericht eröffneten 8 Konkurse durchzuführen, sofern die Gläubiger für die Durchführung nicht eine besondere (ausseramtliche) Konkursverwaltung einsetzen.

Das Konkursamt ist ganz ähnlich organisiert wie das Betreibungsamt. 9 Jeder Kreis hat sein Amt, das mit dem Betreibungsamt vereinigt sein kann (SchKG 2 II und IV). Ihm steht ein Konkursbeamter vor, dem auch hier vorsorglich ein ständiger Stellvertreter beizustellen ist (SchKG 2 III).

4. Die rechtliche Stellung der Beamten

Alle Betreibungs- und Konkursbeamten sind kantonale Beamte, 10 ausgestattet mit staatlicher Zwangsgewalt. Obwohl der kantonalen Beamtenorganisation zugehörig, wenden sie in ihrer betreibungsrechtlichen Tätigkeit öffentliches Bundesrecht an. Dabei ist es ihre Pflicht, die Interessen der am Verfahren Beteiligten unparteiisch wahrzunehmen (vgl. z. B. SchKG 95 V und 125 II).

15

5.   Allgemeine Pflichten der Beamten und Angestellten

11   Die Beamten und Angestellten haben in erster Linie die ihnen im Gesetz einzeln vorgeschriebenen besonderen Obliegenheiten im Zuge der Verfahrensabwicklung zu verrichten (wie z. B. Betreibungsurkunden zuzustellen, Mitteilungen zu machen, Pfändungen zu vollziehen, Verwertungen durchzuführen und dergleichen). Ausserdem auferlegt ihnen das Gesetz aber noch gewisse allgemeine Pflichten, die sie bei ihrer Amtstätigkeit beachten müssen. Es sind teils positive (Handlungs-), teils negative (Unterlassungs-)Pflichten.

A.   Positive Pflichten

a)   Die Pflicht zur Protokoll- und Registerführung

12   Der Verlauf eines amtlichen Verfahrens muss jederzeit überblickbar sein. Darum sind die Betreibungs- und Konkursämter gehalten, über ihre Amtsverrichtungen sowie über die bei ihnen einlaufenden Begehren und Erklärungen Protokoll und die erforderlichen Register zu führen (SchKG 8 I).
Es sind zu unterscheiden:
– die allgemeinen Protokolle oder *Register,* in denen alle Verrichtungen gleicher Natur, z. B. sämtliche Zahlungsbefehle, aufgezeichnet werden;
– die *Spezialprotokolle,* die alle verschiedenartigen Verrichtungen eines bestimmten Einzelfalles ausweisen, zum Beispiel das Konkursprotokoll über den Fall des Schuldners X (KOV 8 ff.).

Vgl. hiezu im einzelnen: VFRR 8 ff. sowie KOV 1–24 a; ferner auch VABK 4 sowie KOV 15 a.

13   Rechtlich stellen die Protokolle und Register *öffentliche Urkunden* dar. Sie geben authentisch Auskunft über den Geschäftsgang. Als amtlichen Protokollen kommt ihnen vorrangige Beweiskraft zu. Ihr Inhalt gilt als richtig, solange nicht das Gegenteil bewiesen ist. Die praesumptio iuris spricht für ihre Zuverlässigkeit (SchKG 8 II und ZGB 9).

14   Fehlerhafte Eintragungen (z. B. eine Missrechnung) sind von Amtes wegen oder auf Antrag der betroffenen Person zu berichtigen (SchKG 8 III).

b)   Einsichtsrecht und Auskunftspflicht

15   Jedermann, der ein schutzwürdiges Interesse glaubhaft macht, kann die Protokolle und Register – samt allen Belegen – *einsehen und*

Auszüge daraus verlangen (SchKG 8 a I; BGE *110* III 5, *115* III 81 ff.). Glaubhaft ist das Interesse, wenn es auf Grund ernsthafter Indizien wahrscheinlich gemacht wird (BGE *105* III 39; *115* III 83 f.).

Blosse Neugier genügt somit nicht. Schutzwürdig ist vielmehr nur ein *rechtserhebliches Interesse,* z. B. wenn glaubhaft gemacht wird, die Auskunft werde im Zusammenhang mit dem Abschluss oder der Abwicklung eines Vertrages benötigt (SchKG 8 a II).

Das Betreibungsamt kann schriftlich oder mündlich um *Auskunft* ersucht werden. 16
Telefonische Anfragen genügen nicht, hingegen sind solche über Fax möglich und sinnvoll, da auch die Belege gleich mitübertragen werden können.

– *Zur Einsicht berechtigt* sind in erster Linie die *Betreibungsparteien.* Im 17
Konkursverfahren können die Gläubiger gemäss Praxis alle sich im Besitze des Amtes befindlichen Akten – nicht nur die amtlichen Akten und Register, sondern auch die Geschäftsakten (z. B. Buchhaltung und Geschäftsbücher) des Konkursiten – einsehen, sogar im Konkurs einer Bank; dass sie an diesem ausgedehnten Akteneinsichtsrecht ein schutzwürdiges Interesse haben, wird hier vorweg vermutet (BGE *91* III 94).

– Auch *ausgewiesene Gläubiger,* welche die eingetragene Person (noch) 18
nicht betrieben haben, sind einsichtsberechtigt wegen der Anschlussfristen (SchKG 110); sie haben ein berechtigtes Interesse, zu wissen, ob ihr Vertragspartner bereits von anderen Gläubigern betrieben wird.

– Sogar nur *potentielle Gläubiger* dürfen Einsicht nehmen: das sind 19
Personen, mit denen die eingetragene Person Vertragsverhandlungen erst aufgenommen hat (z. B. zum Abschluss eines Miet-, Kredit- oder Leasingvertrages). Sie haben ein legitimes Interesse an der Abklärung der Bonität ihres zukünftigen Vertragspartners; auch sie müssen sich anhand von Belegen ausweisen (z. B. mittels eines Bewerbungsformulars oder eines Kreditgesuches).

– Ebenso können *Bürgen* und *Prozessgegner* des Schuldners ein be- 20
rechtigtes Interesse an Einsichtnahme haben.

– Schliesslich sind einsichtsberechtigt die *Gerichts- und Verwaltungsbe-* 21
hörden im Rahmen der Erfüllung ihrer Aufgaben (z. B. vor Erteilung eines Wirtepatentes; BGE *119* III 7).

Aus Gründen des *Datenschutzes* dürfen diese Personen, selbst bei 22
glaubhaft gemachtem Interesse, nicht alle Einträge einsehen, wenn sonst einer Person im Gesellschafts- oder Geschäftsleben ungerechtfertigte Nachteile erwachsen könnten (BGE *121* III 83).

Keine Auskunft darf erteilt werden über 23
– nichtige Betreibungen (SchKG 8 a III a; siehe auch § 6 N 37);

– Betreibungen, die aufgrund einer Beschwerde (SchKG 17) oder eines Urteils aufgehoben worden sind (SchKG 8 a III a);
– Betreibungen, bei denen der Schuldner nachträglich mit Erfolg einen Rückforderungsprozess geführt hat (SchKG 8 a IIIb; SchKG 86, 187);
– Betreibungen, die der Gläubiger zurückgezogen hat (SchKG 8 a IIIc);
– irrtümliche Betreibungen, was im Gesetz zwar nicht ausdrücklich erwähnt ist, jedoch, wenn der Schuldner eine einschlägige Erklärung des Gläubigers beibringt, analog wie bei zurückgezogenen Betreibungen gelten muss (vgl. zum alten Recht BGE *121* III 81 ff.).
– Einträge über Verfahren, die länger als 5 Jahre zurückliegen (SchKG 8 a IV).

Über Verlustscheine muss hingegen auch noch nach Ablauf dieser Frist Auskunft gegeben werden, solange sie nicht getilgt oder verjährt sind (SchKG 149a). Für Behörden gilt die zeitliche Schranke nicht (SchKG 8a IV Satz 2).

24   Wiewohl diese Eintragungen der Einsicht durch Dritte verschlossen sind (BGE *121* III 82), darf man sie nicht einfach vernichten, vielmehr müssen sie weiterhin gemäss VABK aufbewahrt werden.

25   Gegen Verweigerung der Einsicht durch das Betreibungs- oder Konkursamt ist die betreibungsrechtliche Beschwerde gegeben, selbst bei bereits abgeschlossenem Verfahren (BGE *110* III 54). Bei unrichtiger oder unzulässiger Auskunft stellt sich die Frage der Staatshaftung nach SchKG 5.

c)   *Die Pflicht zur Besorgung des Geldverkehrs und zur Verwahrung*

26   Die Vollstreckungsaufgabe des Betreibungsamtes bringt es mit sich, dass bei ihm Geld eingeht und dass es mit Beschlag belegte Wertpapiere und Wertsachen sicher verwahren muss. Das Schuldbetreibungsrecht stellt hiefür Verhaltensregeln auf.

27   – Bedingungslose Zahlungen des Schuldners (oder eines ihm beispringenden Dritten) in Schweizer Währung für Rechnung des betreibenden Gläubigers muss das Amt entgegennehmen, gleichgültig ob es sich um Barzahlung, Einzahlung auf das Postcheckkonto des Amtes oder um eine telegraphische Postanweisung handelt (BGE *77* III 97, *60* III 1). Der Betriebene wird dadurch von seiner Schuld befreit und hat Anspruch auf Quittung (SchKG 12; BGE *114* III 50). Ist er von mehreren Gläubigern betrieben, kann er frei bestimmen, welchem von ihnen seine Zahlung zukommen soll (BGE *96* III 1).

Aus der ursprünglichen Bringschuld wird dadurch – in Abweichung von OR 74 II Z. 1 — eine Holschuld gegenüber dem Amt mit der Folge, dass die Kosten der Übersendung des Betrages an den Gläubiger nun zu dessen Lasten gehen (GebV 19 III).
Wird in fremder Währung beim Betreibungsamt gezahlt, muss das Geld (als Sache) gepfändet und verwertet werden.

28

– Eine reine Ordnungsvorschrift weist die Ämter an, Geld, Wertpapiere und Wertsachen, über die nicht binnen drei Tagen nach ihrem Eingang verfügt wird, bei der kantonalen Depositenstelle zu hinterlegen (SchKG 9).

29

B.   Negative Pflichten

Den Beamten und Angestellten der Betreibungs- und Konkursämter sowie den Mitgliedern der Aufsichtsbehörden sind gewisse Handlungen verboten. Einesteils wollte der Gesetzgeber damit den Missbrauch von Amtsmacht verhüten, anderenteils für Unparteilichkeit Gewähr bieten. Übertretung des Verbotes kann die Haftung des Staates zur Folge haben (SchKG 5 ff.).

30

a)   *Die Ausstandspflicht*

Die Ausstandspflicht der Amtspersonen und Angestellten ist in SchKG 10 analog derjenigen der Gerichtsbeamten im Zivilprozess geregelt. Sie verbietet Amtshandlungen in eigener Sache oder in Sachen einer nahestehenden Person; *Unabhängigkeit* der Beamten soll die sachliche, unparteiische, jeden Interessenkonflikt vermeidende Amtsführung gewährleisten (BGE *104* III 1 mit Beispielen).

31

Die Ausstandsgründe sind im Gesetz abschliessend – in vier Gruppen – aufgezählt. Danach darf eine Amtsperson nicht handeln:

32

– wenn die Sache sie selber betrifft
– oder ihren Ehegatten, Verlobten, Verschwägerten oder einen anderen Verwandten in einem bestimmten, nahen Verhältnis
– oder eine Person, deren gesetzlicher Vertreter, Bevollmächtigter oder Angestellter sie ist,
– oder in Sachen, in denen sie aus anderen Gründen befangen sein könnte (z. B. in Sachen des Konkubinatspartners).

Liegt ein Ausstandsgrund vor, muss der betroffene Beamte «sich in den Ausstand begeben», seinen Stellvertreter an seiner Statt handeln lassen und den Gläubiger hievon benachrichtigen (SchKG 10 II; KOV 6). Amtshandlungen, die er trotz seiner Ausstandspflicht vornimmt, sind jedoch nicht ohne weiteres ungültig, sondern bloss mit Beschwerde

33

anfechtbar. Immerhin kann die Aufsichtsbehörde sie in krassen Fällen auch von Amtes wegen aufheben, wenn sie davon Kenntnis erhält.

b) Verbot des Selbstkontrahierens

34   Das Verbot des Selbstkontrahierens soll die Verquickung privater Interessen mit amtlichen Verrichtungen ausschalten. Deshalb ist den Beamten und Angestellten untersagt, mit irgend jemand Rechtsgeschäfte für eigene Rechnung abzuschliessen, die sich auf die Betreibungsforderung oder den zu verwertenden Gegenstand beziehen (SchKG 11). Selbstverständlich darf der Beamte nicht willkürlich in den Ausstand treten oder durch einen Strohmann handeln. Verletzung des Verbotes hat *absolute Nichtigkeit* des Rechtsgeschäftes zur Folge; z. B. die Ersteigerung eines Schuldbriefs durch einen Mitarbeiter des Betreibungsamtes (BGE *112* III 65).

III.   Die Aufsichtsbehörden

35   Die Ausübung staatlicher Macht muss im Rechtsstaat gesetzmässig unter Kontrolle gehalten werden. Im Betreibungsrecht sind hiefür besondere Aufsichtsbehörden eingesetzt, unabhängige Organe, die selbständig ihres Aufsichtsamtes walten und für Rechtmässigkeit und Angemessenheit der Verfahrensabwicklung sorgen.

1.   Die Organisation

36   a) Von Bundesrechts wegen haben die Kantone eine Aufsichtsbehörde zur Überwachung ihrer Betreibungs- und Konkursämter zu bezeichnen; es steht ihnen aber frei, für einen oder mehrere Kreise daneben noch untere Aufsichtsbehörden zu bestellen (SchKG 13). Die Kantone brauchen nicht unbedingt eigene Behörden für die Betreibungsaufsicht zu schaffen, können vielmehr bestehende Gerichts- oder Verwaltungsbehörden mit dieser Aufgabe betrauen.

Im Kanton Bern gibt es seit dem 1. Januar 1997 nur noch eine einzige Aufsichtsbehörde: die Schuldbetreibungs- und Konkurskammer des Obergerichts (EG/SchKG 10).

37   b) Die Oberaufsicht über das Betreibungswesen hat sich der Bund vorbehalten. Seit 1895 übt sie, wie gesagt, das Bundesgericht aus (SchKG 15 I; § 3 N. 8).

Der Bundesrat ist nur noch zuständig für den Erlass des Gebührentarifs (SchKG 16), die Genehmigung der kantonalen Ausführungserlasse (SchKG 29), zur Anordnung eines allgemeinen Rechtsstillstandes (SchKG 62) oder für die Zustimmung zur Inkraftsetzung des Notstundungsrechts durch eine Kantonsregierung (SchKG 337 ff.).

2. Die Obliegenheiten der Aufsichtsbehörden

a) Den *kantonalen Aufsichtsbehörden* obliegen: 38
– die allgemeine Überwachung der Ämter unter dem Gesichtspunkt der gesetzmässigen Verwaltung (SchKG 13 I);
– der Erlass von Weisungen und Kreisschreiben;
– die inspektionsweise jährliche Prüfung der Geschäftsführung (SchKG 14 I; technische Aufsicht);
– die Ausübung der Disziplinarbefugnisse (SchKG 14 II; siehe § 5);
– die Entscheidung von Beschwerden (SchKG 17; s. § 6);
– die Aufhebung nichtiger Verfügungen von Amtes wegen (SchKG 22); solches Einschreiten ist allerdings in der Regel nur möglich, solange die Betreibung noch nicht abgeschlossen ist;
– die Erstattung des Jahresberichts an das Bundesgericht (SchKG 15 III).

b) Das *Bundesgericht* übt die Oberaufsicht aus und sorgt vor allem für 39
die gleichmässige Anwendung des Gesetzes (SchKG 15 I). Diese Aufgabe verteilt sich auf das Plenum und auf die Schuldbetreibungs- und Konkurskammer des Bundesgerichts.
– Dem *Plenum* obliegt der Erlass von Vollzugsverordnungen, Regle- 40
menten und Kreisschreiben an die kantonalen Aufsichtsbehörden sowie an die Betreibungs- und Konkursämter (SchKG 15 II–IV). Es hat dabei zum Teil gesetzgeberische Kompetenz ausgeübt (s. § 3 N. 11).
– Die *Schuldbetreibungs- und Konkurskammer* ist in erster Linie ober- 41
ste Beschwerdeinstanz (SchKG 19). Hievon wird noch in § 6 die Rede sein. Das Bundesgericht hat sich schon wiederholt bereit gefunden, grundsätzliche Fragen von allgemeinem Interesse auch ausserhalb eines Rekursverfahrens von Amtes wegen zu prüfen (BGE *103* III 77, *119* III 5 f.).
Im übrigen nimmt die Schuldbetreibungs- und Konkurskammer die kantonalen Jahresberichte entgegen und erlässt Weisungen an die kantonalen Aufsichtsbehörden (SchKG 15 III).

IV.   Die Gerichtsbehörden

42   In verschiedenen Phasen des Betreibungsverfahrens wirken die Gerichte mit; sie können aber nur eingreifen, wo das Gesetz es ausdrücklich vorsieht (SchKG 17 I; BGE *95* I 315).

43   Meist sind es die *Zivilgerichte*. Doch kommen auch die *Verwaltungsrechtspflegeorgane* in Betracht, wo für öffentlichrechtliche Forderungen betrieben wird; so z. B. die Steuerjustizbehörden, wenn es um die Vollstreckung einer bestrittenen, noch nicht rechtskräftig veranlagten Steuer geht. Völlig ausserhalb des Betreibungsverfahrens steht hingegen die Zuständigkeit der *Strafgerichte* zur Ahndung von Betreibungs- und Konkursdelikten (StGB 163–172, 323 f.).

44   Die Notwendigkeit richterlicher Beurteilung ist weitgehend durch die Eigenart des schweizerischen Schuldbetreibungsverfahrens bedingt. Weil die Betreibung auf Zwangsvollstreckung ohne jede autoritative Ermächtigung eingeleitet werden kann, muss wenigstens nachträglich ihre materielle Berechtigung vom Richter überprüft werden können. Darüber hinaus weist das Gesetz den Gerichten gewisse ergänzende Funktionen im Verfahrensablauf zu. Einesteils haben sie Entscheidungen zu treffen, die unmittelbar im Interesse der Verwirklichung des materiellen Rechts liegen, anderenteils sollen sie im Verfahren erhöhte Rechtssicherheit gewährleisten.

45   Von den Gerichten zu entscheiden sind demnach die im Verlauf des Vollstreckungsverfahrens oder im Zusammenhang mit demselben auftretenden
– materiellrechtlichen Streitigkeiten,
– die rein betreibungs- oder formellrechtlichen Streitigkeiten von besonderer Bedeutung
– sowie die formell betreibungsrechtlichen Streitigkeiten, die das materielle Recht berühren (formellrechtliche Streitigkeiten mit Reflexwirkung auf das materielle Recht).

46   Ausser diesen Entscheidungen haben die Gerichte in gewissen Fällen noch Verfügungen auf einseitigen Antrag zu treffen.

1.   Die sachliche Zuständigkeit der Gerichte

a)   Rein materiellrechtliche Streitigkeiten

47   Hier geht es vor allem um die *Feststellung des materiellen Rechts* als Grundlage gerechtfertigter Vollstreckung oder zum Zwecke

der Korrektur einer bereits durchgeführten, ungerechtfertigten Vollstreckung (durch Rückerstattung eines unter dem Zwang des Vollstreckungsverfahrens bezahlten nicht geschuldeten Betrages); ferner um die Beurteilung von Haftpflichtfällen, die sich im Verlauf eines Verfahrens ergeben können.

Diese Streitigkeiten werden immer im ordentlichen bzw. beschleunigten Zivil- oder Verwaltungsprozessverfahren ausgetragen. Das Urteil, das darin ergeht, hat *volle materielle Rechtskraft* und nicht bloss Wirkung für die hängige Betreibung, die den Prozess veranlasst hat.   48

Im einzelnen handelt es sich um folgende Klagefälle: 49
- Klage des Gläubigers auf Feststellung und Leistung der vom Rechtsvorschlag betroffenen Forderung, um diesen beseitigen zu können (SchKG 79, 153, 184/186; Anerkennungsklage);
- Arrestprosequierungsklage des Gläubigers zur Aufrechterhaltung des Arrestbeschlages (SchKG 279);
- Aberkennungsklage des Schuldners auf Feststellung des Nichtbestehens einer Schuld (SchKG 83 II);
- Klage auf Einstellung oder Aufhebung der Betreibung nach SchKG 85 a;
- Rückforderungsklage des Schuldners nach Bezahlung einer Nichtschuld (SchKG 86 und 187);
- Schadenersatzklagen gegen den Staat oder den Arrestgläubiger (SchKG 5, 24, 273);
- Klage zur Geltendmachung einer bestrittenen Forderung im Nachlassvertrag (SchKG 315);
- Widerspruchsklage zwischen einem Drittansprecher auf Pfändungsgut und dem Schuldner (SchKG 107/108 und 140);
- Klage des Anschlussgläubigers bei privilegierter Anschlusspfändung gegen den Schuldner (SchKG 111).

Im *euro-internationalen Verhältnis* sind bei diesen Klagen die besonderen Gerichtsstände des LugÜ zu beachten; sie gehen jenen des SchKG vor (SchKG 30a; s. aber auch § 19 N.106).   50

b)   *Rein betreibungsrechtliche Streitigkeiten*

Ist streitig, ob die Zwangsvollstreckung an sich zulässig und deshalb fortzusetzen sei, so steht bloss eine rein *verfahrensrechtliche Frage* zur Beurteilung, eine Frage ausschliesslich des formellen, nicht des materiellen Rechts. Über sie zu entscheiden, ist sonst Aufgabe der Aufsichtsbehörden im Beschwerdeverfahren; einige besonders wichtige Fälle hat aber der Gesetzgeber der gerichtlichen Kognition unterstellt: 51

- die Eingabe eines nachträglichen Rechtsvorschlages, des Rechtsvorschlages in der Wechselbetreibung oder in der Betreibung aufgrund eines Konkursverlustscheins (SchKG 77, 179 ff., 265 a I);   52
- das Rechtsöffnungsgesuch (SchKG 80–82);

- die Klage auf Einstellung oder Aufhebung der Betreibung bei urkundlich nachgewiesener Stundung oder Tilgung der Schuld (SchKG 85);
- die Konkurseröffnung in streitigen Fällen;
- die Klage auf Feststellung des Vorhandenseins neuen Vermögens in der Betreibung auf Grund eines Konkursverlustscheins (SchKG 265 a IV).

c) *Betreibungsrechtliche Streitigkeiten mit Reflexwirkung auf das materielle Recht*

53   Auch hier ist grundsätzlich nur eine formelle, *verfahrensrechtliche Frage* zu entscheiden. Doch muss dabei auf materielles Recht zurückgegriffen, also vorfrageweise materielles Recht (Zivil- oder Verwaltungsrecht) angewendet werden. Zudem wirkt sich die Entscheidung über die formelle Frage unter Umständen auch auf das materielle Recht aus.

Beispiel: An einer gepfändeten oder ins Konkursinventar aufgenommenen Sache beansprucht ein Dritter das Eigentum. Ob die Sache unter dem Beschlagsrecht bleiben soll, kann nicht ohne Beurteilung der Eigentumsfrage entschieden werden. Muss sie gestützt hierauf dem Dritten freigegeben werden, bleibt dessen Eigentumsrecht gewahrt; andernfalls verliert er es – dies die Reflexwirkung auf das materielle Recht – zufolge der späteren Zwangsverwertung (vorbehältlich eines allfälligen Bereicherungs- oder Schadenersatzanspruchs).

54   Diese Reflexwirkung beschränkt sich aber auf die Durchführung der hängigen Betreibung. Das Urteil wirkt nur in dieser Betreibung; es schafft darüber hinaus keine materielle Rechtskraft unter den Prozessparteien. Fällt die Betreibung aus irgendeinem Grunde dahin – beispielsweise weil der Gläubiger sein Begehren zurückzieht oder das Verfahren im Sande verlaufen lässt, oder weil der Schuldner zahlt –, so äussert es keine Wirkung mehr. In einer neuen Betreibung (aber auch ausserhalb einer solchen) kann die gleiche Frage wieder aufgeworfen werden. Die Einrede der *res iudicata* ist somit nicht gegeben.

55   Zu diesen betreibungsrechtlichen Streitigkeiten mit Reflexwirkung auf das materielle Recht zählen:
- die Widerspruchsklage in der Betreibung auf Pfändung oder auf Pfandverwertung, sofern der Drittansprecher mit einem Gläubiger und nicht mit dem Schuldner im Streit steht (SchKG 107, 108, 140, 155);
- die Aussonderungsklage eines Drittansprechers im Konkurs (SchKG 242);
- die Kollokationsklage eines Gläubigers in der Betreibung auf Pfändung, auf Pfandverwertung oder im Konkurs (SchKG 148, 157, 250/251);
- die Klage des Anschlussgläubigers auf Zulassung des privilegierten Pfändungsanschlusses, sofern sie gegen einen anderen Pfändungsgläubiger und nicht gegen den Schuldner gerichtet ist (SchKG 111);
- die Klage des Retentionsberechtigten auf Rückschaffung von Retentionsgegenständen (SchKG 284);
- die betreibungsrechtlichen Anfechtungsklagen (SchKG 214, 285 ff.).

Für diese Reflexklagen gilt – weil sie trotz materiellen Hintergrundes 56
nur für ein konkretes Vollstreckungsverfahren eine bindende Entscheidung herbeiführen und daher die «Zwangsvollstreckung zum Gegenstand haben» – im *euro-internationalen Verhältnis* LugÜ 16 Z. 5: sie
gehören wie die rein betreibungsrechtlichen Streitigkeiten sachgerechterweise an einen Gerichtsstand im Land der Vollstreckung, bestimmt
durch das betreffende Landesrecht – hier das SchKG oder das kantonale Prozessrecht.

d)   Verfügungen auf einseitigen Antrag

Verfügungen des Richters auf einseitigen Antrag kommen 57
nach Bundesrecht grundsätzlich nur in der Konkursbetreibung oder im
Nachlassverfahren vor. Im Grunde genommen handelt der Richter hier
als Vollstreckungsorgan. Diese Funktion hat ihm der Gesetzgeber wegen der besonderen Tragweite des betreffenden Aktes sowie im Interesse der Rechtssicherheit zugewiesen (BGE *118* III 32). Die zu entschei-
denden Fragen sind rein betreibungsrechtlicher Natur.

In Betracht fallen folgende Entscheide des Konkurs- oder des Nachlassrichters: 58
– die Konkurseröffnung in nichtstreitigen Fällen;
– die Eröffnung der konkursamtlichen Liquidation einer ausgeschlagenen Erbschaft (SchKG 193);
– die Einstellung des Konkurses mangels Aktiven (SchKG 230);
– die Anordnung des summarischen Konkursverfahrens (SchKG 231);
– der Widerruf des Konkurses (SchKG 195);
– die Einstellung der konkursamtlichen Liquidation einer ausgeschlagenen Erbschaft (SchKG 196);
– das Schlusserkenntnis im Konkursverfahren (SchKG 268);
– die Anordnung eines Güterverzeichnisses und anderer vorsorglicher Massnahmen (SchKG 162, 170, 183);
– die Gewährung, Verlängerung und der Widerruf einer Nachlassstundung (SchKG 295);
– die Einsetzung und Umschreibung der Aufgaben des Sachwalters in der Nachlassstun-dung (SchKG 295, 298);
– die Ermächtigung zur Veräusserung und Belastung von Anlagevermögen in der Nach-lassstundung (SchKG 298).

Auch der vom Richter erlassene Arrestbefehl (SchKG 274) stellt zu- 59
nächst eine einseitige Verfügung dar. Erhebt aber der Schuldner Einsprache (SchKG 278), so wird das Arrestverfahren kontradiktorisch weitergeführt.

2.   Die Gerichtsorganisation

Die Organisation der in Schuldbetreibungssachen tätigen Ge- 60
richte ist fast ganz den Kantonen überlassen. Sie haben vor allem die

richterlichen Behörden zu bezeichnen, welche für die im SchKG dem Richter zugewiesenen Entscheidungen zuständig sind (SchKG 23). Die Kantone stellen also ihre eigene Gerichtsorganisation zur Verfügung und bestimmen die sachliche Zuständigkeit ihrer Gerichte nach der Natur und der Bedeutung des Entscheidungsgegenstandes. Mit drei Ausnahmen regeln sie auch die funktionelle Zuständigkeit; nur für den Konkursentscheid, für die Bewilligung des Rechtsvorschlages in der Wechselbetreibung und für den Einspracheentscheid im Arrestverfahren schreibt das Bundesgesetz selbst die Weiterziehungsmöglichkeit an eine obere Instanz vor (SchKG 174, 185, 278).

3. Das Gerichtsverfahren

61   In Betreibungssachen kommen beide Verfahrensarten zur Anwendung, welche die Zivilprozessordnungen regelmässig zur Verfügung stellen: das ordentliche und das summarische Prozessverfahren. Ausserdem verlangt das SchKG für bestimmte Streitigkeiten ein beschleunigtes Verfahren, das sich aber vom ordentlichen nur durch raschere Abwicklung unterscheidet; der Weg zur Urteilsfindung – d. h. die einlässliche Auseinandersetzung mit dem Streitgegenstand – ist in beiden grundsätzlich derselbe.

62   a) Das *ordentliche Verfahren* kommt überall da zur Anwendung, wo das SchKG nicht das beschleunigte oder das summarische vorschreibt.

63   Wegleitend für dieses Verfahren sind ausschliesslich die *kantonalen Zivilprozessordnungen*. Bundesrechtlich gilt hinsichtlich der Einhaltung einer Frist zur Klageanhebung, dass die Einreichung des Gesuches um Vorladung zum Sühneversuch zur Fristwahrung genügt, sofern nach kantonalem Recht die Streitsache mangels Aussöhnung von Amtes wegen oder binnen bestimmter Frist vor den Richter gebracht werden müsste, um das Klagerecht nicht zu verlieren (BGE *74* II 16, *85* II 536).

64   b) Das *beschleunigte Verfahren* ist von den Kantonen so zu gestalten, dass es die beiden in SchKG 25 Z. 1 aufgestellten Mindestanforderungen erfüllt:
– kurzfristige Vorladung der Parteien;
– Erledigung des Prozesses binnen sechs Monaten seit Anhebung der Klage durch Haupturteil der letzten kantonalen Instanz (was in vielen Fällen allerdings ein frommer Wunsch bleibt).

Weitere Beschleunigungsmassnahmen – ohne Einschränkung der richterlichen Kognition – sind dem kantonalen Prozessrecht vorbehalten; s. z. B. ZPO 115 und 355 III.

Das beschleunigte Prozessverfahren ist vorgeschrieben: 65
- für die (materiellrechtliche) Feststellungsklage nach SchKG 85 a,
- für die rein betreibungsrechtliche Klage auf Feststellung neuen Vermögens in einer Betreibung gestützt auf einen Konkursverlustschein (SchKG 265a IV)
- sowie für vier Klagen mit Reflexwirkung auf materielles Recht, nämlich:
  - die Widerspruchsklage (SchKG 109),
  - die Kollokationsklage (SchKG 148, 157, 250),
  - die Klage auf Rückschaffung von Retentionsgegenständen (SchKG 284) und
  - die Klage auf Zulassung zur privilegierten Anschlusspfändung (SchKG 111).

c) Wichtiger als das beschleunigte ist das *summarische Verfahren*. In   66
seiner Ausgestaltung sind die Kantone völlig frei.

Das summarische Verfahren unterscheidet sich grundsätzlich vom or-   67
dentlichen wie vom beschleunigten. Seine charakteristischen Merkmale
sind:

- rasche Durchführung, oft nur mündlich und weitgehend formlos;
- Beschränkung der Einwendungen zur Verteidigung (z. B. in SchKG 81, 85 und 182);
- Beschränkung des Beweises, indem häufig nur Urkundenbeweis zugelassen oder sofortiger Beweis gefordert wird (SchKG 81, 82 II, 85, 172 Z. 3, 182 Z. 1, 195 I) oder der Richter sich mit blossem Glaubhaftmachen begnügen darf (SchKG 82 II, 182 Z. 2 und 4, 272);
- als Folge dieser Kürzungen: die beschränkte richterliche Kognition.

Die *Anwendungsfälle* des summarischen Verfahrens sind in SchKG 25   68
Z. 2 aufgezählt. Es handelt sich ausschliesslich um rein betreibungsrechtliche Streitigkeiten sowie um Verfügungen auf einseitigen Antrag:

- einerseits alle Entscheide des Rechtsöffnungsrichters, d. h. alle Verfahren im Zusam-   69
  menhang mit einem Rechtsvorschlag, wie über
  - den nachträglichen Rechtsvorschlag (SchKG 77),
  - die Rechtsöffnung zur Beseitigung des Rechtsvorschlags (SchKG 80–84),
  - den Rechtsvorschlag in der Wechselbetreibung (SchKG 181–185),
  - den Rechtsvorschlag in der Betreibung aufgrund eines Konkursverlustscheins (SchKG 265 a);
- andererseits alle Entscheide des Konkurs-, des Nachlass- oder des Arrestrichters, also über
  - die Konkurseröffnung (SchKG 166, 168–175, 189, 190–193),
  - vorsorgliche Massnahmen (SchKG 83, 162, 170, 183),
  - den Widerruf des Konkurses (SchKG 195),
  - die Einstellung der Verlassenschaftsliquidation (SchKG 196),
  - Einstellung des Konkursverfahrens (SchKG 230),
  - Anordnung des summarischen Konkursverfahrens (SchKG 231),
  - Schlusserkenntnis nach Beendigung des Konkursverfahrens (SchKG 268),

- die Gewährung, Verlängerung oder den Widerruf der Nachlassstundung (SchKG 295),
- die Arrestbewilligung (SchKG 271 ff.);
- schliesslich noch das Begehren auf Einstellung oder Aufhebung der Betreibung (SchKG 85).

4. Die Zuständigkeit des Bundesgerichts in Prozessen

70   Das SchKG enthält (abgesehen von Art. 7 betreffend die Staatshaftung) keine Vorschriften über die Zuständigkeit des Bundesgerichts in Prozessen, die sich bei der Durchführung eines Zwangsvollstreckungsverfahrens ergeben können. Massgebend sind ausschliesslich die Bestimmungen des OG. Nach diesen kann das Bundesgericht angerufen werden vor allem durch *Berufung* (OG 43 ff.), mit *Nichtigkeitsbeschwerde* (OG 68 ff.) oder mit *staatsrechtlicher Beschwerde* (BV 113 und OG 84 ff.). Ausnahmsweise ist auch der direkte Prozess zulässig, sei es nach OG 41 ff. oder – streitwertunabhängig – im besonderen Fall einer Schadenersatzklage gegen den Staat wegen widerrechtlichen Verhaltens einer oberen kantonalen Aufsichtsbehörde oder eines oberen Nachlassgerichts (SchKG 7).

71   a) Der *Berufung* unterliegen letztinstanzliche kantonale Entscheide über materiellrechtliche Streitigkeiten (N. 47 oben), nach der Praxis aber auch die betreibungsrechtlichen mit Reflexwirkung auf das materielle Recht, obwohl diese eigentlich keine «Zivilrechtsstreitigkeiten» sind (N. 53 oben); rein betreibungsrechtliche Streitigkeiten (N. 51 oben) sowie Verfügungen auf einseitigen Antrag (N. 57 oben) sind dagegen nie berufungsfähig.

72   b) Bei ungenügendem Streitwert kommt für die materiellrechtlichen und die betreibungsrechtlichen Streitigkeiten mit Reflexwirkung immerhin die *Nichtigkeitsbeschwerde* (OG 68 ff.) in Betracht. Für die rein betreibungsrechtlichen hingegen scheidet auch dieses Rechtsmittel aus – Vollstreckungsrecht ist keine Zivilsache.

73   c) Sehr oft wird das Bundesgericht in Betreibungssachen mit der *staatsrechtlichen Beschwerde* angerufen. Sie steht in allen Streitsachen offen, namentlich auch in den rein betreibungsrechtlichen.

74   Doch ist sie in der Regel nur *subsidiär* gegeben. Einerseits also nur gegen *letztinstanzliche* kantonale Entscheide (OG 86 I; relative Subsidiarität); allein der Arrest auf Vermögen eines fremden Staates kann direkt – ohne Ausschöpfen kantonaler Rechtsmittel – mit staatsrechtlicher Beschwerde angefochten werden (OG 86 II; s. auch § 51 N. 30). Andererseits unterliegen diese letztinstanzlichen kantonalen Gerichts-

entscheide zudem einzig dann der staatsrechtlichen Beschwerde, wenn *kein anderes bundesrechtliches Rechtsmittel* – Berufung, Nichtigkeitsbeschwerde oder Beschwerde in Betreibungssachen (OG 75 ff.) – zulässig ist (absolute Subsidiarität).

Zur staatsrechtlichen Beschwerde greift man z. B. gegen letztinstanzliche kantonale Entscheide über die Erteilung provisorischer oder definitiver Rechtsöffnung, die Bewilligung eines nachträglichen Rechtsvorschlages oder des Rechtsvorschlages in der Wechselbetreibung, die Konkurseröffnung, die Bewilligung einer Nachlassstundung oder die Bestätigung eines Nachlassvertrages.

Mit staatsrechtlicher Beschwerde wird die *Verletzung verfassungsmässiger Rechte, eines Konkordates oder eines Staatsvertrages* geltend gemacht. Es kann sich um eine Kantonsverfassung oder um die Bundesverfassung handeln. Im zweiten Falle stehen vor allem Verstösse gegen BV 59 sowie gegen BV 4 in Frage. Die Beschwerde wegen Verletzung von BV 4, die sogenannte «Willkürbeschwerde», erfasst auch die Rechtsverweigerung.   75

Willkürlich ist ein kantonaler Entscheid, wenn er nicht nur unrichtig begründet, sondern im Ergebnis schlechthin unhaltbar ist, wenn er eine Norm oder einen klaren und unumstrittenen Rechtsgrundsatz offensichtlich verletzt oder in stossender Weise dem Gerechtigkeitsgedanken zuwiderläuft (BGE *113* III 84, *114* III 70, *115* III 130).   76

d) Schliesslich kann sogar die *Verwaltungsgerichtsbeschwerde* (OG 97 ff.) im Zusammenhang mit einem Betreibungsverfahren ans Bundesgericht führen, so insbesondere bei der Vollstreckung öffentlich-rechtlicher Forderungen des Bundesrechts (SchKG 79; s. oben N. 43).   77

V.   *Die Hilfsorgane*

Ausser den Betreibungs- und Konkursbeamten, den Aufsichtsbehörden und Gerichten stehen noch weitere Behörden oder kantonale Stellen im Dienst der Schuldbetreibung; sie nehmen zwar nicht eigentlich an der Zwangsvollstreckung teil, haben aber doch in irgendeiner Weise dabei mitzuwirken.   78
Solche Hilfsorgane sind insbesondere:
– die von den Kantonen gestützt auf SchKG 24 zu bestellenden *Depositenanstalten* für die Aufbewahrung von Geld, Wertpapieren und Wertsachen (in den meisten Kantonen ist es die Kantonalbank);
– die *Grundbuchämter,* insoweit als sie die vollzogenen Pfändungen, die Konkurse und Nachlassstundungen und andere Verfügungsbeschränkungen im Grundbuch vor- oder anzumerken haben (SchKG 101, 176, 296);

- die *Handelsregisterämter* (z. B. SchKG 39 III, 40 I, 176);
- ferner, als Nothelferin der Vollstreckungsbeamten, die *Polizei* (SchKG 91 II, 229 I, 275, 283 II und 284).

VI. Die atypischen Organe

79 Gewisse betreibungsrechtliche Aufgaben obliegen nicht durchwegs und ausschliesslich den bisher aufgezählten Organen. Vielmehr können oder müssen sie im Einzelfall eigens dazu bestimmten – natürlichen oder juristischen – Personen oder Personengruppen übertragen werden. Weil diese nicht generell vom Staat dafür eingesetzt bzw. beamtet sind, dennoch aber im Verfahren öffentliche Funktionen ausüben und deshalb der Kontrolle durch die Aufsichtsbehörden unterstehen, bezeichnet man sie als atypische Organe. Das sind:
- die *Gläubigerversammlung* im Konkurs (SchKG 235 ff., 252 ff.),
- ein von den Gläubigern gewählter *Gläubigerausschuss* (SchKG 237, 318),
- die von den Gläubigern gewählte *ausseramtliche Konkursverwaltung* (SchKG 241, KOV 97),
- der *Sachwalter* im Nachlassstundungsverfahren (SchKG 295, 298),
- die *Liquidatoren* beim Nachlassvertrag mit Vermögensabtretung (SchKG 317 ff.; BGE *114* III 121).

§ 5   Die Verantwortlichkeit

1 Das Verantwortlichkeitsrecht bietet dem Bürger Schutz vor rechtswidrigem Verhalten der Vollstreckungsorgane bei der Ausübung ihrer öffentlichen Funktionen. Es ergänzt in dieser Zielsetzung das Beschwerderecht (§ 6). Wie überall im Beamtenrecht müssen auch hier drei Arten von Verantwortlichkeit unterschieden werden: die disziplinarische, die strafrechtliche und die zivilrechtliche.

I. Die disziplinarische Verantwortlichkeit

2 *Dienstpflichtverletzungen,* die sich ein Vollstreckungsorgan hat zuschulden kommen lassen, können – nach dem Opportunitätsprinzip –

30

von der kantonalen Aufsichtsbehörde (auf Beschwerde bzw. Anzeige oder von Amtes wegen) zunächst rein administrativ geahndet werden. Die Aufsichtsbehörde verhängt über den Fehlbaren eine im Gesetz vorgesehene *Disziplinarstrafe:* Rüge, Busse, vorübergehende Amtseinstellung oder gar Amtsenthebung (SchKG 14 II). Das sind – im Unterschied zu Kriminalstrafen – blosse *Ordnungsstrafen,* administrative Massnahmen.

Die Gestaltung des *Disziplinarverfahrens* ist dem *kantonalen Recht*   3 überlassen. Die kantonale Disziplinarverfügung kann nur beschränkt *ans Bundesgericht* weitergezogen werden:
- Mit *betreibungsrechtlicher Beschwerde* (OG 76 ff.), wenn geltend gemacht wird, die Aufsichtsbehörde sei nicht zuständig gewesen oder sie habe eine im Gesetz nicht vorgesehene Massnahme verfügt (BGE *112* III 70 f.).
- Mit *staatsrechtlicher Beschwerde,* wenn die Verletzung eines verfassungsmässigen Rechts, z. B. des Anspruchs auf Unabhängigkeit der kantonalen Disziplinarbehörde (BGE *120* I a 184) oder auf rechtliches Gehör gerügt wird.

Die *Disziplinarmassnahmen* des SchKG sind nach der weiten Fassung   4 des Gesetzes (SchKG 14 II) anwendbar auf
- die Betreibungs- und Konkursbeamten (SchKG 2),
- ihre Angestellten (SchKG 2),
- eine ausseramtliche Konkursverwaltung (SchKG 241),
- die Liquidatoren des Nachlassvertrages mit Vermögensabtretung (SchKG 320),
- den Sachwalter im Nachlassverfahren (SchKG 295).

Auf Mitglieder der Gerichts- und der Aufsichtsbehörden sowie der Polizei ist ausschliesslich kantonales Disziplinarrecht anwendbar, also sowohl bezüglich der Sanktionen als auch des Verfahrens.

II.   *Die strafrechtliche Verantwortlichkeit*

Sie ist nur gegeben, wenn die Amtspflichtverletzung einen   5 im Gesetz umschriebenen Straftatbestand erfüllt, nach dem Grundsatz: nulla poena sine lege. Die Sanktion ist hier eine eigentliche Strafe. Es kann sich um strafbare Amtsvergehen oder Verbrechen handeln (StGB 312 ff.). Die Strafverfolgung obliegt den Kantonen (StGB 345).

III. Die zivilrechtliche Verantwortlichkeit

1. Rechtsgrundlagen

6   Die «zivilrechtliche» – besser vermögensrechtliche – Verantwortlichkeit äussert sich in der gesetzlichen Haftung des Staates (d. h. des Kantons) für den Schaden, den ein Vollstreckungsorgan widerrechtlich verursacht hat. Die Ansprüche aus dieser Staatshaftung sind in erster Linie in den Bestimmungen von SchKG 5–7 geregelt, die dem öffentlichen Recht angehören.

7   Doch beruht die Schadenhaftung des Kantons nicht allein auf dem Schuldbetreibungsrecht. Vielmehr kommt auch das Schadenersatzrecht gemäss OR 41 ff. im Sinne materiell ergänzenden Bundesrechts zur Anwendung. Für das Verfahren gilt dagegen kantonales Recht.

2. Voraussetzungen der Haftung

8   Die Verantwortlichkeit nach SchKG 5 I setzt, hierin übereinstimmend mit der Haftung aus OR 41, widerrechtliches Verhalten voraus, durch das ein Schaden verursacht worden ist. Die Begriffe der Widerrechtlichkeit, des Schadens und des Kausalzusammenhangs sind hier wie dort im gleichen Sinne zu verstehen; auch die Berechnung des Schadens und die Festsetzung der Ersatzpflicht richten sich – mangels eigener Regel im SchKG – nach den privatrechtlichen Vorschriften von OR 42 ff. (BGE *80* III 53). Doch ist die Haftung des Staates insofern *subsidiär zur «Selbsthilfe» auf dem Beschwerdeweg*, als Schadenersatz nur gefordert werden kann, wenn sich der Schaden nicht durch rechtzeitige Beschwerde hätte abwenden lassen (Schadenminderungspflicht des Geschädigten).

9   a) In erster Linie muss also ein *Vermögensschaden* eingetreten sein. In schweren Fällen kann der Geschädigte ausser Schadenersatz noch *Genugtuung* verlangen (SchKG 5 IV).

10   b) Sodann muss das Vollstreckungsorgan eine *Amtshandlung* verrichtet, das heisst, in Ausübung seiner Amtstätigkeit gehandelt haben (funktioneller Zusammenhang). Der amtlichen Verrichtung ist die Unterlassung einer solchen, wo sie geboten war, gleichgestellt (BGE *52* III 135). Liegt keine Amtshandlung vor, kommt immerhin die *persönliche Haftung* des handelnden Organs aus OR 41 ff. in Betracht.

11   c) Als *handelnde Organe,* welche die Haftung des Kantons auslösen können, zählt SchKG 5 I auf:

– die Betreibungs- und Konkursbeamten (SchKG 2),
– ihre Stellvertreter (SchKG 2),
– Angestellte und Hilfspersonen (z. B. Sachverständige),
– die ausseramtlichen Konkursverwaltungen (SchKG 241),
– den Sachwalter (SchKG 295),
– die Liquidatoren (SchKG 318),
– die Aufsichtsbehörden (SchKG 13) sowie
– die Angehörigen der Polizei.

Die *Gerichtsbehörden* kommen nur in Betracht, soweit das betreffende Gericht als eigentliches Vollstreckungsorgan gehandelt hat (z. B. als Konkursgericht, BGE *120* I b 248 ff.).

Ausserdem trifft den Staat die Verantwortung, wenn der Schaden in einer von ihm bezeichneten *Depositenanstalt* an den dort hinterlegten Werten entstanden ist (SchKG 24). 12

Nur für Handlungen einer *Gläubigerversammlung* (SchKG 235, 255) oder eines *Gläubigerausschusses* (SchKG 237, 318) hat der Staat nicht einzustehen. Die Mitglieder dieser Organe haften aber persönlich aus OR 41 ff. 13

d) Die Amtshandlung muss alsdann *widerrechtlich,* d. h. in Verletzung der gesetzlichen Ordnung (Rechtsgut- oder Normverletzung) erfolgt sein. Für gesetzmässiges Vorgehen im Rahmen der Amtspflicht – sie ist der im Staatshaftungsrecht wichtigste Rechtfertigungsgrund – kann niemand haftbar gemacht werden. 14

e) Schliesslich muss zwischen der widerrechtlichen Handlung und dem Schaden ein *adäquater Kausalzusammenhang* bestehen. 15

f) *Nicht erforderlich* ist hingegen ein *Verschulden* des handelnden Organs: die Haftung des Kantons ist kausal (SchKG 5 I). 16

3. Träger der Verantwortung

Träger der Verantwortung ist ausschliesslich und direkt der Kanton: dem Fehlbaren gegenüber hat der Geschädigte keinen Anspruch (*Exklusivität* der Staatshaftung, SchKG 5 II). 17

Ob und inwieweit der Kanton dann aber auf das handelnde Organ *Rückgriff* nehmen darf (ob bei jedem oder nur bei grobem Verschulden oder gar verschuldensunabhängig), überlässt das SchKG ganz dem kantonalen Recht (SchKG 5 III). Das gilt auch für die Leistung allfälliger Kautionen bei Amtsantritt. Das Verantwortlichkeitsrecht des SchKG befasst sich somit nur mit dem *Aussenverhältnis* (zwischen dem Kanton und dem Geschädigten); die Regelung des *Innenverhältnisses* (des Kan- 18 tons zum Schädiger) liegt – wie das Verantwortlichkeitsverfahren – in der Kompetenz der Kantone.

4. Die Geltendmachung des Schadenersatzanspruchs

19   Schadenersatz- wie Genugtuungsanspruch gelten als «*Zivilansprüche*», die *vor Gericht einzuklagen* sind. Das Verfahren wird im ordentlichen Zivilprozess oder in einem ordentlichen verwaltungsgerichtlichen Prozess nach kantonalem Recht durchgeführt. Der Regressanspruch des Staates kann auch adhäsionsweise in einem gegen den Schadenverursacher hängigen Strafverfahren geltend gemacht werden. Bei hinreichendem Streitwert ist das Urteil der letzten kantonalen Instanz mit Berufung ans Bundesgericht weiterziehbar (soweit nicht der – kantonalrechtliche – Regressanspruch betroffen ist).

20   Bei genügendem Streitwert kann auch ein *direkter Prozess vor Bundesgericht* (nach OG 42) in Frage kommen. Wird die Schadenersatzklage mit widerrechtlichem Verhalten der oberen kantonalen Aufsichtsbehörde oder des oberen Nachlassgerichts begründet, so ist die Zuständigkeit des Bundesgerichts als einziger Instanz sogar zwingend vorgeschrieben, und zwar unabhängig vom Streitwert (SchKG 7).

21   Der Anspruch auf Schadenersatz *verjährt* gemäss SchKG 6 I in einem Jahr vom Tage an gerechnet, an welchem der Geschädigte von der Schädigung Kenntnis erhalten hat, auf jeden Fall aber nach Ablauf von 10 Jahren seit Eintritt des Schadens. Es handelt sich dabei – anders als nach dem eidgenössischen Verantwortlichkeitsgesetz – um echte Verjährungsfristen (s. § 11 N. 14). «Kenntnis der Schädigung» bedeutet sowohl Kenntnis vom Schaden an sich als auch von der Handlung, die ihn verursacht hat. Besteht die Amtspflichtverletzung in einer strafbaren Handlung, für die das Strafrecht eine längere Verjährung vorschreibt, so gilt diese auch für den Zivilanspruch (SchKG 6 II analog OR 60 II).

22   Die Verjährung eines allfälligen *Regressanspruchs* des Staates gegen den Fehlbaren richtet sich nach kantonalem Recht.

§ 6   Die betreibungsrechtliche Beschwerde

I.   Begriff und Funktion

1   Damit die Aufsichtsbehörden ihre *Überwachungsaufgabe* wirksam erfüllen können, müssen sie unter Umständen gegen gesetz-

widrige oder unangemessene Tätigkeit (oder Untätigkeit) der Vollstrek-kungsorgane in den Gang einer Betreibung eingreifen. Dies kann von Amtes wegen geschehen, namentlich wenn es gilt, das öffentliche Inter-esse am ordnungsmässigen Ablauf des Verfahrens zu wahren (SchKG 22). In der Regel führt aber erst die Beschwerde eines Betroffenen dazu. Zweck solchen Einschreitens ist immer die Herstellung des gesetzmässi-gen Zustandes, sei es durch Berichtigung oder Aufhebung der betref-fenden Amtshandlung, sei es durch Veranlassung einer solchen, wo sie zu Unrecht unterblieben ist (SchKG 21).

Eine Beschwerde muss immer einen *praktischen Zweck* verfolgen. Nie darf es bloss darum gehen, allgemein eine Pflichtwidrigkeit feststel-len zu lassen, insbesondere um eine Grundlage für die Geltendma-chung von Schadenersatzansprüchen zu schaffen; hierüber hat, wie schon erwähnt (§ 5 N. 19), der Richter zu entscheiden (BGE *105* III 36, 72, *110* III 89, *118* III 3, *120* III 109). Weil es darum geht, eine *verfah-rensrechtliche Korrektur* zu erwirken, muss ein Zurückkommen auf die Sache überhaupt noch möglich sein; das setzt voraus, dass das Verfah-ren noch im Gang ist. Auf diese Weise dient die Beschwerde der einheitlichen und richtigen Anwendung des Betreibungsrechts.   2

II. *Rechtsnatur*

Vor den *kantonalen Aufsichtsbehörden* ist die betreibungs-   3
rechtliche Beschwerde ein der *Verwaltungsbeschwerde* nachgebildeter Rechtsbehelf. Das zeigt sich darin,

– dass sie von der Aufsichtsinstanz beurteilt wird, die dem betreffenden Vollstreckungsorgan übergeordnet ist,
– und dass ihr Gegenstand auf Handlungen der Vollstreckungsorgane begrenzt ist; im Beschwerdeverfahren wird nur über deren Verfah-renstätigkeit entschieden, nicht über materiellrechtliche Fragen.

Materiellrechtliche Fragen sind nur ausnahmsweise im Beschwerdeverfahren zu prü-   4
fen, nämlich wenn ihre Beurteilung Vorfrage der zu entscheidenen betreibungsrechtli-chen Streitfrage ist (BGE *120* III 164), wie zum Beispiel:
– die Rechts- und Handlungsfähigkeit bei der Abklärung der Partei- und Betrei-bungsfähigkeit;
– die Frage des Wohnsitzes als Betreibungsort (SchKG 46 ff.; BGE *107* III 52);
– die Frage, ob die zivilrechtlichen Verhältnisse gegeben sind, welche SchKG 49 für die Betreibung einer Erbschaft voraussetzt (BGE *99* III 51);
– der eheliche Güterstand, falls die Mitbetreibung des Ehegatten des Schuldners umstritten ist (SchKG 68 a);

– die erneute Umrechnung einer Forderung in fremder Währung bei Fortsetzung der Betreibung (SchKG 88 IV);
– die Frage des Gewahrsams bzw. des Besitzes sowie des wahrscheinlicheren Gläubigerrechts im Widerspruchsverfahren (SchKG 106 ff.);
– der Umfang des Retentionsrechts des Vermieters oder Verpächters in der Retentionsbetreibung;
– die Anfechtung eines Verwertungsaktes aus materiellrechtlichem Grunde;
– die Frage der Gültigkeit des Wechsels in der Wechselbetreibung (SchKG 178).

5   Vor *Bundesgericht* ist das Beschwerdeverfahren dagegen reine *Verwaltungsjustiz,* die Beschwerde dementsprechend der *verwaltungsgerichtlichen Beschwerde* nachgebildet. Der Oberaufsichtsbehörde stehen deshalb, im Gegensatz zur kantonalen Aufsichtsbehörde, weder Ermessensfreiheit noch Disziplinarbefugnisse zu.

Beispiel: die kantonalen Aufsichtsbehörden können die Höhe des einem Schuldner vom Betreibungsamt bei der Verdienstpfändung zugebilligten Existenzminimums überprüfen, das Bundesgericht – ausser bei Willkür – nicht.

6   Eine Ausnahme von dieser Regel besteht im Konkurs- oder Nachlassverfahren einer Bank, im Genossenschaftskonkurs und in der Betreibung gegen eine Gemeinde; hier kann das Bundesgericht auch einen kantonalen Disziplinar- oder Ermessensentscheid überprüfen (BGE *93* III 30 f., *94* III 60 ff., *95* III 92, *111* III 90, *117* III 86).

III.   Der Beschwerdegegenstand

7   Mit der betreibungsrechtlichen Beschwerde können funktionsgemäss nur *Verfügungen (oder Unterlassungen) der Vollstreckungsorgane* angefochten werden: konkrete auf den Verfahrensgang einwirkende Massnahmen (SchKG 17 I). Die allgemeine Amtstätigkeit als solche, blosse Meinungsäusserungen oder Absichtserklärungen eines Vollstreckungsorgans sind dagegen nicht anfechtbar (BGE *113* III 29); sie können höchstens Gegenstand der Staatshaftung oder der alljährlichen Geschäftsprüfung sein (SchKG 14 I).

8   *Nicht* anfechtbar sind auch die im Verfahrensablauf getroffenen *Zwischenentscheide,* wie prozessleitende Verfügungen der kantonalen Aufsichtsbehörde, die Erteilung oder Verweigerung der aufschiebenden Wirkung einer Beschwerde (BGE *100* III 12, *101* III 6, *111* III 51). Ebensowenig unterliegen der Beschwerde *rechtsgeschäftliche Handlungen,* wie z. B. der Abschluss eines Dienstbarkeitsvertrages durch die Konkursverwaltung (BGE *108* III 1).

Im einzelnen können *Gegenstand der Beschwerde* bilden: 9
- Verfügungen der Betreibungs- und Konkursämter im Rahmen ihres spezifischen Aufgabenkreises (SchKG 17 I; BGE *116* III 93);
- Verfügungen einer ausseramtlichen Konkursverwaltung (SchKG 241);
- Beschlüsse der Gläubigerversammlungen oder eines Gläubigerausschusses im Konkurs (SchKG 239 I; BGE *101* III 44);
- Verfügungen des Sachwalters während der Nachlassstundung (SchKG 295) oder im Rahmen des Vollzuges eines ordentlichen Nachlassvertrages (SchKG 314 II);
- Verfügungen des Liquidators oder des Gläubigerausschusses bei der Durchführung eines Nachlassvertrages mit Vermögensabtretung (SchKG 318, 320, 326);
- die Weigerung eines Vollstreckungsorgans, eine Verfügung zu erlassen (sog. «formelle Rechtsverweigerung»; unten N. 19 ff.); z. B. die Weigerung einer kantonalen Aufsichtsbehörde, eine Beschwerde zu entscheiden, oder auch nur die Verzögerung ihres Entscheides (SchKG 18 II und 19 II; BGE *101* III 6).

IV.   Die Beschwerdegründe

Amtliche Verfügungen und Unterlassungen sind nur aus den   10
im Gesetz genannten Gründen mit Beschwerde anfechtbar:
- Verfügungen wegen Gesetzesverletzung oder Unangemessenheit (SchKG 17 I);
- Unterlassungen wegen Rechtsverweigerung oder Rechtsverzögerung (SchKG 17 III, 18 II, 19 II).

Der Beschwerdeführer macht in jedem Falle einen *Verfahrensfehler* geltend (BGE *112* III 108).

1.   Die Gesetzesverletzung

Als Beschwerdegrund kommt nach dem Wortlaut von SchKG   11
17 I in erster Linie die Gesetzesverletzung in Frage.

Zunächst ist die *Verletzung von Bundesrecht* in Betracht zu ziehen,   12
nämlich:
- das *Verfassungsrecht* des Bundes;

Die Verletzung von Verfassungsrecht oder der Europäischen Menschenrechtskonvention kann (weil ebenfalls materiell Verfassungsrecht) vor den kantonalen Aufsichtsbehörden mit der Betreibungsbeschwerde, vor Bundesgericht hingegen nur mit der staatsrechtlichen Beschwerde gerügt werden (unten N. 98).

- vor allem dann die Normen des *SchKG* und seiner *Ausführungsverordnungen;*
- Bestimmungen *anderer Bundesgesetze* und *Verordnungen;*
- Bestimmungen von *Staatsverträgen;*
- *ungeschriebenes* Recht (nationales und Völkerrecht);

– als Verletzung von Bundesrecht gilt auch die *unrichtige oder unvollständige Feststellung des Sachverhalts* durch eine kantonale Aufsichtsbehörde, soweit sie auf einer Missachtung der Untersuchungsmaxime, des Gebotes der freien Beweiswürdigung oder anderer bundesrechtlicher Vorschriften beruht (SchKG 20 a II Z. 2 und 3; ZGB 8, 9).

13 Die *Verletzung kantonalen Rechts* (und von *Konkordaten)* ist als Gesetzesverletzung zwar ebenfalls Beschwerdegrund, indessen grundsätzlich nur vor den kantonalen Aufsichtsbehörden. Das Bundesgericht kann einzig wegen Verletzungen von Bundesrecht mit der Betreibungsbeschwerde angerufen werden (SchKG 19 I, OG 79 I), wegen Verletzung kantonalen Rechts nur mit staatsrechtlicher Beschwerde (unten N. 100).

14 Die Gesetzesverletzung ist also im weiteren Sinne der *Rechtsverletzung* zu verstehen. Sie ist gegeben, wenn ein Rechtssatz nicht oder nicht richtig angewendet worden ist.

Beispiele solcher Rechtsverletzungen:
– Die Einleitung der falschen Betreibungsart (SchKG 38 ff., VZG 85 II);
– gesetzwidrige Zustellung einer Betreibungsurkunde (SchKG 64 ff.);
– unrichtige Verteilung der Parteirollen im Widerspruchsverfahren (SchKG 107/108);
– Pfändung künftigen Lohnes über die zulässige Höchstdauer hinaus (SchKG 93 II);
– Vornahme von Abschlagsverteilungen im Konkurs, ohne vorher eine provisorische Verteilungsliste aufzustellen (KOV 82 II).

2. Die Unangemessenheit

15 Unangemessen ist eine Verfügung, wenn sie den gegebenen Verhältnissen nicht angemessen ist. Die Frage der Angemessenheit kann sich nur stellen, wo überhaupt eine Verfügung nach freiem *Ermessen* gestaltet werden darf. Ist Ermessen im Gesetz nicht vorgesehen und auch der Sache nach ausgeschlossen, liegt bei einer fehlerhaften Verfügung eine Rechtsverletzung vor; als solche gilt auch das Überschreiten des Rahmens freier Ermessensbefugnis, der Missbrauch des Ermessens (vgl. SchKG 19 I; BGE *101* III 54).

16 Diese Unterscheidung hat praktische Bedeutung: Reine Ermessensfehler können mit Betreibungsbeschwerde grundsätzlich nicht vor Bundesgericht gebracht werden (Ausnahmen N. 6 oben), wohl aber Ermessensmissbrauch als Rechtsverstoss (SchKG 19 I).

17 Die kantonale Aufsichtsbehörde besitzt immer die gleiche Ermessensfreiheit wie das handelnde Vollstreckungsorgan. Sie übt, wenn Ermessensfragen zur Beurteilung stehen, «Ermessenskontrolle» aus und

setzt dabei ihr eigenes Ermessen an die Stelle desjenigen des Vollstreckungsorgans (BGE *100* III 17).

Ermessen waltet z. B. bei der Gewährung eines Rechtsstillstandes für einen schwerkranken Schuldner (SchKG 61; BGE *105* III 101), bei der Beurteilung der beschränkten Pfändbarkeit, insbesondere der Bemessung des unpfändbaren Notbedarfs (SchKG 93), bei Vornahme von Schätzungen, ausser im Gesetz wären dafür feste Rechtsregeln aufgestellt (SchKG 97, 140, VZG 9; BGE *120* III 81), bei Gewährung eines Verwertungsaufschubs (SchKG 123), teilweise auch bei der Bestimmung der Reihenfolge der Pfändung (SchKG 95). | 18

3. Rechtsverweigerung und Rechtsverzögerung

Dieser Beschwerdegrund ist gegeben, wenn eine gesetzlich | 19
vorgeschriebene Amtshandlung überhaupt nicht oder nicht binnen gesetzlicher oder angemessener Frist vorgenommen wird. Das äussert sich darin, dass das Vollstreckungsorgan oder eine kantonale Aufsichtsbehörde die gebotene Massnahme stillschweigend oder sogar ausdrücklich ablehnen oder einfach verschleppen. Geschieht dies allerdings in einem formellen Entscheid, so liegt bereits eine anfechtbare Verfügung vor, die nicht Rechtsverweigerung im Sinne von SchKG 17 III, 18 II und 19 II bedeutet, sondern Gesetzesverletzung darstellt («materielle Rechtsverweigerung»). Wird aber eine solche Verfügung nicht einmal begründet, hat man es wiederum mit Rechtsverweigerung zu tun. Die Unterscheidung spielt eine Rolle für die Frage, ob eine Beschwerdefrist zu beobachten ist (siehe N. 31 ff. unten).

Die Rechtsprechung des Bundesgerichts über die Abgrenzung zwi- | 20
schen «Rechtsverweigerung» und «ablehnender Verfügung» ist zwar nicht durchwegs einheitlich (BGE *97* III 30 ff.). Fest steht jedoch, dass als Rechtsverweigerung im Sinne des SchKG nur eine «formelle Rechtsverweigerung» (i. S. blosser Untätigkeit) in Betracht kommt (s. auch oben N. 9).

Beispiele: Das Betreibungsamt weigert sich, den Rechtsvorschlag des Schuldners entge- | 21
genzunehmen oder dem Betreibungs-, Pfändungs- oder Verwertungsbegehren des Gläubigers Folge zu geben; oder es unterlässt eine für den Fortgang des Verfahrens gebotene Fristansetzung; oder die Aufsichtsbehörde entscheidet eine Beschwerde nicht, weder materiell noch durch Nichteintreten (BGE *101* III 7).

Nichts mit formeller Rechtsverweigerung hat es dagegen zu tun, wenn beim Erlass einer | 22
Verfügung der Anspruch auf rechtliches Gehör missachtet worden ist; gegen die «Verweigerung des rechtlichen Gehörs» bleibt die staatsrechtliche Beschwerde wegen Verletzung von BV 4 vorbehalten (BGE *101* III 68, *105* III 33, *106* III 54 und 81; siehe auch § 6 N. 100).

V. Die Beschwerdelegitimation

1. Der Beschwerdeführer

23   Mit der Frage nach der Beschwerdelegitimation sucht man Antwort darauf, wer aufgrund seiner Betroffenheit von einer amtlichen Verfügung befugt ist, dagegen Beschwerde zu führen. Es geht um die formelle *Legitimation zum Verfahren,* also nicht – wie im Zivilprozess – um die materielle Legitimation zur Sache.

24   Wie erwähnt (oben N. 3 ff.), wurzelt die betreibungsrechtliche Beschwerde in der *Verwaltungsrechtspflege.* Davon ausgehend ist auch die Beschwerdelegitimation zu definieren, nämlich, auf eine allgemeine Formel gebracht: Legitimiert ist, wer durch eine Verfügung eines Vollstreckungsorganes (oder wegen Unterlassung einer solchen) in seinen rechtlich geschützten oder tatsächlichen Interessen betroffen und dadurch beschwert ist und deshalb ein schutzwürdiges Interesse an der Aufhebung oder Abänderung der Verfügung (bzw. der Anordnung einer solchen) hat (BGE *119* III 83, *112* III 1; oben N. 2). Fehlt eine solche *Beschwer,* ist auf die Beschwerde nicht einzutreten (Prozessvoraussetzung).

Ist die Beschwer faktisch nicht mehr vorhanden, wäre eine Beschwerde sinnlos, es sei denn, der Betroffene wäre der Wiederholung einer Anordnung ausgesetzt (BGE *99* III 58, *105* III 104).

Zur Beschwerdeführung können demnach legitimiert sein:

25   – Vor allem und ganz allgemein der *Schuldner* (gleichgültig, ob er privater oder öffentlicher Rechtsnatur ist); der Konkursit z. B. gegenüber Verfügungen der Konkursverwaltung und Beschlüssen der Gläubiger, namentlich solchen über Massnahmen zur Erfassung, Sicherung und Verwertung von Gegenständen des Konkursvermögens (BGE *108* III 2);

26   – neben dem Schuldner allfällige *Mitbetriebene* (wie Drittpfandeigentümer, Ehegatte, vormundschaftliche Organe; s. § 8 N. 25).

27   – Ferner die *Gläubiger,* die am Vollstreckungsverfahren beteiligt sind, im Konkurs insbesondere auch gegen Beschlüsse der Gläubigerversammlung (SchKG 239 I).

28   – Legitimiert sind aber nicht nur die Parteien des Betreibungsverfahrens selbst, sondern auch *Dritte,* deren Interessen durch eine Amtshandlung verletzt werden, z. B.:

– nicht betreibende Gläubiger, so der nicht betreibende Pfandgläubiger gegen Verwertungsmassnahmen am Pfandobjekt (BGE *87* III 1);

- Eigentümer gepfändeter Sachen;
- Dritte, bei denen Guthaben des Schuldners arrestiert oder gepfändet wurden (BGE *96* III 109, *103* III 88, *105* III 107, *108* III 117);
- Familienangehörige des Schuldners als Mitbetroffene einer Pfändung von Kompetenzgut der Hausgemeinschaft oder einer zu weit gehenden Lohnpfändung (BGE *116* III 77);
- durch eine Lohnpfändung in ihren Rechten beeinträchtigte Lohnzessionare (OR 325; BGE *107* III 78);
- Teilnehmer an einer Steigerung (OR 230 II; BGE 95 III 22);
- Teilhaber an einer Gemeinschaft mit dem Schuldner (BGE *105* III 56).

2.   Der Beschwerdegegner

Beschwerdegegner ist immer das Vollstreckungsorgan, das die   29
angefochtene Verfügung getroffen hat oder von dem sie erwartet wird.
Die in Betracht zu ziehenden Organe wurden schon im Zusammenhang
mit den anfechtbaren Verfügungen erwähnt (oben N. 9).

Es kann vorkommen, dass in einem Betreibungsverfahren Amtshandlungen in einem   30
andern Betreibungskreis vorgenommen werden müssen: z. B. die Pfändung von Sachen,
die sich dort befinden. In solchen Fällen muss das die Betreibung führende Amt um
Rechtshilfe des für die Vornahme der Handlung zuständigen Amtes nachsuchen (SchKG
4). Man nennt das «*Requisition*». Im Falle solcher Requisition ist das requirierende Amt
Beschwerdegegner, wenn die *Anordnung* der Pfändung oder der Versteigerung angefochten wird. Dagegen ist die Beschwerde gegen das requirierte Amt zu richten, wenn die *Art
und Weise,* wie die angeordnete Verfügung ausgeführt worden ist, beanstandet wird (BGE
96 III 95).

VI.   Die Beschwerdefrist

1.   Die befristete Beschwerde

Das Beschwerderecht ist regelmässig befristet, wenn *Gesetz-*   31
widrigkeit oder *Unangemessenheit* gerügt wird. Die Frist beträgt im
allgemeinen 10 Tage (SchKG 17 II), ausnahmsweise nur 5, nämlich in
der Wechselbetreibung (SchKG 20) sowie im Konkurs gegen Beschlüsse
der ersten Gläubigerversammlung (SchKG 239). Sie läuft vom Tage
weg, an welchem der Beschwerdeführer von der gesetzwidrigen oder
unangemessenen Verfügung Kenntnis erhalten hat. Die Aufsichtsbehörden müssen von Amtes wegen feststellen, ob sie eingehalten worden

ist; dabei tragen sie die Beweislast für die Behauptung, die Beschwerde sei ihnen nicht rechtzeitig zugegangen (BGE *114* III 51).

32   Bezüglich Wahrung oder Wiederherstellung der Frist gilt SchKG 32 f. (siehe dazu § 11 N. 20 ff.).

2.   Die unbefristete Beschwerde

33   Wegen *Rechtsverweigerung oder Rechtsverzögerung* kann jederzeit Beschwerde geführt werden (SchKG 17 III, 18 II und 19 II). Nur in diesen Fällen ist das Beschwerderecht nicht befristet.

3.   Die Aufsichtsanzeige und Kassation von Amtes wegen

34   Als unbefristet wird gelegentlich auch eine Beschwerde bezeichnet, durch welche die Aufsichtsbehörde auf eine Gesetzesverletzung aufmerksam gemacht wird, was sie veranlasst, *von Amtes wegen in das Verfahren einzugreifen.* Dies ist geboten, wenn die beanstandete Verfügung gegen zwingendes Recht verstösst, indem sie eine im öffentlichen Interesse oder im Interesse am Betreibungsverfahren nicht beteiligter Dritter aufgestellte Vorschrift verletzt (SchKG 22; BGE *115* III 26). Derlei Verfügungen sind *ex tunc nichtig;* sie können, weil auch der Zeitablauf ihren Mangel nicht zu heilen vermag, überhaupt keine Wirkung entfalten.

35   Da die Aufsichtsbehörde in solchen Fällen schon von sich aus hätte eingreifen sollen, kommt hier der «Beschwerde» nur die Funktion einer jederzeit zulässigen *Aufsichtsanzeige* zu (BGE *117* III 40 f.). Es braucht nur die Nichtigkeit festgestellt zu werden; die betreffende Verfügung muss nicht noch formell aufgehoben werden.

36   Im Unterschied zu den kantonalen Aufsichtsbehörden greift das Bundesgericht nie von sich aus, sondern nur im Rahmen einer bei ihm hängigen Beschwerde – auch einer ungültigen – ein (BGE *118* III 6).

37   *Nichtigkeit trifft zum Beispiel:*
   – eine Verfügung, mit der das Amt seine Zuständigkeit offensichtlich überschreitet (BGE *97* III 102, *111* III 61, *113* III 45);
   – eine Betreibung, in welcher der betreibende Gläubiger nicht klar und unzweideutig bezeichnet ist, insbesondere bei Verwendung einer Kollektivbezeichnung (wie «Erbengemeinschaft», «Gemeinderschaft») für eine Mehrheit von Gläubigern (BGE *98* III 24);
   – Betreibungshandlungen gegen einen nicht Betreibungsfähigen (BGE *115* III 14);
   – Betreibungshandlungen seitens einer oder gegen eine Person, die (mangels Rechtspersönlichkeit) nicht parteifähig ist, wie z. B. eine Zweigniederlassung (BGE *120* III 11);

– fehlerhafte Zustellung des Zahlungsbefehls, von welcher der Schuldner nicht Kenntnis erhält (BGE *120* III 119);
– Rechtsmissbrauch durch rein schikanöse Betreibungen (BGE *115* III 18);
– Missachtung des Selbstkontrahierungsverbots gemäss SchKG 11 (BGE *112* III 65);
– Beschlagnahmeakte (Arrest, Pfändung) durch ein örtlich nicht zuständiges Amt, insoweit als Dritte im Hinblick auf einen allfälligen Pfändungsanschluss an der Beachtung der Zuständigkeit interessiert sind (BGE *103* III 88, *105* III 61);
– die von einem unzuständigen Amt erlassene Pfändungsankündigung oder Konkursandrohung (BGE *96* III 33);
– die Arrestierung eines im Arrestbefehl nicht aufgeführten oder offensichtlich nicht dem Schuldner gehörenden Gegenstandes (BGE *90* III 50, *106* III 132);
– die durch unerlaubte Handlung veranlasste oder mit betrügerischer Eingabe bewirkte Kollokation einer Forderung (BGE *87* III 85);
– eine unklare und deshalb als Verteilungsgrundlage untaugliche Kollokation (BGE *106* III 26 f.);
– alle Betreibungshandlungen, die trotz Rückzugs der Betreibung oder trotz Rechtsvorschlags oder überhaupt ohne Zahlungsbefehl vorgenommen wurden (BGE *77* III 75, *84* III 14, *109* III 53);

Nicht nichtig, sondern bloss anfechtbar – weil keinerlei wichtige Interessen verletzt werden – ist dagegen: 38

– der von einem unzuständigen Amt erlassene Zahlungsbefehl (BGE *96* III 92) oder die von einem unzuständigen Amt ausgestellte leere Pfändungsurkunde (BGE *105* III 60) oder die Zustellung einer Betreibungsurkunde, insbesondere eines Zahlungsbefehls, an eine nicht empfangsberechtigte Person (BGE *88* III 15);
– die auf blossem Irrtum beruhende Kollokation (BGE *97* III 42).

Weitere Beispiele nichtiger oder bloss anfechtbarer Verfügungen sind zu finden in BGE *89* III 79.

Herrscht Unklarheit darüber, ob eine Verfügung nichtig oder bloss anfechtbar ist, empfiehlt es sich, unbedingt die Beschwerdefrist einzuhalten.   39

VII.   Die Entscheidungskompetenz

Die Beurteilung betreibungsrechtlicher Beschwerden ist ausschliesslich Sache der *Aufsichtsbehörden,* nicht der Gerichte. Welche Aufsichtsbehörde im Einzelfall zuständig ist, entscheidet sich nach dem Beschwerdegegner, dem Beschwerdegrund, dem Verfügungsort sowie der Funktion der Aufsichtsbehörden. Man unterscheidet also, wie im Verfahrensrecht allgemein, zwischen erstinstanzlich-sachlicher, örtlicher und funktioneller Zuständigkeit. Die Zuständigkeitsordnung beruht auf Bundesrecht sowie, wo zwei kantonale Aufsichtsbehörden bestehen, auch auf kantonalem Recht (§ 4 N. 36).   40

Beschwerdeeinreichung bei einer unzuständigen Behörde schadet nicht (SchKG 32 II, OG 32 IV; OG 75 II ist aufgehoben); die Eingabe wird von Amtes wegen der zuständigen Instanz überwiesen.   41

1. Die erstinstanzlich-sachliche Zuständigkeit

42   Die Aufsichtsbehörden aller Stufen können erstinstanzlich zum Entscheid über eine Beschwerde berufen sein. Ihre sachliche Zuständigkeit bestimmt sich nach dem Beschwerdegrund.

43   Bei Gesetzes- oder Ermessensverletzung, Rechtsverweigerung oder Rechtsverzögerung durch ein Vollstreckungsorgan ist erstinstanzlich immer eine *kantonale* Aufsichtsbehörde zuständig (SchKG 17 I).

Gegenüber einer Verfügung des Liquidators muss allerdings vorher noch *Einspruch* beim Gläubigerausschuss erhoben werden (SchKG 320). Erst dessen Einspracheentscheid unterliegt dann der Beschwerde (§ 55 N. 27).

44   Bei Rechtsverweigerung oder -verzögerung durch eine untere kantonale Aufsichtsbehörde ist die obere (SchKG 18 II), bei einer solchen durch die obere (oder einzige) kantonale Aufsichtsbehörde das Bundesgericht erstinstanzlich zuständig (SchKG 19 II).

2. Die örtliche Zuständigkeit

45   Von mehreren auf gleicher Stufe zuständigen Aufsichtsbehörden hat diejenige zu entscheiden, in deren Kreis die anfechtbare Verfügung getroffen wurde oder hätte getroffen werden sollen.

3. Die funktionelle Zuständigkeit

46   Die funktionelle Zuständigkeitsordnung regelt den Instanzenzug. Hat ein Kanton eine obere und untere Aufsichtsbehörde (SchKG 13 II), so kann er die Zuständigkeit innerhalb des Kantons selber regeln. Das Bundesrecht schreibt ihm dann nur die Weiterziehung des Entscheides einer untern an die obere Aufsichtsbehörde vor (SchKG 18 I).

47   Ans Bundesgericht kann nur der Entscheid einer oberen oder der einzigen kantonalen Aufsichtsbehörde weitergezogen werden (SchKG 19 I).

VIII. *Partei- und Beschwerdefähigkeit*

48   Wie in jedem Verfahren stellt sich auch im Beschwerdeverfahren die Frage der Partei- und Beschwerdefähigkeit. Ihr Vorliegen ist *Prozessvoraussetzung:* fehlen sie, kann auf die Beschwerde nicht einge-

treten werden. Für die *Parteifähigkeit* kann auf die Ausführungen in § 8 N. 3 ff. verwiesen werden.

Die *Beschwerdefähigkeit* sagt aus, wer fähig ist, persönlich Beschwerde zu führen oder sich im Beschwerdeverfahren nach eigener Wahl vertreten zu lassen. Sie entspricht der Prozessfähigkeit, daher grundsätzlich auch der Betreibungsfähigkeit, setzt also Handlungsfähigkeit voraus (s. die Ausführungen in § 8 N. 5 ff.). 49

Doch sind Beschwerde- und Betreibungsfähigkeit nicht immer deckungsgleich: *Unmündige* oder *entmündigte* Personen, die urteilsfähig sind, sind nicht nur im Rahmen ihrer beschränkten Betreibungsfähigkeit beschwerdefähig (ZGB 412, 414, s. BGE *94* III 18; ZGB 321 und 323 I, s. BGE *106* III 8; ZGB 395 II, s. BGE *102* III 139), sondern immer, soweit sie mit der Beschwerde Rechte ausüben, die ihnen um ihrer Persönlichkeit willen zustehen (ZGB 19 II); so zum Beispiel, wenn sie Unpfändbarkeit von Kompetenzgegenständen geltend machen (SchKG 92; BGE *102* III 138).

IX. Das Beschwerdeverfahren vor den kantonalen Aufsichtsbehörden

Das SchKG überlässt es weitgehend den Kantonen, das Beschwerdeverfahren zu regeln (SchKG 20 a III). Bundesrechtlich gelten immerhin wichtige, in SchKG 20 a I/II enthaltene Grundsätze. Ausserdem hat das Bundesgericht in seiner Rechtsprechung für eine gewisse Einheitlichkeit gesorgt. 50

1.   Form und Inhalt der Beschwerde

Die *Form* der Beschwerde bestimmen die Kantone; bei verbesserlichen Fehlern (z. B. bei fehlender Unterschrift) ist allerdings von Bundesrechts wegen Gelegenheit zu Verbesserung zu geben (SchKG 32 IV). Im allgemeinen ist Schriftlichkeit vorgeschrieben, so auch im Kanton Bern (EG/SchKG 11). In einigen Kantonen kann eine Beschwerde an die untere Aufsichtsbehörde sogar mündlich angebracht werden. 51

An den *Inhalt* der Beschwerde stellt dagegen das Bundesrecht seine Anforderungen: der Beschwerdeführer muss angeben, welche Änderungen des angefochtenen Entscheides er beantragt, und ausserdem kurz darlegen, welche Rechtssätze und inwiefern sie durch den angefochtenen Entscheid verletzt sein sollen. Diese Vorschrift in OG 79 für die Beschwerde ans Bundesgericht ist auch auf das Beschwerdeverfahren vor den kantonalen Aufsichtsbehörden anwendbar (BGE *73* III 33). 52

45

2. Die Behandlung der Beschwerde

53   Soweit das Bundesrecht nichts vorschreibt, bestimmt das kantonale Recht, wie die Beschwerde von der kantonalen Aufsichtsbehörde zu behandeln ist.

Bundesrechtlich gelten folgende Grundsätze:

54   – Das Verfahren kann *schriftlich oder mündlich* sein; wird nur mündlich verhandelt und kein genaues Protokoll geführt, gelten die einschlägigen Bestimmungen von OG 51 I b und c (SchKG 20 a II Z. 3). Im Kanton Bern beispielsweise finden keine Parteiverhandlungen statt (EG/SchKG 11 II).

55   – Der *Sachverhalt wird von Amtes wegen abgeklärt* (Untersuchungsmaxime, SchKG 20a II Z. 2).

56   – Die *Parteien* sind aber im Rahmen des Zumutbaren *zur notwendigen Mitwirkung* bei der Feststellung des Sachverhalts *verpflichtet* (z. B. zur Vorlage von Dokumenten, zum Erteilen von Auskünften, Dulden von Augenscheinen usw; SchKG 20 a II Z. 2). Verweigern sie die notwendige und zumutbare Unterstützung, braucht die Aufsichtsbehörde auf die Beschwerde nicht einzutreten.

57   – Die Parteien sind aber auch *berechtigt, mitzuwirken.* Insbesondere gilt auch im Beschwerdeverfahren die allgemeine bundesrechtliche Beweisregel von ZGB 8, woraus das Recht zum Gegenbeweis sowie auf Prüfung angebotener Beweismittel abgeleitet wird (BGE *107* III 1).

58   – Dem Beschwerdegegner (dem beklagten Vollstreckungsorgan) ist Gelegenheit zur *Stellungnahme* zu geben (SchKG 17 IV). Wieweit die Aufsichtsbehörde weitere am Vollstreckungsverfahren Beteiligte zur Vernehmlassung einladen will, steht – abgesehen von SchKG 239 II – in ihrem Ermessen; das kantonale Recht kann es zwingend verlangen. Vom kantonalen Recht hängt auch ab, ob dem Beschwerdeführer oder einem weiteren Beteiligten in die amtliche Vernehmlassung Einsicht und Gelegenheit zur Replik zu geben ist. Von Bundesrechts wegen besteht kein Anspruch darauf, solange nichts zu deren Nachteil geändert und der angefochtene Entscheid bloss bestätigt wird.

59   – Die Aufsichtsbehörde *würdigt die Beweise frei* (SchKG 20 a II Z. 3).

60   – Sie ist *an die Parteibegehren gebunden* (Dispositionsmaxime); nur bei Nichtigkeit der angefochtenen Verfügung besteht diese Bindung nicht (SchKG 20 a II Z. 3, SchKG 22).

61   – Der Beschwerdeentscheid ist zu *begründen,* den Parteien und weiteren Beteiligten *schriftlich zu eröffnen* und mit einer *Rechtsmittelbelehrung* zu versehen (SchKG 20 a II Z. 4.)

– Das Beschwerdeverfahren ist *kostenlos* (SchKG 20 a I, GebV 61 II);   62
es kostet überhaupt nichts, weil auch keine Parteientschädigung zugesprochen werden darf (GebV 62 II; BGE *115* III 59); darum besteht
grundsätzlich auch kein Bedürfnis nach Gewährung der unentgeltlichen Rechtspflege (s. aber auch § 13 N. 18). Zur Kostenpflicht und
Ordnungsbusse im Falle bös- oder mutwilliger Beschwerdeführung
s. § 13 N. 13 f.

– Grundsätzlich ist die Aufsichtsbehörde an keine *Frist für die Er-*   63
ledigung der Beschwerde gebunden, abgesehen von zwei Ausnahmen:
  – in der Wechselbetreibung soll das Verfahren binnen 5 Tagen
    durchgeführt sein (SchKG 20);
  – Beschwerden gegen Beschlüsse der ersten Gläubigerversammlung
    im Konkurs sind binnen kurzer Frist zu entscheiden, und zwar
    nach Anhörung des Konkursamtes sowie, wenn es die Aufsichts-
    behörde für zweckmässig erachtet, auch des Beschwerdeführers
    und derjenigen Gläubiger, die einvernommen zu werden verlan-
    gen (SchKG 239 II).

3. Die Wirkungen der Beschwerdeeinreichung

Allein schon die Einreichung der Beschwerde äussert gewisse
Wirkungen, andere können ihr von der Beschwerdeinstanz zuerkannt
werden.

a) *Der Devolutiveffekt*

Vom Augenblick an, in dem die Beschwerde bei der Auf-   64
sichtsbehörde eingereicht ist, befindet sich der Streitfall grundsätzlich in
deren Zuständigkeit. Aus praktischen Gründen wird dieser sogenannte
Devolutiveffekt allerdings modifiziert. Solange nämlich die Beschwerdefrist noch läuft oder das Vollstreckungsorgan zu einer eingelegten
Beschwerde noch keine Vernehmlassung erstattet hat, darf es seine
Verfügung in Wiedererwägung ziehen (*Selbstberichtigungsrecht;* SchKG
17 IV); die Beschwerde wird damit gegenstandslos. Erst nach der Vernehmlassung oder Ablauf der Vernehmlassungsfrist tritt die Überwäl-
zungswirkung voll ein; ein Zurückkommen auf die eigene Verfügung
wäre dann, selbst bei absoluter Nichtigkeit derselben, nicht mehr statthaft (SchKG 22 II; BGE *97* III 3, 76, *110* III 58).

b)   Der Suspensiveffekt

65   Die Beschwerde hat nicht Suspensivwirkung in dem Sinne, dass während der Beschwerdefrist und nach ihrer Einreichung die formelle Rechtskraft und die Vollstreckbarkeit der angefochtenen Verfügung schon von Gesetzes wegen aufgeschoben wäre. Vielmehr kommt ihr diese Wirkung nur auf besondere Anordnung der Aufsichtsbehörde oder ihres Präsidenten zu (SchKG 36). Die aufschiebende Wirkung kann auf Antrag oder von Amtes wegen gewährt werden.

66   Praktische Gründe gebieten aber dem Vollstreckungsorgan, schon von sich aus den Vollzug einer Verfügung aufzuschieben, wenigstens bis die Beschwerdefrist abgelaufen bzw. die Frage des Suspensiveffektes entschieden ist (BGE *78* III 59, *109* III 41 f.). Dringliche Massnahmen (z. B. zur Vorbereitung einer Pfändung, vgl. § 22 N. 65) sind jedoch stets sofort zu vollziehen. Auf jeden Fall könnte nach Einreichung einer Beschwerde die angefochtene Verfügung nur noch als provisorisch vollzogen gelten (BGE *56* III 112).

67   Der Entscheid über die Gewährung der aufschiebenden Wirkung ist den Parteien sofort mitzuteilen. Als bloss prozessleitende Verfügung ist er nicht anfechtbar (oben N. 8).

4.   Der Beschwerdeentscheid der kantonalen Aufsichtsbehörde

68   Mit ihrem Entscheid erledigt die Aufsichtsbehörde die ihr unterbreitete Streitfrage für das hängige Vollstreckungsverfahren (BGE *105* III 110). Entweder tritt sie auf die Beschwerde gar nicht ein, oder sie weist sie ab oder heisst sie gut.

69   1. *Nichteintreten* erfolgt, wo es an einer Verfahrensvoraussetzung mangelt, z. B. im Falle versäumter Beschwerdefrist, fehlender Legitimation, fehlender Partei- oder Beschwerdefähigkeit.

70   Mit dem Nichteintretensentscheid bleibt die angefochtene Verfügung rechtskräftig und wird endgültig vollstreckbar, es sei denn, sie wäre nichtig. Provisorisch vollzogene Massnahmen werden definitiv.

71   2. Wird auf die Beschwerde eingetreten, so ist über ihre sachliche Begründetheit zu entscheiden: es kommt zum *Sachentscheid.*

72   Erweist sich die Beschwerde als unbegründet, so kommt es zu ihrer *Abweisung.* Der endgültige Abweisungsentscheid hat dieselben Wirkungen wie ein endgültiger Nichteintretensentscheid.

73   Begründetheit der Beschwerde führt zu ihrer *Gutheissung.* Der Aufsichtsbehörde bieten sich dann folgende Möglichkeiten an:
– Sie kann die angefochtene Verfügung einfach *aufheben* oder sie selbst *berichtigen* (Kassation oder Reformation).
– Wo unbegründetermassen eine Amtshandlung verweigert oder verzögert wurde, wird sie deren *Vollzug anordnen.*

– Schliesslich steht es ihr auch frei, die Verfügung aufzuheben und die Sache zu neuer Prüfung und Beurteilung an die zuständige Behörde *zurückzuweisen*; das ist bei fehlender Spruchreife angezeigt, wenn also ein zuverlässiger Entscheid noch näherer Vorabklärung bedarf.

Weil der Beschwerdeentscheid in ein Vollstreckungsverfahren eingreift, sind seine *Wirkungen* in dem Sinne absolut, dass sie sich gegenüber sämtlichen an diesem Verfahren Beteiligten äussern können, nicht bloss zwischen den Beschwerdeparteien. Die Aufhebung einer Verfügung wirkt stets ex tunc, eine Berichtigung ex nunc, und im Falle der Rückweisung wird das Verfahren «zurückgewälzt».   74

Stellt die kantonale Aufsichtsbehörde eine Amtspflichtverletzung fest, so kann sie mit ihrem Entscheid auch eine *Disziplinarmassnahme* verbinden.   75

X. Die Weiterziehung des Beschwerdeentscheides

1. Weiterziehung an die obere kantonale Aufsichtsbehörde

Jeder Beschwerdeentscheid einer unteren kantonalen Aufsichtsbehörde kann an die obere kantonale Aufsichtsbehörde weitergezogen werden (SchKG 18 I; BGE *113* III 115).   76

Bezüglich der *Frist zur Weiterziehung* kann auf die Ausführungen zur Beschwerdefrist verwiesen werden (N. 31 oben).   77

Zur Weiterziehung *legitimiert* ist, wer durch den Entscheid der ersten Instanz beschwert ist. Das kann sein   78

– der Beschwerdeführer,
– seine Gegenpartei im Betreibungsverfahren (der Gläubiger oder der Schuldner, selbst wenn sie im erstinstanzlichen Verfahren nicht Partei waren),
– ein Dritter, der vom Beschwerdeentscheid betroffen wird,
– sogar das beschwerdebeklagte Vollstreckungsorgan kann legitimiert sein, z. B.
  – die Konkursverwaltung, wenn sie *Interessen der Masse* (d. h. der Gesamtheit der Gläubiger) oder des Kantons, den sie vertritt (z. B. der Staatskasse), geltend macht (BGE *119* III 5);
  – desgleichen der Liquidator beim Nachlassvertrag mit Vermögensabtretung.

Ausnahmsweise dürfen die *Vollstreckungsorgane* sogar *in eigener Sache,* wo ihre persönlichen materiellen Interessen auf dem Spiele stehen, einen Beschwerdeentscheid wei-   79 terziehen (BGE *119* III 5). Dies insbesondere insoweit, als die Anwendung des Gebühren-tarifs in Frage steht (GebV 2). In solchen Fällen darf mit der Gebührenfrage auch die Sachentscheidung weitergezogen werden.– Nicht legitimiert ist dagegen das Vollstrek-kungsorgan, dem es nur darum geht, sich gegen allfällige Verantwortlichkeitsansprüche – über die der ordentliche Richter zu entscheiden hätte – abzusichern (BGE *105* III 37).

80   Auch das *Weiterziehungsverfahren* wird durch kantonales Recht gere-gelt, soweit nicht das Bundesrecht eingreift; insbesondere gelten hier wiederum die bundesrechtlichen Grundsätze wie im erstinstanzlichen Beschwerdeverfahren (SchKG 20a, oben N. 54 ff.). Hervorgehoben seien folgende Regeln:

81   – Die Weiterziehung erfolgt immer *schriftlich,* wobei das kantonale Recht bestimmt, ob die Eingabe bei der untern oder der obern In-stanz einzureichen ist. Einreichen bei der falschen Behörde schadet jedoch nicht (SchKG 32 II).

82   – Die obere kantonale Aufsichtsbehörde ist (wie die untere) an die *Parteibegehren* gebunden. Sie übt in diesem Rahmen volle Rechts- und Ermessenskontrolle aus. Immerhin dürfte sie den angefochtenen Entscheid nicht zum Nachteil des Beschwerdeführers ändern, ohne ihm vorher Gelegenheit zur Stellungnahme gegeben zu haben.

83   – Inwieweit vor der oberen Aufsichtsbehörde neue Tatsachen und Be-weismittel – sogenannte *nova* – vorgebracht werden dürfen, bestimmt das kantonale Recht.

84   – Der *Entscheid* der oberen kantonalen Aufsichtsbehörde kann eben-falls auf Nichteintreten, Abweisung oder Gutheissung lauten; bei Gutheissung wird die Sache zu neuer Entscheidung an die Vorinstanz zurückgewiesen oder ein Sachentscheid getroffen.

85   – Auch das Weiterziehungsverfahren ist grundsätzlich *gebühren- und entschädigungsfrei* (SchKG 20a I; GebV 61 II und 62 II; dazu N. 62 oben).

2.   Die Beschwerde ans Bundesgericht

86   Das Beschwerdeverfahren vor Bundesgericht ist – abgesehen von SchKG 19 und 20a I – im Organisationsgesetz geregelt (OG 76 ff.).

a)   *Anfechtbare Entscheide bzw. Beschwerdegründe*

87   Nur *rechtswidrige Entscheide* einer oberen (oder der einzigen) kantonalen Aufsichtsbehörde können mit der Betreibungsbeschwerde ans Bundesgericht gezogen werden (SchKG 19, OG 76 ff.). Der Be-schwerdeführer muss also der kantonalen Aufsichtsbehörde eine

Rechtsverletzung vorwerfen, und zwar eine *Verletzung von Bundesrecht* (oben N. 12; BGE *117* III 46). Dazu gehören natürlich auch die bundesrechtlichen Vorschriften für das kantonale Beschwerdeverfahren (SchKG 20 II). Nicht überprüfbar ist dagegen die Anwendung kantonalen Rechts, auch nicht kantonalen Verfahrensrechts (BGE *110* III 13).

Die in einem Beschwerdeverfahren getroffenen *Zwischenentscheide*   88
einer kantonalen Aufsichtsbehörde sind auch vor Bundesgericht nicht anfechtbar (oben N. 8; BGE *111* III 51).

> Wird jedoch durch den Zwischenentscheid ein verfassungsmässiges Recht verletzt (z. B. willkürliche Verweigerung der aufschiebenden Wirkung, wodurch ein irreparabler Nachteil entsteht, OG 87), bleibt die staatsrechtliche Beschwerde vorbehalten.

b)   Legitimation, Frist, Form und Kosten

Hinsichtlich der *Legitimation* (BGE *120* III 109), der *Be-*   89
schwerdefrist (SchKG 19 I und 20) und der *Kosten* (SchKG 20 a I) gilt das gleiche wie für die Weiterziehung an die kantonale Aufsichtsbehörde (oben N. 77 ff.).

Die Beschwerde ist *schriftlich* und im Doppel bei der kantonalen   90
Aufsichtsbehörde einzureichen unter Beilage des angefochtenen Entscheides (OG 78 I und 79 II). Eingabe beim Bundesgericht schadet aber nicht (OG 32 IV, SchKG 32 II; § 11 N. 21). Zur Schriftlichkeit gehört die Unterschrift des Beschwerdeführers, sei es auf der Eingabe selbst oder zumindest auf einem Begleitbrief; fehlt sie, kann sie nachgeholt werden (OG 30 II).

In der Beschwerde muss gesagt sein, welche Änderung des angefoch-   91
tenen Entscheides verlangt wird, welche Vorschriften des Bundesrechts durch den Entscheid verletzt worden sein sollen und worin die Verletzung bestehe (OG 79 I). Die *Begründung* muss in der Beschwerde selbst enthalten sein; mit blosser Verweisung auf frühere Vorbringen im kantonalen Verfahren begnügt sich das Bundesgericht nicht (BGE *99* III 60). Rechtsbegehren, die auf einen Geldbetrag lauten, müssen beziffert sein (BGE *121* III 390).

c)   Nova

Neue Begehren, Tatsachen, Bestreitungen und *Beweismittel*   92
können grundsätzlich nicht mehr vorgebracht werden. Ausnahmsweise sind jedoch solche *nova* zulässig, wenn eine Partei ihre Rechte vor der kantonalen Aufsichtsbehörde nicht gehörig wahrnehmen konnte (OG 79 I). Diesfalls wird das Bundesgericht neue Tatsachen hören, neue Beweismittel zulassen oder eine nachträgliche Beweisabnahme anord-

nen (BGE *107* III 2, *112* III 80). Schliesslich steht es dem Bundesgericht frei, die Vorlegung aller Prozessakten zu verlangen (OG 81).

Wird mit den nova ein Nichtigkeitsgrund geltend gemacht, berücksichtigt ihn das Bundesgericht von Amtes wegen (BGE *96* III 31).

d) Sachverhaltsüberprüfung

93   Das Bundesgericht hat seiner Entscheidung die *Sachverhalts-feststellung der kantonalen Aufsichtsbehörde* zugrundezulegen. Nur wenn diese unter Verletzung bundesrechtlicher Beweisvorschriften oder der bundesrechtlich vorgeschriebenen Untersuchungsmaxime zustande-gekommen ist, darf es den Sachverhalt überprüfen. Beruhen die Fest-stellungen offensichtlich auf Versehen, muss es sie von Amtes wegen berichtigen. Bezüglich der rechtlichen Würdigung der Tatsachen ist es hingegen völlig frei (OG 63 II, III und 81; BGE *117* III 32).

e) Dispositionsmaxime

94   Wie die kantonalen Aufsichtsbehörden ist auch das Bundesge-richt an die Parteibegehren gebunden (OG 81 in Verbindung mit OG 63 I). Vorbehalten bleibt die Aufhebung eines Entscheides wegen Nichtig-keit (zur Kassation von Amtes wegen durch das Bundesgericht siehe oben N. 34 ff.).

f) Beschwerdeentscheid

95   Auch der Entscheid des Bundesgerichts kann auf *Nichteintre-ten, Abweisung oder Gutheissung* lauten, wobei im letzten Falle die Sache zu neuer Beurteilung an die kantonale Instanz zurückgewiesen oder – bei Spruchreife – vom Bundesgericht selbst entschieden werden kann (OG 64). Der Entscheid wird den Parteien mit schriftlicher Be-gründung eröffnet.

XI.   Das Verhältnis der Beschwerde zu anderen Rechts-behelfen

1.   Beschwerde und gerichtliche Klage

96   Beschwerdeverfahren und Zivilprozess sind streng auseinan-derzuhalten. SchKG 17 I sagt ausdrücklich, dass gegen jede Verfügung

eines Betreibungs- oder Konkursamtes Beschwerde geführt werden könne, wenn das Gesetz nicht den Weg der gerichtlichen Klage vorschreibe. Diese Klarstellung ist notwendig, weil die Gerichte nicht nur materiellrechtliche Streitigkeiten zu entscheiden haben, sondern auch betreibungsrechtliche (dazu § 4 N. 51 ff. und BGE *120* III 1).

Die gerichtliche Klage schliesst also die Beschwerde aus: z. B. die Kollokationsklage   97
eines Gläubigers gegen einen andern Gläubiger gemäss SchKG 148; dagegen ist die eigene
Kollokation in der Pfändungsbetreibung mit Beschwerde anzufechten. Im Konkurs hingegen ist für beide Fälle die Klage vorgeschrieben (SchKG 250).

2.   Betreibungsrechtliche und staatsrechtliche Beschwerde

Das Bundesgericht überprüft im betreibungsrechtlichen Be-   98
schwerdeverfahren (OG 76 ff.) die richtige Anwendung des Bundesrechts – einschliesslich der Staatsverträge, aber ohne das Verfassungsrecht – durch die kantonalen Instanzen; gegen Verletzung der Verfassung ist die staatsrechtliche Beschwerde ausdrücklich vorbehalten (OG 81 i. V. m. OG 43 I; BGE *119* III 72).

Die betreibungsrechtliche Beschwerde ans Bundesgericht erfasst so-   99
mit nicht jede Rechtsverletzung wie die Verwaltungsgerichtsbeschwerde (OG 97 ff.) – sowenig wie die zivilrechtliche Berufung. Die staatsrechtliche Beschwerde steht infolgedessen zur Betreibungsbeschwerde im gleichen Verhältnis wie zur zivilrechtlichen Berufung: sie ist grundsätzlich subsidiär, hinsichtlich Verfassungsverletzungen hingegen primär (BGE *105* III 34, *110* III 117, *119* III 121).

Beispiele: 100
– *Willkürliche* Anwendung von Normen des SchKG, seiner Ausführungsverordnungen
  oder anderer Bundesgesetze durch kantonale Behörden ist zwar Verletzung eines
  verfassungsmässigen Rechts (BV 4); dennoch ist hier die vorteilhafte Betreibungsbeschwerde und nicht die staatsrechtliche Beschwerde an das Bundesgericht gegeben, weil
  die Verfassungsverletzung zugleich eine qualifizierte Verletzung von «gewöhnlichem»
  Bundesrecht darstellt.
– Desgleichen bedeutet *willkürliche Ermessensbetätigung* zugleich eine qualifizierte Verletzung von Bundesrecht i. S. von SchKG 19 (BGE *101* III 54).
– Beruht eine willkürliche Feststellung des *Sachverhaltes* auf willkürlicher Anwendung –
  also qualifizierter Verletzung – von bundesrechtlichen Verfahrens- und Beweisvorschriften (z. B. SchKG 20 a), so kann diese Rüge ebenfalls mit Betreibungsbeschwerde
  beim Bundesgericht vorgebracht werden.
– Gegen willkürliche Anwendung von *kantonalem Recht* ist dagegen immer nur die
  staatsrechtliche Beschwerde gegeben.
– Verletzung des rechtlichen Gehörs (BV 4) kann beim Bundesgericht nur mit der
  staatsrechtlichen Beschwerde gerügt werden (BGE *101* III 68). Anders verhält es sich,

wenn das SchKG oder anderes Bundesrecht die Anhörung der betreffenden Partei selber ausdrücklich oder stillschweigend vorschreibt.

101   Ausnahmsweise wird die *Vereinigung* einer betreibungsrechtlichen und einer staatsrechtlichen Beschwerde in einer einzigen Eingabe zugelassen: wenn die wesentlichen Elemente jedes der beiden Rechtsmittel darin klar auseinandergehalten sind (BGE *120* III 66).

2. Kapitel: Gegenstand, Parteien und Arten der Betreibung

§ 7   Der Betreibungsgegenstand

Wer nach dem Gegenstand der Betreibung fragt, will wissen, welche Ansprüche im Verfahren der Schuldbetreibung vollstreckt werden können.

I.   Grundsatz

Das Gesetz selbst erklärt, dass auf dem Wege der Schuldbetreibung diejenigen Zwangsvollstreckungen durchgeführt werden, die auf eine Geldzahlung oder Sicherheitsleistung gerichtet sind (SchKG 38 I). Gegenstand der Schuldbetreibung bilden somit alle *Ansprüche auf Geld,* seien es solche auf Zahlung oder auch bloss solche auf Sicherheitsleistung in Geld.   1

1.   Ansprüche auf Geldzahlung

Darunter sind nur Forderungen auf Zahlung in *Schweizer Währung* zu verstehen. Auf eine ausländische Währung lautende Forderungen können auf dem Betreibungswege nur geltend gemacht werden, wenn sie in Schweizer Währung umgerechnet sind (SchKG 67 I Z. 3). Eine Geldsortenschuld mit «Effektiv»-Klausel im Sinne von OR 84 II (auch eine «WIR-Geld»-Schuld; BGE *94* III 74) schliesst die Umrechnung aus, ist somit Sachschuld, mithin nicht betreibungsrechtlich, sondern nur nach kantonalem Zivilprozessrecht vollstreckbar.   2

Von besonderer Bedeutung in diesem Zusammenhang ist die Sondervorschrift in SchKG 211 I, wonach im Konkurs Forderungen, die nicht auf Geldzahlung lauten, in Geldforderungen von entsprechendem Wert umgewandelt werden, damit sie überhaupt konkursmässig liquidiert werden können. Betreibung dafür bleibt jedoch ausgeschlossen.   3

Dagegen spielt es keine Rolle, ob die Geldforderung öffentlich- oder privatrechtlicher Natur, ob sie bestritten oder unbestritten, zuweilen nicht einmal ob sie fällig oder nicht fällig ist. Der Konkurs bewirkt sogar   4 die Fälligkeit aller Forderungen gegen den Schuldner, der Arrest wenigstens unter gewissen Voraussetzungen (SchKG 208 I, 271 II).

2. Ansprüche auf Sicherheitsleistung

5   Die Betreibung auf Sicherheitsleistung hatte bisher nur geringe praktische Bedeutung. Sie bietet dem Gläubiger, der Anspruch darauf hat, dass ihm die Erfüllung einer Verpflichtung seines Schuldners sichergestellt werde, die Möglichkeit, diesen Anspruch auf dem Wege der Schuldbetreibung zwangsweise durchzusetzen (BGE *93* III 79, *110* III 3).

6   Ein solcher Anspruch kann gesetzlich begründet sein, auf einem richterlichen Entscheid oder auf einem Vertrag beruhen.

Beispiele für gesetzliche Sicherheitsansprüche: ZGB 203 II, 235 II, 281, 585 II, 760, 809; OR 152 II, 175 III, 506).

7   Ziel der Betreibung auf Sicherheitsleistung ist immer nur die *Leistung der beanspruchten Sicherheit in Geld.* Andersartige Sicherheit (z. B. Bestellung eines Pfandes oder einer Bürgschaft) kann nicht auf dem Betreibungswege, sondern höchstens im Vollstreckungsverfahren nach kantonalem Prozessrecht erzwungen werden.

8   Die Sicherheitsleistung in Geld ist nicht zu verwechseln mit der eigentlichen Geldzahlung zur Tilgung der Geldschuld. Das beim Betreibungsamt sicherheitshalber erlegte Geld oder der Erlös aus den verwerteten Gegenständen werden bei der kantonalen Depositenanstalt als Sicherheit für die geschuldete Geldzahlung hinterlegt (SchKG 9). Dem Gläubiger darf nichts davon ausgezahlt werden; denn die ihm sichergestellte Geldforderung bleibt weiter bestehen. Nur wer auf Geldzahlung betreibt, wird für seine Forderung befriedigt (BGE *90* III 2).

9   Das Verfahren der Betreibung auf Sicherheitsleistung verläuft gleich wie dasjenige auf Geldzahlung. Allerdings kommt nur die Spezialexekution in Frage (Betreibung auf Pfändung), und zwar auch gegenüber einem konkursfähigen Schuldner (SchKG 43). Eine besondere Betreibungsart ist die Betreibung auf Sicherheitsleistung deswegen aber nicht; ihr einziger Unterschied zur Betreibung auf Zahlung besteht darin, dass der vom Schuldner geleistete Betrag dem Gläubiger nicht ausgezahlt, sondern für ihn nur hinterlegt werden darf.

10   Leistet der Schuldner die geschuldete Sicherheit – zuzüglich Betreibungskosten – in bar an das Betreibungsamt, so erlischt die Betreibung (SchKG 12 II). Stellt er Sicherheit auf andere Weise (bringt er z. B. Wertpapiere oder eine Bankgarantie bei, oder hinterlegt er Bargeld bei einem Dritten), erlischt die Betreibung erst, wenn der Gläubiger diese

Sicherheit annimmt und die Betreibung zurückzieht. Tut er das nicht, kann der Schuldner nach SchKG 85 an den Richter gelangen, der über das Genügen dieser anderweitigen Sicherheit entscheidet. Das Betreibungsamt wäre dazu nicht befugt (BGE *110* III 4).

II.   Besondere Bestimmungen und Ausnahmen

Für gewisse Geldforderungen bestehen Sonderbestimmungen; entweder sind sie der Schuldbetreibung entzogen, oder dann ist die Betreibung nach SchKG nur modifiziert anwendbar. Der Grund für die Sonderbehandlung kann in der Person des Schuldners oder des Gläubigers, in der Art der Forderung oder in der Natur des zur Vollstreckung herangezogenen Gegenstandes liegen. Alle Ausnahmen beruhen auf Gesetz.   11

1. SchKG 30 I behält besondere eidgenössische oder kantonale Vorschriften für die Vollstreckung gegen Kantone, Bezirke und Gemeinden vor. Auf diese Bestimmung stützt sich folgender Erlass: 12

Bundesgesetz über die Schuldbetreibung gegen Gemeinden und andere Körperschaften des kantonalen öffentlichen Rechts vom 4.12.1947 (SR 281.11).   13

Zulässig ist danach nur die Betreibung auf Pfändung oder auf Pfandverwertung. Doch kann die Aufsichtsbehörde die Betreibung jederzeit einstweilen einstellen. Im weitern bestimmt das Gesetz die Unpfändbarkeit von Sachen, die zur Erfüllung der öffentlichen Aufgaben unentbehrlich sind (sogenanntes Verwaltungsvermögen); dazu gehören auch Steuerforderungen (BGE *78* III 147, *111* III 81). Pfändbar ist somit nur das Finanzvermögen der Körperschaft. Verlustscheine gibt es nicht; der Gläubiger erhält nur einen Ausfallschein. Das zahlungsunfähige Gemeinwesen wird der Zwangsverwaltung (Beiratschaft) unterstellt, während deren Dauer es Betreibungsstillstand geniesst. Zur Sanierung der Finanzen kann sogar eine Steuererhöhung verfügt werden. Misslingt die Sanierung des Gemeindehaushalts, so kann ein Nachlassvertrag bewilligt werden.
Nicht anwendbar ist dieses Spezialgesetz auf eine *Kantonalbank* (BGE *120* II 321 ff.); denn diese ist keine Körperschaft. Sie ist nach SchKG zu betreiben; das muss auch für andere Anstalten des kantonalen öffentlichen Rechts gelten (z.B. für die kantonale Gebäudeversicherung).

Sache des kantonalen Rechts ist es, für die *Zwangsvollstreckung gegen den Kanton selber* die zulässigen Betreibungsarten und die Betreibungsstellen zu bezeichnen. Fehlen besondere Vorschriften, kommt das SchKG – nicht das Spezialgesetz – zur Anwendung.   14

Die *Schweizerische Eidgenossenschaft und ihre öffentlichrechtlichen Anstalten* unterliegen ebenfalls der Zwangsvollstreckung nach SchKG   15

(BGE *103* II 236); auch gegen sie kann aber nur die Spezialexekution ins Finanzvermögen in Frage kommen.

16   2. SchKG 30 II behält ausserdem weitere bundesrechtliche Sondererlasse vor:

– das Bundesgesetz über die *Verpfändung und Zwangsliquidation von Eisenbahnen und Schiffahrtsunternehmungen* vom 25.9.1917 (SR 742.211);

– die besonderen insolvenzrechtlichen *Bestimmungen des BankG.* Für die Nationalbank bestehen keine Sondervorschriften.

17   3. Bezüglich der *Verwertung von Gegenständen, die auf Grund strafrechtlicher oder fiskalischer Gesetze mit Beschlag belegt sind,* behält SchKG 44 die eidgenössischen oder kantonalen Gesetzesbestimmungen vor. Das kantonale Recht darf sich aber nicht über das Bundesrecht hinwegsetzen; namentlich ist es ihm verwehrt, für Fiskal- oder gar privatrechtliche Forderungen des Kantons oder einer Gemeinde ein Vorrecht zu beanspruchen, das nicht schon bundesrechtlich zugestanden ist (z.B. in ZGB 836; siehe dazu auch BGE *107* III 113, präzisiert in *115* III 1).

18   Unter SchKG 44 fällt insbesondere die Beschlagnahme von Gegenständen und Vermögenswerten nach dem revidierten *Einziehungsrecht* (StGB 58 ff.; s. BBl. 1993 III 277 ff., 1994 II 274 ff.).

19   4. *Forderungen der Pfandleihanstalten* sind nach den Bestimmungen in ZGB 910 ff. geltend zu machen (SchKG 45): Die Anstalt kann, nach vorgängiger öffentlicher Aufforderung zur Einlösung, das Versatzpfand amtlich verkaufen lassen. Sie braucht gar nicht erst eine Betreibung auf Pfandverwertung durchzuführen.

20   5. ZGB 354 III lässt die *Vollstreckung gegen eine Heimstätte* nur in der Form der Zwangsverwaltung nach ZGB 356 zu.

21   6. Auch das *Völkerrecht* (Staatsverträge und Gewohnheitsrecht) kann die Zwangsvollstreckung durch *Immunitäten* beschränken oder verbieten; der Vorrang des Völkerrechts ist in SchKG 30 a ausdrücklich vorbehalten. Ob ein *fremder Staat* sich gegenüber der zivilen Gerichtsbarkeit und Vollstreckung auf Immunität berufen kann, hängt davon ab, ob er die eingegangene Verbindlichkeit aufgrund eines Aktes *iure imperii* (hoheitlich) oder *iure gestionis* (privatrechtlich) begründet hat. Für die Unterscheidung ist nicht der Zweck des Aktes entscheidend, sondern seine Natur (BGE *120* II 408 ff., *113* I a 175). Die Schweiz folgt damit dem *Grundsatz der relativen Immunität.* Moderner Auffassung entspricht die Tendenz, die Immunitäten restriktiv auszulegen (BGE *120* II 409).

Beispiele für vollstreckbare *acta iure gestionis:*
- Lohnforderungen der subalternen Botschaftsangestellten (z. B. Sekretärinnen, Chauffeure, Sicherheitspersonal etc.);
- Forderungen aus dem Mietverhältnis und aus Unterhaltsarbeiten für das Botschaftsgebäude;
- Schadenersatzforderungen aus einem Verkehrsunfall mit Dienstfahrzeug.

Bei der *Vollstreckung gegen einen fremden Staat* sind allerdings – sowohl im Falle der Pfändung wie des Arrestes – besondere Unpfändbarkeiten zu beachten (§ 23 N. 39). Sie sind im Kreisschreiben des EJPD vom 8. 7. 1986 an die Kantonsregierungen betreffend die Arrestierung von Vermögen fremder Staaten zusammengefasst (s. auch BGE *112* I a 151 ff.). 22

Teilweise ist das Immunitätsrecht sogar kodifiziert, wie z. B. in folgenden Übereinkommen, denen die Schweiz beigetreten ist: 23
- Europäisches Übereinkommen vom 16. 5. 1972 über die *Staatenimmunität* (SR 0.273.1).
- Über die Immunitäten der *Internationalen Organisationen* und ihrer *Angehörigen* bestehen jeweils Spezialabkommen und Protokolle (SR 0.192.1 ff.); zur Immunität internationaler Organisationen siehe auch BGE *118* I b 565.
- Wiener Übereinkommen über diplomatische Beziehungen vom 18. 4. 1961 (SR 0.191.01); zur *diplomatischen Immunität* siehe auch BGE *117* III 16, *113* I b 162, 275.
- Wiener Übereinkommen über konsularische Beziehungen vom 24. 4. 1963 (SR 0.191.02).

§ 8   Die Betreibungsparteien

I.   *Allgemeines*

Wer von den Betreibungsparteien spricht, denkt an die Personen, die sich in einem Betreibungsverfahren gegenüberstehen. Dem Gegenstand der Schuldbetreibung nach kann das nur sein, wer einen Anspruch auf Geldzahlung (oder auf Sicherheitsleistung in Geld) geltend macht, sowie derjenige, gegen den dieser Anspruch erhoben wird. Wie im Verfahrensrecht allgemein ist auch hier zwischen Partei- und Verfahrens- oder Betreibungsfähigkeit zu unterscheiden. 1

Das Gesetz bezeichnet die Parteien durchwegs als «Gläubiger» und «Schuldner». Darunter versteht es auch diejenigen Personen, die bloss behaupten, Gläubiger zu sein, sowie diejenigen, die von diesen als Schuldner bezeichnet werden. Nach schweizerischem Recht kann die Betreibung ja ohne jeden Nachweis der materiellen Berechtigung (Sachlegitimation) durchgeführt werden, sofern der Betriebene sich nicht widersetzt (s. § 1 N. 15, 22). Kurz und bündig:«Gläubiger» ist also der *Betreibende,* «Schuldner» der *Betriebene.* 2

1.   Parteifähigkeit

3   Die *Parteifähigkeit* entspricht der *Rechtsfähigkeit;* diese wiederum bestimmt sich nach dem Zivilrecht (ZGB und OR) oder dem öffentlichen Recht (Staats- und Verwaltungsrecht). Wer danach rechtsfähig ist, ist stets auch parteifähig. Das Gesetz sieht aber Ausnahmen vor. So sind z. B. – obwohl nicht rechtsfähig – nach besonderer Gesetzesvorschrift betreibungsrechtlich dennoch parteifähig:
– eine unverteilte Erbschaft für die Betreibung gemäss SchKG 49 bzw. 59 (unten N. 23),
– die Konkursmasse (SchKG 240) oder die Nachlassmasse beim Liquidationsvergleich (SchKG 319 IV),
– die Gemeinschaft der Stockwerkeigentümer (ZGB 712 l II);
– die Kollektiv- und die Kommanditgesellschaft (OR 562 und 602).

4   *Nicht parteifähig* sind dagegen:
– *Nichtkaufmännische Kollektiv- und Kommanditgesellschaften,* solange sie noch nicht im Handelsregister eingetragen sind (OR 553, 595).
– Die *einfache Gesellschaft;* die Betreibung für eine Forderung derselben ist daher entweder von allen Gesellschaftern oder von einem gemeinsamen Vertreter aller Gesellschafter zu führen (OR 544 I; BGE *96* III 103). Für Schulden der Gesellschaft ist nicht diese, sondern sind die Gesellschafter (je einzeln) zu belangen (OR 544 III; SchKG 70 II; § 17 N. 12).
– Ein *Anlagefonds* (AFG 2; BGE *115* III 14); für ihn tritt die Fondsleitung als Partei auf (AFG 11) sowie gegebenenfalls ein Vertreter der Anlegergemeinschaft (AFG 28).
– Auch die *Zweigniederlassung* einer in der Schweiz ansässigen Handelsgesellschaft oder Genossenschaft (OR 642, 782, 837) ist nicht parteifähig; doch wird, wenn sie als Gläubigerin oder Schuldnerin angesprochen wird, unter Umständen bloss eine fehlerhafte Parteibezeichnung angenommen, die berichtigt werden kann (BGE *120* III 11).

2.   Betreibungsfähigkeit

5   Die *Verfahrens- oder Betreibungsfähigkeit* besitzt, wer als Gläubiger oder als Schuldner befugt ist, seine Interessen in einer Betreibung selbständig wahrzunehmen oder durch einen frei gewählten Vertreter wahrnehmen zu lassen. Voraussetzung dazu ist die *Handlungsfähigkeit.* Wo sie fehlt, muss die betroffene Partei gesetzlich vertreten sein (BGE *99* III 4).

6   Partei- und Betreibungsfähigkeit sind wesentliche *Voraussetzungen jeder Vollstreckung* (Verfahrensvoraussetzungen) und deshalb stets von Amtes wegen zu beachten, auch vom Bundesgericht. Indessen brauchen die Betreibungsbehörden nur dann eine Untersuchung darüber anzustellen, wenn auf Grund der Akten ernsthafte Zweifel bestehen; die

Betreibungsfähigkeit wird also vermutet, solange keine Indizien dagegen sprechen (BGE *105* III 111).

II.   *Der Gläubiger oder der Betreibende*

«Gläubiger» im Sinne des SchKG ist, wer einen Anspruch auf   7
Geldzahlung erhebt. Je nach dem Grad seiner Handlungs- bzw. Betreibungsfähigkeit führt er die Betreibung selbständig oder er wird im Verfahren gesetzlich vertreten. Beim Gläubiger spricht man auch von *aktiver Betreibungsfähigkeit.*

Selbständige Betreibung

Jede *voll handlungsfähige natürliche Person* kann einen Geld-   8
anspruch auf dem Betreibungswege persönlich und selbständig geltend machen. *Juristische Personen sowie Kollektiv- und Kommanditgesellschaften* handeln durch ihre gesetzlichen oder statutarischen Organe bzw. Vertreter. Massgeblich für das Vertretungsverhältnis ist die Aussage des Handelsregisters (BGE *84* III 74).

Gesetzliche Vertretung

Für *natürliche Personen, die handlungsunfähig sind* (Unmün-   9
dige und Entmündigte), muss ihr gesetzlicher Vertreter handeln. Die handlungsunfähige Person bleibt aber Partei.
Unter besonderen Voraussetzungen können allerdings auch Handlungs-   10
unfähige als Gläubiger selbständig betreiben:
– Das trifft insbesondere zu auf *bevormundete Personen,* die wenigstens *beschränkt handlungsfähig,* d. h. *urteilsfähig* und zur Ausübung eines Berufes oder eines eigenen Gewerbes ermächtigt sind: Sie können die sich daraus ergebenden Rechte selbständig wahrnehmen, für daraus erwachsende Forderungen also selbständig betreiben (ZGB 412, 414).
– Das gilt aber auch für *Minderjährige* hinsichtlich ihres selbstverwalteten freien Kindesvermögens im Sinne von ZGB 321 und 323 I (BGE *106* III 8).

Bei *Personen unter Beirat- oder Beistandschaft* ist zu unterscheiden: 11
– Personen unter *Mitwirkungsbeiratschaft* (ZGB 395 I) sind voll betreibungsfähig. Sie können ihre Forderungen immer selbständig eintreiben.

– Personen unter *Verwaltungsbeiratschaft* sind wenigstens in Bezug auf den Vermögensertrag und das Arbeitseinkommen (ZGB 395 II) selbständig betreibungsfähig; sie können also z. B. ihren Lohn selbständig eintreiben.
– Eine *handlungsfähige verbeiständete* Person (ZGB 394) bleibt voll betreibungsfähig. Eine gemäss ZGB 392 und 393 verbeiständete Person ist dagegen mindestens faktisch nicht mehr handlungsfähig; sie bleibt zwar Partei, wird aber vom Beistand vertreten.

Vertragliche Vertretung

12   Jeder betreibungsfähige Gläubiger kann sich aber auch nach eigener Wahl vertreten lassen (SchKG 27 und 67 I Z. 1). Selbst Handeln als Geschäftsführer ohne Auftrag (OR 419 ff.) ist zulässig, erfordert aber nachträgliche Genehmigung binnen nützlicher Frist (BGE *107* III 49).

13   Für einen Gläubiger im Ausland empfiehlt es sich, in der Schweiz einen Vertreter zu bestellen (SchKG 67 I Z. 1); sonst werden die für ihn bestimmten Betreibungsurkunden und Mitteilungen auf dem Amt und die ihm zufallenden Geldbeträge bei der Depositenstelle hinterlegt (vgl. § 16 N. 8). Das gilt auch im Konkursverfahren (SchKG 232 II Z. 6).

14   Die Kantone können die *gewerbsmässige Gläubigervertretung* regeln, insbesondere die Ausübung dieses Berufes an bestimmte Bedingungen knüpfen (SchKG 27 I); sie ausschliesslich den Rechtsanwälten vorzubehalten verstiesse jedoch gegen die durch BV 31 garantierte Handels- und Gewerbefreiheit (BGE *95* I 330). Im übrigen gilt interkantonal der Grundsatz der Freizügigkeit (SchKG 27 II). Niemand kann jedoch gezwungen werden, sich eines berufsmässigen Vertreters zu bedienen. Die Kosten einer solchen Vertretung dürfen zudem keinesfalls auf den Schuldner abgewälzt werden (SchKG 27 III; § 13 N. 10).

III.   *Der Schuldner oder der Betriebene*

15   «Schuldner» im Sinne des SchKG ist derjenige, gegen den ein Anspruch auf Geldzahlung erhoben wird, von dem der «Gläubiger» also behauptet, dass er sein Schuldner sei. Hinsichtlich seiner Stellung als Partei im Verfahren gelten die gleichen Grundsätze wie für den Gläubiger.

16   Bei der Bestimmung der *passiven Betreibungsfähigkeit* sind aber besondere Schutzbestimmungen zu beachten (SchKG 68c–d). Der Schuldner kann nämlich nur dann allein (selbständig) betrieben werden, wenn er *voll handlungsfähig* ist. Die aktive und die passive Betreibungsfähig-

keit decken sich somit nicht immer – eine besondere Schwierigkeit des Betreibungsrechts.

Im einzelnen gilt folgendes:

– Der *handlungsunfähige Schuldner* muss gesetzlich vertreten sein (SchKG 67 I Z. 2). Die   17
Betreibungsurkunden werden dann ausschliesslich dem gesetzlichen Vertreter zugestellt (SchKG 68 c I).

– *Urteilsfähige Minderjährige und Entmündigte* können im Rahmen ihrer bewilligten   18
Berufs- oder Geschäftstätigkeit bzw. ihres freien Vermögens betrieben werden (ZGB 323, 412, 414). Jedoch muss auch ihr *gesetzlicher Vertreter mitbetrieben* werden (SchKG 68 c II). Beiden ist also ein Zahlungsbefehl zuzustellen, damit sich auch beide mit Rechtsvorschlag zur Wehr setzen können. Hier weicht das SchKG zum Schutze dieser Personen von der Handlungsfähigkeit des materiellen Zivilrechts ab.

– Steht der *Schuldner unter Verwaltungsbeiratschaft* (ZGB 395 II), so ist der *Beirat mitzu*   19
betreiben, wenn der Gläubiger nicht nur aus dem Arbeitserwerb und dem Vermögensertrag, sondern auch aus der Vermögenssubstanz Befriedigung sucht (SchKG 68 c III).

– Der Schuldner unter *Mitwirkungsbeiratschaft* (ZGB 395 I) kann demgegenüber immer allein betrieben werden.

– Ist der Schuldner *verbeiständet* (ZGB 392 ff.), so muss der *Beistand immer mitbetrieben*   20
werden (SchKG 68 d Z. 2), vorausgesetzt allerdings, dass die Beistandschaft veröffentlicht oder dem Betreibungsamt mitgeteilt worden ist (SchKG 68 d Einleitungssatz).

Das betrifft vor allem die Beistandschaft auf eigenes Begehren (ZGB 394). Hier weicht   21
das SchKG wiederum vom materiellen Zivilrecht ab, denn die verbeiständete Person wäre an sich handlungsfähig. Als Hauptpartei erhält sie ebenfalls einen Zahlungsbefehl, wenn sie bekannt und erreichbar ist. Bei den übrigen Beistandschaften (ZGB 392, 393) tritt der Beistand als «Vertreter in der Not» auf, so dass die Betreibungsurkunden ihm allein zugestellt werden können. In der besonderen Beistandschaft nach ZGB 325 wird das Kind vom Beistand vertreten; die Inhaber der elterlichen Gewalt werden jedoch mitbetrieben (SchKG 68 d Z. 1).

Wo immer ein vormundschaftliches Organ oder ein gesetzlicher Ver   22
treter nach SchKG 68 c ff. mitzubetreiben ist, kann die Zwangsvollstrekkung nur insoweit fortgesetzt werden, als alle eingegangenen Rechtsvorschläge – sowohl seitens der Hauptpartei wie des neben ihr Mitbetriebenen – beseitigt sind.

Besonders geregelt ist im Gesetz der Fall, wo ein bereits *betriebener*   23
Schuldner stirbt:

– Die Betreibung kann dann *gegen die Erbschaft fortgesetzt* werden, und zwar in der Art, wie sie gegen den Erblasser fortgesetzt worden wäre (SchKG 59 II in Verbindung mit 49).

– *Fortsetzung gegen die Erben* ist nur möglich, wenn es sich um eine Betreibung auf Pfandverwertung handelt oder um eine Pfändungsbetreibung, in der die Frist zur Anschlusspfändung bereits abgelaufen ist (SchKG 59 III).

– Schliesslich ist es möglich, die *unverteilte Erbschaft* in der für den Verstorbenen anwendbar gewesenen Betreibungsart selbständig *zu betreiben* (SchKG 49; BGE *116* III 7).

24   Ohne eigentlichen Schuldner kann nur die konkursamtliche Liquidation der ausgeschlagenen oder überschuldeten Verlassenschaft durchgeführt werden (SchKG 193 und ZGB 597).

IV.   Mitbetriebene

25   Neben dem Schuldner muss unter Umständen noch ein *Dritter,* der weder vormundschaftliches Organ noch gesetzlicher Vertreter desselben ist, noch persönlich etwas schuldet, als Partei in ein Betreibungsverfahren einbezogen werden, wenn er darin *eigene Rechte* wahrzunehmen hat. Er ist bloss «*Mitbetriebener*», kann aber – im Gegensatz zu den gesetzlichen Vertretern – *aus eigenem Recht* Rechtsvorschlag erheben wie der Schuldner, so
– der *Dritteigentümer* eines Pfandes in der Pfandverwertungsbetreibung (SchKG 153 II; § 33 N. 6);
– der in Gütergemeinschaft mit dem Schuldner lebende *Ehegatte* (SchKG 68 a; § 17 N. 12; 21 N. 18);
– der Ehegatte in der Betreibung auf Pfandverwertung eines Grundstücks, das als *Familienwohnung* dient (ZGB 169, SchKG 153 II).

§ 9   Die Betreibungsarten

I.   Allgemeine Übersicht

1   Wie schon dargelegt (§ 2 N. 2 f.), führte die Rechtsvereinheitlichung im SchKG zur Aufnahme beider in den Kantonen ehedem angewandten Hauptarten der Zwangsvollstreckung: der Generalexekution einerseits und der Spezialexekution andererseits. Ausserdem stellt das Gesetz noch je eine Sonderart dieser Haupttypen zur Verfügung. Es bietet insgesamt folgende Betreibungsarten an:

	Generalexekutionen	*Spezialexekutionen*
Hauptarten	Konkursbetreibung	Pfändungsbetreibung
Sonderarten	Wechselbetreibung	Pfandverwertungsbetreibung

2   Im grossen und ganzen bestimmt sich nach der Art des Schuldners, ob die Betreibung auf dem Wege der ordentlichen Spezial- oder General-

exekution durchzuführen ist, nach der Art der Forderung dagegen, welche Sonderart der Betreibung allenfalls in Frage kommt.

II.   *Die Anwendung der Betreibungsarten im einzelnen*

1.   Konkursbetreibung

Wer in einer der in SchKG 39 I *abschliessend* genannten Eigenschaften im Handelsregister eingetragen ist, gilt als konkursfähig und unterliegt deshalb der *Konkursbetreibung*. Der Handelsregistereintrag ist – unter Vorbehalt von SchKG 40 I – für die Konkursfähigkeit konstitutiv. Konkursfähig sind durchwegs die Kaufleute, Handelsgesellschaften und juristische Personen, nämlich:

- Inhaber einer Einzelfirma (OR 934);
- Mitglied einer Kollektivgesellschaft (OR 554);
- unbeschränkt haftendes Mitglied einer Kommanditgesellschaft (OR 596);
- Mitglied der Verwaltung einer Kommanditaktiengesellschaft (OR 765);
- geschäftsführendes Mitglied einer Gesellschaft mit beschränkter Haftung (OR 781, 811);
- Kollektiv- oder Kommanditgesellschaft (OR 552/594);
- Aktien- oder Kommanditaktiengesellschaft (OR 643/764);
- Gesellschaft mit beschränkter Haftung (OR 772);
- Genossenschaft (OR 828/830);
- Verein (ZGB 60/61);
- Stiftung (ZGB 80).

Diese natürlichen und juristischen Personen unterliegen der Konkursbetreibung für sämtliche Schulden, auch für die nicht aus dem Geschäftsbetrieb herrührenden; es wird somit nicht zwischen ihren Geschäfts- und Privatschulden unterschieden (BGE *120* III 6). Ausgenommen sind nur die in SchKG 43 abschliessend aufgezählten Forderungsarten (unten N. 7–9).

Die Konkursfähigkeit beginnt in allen Fällen erst am Tage nach der Veröffentlichung der Eintragung im Schweizerischen Handelsamtsblatt und dauert noch während 6 Monaten seit der Veröffentlichung ihrer Streichung an (SchKG 39 III und 40 I; BGE *122* III 206).

Für Forderungen, die sich auf einen *Wechsel* oder *Check* gründen, stellt das Gesetz gegenüber konkursfähigen Schuldnern *wahlweise* neben der ordentlichen Konkursbetreibung die raschere Wechselbetreibung zur Verfügung (SchKG 40 II und 177 I).

2.   Ausnahmen von der Konkursbetreibung

Trotz Konkursfähigkeit des Schuldners ist die *Konkursbetreibung ausgeschlossen* für

7 – öffentlichrechtliche Forderungen von Gläubigern des öffentlichen Rechts (SchKG 43 Z. 1), wie für Steuern, Zölle, Abgaben, Gebühren, Sporteln, Bussen, SUVA-Prämien, Beiträge an die AHV, IV, EO, Arbeitslosenversicherung und andere Leistungen an eine *öffentliche Kasse;*

8 – *periodische familienrechtliche Unterhalts- und Unterstützungsbeiträge* (ZGB 151 ff., 163 ff., 173, 176, 276 ff., 295, 328 ff., SchKG 43 Z. 2);

9 – Ansprüche auf *Sicherheitsleistung* (SchKG 43 Z. 3, SchKG 38; zur Betreibung auf Sicherheitsleistung siehe § 7 N. 5 ff.);

10 Für alle diese Ansprüche darf nur auf Pfändung oder auf Pfandverwertung betrieben werden (BGE *118* III 14 f.).

3.   Betreibung auf Pfändung

11 Die nicht in einer Eigenschaft gemäss SchKG 39 I im Handelsregister eingetragenen Personen unterliegen grundsätzlich der *Betreibung auf Pfändung* (SchKG 42 I).

12 *Ausnahmsweise* können aber auch die nicht konkursfähigen Personen in Konkurs geraten:

– Einmal kann der *Schuldner* selber die Konkurseröffnung beantragen, indem er sich zahlungsunfähig erklärt und diese Insolvenzerklärung vom Konkursgericht geschützt wird (SchKG 191; § 38 N. 21).

– Zum andern kann ein *Gläubiger* die sofortige Konkurseröffnung über einen nicht konkursfähigen Schuldner verlangen,

– der unbekannten Aufenthalts ist oder die Flucht ergriffen hat, um sich seinen Verbindlichkeiten zu entziehen, oder der fraudulöse Handlungen zum Nachteil der Gläubiger begangen oder zu begehen versucht hat (SchKG 190 Z. 1; § 38 N. 5 ff.);

– oder gegen den die Nachlassstundung oder der Nachlassvertrag abgelehnt oder widerrufen worden ist (SchKG 190 Z. 3 in Verbindung mit 309 und 313).

4.   Betreibung auf Pfandverwertung

13 Ohne Rücksicht darauf, ob der Schuldner konkursfähig ist oder der Pfändungsbetreibung unterliegt, sind *pfandgesicherte Forderungen* grundsätzlich durch Betreibung auf Pfandverwertung geltend zu

machen (SchKG 41 I). Vorerst soll also einmal das Pfand verwertet werden, bevor der Pfandgläubiger Zugriff auf das übrige Schuldnervermögen nehmen darf (SchKG 41 I bis; bezüglich der Ausnahmen sei auf § 32 N. 8 ff. verwiesen).

III.   Die Bestimmung der Betreibungsart

Im allgemeinen obliegt es dem *Betreibungsamt*, die im konkreten Falle durchzuführende Betreibungsart zu bestimmen; dabei hat es einen Handelsregistereintrag, der die Konkursfähigkeit begründet, nicht auf seine Rechtmässigkeit hin zu prüfen (SchKG 38 III; BGE *115* III 90; *120* III 4).   14

In drei Fällen kann der *Gläubiger* bestimmen, auf welchem Wege er vorgehen will: 15

– bei der Eintreibung grundpfändlich gesicherter Zinsen und Annuitäten (SchKG 41 II; § 32 N. 13);
– bei der Eintreibung einer (pfand- oder ungesicherten) Wechseloder Checkforderung gegenüber einem konkursfähigen Schuldner (SchKG 41 II und 177 I; § 32 N. 14);
– gegenüber einem nicht konkursfähigen Schuldner, der die Voraussetzungen von SchKG 190 I Z. 1 und 3 zur Konkurseröffnung ohne vorgängige Betreibung erfüllt (oben N. 12; § 38 N. 5 ff.).

Streitigkeiten über die anzuwendende Betreibungsart werden im Beschwerdeverfahren (SchKG 17 ff.) entschieden. Weil die Durchführung der richtigen Betreibungsart oft sogar im öffentlichen Interesse liegt, können die Aufsichtsbehörden gegebenenfalls auch von Amtes wegen einschreiten und die Nichtigkeit der falschen Betreibung feststellen (SchKG 22).   16

Das trifft namentlich dann zu, wenn an Stelle der Konkursbetreibung fälschlicherweise die Pfändungsbetreibung eingeleitet oder fortgesetzt wird. Die Spezialexekution kann nämlich den Betreibungsgläubiger gegenüber den am Verfahren nicht beteiligten Gläubigern begünstigen; das Bundesgericht scheint – unnötigerweise – auch für den umgekehrten Fall Nichtigkeit anzunehmen (BGE *120* III 106).   17

Keine Interessen Dritter oder gar der Öffentlichkeit werden berührt, wenn sich der Schuldner einer pfandgesicherten Forderung auf eine andere Betreibungsart als jene auf Pfandverwertung einlässt; denn die Vorausverwertung eines Pfandes ist nicht zwingend. Will er sich nicht einlassen, so muss er gegen die falsche Betreibung rechtzeitig Beschwerde erheben und darin das *beneficium excussionis realis* geltend machen (SchKG 41 I bis; BGE *120* III 106; Näheres dazu in § 32 N. 8 ff.).   18

3. Kapitel: Allgemeine Regeln des Betreibungsverfahrens

§ 10   Der Betreibungsort

I.   Funktion des Betreibungsortes

Der Betreibungsort ist massgebend für die *örtliche Zuständig-* 1
keit des Amtes, welches die Betreibung durchzuführen hat. Die gesetzliche Ordnung will dem Schuldner und seinen Gläubigern Garantie für
die ordnungsmässige Durchführung des Vollstreckungsverfahrens bieten. Aber auch Dritte sollen ihre Interessen zuverlässig wahren können.
Jede interessierte Person soll wissen, wo das Verfahren gegen einen
bestimmten Schuldner angehoben und durchgeführt werden kann. Aus
diesen Gründen ist die Bestimmung des konkret in Frage kommenden
Betreibungsortes im Gesetz *zwingend.*

Der Grundsatz der *Einheit des Betreibungsortes* stellt die *Einheit der* 2
Betreibung sicher, die allein eine gleichmässige Behandlung aller Gläubiger zu gewährleisten vermag. Darum ist jede Vereinbarung eines anderen als des gesetzlichen Betreibungsortes nichtig (ausgenommen die
Wahl eines Spezialdomizils durch einen im Ausland ansässigen Schuldner nach SchKG 50 II, unten N. 28 ff.); es gibt hier also keine *prorogatio*
fori wie im Zivilprozessrecht.

Der Grundsatz der Einheit der Betreibung kann immerhin ausnahmsweise durchbro- 3
chen werden, wenn gleichzeitig die Voraussetzungen verschiedener Betreibungsorte erfüllt sind. Das ist z. B. denkbar,
– wo verschiedenartige Schulden bestehen (z. B. pfandgesicherte neben gewöhnlichen,
  SchKG 41 II, 51);
– wenn ein im Ausland domizilierter Schuldner mehrere Geschäftsniederlassungen in der
  Schweiz hat (SchKG 50 I);
– wenn an mehreren Arrestorten gegen den Arrestschuldner Prosekutionsbetreibungen
  erfolgen (SchKG 52, 279).
In solchen Fällen ist die Betreibung eines Schuldners gleichzeitig an mehreren Orten
möglich.

Auch der Grundsatz der *Einheit des Konkurses,* der durch die Vor- 4
schrift sichergestellt wird, wonach der Konkurs stets dort als eröffnet
gilt, wo er zuerst erkannt wurde (SchKG 55), kann ausnahmsweise
durchbrochen werden, wenn ein Schuldner mit Domizil im Ausland in
der Schweiz mehrere eingetragene Zweigniederlassungen hat (OR 935

II); dann kann es nach SchKG 50 I ausnahmsweise zu mehreren nebeneinander laufenden Sonderkonkursen kommen.

5   Aus Zweckmässigkeitsgründen sieht das Gesetz *verschiedene Betreibungsorte* vor: einen ordentlichen und mehrere besondere, als Ausnahmen vom ordentlichen, um besonderen Umständen Rechnung zu tragen.

6   Dabei ist zu beachten, dass nicht jeder besondere Betreibungsort zugleich auch einen *Konkursort* begründet. Die Eröffnung und Durchführung des Konkurses kann stattfinden:
- in erster Linie am ordentlichen Betreibungsort (SchKG 46);
- nach der Praxis auch am Aufenthaltsort (SchKG 48; BGE *119* III 51);
- über einen flüchtigen Schuldner an dessen letztem Wohnsitz (SchKG 54, 190);
- über eine Geschäftsniederlassung eines im Ausland domizilierten Schuldners am Ort derselben (SchKG 50 I);
- über eine Erbschaft eines konkursfähigen Erblassers an dessen Konkursort (SchKG 49, 59 II);
- am Ort des Vermögens im Falle eines sogenannten Hilfskonkurses nach IPRG 166 ff. (Näheres dazu in § 40 N. 9).

7   Ausgeschlossen ist die Konkurseröffnung hingegen am Spezialdomizil (SchKG 50 II; BGE *107* III 53), am Ort der gelegenen Pfandsache (SchKG 51) und am Arrestort (SchKG 52).

II.   Der ordentliche Betreibungsort

8   Der ordentliche Betreibungsort befindet sich am (schweizerischen) *Wohnsitz des Schuldners* (SchKG 46 I entsprechend BV 59) oder an seinem *Sitz,* wenn es sich um eine juristische Person oder eine betreibungsfähige Personengesellschaft handelt (SchKG 46 II). Er gilt allgemein: jeder Schuldner kann an seinem schweizerischen Domizil betrieben werden, sofern nicht ein besonderer Betreibungsort in Betracht kommt.

9   In der Frage des Wohnsitzes bzw. des Sitzes geht das Betreibungsrecht grundsätzlich vom Zivilrecht aus (ZGB 23 ff., 56; analog IPRG 20; BGE *120* III 8).

10   1. Für eine *handlungsfähige natürliche Person* ist demnach der Ort massgebend, wo sie sich mit der Absicht dauernden Verbleibens aufhält, den sie also zum Mittelpunkt ihrer persönlichen Lebensbeziehungen und Interessen gemacht hat (ZGB 23 I). Ob dort auch die Ausweis-

schriften hinterlegt sind, kann ein Indiz für den Wohnsitz sein, ist aber nicht allein entscheidend (BGE *119* III 56).

Nicht anwendbar ist jedoch ZGB 24, wonach jemand einen faktisch   11
aufgegebenen Wohnsitz rechtlich beibehält, solange er keinen neuen begründet hat; in diesem Falle gilt nämlich nach SchKG 48 der Aufenthaltsort als besonderer Betreibungsort. Der *letzte Wohnsitz* spielt betreibungsrechtlich nur insoweit eine Rolle, als dort über einen *flüchtigen Schuldner* noch der Konkurs eröffnet werden kann (SchKG 54 in Verbindung mit 190); das ermöglicht bei Schuldnerflucht den sofortigen Zugriff auf das gesamte Vermögen des Schuldners.

Der *Schuldner, der im Ausland wohnt,* hat in der Schweiz keinen   12
ordentlichen Betreibungsort; er kann hier nur an einem der besonderen Betreibungsorte (SchKG 50–54) betrieben werden. Ein allfälliger Aufenthaltsort in der Schweiz fällt aber so lange ausser Betracht, als der ausländische Wohnsitz weiterbesteht.

2. Der Betreibungsort *handlungsunfähiger Personen* befindet sich:
– für *unmündige Kinder* unter elterlicher Gewalt am Wohnsitz der Eltern oder des Elternteils, bei dem das Kind lebt, subsidiär am Aufenthaltsort des Kindes (ZGB 25 I);   13
– für *bevormundete* Personen am Sitz der Vormundschaftsbehörde (ZGB 25 II).   14

Der ordentliche («abgeleitete») Betreibungsort einer handlungsunfähigen Person ist   15
auch dann beachtlich, wenn die Betreibung nur auf Vollstreckung in das freie, selbstverwaltete Vermögen gerichtet ist (ZGB 321, 323, 412 und 414).

3. Für *juristische Personen* und *betreibungsfähige Personengesellschaften* ist entweder ihr Sitz oder der Ort ihrer Verwaltung oder der Geschäftsführung als ordentlicher Betreibungsort massgebend:
– *Im Handelsregister eingetragene* juristische Personen des Privatrechts   16
(ZGB 52 I) haben ihren Betreibungsort an ihrem *statutarischen Sitz* (SchKG 46 II). Wo ein solcher fehlt, befindet er sich am Ort, wo die Geschäfte tatsächlich geführt werden (ZGB 56, vgl. auch IPRG 21 II).
– Mit Rücksicht auf die Einheit des Betreibungsortes kommt *nur der*   17
Hauptsitz in Betracht. Am Ort einer Zweigniederlassung kann eine in der Schweiz domizilierte Gesellschaft, selbst wenn sie dort einen Gerichtsstand hat, nie betrieben werden, auch nicht für Forderungen, die nur mit dem Betrieb der Zweigniederlassung zusammenhängen.
– Der Betreibungsort *nichteingetragener* juristischer Personen des Privatrechts (ZGB 52 II) befindet sich am Ort ihrer *tatsächlichen Verwaltung,* selbst wenn ein statutarischer Sitz gegeben wäre (SchKG 46 II).   18

19   Z. B. kann ein nichteingetragener Verein einen statutarischen Sitz haben, der mit dem
      Ort seiner tatsächlichen Verwaltung keineswegs übereinzustimmen braucht; der statu-
      tarische Vereinssitz kann sogar alternierend sein. Als Betreibungsort kommt er man-
      gels Publizität nicht in Frage.

20   – *Öffentlichrechtliche juristische Personen* haben ihren Betreibungsort
      an dem durch das Gesetz bestimmten Verwaltungssitz (ZGB 6 I und
      59 I).

21   – Für kaufmännische *Kollektiv- und Kommanditgesellschaften* (OR 552,
      594) gilt der Gesellschaftssitz als Betreibungsort.

22   Ist eine solche Gesellschaft, trotz gesetzlicher Pflicht, nicht im Handelsregister eingetra-
      gen, muss das Betreibungsamt, bevor es tätig werden kann, vorerst die erforderliche
      Eintragung erwirken (SchKG 39, 42; siehe auch § 8 N. 4).
      Auch die (eingetragene) nichtkaufmännische Kollektiv- oder Kommanditgesellschaft
      (OR 553 und 595) hat ihren ordentlichen Betreibungsort an ihrem Gesellschaftssitz.

23   4. *Gemeinderschaften* (ZGB 336 ff.) sind selber nicht parteifähig. In-
      folgedessen sind die einzelnen Gemeinder zu betreiben, und zwar am
      Wohnsitz des als gemeinsamer Vertreter bestimmten Gemeinders. Be-
      steht keine Vertretung, so kann jeder Gemeinder für Schulden der
      Gemeinderschaft am Ort der gemeinsamen wirtschaftlichen Tätigkeit
      betrieben werden (SchKG 46 III; ZGB 341/347).

24   5. Die *Gemeinschaft der Stockwerkeigentümer* kann am Ort der gele-
      genen Sache betrieben werden (SchKG 46 IV, ZGB 712 l II).

III.   Die besonderen Betreibungsorte

1.   Der Aufenthaltsort

25   Schuldner, die weder in der Schweiz noch im Ausland einen
      festen Wohnsitz haben, können an ihrem *schweizerischen Aufenthaltsort*
      betrieben werden. Das trifft insbesondere auch auf den Schuldner zu,
      der seinen bisherigen Wohnsitz aufgegeben hat, ohne einen neuen zu
      begründen (SchKG 48; oben N. 11). Immerhin muss es sich um einen
      Aufenthalt im Sinne von ZGB 24 II handeln; bloss zufällige Anwesen-
      heit an einem Ort genügt nicht (BGE *119* III 53 und 55).

2.   Die Geschäftsniederlassung

26   Um der Einheit des Betreibungsortes willen begründet die (in
      ZGB 23 III ausdrücklich vorbehaltene) Geschäftsniederlassung eines in
      der Schweiz domizilierten Schuldners – neben seinem Wohnsitz, Auf-

enthalt oder Sitz – keinen Betreibungsort, weder einen kumulativen noch einen alternativen (wie beim Gerichtsstand im Zivilprozessrecht). Nur so bleibt die Gleichbehandlung der Gläubiger eines verzweigten Unternehmens gewährleistet.

Nur der *Schuldner mit Wohnsitz oder Sitz im Ausland* kann am Ort   27
seiner schweizerischen Geschäftsniederlassung betrieben werden, allerdings nur für Forderungen, die gegenüber der Niederlassung bestehen (SchKG 50 I); seine schweizerische Zweigniederlassung braucht nicht im Handelsregister eingetragen zu sein (BGE *114* III 6 ff.).

3.   Das Spezialdomizil (Wahl- oder Rechtsdomizil)

Schuldner, die im Ausland wohnen, können – im Gegensatz zu   28
Schuldnern mit Sitz oder Wohnsitz in der Schweiz – für Verbindlichkeiten, zu deren Erfüllung sie *in der Schweiz ein Spezialdomizil* gewählt haben, an diesem Ort betrieben werden (SchKG 50 II). Das gilt nach der Praxis auch beim Fehlen eines festen Wohnsitzes (BGE *119* III 56). Ob dieser Betreibungsort tatsächlich begründet wurde, ist nach dem ausdrücklichen oder sich aus den Umständen ergebenden Parteiwillen zu beurteilen. Dabei ist zu beachten, dass das gewählte Spezialdomizil nicht mit dem vereinbarten Erfüllungsort übereinzustimmen braucht; so kann beispielsweise das Wahldomizil des Schuldners in Bern, der Erfüllungsort dagegen in Genf liegen.

Dem auf einem Wechsel bezeichneten Zahlungsort kommt die Wirkung eines Spezial-   29
domizils zu (BGE *119* III 57).
Hingegen begründet eine Gerichtsstandsvereinbarung (IPRG 5, LugÜ 17) für den ausländischen Schuldner nicht ohne weiteres auch einen besonderen Betreibungsort. – Auch das von einer Versicherungsgesellschaft gemäss dem Versicherungsaufsichtsgesetz im Kanton, wo sie Geschäfte abschliesst, verzeigte *Rechtsdomizil* kommt als Betreibungsort nicht in Betracht; die Gesellschaft kann hier zwar eingeklagt, nicht aber betrieben werden (BGE *96* III 89).

Da das Spezialdomizil nur der Vollstreckung eigens bestimmter Forde-   30
rungen dient, ist daselbst weder eine Anschlusspfändung im Sinne von SchKG 110/111, noch die Konkurseröffnung zulässig (BGE *107* III 53).

4.   Der Arrestort

Forderungen, für die ein Arrest gelegt ist, können auch dort   31
eingetrieben werden, wo sich der Arrestgegenstand befindet (SchKG 52). Diese Regel hat praktische Bedeutung namentlich gegenüber Schuldnern, die im Ausland wohnen und die sonst in der Schweiz –

mangels einer Geschäftsniederlassung, eines Spezialdomizils oder eines gesetzlichen Vertreters – nicht betrieben werden könnten. Hat der Schuldner in der Schweiz Sitz oder Wohnsitz, so kann ihn der Gläubiger wahlweise am Arrestort oder am ordentlichen Betreibungsort betreiben (so schon BGE *77* III 130).

32 Die Betreibungsmöglichkeit am Arrestort (sogenannte Arrestbetreibung) ist allerdings insofern beschränkt, als dort nur das unter Arrest gelegte Vermögen des Schuldners gepfändet und verwertet werden kann. Demzufolge kann auch nur eine Betreibung auf Pfändung in Frage kommen, niemals eine Konkursbetreibung (SchKG 52 Satz 2). Ferner ist im Rahmen der Pfändungsbetreibung jede Ergänzungs- oder Nachpfändung ausgeschlossen (BGE *110* III 29).

5. Der Standort der Pfandsache

33 Für pfandgesicherte Forderungen ist die *Betreibung am Ort der gelegenen Sache* vorgesehen (SchKG 51).

34 – Handelt es sich um die Verwertung eines *Grundpfandes,* so kommt ausschliesslich dieser Betreibungsort in Frage (SchKG 51 II). Wählt indessen der Gläubiger für Zinsen und Annuitäten die gewöhnliche Betreibung (auf Pfändung oder auf Konkurs; § 9 N. 15), schont er also einstweilen sein Grundpfand, so ist insoweit am zutreffenden Betreibungsort nach SchKG 46–50 vorzugehen.

35 – Haftet für die Forderung hingegen ein *Faustpfand,* so kann der Gläubiger wählen, ob er den Schuldner am zutreffenden Betreibungsort nach SchKG 46–50 oder am Ort, wo sich das Pfand befindet, auf Pfandverwertung betreiben will (SchKG 51 I).

Verpfändete Forderungen und andere obligatorische Ansprüche, die nicht in einem Wertpapier verkörpert sind, gelten vollstreckungsrechtlich als am Wohnsitz des Pfandgläubigers gelegen; ein verpfändetes Wertpapierdepot liegt bei der Bank, die das Depotkonto führt, wo auch immer sich die einzelnen Papiere befinden (BGE *105* III 117).

36 Es kommt vor, dass die *Pfandsachen an mehreren Orten* verstreut sind, insbesondere dass sich die Betreibung auf mehrere, in verschiedenen Kreisen gelegene Grundstücke bezieht. Bei derartiger Konkurrenz mehrerer Orte der gelegenen Sache ist derjenige Ort als Betreibungsort massgebend, wo der wertvollste Teil der Pfandgegenstände liegt.

6. Der Betreibungsort der Erbschaft

37 Eine *unverteilte Erbschaft* kann für ihr Vermögen am *Betreibungsort des Erblassers* betrieben werden, solange weder eine vertragli-

che Gemeinderschaft gebildet noch die (zivilrechtliche) amtliche Liquidation (ZGB 593 ff.) angeordnet worden ist; auch die Konkursbetreibung kommt dort in Frage, wenn der Erblasser konkursfähig gewesen ist (SchKG 49).

Für *Erbschaftsschulden* kann indessen – zufolge der Universalsukzession und der Soli-   38
darhaftung der Erben – auch jeder einzelne Erbe an seinem Betreibungsort betrieben
werden (vgl. dazu auch das Kreisschreiben des Bundesgerichts Nr. 16 vom 3. 4. 1925).

IV.   *Die rechtliche Bedeutung des Betreibungsortes*

1.   Wechsel und Festlegung des Betreibungsortes
(perpetuatio fori)

Das Prinzip des gesetzmässigen Betreibungsortes gilt für die   39
ganze Betreibung: alle Stadien des Verfahrens müssen grundsätzlich
am richtigen Ort durchgeführt werden. Das kann unter Umständen
dazu führen, dass im Verlauf des Verfahrens das Forum ändert, beispielsweise bei einem Wohnsitzwechsel. Dann muss die Betreibung am
neuen Ort fortgeführt werden – anders als ein Zivilprozess, für den von
der Rechtshängigkeit des Verfahrens an der Grundsatz der *perpetuatio
fori* gilt.

Praktische Erwägungen gebieten jedoch eine vernünftige Einschrän-   40
kung dieser betreibungsrechtlichen Regel. Darum bestimmt das Gesetz
für die verschiedenen Betreibungsarten je einen Zeitpunkt, von dem an
der Betreibungsort *unverrückbar* bleibt (SchKG 53).

So wird ein Domizilwechsel des Schuldners – nach der Praxis auch   41
derjenige seines Aufenthaltes oder Geschäftssitzes – unbeachtlich:
– in der Pfändungsbetreibung nach der Pfändungsankündigung;
– in der Konkursbetreibung nach der Konkursandrohung;
– in der Wechselbetreibung sowie in der Betreibung auf Pfandverwertung (BGE *116* III 3) nach der Zustellung des Zahlungsbefehls;
– im Falle eines materiellen Konkursgrundes nach der Vorladung zur
  Konkursverhandlung (§ 38 N. 3; BGE *121* III 13).
Nach diesen Zeitpunkten wird die Betreibung am bisherigen Ort
fortgesetzt.

Wurde die Betreibung hingegen an einem *besonderen Betreibungsort*   42
begonnen, ist ein Wohnsitz- oder Aufenthaltswechsel des Schuldners
während des Verfahrens von allem Anfang an unbeachtlich (s. auch
BGE *115* III 30 f.).

75

43 Beispiele:
- Wohnsitzverlegung ins Ausland während des Frühstadiums der Betreibung hat zur Folge, dass der Schuldner in der Schweiz nicht mehr weiterbetrieben werden kann, es sei denn, er wäre flüchtig oder hätte hier noch eine Geschäftsniederlassung oder ein Spezialdomizil (BGE *57* III 168). Solange aber der neue ausländische Wohnsitz nicht nachgewiesen ist, kann am letzten schweizerischen Wohnsitz betrieben werden (BGE *120* III 112).
- Sitzverlegung einer Aktiengesellschaft wird unmittelbar mit ihrer Löschung bzw. Eintragung im Handelsregister wirksam (BGE *116* III 3); auf die Publikation der Sitzverlegung (OR 932 II) kommt es nicht an (OR 647 III in Verbindung mit 641).

2. Die Durchsetzung der Zuständigkeitsordnung

44   Die Aufsichtsbehörden haben in jedem Stadium des Verfahrens darüber zu wachen, dass die Zuständigkeitsordnung eingehalten wird (BGE *120* III 112).

45 – Sie schreiten von Amtes wegen ein, wenn das öffentliche Interesse oder die Interessen Dritter auf dem Spiele stehen (SchKG 22): z. B. im Falle einer Konkursandrohung (BGE *111* III 69) oder des Vollzuges einer Pfändung oder eines Arrestes, oder der Einleitung einer Grundpfandverwertungsbetreibung durch ein örtlich nicht zuständiges Amt.

46 – Berührt die Verletzung der Zuständigkeitsordnung hingegen bloss die Interessen der Betreibungsparteien, so greifen die Aufsichtsbehörden nur auf Beschwerde hin ein: z. B. bei Betreibung eines im Ausland wohnenden Schuldners am schweizerischen Aufenthaltsort (BGE *63* III 115) oder bei Erlass des Zahlungsbefehls (BGE *96* III 92) oder der Ausstellung einer als Verlustschein dienenden leeren Pfändungsurkunde durch ein örtlich nicht zuständiges Betreibungsamt (BGE *105* III 60).

§ 11   Die Zeitbestimmungen im Schuldbetreibungsrecht

I.   *Funktion der Zeitbestimmungen*

1   Jedes Verfahren wickelt sich in der Zeit ab. Auch der Ablauf einer Zwangsvollstreckung erheischt zahlreiche Zeitvorschriften. Diese bezwecken in der Hauptsache zweierlei:

– Durch *Fristen* soll ein möglichst rascher, dennoch aber zuverlässiger Verfahrensgang gewährleistet werden. Zu diesem Zweck werden sie einerseits den Parteien oder den vom Verfahren betroffenen Dritten, andererseits den Vollstreckungsorganen gesetzt.

– Demgegenüber wollen *Schonzeiten* einem vorübergehenden Ruhebedürfnis des Schuldners, seiner Persönlichkeit und wirtschaftlichen Existenz Rechnung tragen.

II. Die Fristen

1. Rechtsnatur und Arten

Die Fristen des SchKG betreffen entweder das Betreibungs- 2 verfahren (A) oder das materielle Recht (B). Sie beruhen auf sorgfältiger Abwägung der Interessen der Parteien, Dritter sowie der Allgemeinheit.

A. Verfahrensrechtliche Fristen

a) Ordnungsfristen

Das sind Fristen, die das Gesetz den *Vollstreckungsorganen* 3 zur Vornahme der ihnen obliegenden Amtshandlungen setzt (vgl. zum Beispiel SchKG 9, 84, 90, 120, 122, 247, 270). Es handelt sich durchwegs um Ordnungsvorschriften, welche den zeitlichen Ablauf des Verfahrens regeln. Binnen der Frist soll gehandelt werden. Wird sie nicht eingehalten, so kann sich der Betroffene wegen Rechtsverzögerung beschweren (§ 6 N. 19/33). Ausserdem kann sich, wo die Verspätung Schaden verursacht, die Frage der Staatshaftung stellen (SchKG 5 ff.). Nach Ablauf der Frist vorgenommene Amtshandlungen sind aber trotzdem gültig.

In bestimmten Fällen ermächtigt das Gesetz die *Aufsichtsbehörden* 4 ausdrücklich, eine Ordnungsfrist ausnahmsweise zu *verlängern,* so z. B. die Frist für die Erstellung des Kollokationsplans (SchKG 247 IV) und die Frist zur Durchführung des Konkurses (SchKG 270 II).

Vereinzelt verlangt das Gesetz sogar *sofortiges* oder *unverzügliches* 5 *Handeln* (Beispiele in SchKG 84, 89, 101, 114, 145, 159, 176 I, 178 I, 181, 276 II, 278 II). Vernünftigerweise kann das nur heissen, dass die betreffenden Amtshandlungen ausserhalb der Reihe und beförderlich getroffen werden sollen. Amtshandlungen, für die das Gesetz keine bestimmte Frist vorschreibt, sind binnen der durch die Umstände gebotenen Frist vorzunehmen (BGE *101* III 6 f.).

b)   Qualifizierende oder Zustandsfristen

6   Bestimmte Fristen haben insofern eine qualifizierende Bedeutung, als während ihrer Dauer einer Partei, einem Vermögensobjekt oder einer Forderung eine bestimmte *betreibungsrechtliche Eigenschaft* zukommt oder ein bestimmter *betreibungsrechtlich relevanter Zustand* herrscht (z. B. ein Rechtsstillstand oder eine Stundung).

7   Beispiele:
    – die 6 Monate nach Veröffentlichung der Streichung eines Handelsregistereintrags im
      Schweizerischen Handelsamtsblatt, während denen die Konkursfähigkeit einer Person
      weiterbesteht (SchKG 40);
    – die gesetzlichen Termine, vor denen hängende und stehende Früchte nicht pfändbar
      sind (SchKG 94);
    – die sog. «période suspecte» bei der paulianischen Anfechtung (SchKG 286 ff.).
    – Weitere Zustandsfristen enthalten SchKG 111 II, 165 II, 167, 207 I, 219 IV, 295, 306 a.

8   Die qualifizierenden Fristen sind weder verlängerbar, noch können sie nach SchKG 33 IV wiederhergestellt werden. Vereinzelt enthält aber das Gesetz besondere Berechnungsvorschriften, die den Schutz des qualifizierenden Zeitrahmens und damit auch der betreffenden Betreibungspartei bezwecken (vgl. SchKG 83 IV, 111 II, 219 V, 288 a).

c)   Bedenkfristen

9   Gewisse Fristen geben dem Schuldner Zeit, allenfalls doch noch einzulenken. Vor ihrem Ablauf darf nicht weiter gegen ihn vorgegangen werden. Darunter fallen insbesondere die *Zahlungsfristen* (SchKG 69 II, 88 I, 152 I, 178 II), ferner die Fristen, die der Gläubiger zu respektieren hat, bevor er das Verwertungsbegehren (SchKG 116 I, 154 I) oder das Konkursbegehren (SchKG 160 I, 166 I) stellen darf, sowie die Frist, die das Betreibungsamt nach Eingang des Verwertungsbegehrens beachten muss, bevor es ein Grundstück verwertet (SchKG 133 I).

Auch diese Fristen sind – gesetzliche Ausnahme vorbehalten (z. B. SchKG 133 II) – nicht abänderbar.

d)   *Verwirkungsfristen*

Verfahrensrechtlich am bedeutsamsten sind die Fristen, wel-   10
che das Gesetz den *Parteien* oder *Dritten* zur Vornahme bestimmter
Handlungen – in der Regel mündliche oder schriftliche *Eingaben* (Erklärungen oder Rechtsschriften) – setzt. Sie müssen von den Personen,
gegen die sie laufen, eingehalten werden, ansonst ihnen *Rechtsnachteile*
erwachsen. Handlungen, die erst nach Ablauf der Frist vorgenommen
werden, sind grundsätzlich wirkungslos. Man hat es mit Verwirkungs-,
peremptorischen oder Fatalfristen zu tun. Immerhin wirkt der Rechtsverlust wenigstens nur für die hängige Betreibung, in welcher die
Frist versäumt wurde. Ist eine solche Frist verwirkt, kann sich aber
noch die Frage ihrer *Wiederherstellbarkeit* stellen (SchKG 33 IV; N. 27
unten).

Solche Verwirkungsfristen sind: 11
- die Frist für den Rechtsvorschlag (SchKG 69 II Z. 3 und 4, 179);
- die Frist für das Fortsetzungsbegehren (SchKG 88 II);
- die Frist für das Verwertungsbegehren (SchKG 116 und 154);
- die Frist für das Konkursbegehren (SchKG 166 II und 188 II);
- die Rechtsmittelfristen des SchKG, wie
  - die Beschwerdefrist (SchKG 17 ff.);
  - die Frist zur Weiterziehung des Entscheids des Konkursgerichts (SchKG 174);
  - die Frist zur Weiterziehung des Entscheids über den Rechtsvorschlag in der Wech-
    selbetreibung (SchKG 185);
  - die Einsprache- und Weiterziehungsfrist beim Arrest (SchKG 278);
- die Bestreitungs- und Klagefristen des SchKG, wie
  - zur Aberkennungsklage (SchKG 83 II und III);
  - zur Bestreitung oder Geltendmachung eines Drittanspruchs an einer gepfändeten
    Sache (SchKG 107 II, V und 108 II);
  - zur Geltendmachung oder Bestreitung einer privilegierten Anschlusspfändung
    (SchKG 111);
  - zur Kollokationsklage (SchKG 148, 250);
  - zur Aussonderungsklage (SchKG 242);
  - zur Feststellung oder Bestreitung des neuen Vermögens (SchKG 265 a);
  - zur Arrestprosequierung (SchKG 279);
  - zur Anfechtung gewisser Handlungen des Schuldners (SchKG 292);
  - zur Geltendmachung einer bestrittenen Forderung im Nachlassverfahren (SchKG
    315).

Nur ganz ausnahmsweise, wo es das Gesetz ausdrücklich sagt, hat die   12
einer Partei bestimmte Frist keine peremptorische Wirkung. So können
verspätete Konkurseingaben noch bis zum Schluss des Verfahrens angebracht werden, mit dem einzigen Nachteil, dass der Gläubiger sämtliche
durch seine Säumnis verursachten Kosten zu tragen und keinen Anspruch auf früher vorgenommene Abschlagsverteilungen hat (SchKG
232 II Z. 2 und 251; § 46 N. 36; 48 N. 19).

B.   Materiellrechtliche Fristen

13   Das Betreibungsrecht kennt auch eigene materiellrechtlich wirkende Fristen: Verjährungs- und Verwirkungsfristen.

a)   Verjährung

14   Vom blossen *Untergang des Klagerechts* infolge Ablaufs einer gesetzlichen Verjährungsfrist werden – abgesehen von der Betreibungsforderung selbst – betroffen:
– Schadenersatz- und Genugtuungsansprüche aus der Staatshaftung (SchKG 6);
– die Schadenersatzforderung gegen den Arrestgläubiger (SchKG 273);
– die Forderung aus einem Pfändungs- oder Konkursverlustschein (SchKG 149 a I, 265 II).

15   Bezüglich dieser Anspruchsverjährung, die immerhin noch eine unklagbare Forderung (bzw. die Möglichkeit der Einrede) hinterlässt, sind die einschlägigen Bestimmungen des Obligationenrechts anwendbar (vgl. OR 63 II, 120 III, 127 ff.). Die Verjährungsfristen können auch beliebig unterbrochen werden (OR 135 ff.).

b)   Verwirkung

16   Eine materiellrechtliche Verwirkungsfrist kennt das Gesetz für den betreibungsrechtlichen *Rückforderungsanspruch* (SchKG 86 und 187).

Ihr Ablauf wird – im Gegensatz zu einer Verjährungsfrist – von Amtes wegen berücksichtigt; er hat den vollständigen und endgültigen *Rechtsverlust* zur Folge. Die Verwirkung zerstört somit – anders als die Verjährung – sowohl die Klage als auch die Einrede. Demzufolge wäre jede Verrechnung ausgeschlossen und eine Zahlung könnte als ungerechtfertigte Bereicherung zurückgefordert werden.

17   Diese materiellrechtliche Verwirkungsfrist kann weder verlängert noch wiederhergestellt noch unterbrochen werden; wohl aber kann ihr Lauf *gehemmt* sein, insbesondere während der Dauer einer – auch nur provisorischen – Nachlassstundung (SchKG 293 IV, 297 I).

2.   Ansetzung, Berechnung und Wahrung der Fristen

a)   Fristansetzung

18   Die Fristen werden teils durch das *Gesetz* selber, teils durch *Verfügung der Vollstreckungsorgane* angesetzt (z. B. SchKG 69 II Z. 3, 107 II, V, 108 II, 111 IV, 232 II Z. 2, 242 II).

b)   *Fristberechnung*

     Die Berechnungsvorschriften für alle Fristen des SchKG leh-   19
nen sich an die Regelung im Obligationenrecht an (OR 77 ff.):
- Bei einer nach Tagen bemessenen Frist zählt der Tag, an welchem sie
  zu laufen beginnt, nicht mit (SchKG 31 I).
- Monats- oder Jahresfristen enden am Tag, der mit seiner Zahl dem
  Tage entspricht, an dem sie zu laufen beginnen oder, wo dieser fehlt,
  am letzten Tag des letzten Monats (SchKG 31 II).
- Endet die Frist an einem Samstag, Sonntag oder an einem staatlich
  anerkannten Feiertag (Feiertag des Bundes- oder des kantonalen
  Rechts), so verlängert sie sich bis zum nächsten Werktag (SchKG 31
  III). Das gilt auch für die Dauer der Betreibungsferien und des
  Rechtsstillstandes.

c)   *Fristwahrung*

     Die Frist läuft um *Mitternacht des letzten Tages* aus. Sie wird   20
durch rechtzeitige Aufgabe der Sendung bei der schweizerischen Post
gewahrt, bei Aufgabe im Ausland durch Übergabe der Sendung an eine
diplomatische oder konsularische Vertretung der Schweiz zuhanden der
schweizerischen Post (SchKG 32 I). Einreichen bei einer unzuständigen
Behörde schadet nicht (SchKG 32 II); die Eingabe wird von Amtes
wegen an die zuständige überwiesen.

Die Bestimmungen über die Wahrung von Fristen betreffen nach dem Wortlaut von   21
SchKG 32 I die *«Eingaben nach diesem Gesetz»*. Sie sind daher nicht anwendbar:
- Auf die Eingaben gemäss OG (Berufung, OG 43 ff.; Nichtigkeitsbeschwerde, OG 68 ff.;
  staatsrechtliche Beschwerde, OG 84 ff.). Für diese Eingaben gilt das OG (insb. OG
  32 ff.). Bei der staatsrechtlichen Beschwerde ist zudem OG 96 zu beachten. Hinge-
  gen muss die Betreibungsbeschwerde an das Bundesgericht – obwohl auch im OG
  geregelt (OG 76 ff.) – als Eingabe nach SchKG betrachtet werden; denn sie entspringt
  SchKG 19.
- Auf die Rechtsmittel des kantonalen Rechts (z. B. die Appellation oder die kantonale
  Nichtigkeitsklage gegen einen Rechtsöffnungsentscheid).

     Am falschen Ort eingereichte *Klagen* aus dem Schuldbetreibungs-   22
recht werden hingegen nicht von Amtes wegen an das zuständige Gericht überwiesen; vielmehr wird dem Kläger zur Einreichung am richtigen Ort eine neue Frist von gleicher Dauer zugestanden (SchKG 32 III).
Das gilt für die Klagebegehren sowohl im ordentlichen bzw. beschleunigten wie auch im Summarverfahren.

3.   Vereinbarungen über Verfahrensfristen und Fristverlängerung

a)   Vereinbarungen

23   Die verfahrensrechtlichen Fristen sind grundsätzlich *zwingend.* Die Parteien können sie nicht durch Vereinbarung ändern. Eine Partei kann aber darauf verzichten, die Nichteinhaltung einer ausschliesslich zu ihren Gunsten laufenden Frist geltend zu machen, wodurch der Mangel heilt: verfrüht oder verspätet vorgenommene Handlungen bleiben wirksam (SchKG 33 III; BGE *101* III 16).

b)   Fristverlängerung

24   Auch die Vollstreckungsorgane und Gerichte sind an die Fristen gebunden. Nur wenn ein am Verfahren Beteiligter im Ausland wohnt oder sein Aufenthalt oder Wohnort unbekannt ist, dürfen sie die Fristen den Umständen entsprechend erstrecken (SchKG 33 II, 66 IV).

25   Der öffentlichen Ordnung halber ist aber mit Fristverlängerungen Zurückhaltung geboten. Der Sache nach können grundsätzlich nur *kurze Eingabefristen* verlängert werden, Fristen also, die bei Säumnis auch wiederherstellbar wären (N. 27 unten).

26   Vorbehalten bleiben besondere, gesetzlich vorgesehene Verlängerungsmöglichkeiten wie für:
– gewisse Ordnungsfristen (s. oben N. 4),
– für einen Rechtsstillstand bei immer noch fehlendem Vertreter, andauernder Krankheit oder Notstand (SchKG 60, 61, 62),
– einen Verwertungsaufschub (SchKG 123),
– eine Nachlassstundung (SchKG 295 IV),
– die Stundung bei der Schuldenbereinigung (SchKG 334 II).

4.   Wiederherstellung der betreibungsrechtlichen Fristen

27   Auch die Bestimmungen über die Wiederherstellung von Fristen sind nur anwendbar auf «*Eingaben nach diesem Gesetz*». Wie die Fristverlängerung so kann auch die Wiederherstellung aus Gründen der öffentlichen Ordnung nur für *kurze Eingabefristen* in Frage kommen.

Deshalb sind von vornherein *nicht wiederherstellbar:* die «Rahmenfristen» nach SchKG 88 II, 116, 154, 166, 188, die Ordnungs-, Bedenk- und Zustandsfristen, materiellrechtliche Verjährungs- und Verwirkungsfristen (SchKG 6, 86, 186) sowie die langen Klagefristen nach SchKG 292.

Wiederherstellung einer Eingabefrist kommt aber nur in Frage, wenn   28
diese wegen eines *unverschuldeten Hindernisses* versäumt worden ist
(SchKG 33 IV). Der Betroffene muss dann innerhalb derselben Frist
wie der versäumten mit einem Wiederherstellungsgesuch an die *Aufsichtsbehörde* gelangen und gleichzeitig die Eingabe beim zuständigen
Vollstreckungsorgan nachholen. Wiederherstellung ist aber nur solange
zulässig, als sie praktisch überhaupt noch einen Sinn hat. Der Entscheid
über das Gesuch ist ein Ermessensentscheid. Über die Wiederherstellung von Klagefristen befindet hingegen nicht die Aufsichtsbehörde,
sondern das zuständige *Gericht;* die Klage ist binnen gleicher Frist anzuheben (§ 4 N. 63).

Bereits *vollzogene Massnahmen* (z. B. eine Pfändung) müssen aus   29
praktischen Gründen auch im Falle der Gutheissung eines Wiederher-
stellungsgesuchs vorderhand aufrechterhalten bleiben. Sie sind nur
rückgängig zu machen, wenn dies unmittelbare Folge des wiederherge-
stellten und erfolgreichen Rechtsbehelfs ist. Hingegen dürfen *keine
neuen Massnahmen* getroffen werden, sofern sie das Ziel des wiederher-
gestellten Rechtsbehelfs vereiteln oder unverhältnismässig erschweren
würden.

III.   Die Schonzeiten

1.   Arten und Geltungsbereich der Schonzeiten

Man unterscheidet drei Gruppen von Schonzeiten: 30
- *Geschlossene Zeiten* (SchKG 56 Z. 1)
   - von 20 Uhr abends bis 7 Uhr morgens,
   - an Sonn- und staatlich anerkannten Feiertagen;
- *Betreibungsferien* (SchKG 56 Z. 2)
   - jeweils sieben Tage vor und nach Ostern und Weihnachten sowie
     vom 15. Juli bis zum 31. Juli;
- *Rechtsstillstand, Nachlass- und Notstundung* (SchKG 56 Z. 3, 294, 334
   und 337 ff.).

Geschlossene Zeiten und Betreibungsferien gelten allgemein *zugun-*   31
sten aller Schuldner. Nur in der Wechselbetreibung (SchKG 56 Z. 2)
sowie im Konkursverfahren (nach Konkurseröffnung, BGE *114* III 61)
gibt es keine Betreibungsferien.

Der Rechtsstillstand schont in der Regel *nur einen einzelnen,* sich in   32
einer besonderen Lage befindenden Schuldner (SchKG 57–61). Bei

Vorliegen ausserordentlicher Verhältnisse (Epidemie, Landesunglück, Krieg) kann er aber auch für alle davon betroffenen Schuldner eines bestimmten Gebietes oder Bevölkerungsteils *generell* verfügt werden (SchKG 62).

33   Eine Nachlass- oder eine Notstundung wirkt immer nur individuell (SchKG 295, 337 ff.).

2.   Allgemeine Wirkungen der Schonzeiten

a)   Das Betreibungsverbot

34   Gemeinsam haben alle diese Zeitspannen, dass während ihrer Dauer *keine Betreibungshandlungen* vorgenommen werden dürfen (SchKG 56 Einleitungssatz). Der Schuldner geniesst einen befristeten Aufschub (Betreibungsstillstand).

35   Die Praxis misst dem Verbot jedoch keine absolute Wirkung bei. Betreibungshandlungen, die in den Schonzeiten ausgeführt werden, sind nämlich nicht etwa nichtig: sie entfalten ihre Wirkungen einfach erst nach Ablauf der Schonzeit (BGE *121* III 284 f.). Die verbotenen Betreibungshandlungen brauchen demzufolge nach Ablauf der Schonzeit nicht wiederholt zu werden. Das mag pragmatisch erscheinen, doch muss man sich fragen, ob der Gesetzgeber den Schuldner nicht eher vor jeder Belästigung durch Betreibunghandlungen – also absolut – verschonen wollte (nach seinem apodiktischen Wortlaut enthält SchKG 56 eine klare Verbotsnorm). Der Einleitungssatz dieser Bestimmung ist als Anwendungsfall von SchKG 22, der die Nichtigkeit allgemein umschreibt, zu verstehen.

36   Bis zum angeführten Entscheid ging das Bundesgericht immerhin von der grundsätzlichen Anfechtbarkeit solch verbotener Betreibungshandlungen aus (s. noch BGE *121* III 92), wobei aber die Beschwerdefrist bereits in der Schonzeit zu laufen begann; nur ihr Ablaufen wurde nach SchKG 63 hinausgeschoben (BGE *50* III 11, *115* III 6 ff., 11 ff., *117* III 5).

b)   Der Einfluss auf laufende Fristen

37   Sämtliche bereits vorher begonnenen Fristen laufen während der Schonzeiten (Betreibungsferien, Rechtsstillstand) ungehemmt weiter (SchKG 63 Satz 1); nur wird ihr Ablaufen hinausgeschoben, wenn es in diese Zeiten fällt. Die Frist wird dann nämlich bis zum dritten Werktag nach dem Ende der Schonzeit verlängert, wobei Samstage, Sonntage und staatlich anerkannte Feiertage nicht mitgezählt werden (SchKG 63

Sätze 2 und 3). Diese Fristerstreckung kann nur für *Eingabefristen* Bedeutung haben.

Damit den Betroffenen nach Ablauf der Schonzeit in jedem Falle noch drei volle   38
Arbeitstage zur Verfügung stehen, billigt ihnen die Praxis diese Verlängerung auch
dann zu, wenn die Frist erst unmittelbar nach dem Ende der Schonzeit abläuft (BGE *115*
III 14).

Obwohl die Schonzeiten in erster Linie zum Schutz des Schuldners   39
bestehen, wirken sie sich insofern auch zugunsten der Gläubiger und
beteiligter Dritter aus, als die gesetzliche Fristerstreckung nach SchKG
63 auch für sie gilt. Sie können allerdings ihre Begehren (z. B. Betreibungsbegehren, Fortsetzungsbegehren, Beschwerde) auch während der
Schonzeiten stellen – was zur Unterbrechung einer Verjährung bedeutsam sein kann –, doch dürfen die Vollstreckungsorgane ihnen einstweilen nicht stattgeben.

3.   Der Begriff der Betreibungshandlung

Nicht jede in einem Betreibungsverfahren vorgenommene   40
Handlung ist eine – in den Schonzeiten verbotene – «Betreibungshandlung» im Sinne von SchKG 56; zwei Merkmale sind dafür entscheidend:
– Zunächst steht überhaupt nur eine *Amtshandlung* in Frage; die Handlung muss also von einem Vollstreckungsorgan ausgehen.
– Ausserdem muss es sich um eine eigentliche *Vollstreckungsmassnahme* (oder die Anordnung einer solchen durch die Aufsichtsbehörde) handeln: eine Handlung, die auf Befriedigung des Gläubigers aus dem Vermögen des Schuldners hinzielt. Die Handlung muss
geeignet sein, den Gläubiger durch Einleitung oder Fortsetzung der
Betreibung diesem Ziele näherzubringen und auf diese Weise in die
Rechtslage des Schuldners präjudizierend einzugreifen (BGE *121*
III 91).

Betreibungshandlungen sind zum Beispiel: 41
– die Zustellung des Zahlungsbefehls (SchKG 71);
– die Rechtsöffnung (SchKG 80 ff.);
– die Pfändungsankündigung (SchKG 90);
– die Pfändung, auch die bloss provisorische (SchKG 89 ff.; BGE *102* III 8);
– die Anzeige einer Verdienstpfändung (BGE *100* III 14);
– die Fristansetzung im Widerspruchsverfahren oder nach einer privilegierten Anschlusspfändung (SchKG 107/8, 111);
– die Zustellung der Pfändungsurkunde (SchKG 114; BGE *112* III 17);
– die (erste) Steigerungspublikation (SchKG 138; BGE *121* III 88 ff.);
– die Verwertung (SchKG 116 ff.);
– die Ausstellung eines Verlustscheins (SchKG 149);

- die Konkursandrohung (SchKG 159 f.);
- die Konkurseröffnung (SchKG 171).

42   *Nicht als Betreibungshandlungen gelten* demgegenüber:
- alle Handlungen der Parteien, insbesondere des Gläubigers (Betreibungs- und andere an eine Behörde gerichtete Begehren, Beschwerde);
- interne Amtshandlungen, z. B. die blosse Ausfertigung des Zahlungsbefehls oder der Pfändungsurkunde (BGE *120* III 10 f.; *112* III 17);
- die Handlungen, die *nach der Konkurseröffnung* vom Konkursamt oder von der Konkursverwaltung vorgenommen werden (BGE *114* III 61);
- betreibungsrechtliche Vorkehren *nach* durchgeführter *Verwertung* (BGE *114* III 62);
- Entscheide der Aufsichtsbehörden, die sich bloss über die Begründetheit einer Beschwerde aussprechen, ohne den Vollstreckungsorganen eine bestimmte Betreibungshandlung vorzuschreiben oder eine solche gleich selber anzuordnen (BGE *117* III 5).

43   Von vornherein *keine* Betreibungshandlungen sind die im Einleitungssatz von SchKG 56 ausdrücklich ausgenommenen Massnahmen; denn sie sind nicht auf Vollstreckung gerichtet, sondern dienen bloss der *einstweiligen Sicherung* von Vollstreckungssubstrat, was jederzeit möglich sein muss.

44   Beispiele:
- Handlungen im Arrestverfahren (Arrestbefehl und Arrestvollzug, nicht aber die Zustellung der Arresturkunde, BGE *108* III 3);
- die Anordnung sichernder Massnahmen gemäss SchKG 98 ff. nach Vollzug oder auch bloss zur Vorbereitung einer Pfändung (BGE *107* III 67);
- die vorzeitige Verwertung (SchKG 124 II);
- die Aufnahme eines Retentionsverzeichnisses (SchKG 283);
- die Rückschaffung heimlich oder gewaltsam entfernter Retentionsgegenstände (SchKG 284);
- die Aufnahme eines Güterverzeichnisses nach provisorischer Rechtsöffnung oder Konkursandrohung (SchKG 83 I, 162 ff.);
- die in SchKG 170 vorgesehenen vorsorglichen Sicherungsmassnahmen nach Eingang eines Konkursbegehrens;
- die Verwaltung und Bewirtschaftung gepfändeter Liegenschaften (VZG 16 II).

4.   Insbesondere der Rechtsstillstand

45   Rechtsstillstand wird einem einzelnen Schuldner oder einer bestimmten Kategorie von Schuldnern aus verschiedenen im Gesetz genannten Gründen gewährt.

a)   *Militär-, Zivil- oder Zivilschutzdienst des Schuldners oder seines gesetzlichen Vertreters*

46   Jeder Schuldner, der sich in einem besoldeten schweizerischen Militär-, Zivil- oder Zivilschutzdienst befindet, geniesst während der

ganzen Dienstzeit Rechtsstillstand; bei einer Dienstleistung von mindestens 30 Tagen noch während 2 Wochen darüber hinaus (SchKG 57). In
der Betreibung für periodische familienrechtliche Unterhalts- und Unterstützungsbeiträge kann sich der Schuldner jedoch nicht darauf berufen (SchKG 57 III; zum Begriff § 9 N. 8).

Auch dem handlungsunfähigen Schuldner und den Gesellschaften,   47
deren gesetzliche Vertreter bzw. Organe sich im Dienst befinden, wird
Rechtsstillstand gewährt, bis sie in der Lage sind, einen anderen Vertreter zu bestellen (SchKG 57 e; BGE *96* III 4).

Keinen Rechtsstillstand geniessen dagegen Schuldner, die auf Grund   48
eines Arbeitsverhältnisses zum Bund oder zum Kanton Dienst leisten
(z. B. Instruktoren; SchKG 57 IV), sowie Militärpatienten der Militärversicherung, die sich wegen eines Dienstunfalls in einer Klinik aufhal-
ten; für letztere kann aber Rechtsstillstand nach SchKG 61 in Frage
kommen (BGE *95* III 6).

Der Gläubiger ist während der Dauer dieses Rechtsstillstandes nicht   49
schutzlos. Vor allem darf er einmal die Aufnahme eines *Güterverzeichnisses* verlangen, sofern ihm der Schuldner seine Forderung nicht sonst
sicherstellt (SchKG 57 c, 162 ff.). Sodann kann er, wenn ein Arrestgrund
vorliegt, um einen *Arrest* nachsuchen (SchKG 271 ff.).

Überdies kann der Rechtsöffnungsrichter den Rechtsstillstand allgemein oder für ein-   50
zelne Forderungen aufheben, wenn der Gläubiger glaubhaft macht,
– dass der Schuldner zum Nachteil seiner Gläubiger gehandelt hat oder Anstalten dazu
  trifft,
– dass er, bei freiwilligem Dienst, zur Erhaltung seiner wirtschaftlichen Existenz des
  Rechtsstillstandes nicht bedarf
– oder dass er freiwillig Dienst leistet, um sich seinen Verpflichtungen zu entziehen
  (SchKG 57 d).

b)   Todesfall in der Familie

Für einen Schuldner, dessen Ehegatte, dessen Verwandter   51
oder Verschwägerter in auf- oder absteigender Linie oder dessen Haus-
genosse (z. B. ein Konkubinatspartner) gestorben ist, besteht während
2 Wochen vom Todestag an Rechtsstillstand (SchKG 58).

c)   Tod des Schuldners

Ist der Schuldner gestorben, so herrscht in der Betreibung für   52
Erbschaftsschulden vom Todestag an Rechtsstillstand während 2 Wo-
chen sowie darüberhinaus noch während den für den Antritt oder die
Ausschlagung der Erbschaft eingeräumten Überlegungsfristen (SchKG

59 I); d. h. während der Ausschlagungsfrist (ZGB 566 ff.) und während der Dauer eines öffentlichen Inventars (ZGB 580, 586 ff.).

53   Auch während der amtlichen (ZGB 593 ff.) oder konkursamtlichen Liquidation (ZGB 597, SchKG 193) geniesst die Erbschaft einen «Rechtsstillstand»; SchKG 206 (Ausnahmen vom Betreibungsverbot) wird allerdings sinngemäss anzuwenden sein.

54   In SchKG 59 II und III regelt das Gesetz die bereits erwähnte Parteinachfolge beim Tod des Schuldners (§ 8 N. 23).

d)   Haft des Schuldners

55   Der verhaftete Schuldner geniesst einen Rechtsstillstand, damit er Zeit hat, sich zur Wahrung seiner Interessen einen vertraglichen Vertreter zu bestellen. Das Betreibungsamt setzt ihm hiezu eine Frist, sofern nicht, wie im Falle der Verurteilung zu einer Freiheitsstrafe, die Vormundschaftsbehörde einen gesetzlichen Vertreter zu ernennen hat (SchKG 60, ZGB 371; BGE *108* III 3). Dieser befristete Rechtsstillstand gilt auch für Gesellschaften, deren sämtliche Organe verhaftet sind (BGE *96* III 4).

56   Der Rechtsstillstand muss bis zur Abklärung der Hilfsbedürftigkeit des Verurteilten und zur allfälligen Ernennung eines Vormundes gelten, sonst wäre der Schuldner bis zu diesem Zeitpunkt völlig wehrlos; denn SchKG 68 c I ist erst von der Entmündigung an anwendbar.

e)   Krankheit des Schuldners

57   Einem schwerkranken Schuldner kann das Betreibungsamt nach seinem Ermessen für eine bestimmte Zeit Rechtsstillstand gewähren (SchKG 61). Das geschieht von Amtes wegen oder auf Antrag des Schuldners oder eines Angehörigen auf Grund eines ärztlichen Zeugnisses. Damit will man der tatsächlichen Behinderung des Schuldners durch Krankheit Rechnung tragen. Schonung verdient aber auch der Schuldner, der wegen Krankheit seine berufliche Tätigkeit einstellen musste und deshalb zahlungsunfähig geworden ist (BGE *105* III 101).

f)   Allgemeiner Notzustand (allgemeines Moratorium)

58   Bei Ausbruch einer Epidemie, Eintritt eines Landesunglücks (Seuchenzug, Naturkatastrophe, Kriseneinbruch in einen Wirtschaftszweig) sowie in Kriegszeiten kann der Bundesrat oder – mit seiner Zustimmung – die Kantonsregierung für ein bestimmtes Gebiet oder für bestimmte Teile der Bevölkerung einen allgemeinen Rechtsstillstand beschliessen (SchKG 62). Dieser Rechtsstillstand weist eine gewisse Verwandtschaft mit der *Notstundung* auf (SchKG 337 ff.).

Bei der Unwetterkatastrophe vom Herbst 1993 in Brig VS wurde für die Briger Bevölkerung ein solches allgemeines Moratorium von einem Monat bewilligt (Beschluss der Walliser Kantonsregierung und des Bundesrates vom 28. 9. 1993).

§ 12   Formvorschriften

Der amtliche Verkehr der Behörden mit dem Publikum wickelt sich in bestimmten Formen ab. Für die Gerichte ist er in den Zivilprozessordnungen geregelt. Für die Schuldbetreibungsbehörden enthält das SchKG die erforderlichen Vorschriften. Es unterscheidet drei Formen: 1
– die Mitteilung (SchKG 34),
– die öffentliche Bekanntmachung (SchKG 35)
– und die formelle Zustellung (SchKG 64 ff.).

Vielfach werden *Formulare* verwendet (Mustersammlungen können bei der Eidg. Drucksachen- und Materialzentrale (EDMZ) bezogen werden). Die Praxis unterscheidet obligatorische und fakultative Formulare. Doch ist deren Verwendung nicht zwingend, auch nicht der obligatorischen, sofern die betreffende Verfügung oder Mitteilung des Amtes alle wesentlichen Elemente enthält (BGE *120* III 165). 2

I.   Die Mitteilung (SchKG 34)

Durch Mitteilungen werden bestimmte Tatsachen, vor allem betreibungsrechtliche Verfügungen, an die am Verfahren beteiligten Personen, soweit diese erreichbar sind, bekanntgegeben. Sie werden immer *schriftlich* erlassen, mit der Unterschrift der betreffenden Amtsstelle versehen (analog OR 13), und zwar durch eingeschriebenen Brief oder (seltener) durch Übergabe gegen Empfangsbescheinigung. 3

Diese Mitteilungsformen sind aus Beweisgründen vorgeschrieben und haben reinen *Ordnungscharakter*. Sie sind stets einzuhalten, soweit das Gesetz nichts anderes vorschreibt: sei es die öffentliche Bekanntmachung, die formelle Zustellung oder ausnahmsweise die Mitteilung durch gewöhnlichen Brief (wie z. B. im Falle von SchKG 233: Spezialanzeige der Konkurspublikation an die bekannten Gläubiger). 4

Nichteinhalten der Form macht deshalb eine Mitteilung nicht ungültig; doch trifft dann das Vollstreckungsorgan die *Beweislast* dafür, dass sie ihren Adressaten erreicht hat (BGE *121* III 12). 5

Das gilt namentlich auch hinsichtlich der Mitteilung durch Fernschreiber (Telex oder Telefax); eine vom Empfänger bestätigte Telex-Mitteilung kommt immerhin der direkten Übergabe gegen Empfangsbescheinigung schon sehr nahe (BGE *101* III 65).

6   Wird die Form eingehalten, so ist die Mitteilung ohne weiteres rechtsgültig, auch wenn der Adressat ihre Annahme verweigert. Eingeschriebene Sendungen an Briefkasten- oder Postfachinhaber gelten in dem Zeitpunkt als zugestellt, in dem sie der Adressat, gestützt auf die Abholeinladung, auf der Post entgegennimmt, spätestens aber am letzten Tag der 7-tägigen (postrechtlichen) Abholfrist (BGE *117* III 4, *120* III 3).

II.   Die öffentliche Bekanntmachung (SchKG 35)

7   Mit der öffentlichen Bekanntmachung wird zweierlei bezweckt:
– Sie hat vor allem Bedeutung im Verwertungsverfahren sowie im Konkurs- und im Nachlassverfahren, und zwar immer dort, wo man sich an ein *breites Publikum* wenden will (z. B. Anzeige einer Konkurseröffnung, Nachlassstundung, Gläubigerversammlung oder Steigerung).
– Sodann dient sie als Ersatz für die ordentliche Mitteilung oder Zustellung an *unbekannte Personen,* an Personen, deren *Adresse nicht bekannt* ist, oder an eine *im Ausland wohnende Person,* wenn Mitteilung oder Zustellung an diese nicht innert angemessener Zeit möglich ist (vgl. SchKG 66 IV; s. auch unten N. 22).

8   Ihre *Form* besteht in der Veröffentlichung im Schweizerischen Handelsamtsblatt (SHAB) sowie im kantonalen Amtsblatt (SchKG 35 I). – Daneben kann, wenn besondere Verhältnisse vorliegen, die Bekanntmachung auch in anderen Blättern oder auf dem Wege des öffentlichen Ausrufs erfolgen (SchKG 35 II). Die Wahl einer dieser beiden zusätzlichen Publikationsformen ist eine Ermessensfrage und daher nur durch Beschwerde an eine kantonale Aufsichtsbehörde anfechtbar (BGE *82* III 8).

9   Für die Berechnung von Fristen und für allfällige Rechtsfolgen der Bekanntmachung ist immer das Datum der Veröffentlichung im SHAB massgebend (SchKG 35 I Satz 2).

III.   Die formelle Zustellung (SchKG 64–66)

1.   Die Betreibungsurkunde als Zustellungsobjekt

10   Wie die Gerichtsurkunden im Zivilprozess müssen auch die *Betreibungsurkunden* formell zugestellt werden. Darunter sind hier aber nur Urkunden zu verstehen, in denen der Schuldner aufgefordert wird,

den Gläubiger zu befriedigen, wobei ihm gleichzeitig eine bestimmte Rechtsfolge angedroht wird, falls er dieser Aufforderung nicht nachkommen sollte. Die Bedeutung des Inhalts der Urkunde begründet ihre formelle Zustellungsbedürftigkeit.

Betreibungsurkunden im Sinne von SchKG 64 ff. sind demgemäss der Zahlungsbefehl und die Konkursandrohung (SchKG 71 f., 153 IV, 161 I und 178 I; BGE *121* III 17). 11

Folgerichtig wäre auch die Pfändungsankündigung (SchKG 90) als zustellungsbedürftige Betreibungsurkunde zu betrachten; das Bundesgericht scheint sich jedoch mit einer Mitteilung gegen Empfangsbestätigung zu begnügen (BGE *91* III 44). 12

2. Die Zustellungsform

Die Zustellung ist im wesentlichen nichts anderes als eine *qualifizierte Form der Mitteilung*. Sie besteht darin, dass die Betreibungsurkunde dem Schuldner *offen* übergeben wird, wobei dieser Vorgang gleichzeitig auf dem Original und einem Doppel vom zustellenden Betreibungsbeamten oder Angestellten oder – bei Zustellung durch die Post – vom Briefträger zu bescheinigen ist (SchKG 72 II). Die Zustellung durch die Post richtet sich nach der Postordnung (Verordnung zum Postverkehrsgesetz vom 1. 9. 1967/18. 10. 1972; SR 783.01). Sie erübrigt die Rechtshilfe eines in einem anderen Kreis zuständigen Betreibungsamtes; der Postbote handelt dabei als Betreibungsgehilfe. 13

Mit der *Übergabe der Urkunde* ist die Zustellung vollzogen; der Schuldner – oder die im Falle einer Ersatzzustellung empfangsberechtigte Person (SchKG 64 II, 65 II) – kann sie nicht durch Annahmeverweigerung oder Zerreissen der Urkunde vereiteln (BGE *109* III 3). 14

Wird der Schuldner nicht angetroffen und fällt auch eine Ersatzzustellung nicht in Betracht (N. 17 unten), so muss ein neuer Zustellungsversuch unternommen werden. Es genügt nicht, einen Zahlungsbefehl eingeschrieben durch die Post zuzustellen und dem abwesenden Schuldner einfach eine Abholungseinladung in den Briefkasten zu legen; auch der Briefträger muss die Urkunde offen übergeben, damit der Schuldner gegebenenfalls auf der Stelle Rechtsvorschlag erheben kann (BGE *120* III 118). 15

3. Die Zustellungsempfänger

Formelle Zustellungen richten sich immer an den Schuldner. Wegen der Bedeutung der Betreibungsurkunde für ihn bestimmt das Gesetz genau, an wen die Zustellung erfolgen darf. 16

a) Wohnt der *Schuldner am Betreibungsort*, muss ihm die Urkunde in seiner Wohnung oder an seinem Arbeitsort persönlich übergeben wer- 17

den (SchKG 64 I Satz 1; BGE *116* III 9). Wird er dort nicht angetroffen, darf eine sogenannte *Ersatzzustellung* vorgenommen werden, nämlich:
- entweder an eine zum Haushalt des Schuldners gehörende erwachsene Person oder an einen Angestellten, wobei als «erwachsen» nicht nur gilt, wer mündig ist, sondern auch, wer schon so erscheint (SchKG 64 I Satz 2; BGE *117* III 6);
- oder, zu guter Letzt an einen Gemeinde- oder Polizeibeamten zuhanden des Schuldners. Diese Beamten haben alsdann die Zustellung zu vollenden; die Polizei kann sich ihrer Aufgabe nötigenfalls durch Vorführung des Schuldners entledigen (SchKG 64 II; BGE *117* III 9).

18 b) Wohnt der *Schuldner nicht am Betreibungsort,* sind drei Hauptfälle zu unterscheiden:

19 – Wohnt er immerhin *in der Schweiz,* so werden die Betreibungsurkunden in erster Linie der von ihm am Betreibungsort (beispielsweise am Ort, wo das Pfandgrundstück liegt) bezeichneten Person oder in dem von ihm dort bestimmten Lokal abgegeben. Mangels eines solchen Zustellungsdomizils erfolgt die Zustellung an seinem Wohnort gemäss SchKG 64 (SchKG 66 I und II; N. 17 oben).

20 – Dem *im Ausland* wohnenden Schuldner kann eine Betreibungsurkunde grundsätzlich nur durch Vermittlung der dort zuständigen Behörde zugestellt werden (Spezialdomizil in der Schweiz vorbehalten). Direkte internationale Zustellung durch die Post oder direkter internationaler Amtsverkehr der Vollstreckungsorgane ist aber nur möglich, sofern es *ein Staatsvertrag gestattet oder der ausländische Staat einverstanden ist* (SchKG 66 III; BGE *103* III 1).

21 Welche ausländische Behörde im Einzelfalle zuständig ist, kann sich aus einer internationalen Vereinbarung ergeben, insbesondere aus der Haager Übereinkunft betreffend Zivilprozessrecht vom 1. 3. 1954, SR 0.274.11/12; vgl. dazu BGE *96* III 65, *103* III 70). Besteht keine staatsvertragliche Regelung, ist der diplomatische oder konsularische Weg einzuschlagen. Im Zweifelsfalle empfiehlt sich die Erkundung des Weges beim EJPD.

22 – Ist eine *formelle Zustellung nicht möglich,* weil
  - der Wohnort des Schuldners trotz aller dem Gläubiger und dem Betreibungsamt zumutbaren Nachforschungen unbekannt bleibt (SchKG 66 IV Z. 1),
  - der Schuldner sich beharrlich der Zustellung entzieht (SchKG 66 IV Z. 2) oder
  - die Zustellung ins Ausland nicht binnen angemessener Frist möglich ist (SchKG 66 IV Z. 3),

  kurzum, wenn immer sich der Zustellung ein unüberwindbares Hindernis – im In- oder Ausland – entgegenstellt, wird sie durch die *öffentliche Bekanntmachung* (SchKG 35) ersetzt (BGE *103* III 1, *112* III 8, *119* III 62 f.). Dies ist namentlich von Bedeutung im Hinblick auf die Rechtswirkungen eines unwidersprochen gebliebenen Zahlungsbefehls.

Ausser wenn sich der Schuldner beharrlich der Zustellung entzieht (SchKG 66 IV Z. 2), ist ihm die Beschwerdefrist bzw. die Frist zum Rechtsvorschlag angemessen zu verlängern (SchKG 33 II). 23

c) Wird ein *handlungsunfähiger Schuldner* betrieben, müssen die Betreibungsurkunden seinem gesetzlichen Vertreter zugestellt werden (SchKG 68 c I). 24

Für die Betreibung handlungsunfähiger, verbeirateter oder verbeiständeter Schuldner siehe SchKG 68 c ff. (dazu oben § 8 N. 17 ff.).

d) Betreibungsurkunden für *juristische Personen oder betreibungsfähige Personengesellschaften* sind ihrem – vom Gläubiger zu nennenden – Vertreter zuzustellen; wer bei den verschiedenen juristischen Personen und bei der Kollektiv- oder Kommanditgesellschaft als Vertreter gilt, sagt das Gesetz (SchKG 65 I; BGE *119* III 59, *121* III 18). Wird der Vertreter nicht angetroffen, kann die Betreibungsurkunde auch einem anderen Angestellten oder Beamten im Geschäftslokal übergeben werden (SchKG 65 II). 25

e) In der Betreibung gegen eine unverteilte *Erbschaft* wird die Urkunde dem für die Erbschaft bestellten Vertreter zugestellt oder, wenn ein solcher nicht bekannt ist, an einen der Erben (SchKG 65 III). Zur Betreibung einer Erbschaft siehe oben § 8 N. 23. 26

4. Die Rechtsfolgen mangelhafter Zustellung

Gegen die Zustellung einer Betreibungsurkunde in ungesetzlicher Form oder an einen nicht legitimierten Empfänger kann sich der Schuldner bei der Aufsichtsbehörde beschweren und deren Aufhebung verlangen. Unterlässt er dies oder steht fest, dass er die Urkunde trotz des Zustellungsfehlers erhalten hat, ist die Zustellung wirksam und die Urkunde gültig (BGE *104* III 12). Im Falle der Anfechtung ist das Betreibungsamt für die angebliche Heilung des Mangels beweispflichtig (BGE *117* III 13, *120* III 118). 27

Nichtig ist eine Zustellung nur dann, wenn die Notifikation an den Schuldner sowie die Zustellungsbescheinigung fehlen oder wenn infolge sonst fehlerhafter Zustellung die Urkunde nicht in die Hände des Betriebenen gelangt ist (BGE *110* III 9). 28

§ 13   Die Betreibungs- und die Parteikosten

1.   Die Kostenarten

1   Jedes Verfahren verursacht Kosten verschiedener Art:
- *Gebühren,* die der Staat als Entgelt für die Tätigkeit seiner Rechtspflegeorgane bezieht (z. B. Spruchgebühren);
- *Auslagen,* die bei einer Amtshandlung entstehen, z. B. für Beweiserhebungen, Inserierung, Reise, Verpflegung und Unterkunft, Post und Telephon;
- *Parteikosten,* worunter alle Aufwendungen zu verstehen sind, die einer Partei im Verlauf eines Verfahrens erwachsen, insbesondere für die Entschädigung ihres Vertreters.

2   Die Gebühren und Auslagen bilden zusammen die *Betreibungskosten.* Sie sind in der vom Bundesrat gestützt auf SchKG 16 I erlassenen Gebührenverordnung (GebV) abschliessend geregelt. Zu den Betreibungskosten zählen aber auch die *Gerichtskosten* der rein betreibungsrechtlichen *Summarsachen* (GebV 48 ff.; oben § 4 N. 66 ff.); denn hier sind die Gerichte als Vollstreckungsorgane tätig.

3   *Keine* Betreibungskosten sind hingegen grundsätzlich die *Parteikosten* (zu den Ausnahmen N. 11 unten), vor allem aber auch nicht die Gerichtskosten eines ordentlichen (oder beschleunigten) *Zivilprozesses* (vgl. BGE *119* III 65 f.).

4   SchKG 16 II verbietet, auf den in Betreibungs- und Konkursverfahren errichteten Schriftstücken irgendwelche Stempelabgaben zu erheben. Die Stempelfreiheit gilt indessen nicht in einem Gerichtsverfahren über materielle Rechte oder über eine betreibungsrechtliche Streitigkeit mit Reflexwirkung auf das materielle Recht. Aber selbst auf Betreibungsurkunden muss der kantonale Stempel entrichtet werden, wenn sie als Beweismittel in einem ordentlichen Prozessverfahren eingelegt werden (z. B. ein Zahlungsbefehl oder ein Rechtsöffnungsentscheid; BGE *71* I 64).

2.   Die Festsetzung der Betreibungskosten

5   Welche Gebühren und Auslagen im Einzelfall zu belasten und wie sie zu bemessen sind, bestimmt ausschliesslich der SchKG-Tarif; andere als die darin vorgesehenen Gebühren und Entschädigungen dürfen in einem Vollstreckungs-, Nachlass- oder Notstundungsverfahren nicht erhoben werden (GebV 1). Dieser in der Rechtsprechung streng beachtete Grundsatz der *Gesetzmässigkeit* gilt für sämtliche Vollstreckungsorgane: sowohl für die staatlichen (Ämter, Gerichts- und Aufsichtsbehörden) als auch für die von den Gläubigern bezeichneten oder

gewählten privaten (ausseramtliche Konkursverwaltung, Gläubigerausschuss, Sachwalter und Liquidatoren). Darum ist weder ein kantonaler Anwaltstarif noch die Honorarordnung der Schweizerischen Treuhand- und Revisionskammer für die Kostenfestsetzung ohne weiteres massgebend (BGE *103* III 44, 65, *104* III 61, 106 und *120* III 100).

Trotz seines sozialen Charakters erlaubt der SchKG-Tarif immerhin in gewissem Rahmen eine *Anpassung an besondere Verhältnisse*. So kann die Aufsichts- bzw. Nachlassbehörde 6
– für im Tarif nicht vorgesehene Verrichtungen eine ausserordentliche Gebühr bewilligen (GebV 1 II; BGE *107* III 43);
– eine offensichtlich ungenügende Wegentschädigung angemessen erhöhen (GebV 14 III);
– die Entschädigung einer amtlichen oder ausseramtlichen Konkursverwaltung, der Mitglieder des Gläubigerausschusses, eines Sachwalters, Liquidators oder Kommissärs unter Würdigung der Bedeutung der Sache, des Umfangs der Bemühungen sowie des Zeitaufwandes festsetzen (GebV 47, 55, 58, 60; BGE *108* III 68, *120* III 100).

Die Aufsichtsbehörden haben die Einhaltung des Tarifs zu überwa- 7
chen. Jedem von einer Kostenverfügung Betroffenen – auch den amtlichen und ausseramtlichen Organen – steht das Beschwerderecht zu (GebV 2; § 6 N. 79). Reine Bemessungsfragen können indessen nicht ans Bundesgericht weitergezogen werden (BGE *120* III 100).

3.   Träger der Betreibungskosten

Der Schuldner trägt die Betreibungskosten, sofern er sich der 8
Betreibung nicht mit Erfolg widersetzen kann. Andernfalls bleiben sie beim Gläubiger hängen, der sie vorschiessen muss. Ohne Vorschuss des Gläubigers ist das Betreibungsamt berechtigt, die gewünschte Handlung einstweilen zu unterlassen (SchKG 68 I; BGE *110* III 96).

Dem Gläubiger steht aber das Recht zu, von den Zahlungen des 9
Schuldners die Betreibungskosten vorab zu erheben. In der erfolgreichen Betreibung werden diese Kosten demzufolge praktisch zur Schuld geschlagen (SchKG 68 II und OR 85 I).

4.   Träger der Parteikosten

Jede Partei trägt ihre eigenen Kosten, auch die obsiegende. 10
Hier weicht das Betreibungsrecht vom zivilprozessualen Kostenrecht ab. Insbesondere darf die Entschädigung eines Gläubigervertreters nicht auf den Schuldner abgewälzt werden (SchKG 27 III).

11 Dieses Verbot gilt jedoch nur für den Einsatz des Parteivertreters vor den Betreibungs- und Konkursämtern, nicht aber, sobald Schwierigkeiten auftreten, die (wegen Widerstandes des Schuldners oder Einschaltung eines Dritten) ein *Gerichtsverfahren* auslösen. So ist der Richter ausdrücklich ermächtigt, für die in *betreibungsrechtlichen Summarsachen* entstandenen Parteikosten eine angemessene Parteientschädigung zuzusprechen (GebV 62 I), die dann zu den Betreibungskosten geschlagen wird.

12 Parteikosten eines ordentlichen (oder beschleunigten) Gerichtsverfahrens werden nach kantonalem Prozessrecht verlegt; sie fallen nicht unter die Betreibungskosten, bilden vielmehr Gegenstand besonderer Eintreibung, was allerdings kaum praktisch ist (BGE *119* III 69).

5. Die Kosten im Beschwerdeverfahren

13 Im Beschwerdeverfahren vor den Aufsichtsbehörden dürfen weder Kosten (Gebühren und Auslagen) erhoben noch eine Parteientschädigung zugesprochen werden: es ist somit völlig *kostenfrei* (SchKG 20a I, § 6 N. 62; GebV 61 II und 62 II).

14 Im Falle böswilliger oder mutwilliger Beschwerdeführung (z. B. Trölerei) können jedoch einer Partei die Kosten und überdies – als sog. *Ordnungsstrafe* – sogar eine Busse bis 1500 Franken auferlegt werden (SchKG 20 a I); deren Betrag wird im Entscheid festgesetzt (BGE *100* III 1).

6. Unentgeltliche Rechtspflege

15 Im Rechtsstaat soll auch dem bedürftigen Rechtsuchenden der Rechtsweg offenstehen, sofern sein Begehren nicht von vornherein als aussichtslos erscheint (BGE *121* I 62). Dem Grundsatz der Rechtsgleichheit (BV 4) entsprechend muss ihm deshalb – wie durchwegs in anderen Bereichen (Zivil-, Straf-, Verwaltungsrecht) – auch *in Schuldbetreibungssachen* unentgeltliche Rechtspflege (Kostenfreiheit und unentgeltlicher Rechtsbeistand) gewährt werden.

16 Weder das SchKG noch die GebV äussern sich dazu. Die Praxis hat daraus lange Zeit geschlossen, dass die unentgeltliche Rechtspflege deshalb – im Sinne eines qualifizierten Schweigens – unzulässig sei, jedenfalls was die Verfahren, deren Kosten die GebV regelt, betrifft: Das sind die Betreibungs-, Konkurs- und Nachlassverfahren sowie die rein betreibungsrechtlichen summarischen Gerichtsverfahren (BGE *119* III 66, *118* III 29, *85* I 139, *55* I 366). Ausserhalb dieses Geltungsbereichs der GebV jedoch – d. h. beim ordentlichen oder beschleunigten Zivilprozess – richtet sich die unentgeltliche Rechtspflege seit jeher

auch für die SchKG-Klagen nach kantonalem Prozessrecht und BV 4. Heute geht das Bundesgericht davon aus, dass die unentgeltliche Rechtspflege unter den üblichen Voraussetzungen auch im Geltungsbereich der GebV zulässig ist (BGE *121* I 62).

Zuständig für die Gewährung der unentgeltlichen Rechtspflege im Verfahren vor den Betreibungs- und Konkursämtern ist sachgerechterweise die Aufsichtsbehörde; in Gerichtsverfahren sind es die Gerichte selbst.

17

Doch ist Zurückhaltung geboten, denn es gilt zu bedenken, dass im Betreibungsverfahren *einzelne Amtshandlungen gebührenfrei* sind (z. B. SchKG 67 III, 74 III) und das *Beschwerdeverfahren kostenlos* ist (immerhin kann sich auch dort die Frage eines Rechtsbeistandes stellen, BGE *122* I 8 ff.); ferner, dass der Tarif der GebV relativ bescheiden ist und die Durchführung des Verfahrens im allgemeinen keine besonderen Schwierigkeiten bietet.

18

Beispiele für die unentgeltliche Rechtspflege finden sich in den BGE *118* III 36 (Konkurseröffnung), *118* III 32 (Insolvenzerklärung), *120* I a 217 ff. (Ausländer) und *121* I 60 ff. (Rechtsöffnung). Im Betreibungsverfahren selber wird das Armenrecht nur für den vorschussbelasteten Gläubiger in Betracht fallen.

19

Missbrauch schliesst die unentgeltliche Rechtspflege selbstverständlich aus. So z. B. wenn der Schuldner nur einen den Gläubigern gar nichts bietenden Konkurs anstrebt (BGE *119* III 30, 117), etwa um die Ausstellung von ihn schützenden Konkursverlustscheinen zu erwirken (§§ 38 N. 25, 48 N. 29).

20

Die unentgeltliche Rechtspflege steht grundsätzlich nur *natürlichen Personen* zu. *Juristische Personen*, aber auch eine *Konkurs- oder Nachlassmasse,* haben keinen bundesrechtlichen Anspruch darauf; denn sie können im sozialstaatlichen Sinne gar nicht bedürftig sein (vgl. BGE *61* III 170, *105* I a 249, *116* II 652, 656, *119* I a 337).

21

§ 14 Die öffentlichrechtlichen Nebenfolgen der Schuldbetreibung

I. Straffolgen

Strafbestimmungen treffen einerseits betrügerische Machenschaften, die zu einer Insolvenz führen, andererseits sollen sie die ordnungsmässige Durchführung der Zwangsvollstreckung und deren Erfolg sichern. Diesen Zwecken dient die Ahndung der Schuldbetreibungs- und Konkursdelikte (StGB 163–171bis) sowie der Ungehorsamsdelikte (StGB 323/324).

1

2   Betrügerischer Konkurs und Pfändungsbetrug (StGB 163), Gläubigerschädigung durch Vermögensminderung (StGB 164), Misswirtschaft (StGB 165), Unterlassen der Buchführung (StGB 166) und Bevorzugung eines Gläubigers (StGB 167) haben zur objektiven Strafbarkeitsbedingung die Konkurseröffnung oder die Ausstellung eines Verlustscheins. Das revidierte Vermögensstrafrecht fügt als weitere Strafbarkeitsbedingung die Bestätigung eines gerichtlichen Nachlassvertrages hinzu (StGB 171). Dadurch wird dem Schuldner verunmöglicht, durch Ausweichen insbesondere auf den Liquidationsvergleich (SchKG 317 ff.) den Straffolgen zu entgehen, was in der Praxis nicht selten geschah. Nicht zu überzeugen vermag, dass auch der Abschluss eines ordentlichen Nachlassvertrages Strafbarkeit begründen soll; denn dieser dient regelmässig der Sanierung – nicht der Liquidation –, und Sanierungsanstrengungen sollten nicht zusätzlich mit kostspieligen und zeitaufwendigen Strafverfahren belastet werden (vgl. auch StGB 171 II).

II.   Administrative Folgen der fruchtlosen Pfändung und der Konkurseröffnung

3   *Fruchtlose Pfändung* und *Konkurseröffnung* wirkten früher stärker gesellschaftlich diskriminierend als heute. Sie zogen insbesondere die Einstellung im Stimmrecht und im aktiven Wahlrecht nach sich. In seiner Fassung vom 18.3.1971 schloss das Bundesgesetz vom 29.4.1920 betreffend die öffentlichrechtlichen Folgen der fruchtlosen Pfändung und des Konkurses (SR 284.1) – welches SchKG 26 ersetzte – diese unverhältnismässig harten Massnahmen ausdrücklich aus. Auch die Einstellung in der bürgerlichen Ehrenfähigkeit als Nebenstrafe für Betreibungs- und Konkursdelikte gemäss dem früheren StGB 171 wurde damals abgeschafft.

4   Im Zuge der jüngsten Gesetzesrevision wurde nun dieses Spezialgesetz wieder aufgehoben und dessen Inhalt praktisch unverändert in SchKG 26 aufgenommen.

5   Sowohl Bundesrecht wie auch kantonales Recht können an die Insolvenz öffentlichrechtliche Folgen knüpfen (SchKG 26 I).

6   Auf eidgenössischer Ebene sind zu vermerken:
– der Ausschluss von Offizieren und Unteroffizieren der Armee von der persönlichen Dienstleistung, wenn der Vermögensverfall auf leichtsinniges, betrügerisches oder unehrenhaftes Verhalten zurückzuführen ist (Militärorganisation 18bis, SR 510.10);
– die Auflösung des Dienstverhältnisses eines Bundesbeamten aus wichtigem Grunde (Beamtengesetz 55 II, SR 172.221.10).

7   Kantonalrechtliche Beispiele:
– die Unfähigkeit zur Bekleidung öffentlicher Ämter;
– der Ausschluss von der Ausübung patentierter Berufe (SchKG 26 I).

8   Die Kantone haben jedoch gewisse bundesrechtliche Schranken einzuhalten:
– Verboten ist die Anprangerung des Schuldners durch Veröffentlichung der gegen ihn ausgestellten Verlustscheine (SchKG 26 I);
– ausgeschlossen ist weiterhin die Aberkennung seines aktiven Wahl- und seines Stimmrechts (SchKG 26 I);

– sodann dürfen keine öffentlichrechtlichen Folgen ausgesprochen werden, wenn nur der Ehegatte des Schuldners zu Verlust gekommen ist (SchKG 26 III).

Bei Widerruf des Konkurses, Befriedigung der Verlustscheingläubiger sowie Verjährung der Verlustscheinforderungen (SchKG 149 a) sind die Rechtsfolgen in jedem Falle wieder aufzuheben (Rehabilitation, SchKG 26 II).

9

Die blosse Einstellung des Konkurses mangels Aktiven (SchKG 230) ist natürlich kein Rehabilitationsgrund.

4. Kapitel: Das Einleitungsverfahren

§ 15   Die Funktion des Einleitungsverfahrens

Das Betreibungsverfahren im ganzen (Schuldbetreibung oder   1
Zwangsvollstreckung im weiteren Sinne) gliedert sich in formeller wie in
funktioneller Hinsicht in zwei Hauptabschnitte:
- das Einleitungsverfahren (Schuldbetreibung im engeren Sinne);
- das eigentliche Vollstreckungsverfahren (Zwangsvollstreckung im engeren Sinne).

Im Einleitungsverfahren soll vorerst die Vollstreckbarkeit des geltend   2
gemachten Anspruchs – unter Umständen sogar noch dessen materiellrechtlicher Bestand und Umfang – abgeklärt werden. Es bereitet die
Zwangsvollstreckung im engeren Sinne erst vor.

Diese setzt dann die Schuldbetreibung fort (SchKG 88). Vermögens-   3
werte des Schuldners werden, soweit nötig, amtlich mit Beschlag belegt
und versilbert; aus dem Erlös werden sodann die Forderungen der
Gläubiger bezahlt.

Aus dieser selbständigen Funktion des Einleitungsverfahrens erklärt sich, warum es in   4
bestimmten Sonderfällen auch ohne seine Durchführung zur Zwangsvollstreckung kommen kann (vgl. hiezu § 17 N. 5 und § 38).

Der Schuldner erhält im Einleitungsverfahren Gelegenheit, zu dem   5
vom Gläubiger auf einseitiges Begehren erwirkten Zahlungsbefehl Stellung zu nehmen. Er kann ihm Folge leisten und zahlen oder sich dagegen zur Wehr setzen und Recht vorschlagen. Sache des Gläubigers ist es
dann, diesen Widerstand mit geeigneten Mitteln zu brechen. Dazu muss
er sich jetzt aber an den Richter wenden, auf dass ihm dieser Rechtsöffnung gewähre.

Das Einleitungsverfahren umfasst demnach vier Stadien: 6
- das Betreibungsbegehren des Gläubigers (§ 16);
- den Erlass des Zahlungsbefehls durch das Betreibungsamt (§ 17);
- den Rechtsvorschlag des Schuldners (§ 18);
- die Rechtsöffnung durch den Richter (§ 19).

Sobald feststeht, dass der Schuldner keinen Rechtsvorschlag erhoben   7
oder der Richter dessen Wirkung durch Rechtsöffnung endgültig beseitigt hat, ist das Einleitungsverfahren abgeschlossen. Dann beginnt die
eigentliche Vollstreckung. Erst von da an läuft das Verfahren in einer
der besonderen Betreibungsarten weiter: auf Pfändung, auf Pfandverwertung oder auf Konkurs.

8   Nur in der Wechselbetreibung weicht schon das Einleitungsverfahren vom ordentlichen Verfahren in einigen wesentlichen Punkten ab (dazu § 37).

§ 16   Das Betreibungsbegehren

I.   *Funktion und Wirkungen des Betreibungsbegehrens*

1   1. Eine Betreibung wird nie von Amtes wegen angehoben. Wie in der Zivilrechtspflege allgemein bedarf es dazu eines Anstosses durch den Rechtsuchenden. Der Gläubiger oder sein Vertreter muss dem Betreibungsamt beantragen, die Betreibung in Gang zu setzen. Eines solchen Betreibungsbegehrens bedarf es sowohl für privat- als auch für öffentlichrechtliche Forderungen.

2   Selbstverständlich kann man für ein und dieselbe Forderung gleichzeitig nur *ein* Betreibungsbegehren stellen; es sei denn, eine frühere Betreibung sei durch Rechtsvorschlag gehemmt (was die Gefahr mehrmaliger Vollstreckung in das Vermögen des Schuldners ausschliesst) oder der Gläubiger habe für die gleiche Forderung an verschiedenen Orten Arreste erwirkt (BGE *100* III 41).

3   2. Das formell korrekt eingereichte Begehren hat betreibungsrechtliche und zivilrechtliche Wirkungen:
– *Betreibungsrechtlich* veranlasst es das Betreibungsamt, den *Zahlungsbefehl* zu erlassen und dem Schuldner zuzustellen. Erst mit dieser amtlichen Massnahme beginnt die Schuldbetreibung (SchKG 38 II).
– *Zivilrechtlich* unterbricht schon die Absendung des Betreibungsbegehrens den *Lauf der Verjährung* (so ausdrücklich OR 1070 für Wechselforderungen); die Verjährung beginnt hierauf mit jeder Betreibungshandlung neu zu laufen (OR 135 Z. 2 und 138 II).

II.   *Form und Inhalt des Betreibungsbegehrens*

1.   Die Form

4   Das Betreibungsbegehren kann *schriftlich oder mündlich* beim Betreibungsamt gestellt werden (SchKG 67 I). Mit Vorteil bedient man sich dazu der amtlichen Formulare, die zwar nicht vorgeschrieben sind (§ 12 N. 2), aber doch grössere Gewähr für Rechtsgenüglichkeit bieten. Wird das Begehren mündlich angebracht, füllt der Betreibungsbeamte

das Formular aus (s. auch GebV 9 IV). So oder so muss der Gläubiger sein Begehren unterschreiben; fehlende Unterschrift – wie verbesserliche Formfehler allgemein – schadet aber nicht (SchKG 32 IV).

Welches Amt für die Entgegennahme des Begehrens zuständig ist, kann für den Gläubiger oft nicht leicht feststellbar sein. Darum wird es im Zweifel am besten an das für die Gemeinde, in der der Betreibungsort liegt, örtlich zuständige Amt adressiert: zum Beispiel «An das Betreibungsamt für die Gemeinde Ittigen, Trun, Oron oder Montagnola ...». Die Weiterleitung an das zuständige Amt besorgt dann die Post. Aber auch das Einreichen am falschen Ort schadet nicht (SchKG 32 II; § 11 N. 20). 5

Um sich den Beweis zu sichern, kann der Gläubiger vom Betreibungsamt eine gebührenfreie Bescheinigung des Eingangs verlangen (SchKG 67 III). 6

2. Der Inhalt (SchKG 67)

Sämtliche Angaben, die für die Ausstellung des Zahlungsbefehls erforderlich sind, müssen schon im Betreibungsbegehren enthalten sein. Sind sie unvollständig oder fehlerhaft, so muss das Amt Gelegenheit zur Verbesserung geben (SchKG 32 IV; BGE *118* III 12). Von Amtes wegen wird – abgesehen von offensichtlichen Missschreibungen – nichts korrigiert. 7

Notwendiger Inhalt des Betreibungsbegehrens ist:
– *Name und Wohnort des Gläubigers* sowie seines allfälligen (gesetzlichen oder vertraglichen) Vertreters (selbst wenn der Wohnort dem Schuldner bekannt ist; BGE *114* III 65 f.). Wohnt der Gläubiger im Ausland, so sollte er in der Schweiz ein Domizil bezeichnen, ansonst angenommen wird, sein Zustellungsdomizil befinde sich beim Betreibungsamt; die Post wird ihm nicht nachgesandt (s. auch § 8 N. 13). 8

Mehrere Gläubiger, die einen Schuldner gemeinsam betreiben wollen, müssen mit Namen und Wohnort einzeln aufgeführt sein (z. B. Solidargläubiger, Erben, einfache Gesellschafter; BGE *71* III 165). 9

Macht ein Gläubiger bei unklaren, zweideutigen oder alternativen Angaben keinen Gebrauch von der Gelegenheit zur Verbesserung (SchKG 32 IV), ist das Betreibungsbegehren ungültig; eine trotzdem geführte Betreibung wäre nichtig (BGE *107* III 51; *114* III 63 f.). 10

– *Name und Wohnort des Schuldners* sowie gegebenenfalls seines gesetzlichen Vertreters, insbesondere auch des empfangsberechtigten Vertreters einer zu betreibenden juristischen Person (BGE *109* III 4). 11

12   Im Betreibungsbegehren gegen eine unverteilte Erbschaft (gemäss SchKG 49) ist nebst dieser der Vertreter der Erbschaft oder der Erbe zu nennen, dem die Betreibungsurkunden zugestellt werden sollen (SchKG 65 III).

13   Auch die Schuldnerbezeichnung muss zweifelsfrei, unverwechselbar sein (BGE *102* III 63, *120* III 60); es gilt das zur Bezeichnung des Gläubigers Gesagte.

14   – Der *Forderungsbetrag* ist *in Schweizer Währung* anzugeben (BGE *94* III 76). Die Umrechnung einer auf fremde Währung lautenden Forderung ist Sache des Gläubigers; massgebend dafür ist der *Kurs am Tage des Betreibungsbegehrens.*

15   Der Gläubiger wird aber auch den für ihn unter Umständen günstigeren *Kurs zur Verfallzeit* wählen dürfen (OR 84 II), aus der Überlegung, dass der Schuldner aus seiner verspäteten Zahlung nicht noch weiteren Vorteil ziehen soll (vgl. auch OR 1031; anders freilich BGE *51* III 183).

16   Ausserdem gestattet SchKG 88 IV dem Gläubiger später noch, mit seinem Fortsetzungsbegehren erneut die Umrechnung zu verlangen, und zwar zum *Kurs am Tage des Fortsetzungsbegehrens.* Insgesamt stehen dem Gläubiger somit drei Umrechnungsmöglichkeiten zur Verfügung: Kurs zur Verfallzeit, zur Zeit des Betreibungs- oder des Fortsetzungsbegehrens. Er darf den für ihn günstigsten wählen.

17   *Kursschwankungen nach Fortsetzung der Betreibung* bleiben hingegen unbeachtlich. Im eigentlichen Vollstreckungsstadium müssen die Kurse aus praktischen Gründen fix sein. Ein allfälliger Kursverlust, der in diesem Stadium erfolgt, kann deshalb nur ausserhalb der Betreibung (gesondert) geltend gemacht werden.

18   Bei *verzinslichen Forderungen* müssen ausserdem der Zinsfuss und der Tag, von dem an der Zins (als Nebenleistung) gefordert wird, genannt sein. Wird für Zinsen allein betrieben, sind sie als Hauptschuld betragsmässig zu beziffern (BGE *81* III 50 f.).

19   – Ferner muss die *Forderungsurkunde* und deren Datum bezeichnet werden (z. B. «Vertrag», «Schuldschein», «Wechsel», «Check» oder «Rechnung vom ...»); in Ermangelung einer solchen ist der *Forderungsgrund* (z. B. «Arbeitslohn», «Kaufpreis», «Mietzins») anzugeben (BGE *95* III 33). In der Wechselbetreibung ist ausserdem der Wechsel oder Check einzureichen (SchKG 177 II).

Dem Schuldner muss erkennbar sein, für welche Forderung er betrieben wird (BGE *121* III 18 ff.). Bei ungenügender Forderungsbezeichnung kann der Zahlungsbefehl, der auf den Angaben des Betreibungsbegehrens beruht, mit Beschwerde angefochten werden.

20   – Das Betreibungsbegehren für eine pfandgesicherte Forderung muss den *Pfandgegenstand* sowie den *Namen des allfälligen Dritteigentümers* des Pfandes ausweisen (SchKG 67 II in Verbindung mit 151 I a). Besteht die Pfandsicherung in einem Grundstück, das als *Familienwohnung* dient, ist auch dieser Umstand anzugeben (SchKG 151 I b).

– In der Betreibung für Miet- und Pachtzinse kann der Gläubiger, wenn   21
es sich um Geschäftsräume handelt, die *Aufnahme eines Retentionsverzeichnisses* verlangen, sofern noch keines erstellt sein sollte, um die
Betreibung auf dem Wege der Pfandverwertung führen zu können
(SchKG 283; § 34).

§ 17   Der Zahlungsbefehl

Nach Empfang des Betreibungsbegehrens erlässt das Betrei-   1
bungsamt den Zahlungsbefehl (SchKG 69 I). Hiezu hat es nur zu prüfen,
ob ein formgültiges Betreibungsbegehren vorliegt. Ob der geltendge-
machte Anspruch vollstreckbar oder überhaupt materiellrechtlich begründet ist, darf es nicht kümmern (vgl. § 6 N. 3). Darüber hat, wenn
zwischen den Parteien Streit entstehen sollte, im späteren Verlauf des
Einleitungsverfahrens der Richter zu entscheiden. Das Betreibungsamt
prüft nur die Verfahrensvoraussetzungen der Betreibung (z. B. seine
örtliche Zuständigkeit).

I.   *Wesen und Zweck des Zahlungsbefehls*

1. Der Erlass des Zahlungsbefehls stellt die erste vollstrek-   2
kungsrechtliche Massnahme des Betreibungsamtes dar: eine *Betreibungshandlung* (vgl. hiezu § 11 N. 40 ff.). Diese bezweckt, den Schuldner
herauszufordern, zum Zahlungsbegehren des Gläubigers Stellung zu
nehmen. Es handelt sich also keineswegs um einen kategorischen, be-
dingungslosen Befehl an den Schuldner, zu zahlen, sondern bloss um
eine *Zahlungsaufforderung* mit der Weisung, entweder den Gläubiger
zu befriedigen oder durch Rechtsvorschlag die Betreibung zum Stillstand zu bringen. Um dieser Weisung Nachdruck zu verleihen, wird dem
Schuldner angedroht, dass die Betreibung ihren Fortgang nehme, wenn
er weder zahle noch Recht vorschlage (SchKG 69 II Z. 2–4).

2. Endziel des Zahlungsbefehls (und des Einleitungsverfahrens über-   3
haupt) ist es, bei Ausbleiben der geforderten Zahlung für die hängige
Betreibung einen *vollstreckbaren Titel* zu schaffen. Das wird erreicht,
indem – mangels Rechtsvorschlages oder nach Beseitigung seiner Hem-
mungswirkung durch den Richter – der Zahlungsbefehl rechtskräftig
und gestützt darauf der geltend gemachte Anspruch vollstreckbar wird.

4   Der Zahlungsbefehl bildet somit die *Grundlage der Betreibung;* diese beginnt mit seiner Zustellung (SchKG 38 II; BGE *120* III 11). Weitere Betreibungshandlungen, die ohne gültigen Zahlungsbefehl vorgenommen würden, wären nichtig und müssten deshalb von Amtes wegen aufgehoben werden (SchKG 22).

5   Von diesem Grundsatz weicht das Gesetz allerdings in einer Reihe von Ausnahmefällen ab, in denen es die Zwangsvollstreckung ohne Erlass eines Zahlungsbefehls zulässt, weil ein solcher sinnlos wäre:

– So wenn der Schuldner selbst den ersten Schritt zur Durchführung der Generalexekution unternimmt, sei es, dass er sich beim Gericht *zahlungsunfähig erklärt* (SchKG 191), sei es, dass die Verwaltung einer *Handelsgesellschaft* oder einer *Genossenschaft* wegen Überschuldung den Richter *benachrichtigen* und dieser mangels Sanierungsaussicht den Konkurs eröffnen muss (SchKG 192, OR 725 a). Der Schuldner kapituliert hier im voraus.

– Zwecklos ist der Zahlungsbefehl auch, wenn eine *Erbschaft* konkursamtlich liquidiert werden muss (SchKG 193, ZGB 597).

– Zum *privilegierten Pfändungsanschluss* bedarf es keines Zahlungsbefehls, weil hier der Schuldner im Anschlussverfahren die Möglichkeit erhält, sich dem geltend gemachten Anspruch zu widersetzen (SchKG 111).

– Auf Grund eines *Pfändungsverlustscheins* kann der Gläubiger binnen sechs Monaten, auf Grund eines *Pfandausfallscheins* binnen Monatsfrist, die Betreibung ohne neuen Zahlungsbefehl fortsetzen (SchKG 149 III und 158 II). In diesen Fällen wirkt der im vorangegangenen Betreibungsverfahren erlassene und rechtskräftig gewordene Zahlungsbefehl noch befristet nach.

– Schliesslich kann in den in SchKG 190 angeführten Fällen *unredlichen* oder die Gläubigerrechte gefährdenden *Verhaltens* des Schuldners (insbesondere auch bei Zahlungseinstellung, Widerruf einer Nachlassstundung, Ablehnung oder Widerruf eines Nachlassvertrages, SchKG 309, 313) jeder Gläubiger ohne weiteres beim Gericht die Konkurseröffnung verlangen. Der Schuldner verdient hier nicht mehr, schonungsvoll behandelt zu werden.

II.   *Der Inhalt des Zahlungsbefehls (SchKG 69 II)*

6   Angesichts der Funktion des Zahlungsbefehls, das Betreibungsverfahren zu eröffnen, kommt seinem Inhalt entscheidende Bedeutung zu. Von der Wiederholung sämtlicher Angaben des Betreibungsbegehrens abgesehen, die den Schuldner darüber ins Bild setzen sollen, wer von ihm was fordert und warum, sind für den Zahlungsbefehl charakteristisch:

7   – Die *Aufforderung an den Schuldner,* binnen bestimmter Frist den Gläubiger für dessen Forderung samt Betreibungskosten zu befriedigen (bzw. in der Betreibung auf Sicherheitsleistung sicherzustellen); das ist der eigentliche «Zahlungsbefehl».

Die Zahlungsfrist ist je nach der Betreibungsart verschieden. Sie beträgt:
- 20 Tage in der ordentlichen Betreibung auf Pfändung oder auf Konkurs (SchKG 69 II Z. 2);
- 5 Tage in der Wechselbetreibung (SchKG 178 II Z. 2);
- 6 Monate in der Betreibung auf Grundpfandverwertung (SchKG 152 I Z. 1);
- 1 Monat in der Betreibung auf Faustpfandverwertung (SchKG 152 I Z. 1).

Auf die Zahlungsfrist kann der Schuldner nicht verzichten, weil sie nicht ausschliesslich in seinem Interesse, sondern auch in demjenigen allfälliger Anschlussgläubiger aufgestellt ist (SchKG 33 II; BGE *101* III 16).

- Die *Mitteilung an den Schuldner, dass er sich binnen bestimmter Frist durch Rechtsvorschlag der Betreibung widersetzen kann,* wenn er die Forderung ganz oder zum Teil oder das Recht, sie auf dem Betreibungswege geltend zu machen, bestreiten will. 8

Die *Bestreitungsfrist* ist nicht identisch mit der Zahlungsfrist, ausser in der Wechselbetreibung; sie beträgt:
- 10 Tage in der ordentlichen Betreibung sowie in der Betreibung auf Pfandverwertung (SchKG 69 II Z. 3);
- 5 Tage in der Wechselbetreibung (SchKG 179 I).

- Der ausdrückliche *Hinweis auf die Rechtsfolge* bei passivem Verhalten des Schuldners: nämlich die Androhung, dass die Betreibung ihren Fortgang nehme, wenn er weder Zahlung leiste noch Recht vorschlage (SchKG 69 II Z. 4, 152 I Z. 2, 178 II Z. 4). 9

III.   Die Form des Zahlungsbefehls (SchKG 70)

Der Zahlungsbefehl wird immer auf einem amtlichen Formu- 10
lar erlassen; er ist eine *Betreibungsurkunde* im engeren Sinne (§ 12 N. 10 f.). Da für die einzelnen Betreibungsarten verschiedene Formulare bestehen, muss der Betreibungsbeamte schon nach Eingang des Betreibungsbegehrens prüfen, ob die Betreibung auf Pfändung, auf Pfandverwertung, auf Konkurs oder die Wechselbetreibung in Frage kommt (SchKG 38 III). Zu den Folgen der Wahl einer falschen Betreibungsart vgl. § 9 N. 16 f.).

Der Zahlungsbefehl wird *doppelt ausgefertigt*. Eine Ausfertigung ist 11
für den Schuldner, die andere für den Gläubiger bestimmt. Bei abweichendem Inhalt ist die dem Schuldner zugestellte Urkunde massgebend (SchKG 70 I).

In bestimmten Fällen müssen zusätzliche Zahlungsbefehle (je im 12
Schuldner- und Gläubigerdoppel) ausgestellt werden:
- jedem einzelnen der gleichzeitig betriebenen *Mitschuldner* (SchKG 70 II);

– dem *Ehegatten* des in Gütergemeinschaft lebenden Schuldners (SchKG 68 a; siehe § 21 N. 18);
– in der Betreibung auf Pfandverwertung dem *Dritteigentümer des Pfandes* sowie allenfalls dem *Ehegatten* (SchKG 153 II; dazu § 33 N. 6);
– in der Betreibung gegen Schuldner unter elterlicher Gewalt, Vormund-, Beirat- und Beistandschaft ihrem *gesetzlichen Vertreter* (SchKG 68 c ff.; dazu § 8 N. 18 ff.; 12 N. 24).

IV.   Die Zustellung des Zahlungsbefehls

1.   Formelle Zustellung an die Betriebenen

13   Weil mit dem Zahlungsbefehl die Schuldbetreibung eröffnet wird, muss er dem Schuldner, den Mitschuldnern und Mitbetriebenen (Ehegatte, Drittpfandeigentümer, gesetzliche Vertreter, Beistand) oder deren Vertretern durch *formelle Zustellung* im technischen Sinne zur Kenntnis gebracht werden (siehe § 12 N. 13 sowie SchKG 72).

2.   Zeitpunkt der Zustellung

14   Den genannten Personen soll der Zahlungsbefehl «nach Eingang des Betreibungsbegehrens» zugestellt werden (SchKG 71 I). Damit ist gemeint, dass die Zustellung binnen angemessen kurzer Frist erfolgen soll. Für durch ungebührliche Verzögerung verursachten Schaden haftet der Staat; wenn zum Beispiel dem betreibenden Gläubiger die Möglichkeit des Anschlusses an eine bereits bestehende Pfändungsgruppe verlorenginge und er deshalb zu Verlust käme.

15   Liegen gegen einen Schuldner mehrere Betreibungsbegehren vor, so muss das Amt sämtliche Zahlungsbefehle gleichzeitig zustellen, damit niemand begünstigt oder benachteiligt wird (SchKG 71 II und III).

3.   Mitteilung an den Gläubiger

16   Dem Gläubiger wird die für ihn bestimmte Ausfertigung des Zahlungsbefehls nicht formell zugestellt, sondern bloss in der Form der *Mitteilung* – durch eingeschriebenen Brief oder gegen Empfangsbescheinigung – übermittelt (SchKG 34). Dies geschieht aber erst, nachdem der Schuldner Rechtsvorschlag erhoben hat, andernfalls sofort nach Ablauf der Bestreitungsfrist. Auf diese Weise erhält der Gläubiger

gleichzeitig davon Kenntnis, ob ihm Recht vorgeschlagen wird oder nicht und gegebenenfalls mit welchem Inhalt (SchKG 76).

V.   Die Rechte des Schuldners

Dem Schuldner, der einen Zahlungsbefehl erhalten hat, stehen drei verfahrensmässige Rechte zu:

– Er kann einmal verlangen, dass das Betreibungsamt den Gläubiger   17
auffordere, die *Beweismittel* für die Forderung (z. B. die Forderungsurkunde im Original oder in Kopie) innerhalb der Bestreitungsfrist
beim Amt zur Einsicht aufzulegen. Das mag ihm die zuverlässigere
Beurteilung des geltend gemachten Anspruchs erleichtern. Durch
dieses Begehren des Schuldners wird der Ablauf der Bestreitungsfrist
jedoch nicht gehemmt. In einem späteren Rechtsstreit hat dann aber
der Richter beim Entscheid über die Prozesskosten dem Umstand
Rechnung zu tragen, dass der Schuldner die Beweismittel nicht einsehen konnte (SchKG 73).

– Der Schuldner kann sodann dem Gläubiger *Recht vorschlagen,* wenn   18
er die Forderung ganz oder zum Teil oder das Recht, sie auf dem
Betreibungswege geltend zu machen, bestreiten will (SchKG 74 f.,
siehe § 18).

– Schliesslich hat der Schuldner das Recht, die Zustellung des Zah-   19
lungsbefehls mit *Beschwerde* bei der Aufsichtsbehörde anzufechten,
sofern betreibungsrechtliche Vorschriften verletzt worden sind: zum
Beispiel über den Inhalt, die Form oder die Zustellungweise des
Zahlungsbefehls (vgl. auch § 12 N. 27 f.). Wegen eines Zustellungsfehlers allein ist ein Zahlungsbefehl aber nicht aufzuheben, wenn feststeht, dass der Schuldner ihn trotzdem persönlich erhalten hat (BGE
104 III 12).

Mit der Beschwerde sind auch allfällige Mängel anderer Verfahrensvoraussetzungen
der Betreibung zu rügen (§ 18 N. 10).

§ 18   Der Rechtsvorschlag

I.   Funktion und Wesen des Rechtsvorschlages

Mit dem Rechtsvorschlag bringt der Schuldner die Betreibung   1
zum Stillstand (SchKG 78). Dass er das ohne weiteres tun kann, ist

angesichts der Eigenart der schweizerischen Schuldbetreibungsordnung absolut notwendig (§ 1 N. 14 f.; 4 N. 44). Der Zahlungsbefehl beruht allein auf den Behauptungen des Gläubigers im Betreibungsbegehren. Darum muss sich der Schuldner der Eintreibung der gegen ihn geltend gemachten Forderung widersetzen können, wenn er mit dem Gläubiger nicht oder nur bedingt einverstanden ist. Dann soll vorerst der Richter das vom Gläubiger behauptete, vom Schuldner aber bestrittene Recht überprüfen, bevor die Betreibung weitergeführt werden kann.

2   Zu diesem Zweck schlägt der Schuldner dem Gläubiger Recht vor (erklärt französisch: «opposition»). Er verweist damit den Gläubiger auf den Rechtsweg, bietet ihm gewissermassen Schach, so dass dieser wieder am Zuge ist und nun den Richter anrufen muss.

3   Gegenstand der vom Schuldner geforderten richterlichen Prüfung ist immer der Bestand, der Umfang, die Erzwingbarkeit oder die betreibungsrechtliche Vollstreckbarkeit der geltend gemachten Forderung. Vor allem soll dem Schuldner die *materiellrechtliche Beurteilung* des Anspruchs durch den Richter offenstehen, wenn das bisher noch nicht geschehen ist. Aber auch die *Frage der Vollstreckbarkeit* soll der Richter, nicht das Betreibungsamt, entscheiden.

4   Gelegentlich sucht der Schuldner mit dem Rechtsvorschlag nicht eigentlich diese richterliche Kontrolle, sondern bloss Zeitgewinn, um sich die für die Befriedigung des Gläubigers benötigten Mittel beschaffen zu können.

II.   Die Legitimation zum Rechtsvorschlag

5   Recht vorzuschlagen ist berechtigt, wer von der Betreibung selbst betroffen ist und deshalb an ihrem Stillstand ein eigenes Interesse hat. Das sind:
– alle Personen, denen als Schuldner, Mitschuldner oder Mitbetriebene ein Zahlungsbefehl zugestellt worden ist (siehe § 17 N. 13);
– gesetzliche und vertragliche Vertreter derselben;
– jeder einzelne Erbe in der Betreibung gegen eine Erbschaft.
       Auch ein Geschäftsführer ohne Auftrag ist dazu befugt; der Vertretene hat dieses Handeln aber binnen nützlicher Frist ausdrücklich oder stillschweigend zu genehmigen (BGE *97* III 115, *107* III 49).
       Über ein streitiges Vertretungsverhältnis hat, weil es sich um eine betreibungsrechtliche Verfahrensfrage handelt, die Aufsichtsbehörde auf Beschwerde hin zu befinden (BGE *97* III 116).

III. Die Gründe für den Rechtsvorschlag

Seiner Funktion entsprechend kann der Rechtsvorschlag so- 6
wohl aus materiellrechtlichen als auch aus vollstreckungsrechtlichen
Gründen erhoben werden. Das Gesetz umschreibt sie in SchKG 69 II Z. 3.

Materiellrechtliche Gründe

Der Schuldner bestreitet den Bestand, die Fälligkeit oder die 7
Höhe der in Betreibung gesetzten Forderung. Sein Rechtsvorschlag ist
gegen die Forderung selbst gerichtet.

Vollstreckungsrechtliche Gründe

Der Schuldner bestreitet bloss die *Vollstreckbarkeit* der For- 8
derung auf dem Wege der Schuldbetreibung. So wenn er geltend macht:
– die *sachliche Zulässigkeit* der Betreibung sei überhaupt nicht gegeben, weil es am Betreibungsgegenstand fehle, beispielsweise bei einer
   Geldsortenschuld (vgl. § 7);
– oder dass nur im konkreten Fall der Betreibungsweg nicht zulässig sei;
   z. B. wenn der Schuldner, der noch nicht zu *neuem Vermögen* gekommen ist, für eine Forderung aus einem Konkursverlustschein betrieben
   wird (SchKG 265/265 a), oder wenn ihm ein *zweiter Zahlungsbefehl* für
   anscheinend dieselbe Forderung zugestellt wird, die Identität der beiden Betreibungsforderungen aber bestritten ist (BGE *100* III 42).

*Abgrenzung zwischen Rechtsvorschlag und Beschwerde als Rechtsbehelfe gegen den Zah-
lungsbefehl*

Anlass zum *Rechtsvorschlag* bietet immer eine Tatsache, welche den Schuldner berech- 9
tigt, sich (aus materiellrechtlichem oder vollstreckungsrechtlichem Grunde) der *Geltendmachung des Anspruchs an sich* zu widersetzen. Rein formelle Mängel der Betreibung –
Fehlen von Verfahrensvoraussetzungen, Verletzung betreibungsrechtlicher Verfahrensvorschriften – sind dagegen mit Beschwerde zu rügen (siehe auch § 17 N. 1 und 19).

Beschwerde an die Aufsichtsbehörde, nicht Rechtsvorschlag, ist beispielsweise zu erhe- 10
ben:
– bei örtlicher Unzuständigkeit des Betreibungsamtes;
– wenn das Betreibungsamt, nach dem verwendeten Zahlungsbefehl-Formular zu schliessen, die falsche Betreibungsart gewählt hat;
– wenn die Art und Weise der Zustellung des Zahlungsbefehls unrichtig ist;
– im Falle fehlender gesetzlicher Vertretung einer handlungsunfähigen Partei;
– gegen die Zustellung eines zweiten Zahlungsbefehls für ein und dieselbe Forderung des
   Gläubigers bei unbestrittener Identität, während die erste Betreibung noch hängig und
   offen ist (BGE *100* III 42; § 16 N. 2).

Liegt auch ein Bestreitungsgrund gemäss SchKG 69 II Z. 3 vor, empfiehlt es sich, neben
der Beschwerde vorsorglich zugleich Rechtsvorschlag zu erheben für den Fall, dass die
Beschwerde abgewiesen werden sollte.

IV. Form und Frist für den Rechtsvorschlag

1. Die Form

11   Ebenso leicht, wie der Gläubiger eine Betreibung anheben kann, vermag sie der Schuldner auch wieder zum Stillstand zu bringen. Er braucht dazu nur eine entsprechende mündliche oder schriftliche *Bestreitungserklärung* beim zuständigen Betreibungsamt abzugeben (SchKG 74 I; BGE *108* III 6).

12   *Mündlich* kann der Rechtsvorschlag erhoben werden:
- sofort bei der Zustellung des Zahlungsbefehls, wobei der Überbringer (Betreibungsbeamte, Angestellte, Weibel oder Postbote) die Erklärung des Schuldners sogleich auf beiden Doppeln des Zahlungsbefehls bescheinigt (Beweissicherung; § 12 N. 13);
- nachher auf dem Betreibungsamt, wo der Rechtsvorschlag protokolliert wird;
- unter Umständen auch telephonisch beim Betreibungsamt, wenn für den Beamten kein besonderer Anlass zu Zweifeln über die Identität des Erklärenden besteht; andernfalls darf er den am Telephon erklärten Rechtsvorschlag ablehnen und verlangen, dass er mündlich auf dem Amt oder schriftlich erhoben wird (BGE *99* III 63 ff.).

13   *Schriftlich* wird Recht vorgeschlagen mit eingeschriebenem oder gewöhnlichem Brief. Hier empfiehlt es sich, zur Beweissicherung den Rechtsvorschlag vom Betreibungsamt (gebührenfrei) bescheinigen zu lassen (SchKG 74 III), am einfachsten auf einem Doppel des Briefes. Versehentliche Einreichung des schriftlichen Rechtsvorschlages bei einem unzuständigen Amt schadet nicht (SchKG 32 II).

2. Die Frist

14   Der Rechtsvorschlag muss binnen der gesetzlichen, im Zahlungsbefehl genannten Frist erhoben werden. Diese beträgt, je nach der Betreibungsart, 10 oder 5 Tage seit der Zustellung (SchKG 69 II Z. 3, 74 I, 179 I; § 17 N. 8). Sie läuft immer erst vom Augenblick an, da der Schuldner vom Zahlungsbefehl Kenntnis erhalten hat; das kann vor allem bei einer fehlerhaften oder einer Ersatzzustellung von Bedeutung sein (BGE *104* III 12).

15   Unter den in SchKG 33 II genannten Voraussetzungen (ausländischer oder unbekannter Wohnsitz eines Betriebenen) kann das Betreibungsamt die Frist – ausdrücklich im voraus oder nachträglich stillschweigend – den besonderen Umständen angemessen verlängern (siehe oben § 11 N. 24, 12 N. 23; BGE *91* III 1).

V.   Der Inhalt des Rechtsvorschlages

1.   Die Regel: Keine Begründung

Normalerweise genügt als Rechtsvorschlag jede Erklärung, 16
aus welcher der *Bestreitungswille* des Schuldners eindeutig hervorgeht.
Es bedarf dazu nicht vieler Worte. So kann zum Beispiel gültig Rechtsvorschlag erhoben werden:
- durch *blosse Unterschrift* des Betriebenen in der für den Rechtsvorschlag bestimmten Rubrik des Zahlungsbefehls (BGE *108* III 6);
- mit den bescheidenen Worten: «erhebe Rechtsvorschlag» oder, noch
  einfacher, «Rechtsvorschlag» allein;
- mit der Erklärung, man zahle nicht, man weise die Betreibung zurück,
  man habe mit der Sache nichts zu tun.

In allen diesen Fällen bekundet der Betriebene ohne jede Einschränkung seinen Willen, die Betreibung schlechtweg zu verhindern (BGE
100 III 44).

Nicht als gültiger Rechtsvorschlag gilt demgegenüber: 17
- die Erklärung des Schuldners, er anerkenne die Forderung nicht und werde Rechtsvorschlag erheben;
- das blosse Zurückschicken des Zahlungsbefehls an das Betreibungsamt (BGE *98* III
  27);
- auch nicht das Zerreissen des Zahlungsbefehls; wegen der Einfachheit des Rechtsbehelfs ist dem Schuldner eine ausdrückliche Erklärung zumutbar.

Wer, obschon nicht dazu verpflichtet, seinen Rechtsvorschlag begrün- 18
det – worunter schon ein schlichter Einwand (z. B. «Forderung verjährt») zu verstehen ist –, verzichtet damit nicht auf weitere Einreden
(SchKG 75 I); namentlich in einem späteren Prozess um die Betreibungsforderung wäre er deswegen in keiner Weise gebunden.

2.   Die Ausnahmen: Begründung des Rechtsvorschlages

Grundsätzlich bringt der Schuldner mit der einfachen Erklä- 19
rung seines Rechtsvorschlages die Betreibung ohne weiteres zum Stillstand (SchKG 78; unten N. 38). Das Gesetz sieht indessen einzelne Fälle
vor, wo diese Wirkung erst eintritt, wenn der Rechtsvorschlag *vom
Richter bewilligt* worden ist (SchKG 75 II, III).
- So ist in der Betreibung auf Grund eines *Konkursverlustscheines* die 20
  Einrede mangelnden neuen Vermögens mit Rechtsvorschlag vorzubringen (z. B. kurz und bündig: «Kein neues Vermögen»), und zwar
  bei Verwirkungsfolge (SchKG 75 II). Dies ist der strengste Begrün-

dungsfall. Die Einrede wird hierauf vom Richter in einem besonderen Verfahren (nicht im eigentlichen Rechtsöffnungsverfahren) geprüft (SchKG 25 Z. 2 d, 265/265 a; s. § 48 N. 35 ff.).

21 – Auch *in der Wechselbetreibung* ist schriftliche Begründung ausdrücklich vorgeschrieben, weil der Rechtsvorschlag hier ebenfalls noch vom Richter auf seine Begründetheit hin geprüft werden muss (SchKG 75 III, 179 I). Zu den Modalitäten der Begründung siehe § 37 N. 16.

22 – Zu begründen ist sodann das *Wiederherstellungsgesuch bei einem verspäteten Rechtsvorschlag* (SchKG 33 IV; § 11 N. 28);

23 – schliesslich muss noch der *nachträgliche Rechtsvorschlag* begründet werden (SchKG 75 III, 77; unten N. 34).

3. Der Teil-Rechtsvorschlag

24   Es kommt vor, dass der Schuldner nur einen Teil der Betreibungsforderung bestreiten will. Für diesen Fall schreibt ihm das Gesetz vor, dass er den bestrittenen Betrag genau anzugeben habe; andernfalls gilt die ganze Forderung als bestritten (z. B. beim blossen Hinweis auf einen «geringeren Forderungsbetrag»; SchKG 74 II).

25   Diese Bestimmung ist eigentlich nur ein Anwendungsfall von SchKG 75 I: im Zweifel ist – zugunsten des Schuldners – eine dem Rechtsvorschlag beigefügte Begründung nicht als Einschränkung desselben zu betrachten (BGE *104* III 44).
Nicht zulässig wäre dagegen ein auf die Betreibungskosten beschränkter Rechtsvorschlag; denn für diese haftet der Schuldner von Gesetzes wegen (SchKG 68). Will er die Kostenfestsetzung rügen, muss er das mit Beschwerde an die Aufsichtsbehörde tun (BGE *85* III 128; vgl. oben § 13 N. 7).

VI.   *Der Entscheid über den Rechtsvorschlag*

26   Wie schon das Betreibungsbegehren ist auch der Rechtsvorschlag vom Betreibungsamt nur in formeller Hinsicht zu prüfen: daraufhin, ob er *formgültig* erhoben, nicht auch, ob er sachlich begründet ist. Bei dieser Gültigkeitsprüfung soll der Betreibungsbeamte – mit Rücksicht auf die Eigenart des schweizerischen Betreibungsrechts – jede nicht unbedingt gebotene formale Strenge vermeiden, nach dem Grundsatz: *in dubio pro debitore* (SchKG 32 IV; BGE *101* III 13, *108* III 6).

27   Beide Parteien des Betreibungsverfahrens können gegen den Entscheid des Amtes bei der Aufsichtsbehörde Beschwerde führen: der Gläubiger wegen Entgegennahme eines ungültigen, der Schuldner wegen Ablehnung eines gültigen Rechtsvorschlages. Für den Schuldner

läuft die Frist dazu spätestens vom Augenblick an, da er vom Fortgang
der Betreibung – durch Zustellung der Pfändungsankündigung oder der
Konkursandrohung – Kenntnis erhält, es sei denn, das Betreibungsamt
habe ihm seinen Entscheid schon vor der Fortsetzung der Betreibung
formell eröffnet (BGE *85* III 18, *101* III 10).

VII.   Der nachträgliche Rechtsvorschlag

Seit der Revision muss zwischen dem «verspäteten Rechtsvor-   28
schlag», der gestützt auf SchKG 33 IV nachgeholt werden kann (oben §
11 N. 28), und dem «nachträglichen Rechtsvorschlag» im Sinne von
SchKG 77 unterschieden werden, und zwar sowohl von den Voraussetzungen wie auch vom Verfahren her.

Der *«verspätete» Rechtsvorschlag* ist ein Anwendungsfall des Wieder-   29
herstellungsrechts, während der *«nachträgliche» Rechtsvorschlag* einem
Schuldner dann gewährt werden kann, wenn ihm im Laufe der Betreibung neue Einreden gegen den Anspruch des Gläubigers erwachsen,
Einreden, die er innert der ordentlichen Bestreitungsfrist (SchKG 74 I)
noch gar nicht hat geltendmachen können.

1.   Die Voraussetzungen

Der nachträgliche Rechtsvorschlag setzt dreierlei voraus:
– Erstens muss – nach Ablauf der ordentlichen Bestreitungsfrist – ein   30
   neuer Tatbestand eingetreten sein, der dem Schuldner *neue Einreden*
   gibt. Das ist insbesondere der Fall bei *Gläubigerwechsel,* wenn also
   die Betreibungsforderung auf einen Rechtsnachfolger übergegangen
   ist. Daraus kann sich für den Schuldner eine Einrede gegen den
   Gläubigerwechsel als solchen oder gegen den neuen Gläubiger (z. B.
   die Verrechnungseinrede) ergeben (SchKG 77 I; BGE *91* III 7 eine
   Zession betreffend).

Bei *Schuldnerwechsel* hingegen muss der Gläubiger grundsätzlich eine neue Betreibung   31
beginnen. Nur im Falle von SchKG 59 II/III (Betreibung für Erbschaftsschulden) kann
die ursprüngliche Betreibung fortgesetzt werden; dem Erben steht aber – obwohl im
Gesetz nicht ausdrücklich genannt (SchKG 77 I) – das Recht zum nachträglichen
Rechtsvorschlag ebenfalls zu.

In der Wechselbetreibung kommt der «nachträgliche» Rechtsvorschlag ebenfalls in   32
Betracht; der «verspätete» Rechtsvorschlag dagegen ist mit Rücksicht auf die formelle
Wechselstrenge ausgeschlossen (SchKG 179 III; vgl. § 37 N. 17).

33 – Zweitens darf die Vollstreckung noch nicht bis zur Verteilung oder Konkurseröffnung gediehen sein (SchKG 77 I). In diesem Stadium der Vollstreckung hätte ein Rechtsvorschlag keinen Sinn mehr.

34 – Drittens muss der nachträgliche Rechtsvorschlag binnen 10 Tagen seit Kenntnis der neuen Sachlage beim Richter des Betreibungsortes schriftlich und begründet angebracht werden (SchKG 77 II). Diese Frist beginnt nach der amtlichen Anzeige des neuen Sachverhaltes zu laufen (SchKG 77 V).

2. Verfahren und Entscheid

35   Der *Richter* (nicht das Betreibungsamt) entscheidet darüber, ob der nachträgliche Rechtsvorschlag zu bewilligen sei oder nicht; er tut es *im summarischen Verfahren* nach Einvernahme der Parteien (SchKG 25 Z. 2 b, 77 III). Schon bei Empfang des Rechtsvorschlages kann er die Betreibung vorläufig einstellen (SchKG 77 III). Sonst könnte sie nämlich fortgesetzt werden und zur Verteilung oder Konkurseröffnung führen, wodurch der Zweck des nachträglichen Rechtsvorschlages vereitelt würde.

36   Der Schuldner braucht die *neuen Einreden nur glaubhaft zu machen* (SchKG 77 II). Bewilligt der Richter den Rechtsvorschlag, muss der Gläubiger, wenn er die Betreibung fortsetzen will, auf Anerkennung seiner Forderung klagen (SchKG 79); das einfachere Rechtsöffnungsverfahren ist ihm verschlossen.

37   Die Bewilligung des nachträglichen Rechtsvorschlages wirkt nicht zurück, schafft also *keine restitutio in integrum*. Vorher vollzogene Vollstreckungshandlungen – insbesondere eine Pfändung – bleiben bestehen. Allerdings setzt das Betreibungsamt dem Gläubiger dann eine 10-tägige Frist zur Anerkennungsklage (SchKG 77 IV Satz 1). Nichteinhalten dieser Frist führt aber nicht etwa zum Untergang des Klagerechts, sondern bloss zum Hinfall der Pfändung (SchKG 77 IV Satz 2).

VIII. Die Wirkung des Rechtsvorschlages

38   Jeder Rechtsvorschlag wirkt, seiner Funktion entsprechend, ausschliesslich betreibungsrechtlich: er bringt dem Schuldner die erwünschte Einstellung der Betreibung (SchKG 78 I). Bestreitet er im Rechtsvorschlag nur einen genau bestimmten Teil der Forderung, so kann die Betreibung für den nicht bestrittenen Betrag fortgesetzt wer-

den (SchKG 78 II). Im übrigen bleibt die Betreibung so lange gehemmt, als die Wirksamkeit des Rechtsvorschlages nicht durch gerichtlichen Entscheid – Rechtsöffnung oder Anerkennungsklage – aufgehoben wird.

Auch die Unterlassung des Rechtsvorschlages wirkt sich nur betreibungsrechtlich aus. Sie kann dem Betriebenen namentlich nicht als Schuldanerkennung entgegengehalten werden.　39

Der Schuldner nimmt bloss in Kauf, dass der Zahlungsbefehl für den Gläubiger als 40 Vollstreckungstitel verwendbar wird und die Betreibung demzufolge ohne weiteres fortgesetzt werden darf. Die materiellrechtliche Begründetheit der Forderung kann er nach wie vor bestreiten, gegebenenfalls auch die Aufhebung oder Einstellung der Betreibung verlangen, wenn er *nachweist,* dass die Schuld getilgt oder gestundet ist (SchKG 85, 85 a). Schliesslich steht ihm auch das Recht zu, vom Gläubiger klageweise wieder zurückzufordern, was er ihm infolge des Betreibungsverfahrens als Nichtschuld zahlen musste (SchKG 86). Näheres hiezu in § 20.

§ 19　Die Rechtsöffnung

I.　*Funktion, Begriff und Arten der Rechtsöffnung*

1.　Funktion und Begriff

Der Rechtsvorschlag des Schuldners verschliesst dem Gläubiger den Betreibungsweg. Die Betreibung steht still und droht dahinzufallen, wenn sie nicht binnen nützlicher Frist wieder in Gang gebracht wird. Der verschlossene Weg muss zu diesem Zweck geöffnet, das Hindernis beseitigt werden. Dem dient die Rechtsöffnung.　1

Die Initiative dazu liegt beim Gläubiger. Er bedarf aber der Mitwirkung des Richters. Das nicht etwa nur, wenn die materiellrechtliche Begründetheit der Betreibungsforderung (deren Bestand, Höhe oder Fälligkeit) zu beurteilen ist, sondern auch dann, wenn bloss ihre Vollstreckbarkeit bestritten und abzuklären ist.　2

Rechtsöffnung stellt somit die gerichtliche Beseitigung der Wirkungen des gültig erhobenen oder gerichtlich bewilligten – und nicht zurückgezogenen – Rechtsvorschlages dar.　3

Obschon meist kurz von «Aufhebung» des Rechtsvorschlages gesprochen wird (vgl. 4 SchKG 80 I), ist immer nur die Aufhebung seiner Wirkungen gemeint. Der Richter überprüft nicht den Rechtsvorschlag an sich, hebt ihn infolgedessen auch nicht auf, bestätigt ihn auch nicht, sondern er erteilt oder verweigert dem Gläubiger die Rechtsöffnung.

117

2. Die Rechtsöffnungsarten

5   Je nach den Urkunden – den sogenannten Rechtsöffnungs- oder Vollstreckungstiteln –, welche der Gläubiger beizubringen vermag, erlangt er eine mehr oder weniger stark wirkende Rechtsöffnung:

6   – *Definitive Rechtsöffnung* (SchKG 80) ist nur auf Grund eines gerichtlichen Urteils oder Urteilssurrogates erhältlich. Ein solcher Titel erbringt in der Regel den vollen Beweis für Bestand, Fälligkeit und Vollstreckbarkeit des Anspruchs. Wo er vorliegt, steht deshalb der Vollstreckung meist nichts mehr im Wege; die Wirkungen des Rechtsvorschlages können dann *endgültig* beseitigt werden.

7   – *Provisorische Rechtsöffnung* (SchKG 82) kann, im Interesse rascher Vollstreckbarkeit, schon gestützt auf eine blosse Schuldanerkennung gewährt werden. Weil diese Urkunde aber einen weniger zuverlässigen Beweis für den Bestand und die Fälligkeit des Anspruchs bietet als ein Gerichtsurteil – sie spricht nur für seine Wahrscheinlichkeit – werden die Wirkungen des Rechtsvorschlages hier *nicht endgültig* beseitigt. Dem Schuldner bleibt vielmehr noch das Recht vorbehalten, den Bestand der Forderung vor dem ordentlichen Richter (mit Aberkennungsklage) zu bestreiten. Die provisorische Rechtsöffnung führt also nur zu einer vorläufig bedingten Vollstreckbarkeit.

8   Vergleicht man die definitive und die provisorische Rechtsöffnung nach ihren Voraussetzungen und Wirkungen, so stellt man fest, dass die definitive Rechtsöffnung an strengere Voraussetzungen gebunden ist, dafür aber auch stärkere Wirkungen äussert, während bei der provisorischen Rechtsöffnung die Voraussetzungen einfacher, die Wirkungen aber schwächer sind.

3. Die Rechtsöffnung mittels gerichtlicher Klage

9   Stehen dem Gläubiger keine geeigneten Rechtsöffnungstitel zur Verfügung – weder ein Urteil oder ein Surrogat dafür noch eine Schuldanerkennung –, so bleibt ihm nichts anderes übrig, als seine Forderung auf dem *ordentlichen Prozessweg* geltend zu machen (SchKG 79). Er muss sie vor dem Zivilrichter einklagen, wenn er zur Rechtsöffnung gelangen will (Anerkennungsklage).

10   Dieser einlässliche Zivilprozess steht, im Gegensatz zum bloss summarischen Rechtsöffnungsverfahren, eigentlich ausserhalb der Schuldbetreibung. Seine erfolgreiche Durchführung ist aber ebenfalls Voraussetzung für deren Fortgang, und er kann deshalb mit der Rechtsöffnung verbunden werden:

Verlangt nämlich der Gläubiger in diesem Forderungsprozess zu- 11
gleich auch (zumindest sinngemäss) die Rechtsöffnung, so erübrigt das
Zivilurteil in der Sache – sofern es eine unbedingte Schuldpflicht bekräftigt, mit Bestimmtheit auf die hängige Betreibung Bezug nimmt und
zudem auch die Rechtsöffnung erteilt – noch ein besonderes Rechtsöffnungsverfahren. Ist das Zivilurteil rechtskräftig, darf der Gläubiger also
ohne weiteres die Fortsetzung der Betreibung verlangen (SchKG 79 I
Satz 2; BGE *120* III 120). – Auch einer Abstandserklärung des Schuldners oder einem gerichtlichen Vergleich in diesem Prozess muss die
gleiche Wirkung zukommen wie einem rechtskräftigen Urteil (BGE *90*
III 74).

Stammt das Urteil jedoch aus einem andern Kanton als demjenigen, 12
in dem die Betreibung geführt wird (ausserkantonales Urteil), muss
dem Schuldner vom Fortsetzungsbegehren des Gläubigers vorher noch
Kenntnis gegeben werden. Dann soll er nämlich noch Gelegenheit erhalten, die Einreden der mangelhaften Ladung oder der fehlenden gesetzlichen Vertretung geltend zu machen – Einreden, die dem Schuldner
gegen ein ausserkantonales Urteil immer, auch im förmlichen
Rechtsöffnungsverfahren, zustünden (SchKG 81 II). Erhebt er sie binnen der ihm vom Betreibungsamt gesetzten 10-Tage-Frist, muss vor der
Fortsetzung der Betreibung noch ein auf SchKG 81 II beschränktes
«Mini-Rechtsöffnungsverfahren» durchgeführt werden (SchKG 79 II).

Der Weg des ordentlichen Prozesses könnte natürlich auch dann beschritten werden, 13
wenn der Gläubiger eine Schuldanerkennung, d. h. einen provisorischen Rechtsöffnungstitel, besitzt. Zweckmässig wäre das aber nicht:
– erstens, weil auf dem Wege der provisorischen Rechtsöffnung unter Umständen der
  Prozess über das materielle Recht vermieden werden kann;
– zweitens, weil die provisorische Rechtsöffnung dem Gläubiger immerhin schon gewisse
  Sicherungsrechte verleiht (provisorische Pfändung, Güterverzeichnis; SchKG 83 I);
– drittens, weil mit der provisorischen Rechtsöffnung dem Schuldner die Klägerrolle
  zugeschoben wird (SchKG 83 II).
Ausgeschlossen ist der ordentliche Prozessweg dagegen, wenn bereits ein rechtskräfti- 14
ges Urteil – d. h. ein definitiver Rechtsöffnungstitel – vorliegt: dann steht man vor einer *res
iudicata*.

Für *öffentlichrechtliche Forderungen* besteht der «ordentliche Pro- 15
zessweg» im Sinne von SchKG 79 in der Geltendmachung der Forderung vor der zuständigen Verwaltungs- oder Verwaltungsjustizbehörde.
Aufgrund des rechtskräftigen (kantonalen oder eidgenössischen) Ver-
waltungsentscheides – z. B. eines Steuerentscheides – kann dann unter
den gleichen Voraussetzungen wie bei einem Zivilurteil ebenfalls ohne
weiteres – d. h. ohne anschliessendes Rechtsöffnungsverfahren – die
Fortsetzung der Betreibung verlangt werden (SchKG 79 I).

II. Das Rechtsöffnungsverfahren und der Rechts- öffnungsentscheid

1. Das Verfahren

16   Das Rechtsöffnungsverfahren ist teils bundesrechtlich, teils durch das kantonale Prozessrecht geregelt:

17 – Es wird nur auf *Begehren des Gläubigers* eingeleitet; denn ihm steht es frei, sich mit dem Rechtsvorschlag des Schuldners abzufinden oder auf dessen Entkräftung hinzuwirken. Der bestrittene Zahlungsbefehl und die Urkunde, auf welche das Rechtsöffnungsbegehren gestützt wird, sind dem Richter (im Kanton Bern dem Gerichtspräsidenten) mit dem mündlichen oder schriftlichen Gesuch vorzulegen (ZPO 2 II, 317 Z. 4, 318).

18 – Zuständig ist der *Richter am Betreibungsort* (SchKG 84 I).

19 – Das Verfahren ist *summarisch* und kontradiktorisch; es kann münd- lich oder schriftlich sein (SchKG 25 Z. 2, 84 II). Der Richter soll binnen 5 Tagen seit Eingang der Vernehmlassung des Schuldners oder nach unbenütztem Ablauf der Vernehmlassungsfrist entscheiden (SchKG 84 II).

20 – Die *Rechtsöffnungskosten* bestimmen sich nach dem Gebührentarif (GebV 48 f.); sie bilden Bestandteil der Betreibungskosten, ebenso eine vom Richter der obsiegenden Partei allenfalls zugesprochene angemessene Entschädigung für Zeitversäumnis und Auslagen (§ 13 N. 2 und 11; GebV 62 I; BGE *119* III 65 f. und 69).

21 – Während der Dauer des Rechtsöffnungsverfahrens steht die Frist, welche die Gültigkeitsdauer des Zahlungsbefehls bestimmt, still (SchKG 88 II, 154 I, 166 II, 188 II).

2. Der Rechtsöffnungsentscheid

22   Der Entscheid lautet auf Abweisung oder auf Gutheissung des Begehrens. Heisst es der Richter gut, so erteilt er die provisorische oder die definitive Rechtsöffnung, womit die Einstellungswirkung des Rechtsvorschlages aufgehoben ist. Nur darüber ist entschieden, ob die durch den Rechtsvorschlag gehemmte Betreibung weitergeführt wer- den darf oder nicht; über den materiellen Bestand der Betreibungsfor- derung sagt der Rechtsöffnungsentscheid nichts aus (BGE *120* I a 82, 87). Er hat somit *ausschliesslich betreibungsrechtliche Wirkung,* und auch das *nur für die hängige Betreibung;* im Rechtsöffnungsverfahren

einer neuen Betreibung kann deshalb die Einrede der res iudicata nicht erhoben werden (BGE *100* III 48).

Die *kantonalen Rechtsmittel* gegen den Rechtsöffnungsentscheid be-   23 stimmt das kantonale Prozessrecht; im Kanton Bern ist – je nach Streit- wert – entweder die Appellation oder die Nichtigkeitsklage gegeben (ZPO 336, 360).

Ans *Bundesgericht* führt nur die *staatsrechtliche Beschwerde,* sofern   24 ein letztinstanzlicher kantonaler Entscheid vorliegt und die Verletzung eines verfassungsmässigen Rechts gerügt wird. Das gilt sowohl für die definitive als auch für die provisorische Rechtsöffnung (BGE *94* I 365). Wegen der rein betreibungsrechtlichen (vollstreckungsrechtlichen) Na- tur der Rechtsöffnung sind Berufung und Nichtigkeitsbeschwerde an das Bundesgericht ausgeschlossen (BGE *76* I 48).

Auch in Rechtsöffnungssachen hat die staatsrechtliche Beschwerde grundsätzlich kas- satorische Funktion. Nur ausnahmsweise kann das Bundesgericht – auf entsprechenden Antrag – direkt Rechtsöffnung erteilen: nämlich dann, wenn der angefochtene Rechtsöff- nungsentscheid nicht nur auf Willkür zu überprüfen ist (so bei der Konkordats- oder Staatsvertragsbeschwerde, aber auch bei einer Verfassungsbeschwerde, wenn ein anderes verfassungsmässiges Recht als nur BV 4 angerufen wird; BGE *120* I a 256 ff.).

Ausgeschlossen ist die Betreibungsbeschwerde, da es sich bei der   25 Rechtsöffnung um eine Gerichtssache handelt (SchKG 17 I).

3.   Rechtsöffnung und Exequatur

Bevor ein *ausländischer Vollstreckungstitel* – in der Regel ein   26 ausländisches Urteil – in der Schweiz vollstreckt werden kann, bedarf es noch des *Exequaturs,* d. h. einer Vollstreckbarerklärung bzw. Vollstrek- kungsbewilligung der nach kantonalem Prozessrecht dafür zuständigen Behörde. Bedingungen und Verfahren des Exequaturs können in einem Staatsvertrag geregelt sein; bei Fehlen oder Lückenhaftigkeit eines sol- chen gilt IPRG 25 ff.

In seiner Funktion ist das *Exequaturverfahren* der Rechtsöffnung ver-   27 wandt, obschon diese an sich bereits ein Teil der durch das Exequatur erst noch zu bewilligenden Vollstreckung (i. w. S.) ist. In beiden Fällen geht es bloss um *Fragen der Vollstreckbarkeit;* beide Verfahren betreffen reine Vollstreckungssachen und lassen deshalb gegen den letztinstanzli- chen kantonalen Entscheid nur die staatsrechtliche Beschwerde zu (BGE *120* II 272).

Zweckmässigerweise sollten Exequatur und Rechtsöffnung in einem   28 Verfahren vereinigt werden, wie es SchKG 81 III seit jeher für ausländische Urteile vorsieht, die aus einem Staat stammen, mit dem die Schweiz ein Vollstreckungsabkommen abgeschlossen hat. Danach kann der Gläubiger direkt Betreibung einleiten; Exequatur- und Rechtsöffnungsbedingungen werden alsdann gemeinsam *im Rechtsöffnungsverfahren* geprüft. Vom Standunkt der Rechtssicherheit und der Prozessökonomie aus gesehen wäre es wünschbar, auch bei Fehlen eines Staatsvertrages so vorzugehen.

29   Amtet der Rechtsöffnungsrichter in dieser Weise zugleich als Exequaturbehörde, kommen allfällige besondere Verfahrensbestimmungen aus Vollstreckungsabkommen (wie z.B. LugÜ 31 ff.) nicht zur Anwendung. Sie spielen nur dann eine Rolle, wenn der Gläubiger seiner Betreibung (unnötigerweise) ein *selbständiges* Exequaturverfahren vorausgehen lässt, was ihm freisteht (BGE *106* I a 394 ff., 400).

III.   Die definitive Rechtsöffnung

1.   Der Begriff

30   Unter der definitiven Rechtsöffnung ist der richterliche Entscheid zu verstehen, der auf Grund eines vollstreckbaren Urteils oder eines gleichwertigen anderen vollstreckbaren Titels kantonalen, eidgenössischen oder ausländischen Rechts die Wirkung des Rechtsvorschlages gegen den Zahlungsbefehl endgültig beseitigt.

31   Solche *definitive Rechtsöffnungstitel* sind gemäss SchKG 80:
- das vollstreckbare gerichtliche Urteil (SchKG 80 I);
- die diesem gleichgestellten Urkunden (sog. Urteilssurrogate; SchKG 80 II), nämlich:
  - der gerichtliche Vergleich,
  - die gerichtliche Schuldanerkennung,
  - Verfügungen und Entscheide von Verwaltungsbehörden des Bundes,
  - Verfügungen und Entscheide kantonaler Verwaltungsbehörden, soweit das kantonale Recht sie einem Urteil gleichstellt (für den Kanton Bern siehe EG/SchKG 14).

2.   Das vollstreckbare gerichtliche Urteil

32   A. *Gerichtliches Urteil* im Sinne von SchKG 80 I ist jeder Entscheid, der von einem Gericht (Zivil-, Straf-, Schieds-, Verwaltungsgericht) in gesetzlichem Verfahren und in gesetzlicher Form über eine

Geldforderung (oder Sicherheitsleistung in Geld) ergangen ist. In Frage kommen nicht nur Endentscheide in der Hauptsache, sondern auch vorsorgliche Verfügungen (BGE *53* I 57) sowie Sprüche über Gerichts- und Parteikosten (BGE *54* I 166).

Anstelle von «Urteil» würde man deshalb zutreffender – wie z. B. in IPRG 25 ff. und LugÜ 31 – den Begriff «gerichtlicher Entscheid» verwenden.

B. *Vollstreckbar* ist ein gerichtlicher Entscheid, wenn er *rechtskräftig* 33 ist (a) und im Vollstreckungskanton als Vollstreckungstitel *anerkannt* ist (b). Diese Voraussetzungen der Vollstreckbarkeit sind von Amtes wegen zu prüfen.

a) *Rechtskräftig* sind alle ordnungsgemäss eröffneten gerichtlichen 34 Entscheide, die nicht mehr mit einem ordentlichen Rechtsmittel angefochten werden können. Zuverlässiger Beweis der formellen Rechtskraft ist die auf dem Entscheid angebrachte Rechtskraftbescheinigung.

Ein noch nicht formell rechtskräftiger Entscheid kann nur vollstreckt werden, wenn 35 dem ordentlichen Rechtsmittel die aufschiebende Wirkung entzogen worden ist. Solange aber die Rechtsmittelfrist noch läuft, ist die Vollstreckung ausgeschlossen.

b) Als *Vollstreckungstitel* im Sinne von SchKG 80 I kommen in Betracht:
– *Bundesurteile*   36
  Die Entscheide der verschiedenen Gerichte des Bundes (Bundesgericht, Militärgerichte) sind ohne weiteres in allen Kantonen vollstreckbar (OG 39).
– *Kantonale gerichtliche Entscheide*   37
  Darunter fallen nicht nur die gerichtlichen Entscheide des Vollstreckungskantons, sondern auch diejenigen aus einem anderen Kanton (ausserkantonale Entscheide); sie sind in der ganzen Schweiz vollstreckbar (BV 61).
– *Schweizerische Schiedssprüche*   38
  Sie gelten in der ganzen Schweiz als Vollstreckungstitel, wenn ihre Vollstreckbarkeit nach Art. 44 des Konkordates vom 27. 3. 1969 über die Schiedsgerichtsbarkeit, dem alle Kantone beigetreten sind (SR 279; AS 1995 I 31), bescheinigt worden ist.

Betrifft der schweizerische Schiedsspruch eine *internationale* Angelegenheit (IPRG 176), gilt für die Vollstreckbarkeitsbescheinigung IPRG 193.

– *Ausländische gerichtliche Entscheide*   39
  Auch sie sind in der ganzen Schweiz vollstreckbar, sofern sie die Exequaturbedingungen eines Staatsvertrages oder – in Ermangelung eines solchen – von IPRG 25 ff. erfüllen.

40   – *Ausländische Schiedssprüche* sind anzuerkennen, wenn keine Ablehnungsgründe gemäss New Yorker Übereinkommen vom 10. 6. 1958 (SR 0.277.12) bestehen (IPRG 194).

3.   Die Urteilssurrogate

41   Darunter sind die nach SchKG 80 II den gerichtlichen Entscheiden gleichgestellten Urkunden zu verstehen:

42   – Der *gerichtliche Vergleich* (Z. 1), der eine von den Parteien vor Gericht abgeschlossene Vereinbarung über den Streitgegenstand darstellt; auch ein *ausländischer* Vergleich kann, wenn dies ein Staatsvertrag vorsieht, in Frage kommen; siehe z. B. LugÜ 51.

43   – Die *gerichtliche Schuldanerkennung* (Z. 1), die in der gänzlichen oder teilweisen Anerkennung der streitigen Forderung vor Gericht besteht.

44   – Die *Verfügungen kantonaler oder eidgenössischer Verwaltungsbehörden über öffentlichrechtliche Zahlungsverpflichtungen* (Z. 2 und 3).

Z. B. Steuerveranlagungs- und Beitragsverfügungen (BGE *105* III 43, *107* III 60, *115* III 96); von Polizei- und anderen Verwaltungsbehörden erlassene Strafentscheide (Bussen, Kosten).

45   Die Vollstreckbarkeit dieser Verwaltungsverfügungen wird gewährleistet:

46   – für Entscheide der Bundesbehörden landesweit durch SchKG 80 II Z. 2;

Auch soweit die Bundessteuern von *kantonalen Behörden* veranlagt werden, gilt für die Vollstreckbarkeit der Veranlagungsverfügungen SchKG 80 II Z. 2; sie gelten daher von Bundesrechts wegen als in der ganzen Schweiz vollstreckbar.

47   – für Entscheide der Behörden des Vollstreckungskantons – worunter Behörden des Kantons und seiner Gemeinden zu verstehen sind – durch dessen eigenes Recht (SchKG 80 II Z. 3);

48   – für ausserkantonale Verwaltungsverfügungen durch das Konkordat über die Gewährung gegenseitiger Rechtshilfe zur Vollstreckung öffentlichrechtlicher Ansprüche vom 20. 12. 1971 (SR 281.22).

49   Ausländische Verwaltungsverfügungen (z. B. Steuerentscheide) kommen – vorbehältlich besonderer Regelung in einem Staatsvertrag – als Vollstreckungstitel i.S von SchKG 80 nicht in Betracht.

4.   Die Verteidigung des Schuldners

50   Auch wenn der Gläubiger einen Vollstreckungstitel für die definitive Rechtsöffnung vorzuweisen vermag, ist ihm der Schuldner

nicht bedingungslos ausgeliefert. Er kann noch verschiedene Einwendungen (Einreden und Einwendungen im engern Sinne) zu seiner Verteidigung im Rechtsöffnungsverfahren vorbringen. Diese sind mit Rücksicht auf die Rechtskraft des Titels allerdings stark beschränkt (BGE *115* III 100). Sie können prozessualer oder materieller Natur sein.

A.   Prozessuale Einwände

Diese richten sich ausschliesslich gegen die Rechtmässigkeit   51 des Rechtsöffnungsverfahrens an sich. Mit ihnen wird das Fehlen einer Prozessvoraussetzung geltend gemacht. Trifft der gerügte Verfahrensmangel zu, wird das Rechtsöffnungsgesuch *zurückgewiesen* (Nichteintreten).

Beispiele:
– die Einrede der Unzuständigkeit des Rechtsöffnungsrichters;
– die Einrede der res iudicata, sofern in derselben Betreibung erneut um Rechtsöffnung nachgesucht wird; nicht aber in einer neuen Betreibung für dieselbe Forderung (BGE *100* III 48).

B.   Materielle Einwände

Mit ihnen stellt der Schuldner die Tauglichkeit der vom Gläu-   52 biger vorgelegten Urkunde als Rechtsöffnungstitel in Frage. Erweist sich eine derartige Einwendung als begründet, wird das Rechtsöffnungsgesuch *abgewiesen*. Je nach der Herkunft des Rechtsöffnungstitels stehen dem Schuldner mehr oder weniger solche materiellen Einwendungen zur Verfügung.

a)   Entscheid des Bundes oder des Vollstreckungskantons

Gegenüber dem Entscheid einer Gerichts- oder Verwaltungs-   53 behörde des Bundes oder des Kantons, in welchem die Betreibung läuft, ist die Verteidigungsmöglichkeit des Schuldners am geringsten. Solche Entscheide sind – bei nachgewiesener Rechtskraft – rein vollstreckungsrechtlich unanfechtbar. Einen Mangel am Urteil selbst kann der Schuldner nicht geltend machen. Er könnte sich höchstens noch darauf berufen, dass überhaupt kein Rechtsöffnungstitel im Sinne von SchKG 80 I und II vorliege oder der vorgelegte Titel doch nicht rechtskräftig sei, weil ihm z. B. der Entscheid nicht in der gesetzlich vorgeschriebenen Weise eröffnet worden sei (BGE *105* III 43 betreffend eine Steuerveranlagungsverfügung, *117* III 59 f. im Falle eines Schiedsgerichtsentscheides).

54   Dennoch soll der Schuldner der Betreibung nicht ausgesetzt bleiben, wenn der im Entscheid ausgewiesene Anspruch aus materiellrechtlichen Gründen offensichtlich noch nicht vollstreckbar ist oder nicht mehr besteht. Er kann deshalb die Rechtsöffnung abwenden, wenn er *durch Urkunden beweist,* dass die Schuld seit Erlass des Urteils (z. B. durch Zahlung, Verrechnung oder Erlass) getilgt oder gestundet worden ist, oder wenn er sich auf Verjährung beruft (SchKG 81 I; BGE *115* III 97); für Verjährung kann allerdings kein Urkundenbeweis verlangt werden.

55   Auf diese Einreden kann sich der Schuldner im Betreibungsverfahren übrigens durchwegs berufen, schon vor oder erst nach der Rechtsöffnung; nur muss er ausserhalb des Rechtsöffnungsverfahrens beim Gericht um Einstellung oder Aufhebung der Betreibung nachsuchen (SchKG 85, 85 a; unten § 20).

56   Zudem kann der Schuldner einwenden, er sei aufgrund des Entscheides *nicht bedingungslos zur Zahlung verpflichtet:* eine Bedingung sei noch nicht eingetreten, er sei nur Zug um Zug leistungspflichtig, der Gläubiger sei vorleistungspflichtig, habe aber seine Leistung weder erbracht noch auch nur angeboten (vgl. auch BGE *90* III 71).

b)   Ausserkantonaler Entscheid

57   Ausgedehnter ist die Verteidigung des Schuldners gegenüber einem ausserkantonalen Entscheid. Ausser den erwähnten Einreden der Tilgung, Stundung oder Verjährung (SchKG 81 I) kann er noch *Einwendungen gegen die Vollstreckbarkeit* an sich erheben. Damit macht er nun einen Mangel am Entscheid selbst geltend, indem er bestreitet,
– dass er ordnungsmässig vorgeladen worden
– oder dass er gesetzlich vertreten gewesen sei (SchKG 81 II).

Die Einrede der Unzuständigkeit des urteilenden Richters wurde in der Revision – in Anpassung an LugÜ 28 IV – fallengelassen, weil sie eine stossende Benachteiligung schweizerischer Entscheide im eigenen Land bedeuten würde.

58   Zu dieser erweiterten Verteidigungsmöglichkeit kommt noch eine wesentliche Erleichterung für den Schuldner hinzu. Er braucht den gerügten Verfahrensmangel nicht zu beweisen (wie die Einreden nach 81 I). Vielmehr obliegt dem Gläubiger der Beweis dafür, dass der Schuldner regelrecht vorgeladen und gesetzlich vertreten war.

59   Die Stellung des Schuldners gegenüber Urteilen dieser Kategorie ist somit schon wesentlich stärker (BGE *115* III 32).

c)   *Ausländische Entscheide*

Gegenüber dem gerichtlichen Entscheid aus einem ausländi-   60
schen Staat, mit welchem ein *Vollstreckungsabkommen* besteht, darf der
Schuldner nebst den materiellrechtlichen Einwendungen (SchKG 81 I)
nur solche erheben, die im Staatsvertrag vorgesehen sind (vgl. z. B.
LugÜ 27 ff.).

Besteht kein Staatsvertrag, so kann der Schuldner ausser den Einreden   61
aus SchKG 81 I noch jene aus IPRG 25 ff. erheben, wie z. B.:
– fehlende Zuständigkeit des ausländischen Gerichts (IPRG 26);
– offensichtlicher Verstoss des Entscheids gegen den schweizerischen
  ordre public (IPRG 27 I);
– Verletzung wesentlicher Verfahrensvorschriften im Urteilsstaat
  (IPRG 27 II);
– res iudicata (IPRG 27 II).

5.   Die Wirkungen der definitiven Rechtsöffnung

Mit dem rechtskräftigen Rechtsöffnungsentscheid ist die hem-   62
mende Wirkung des Rechtsvorschlages ein für allemal beseitigt. Die
Betreibung kann jetzt ohne weiteres ihren Fortgang nehmen, sobald der
Gläubiger das Fortsetzungsbegehren stellt. Die definitive Rechtsöffnung schliesst das Einleitungsverfahren ab.

Da jedoch der Rechtsöffnungsentscheid keinen Einfluss auf die mate-   63
rielle Rechtslage hat, bleibt dem Schuldner stets noch der betreibungsrechtliche Rechtsschutz aus materiellrechtlichen Gründen gewahrt (siehe § 20).

IV.   *Die provisorische Rechtsöffnung*

Wo es an den Voraussetzungen der definitiven Rechtsöffnung   64
fehlt, kann die provisorische in Betracht kommen.

1.   Der Begriff der provisorischen Rechtsöffnung

Unter provisorischer Rechtsöffnung versteht man den gericht-   65
lichen Entscheid, der aufgrund einer schriftlichen Schuldanerkennung
die Wirkung des Rechtsvorschlages bloss bedingt aufhebt, indem er

noch die Nachprüfung des materiellen Bestandes der Forderung durch den ordentlichen Richter vorbehält.

66   Die Wirkungen der provisorischen Rechtsöffnung gehen somit bedeutend weniger weit als diejenigen der definitiven. Das hängt damit zusammen, dass ihre Voraussetzungen weniger streng sind als diejenigen der definitiven. Für diese wird ein rechtskräftiger Vollstreckungstitel verlangt, der grösste Gewähr für den Bestand des geltend gemachten materiellen Anspruchs bietet. Für jene genügt es, dass der Gläubiger eine Schuldanerkennungsurkunde vorweist, die keinerlei autoritative Aussagekraft besitzt, sondern bloss einen gewissen Wahrscheinlichkeitswert (als Beweismittel) hat. Darum darf ihm die Rechtsöffnung nur bedingt erteilt werden: der Schuldner muss noch Gelegenheit erhalten, die gegen ihn erhobene Forderung gerichtlich überprüfen zu lassen.

67   Wesentlich für die provisorische Rechtsöffnung ist also, dass der Betriebene ihr gegenüber noch einmal zum Widerstand ansetzen kann, bevor endgültig über den Fortgang der Betreibung entschieden ist: er kann die durch blosse Schuldanerkennung ausgewiesene Schuld bestreiten und mit der Aberkennungsklage die gerichtliche Feststellung ihres Nichtbestehens verlangen (SchKG 83 II). Die Vollstreckung darf infolgedessen erst fortgesetzt werden, wenn das Provisorium beendet, die Rechtsöffnung definitiv geworden ist. Ob und wann das eintritt, hängt davon ab, ob der Schuldner sein Widerstandsrecht ausübt und gegebenenfalls mit welchem Erfolg. Das Verfahren der provisorischen Rechtsöffnung ist eine Eigenheit des schweizerischen Vollstreckungsrechts (BGE *112* III 88; § 1 N. 14 f.).

Über die materielle Begründetheit der Betreibungsforderung äussert sich also auch die provisorische Rechtsöffnung nicht (s. auch oben N. 22). Sie stellt somit nicht ein zivilprozessuales «Erkenntnisverfahren» über die Forderung dar, sondern verteilt lediglich für den Fall der gerichtlichen Auseinandersetzung darüber (im Aberkennungsprozess) die Parteirollen.

2.   Die Schuldanerkennung als Rechtsöffnungstitel

A.   Der Begriff der Schuldanerkennung

68   Begrifflich stellt die Schuldanerkennung eine Willenserklärung dar, wonach sich der Schuldner zur Bezahlung eines bestimmten oder leicht bestimmbaren Geldbetrages zu bestimmter Zeit verpflichtet. Als Schuldanerkennung im Sinne von SchKG 82 I kommt nur eine verurkundete Schuldanerkennung (öffentliche Urkunde oder Privatur-

kunde) in Betracht. Diese Urkunde ist rechtlich bloss ein Beweismittel; sie unterscheidet sich dadurch vom vollstreckbaren gerichtlichen Entscheid, der eine autoritative Feststellung über den Forderungsbestand enthält.

Während der Begriff des vollstreckbaren gerichtlichen Entscheides 69 der Praxis keine besonderen Schwierigkeiten bereitet, ist die Anwendung des Begriffs der Schuldanerkennung im Einzelfall oft weniger leicht. Die kantonalen Gerichte stellen denn auch – auf Grund freier Beweiswürdigung – recht unterschiedliche Anforderungen an die Schuldanerkennung als Rechtsöffnungstitel. Das Bundesgericht konnte zur Einheitlichkeit der Rechtsanwendung nicht viel beitragen, weil in Rechtsöffnungssachen nur die staatsrechtliche Beschwerde zu ihm führt; zudem hat es über lange Zeit gegen provisorische Rechtsöffnungsentscheide selbst dieses Rechtsmittel nicht zugelassen (BGE *94* I 368 ff., *98* I a 350).

So wird zum Beispiel die schriftliche Richtigbefundsanzeige, die sich eine Bank vom 70 Schuldner für den Saldo einer Kontokorrentrechnung ausstellen lässt, in einzelnen Kantonen grundsätzlich als Schuldanerkennung abgelehnt, während in andern – sachgerecht – provisorisch Rechtsöffnung erteilt wird, sofern die Rechnung nach der Saldoziehung nicht mehr weitergeführt wird.

B. Die Formen der Schuldanerkennung

Aus Gründen des liquiden Beweises kommen als Rechtsöff- 71 nungstitel nur *schriftliche Schuldanerkennungen* in Frage (SchKG 82 I). Die Verpflichtungserklärung des Schuldners muss aus einer Urkunde hervorgehen.

– Sie kann in einer *öffentlichen Urkunde* enthalten sein. Als solche gilt 72 jede Urkunde, die von der zuständigen Urkundsperson in gesetzlicher Form abgefasst ist. Das Verfahren der öffentlichen Beurkundung bestimmt das kantonale Recht (ZGB/SchlT 55). Aber auch behördliche Protokolle, insbesondere der Gerichte, kommen in Betracht.

Öffentliche Urkunden erbringen für die bezeugten Tatsachen den vollen Beweis. Das bedeutet allerdings nur, dass die *Richtigkeit* ihres Inhalts vermutet wird. Die Vermutung kann durch den Nachweis der Unrichtigkeit umgestossen werden (ZGB 9). Ohne diesen Nachweis, der an keine besondere Form gebunden ist, hat die Urkunde volle Beweiskraft. Misslingt er dem Schuldner im (summarischen) Rechtsöffnungsverfahren, so kann er ihn im (ordentlichen) Aberkennungsprozess nachholen. Kantonalrechtlich kann diese Gesetzesvermutung auch auf die *Echtheit* der Urkunde ausgedehnt sein.

73   Auch eine *ausländische öffentliche Urkunde* im Sinne von LugÜ 50 taugt nur als provisorischer Rechtsöffnungstitel. Dies jedenfalls solange, als sie auch im Herkunftsland nur bedingt vollstreckbar wäre; das ist der Fall, wenn dem Schuldner nach dem Recht des Herkunftslandes zur materiellen Bestreitung des verurkundeten Anspruchs eine einlässliche Klage offenstünde.

74   – Viele Schuldanerkennungen gehen aus *Privaturkunden* hervor. Darunter fallen alle von den Parteien privat aufgesetzten Schriftstücke wie Briefe, Verträge in Formularen oder einfacher Schriftform, Schuldscheine, Wechsel, Checks und dergleichen. Sie eignen sich für die provisorische Rechtsöffnung aber nur, wenn sie die *Unterschrift des Schuldners* oder seines Vertreters tragen (SchKG 82 I; vgl. auch OR 13 betreffend schriftliche Verträge; BGE *112* III 88).

Die Privaturkunde hat geringere Beweiskraft als die öffentliche. Bestreitet der Schuldner ihre Richtigkeit oder Echtheit, muss sie der Gläubiger beweisen (ZGB 8). Für die Echtheit der Unterschrift besteht allerdings eine «natürliche Vermutung».

C.   Die Arten der Schuldanerkennung

75   Schuldanerkennungen, die als Rechtsöffnungstitel in Frage kommen, finden sich in verschiedenartigen Urkunden.

76   – Einmal kommen alle Urkunden über eine *einseitige Verpflichtung* zu einer Geldzahlung in Betracht. Derartige Verpflichtungen können insbesondere auf einem abstrakten Schuldversprechen gemäss OR 17 beruhen oder aus einer Bürgschafts- oder Wechselverpflichtung hervorgehen.

77   – Aber auch in den meisten *zweiseitigen Rechtsgeschäften* sind Verpflichtungen zu einer Geldzahlung enthalten; so in Kauf-, Miet-, Pacht-, Darlehens-, Dienst-, Werk- oder Versicherungsverträgen.

78   Dagegen enthalten weder ein Kreditoröffnungsvertrag (der gewährte Kreditrahmen braucht dem tatsächlich beanspruchten Kredit nicht zu entsprechen) noch ein Kontoauszug (sein Negativsaldo ist höchstens stillschweigend genehmigt) für sich allein schon eine Schuldanerkennung.

79   Das Zahlungsversprechen des Schuldners muss sich nicht unbedingt schon aus einer einzigen Urkunde ergeben; es kann auch aus einer *Gesamtheit von Urkunden* (z. B. aus einem Briefwechsel) hervorgehen, wenn die notwendigen Elemente – insbesondere der Forderungsbetrag – klar bestimmbar sind (BGE *106* III 99, *114* III 73).

80   Alle derartigen vertraglichen Zahlungsverpflichtungen gelten aber nur dann als Schuldanerkennung, wenn der Schuldner *bedingungslos*

zu zahlen hat, die gegen ihn geltend gemachte Forderung demzufolge liquid ist (s. oben N. 56).

Das trifft zu:
– wo der Schuldner nach Vertrag zur Vorauszahlung verpflichtet ist;
– wenn eine Bedingung, von der die Zahlungspflicht des Schuldners allein abhängt, eingetreten ist;
– wenn der Gläubiger, der seine Leistung Zug um Zug mit derjenigen des Schuldners zu erbringen hat oder der selber vorleistungspflichtig ist, die ihm obliegende Verpflichtung erfüllt oder deren Erfüllung wenigstens gehörig angeboten hat (BGE 79 II 280).

Schliesslich weisen auch die *betreibungsrechtlichen Ausfallbescheinigungen* vom Schuldner anerkannte oder sogar gerichtlich bestätigte Zahlungsverpflichtungen aus. Weil es sich aber um amtlich erstellte Urkunden handelt, sind sie zwar nicht eigentliche Schuldanerkennungen des Schuldners, doch gelten sie von Gesetzes wegen als deren Surrogate: 81
– der definitive *Pfändungsverlustschein* und der *Pfandausfallschein* ohne weiteres (SchKG 149 II und 158 III);
– der *Konkursverlustschein* nur, wenn der Gemeinschuldner die Forderung im Konkursverfahren persönlich anerkannt hat (SchKG 265 I in Verbindung mit 244 und 245).

3.   Die Verteidigung des Schuldners

Als blosses Beweismittel entbehrt die Schuldanerkennungsurkunde der Autorität und der Rechtskraftwirkung eines gerichtlichen Entscheides (oben N. 68). Darum müssen dem Schuldner gegen das Rechtsöffnungsbegehren des Gläubigers stärkere Verteidigungsmittel zur Verfügung stehen. Wie bei der definitiven Rechtsöffnung kommen auch hier prozessuale und materielle Einwände in Betracht.   82

A.   Prozessuale Einwände

Die Prozesseinreden, die sich gegen die Rechtmässigkeit des Rechtsöffnungsverfahrens richten, sind dieselben wie bei der definitiven Rechtsöffnung (oben N. 51).   83

B.   Materielle Einwände

Die materiellen Einwendungen betreffen – wie schon bei der definitiven Rechtsöffnung dargelegt wurde (oben N. 52 ff.) – nicht die   84

131

Rechtmässigkeit des Verfahrens, sondern die sachliche Zulässigkeit der Rechtsöffnung. Diese wird in Frage gestellt durch alle Einwendungen, welche die Schuldanerkennung als solche entkräften könnten (SchKG 82 II). Der Schuldner macht geltend, es sei überhaupt keine taugliche Urkunde vorhanden, die Schuldanerkennung sei nicht gültig zustande gekommen oder sie sei zumindest nicht (oder nicht mehr) wirksam.

- Die *Gültigkeit* der Schuldanerkennung ist z. B. bestritten, wenn der Schuldner mangelnde Unterschrift, Handlungsunfähigkeit im Zeitpunkt des Eingehens der Verpflichtung oder Fälschung der Urkunde geltend macht, oder wenn er sich auf rechtswidrigen oder unsittlichen Vertragsinhalt oder auf Willensmängel (Irrtum, Täuschung, Drohung) beruft.
- Die *Wirksamkeit* der Schuldanerkennung ist in Frage gestellt, wenn der Schuldner den Fortbestand oder die Eintreibbarkeit der verurkundeten Forderung bestreitet, z. B. wenn er sich darauf beruft, die Schuld sei (durch Zahlung, Verrechnung oder Erlass) getilgt oder zumindest gestundet worden, oder die Forderung sei verjährt; oder es sei bei einer bedingten Forderung die Bedingung nicht erfüllt, namentlich bei einem zweiseitigen Vertrag die Gegenleistung noch nicht angeboten bzw. erbracht worden, sofern Zug um Zug zu leisten oder der Gläubiger vorleistungspflichtig ist (OR 82); auch der Einwand, es liege nur eine unklagbare Forderung vor (z. B. aus Spiel, Wette, Heiratsvermittlung) fällt darunter.

85 Der Schuldner hat es bei der provisorischen Rechtsöffnung insofern leichter als bei der definitiven, als er diese *materiellen Einwendungen bloss sofort glaubhaft machen* muss (SchKG 82 II). Das will heissen, dass der Einwand vor dem Richter mit liquiden Beweismitteln *wahrscheinlich* zu machen ist. Dringt der Schuldner durch, ist das Rechtsöffnungsgesuch abzuweisen. Dem Gläubiger steht dann nur noch der ordentliche Prozessweg mit der *Anerkennungsklage* offen (SchKG 79; siehe oben N. 9 ff.).

86 Gelingt es dem Schuldner nicht, den Richter von der Glaubhaftigkeit (Wahrscheinlichkeit) seiner Behauptungen zu überzeugen, so wird die Rechtsöffnung erteilt (SchKG 82 II). Dem Schuldner bleibt dann zu seiner Verteidigung nur noch die *Aberkennungsklage* im ordentlichen Zivilprozess übrig (SchKG 83 II).

4. Die Wirkungen der provisorischen Rechtsöffnung

Der Rechtsöffnungsentscheid wirkt sich in der Zeitfolge verschieden aus:

87 – Vorerst hebt er die Einstellung der Betreibung zufolge des Rechtsvorschlages *nur bedingt* auf, indem er dem Schuldner vorbehält, binnen 20 Tagen mit der Aberkennungsklage den ordentlichen Richter anzurufen, damit dieser nun über die von ihm bestrittene Schuldpflicht

materiell entscheide (SchKG 83 II). Durch Einreichung der Klage wird der Schwebezustand bloss provisorischer Rechtsöffnung aufrechterhalten.

– Mit Rücksicht auf die Bedingtheit der Rechtsöffnung sind Vollstreckungsmassnahmen vorläufig ausgeschlossen. Dennoch verdient der Gläubiger angesichts der Wahrscheinlichkeit seines Anspruchs einen gewissen Schutz. Er kann deshalb nach Ablauf der Zahlungsfrist bestimmte Vorkehren zur Sicherung seines Vollstreckungsanspruchs beantragen, und zwar selbst dann, wenn der Schuldner die Aberkennungsklage eingereicht hat (SchKG 83 I):   88

– Einem der Pfändungsbetreibung unterliegenden Schuldner gegenüber kann er – sobald die provisorische Rechtsöffnung rechtskräftig geworden ist (BGE *122* III 36 ff.) – den Vollzug einer *provisorischen Pfändung* verlangen (nach den für die definitive Pfändung geltenden Regeln; BGE *102* III 9).   89

Der Gläubiger wendet sich mit seinem Begehren unter Beilage des Rechtsöffnungsentscheides direkt an das Betreibungsamt. Die provisorische Pfändung ist aber *keine unaufschiebbare Massnahme* im Sinne von SchKG 56 wie ein Arrest und darf deshalb in den Schonzeiten weder vollzogen noch auch nur angekündigt werden; immerhin sind aber vorbereitende Sicherungsmassnahmen zulässig (BGE *102* III 8; § 11 N. 44; 22 N. 56 ff.).

– Einem konkursfähigen Schuldner gegenüber kann – wenn es das Sicherheitsbedürfnis des Gläubigers erfordert – die *Aufnahme eines Güterverzeichnisses* beantragt werden (SchKG 162 ff.).   90

Das Güterverzeichnis bereitet das Konkursinventar vor und muss deshalb vom *Konkursgericht* angeordnet werden (§ 36 N. 12). Entfällt das Sicherungsbedürfnis, ist es wieder aufzuheben (SchKG 83 IV Satz 2).

– *Volle Wirkung* erlangt der Rechtsöffnungsentscheid erst, wenn der Schuldner nicht rechtzeitig auf Aberkennung klagt oder wenn – im Falle der Durchführung des Aberkennungsprozesses – seine Klage abgewiesen und das Zivilurteil rechtskräftig geworden ist (BGE *113* III 86). Das Provisorium fällt nun dahin, die Rechtsöffnung wird definitiv und äussert alle Wirkungen einer solchen. Dasselbe gilt für eine provisorische Pfändung (SchKG 83 III).   91

Obsiegt der Schuldner im Aberkennungsprozess, so endet das Provisorium zu seinen Gunsten: Rechtsöffnung sowie Sicherungsmassnahmen fallen dahin und damit auch die ganze Betreibung.   92

V.   Die Aberkennungsklage (SchKG 83 II)

1.   Funktion, Wesen und Rechtsnatur

93   Dem Schuldner, der im summarischen Rechtsöffnungsverfahren unterlegen ist, bietet sich in der Aberkennungsklage ein *letztes
Verteidigungsmittel* dar. Er erreicht damit zweierlei:
- Verlängerung des lediglich provisorischen Charakters der Rechtsöffnung;
- Überprüfung der materiellen Rechtslage im ordentlichen Gerichtsverfahren.

94   Die Klage bezweckt aber nicht etwa – im Sinne eines Rechtsmittels –
die Aufhebung des Rechtsöffnungsentscheides. Sie ist, obschon sie mit
dem Betreibungsverfahren im Zusammenhang steht, nicht betreibungsrechtlicher, sondern *materiellrechtlicher Natur* (BGE *118* III 42; § 4
N. 47 f.).

95   Die Aberkennungsklage des Schuldners bildet das Gegenstück zur
Forderungsklage des Gläubigers nach SchKG 79, die man gerade deswegen auch als Anerkennungsklage bezeichnet (oben N. 9 ff.). Beide
Klagen zielen nämlich auf den gleichen Prozessgegenstand: die *Frage
des Bestehens oder des Nichtbestehens eines materiellrechtlichen Anspruchs*. Nur sind – mit Rücksicht auf das fortgeschrittenere Stadium der
Betreibung – die Parteirollen im Aberkennungsprozess vertauscht. Darin liegt der prozessuale Vorteil der provisorischen Rechtsöffnung für
den Gläubiger (BGE *112* III 88). Nicht er muss gegen den Schuldner
klagen (wie bei der Anerkennungsklage), sondern der Schuldner gegen
ihn. Als Kläger verlangt dieser nun die gerichtliche Feststellung des
Nichtbestehens oder der fehlenden Eintreibbarkeit der Betreibungsforderung (*negative Feststellungsklage*; BGE *95* II 620).

2.   Die Klagefrist

96   Die Aberkennungsklage ist binnen 20 Tagen seit der
Rechtsöffnung einzureichen (SchKG 83 II). Der funktionelle Zusammenhang mit dem hängigen Betreibungsverfahren wird hier offensichtlich. Die Frist ist – obwohl Verwirkungsfrist – verlänger- und wiederherstellbar.

97   Verwirkung des Klagerechts berührt indessen das materielle Recht
nicht; sie begründet nicht einmal die Vermutung, der Anspruch des
Gläubigers gelte als anerkannt. Dem Schuldner wird nach wie vor

Schutz aus materiellrechtlichen Gründen gewährt (SchKG 85, 85 a und 86; vgl. § 20).

Angesichts der fatalen Wirkung einer *unentschuldbaren Fristversäum-*   98
nis auf die Stellung des Schuldners in der hängigen Betreibung – die Rechtsöffnung wird definitiv – kommt dem Zeitpunkt, in welchem die Klagefrist zu laufen beginnt, entscheidende Bedeutung zu. Als Faustregel gilt: Massgebend für den Fristbeginn ist die formelle Rechtskraft des Rechtsöffnungsentscheides.

Nach der Rechtsprechung des Bundesgerichts (BGE *100* III 76, *101* III 42, *104* II 142,   99
115 III 92) verhält es sich im einzelnen folgendermassen:
– Ist nach kantonalem Recht ein ordentliches Rechtsmittel mit Suspensiveffekt gegen den Rechtsöffnungsentscheid gegeben, so beginnt die Klagefrist mit dem unbenützten Ablauf der Rechtsmittelfrist oder mit der Zustellung des Entscheides der obern Instanz.
– Wo nur ein ausserordentliches oder gar kein Rechtsmittel gegen den Rechtsöffnungsentscheid zur Verfügung steht, beginnt die Klagefrist schon von der Eröffnung des Entscheides an zu laufen, es sei denn, dem ausserordentlichen Rechtsmittel werde aufschiebende Wirkung erteilt.

Keine Fristsorgen hat der Schuldner, der schon vor der Rechtsöffnung   100
eine die streitige Forderung betreffende negative Feststellungsklage angehoben hat. Er braucht nach Erteilung der provisorischen Rechtsöffnung nicht noch besonders auf Aberkennung zu klagen: die schon hängige Klage wird eo ipso zur Aberkennungsklage (BGE *117* III 19).

3.   Das Verfahren

Die Aberkennungsklage wird – gleich wie die Anerkennungs-   101
klage – im *ordentlichen Verfahren* nach kantonalem Zivilprozessrecht beurteilt.
– Der Gerichtsstand liegt *am Betreibungsort* (SchKG 83 II); Prorogation und Einlassung sind zulässig (BGE *87* III 25).
– Der Richter kann den Schuldner auf Antrag des Gläubigers dazu verhalten, diesem für die *Prozesskosten Sicherheit* zu leisten (ZPO 70 I Z. 3 und 76 I).
– Der *Streitwert* bemisst sich nach dem bestrittenen Forderungsbetrag; wenn dieser aus der Klage nicht ausdrücklich hervorgeht, nach dem in der Rechtsöffnung bewilligten.
– Dem Schuldner stehen gegenüber dem Gläubiger *alle Einwendungen aus materiellem Recht* zu, insbesondere auch die Verrechnungseinrede, selbst wenn die Verrechnungsmöglichkeit neu entstanden sein sollte (BGE *68* III 85).

- Der Gläubiger kann der Aberkennungsklage mit einer *Widerklage* entgegentreten, sofern die besonderen Voraussetzungen dafür erfüllt sind (BGE *41* III 310).

102   Während der Prozessdauer läuft – wie schon beim Rechtsöffnungsverfahren – die Frist für die Gültigkeit des Zahlungsbefehls nicht (oben N. 21).

4.   Die Beweislast

103   Die Beweislastverteilung unter die Parteien im Aberkennungsprozess macht deutlich, dass die Aberkennungsklage in der Sache nicht ein Angriffs-, sondern ein Verteidigungsmittel des Schuldners ist. Anders als im Rechtsöffnungsverfahren erhält er nun Gelegenheit zum *einlässlichen Gegenbeweis*. Der Gläubiger andererseits ist jetzt gehalten, seinen auf Grund der Schuldanerkennung nur glaubhaft erscheinenden Anspruch *voll zu beweisen,* wofür er – sofern er keine gesetzliche Vermutung anrufen kann – die volle Beweislast trägt. Die *vertauschten Parteirollen* berühren somit die allgemeine Beweislastregel von ZGB 8 nicht.

5.   Das Urteil

104   Das Sachurteil im Aberkennungsprozess hat *volle materielle Rechtskraft.* Seine Wirkungen beschränken sich somit nicht auf die hängige Betreibung. Vielmehr begründet das rechtskräftige Urteil in jedem späteren Verfahren über denselben Anspruch die Einrede der abgeurteilten Sache (*res iudicata;* BGE *83* III 77).

105   Der letztinstanzliche kantonale Entscheid kann bei gegebenen Voraussetzungen – als Zivilrechtssache – mit Berufung oder mit Nichtigkeitsbeschwerde ans Bundesgericht weitergezogen werden.

Folgen des Urteils für das Betreibungsverfahren:

- Abweisung der Klage lässt die provisorische Rechtsöffnung definitiv werden; der Gläubiger kann Fortsetzung der Betreibung verlangen.
- Gutheissung der Klage erledigt die Betreibung endgültig.

106   Auch gegen eine ausländische öffentliche Urkunde nach LugÜ 50 muss nach provisorischer Rechtsöffnung eine Aberkennungsklage am Betreibungsort möglich sein (statt z. B. am ausländischen Wohnsitz des Beklagten), und zwar selbst dann, wenn sich der Betreibungsort im konkreten Fall nicht mit einem Gerichtsstand nach LugÜ decken sollte (§ 4 N. 50). Sonst würde dem Schuldner dieses nahe *forum* unter Umständen entzogen; sodann kann fraglich sein, ob er am ausländischen Ort mit einer negativen Feststellungsklage überhaupt zugelassen würde. Diesfalls käme einem hiesigen Aberkennungsurteil allerdings keine Rechtskraft bezüglich des materiellen Forderungsbestandes zu. Es hätte nur betreibungsrechtliche Wirkungen (Fortsetzung oder Dahinfallen der Betreibung).

§ 20   Der Schutz des Schuldners aus materiellrecht- lichen Gründen

I.   *Die Funktion des materiellen Schuldnerschutzes*

Zwangsvollstreckung will Rechtsverwirklichung sein. Der 1 Gläubiger soll zu seinem Recht kommen, dem Schuldner soll dabei aber nicht Unrecht widerfahren. Daraufhin ist auch die betreibungsrechtliche Ordnung ausgerichtet. Sie stellt dem Schuldner zur Abwehr eines rechtlich nicht begründeten oder nicht eintreibbaren Anspruchs verschiedene Verteidigungsmittel zur Verfügung: die Beschwerde (§ 6), den Rechtsvorschlag (§ 18), ein Bündel von Einreden im Rechtsöffnungsverfahren und die Aberkennungsklage (§ 19).

Dennoch kann eine Betreibung, insbesondere wegen ihrer zum Teil 2 strengen Form- und Zeitvorschriften, am Ziel der Verwirklichung des materiellen Rechts vorbeiführen. So z. B.:

– wenn der Schuldner verpasst, rechtzeitig Recht vorzuschlagen, und es ihm auch nicht gelingt, von der Aufsichtsbehörde Wiederherstellung der Frist (SchKG 33 IV) zugebilligt zu erhalten;

– wenn er im Rechtsöffnungsverfahren seine Einreden vorzubringen versäumt, oder wenn er diese, wegen der summarisch-beschränkten Kognitionsbefugnis des Richters, mangels liquiden Beweises nicht durchzusetzen vermag;

– wenn er schliesslich noch die Frist für die Aberkennungsklage unbenützt verstreichen lässt.

In diesen Fällen kann die Betreibung ohne Rücksicht auf die mate- 3 rielle Rechtslage weiterlaufen und den Schuldner sogar nötigen, Nichtgeschuldetes zu zahlen, um Vollstreckungsmassnahmen von sich abzuwenden. Deshalb ergänzt das Gesetz die erwähnten Verteidigungsmittel des Schuldners noch durch drei besondere Schutzvorkehren:

– die Aufhebung oder die Einstellung der Betreibung durch den Vollstreckungsrichter auf Antrag des Schuldners (SchKG 85);

– die Klage auf Feststellung der Nichtschuld oder der Stundung beim ordentlichen Richter (SchKG 85 a);

– die betreibungsrechtliche Rückforderungsklage (SchKG 86, 187).

Diese Rechtsbehelfe stellen Korrektive für die sachlich nicht gerechtfertigten Folgen der Formstrenge des Betreibungsverfahrens, insbesondere des Einleitungsverfahrens, dar.

II. Aufhebung oder Einstellung der Betreibung

1. Die richterliche Kompetenz

4   Die Betreibungsorgane haben eine Betreibung durchzuführen, ohne sich um die materiellrechtliche Begründetheit des geltend gemachten Anspruchs zu kümmern. Läuft das Verfahren aber dem materiellen Recht zuwider, kann sich der Schuldner an den Richter wenden, damit dieser die Betreibung einstelle oder gar aufhebe.

5   Im Verfahren nach SchKG 85 amtet der Richter aber nicht als Zivil-, sondern als *Vollstreckungsrichter*. Er entscheidet – wie der Rechtsöffnungsrichter – einzig über die Zulässigkeit der Betreibung, wobei der Bestand der Betreibungsforderung (oder ihre Fälligkeit) nur materiellrechtliche Vorfrage ist, über die er deshalb auch dann befinden kann, wenn sie an und für sich in eine andere Zuständigkeit fiele (wie z. B. bei öffentlichrechtlichen Ansprüchen).

2. Die Voraussetzungen

6   Da es sich immerhin um einen Eingriff in ein gesetzmässig laufendes Verfahren handelt, sind die Voraussetzungen dafür einfach und eng zugleich. Der Schuldner muss nachweisen, dass die Schuld samt Zinsen und Kosten
– entweder *gestundet* ist, was die Einstellung der Betreibung rechtfertigt,
– oder dass sie *getilgt* ist, was zur Aufhebung der Betreibung führt.

7   Der Nachweis kann nur mit *Urkunden* erbracht werden; die materielle Rechtslage, welche die Einstellung oder die Aufhebung der Betreibung rechtfertigt, muss auf der Hand liegen, manifest sein. Besitzt der Schuldner keine hiefür taugliche Urkunde, so bleibt ihm, wenn er die Betreibung vermeiden will, nichts anderes übrig, als eine Feststellungsklage nach SchKG 85 a in einem ordentlichen Zivilprozess anzustrengen oder den Gläubiger zu befriedigen und das unter Vollstreckungszwang Geleistete auf dem ordentlichen Prozessweg wieder von ihm zurückzufordern (SchKG 86; unten N. 28 ff.).

3. Verfahren und Entscheid

8   Der Beschränkung der richterlichen Kognition auf liquide Tatsachen und Beweismittel (Urkunden) entsprechend, ist das Gesuch

um Einstellung oder Aufhebung der Betreibung nach SchKG 85 im *Summarverfahren* zu beurteilen (SchKG 25 Z. 2 c; ZPO 317 Z. 3).

Im einzelnen gilt folgendes:

- Das Verfahren kann *jederzeit* und in jedem Stadium der Betreibung   9
  durchgeführt werden. Nur nach Verteilung des Verwertungserlöses
  oder der Konkurseröffnung kommt es nicht mehr in Frage.
- *Örtlich* zuständig ist der Richter am Betreibungsort (SchKG 85),   10
  sachlich in Bern der Gerichtspräsident (ZPO 2 II).
- Der Einstellungs- oder Aufhebungsentscheid hat *ausschliesslich be-*   11
  treibungsrechtliche Wirkung; über den materiellen Bestand der Forderung äussert er sich sowenig wie ein Rechtsöffnungsentscheid (oben
  N. 5). Unterliegt der Schuldner, verfügt er immer noch über die Fest-
  stellungs- oder die Rückforderungsklage (SchKG 85 a, 86); obsiegt er,
  kann der Gläubiger immer noch mit der Forderungsklage gegen ihn
  vorgehen.
- Weil es sich um eine reine Vollstreckungssache handelt, ist gegen den   12
  letztinstanzlichen kantonalen Entscheid – wie bei der Rechtsöffnung
  – nur die *staatsrechtliche Beschwerde* ans Bundesgericht gegeben.

4.   Abgrenzung zum nachträglichen Rechtsvorschlag

Die Abtretung der Forderung durch den Gläubiger an einen   13
Dritten nach Anhebung der Betreibung berechtigt den Schuldner für sich
allein nicht, zu verlangen, dass die Betreibung aufgehoben wird. Der
neue Gläubiger tritt vielmehr anstelle des Zedenten ein (BGE 96 I 1).

Bei Gläubigerwechsel wird die Betreibung entweder durch den Zedenten als Inkasso-   14
mandatar oder durch den Zessionar weitergeführt. Gegen den Zessionar steht dem
Schuldner der nachträgliche Rechtsvorschlag offen (SchKG 77; § 18 N. 30).

III.   *Die Feststellungsklage*

1.   Rechtsnatur und Anwendungsfälle

Mit dieser anlässlich der Gesetzesrevision neu eingeführten   15
Klage wird der ohnehin schon breit angelegte Schuldnerschutz aus materiellrechtlichen Gründen noch erweitert. Dem Betriebenen wird damit Gelegenheit geboten, *jederzeit* vom Richter am Betreibungsort im
ordentlichen Prozess – bei *voller Kognition* (im Unterschied zum Verfah-

ren nach SchKG 85) – feststellen zu lassen, dass die Schuld nicht oder nicht mehr besteht oder dass sie gestundet ist. Demzufolge weist die Klage eine *Doppelnatur* auf. Als *materiellrechtliche Klage* bezweckt sie wie die Aberkennungsklage die Feststellung der Nichtschuld bzw. der Stundung (SchKG 85 a I). Andererseits hat sie aber wie das Verfahren nach SchKG 85 auch unmittelbar *betreibungsrechtliche Wirkungen,* indem der Richter mit ihrer Gutheissung die Betreibung einstellt oder aufhebt (SchKG 85 a III).

16 Die Klage dient als *Notbehelf,* wenn der Zahlungsbefehl rechtskräftig geworden ist (§ 22 N. 2). Sie wird vor allem zur Anwendung kommen, wenn sich der *Schuldner in Beweisnot* befand, so dass er – mangels der erforderlichen Urkunden (z. B. einer Quittung) – die Rechtsöffnung nicht abzuwehren oder das (summarische) Verfahren nach SchKG 85 nicht erfolgreich zu bestehen vermochte.

17 Mit der Feststellungsklage lässt sich also insbesondere eine spätere Rückforderungsklage (SchKG 86) vermeiden, indem sie einem Schuldner, der sich in Beweisnot befand, eine nicht gerechtfertigte Zahlung und anschliessend die umständliche Rückforderung erspart.

18 *Ausgeschlossen* ist die Feststellungsklage in der Wechselbetreibung – wegen der formellen Wechselstrenge.

2. Materielle Vorbringen des Schuldners

19 Da die Feststellungsklage (wie das Begehren nach SchKG 85) sogar nach definitiver Rechtsöffnung zulässig ist, muss bei ihrer Beurteilung gegebenenfalls die *res iudicata-Wirkung* eines definitiven Rechtsöffnungstitels beachtet werden. Der Schuldner ist deshalb in der Klagebegründung nicht vollständig frei:

20 – Liegt der Betreibung ein *definitiver Rechtsöffnungstitel i. S. eines gerichtlichen Entscheides oder einer Verwaltungsverfügung* zugrunde, so darf der Schuldner nur vorbringen:
  – *Einreden aus dem gerichtlichen Entscheid* selber (z. B. Verurteilung zu einer Leistung Zug um Zug, zu einer bedingten Leistung, Vorleistungspflicht des Gläubigers (vgl. § 19 N. 56);
  – *echte nova,* d. h. Einreden, die erst nach der Rechtskraft des Entscheides entstanden sind (seitherige Tilgung, Stundung, Verjährung).
– Nur *gegenüber einem gerichtlichen Vergleich oder einer Abstandserklärung* kann er auch Einwendungen vorbringen, welche die Entstehung der Forderung betreffen (z. B. Willensmängel).

3.   Verfahren und Entscheid

Zuständig ist der *Richter am Betreibungsort* (SchKG 85 a I).   21
Es handelt sich um einen *ordentlichen, immerhin beschleunigten Zivilprozess* (SchKG 85 a IV).

Wie im Falle von SchKG 85 ist der *Schuldner nur als «Betriebener»*   22
klageberechtigt. Sein Feststellungsinteresse ist somit gesetzlich definiert.
Dieses besteht nur, solange die Betreibung noch nicht abgeschlossen
oder dahingefallen ist, d. h. die Verteilung noch nicht erfolgt bzw. der
Konkurs nicht eröffnet ist. Es handelt sich also nicht um eine allgemeine
Feststellungsklage; vielmehr setzt die Klage nach SchKG 85 a eine *laufende Betreibung* voraus, die überhaupt noch eingestellt oder aufgehoben werden kann (SchKG 85 a III). Fehlt dieses Interesse, ist die Klage
zurückzuweisen.

Trotz Anhebung der Klage läuft die Betreibung grundsätzlich weiter.   23
Der Richter muss also vorsorglich eingreifen, um zu verhindern, dass die
Klage wegen fortgeschrittener Vollstreckung gegenstandslos wird. Er
verfügt die *vorläufige Einstellung der Betreibung,* und zwar:

– In der Betreibung auf Pfändung oder auf Pfandverwertung vor der   24
   Verwertung oder spätestens vor der Verteilung, in der Betreibung auf
   Konkurs nach der Konkursandrohung, aber noch vor der Konkurser-
   öffnung (SchKG 85 a II Z. 1 und 2). Diese Regelung kommt dem
   Sicherheitsbedürfnis des Gläubigers entgegen: er kann noch die Pfän-
   dung bzw. die Aufnahme des Güterverzeichnises verlangen.

– Ausserdem muss die Klage des Schuldners dem Richter – nach erster   25
   (schriftlicher oder mündlicher) Anhörung der Parteien und Würdigung der Beweismittel – «als sehr wahrscheinlich begründet» erscheinen (SchKG 85 a II Einleitungssatz).

«Sehr wahrscheinlich begründet» bedeutet, dass die *Prozesschance des Schuldners*
deutlich besser erscheinen muss als jene des Gläubigers. Nicht erforderlich ist «offen-
sichtliche Begründetheit» (wie etwa nach OG 36 a), sowenig wie bloss «fehlende Aus-
sichtslosigkeit» genügt.

Entscheid über die Klage: 26

– Wird die *Klage abgewiesen,* nimmt die gegebenenfalls vorsorglich
   eingestellte Betreibung ihren Fortgang.

– Wird sie *gutgeheissen,* stellt der Richter die Nichtschuld oder die
   bestehende Stundung fest und verfügt zugleich die Aufhebung oder
   die Einstellung der Betreibung (85 a III).

Anders als der Entscheid nach SchKG 85 ist jener nach 85 a – weil es   27
sich hier um eine Zivilrechtsstreitigkeit handelt – bei gegebenen Voraus-

setzungen mit der Berufung oder der Nichtigkeitsbeschwerde an das Bundesgericht weiterziehbar.

IV. Die Rückforderungsklage (SchKG 86 und 187)

1. Die Funktion

28   Die betreibungsrechtliche Rückforderungsklage ist mehr als bloss ein Verteidigungsmittel des Schuldners; sie dient ihm als Behelf zur Wiedergutmachung eines Unrechts, das er im Zuge einer materiell nicht gerechtfertigten Betreibung erlitten hat. Die Rückforderungsklage ist der Bereicherungsklage nach OR 63 nachgebildet und dort ausdrücklich vorbehalten.

2. Die Voraussetzungen

29   Die Verwandtschaft der Rückforderungsklage mit der Bereicherungsklage zeigt sich zum Teil in ihren Voraussetzungen:
- *Bezahlung eines nicht geschuldeten Betrages,* was nicht zutrifft bei der Erfüllung einer Naturalobligation (Spielschuld, verjährte Schuld, analog OR 63 II).
- Nur unter *Betreibungszwang* Geleistetes kann mit der Rückforderungsklage zurückverlangt werden; der Schuldner muss unter dem Druck der Vollstreckung Nichtgeschuldetes gezahlt haben. Dadurch unterscheidet sich diese Klage von der Bereicherungsklage des OR, die – was schwieriger zu beweisen ist – freiwillige und irrtümliche Zahlung voraussetzt (OR 63 I; BGE *115* III 36; siehe auch unten N. 35).

30   *Zahlung unter Betreibungsdruck* steht in Frage, wenn der Schuldner unterlassen hat, Rechtsvorschlag zu erheben; oder wenn der Rechtsvorschlag durch Rechtsöffnung beseitigt wurde, weil sich der Schuldner im Rechtsöffnungsverfahren nicht verteidigt hat oder mit seinen Einreden nicht durchgedrungen ist; oder wenn dem Schuldner der nachträgliche Rechtsvorschlag oder der Rechtsvorschlag in der Wechselbetreibung verweigert worden ist. – *Nicht* unter betreibungsrechtlichem Zwang zahlt der Schuldner, der nach Abweisung seiner Aberkennungs- oder Feststellungsklage (SchKG 85 a) den Gläubiger befriedigt, um die Fortsetzung des Verfahrens zu vermeiden; mit dem Urteil im Aberkennungs- oder Feststellungsprozess wird eine res iudicata geschaffen, die der Rückforderungsklage entgegensteht.

3. Verfahren und Urteil

Das Verfahren wird vor Gericht im *ordentlichen Zivilprozess* 31
durchgeführt; denn es handelt sich auch hier um eine *materiellrechtliche
Streitigkeit.*

- Die Klage muss *binnen Jahresfrist seit Bezahlung der Nichtschuld* 32
  angehoben werden (SchKG 86 I). Die Frist ist eine materiellrechtli-
  che Verwirkungsfrist; sie ist nicht wiederherstellbar (§ 11 N. 27). Bei
  Ratenzahlungen ist die Zahlung der letzten Rate für den Fristbeginn
  massgebend.
- Der *Gerichtsstand* befindet sich wahlweise *am Betreibungsort oder am* 33
  Wohnsitz des Beklagten (SchKG 86 II).
- Auf Antrag des Beklagten muss der Kläger *Prozesskostensicherheit* 34
  leisten (ZPO 70 I Z. 3).
- Der Betriebene hat als Kläger nur zu *beweisen,* dass die bezahlte 35
  Forderung nicht oder nicht mehr bestanden hat. Dem Gläubiger ob-
  liegt der Beweis dafür, dass der Schuldner nicht unter Betreibungszwang, sondern freiwillig gezahlt hat. Alle Beweismittel sind zulässig.
- Das *gutheissende Urteil* bewirkt eine restitutio in integrum. Der Gläu- 36
  biger wird darin – aufgrund der materiellen Rechtslage – zur *Rückzahlung des vom Schuldner Geleisteten* verurteilt.

Um den Rückforderungsbetrag sicherzustellen, empfiehlt sich für den Schuldner, falls 37
es in der materiell nicht gerechtfertigten Betreibung noch nicht zur Verteilung gekommen ist und gegen den Gläubiger ein Arrestgrund besteht, dessen Forderung auf
Auszahlung sogleich mit Arrest belegen zu lassen (SchKG 271; BGE *90* II 117).

- Weil es sich um eine Zivilrechtsstreitigkeit handelt, kann der letztin- 38
  stanzliche kantonale Entscheid bei gegebenen Voraussetzungen mit
  Berufung oder Nichtigkeitsbeschwerde ans Bundesgericht weitergezogen werden.

§ 21   Die Betreibung eines Ehegatten

Jeder Schuldner, ob Mann oder Frau, ledig oder verheiratet, 1
kann betrieben werden. Jedoch muss in der Betreibung gegen eine
verheiratete Person – bedingt durch das eheliche Güterrecht und den
Schutz der ehelichen Gemeinschaft – gewissen Besonderheiten Rechnung getragen werden. Zu unterscheiden ist zudem, ob die verheiratete
Person von ihrem Ehegatten oder von einem Dritten betrieben wird.

I.   Die Betreibung eines Ehegatten durch den anderen

2   Die Zwangsvollstreckung unter Ehegatten ist nach dem auf den 1.1.1988 in Kraft getretenen neuen Eherecht nicht mehr (wie früher kraft alt ZGB 173) verboten.

3   Mit den Auswirkungen des neuen Eherechts auf die Schuldbetreibung im Ganzen befasst sich das Bundesgericht ausführlich in BGE *113* III 49 ff.

4   Indessen besteht für die Zwangsvollstreckung unter Ehegatten in der Regel kein Grund zu Eile:
– *Forderungen zwischen Ehegatten* werden während der Ehe zwar nach den gewöhnlichen Regeln fällig (ZGB 203 I, 235 I, 250 I), hingegen *verjähren* sie *während der Ehe nicht* (OR 134).
– Ausserdem hat der Gläubiger-Gatte das Vorrecht auf *privilegierten Pfändungsanschluss* an eine für einen Drittgläubiger vollzogene Pfändung (SchKG 111; § 25 N. 32).

5   Kommt es dennoch unter Ehegatten zur Betreibung, so hat der Schuldner-Gatte – ausgenommen für laufende Unterhaltsforderungen (ZGB 163) – gegenüber dem Gläubiger-Gatten *Anspruch auf besondere Zahlungsfristen* (ZGB 203 II, 218, 235 II, 250 und ZGB/SchlT 11), sofern ihm die Zahlung ernstliche Schwierigkeiten bereitet, welche die eheliche Gemeinschaft gefährden könnten.

Das ist z. B. der Fall, wenn der Betriebene sonst die Miete oder notwendige Versicherungen nicht mehr bezahlen oder seine Unterhaltpflichten nicht mehr erfüllen könnte.

6   Können sich die Ehegatten darüber nicht verständigen, so kann diese «Sonder-Stundung» dem Schuldner-Gatten vom zuständigen Richter – insbesondere vom Eheschutzrichter – eingeräumt werden, und zwar unabhängig davon, ob eine Betreibung bereits hängig ist oder nicht. Hat aber der Gläubiger-Gatte Betreibung eingeleitet, wird der betriebene Gatte vorsorglich Rechtsvorschlag erheben müssen, um für die Behandlung seines Stundungsgesuches die nötige Zeit zu gewinnen.

7   Kommt es zum Rechtsöffnungsverfahren, sollte der Rechtsöffnungsrichter seinen Entscheid aussetzen, bis der zuständige Richter über das Stundungsgesuch und eine allfällige Sicherstellung des Gläubiger-Gatten entschieden hat. Zum Vorgehen des Konkursrichters siehe § 36 N. 43.

8   Im übrigen gelten für die Betreibung unter Ehegatten dieselben Regeln wie für die Betreibung durch einen Dritten.

II. Die Betreibung eines Ehegatten durch einen Dritten

1. Betreibung bei Errungenschaftsbeteiligung und bei Gütertrennung

Leben die Ehegatten unter *Errungenschaftsbeteiligung* (ZGB 181 und 196 ff.) oder unter *Gütertrennung* (ZGB 185 und 247 ff.), so verursacht die Betreibung durch einen Dritten keine besonderen verfahrensrechtlichen oder güterrechtlichen Probleme. 9

Der Schuldner-Gatte ist allein zu betreiben. Nur im Falle, wo für seine Schuld ein ihm gehörendes Grundstück verpfändet ist, das als *Familienwohnung* dient, muss in der Betreibung auf Pfandverwertung auch der Nichtschuldner-Gatte zur Wahrung seiner Rechte (ZGB 169) mitbetrieben werden (SchKG 151, 153; unten § 33 N. 5). Sodann stellt SchKG 95 a die Sonderregel auf, dass in der Pfändungsbetreibung Forderungen des Schuldner-Gatten gegenüber seinem Ehegatten erst in letzter Linie gepfändet werden dürfen. 10

Doch muss in der Betreibung durch einen Dritten folgenden materiellrechtlichen Verhältnissen Rechnung getragen werden: 11

– Der *Schuldner-Gatte haftet* mit seinem gesamten Vermögen (Eigengut, Errungenschaft) persönlich für alle Schulden, die er eingegangen ist (ZGB 202, 249), und ausserdem noch solidarisch für Schulden, die der andere Ehegatte in befugter Vertretung der ehelichen Gemeinschaft (ZGB 166) begründet hat. 12

– Nicht zum Vollstreckungssubstrat zählt die blosse Anwartschaft des Betriebenen auf *Beteiligung an der Errungenschaf*t des anderen Gatten (ZGB 215). Der Gläubiger könnte auch niemals – zur Realisierung dieses Beteiligungsrechts – die Auflösung des Güterstandes und damit verbunden die güterrechtliche Auseinandersetzung verlangen (*e contrario* ZGB 189). 13

– Zu beachten ist ferner, dass der *Betrag zur freien Verfügung* des Schuldner-Gatten nur für solche Forderungen pfändbar ist, die mit dessen erweiterten persönlichen Bedürfnissen zu tun haben (ZGB 164; BGE *114* III 80 ff., *115* III 167). 14

– Wird ein Vermögenswert des nicht betriebenen Gatten (Eigengut, Errungenschaft) zur Vollstreckung herangezogen (Arrest, Pfändung), so steht ihm – wie jedem betroffenen Dritten – das *Widerspruchsverfahren* oder – im Konkurs – die *Aussonderung* zur Verfügung (vgl. § 24 N. 17 und § 40 N. 28). Im Widerspruchs- oder Aussonderungsprozess gelten dann allerdings besondere Rechtsvermutungen (ZGB 200, 226, 248); zur Frage des Gewahrsams siehe § 24 N. 31 ff.). 15

2.   Betreibung bei Gütergemeinschaft

16   Leben die Ehegatten in Gütergemeinschaft (ZGB 181 und 221 ff.), lässt sich der Eingriff in die güterrechtliche Interessensphäre des nichtbetriebenen Gatten nicht vermeiden.

> Das Wesen dieses Güterstandes besteht ja darin, dass neben dem Eigengut jedes Ehegatten ein Gesamtgut besteht, welches beiden Ehegatten ungeteilt zu gesamter Hand gehört (ZGB 221, 225 f.). Für *Vollschulden* (ZGB 233) haftet der Schuldner-Gatte seinem Gläubiger mit diesem Vermögenskomplex (Eigengut und Gesamtgut), für *Eigenschulden* (ZGB 234) dagegen nur mit seinem Eigengut und der ihm zustehenden Hälfte des Wertes des Gesamtgutes.

17   In SchKG 68 a und b zieht das Betreibungsrecht aus der güterrechtlichen Ordnung die notwendigen Konsequenzen:

18   a) Alle Betreibungsurkunden, in erster Linie schon der Zahlungsbefehl, sind auch dem nichtbetriebenen Ehegatten zuzustellen. Dieser wird damit zum *Mitbetriebenen* (ähnlich wie der Drittpfandeigentümer in der Pfandverwertungsbetreibung, vgl. § 33 N. 6) und kann als solcher – selbständig neben dem Schuldner als Hauptbetriebenem – alle Rechte eines Betriebenen ausüben (SchKG 68 a I). Wegen der Bedeutung des Zahlungsbefehls muss die Doppelzustellung sogar nachgeholt werden, wenn erst im Laufe des Verfahrens geltend gemacht wird, dass Gütergemeinschaft bestehe.

19   b) Jeder Ehegatte, der haupt- wie der mitbetriebene, kann folglich Beschwerde oder Rechtsvorschlag erheben (SchKG 68 a II).

> Der Rechtsvorschlag kann sich gegen die Begründetheit der Betreibungsforderung oder auch nur gegen ihre Qualifizierung als Vollschuld richten. Dann muss der Richter – sei es der ordentliche, oder, falls der Rechtsöffnungstitel zugleich die Qualität der Vollschuld belegt, auch der Rechtsöffnungsrichter – entscheiden, ob die Betreibung für eine Voll- oder eine Eigenschuld fortgesetzt werden darf.

20   c) Liegt eine *Vollschuld* vor, kann sowohl Eigengut des Schuldners als auch Gesamtgut beider Ehegatten zur Vollstreckung herangezogen werden.

21   d) Handelt es sich dagegen bloss um eine *Eigenschuld,* so darf nebst Eigengut des Schuldners nur sein rechnerischer *Anteil am Gesamtgut* (das ihm zustehende «Liquidationsbetreffnis») gepfändet werden (SchKG 68 b III). Die *Pfändung* dieses Anteils kommt allerdings erst in Betracht, wenn das Eigengut des Schuldners zur Deckung der Betreibungsforderung nicht ausreicht (VVAG 3; vgl. auch SchKG 95 a).

22   Kommt es zur Pfändung des Anteils am Gesamtgut, kann der Nichtschuldner-Gatte vom Richter die *Anordnung der Gütertrennung* verlangen. Antragsberechtigt ist zudem die Aufsichtsbehörde in Betrei-

bungssachen, nicht aber der Betreibungsgläubiger selber (ZGB 185 II Z. 1 und 189 sowie SchKG 68 b V).

Diese richterliche Anordnung der Gütertrennung ist unvermeidlich, wenn es zwischen den Ehegatten und dem Betreibungsgläubiger zu keiner Einigung über die zu verwertenden Objekte kommt: der Anteil am Gesamtgut kann als solcher nämlich nicht verwertet werden (SchKG 68 b IV), denn die Beteiligung eines Dritten an einem ehelichen Güterstande wäre undenkbar. Das Betreibungsamt hat auf eine solche Einigung hinzuwirken (SchKG 68 b III, der auf SchKG 132 verweist; dazu § 27 N. 64 ff.). Erst die dem Schuldner bei der güterrechtlichen Auseinandersetzung *richterlich* (also nicht etwa vom Betreibungsamt oder der Aufsichtsbehörde) zugewiesenen Vermögensteile des Gesamtgutes können dann gepfändet und verwertet werden.   23

e) Um diesen komplizierten Weg möglichst zu vermeiden, gestattet das Gesetz den *direkten Zugriff auf künftiges Erwerbseinkommen* (z. B. Monatslöhne) des Schuldner-Gatten auch ohne vorgängige Auflösung der Gütergemeinschaft (SchKG 68 b III). Für die Belange der Vollstreckung ist die umstrittene güterrechtliche Qualifikation des künftigen Erwerbseinkommens – Gesamtgut oder Eigengut – somit unerheblich.   24

f) Gleichgültig ob die Betreibung für eine Eigen- oder eine Vollschuld fortgesetzt wird, können beide Ehegatten im *Widerspruchsverfahren* geltend machen, dass ein gepfändeter Vermögenswert zum Eigengut des bloss mitbetriebenen Nichtschuldner-Gatten gehöre und diesem freizugeben sei (SchKG 68 b I). Überdies kann jeder Ehegatte in der Betreibung für eine Eigenschuld sich durch Widerspruch der Pfändung von Gegenständen des Gesamtgutes widersetzen (SchKG 68 b II).   25

g) *Konkurseröffnung* über einen in Gütergemeinschaft lebenden Ehegatten hat in jedem Falle, gleichgültig ob für eine Voll- oder eine Eigenschuld betrieben wurde, von Gesetzes wegen Gütertrennung zur Folge (ZGB 188). Die güterrechtliche Auseinandersetzung erfolgt dann im Rahmen des Konkursverfahrens.   26

Für die Zusammensetzung des Gesamtgutes ist das Datum der Konkurseröffnung massgebend (ZGB 236 III), für die Wertbestimmung das Datum der effektiven Auseinandersetzung (ZGB 240).

3. Betreibung bei Fortdauer eines altrechtlichen Güterstandes

a) Vor dem Inkrafttreten des neuen Eherechts (am 1. 1. 1988) begründete güterrechtliche Verhältnisse können unter bestimmten Voraussetzungen noch nach diesem Zeitpunkt wirksam sein: 27
– der vormals ordentliche Güterstand der Güterverbindung aufgrund einer rechtzeitigen Beibehaltserklärung (ZGB/SchlT 9 e);

– eine modifizierte Güterverbindung und die altrechtliche Gütergemeinschaft aufgrund eines altrechtlichen Ehevertrages (ZGB/SchlT 10).

28   b) In der Vollstreckung gegen eine noch unter einem altrechtlichen Güterstand lebende *Ehefrau* müssen die entsprechenden alt-güterrechtlichen Verhältnisse berücksichtigt werden: einerseits die beträchtlichen Vorrechte des Ehemannes bezüglich des eingebrachten Gutes der Frau bei der Güterverbindung und des Gesamtgutes bei der Gütergemeinschaft (Nutzungs-, Verwaltungs- und Mitverfügungsrechte: alt ZGB 200–202, 216 und 217), andererseits der Umstand, dass die Ehefrau für bestimmte Schulden teils ausschliesslich mit ihrem Sondergut, teils ausserdem noch mit ihrem eingebrachten Gut bzw. dem Gesamtgut haftet (Sonderguts- bzw. Vollschulden; alt ZGB 207, 208, 220 und 221).

29   Beschränkt sich der Gläubiger nicht auf die Haftung des Sondergutes seiner Schuldnerin, muss er den Ehemann mitbetreiben, damit dieser seine Rechte wahrnehmen kann. Das Verfahren dieser Doppelbetreibung war in alt SchKG 68 bis (in ähnlicher Weise wie heute in SchKG 68 a für die neue Gütergemeinschaft) geregelt. Für Einzelheiten darüber sei hier auf die Ausführungen in § 21 der dritten Auflage dieses Buches verwiesen.

30   Doch dürfte die altrechtliche Betreibung wohl nur noch selten zur Anwendung kommen, weil die Fortdauer eines altrechtlichen Güterstandes einem Gläubiger nur entgegengehalten werden kann, wenn er ihn kennt oder kennen sollte (ZGB/SchlT 9 e II und 10 a). Bei (zu vermutender) Unkenntnis des Gläubigers gelten ihm gegenüber die Bestimmungen über die Errungenschaftsbeteiligung (ZGB/SchlT 10 a II), und die Ehegatten können infolgedessen diesen entsprechend betrieben werden (siehe oben N. 9 ff.).

5. Kapitel: Die Durchführung der Betreibung auf Pfändung

Der zweite Hauptabschnitt der Betreibung auf Pfändung, die Vollstreckung im engeren Sinne (§ 15 N. 3), wickelt sich in drei Stadien ab:
– demjenigen der Pfändung (§ 22 ff.),
– der Verwertung (§ 26 ff.)
– und der Verteilung (§ 29 ff.).

1. Abschnitt: Die Pfändung

§ 22   Das Pfändungsverfahren

I.   *Allgemeine Vorbemerkungen*

1.   Der rechtskräftige Zahlungsbefehl als Legitimation zur Vollstreckung

Der Zahlungsbefehl bildet die Grundlage der Schuldbetreibung überhaupt; erst ein *rechtskräftiger Zahlungsbefehl* berechtigt aber – in der Regel – zur eigentlichen Vollstreckung. 1

Rechtskräftig wird der Zahlungsbefehl, 2
– wenn der Schuldner die Zahlungsfrist verstreichen lässt, ohne zu zahlen und ohne Recht vorzuschlagen (SchKG 69 I Z. 2, 88 I),
– wenn ihm ein nachträglicher Rechtsvorschlag verweigert wird (SchKG 77),
– wenn er seinen Rechtsvorschlag zurückzieht,
– wenn der Gläubiger definitiv Rechtsöffnung erlangt hat.

Trotz Rechtskraft des Zahlungsbefehls kann der Gang der Vollstreckung – zumindest vorläufig – wieder gehemmt werden: z. B. durch Wiederherstellung der Frist zum Rechtsvorschlag oder zur Aberkennungsklage (SchKG 33 IV). Ausserdem bleiben dem Schuldner die Schutzbehelfe aus materiellrechtlichen Gründen vorbehalten (SchKG 85, 85 a).

Mit der Rechtskraft des Zahlungsbefehls hat der Gläubiger das Ziel 3 des Einleitungsverfahrens erreicht. Nun steht ihm der Vollstrekkungsweg offen: er hat das Recht, «Fortsetzung der Betreibung» zu verlangen.

2. Die Pfändung als Vollstreckungsmassnahme

4   Unterliegt der Schuldner nicht der Konkursbetreibung oder handelt es sich um eine Forderung im Sinne von SchKG 43 und ist die Forderung überdies nicht pfandgesichert (SchKG 41 I), so wird die Betreibung auf dem Wege der Pfändung fortgesetzt (SchKG 42 I; § 9 N. 7–11).

5   Pfändung heisst: *amtliche Beschlagnahme einzelner Vermögenswerte* des Schuldners zur Verwendung als Vollstreckungssubstrat. Durch die *Beschlagnahmeerklärung* – eine typische Betreibungshandlung (§ 11 N. 41) – werden die gepfändeten Vermögenswerte der rechtlichen Verfügungsmacht des Schuldners entzogen und für die amtliche Verwertung bereitgestellt.

6   Diese Beschlagnahme muss nicht immer zugleich physische *Wegnahme* der betroffenen Vermögenswerte bedeuten; je nach Objekt und Verhalten des Schuldners behält dieser die *faktische* Verfügung sowie die Möglichkeit zur Bewirtschaftung (s. N. 58, 89).

II.   *Das Fortsetzungsbegehren*

7   Wie das Einleitungsverfahren wird auch das eigentliche Vollstreckungsverfahren nie von Amtes wegen, sondern nur auf ausdrückliches Begehren des Gläubigers oder eines Rechtsnachfolgers desselben (eines Erben oder Zessionars) durchgeführt (zum Parteiwechsel § 18 N. 30; 20 N. 14).

1.   Die Voraussetzungen des Fortsetzungsbegehrens

8   Grundsätzlich muss der Gläubiger über einen rechtskräftigen Zahlungsbefehl verfügen.

Von dieser Regel gibt es nur zwei *Ausnahmen:* Auf Grund eines *Pfändungsverlustscheins* kann der Gläubiger binnen 6 Monaten, auf Grund eines *Pfandausfallscheins* binnen Monatsfrist seit Zustellung der Urkunde die Fortsetzung der Betreibung ohne neuen Zahlungsbefehl verlangen (SchKG 149 III und 158 II); dem ursprünglichen Zahlungsbefehl wird so eine befristete Nachwirkung zuerkannt. Der *Konkursverlustschein* hat diese Eigenschaft nicht (BGE *90* III 105).

Ausserdem hat der Gläubiger bestimmte Fristen zu beachten, auf   9
deren Einhaltung selbst der Schuldner nicht verzichten kann (SchKG 33
III; BGE *101* III 16):

– Einerseits darf vor Ablauf von 20 Tagen seit Zustellung des Zahlungs-   10
befehls nichts unternommen werden; das ist die gesetzliche Zahlungsfrist, die dem Schuldner ungestört belassen bleiben soll, selbst wenn
er die 10-tägige Frist zum Rechtsvorschlag hat verstreichen lassen.
Das Pfändungsbegehren – auch für eine provisorische Pfändung
(SchKG 83 I; § 19 N. 89) – ist also frühestens nach Ablauf der Zahlungsfrist zulässig (SchKG 88 I). Einem verfrühten Begehren könnte
erst dann Folge gegeben werden.

– Andererseits muss der Gläubiger seinen Pfändungsanspruch späte-   11
stens innerhalb eines Jahres seit Zustellung des Zahlungsbefehls geltend machen, sonst verwirkt er dieses Recht: der Zahlungsbefehl
verliert seine *Gültigkeit* und die Betreibung fällt dahin (SchKG 88 II).
Ein verspätetes Fortsetzungsbegehren wäre zurückzuweisen, selbst
wenn es auf die Pfändung neu entdeckten Vermögens zielte (BGE *88*
III 61). Das Damoklesschwert der Zwangsexekution soll nicht unbe-
stimmt lange über dem Schuldner hängen. Im Zweifelsfalle muss der
Gläubiger nachweisen, dass er diese Verwirkungsfrist nicht verpasst
hat (BGE *106* III 49). Um den Beweis zu sichern, kann er sich den
rechtzeitigen Eingang des Fortsetzungsbegehrens gebührenfrei bescheinigen lassen (SchKG 88 III).

Bei der Berechnung der Jahresfrist – der Gültigkeitsdauer des Zahlungsbefehls – zählt   12
die Dauer eines Anerkennungs- oder Aberkennungsprozesses (SchKG 79, 83), eines
Verfahrens über die Feststellung des neuen Vermögens (SchKG 265 a) sowie eines
Rechtsöffnungsverfahrens (SchKG 81 ff.) nicht mit (SchKG 88 II Satz 2). Der Fristen-
lauf ruht auch während einer gerichtlich verfügten Einstellung der Betreibung (SchKG
85, 85 a). Dagegen hindert ein vom Gläubiger selbst gewährter Zahlungsaufschub oder
ein hängiger Widerspruchsprozess über bereits gepfändetes Vermögen den Ablauf der
Frist nicht (BGE *88* III 61, *106* III 55).

2.   Form und Inhalt des Fortsetzungsbegehrens

Das Begehren ist an sich *formlos* gültig: es genügt, wenn auf   13
irgendeine Weise die Fortsetzung der Betreibung verlangt wird. Wer
sichergehen will, verwendet das amtliche Formular dafür.

Den Zahlungsbefehl braucht man nur vorzulegen, wenn er von einem   14
andern Amt ausgestellt worden ist als demjenigen, das um Pfändung
ersucht wird, es sei denn, der Rückzug des Rechtsvorschlages wäre
darauf vermerkt. Ein allfälliger Gerichtsentscheid (Rechtsöffnungsent-

scheid, An- oder Aberkennungsurteil) ist hingegen immer beizulegen, begleitet von einer Aufstellung der Rechtsöffnungskosten, die (als Teil der Betreibungskosten) dem Gläubiger vom Schuldner nach SchKG 68 zu ersetzen sind (§ 13 N. 2 und 11).

15   Das Begehren ist stets an das am Betreibungsort zuständige Betreibungsamt zu richten, auch wenn jener nach Zustellung des Zahlungsbefehls gewechselt haben sollte (§ 10 N. 39). Ein beim früher zuständig gewesenen Amt gestelltes Fortsetzungsbegehren wird jedoch ohne weiteres dem Amt am neuen Betreibungsort zugeleitet (SchKG 32 II; z. B. nach einem Wohnsitzwechsel).

16   *Inhaltlich* muss das Begehren eindeutig und unbedingt sein (BGE *85* III 70). Pfändung nur unter der Bedingung zu verlangen, dass die Schuld nicht bezahlt werde, wäre unzulässig; der Gläubiger soll sein Begehren zurückziehen, wenn der Schuldner vor der Pfändung zahlt.

      Rückzug ist ohne Nachteil möglich, solange dem Begehren noch keine Folge gegeben worden ist, so zum Beispiel auch, wenn der Gläubiger dem Schuldner Stundung gewähren will. Während der Geltungsdauer des Zahlungsbefehls (Jahresfrist seit dessen Zustellung) darf es jederzeit wieder erneuert werden. Nach Vollzug der Pfändung gälte ein Rückzug allerdings als Verzicht auf die Betreibung selbst (BGE *94* III 82, *101* III 21).

17   Zum Recht des Gläubigers, eine *Fremdwährungs-Forderung* nach SchKG 88 IV ein zweites Mal in Schweizerwährung umrechnen zu lassen, siehe § 16 N. 16.

III.   Der Pfändungsvollzug

18   Die Pfändung ist die erste eigentliche Vollstreckungsmassnahme in der Betreibung auf Pfändung. Mit Rücksicht auf ihren Zweck und die Intensität des Eingriffs in die Vermögensrechte des Schuldners muss das Gesetz die Zuständigkeit zu ihrem Vollzug, die verfahrensrechtliche Stellung der Betreibungsparteien und betroffener Dritter sowie die Durchführung und Wirkungen des Pfändungsaktes klar umschreiben.

1.   Die Zuständigkeit zur Pfändung

19   *Sachlich* obliegt der Vollzug der Pfändung dem Betreibungsamt (SchKG 89). Bezüglich der *örtlichen* Zuständigkeit ist zu unterscheiden:

   – Die Pfändung anordnen kann immer nur das Amt, welches die Betreibung führt, also das *Amt des Betreibungsortes.*

– Sie durchführen darf hingegen ausschliesslich das *Amt am Ort der gelegenen Sache* (SchKG 4 II). Das kann ein anderes Amt sein als dasjenige des Betreibungsortes, wenn einzelne Vermögenswerte ausserhalb seines Kreises liegen. Dann muss das die Betreibung führende (die Pfändung anordnende) Amt das auswärtige Amt mit dem eigentlichen Pfändungsvollzug beauftragen (*Requisitionspfändung;* SchKG 89 sowie VZG 24 betreffend Grundstücke).

Vermögenswerte des Schuldners im *Ausland* können nach dem Territorialitätsprinzip   20
in der Schweiz nicht gepfändet werden. Eine Requisitionspfändung kommt hier nicht in
Betracht (BGE *112* III 50, *118* III 67). Gegebenenfalls kann jedoch die Forderung des
Schuldners auf Auslieferung gepfändet werden, so in bezug auf bewegliche Sachen, die
in einem ausländischen Bankdepot liegen (BGE *102* III 94 analog beim Arrest).

Auch *Wertpapiere* werden – wie Sachen – am Ort, wo sie liegen,   21
gepfändet.

Bei *Forderungen,* die nicht in einem Wertpapier verkörpert sind, tritt   22
an Stelle des Ortes der gelegenen Sache der Wohnsitz des Gläubigers
der Forderung, mithin des betriebenen Schuldners, oder, falls sich dieser
im Ausland befinden sollte, der schweizerische Wohnsitz des Drittschuldners oder eines Treuhänders (BGE *102* III 99 f., *103* III 90, *107* III
147 ff., *109* III 92, *114* III 32, *118* III 10).

Rechte an *Immaterialgütern* sind am Wohnsitz oder Sitz des Berechtigten zu pfänden.   23

– Das gilt vorab für *Urheber- und verwandte Schutzrechte* (vgl. URG 18). Bei ausländischem Wohnsitz oder Sitz des Berechtigten kann eine Pfändung am schweizerischen
Ort des Werkes oder seiner Veröffentlichung in Betracht kommen.
– Auch die *registrierten Immaterialgüter* (Erfindungspatente, Muster und Modelle, Marken) werden am Wohnsitz oder Sitz des Berechtigten gepfändet. Der Vollzug der
Pfändung ist dem registerführenden Institut für geistiges Eigentum unverzüglich mitzuteilen, damit die erforderlichen Verfügungsbeschränkungen vorgenommen werden
können. Bei Wohnsitz oder Sitz des Berechtigten im Ausland kann die Pfändung direkt
am Sitz des Institutes für geistiges Eigentum in Bern erfolgen (BGE *112* III 118 ff.
analog beim Arrest).

Eine in Missachtung dieser Zuständigkeitsordnung vollzogene Pfän-   24
dung wäre absolut *nichtig* (BGE *91* III 45; *109* III 92 analog beim Arrest;
§ 6 N. 37).

Für die Pfändung als solche ist auch bei der *Requisitionspfändung* stets das Amt am
Betreibungsort verantwortlich. Dieses bleibt das «pfändende Amt». Das hat Konsequenzen für die betreibungsrechtliche Beschwerde (§ 6 N. 30).

2. Die Rechtsstellung der Betreibungsparteien im Pfändungsverfahren

A.   Rechte und Pflichten des Gläubigers

25   Der Gläubiger hat die Kosten des Pfändungsvollzuges sowie der Aufbewahrung und des Unterhalts gepfändeter Vermögenswerte vorzuschiessen (SchKG 68 I und 105). Ohne diesen Kostenvorschuss kann das Amt die Vornahme der Pfändung ablehnen.

26   Am Vollzug der Pfändung nimmt der Gläubiger nicht teil; er darf aber das Amt auf Vermögenswerte des Schuldners, die für die Pfändung in Frage kommen, hinweisen und, selbst wenn deren Vorhandensein oder Zugehörigkeit zum Schuldnervermögen streitig sein sollte, die Pfändung verlangen (BGE *107* III 75; § 24 N. 2 ff.).

B.   Rechte und Pflichten des Schuldners

a)   Rechte des Schuldners

27   Der Schuldner wird von der Pfändung unmittelbar betroffen. Er soll deshalb selber auf möglichst schonenden und ausgewogenen Pfändungsvollzug hinwirken können (SchKG 95 V; BGE *115* III 43). Darum hat er Anspruch darauf, dass ihm die Pfändung spätestens am Vortag mit genauer Zeitangabe *angekündigt* wird. Die Mitteilung muss ihn auch auf seine Pflichten im Pfändungsverfahren aufmerksam machen (SchKG 90).

28   Wurde die Ankündigung unterlassen und wohnte der Schuldner (oder sein Vertreter) der Pfändung nicht bei, so dass er nicht in der Lage war, seine Rechte wahrzunehmen, kann er deren Gültigkeit mit Beschwerde anfechten; seine Anwesenheit indessen heilt den Mangel (BGE *115* III 43). Andererseits beeinträchtigt seine Abwesenheit die Rechtsgültigkeit einer vorschriftsgemäss angekündigten Pfändung nicht; der Vollzug muss ihm nur nachträglich mitgeteilt werden (BGE *112* III 17).

b)   Pflichten des Schuldners

29   Um den Erfolg der Pfändung zu gewährleisten, auferlegt das Gesetz dem Schuldner verschiedene Pflichten (SchKG 91):

30   – Die Pflicht, *der Pfändung persönlich beizuwohnen* oder sich wenigstens dabei vertreten zu lassen, soll die Vermögensaufnahme erleichtern (SchKG 91 I Z. 1).

Verletzung dieser Pflicht wird als Ungehorsam bestraft (StGB 323). Abgesehen davon kann der Schuldner, wenn es ihm mit der Pfändungsankündigung angedroht wurde, polizeilich vorgeführt werden, sofern seine Einvernahme als notwendig erscheint (SchKG 91 I, II, VI; ähnlich wie im Konkurs gemäss SchKG 222 und 229).

– Dem pfändenden Beamten ist ferner jede für eine erfolgreiche Pfän-   31
dung erforderliche *Auskunft zu erteilen* (SchKG 91 I Z. 2). So hat der Schuldner namentlich alle seine Vermögensgegenstände anzugeben und auf Verlangen auszuhändigen, gleichgültig wo sie sich befinden, insbesondere auch Forderungen und Rechte, die ihm gegenüber Dritten zustehen.

Die Auskunfts- und Herausgabepflichtpflicht geht aber nur so weit, als es für den Pfändungserfolg nötig ist. Reicht das vorgewiesene bewegliche Vermögen aus, muss über anderes Vermögen – etwa über den Grundbesitz – nicht weiter Auskunft erteilt werden (BGE *117* III 62 f.).

– Schliesslich sind dem Betreibungsbeamten auf Verlangen *Räume und*   32
Behältnisse zu öffnen (SchKG 91 III). Nötigenfalls kann er Polizeigewalt in Anspruch nehmen; denn er ist verpflichtet, beim Schuldner nach pfändbarem Gut zu forschen (BGE *89* IV 81).

c)   *Sanktionen*

Entzieht sich der Schuldner diesen Pflichten, macht er sich   33
strafbar (SchKG 91 I, StGB 323 Z. 1 und 2). Insbesondere kann der Straftatbestand des Pfändungsbetruges gemäss StGB 163 erfüllt sein (§ 14). Verheimlicht er Bestandteile seines Vermögens, so kann der Gläubiger ausserdem sofort – ohne vorgängige Konkursbetreibung – beim Gericht die *Konkurseröffnung* verlangen (SchKG 190 I Z. 1; § 38 N. 9).

3.   Rechte und Pflichten Dritter

Personen, die an der Betreibung nicht beteiligt sind, können   34
insoweit von der Pfändung betroffen werden, als sich *in ihrem Gewahr-*
sam Vermögenswerte des Schuldners befinden, die für eine genügende Pfändung herangezogen werden müssen. Auch solchen Dritten obliegt deshalb die – nötigenfalls durch Androhung von Strafsanktionen oder von Polizeigewalt verschärfte – Pflicht, dem Betreibungsamt Auskunft zu geben, Räume und Behältnisse zu öffnen und allenfalls deren zwangsweise Öffnung zu dulden (SchKG 91 IV, StGB 324 Z. 5).

Der Dritte muss also, gleich wie der Schuldner selbst, über Bestand, Umfang und   35
Standort der Vermögenswerte *Auskunft geben* und sie allenfalls aushändigen (BGE *116*

155

III 107 ff. für den Arrest). Er kann sich nicht hinter einem Berufsgeheimnis (z. B. dem Bank- oder Anwaltsgeheimnis) verschanzen. Solche Geheimhaltepflichten haben vor der Auskunftspflicht im Zwangsvollstreckungsrecht zurückzutreten (BGE *109* III 24). Der Schuldner hat dazu nichts zu sagen.

Beispiele:
– So hat eine Bank das Schrankfach des Schuldners ohne weiteres zu öffnen (oder die gewaltsame Öffnung zu dulden), wenn es von ihr verlangt wird; darin liegt keine Verletzung des Berufsgeheimnisses, denn dazu wäre schon der Schuldner verpflichtet (BGE *66* III 30, *102* III 8).
– Ebenso muss eine *Versicherung* (auch eine Sozialversicherung) über pfändbare Leistungen, die sie dem Schuldner ausrichtet, Auskunft geben.

36   *Auch Behörden* sind – wie Dritte – in gleicher Weise wie der Schuldner auskunftspflichtig (SchKG 91 V). In Frage kommen vor allem Steuerbehörden.

4.   Der Zeitpunkt der Pfändung

37   Liegt ein gültiges Fortsetzungsbegehren vor, soll die Pfändung unverzüglich im angekündigten Zeitpunkt vollzogen werden (SchKG 89). Verzögerung des Vollzugs macht die Pfändung zwar nicht ungültig, doch kann dann die disziplinarische Verantwortlichkeit des Betreibungsbeamten und allenfalls die Staatshaftung in Frage kommen (SchKG 5 ff. und 14).

38   Auch in diesem Verfahrensstadium kann das Betreibungsamt die Begründetheit des Vollstreckungsanspruchs nicht prüfen. Hätte zum Beispiel der Schuldner den Gläubiger inzwischen durch Zahlung befriedigt oder von ihm Stundung erhalten, müsste er – sofern der Gläubiger das Fortsetzungsbegehren nicht zurückzieht – rechtzeitig vom Richter die Aufhebung oder die Einstellung der Betreibung nach SchKG 85 verlangen, um die Pfändung zu vermeiden.

5.   Der Pfändungsakt

39   Beim Vollzug des Pfändungsaktes ist eine Reihe von Vorschriften zu beachten:
– über die Reihenfolge, in der die einzelnen Vermögenswerte zu pfänden sind (N. 40 ff.),
– über das Ausmass der Pfändung (N. 48 ff.),
– die Form des Vollzuges (53 ff.)
– und die Sicherung der Pfändungsrechte (56 ff.).

A.   Die Reihenfolge der Pfändung

Das Betreibungsamt soll bei der *Auswahl des Pfändungsgutes*   40
nach Möglichkeit die Interessen der Betreibungsparteien wie auch diejenigen der vom Verfahren allenfalls betroffenen Dritten angemessen
berücksichtigen (SchKG 95 V). Der Entscheid über die Reihenfolge, in
der Vermögenswerte des Schuldners gepfändet werden sollen, ist somit
weitgehend Ermessenssache.

SchKG 95 I–IV stellt immerhin *Richtlinien* auf, die dem Grad der   41
Realisierbarkeit sowie der Entbehrlichkeit der Vermögenswerte für den
Schuldner Rechnung tragen (BGE *115* III 50). Diese sind nicht absolut
verbindlich; wenn es die Verhältnisse rechtfertigen oder der Gläubiger
und der Schuldner es verlangen, darf der Betreibungsbeamte davon
abweichen (SchKG 95 IVbis).

– An erster Stelle steht das *bewegliche Vermögen* des Schuldners, Sa-   42
  chen und Forderungen, sowie sein *Einkommen* (SchKG 93). Davon
  wiederum sind zunächst diejenigen des täglichen Verkehrs (insbesondere Geld, Wertpapiere und Wertsachen) zu pfänden, wobei die ent-
  behrlicheren Vermögensstücke vor den weniger entbehrlichen erfasst
  werden sollen (SchKG 95 I).

– *Unbewegliches Vermögen* wird nur gepfändet, soweit das bewegliche   43
  zur Deckung der Forderung nicht ausreicht (SchKG 95 II; BGE *117*
  III 62 f.).

– Dann kommen allfällige *mit Arrest belegte Gegenstände* an die Reihe   44
  sowie *Anteile an einem Gemeinschaftsvermögen* (SchKG 95 III; vgl.
  diesbezüglich VVAG 3; BGE *80* III 119).

– *Vermögenswerte, die angeblich einem Dritten gehören,* einschliesslich   45
  Forderungen, an denen ein Dritter das Gläubigerrecht beansprucht,
  werden – unter Vorbehalt von SchKG 95 a (unten N. 47) – zuallerletzt
  gepfändet. Dadurch sollen Auseinandersetzungen mit dem Drittansprecher möglichst vermieden werden.

  Das gilt auch, wo der Dritte nur ein Pfand- oder Retentionsrecht   46
  geltend macht, sofern der Verwertungserlös voraussichtlich die gesicherte Forderung nicht übersteigt (BGE *79* III 18).

  Beispiel: Statt des Mobiliars, das sich in der ehelichen Wohnung befindet und von der
  Ehefrau als Eigentum beansprucht wird, muss zuerst der Lohn des betriebenen Ehemannes gepfändet werden (BGE *97* III 116).

– Im *Interesse des Familienschutzes* werden schliesslich Forderungen   47
  des betriebenen Schuldners gegen seinen Ehegatten nur gepfändet,
  soweit sein übriges Vermögen nicht ausreicht (SchKG 95 a).

B.   Das Ausmass der Pfändung

48   Dem Vollstreckungsziel entsprechend darf nicht mehr gepfändet werden, als zur Befriedigung der betreibenden Gläubiger für ihre Forderungen samt Zinsen und Kosten benötigt wird (SchKG 97 II und VZG 8). Das bedingt eine *Schätzung* der gepfändeten Gegenstände nach ihrem voraussichtlichen Erlös (Verkaufswert); unter Umständen wird das Betreibungsamt hiezu Sachverständige beiziehen müssen (SchKG 97 I und VZG 9).

49   Die Schätzung – und damit auch die von ihr abhängige Bestimmung des Ausmasses der Pfändung – ist im wesentlichen *Ermessenssache* (s. aber auch BGE *120* III 81 und dazu § 6 N. 15 ff.: Ermessensüberschreitung oder -missbrauch). Ihre Unterlassung macht jedoch die Pfändung nicht ungültig; denn die Schätzung dient allein den am Verfahren Beteiligten. Sie kann auf Beschwerde hin – oder auch von Amtes wegen – nachgeholt werden (BGE *97* III 20 f.).

50   Für Grundstücke kann jeder Beteiligte mit Beschwerde und Kostenvorschuss eine *Neuschätzung durch einen Sachverständigen* verlangen (VZG 9 II), desgleichen bei Pfändung eines Grundpfandtitels; Anspruch auf Neuschätzung besteht aber nur einmal (BGE *110* III 71, *120* III 135). Das gilt analog auch bei der Pfändung von Fahrnis, sofern – wie etwa bei kotierten Aktien – anerkannte Schätzungskriterien bestehen (BGE *101* III 32, *114* III 30).

51   Wird zuviel gepfändet, spricht man von «*Überpfändung*». Gegen eine solche kann sich neben dem Schuldner ausnahmsweise auch ein Dritter beschweren, der ein eigenes Recht an der gepfändeten Sache (z. B. Eigentum) beansprucht; damit erspart er sich unter Umständen einen Widerspruchsprozess (vgl. auch BGE *112* III 77).

52   Umfang und Wert des Pfändungsgutes können sich im Verlauf der Vollstreckung *ändern:* so insbesondere nach Durchführung eines Widerspruchsprozesses oder infolge eines Pfändungsanschlusses (§ 24 N. 70, 25 N. 16 f.), aber auch aufgrund zufälliger Wertsteigerungen oder -minderungen, schliesslich auch, wenn ein Vermögenswert untergeht. Je nachdem kann dann der Schuldner eine entsprechende Herabsetzung der Pfändung verlangen (BGE *68* III 69), oder das Betreibungsamt muss die Pfändung von Amtes wegen ergänzen bzw. eine Nachpfändung vollziehen (§ 25 N. 23).

C.   Der Vollzug des Pfändungsaktes

53   Der Pfändungsakt wird durch ausdrückliche *Pfändungserklärung* gegenüber dem Schuldner oder seinem Vertreter vollzogen. Diese enthält (SchKG 96 I):

– die Eröffnung, dass einzeln genau bezeichnete Vermögenswerte gepfändet sind;
– das ausdrückliche Verbot bei Strafdrohung, ohne Bewilligung des
Betreibungsamtes über sie zu verfügen.
Diese Pfändungserklärung ist konstituierendes Element der Pfändung (BGE *112* III 15).

Im Pfändungsrecht gilt – ausgeprägter noch als beim Arrest (§ 51   54
N. 33 ff.) – das *Spezialitätsprinzip* (unten N. 79). Dieses schliesst die
Möglichkeit einer dem Gattungsarrest analogen «Gattungspfändung»
aus; es muss bekannt sein, was der Pfändungsnexus im einzelnen umfasst (BGE *106* III 100, *114* III 76 f.).

Wirkungslos wäre etwa die Pfändung von Gegenständen im Gewahrsam eines Dritten,
wenn sie nur in ihrer Gesamtheit bezeichnet würden, beispielsweise alle im Depot einer
Bank befindlichen Wertschriften des Schuldners; desgleichen die Pfändung sämtlicher
Forderungen des Schuldners i. S. einer «generellen Debitorenpfändung».

Grundsätzlich muss die Pfändung – im Hinblick auf die ihr folgende   55
Verwertung – *unbedingt* ausgesprochen werden. Bedingte Pfändung ist
nur ausnahmsweise zulässig. Ein an sich unpfändbarer Gegenstand von
besonders hohem Wert darf nämlich gepfändet werden unter der Bedingung, dass der Gläubiger dem Schuldner an Stelle des teuren Kompetenzstücks eine gleichartige Sache von geringerem Wert als Ersatz oder
den zur Anschaffung nötigen Geldbetrag zur Verfügung stellt (SchKG
92 III). Erst wenn diese Bedingung erfüllt ist, wird die Pfändung voll
wirksam. Von diesem *Auswechslungsrecht* soll jedoch nur mit Zurückhaltung Gebrauch gemacht werden (BGE *108* III 67).

Beispiel: Der einzige Schrank des Schuldners ist unpfändbar. Handelt es sich um ein
kostbares Möbel, darf es unter der Bedingung gepfändet werden, dass der Gläubiger ein
einfaches Ersatzstück beschafft (BGE *71* III 3).

D.   Die Sicherung der Pfändungsrechte

Mit der Beschlagnahmeerklärung des Betreibungsbeamten ist   56
die Pfändung rechtswirksam vollzogen. Das allein genügt aber dem
Vollstreckungszweck unter Umständen nicht. Vielmehr sind nötigenfalls
zusätzliche Vorkehren zur Sicherung des Pfändungsgutes zu treffen.
Diese *Sicherungsmassnahmen* sind verschieden, je nach der Art des
Pfändungsgegenstandes:
– *Geld, Inhaber-* und *Orderpapiere* sowie *Wertsachen* werden in amtli-   57
che Verwahrung genommen und, soweit nicht binnen 3 Tagen darüber

verfügt werden kann, bei der Depositenanstalt hinterlegt (SchKG 98 I und 9; VZG 13 I betr. Eigentümerschuldbriefe; BGE *113* III 146).

58 – *Andere bewegliche Sachen* kann das Amt nach Ermessen beim Schuldner oder beim Dritten lassen, wo sie gepfändet wurden (SchKG 98 II), oder sie (namentlich auf begründeten Antrag des Gläubigers, unten N. 72) einem andern Dritten in Verwahrung geben oder selber in Verwahrung nehmen (SchKG 98 III); dies selbst dann, wenn der Dritte, bei dem die Sache angetroffen wurde, daran ein Pfandrecht hat (SchKG 98 IV).

59 – Bei der Pfändung von *gewöhnlichen Forderungen,* insbesondere auch von Lohnguthaben, wird dem Schuldner des Betriebenen angezeigt, dass er rechtsgültig nur noch an das Betreibungsamt leisten könne (SchKG 99). Fällige Forderungen sind ungesäumt einzuziehen (SchKG 100).

60 – Die *Pfändung eines Grundstücks* wird dem Grundbuchamt zur Vormerkung der Verfügungsbeschränkung im Grundbuch unverzüglich mitgeteilt (SchKG 101 I, VZG 15 I a, ZGB 960 I Z. 2).

61 – Die *Pfändung eines Nutzniessungsrechts oder eines Anteilsrechts an einem Gemeinschaftsvermögen* (z. B. an einer unverteilten Erbschaft oder an Gesellschaftsvermögen) wird den beteiligten Dritten angezeigt (SchKG 104; VVAG 6).

62 – Gepfändete *Ansprüche des Schuldners aus Personenversicherungen* werden nach den Vorschriften der VPAV (SR 281.51) gesichert.

63 – Auch dem *Sachversicherer* zeigt das Betreibungsamt die Pfändung an und weist ihn darauf hin, dass er nach VVG 56 eine fällige Ersatzleistung gültig nur an das Betreibungsamt ausrichten kann (VPAV 1; VZG 15 I c).

64 – *Vieh,* das der Schuldner zu warten ablehnt, kann das Betreibungsamt sofort verkaufen oder bei einem Dritten zur Wartung einstellen.

65   Das Bundesgericht lässt solche Sicherungsmassnahmen – z. B. die Sperre von Guthaben des Schuldners bei einem Dritten – im Falle besonderer Dringlichkeit *schon zur blossen Vorbereitung einer Pfändung* oder auch nur *zur Feststellung des Vorhandenseins von Pfändungsgut* zu (BGE *107* III 67, *115* III 44, *120* III 78).

6.   Die Wirkungen der Pfändung

66   Die Pfändung äussert vor allem Wirkungen auf die Rechtsstellung des Schuldners, aber auch auf diejenige des Gläubigers sowie Dritter.

a)   *Die Rechtsstellung des Schuldners*

Der Schuldner bleibt einstweilen – bis zur Verwertung – Ei-   67
gentümer der gepfändeten Vermögenswerte und Gläubiger seiner gepfändeten Forderungen; doch wird sein *Verfügungsrecht* durch die Pfändung stark *eingeschränkt* (SchKG 96 I). Ohne ausdrückliche Bewilligung des Betreibungsamtes darf er über die gepfändeten Vermögenswerte weder rechtlich noch tatsächlich verfügen; er darf sie also weder
veräussern oder belasten noch verbrauchen *(Verfügungsverbot).* Dagegen wäre es zulässig, sie mit Zustimmug des Amtes durch andere Sachen
oder eine Geldhinterlage zu ersetzen (BGE *60* III 195). Unerlaubtes
Verfügen ist strafbar (StGB 169; oben N. 53).

Dennoch bleibt der Schuldner *voll handlungsfähig,* sodass er über das   68
Pfändungsgut zivilrechtlich gültig Rechtsgeschäfte abschliessen kann
(z. B. einen Kaufvertrag über das gepfändete Auto). Hingegen sind die
Verfügungen, die er dann unerlaubterweise trifft (die Übertragung des
Autos auf den Erwerber), *betreibungsrechtlich ungültig,* soweit dadurch
die den Gläubigern aus der Pfändung erwachsenen Rechte beeinträchtigt werden (Deckungsverlust); auf solche Verfügungen wird bei der
Verwertung nicht Rücksicht genommen (SchKG 96 II; BGE *113* III 36).
Nötigenfalls wird das unbefugt veräusserte Pfändungsgut mit polizeilicher Hilfe wieder zur Stelle gebracht, ohne dass es dazu eines vorgängi-
gen gerichtlichen Verfahrens gegen den Erwerber bedürfte. In jedem
Falle bleibt aber der *gutgläubige Erwerb* von Rechten am Pfändungsgut
vorbehalten (SchKG 96 II).

Für das *bewegliche Vermögen* richtet sich der Gutglaubensschutz nach den Besitzesre-   69
geln (96 II); dabei ist Pfändungsgut, das beim Schuldner belassen wurde, als ihm «anvertraut» zu betrachten (ZGB 714, 884, 933).

Auch bei gepfändeten *Grundstücken* ist gutgläubiger Erwerb von Rechten möglich.   70
Zwar kommt der Pfändung schon von Gesetzes wegen die Wirkung einer *Verfügungsbe-*
schränkung zu (SchKG 101 I, ZGB 960 I Z. 2). Doch erst ihre Vormerkung im Grundbuch
schliesst den guten Glauben Dritter endgültig aus. Zivilrechtlich bliebe jedoch selbst
späterer Rechtserwerb (z.B eines Grundpfandrechts oder gar des Eigentums) gültig; die
vorgemerkte Pfändung geht jetzt aber jedem nach ihr erworbenen Recht vor (ZGB 960
II). Der Pfändungsgläubiger kann das Grundstück ohne Rücksicht darauf zu seinen Gunsten verwerten lassen, und nur ein allfälliger Mehrerlös kommt dem später Berechtigten
zu. Darum muss das Betreibungsamt die Pfändung *unverzüglich dem Grundbuchamt*
mitteilen, nötigenfalls schon vor Aufnahme der Pfändungsurkunde (SchKG 101 I Satz 2,
VZG 15 III).

Das *Verfügungsverbot* erstreckt sich selbstverständlich auch auf *Be-*   71
standteile und *Zugehör* des Grundstücks; sie gelten – selbst ohne dass sie
in der Pfändungsurkunde speziell genannt sein müssten – ohne weiteres
als mitgepfändet (vgl. ZGB 642, 644, VZG 11; BGE *112* III 24).

Ausnahmsweise kann Zugehör sogar *gesondert* gepfändet werden; insbesondere dann, wenn der Schuldner sowie allfällige Grundpfandgläubiger und weitere Beteiligte einverstanden sind (VZG 12; BGE *59* III 63; *61* III 168, *112* III 25). – Zur *Verwertung* von Zugehör siehe § 27 N. 2 und § 28 N. 59.

b)   *Die Rechte des Gläubigers*

72   Der Gläubiger erhält mit der Pfändung einen öffentlichrechtlichen Anspruch darauf, das Pfändungsgut zu seinen Gunsten verwerten zu lassen (SchKG 116). Er kann deshalb zur Sicherung die amtliche Verwahrung gepfändeter beweglicher Sachen verlangen (oben N. 58). Ferner ist er legitimiert, gegen einen Drittansprecher auf eine gepfändete Sache im Widerspruchsverfahren als Partei aufzutreten (§ 24).

Die Pfändung verschafft dem Gläubiger aber nicht etwa ein *dingliches «Pfändungspfandrecht»* an der Sache, das nach der sogenannten «Pfandrechtstheorie» nach zivilrechtlichen Grundsätzen zu beurteilen wäre. Vielmehr werden später hinzukommende Gläubiger in Pfändungsgruppen zusammengeschlossen (SchKG 110/111), sodann fallen vollzogene Pfändungen in einem nachfolgenden Konkurs ohne weiteres dahin. Würde die Pfändung ein wirkliches Pfandrecht begründen, so müsste der Gläubiger ein endgültiges Vorrecht auf die gepfändete Sache erhalten, was aber nicht der Fall ist.

c)   *Die Rechtsstellung Dritter*

Eine Pfändung kann sich in verschiedener Hinsicht auch auf Drittpersonen auswirken:

73   – Sie kann Gegenstände erfassen, an denen ein Dritter *eigene Rechte* (z. B. Eigentum oder ein Pfandrecht) beansprucht, die der Pfändung vorgehen oder sie ausschliessen. Solche Rechte kann der Dritte im *Widerspruchsverfahren* verteidigen (§ 24). War die Pfändung – etwa wegen offensichtlichen Dritteigentums – von vornherein nichtig oder wegen «Überpfändung» anfechtbar, kommt er auf dem einfacheren Beschwerdeweg zum Ziel, d. h. zur Freigabe des Gegenstandes (BGE *105* III 116; § 23 N. 3).

74   – Dritte können sodann als *Erwerber von Pfändungsgut* betroffen sein (oben N. 68 ff.).

75   – *Drittschuldner* schliesslich können sich nur noch durch Zahlung an das Betreibungsamt von ihrer Schuldpflicht befreien (SchKG 99, VZG 15 I b und c, 91), und *Drittverwahrer* gepfändeter Sachen dürfen den Schuldner nicht mehr darüber verfügen lassen.

7. Die Pfändungsurkunde

a) *Inhalt und Zustellung der Pfändungsurkunde*

Die Pfändung muss vom vollziehenden Beamten *in einem Pro-* 76
tokoll verurkundet werden (SchKG 112 I). Die auf amtlichem Formular
erstellte Pfändungsurkunde enthält alle für das Vollstreckungsverfahren
erforderlichen Angaben. Sie bezeichnet den Gläubiger und den Schuldner, den Forderungsbetrag, Ort und Zeit der Pfändung sowie namentlich
die einzelnen gepfändeten Vermögensgegenstände mit ihrem Schätzungswert und die allenfalls daran geltend gemachten Ansprüche Dritter.
Werden Gegenstände gepfändet, die schon mit einem Arrest belegt sind,
wird die provisorische Teilnahme des Arrestgläubigers an der Pfändung
vorgemerkt (SchKG 112 II und 281; § 51 N. 57).

Nach Ablauf der Teilnahmefrist (SchKG 110) erhalten alle Pfän- 77
dungsgläubiger und der Schuldner unverzüglich je eine Abschrift der
Pfändungsurkunde (SchKG 114)). Auf die Gültigkeit der Pfändung hat
die Zustellung – in Form der einfachen Mitteilung – keinen Einfluss;
immerhin dürfen vorher keine weiteren Betreibungshandlungen vorgenommen werden (BGE *108* III 16, *115* III 110).

Besonders wichtig ist die Zustellung der Pfändungsurkunde an den 78
Schuldner, wenn er bei der Pfändung weder anwesend noch vertreten
war; dann unterliegt er dem Verfügungsverbot nämlich erst von diesem
Zeitpunkt an (BGE *112* III 16; oben N. 67).

b) *Rechtsnatur und Wirkungen*

Die Pfändungsurkunde ist eine *öffentliche Urkunde.* Sie 79
schafft den Beweis für die vorgenommene Pfändung. Nur die in der
Urkunde bezeichneten Gegenstände gelten als gepfändet und unterliegen demzufolge der Verfügungsbeschränkung *(Spezialitätsprinzip).* Nur
sie können später auch verwertet werden. Darum ist deren genaue
Angabe Gültigkeitserfordernis (BGE *97* III 18).

Im übrigen sind die *Wirkungen der Pfändungsurkunde* verschieden, je 80
nach dem Ergebnis des Pfändungsvollzuges (§ 31 N. 11):
– Wurde *kein pfändbares Vermögen* vorgefunden, bleibt die Pfändungs- 81
urkunde also «leer», so gilt sie zugleich als *definitiver* Verlustschein.
Es braucht dann nicht noch ein formeller Verlustschein ausgestellt zu
werden (SchKG 115 I in Verbindung mit 149).
– War nach der Schätzung des Pfändungsbeamten *nicht genügend Ver-* 82
mögen vorhanden, um die Forderung samt Zinsen und Kosten zu dek-
ken, so dient die Pfändungsurkunde dem Gläubiger als *provisorischer*

Verlustschein. Als solcher berechtigt sie ihn zur Anfechtungsklage und zum Arrest, beides Massnahmen zur Sicherung von Vollstreckungssubstrat (SchKG 115 II in Verbindung mit 271 I Z. 5 und 285). Ausserdem kann der Gläubiger während der Gültigkeitsdauer des Zahlungsbefehls die *Nachpfändung* von inzwischen neu entdeckten Vermögenswerten verlangen (SchKG 115 III, 145; § 25 N. 23).

83   Auch im Hinblick auf diese unterschiedlichen Wirkungen muss das Ergebnis der Pfändung in der Pfändungsurkunde genau festgestellt werden (SchKG 112 III).

84   Voraussetzung zur Ausstellung eines provisorischen oder endgültigen Verlustscheines im obigen Sinne ist aber immer eine *definitive Pfändung*. Die aufgrund einer provisorischen Rechtsöffnung erwirkte bloss provisorische Pfändung berechtigt nicht dazu; sie hat vorläufig nur Sicherungsfunktion (BGE *83* III 19, *117* III 28).

IV.   Die Verwaltung des Pfändungsgutes

85   Vorbehältlich eines Notverkaufs nach SchKG 124 II darf das Pfändungsgut noch nicht verwertet werden. Das Betreibungsamt muss es einstweilen unter eigener Verantwortung verwalten, soweit es nicht dem Schuldner zur Verfügung und Bewirtschaftung überlassen blieb (oben N. 58).

1.   Verwaltung und Bewirtschaftung

86   Das Amt hat das *Pfändungsgut* in erster Linie *zu erhalten* (Forderungen z. B. durch Verjährungsunterbrechung; SchKG 100). Im einzelnen soll es
– Zahlungen auf fällige Forderungen erheben (SchKG 100) sowie
– Erträgnisse (Früchte, Miet-, Pacht- und andere Zinsen, Lizenzgebühren) einziehen, soweit sie nicht allfälligen Pfandgläubigern zustehen (SchKG 102 I, 103 I, VZG 15 I b; unten N. 91 ff.).

87   Von besonderer Bedeutung ist die *Verwaltung gepfändeter Grundstücke,* weil sie, schon wegen der Verwertungsfristen (SchKG 116 I), länger dauert. Sie ist denn auch in Gesetz und Verordnung ausführlich geregelt (vgl. SchKG 102, 103; VZG 16–22):

88   – *Grundpfandgläubigern, Mietern und Pächtern* wird die Pfändung des Grundstücks mitgeteilt (SchKG 102 II). Miet- und Pachtzinse können dann befreiend nur noch an das Betreibungsamt geleistet werden (VZG 15 II), und die Grundpfandgläubiger werden damit auch in die

Lage versetzt, rechtzeitig durch Betreibung auf Grundpfandverwertung die Miet- und Pachtzinse für sich zu beanspruchen (ZGB 806).

- Ein Grundstück muss jedoch nicht nur verwaltet, sondern auch *bewirtschaftet* werden (SchKG 102 III). Dazu kann das Betreibungsamt einen Dritten beiziehen oder die Bewirtschaftung weiterhin dem Schuldner überlassen (VZG 16 III).   89
- Nebst den ordentlichen Verwaltungsmassnahmen können unter Umständen auch einmal ausserordentliche geboten sein (VZG 17, 18); zu solchen (z. B. kostspielige Reparaturen) muss das Betreibungamt aber – Dringlichkeit vorbehalten – das Einverständnis der Beteiligten oder die Weisung der Aufsichtsbehörde einholen. Neuparzellierungen und Nutzungsänderungen wertet das Bundesgericht jedoch bereits als Eingriffe in die Substanz (BGE *120* III 138, 152).   90

2.   **Die Verwendung von Erträgnissen**

Aus dem Ertrag des Pfändungsgutes sind vorweg die *Verwaltungskosten und Auslagen,* über die Rechnung zu führen ist, zu decken. Reicht er dazu nicht aus, kann das Betreibungsamt vom Gläubiger einen Kostenvorschuss verlangen (SchKG 105; VZG 16 IV und 20, 22 I).   91

Sodann wird aus dem Ertrag auch der *Unterhalt* des Schuldners und seiner Familie bestritten, falls dieser bedürftig ist (SchKG 103 II, VZG 22 I; BGE *94* III 14); massgebend ist das betreibungsrechtliche Existenzminimum.   92

Erst ein *Ertragsüberschuss* wird zur Befriedigung der Ansprüche der beteiligten Pfand- und Pfändungsgläubiger verwendet (VZG 22 I); können deren Forderungen aus den laufenden Erträgen voll gedeckt werden, nimmt das Betreibungsamt die Schlussverteilung vor und schliesst die Betreibung ab (VZG 22 II).   93

§ 23   Der Gegenstand der Pfändung

I.   *Allgemeine Voraussetzungen der Pfändbarkeit*

Die Pfändung soll – über die Versilberung der beim Schuldner gepfändeten Vermögenswerte – zur Befriedigung des Gläubigers führen. Im Hinblick auf dieses Ziel entscheidet sich, was pfändbar ist. Drei Kriterien sind massgebend: 1

1.   Vermögenswert des Schuldners

2   Nur was dem Schuldner *rechtlich* gehört, darf gepfändet werden; denn vollstreckt wird ausschliesslich in sein Vermögen. Behauptet er, dass ein Vermögenswert einem Dritten zustehe, oder macht der Dritte selber einen Anspruch daran geltend, so darf dieser erst gepfändet werden, wenn sonst nichts Pfändbares mehr vorhanden ist (SchKG 95 III). Die Abklärung der rechtlichen Zugehörigkeit erfolgt dann im Widerspruchsverfahren (§ 24).

3   Dagegen wäre die Pfändung von Gegenständen nichtig, die der Gläubiger selber als Eigentum eines Dritten bezeichnet oder die offensichtlich einem Dritten gehören, selbst wenn das Dritteigentum nur fiduziarisch sein sollte (BGE *105* III 115, *106* III 88 f.; § 22 N. 73).

> In der Betreibung aufgrund eines Konkursverlustscheines kann jedoch der Richter unter besonderen Voraussetzungen sogar die Pfändung von offensichtlichem Drittvermögen anordnen (SchKG 265 a III; § 48 N. 42).

4   Fiduziarisches Eigentum des Schuldners hingegen – sei es aufgrund einer *fiducia cum amico (fiducie-gestion)* oder einer *fiducia cum creditore* (Sicherungsübereignung) – darf gepfändet werden; dem Fiduzianten (Treugeber, Besteller der Sicherheit) muss allerdings das Widerspruchsverfahren offenstehen (§ 24 N. 16).

2.   Gegenstand mit Verkehrswert

5   Sinnvollerweise dürfen nur Sachen und Rechte des Schuldners gepfändet werden, die einen aktuellen, in Geld schätzbaren Verkehrswert haben. Sie müssen also *verkehrsfähig und gegen Entgelt veräusserbar* sein. Pfändung eines seiner Natur nach nicht verwertbaren Vermögensstücks wäre nichtig (BGE *108* III 101).

6   Trotz gegebenen Verkehrswertes ist ein Vermögensgegenstand nicht pfändbar, wenn wegen der hohen Verwaltungs- und Verwertungskosten nur ein *geringer Reinerlös zu erwarten ist;* dennoch muss er aber mit seinem Schätzungswert in der Pfändungsurkunde vorgemerkt werden (SchKG 92 II).

7   *Keinen Verkehrswert* haben zum Beispiel:
   – mangels Verkehrsfähigkeit: blosse Familienandenken wie Briefe, Geschäftsbücher, Diplome, Ausweise und dergleichen, ausser es handle sich um Sachen von künstlerischem oder historischem Wert, wie ein goldgefasster Siegelring oder ein wegen seines Autors oder seines Inhaltes bedeutsames Manuskript;
   – weil unveräusserlich: alle höchstpersönlichen Rechte, etwa ein Wohnrecht, Blut und Organe;

– weil nicht in Geld schätzbar: Anwartschaften, Rechte mit ungewisser Entstehung und von ungewissem Umfang; ihnen fehlt der für die Vollstreckung erforderliche «gegenwärtige Vermögenswert» (BGE *97* III 27, *99* III 55).

3. Kein Pfändungsausschluss

Schliesslich darf die Pfändung *nicht durch eine Vorschrift des*   8
Bundesrechts ausgeschlossen sein (BGE *97* III 25). Unpfändbarkeit kraft kantonalen Rechts oder auf Grund privater Vereinbarung wäre dagegen unbeachtlich.

Das SchKG selbst entzieht bestimmte Sachen der Pfändung oder   9
schränkt die Pfändbarkeit ein: man spricht von Unpfändbarkeit (SchKG 92) oder beschränkter Pfändbarkeit (SchKG 93). Die Pfändung ausschliessende Bestimmungen können aber auch in anderen Bundesgesetzen enthalten sein (SchKG 92 IV). Ob und inwieweit ein Vermögenswert unpfändbar ist, hat der Betreibungsbeamte zu entscheiden (unten N. 14); dabei hat er sich aber an die gesetzlichen Schranken zu halten (BGE *65* III 10, *112* III 80).

Auf die Geltendmachung der Unpfändbarkeit kann der Schuldner   10
nur in der Weise verzichten, dass er gegen eine vollzogene Pfändung nicht *Beschwerde* führt (SchKG 17 ff.); an einen Verzicht im voraus – z.B. durch private Vereinbarung – wäre er nicht gebunden. Aber sogar der Verzicht auf Anfechtung ist unwirksam, wenn die Pfändbarkeit im öffentlichen Interesse, aus Gründen der Menschlichkeit und der guten Sitten ausgeschlossen ist; dann wäre eine Pfändung schlechthin nichtig (SchKG 22; «absolute» Unpfändbarkeit).

Z. B. wenn einem gleichgültigen Schuldner das einzige Bett samt Inhalt oder das für die Berufsausübung offensichtlich unentbehrliche Werkzeug gepfändet würde (vgl. dazu auch BGE *97* III 11, *105* III 49, *110* III 32, *111* III 20).

Selbst der gültige (indirekte) Verzicht wirkt jedoch nur im hängigen   11
Betreibungsverfahren; in einem neuen Verfahren, insbesondere auch in einem allfälligen späteren Konkurs, könnte sich der Schuldner wieder auf die Unpfändbarkeit berufen (§ 40 N. 15).

II. *Die unpfändbaren Vermögenswerte*

Die gänzliche Unpfändbarkeit bestimmter Vermögenswerte   12
beruht auf moralischen, sozialen und wirtschaftlichen Gründen oder auf ihrer besonderen Natur oder Zweckbestimmung.

1.   Unpfändbarkeit aus moralischen, sozialen und wirtschaftlichen Gründen

13   Die Zwangsvollstreckung soll auf die wirtschaftliche Existenz des Schuldners und seiner Familie Rücksicht nehmen. Das Lebensnotwendige und eine gewisse Lebensqualität (*existence décente*, BGE *121* III 290) darf nicht dem Interesse der Gläubiger geopfert werden. Auch dem zahlungsunfähigen Schuldner soll verbleiben, was er und seine Familie zur Befriedigung ihrer notwendigen Lebensbedürfnisse benötigen. Sie geniessen die «Rechtswohltat des Notbedarfs», das «*beneficium competentiae*». Man bezeichnet deshalb die unter diesem Gesichtspunkt unpfändbaren Gegenstände als *Kompetenzstücke*. Sie kommen bestimmungsgemäss nur für *natürliche Personen* in Frage (BGE *63* III 18).

14   Was als Kompetenzstück in Betracht kommt, sagt das Gesetz. Der Betreibungsbeamte muss indessen in jedem Einzelfall von Amtes wegen abklären und entscheiden, ob ein bestimmter Gegenstand im Zeitpunkt der Pfändung für den Schuldner Kompetenzeigenschaft hat (BGE *98* III 31, *111* III 56, *112* III 80). Eine reiche Praxis der Aufsichtsbehörden, vor allem des Bundesgerichts, dient ihm als Massstab.

> Namentlich in den Generalregistern zur amtlichen Sammlung der Bundesgerichtsentscheide findet sich eine reiche Kasuistik, so dass man sich im folgenden auf wenige typische Beispiele beschränken kann.

15   Ausnahmsweise kann Kompetenzgut – zumindest einmal bedingt – gepfändet werden, wenn es einen hohen Wert darstellt (wie z. B. wertvolles Silberbesteck, eine kostbare Bibel, antike Möbel). Dann steht dem Gläubiger das *Auswechslungsrecht* zu (SchKG 92 III; siehe im übrigen § 22 N. 55).

Systematische Übersicht über die Kompetenzgegenstände

A.   Das Kompetenzgut der Hausgemeinschaft

16   Darunter fällt *alles, was der Schuldner für sich und seine Familie in der Hausgemeinschaft benötigt.* Die «Familie» ist hier im weitesten Sinne zu verstehen: sie umfasst alle Personen, die mit dem Schuldner zusammen in dessen Haus oder Wohnung leben (z. B. Verwandte und Angestellte, Pflegekinder, «Patchworkfamilie»).
Zum Kompetenzgut der Hausgemeinschaft zählen:

17   a) Die den Angehörigen der Hausgemeinschaft *zum persönlichen Gebrauch* dienenden Kleider, Effekten und anderen beweglichen Sa-

chen (das Kochgeschirr, Hausgerät und Möbel), soweit sie unentbehrlich sind (SchKG 92 I Z. 1). Auch das Privatauto eines Invaliden kann unter diesem Gesichtspunkt unpfändbar sein (BGE *108* III 62 f., nicht aber dasjenige eines gesunden Schuldners, BGE *95* III 83); ebenso eine kleine Waschmaschine (BGE *86* III 6).

b) Nach Wahl des Schuldners eine bestimmte Anzahl *Haustiere,* von der   18
   Milchkuh bis zu den Bienen (BGE *77* III 109), samt dem für vier
   Monate benötigten Futter, Stroh und den Geräten, soweit die Tiere
   für den Schuldner und seine Familie als Ernährungsgrundlage oder
   zur Aufrechterhaltung seines Betriebes unentbehrlich sind (SchKG
   92 I Z. 4). Wirft der Betrieb nicht mehr ab, als was der Schuldner für
   den Eigenbedarf braucht, muss er ihm ganz erhalten bleiben.

c) Die für 2 Monate notwendigen *Nahrungs- und Feuerungsmittel* oder   19
   die zu ihrer Anschaffung erforderlichen Barmittel (SchKG 92 I Z.5).
   Als Barmittel gelten auch ausser Kurs gesetzte Silbermünzen, die von
   der Nationalbank noch eingelöst werden (BGE *103* III 6), oder Forderungen.

   Diese Unpfändbarkeit kann aber nur verlangen, wer wirklich darauf
   angewiesen ist; das trifft z. B. nicht zu auf einen alleinstehenden
   Schuldner, der für niemand zu sorgen hat und der eine Freiheitsstrafe
   von mehr als zwei Monaten verbüsst (BGE *67* III 28).

B.   Das Kompetenzgut des Berufsstandes

Zur wirtschaftlichen Existenz einer Person gehört ganz besonders auch die Möglichkeit, ihren Beruf auszuüben. Die *Berufsausübung* durch den Schuldner und seine Familien- und Hausgenossen soll gewährleistet bleiben. Darum wird Kompetenzqualität auch allen dazu erforderlichen Gegenständen (den Werkzeugen, Geräten, Instrumenten und Büchern) zuerkannt (SchKG 92 I Z. 3).   20

Geschützt ist aber nicht jede wirtschaftliche Betätigung schlechthin, sondern nur die *Berufstätigkeit* im engeren Sinne. Entscheidend dafür ist die Abgrenzung zwischen «Beruf» und «Unternehmung».   21

– Der *Begriff des Berufes* setzt die Anwendung persönlicher Fähigkeiten, eigener Arbeitskraft und eigenen Wissens voraus. Nicht notwendig ist, dass der Beruf eine erhebliche Ausbildung verlangt. Die Berufsperson arbeitet in erster Linie selbst, allenfalls zusammen mit Familienangehörigen oder Hausgenossen.   22

– Die *Unternehmung* ist demgegenüber industriell entwickelt und unterbaut. Der Unternehmer benützt, über seine persönlichen Fähigkeiten hinaus, in grösserem Stil maschinelle Einrichtungen, beansprucht   23

169

in stärkerem Masse die Arbeitskraft Dritter, gelegentlich auch die Ausbeutung von Naturkräften. Der Kapitaleinsatz spielt hier die ausschlaggebende Rolle.

24 Ob man es jeweils mit einem Beruf oder mit einer Unternehmung zu tun hat, hängt im wesentlichen davon ab, welche Faktoren überwiegen: die persönliche Arbeitskraft des Schuldners oder das Kapital und fremde Arbeitskraft. Das muss nach den Umständen jedes einzelnen Falles entschieden werden (BGE *106* III 110, oben N. 14). Die Unterscheidung braucht selbstverständlich nur bei natürlichen Personen gemacht zu werden; juristische Personen unterliegen mit ihrem gesamten Vermögen der Vollstreckung.

25 Beispiele aus der Entscheidungspraxis:
  - *Beruf* ist die Tätigkeit eines Bäckers und Konditors, der mit Frau und Tochter arbeitet, die üblichen Maschinen und Geräte verwendet und seine Ware im Laden verkauft (BGE *97* III 55).
  - Der Betrieb eines Industriespritzwerks (oder einer Giesserei) mit erheblicher und teurer technischer Ausrüstung ist ein *Unternehmen* (BGE *95* III 82).
  - Der Arzt – auch der Naturarzt – ist *Berufsperson,* obschon er kostspielige technische Einrichtungen und Geräte (z. B. einen Röntgenapparat) benützt, weil seine auf hoher beruflicher Ausbildung beruhende persönliche Tätigkeit eindeutig überwiegt (BGE *106* III 108).

26 Gleichgültig ist, ob es sich um einen *Haupt-, Neben- oder Saisonberuf* handelt. Der Schuldner muss jedoch seinen Beruf *gewerbsmässig* ausüben und die Berufsgegenstände tatsächlich dafür brauchen. Für eine Beschäftigung ohne Erwerbszweck – zu reinem Vergnügen, Zeitvertreib oder für Gefälligkeitsarbeit (als Hobby) – werden keine Kompetenzstücke ausgeschieden (BGE *77* III 73).

Handelt es sich um einen bewilligungspflichtigen Beruf, muss dessen Ausübung auch wirklich bewilligt, zumindest aber geduldet sein (BGE *119* III 13).

27 Grundsätzlich dürfen dem Schuldner nur die für die berufliche Betätigung *notwendigen Gegenstände* belassen werden. Dabei ist immerhin den Erfordernissen einer *rationellen und konkurrenzfähigen Berufsausübung* Rechnung zu tragen (BGE *113* III 78). Was unter diesem Gesichtspunkt als «Berufswerkzeug» benötigt wird, ist nach dem Ortsbrauch zu entscheiden. Sogar ein Automobil, auf das die Berufsperson angewiesen ist, kann bei genügender Rentabilität unpfändbar sein (BGE *97* III 52, 57; *104* III 73; *111* II 301: Dirne; *117* III 22: Zeitungsverkäufer; *119* III 13: Arzt). Unpfändbar ist auch die für das Büro benötigte *Computerware* (BGE *110* III 56).

28 Im allgemeinen sind nur die *Werkzeuge* unpfändbar – Warenvorräte, insbesondere Handelsware und Fertigfabrikate, dagegen nicht. Immer-

hin müssen Waren, ohne die der Beruf gar nicht ausgeübt werden könnte, vor allem *Werkstoffe,* in gewissem Umfang dem Schuldner belassen
werden, wenn die Ablieferung ihres Gegenwertes gesichert ist (z. B.
Holz eines Möbelschreiners, BGE *113* III 79; nicht aber Videokassetten
eines Videoverleihs, BGE *113* III 78).

C.   Die religiösen Erbauungsbücher und Kultusgegenstände

Ihnen kommt Kompetenzqualität zu, sofern der Schuldner sie   29
wirklich zur Ausübung seines Glaubensbekenntnisses benützt und nicht
bloss als Kunstgut und Kapitalanlage besitzt (SchKG 92 I Z. 2; BGE *80*
III 19, kostbare Ikonen betreffend).

D.   Die Unpfändbarkeit der Kompetenzstücke erstreckt sich auch auf deren *Ver-*   30
kaufserlös, sofern ihn der Schuldner zum Kauf eines neuen Kompetenzstücks benötigt.
Mit anderen Worten: Der Verkaufserlös eines Kompetenzstücks ist unpfändbar, soweit er
wieder in ein Kompetenzstück angelegt wird (BGE *80* III 19).

**2.   Unpfändbarkeit mit Rücksicht auf die besondere Natur
der Vermögenswerte**

Eine Reihe von Gegenständen und Rechtsansprüchen des   31
Schuldners ist vor allem wegen ihrer *Zweckbestimmung im öffentlichen
Interesse* schlechthin unpfändbar; deren Pfändung wäre *nichtig.* Während der Betreibungsbeamte über die Unpfändbarkeit der Kompetenzstücke nach eigener Beurteilung der Verhältnisse befinden kann,
muss er in den folgenden Fällen einfach auf die im Gesetz bezeichnete
Natur des Vermögenswertes abstellen.

A. *Im Interesse der Wehrbereitschaft* sind unpfändbar die Beklei-   32
dungs-, Ausrüstungs- und Bewaffnungsgegenstände, das Dienstpferd,
der Sold eines *Armeeangehörigen* bzw. die Ausrüstung, die Entschädigung und das Taschengeld eines *Zivil-* oder *Schutzdienstpflichtige*n
(SchKG 92 I Z. 6). Effekten im Privateigentum können dagegen gepfändet werden, wenn der Eigentümer nicht mehr dienstpflichtig ist.

B. Unpfändbar sind sodann gewisse Leistungsansprüche des Schuld-   33
ners *mit Rücksicht auf ihre Rechtsnatur* sowie vor allem *auf ihre soziale
Bestimmung* (SchKG 92 I Z. 7–10):

a) Das *Stammrecht einer Leibrente* (SchKG 92 I Z. 7), während die   34
einzelnen Renten aber nach SchKG 93 beschränkt pfändbar sind (unten
N. 50).

35   b) Alle *Leistungen der öffentlichen Fürsorge sowie (einmalige) Unter-stützungen,* welche private oder öffentliche Kassen oder Anstalten für besondere Notfälle, wie Krankheit, Armut und Todesfall, ausrichten (SchKG 92 I Z. 8); ordentliche und periodische Leistungen solcher Kassen, die auf Gesetz oder Statuten beruhen, sind dagegen gemäss SchKG 93 beschränkt pfändbar, sofern sie nicht unter SchKG 92 I Z. 9 fallen.

36   c) Unpfändbar sind ferner Renten, Kapitalabfindungen und andere Leistungen, welche dem Opfer oder seinen Angehörigen als *Entschädigung für Körperverletzung, Gesundheitsstörung oder Tötung* eines Menschen ausgerichtet werden (SchKG 92 I Z. 9), sofern diese Leistungen *Heilungskosten* oder *Hilfsmittel* abdecken oder ihnen *Genugtuungsfunktion* zukommt. Dabei ist gleichgültig, ob die Leistung auf Gesetz oder Vertrag beruht, ob sie vom Schädiger selber oder von einer Sozial- bzw. Privatversicherung erbracht wird. Bedeutungslos ist auch, ob die Beeinträchtigung der Integrität dauerhaft ist oder nicht (BGE *55* III 26, *119* III 16, *120* III 14).

      Kommt den ausgerichteten Leistungen allerdings die Funktion von *Ersatzeinkommen* zu, so sind sie nach SchKG 93 beschränkt pfändbar (unten N. 47); nur was dem Schuldner zur Wiederherstellung oder als Ersatz seiner physischen oder psychischen Integrität ausgerichtet wird, soll ihm voll belassen werden.

37   d) In jedem Falle unpfändbar sind demgegenüber die *Leistungen der AHV und IV, die Ergänzungsleistungen dazu sowie die Leistungen der Familienausgleichskassen* (SchKG 92 I Z. 9 a).

38   e) Unpfändbar sind Ansprüche auf *Vorsorge- und Freizügigkeitsleistungen* gegenüber einer Einrichtung der beruflichen Vorsorge (BVG) vor Eintritt der Fälligkeit (SchKG 92 I Z. 10). Diese Bestimmung bezweckt die Erhaltung des Vorsorgeschutzes, des obligatorischen sowie des vor- und überobligatorischen.

      Geschützt ist nicht nur die *berufliche Vorsorge der Zweiten Säule,* sondern auch die *gebundene Selbstvorsorge der Säule 3A* (BGE *121* III 285 ff.). Verlangt der Berechtigte bei Fälligkeit aber ausdrücklich Barauszahlung, so wird die Freizügigkeitsleistung voll pfändbar (BGE *119* III 19 ff., *120* III 71, 75, *121* III 34).

39   C. Schliesslich sind unpfändbar die *Vermögenswerte eines ausländischen Staates oder einer ausländischen Zentralbank,* die hoheitlichen Zwecken dienen (SchKG 92 I Z. 11). Dieser Grundsatz beruht bereits auf Völkerrecht; (s. auch § 7 N. 22; 51 N. 27).

      D. Unpfändbarkeitsbestimmungen sind gelegentlich auch *in anderen Bundesgesetzen* anzutreffen, wie zum Beispiel für:

40   – *Ansprüche aus einer Lebensversicherung,* die einen Dritten unwiderruflich bzw. den Ehegatten oder die Nachkommen sogar ohne Ver-

zicht auf den Widerruf begünstigen (VVG 79 II, 80). Zur Bestreitung
der Begünstigungen im Widerspruchsverfahren siehe die VPAV (SR
281.51; § 24 N. 18);
- das sogenannte *Peculium* (StGB 378 II);   41
- gewisse *Immaterialgüter* (vgl. auch § 22 N. 23): so die Rechte des
  Urhebers, die trotz Veröffentlichung des Werkes noch nicht ausgeübt
  worden sind (URG 18, 38), oder die «leere» Marke.

- Zur beschränkten Pfändbarkeit des Betrages des Ehegatten zur freien Verfügung
  (ZGB 164) siehe § 21 N. 14.

III. Die beschränkte Pfändbarkeit

Gewisse Vermögenswerte (Forderungen und Sachen) sind nur   42
unter bestimmten sachlichen oder zeitlichen Voraussetzungen pfändbar:
- Sachlich, *aus sozialen Gründen,* ist die Pfändbarkeit gewisser Einkünfte des Schuldners beschränkt auf den Betrag, der für ihn und
  seine Familie «nicht unbedingt notwendig» ist (SchKG 93).
- *Aus reinen Zweckmässigkeitsgründen* ist die gesonderte Pfändbarkeit
  der hängenden und stehenden Früchte auf die für ein günstiges
  Verwertungsergebnis geeignete Reifezeit hinausgeschoben (SchKG
  94).

1. Die beschränkte Pfändbarkeit von Einkünften

A.   Gegenstand der beschränkten Einkommenspfändung

Im wesentlichen unterscheidet man vier Kategorien be-   43
schränkt pfändbarer Einkünfte:
- *Erwerbseinkommen* und seine Surrogate (Leistungen, die den Er-
  werbsausfall abgelten, oben N. 36);
- *Unterhaltsbeiträge* und deren Surrogate (Leistungen, die einen Unter-
  haltsanspruch abgelten);
- *Nutzniessung* und deren Erträge;
- die einzelnen *Leibrentenbetreffnisse* (oben N. 34).
Ob Einkommen unpfändbar ist, bestimmt ausschliesslich und ab-   44
schliessend das Bundesrecht. Darum sind Alterspensionen von kantonalen Beamten beschränkt pfändbar, selbst wenn sie das kantonale
Recht für unpfändbar erklärt (BGE *64* III 1; oben N. 8).

a)　　　*Das Erwerbseinkommen*

45　　　Darunter ist jedes *Entgelt für persönliche Arbeitsleistung* zu verstehen, gleichgültig, wie es im Einzelfall bezeichnet wird (SchKG 93 I: «Erwerbseinkommen jeder Art», also Lohn, Gehalt, Salär, Provision, Taggeld, Sitzungsgeld, Tantieme, Honorar oder Trinkgeld). Auch das Einkommen des selbständig Erwerbenden fällt darunter (BGE *93* III 36, *106* III 13), das aber vom Unternehmensgewinn zu unterscheiden ist.

46　　　Gleichgültig ist, ob das Einkommen Entgelt für eine dauernde oder bloss gelegentliche Arbeit darstellt, ob es bar oder in Naturalien entrichtet wird sowie ob es sich um bereits verfallene oder erst künftige Ansprüche handelt (unten N. 51).

47　　　Nicht nur das Einkommen aus Erwerbstätigkeit an sich, auch dessen Surrogate – das *Ersatzeinkommen* – sind beschränkt pfändbar (sofern diese nicht nach SchKG 92 gänzlich unpfändbar sind; N. 36). Das gilt insbesondere für Taggelder der Arbeitslosenversicherung, Erwerbsausfallentschädigungen nach der Erwerbsersatzordnung an Dienstpflichtige, Altersrenten aus beruflicher Vorsorge, Taggelder einer Krankenkasse (BGE *119* III 16), Krankengeld und Invalidenrente der Militärversicherung (MVG), Taggeld und Invalidenrente der Unfallversicherung (UVG 16 ff.). – Die Form des Ersatzeinkommens – z. B. ob Rente, Taggeld oder Kapitalabfindung – spielt keine Rolle.

b)　　　*Unterhaltsbeiträge*

48　　　Diese Gruppe beschränkt pfändbarer Leistungen umfasst beispielsweise die familienrechtlichen Unterhaltsbeiträge (§ 9 N. 8) sowie Stipendien (BGE *105* III 50). Auch deren *Surrogate,* wie z. B. Hinterlassenenrenten nach MVG, UVG und BVG, sind beschränkt pfändbar.

c)　　　*Nutzniessung*

49　　　Bei einer Nutzniessung sind sowohl das Nutzniessungsrecht selber als auch dessen Erträge in beschränktem Umfang pfändbar. Unter Umständen genügen schon die Erträgnisse, um den Gläubiger zu befriedigen.

Als Nutzniessungsertrag gilt nicht nur der Ertrag aus einer Nutzniessung nach ZGB 745 ff., sondern jede Einkunft aus einem *nicht dem Schuldner* gehörenden Kapital (BGE *94* III 12). Kapitalerträge, Miet- und Pachtzinse aus Vermögen, das dem Schuldner gehört, unterliegen dagegen dieser Pfändbarkeitsbeschränkung nicht, sind somit voll pfändbar.

d)   *Leibrenten*

Bei einer Leibrente darf nur das Stammrecht nicht gepfändet 50
werden (N. 34), während die einzelnen Renten beschränkt pfändbar
sind (BGE *61* III 194 f.).

e)   *Die Pfändung künftigen Einkommens*

Nicht nur fälliges Einkommen kann gepfändet werden, son- 51
dern – namentlich wenn es sich um periodische Leistungen handelt –
auch künftiges Einkommen. Doch ist die Pfändung von Zukunftsein-
kommen *längstens für die Dauer eines Jahres* zulässig (SchKG 93 II).
Diese Begrenzung ist nicht nur mit der Befristung des Verwertungsbegehrens zu erklären (SchKG 116 und 121). Sie liegt vielmehr auch im
Interesse der an der Pfändung nicht teilnehmenden Gläubiger, ihrerseits
auch einmal mit einer Einkommenspfändung zum Zuge zu kommen;
dann liegt sie aber auch im Interesse des Schuldners an der Erhaltung
seiner Kreditwürdigkeit, insgesamt also sogar im öffentlichen Interesse
(SchKG 22; BGE *117* III 28). Die Jahresfrist beginnt mit dem Pfändungsvollzug zu laufen; nehmen mehrere Gläubiger an der Pfändung
teil (SchKG 110, 111), mit der Pfändung für den *ersten* Gläubiger
(SchKG 93 II).

Reicht das für die Höchstdauer eines Jahres gepfändete Einkommen 52
nicht aus, um den betreibenden Gläubiger zu befriedigen, so ist eine
Nachpfändung von Einkommen – selbst mit Zustimmung des Schuldners – ausgeschlossen. Das Betreibungsamt muss dann – sofern anderes
pfändbares Vermögen fehlt – für den nicht gedeckten Betrag der Forderung einen *Verlustschein* ausstellen. Erst in einer aufgrund desselben
fortgesetzten (SchKG 149 III) oder einer erneut angehobenen Betreibung kann der Gläubiger wieder eine (neue) Einkommenspfändung für
die Dauer eines weiteren Jahres verlangen (BGE *116* III 22).

B.   Die Ermittlung des pfändbaren Einkommensteils

a)   *Die Bemessungsgrundlagen*

Die quantitative Beschränkung der Pfändbarkeit von Ein- 53
künften besteht darin, dass nur derjenige Teil gepfändet werden darf,
der für den Schuldner und seine Familie nicht unbedingt notwendig ist:
die *pfändbare Quote*. Das «unbedingt Notwendige» im Sinne von
SchKG 93 nennt man das Existenzminimum oder den *Notbedarf*. Nur

was an Einkünften darüber hinausgeht, darf gepfändet werden, das Notwendige ist unpfändbar.

Zur Bestimmung der pfändbaren Quote ist vom *Gesamteinkommen des Schuldners* auszugehen: sowohl von den Einkünften, die nach SchKG 92 gänzlich unpfändbar sind, als auch von denjenigen, die nach SchKG 93 beschränkt pfändbar sind. Diesem Gesamteinkommen ist das *Existenzminimum* gegenüberzustellen.

Bei einem Selbständigerwerbenden ist das Nettoeinkommen massgebend, das nach Abzug der Gestehungskosten verbleibt (BGE *112* III 20).

54   Dabei ist aber die *Unpfändbarkeit* von SchKG 92 immer voll zu wahren, auch wenn solches Einkommen das Existenzminimum des Schuldners ausnahmsweise einmal übersteigen sollte. Erzielt aber der Schuldner ausserdem noch nach SchKG 93 beschränkt pfändbares Einkommen, so darf dieses nun zum Ausgleich voll gepfändet werden. So bleibt z. B. eine nach SchKG 92 unpfändbare Rente, die den Notbedarf übersteigt, der Pfändung entzogen; dafür ist dann aber das Erwerbseinkommen voll pfändbar.

55   Von dieser Ausnahme abgesehen ergibt die *Differenz zwischen Gesamteinkommen und Notbedarf* des Schuldners und seiner Familie die *pfändbare Quote*.

56   Die für die Bestimmung der Bemessungsgrundlagen massgebenden Verhältnisse sind vom Betreibungsamt *von Amtes wegen abzuklären,* was jedoch den Schuldner nicht von seiner Mitwirkungspflicht (§ 22 N. 31) entbindet. Abzustellen ist auf den Zeitpunkt der Pfändung (BGE *119* III 71 f.).

b)   *Die Bestimmung des Gesamteinkommens*

Feststellung der Einkommensverhältnisse

57   Der Betreibungsbeamte wird zunächst auf die Auskünfte des Schuldners und seines Arbeitgebers abstellen, aber auch auf solche anderer Dritter (wie einer Privat- oder der Sozialversicherung) oder von Behörden (§ 22 N. 35, 36).

58   Sind keine oder nur ungenaue Auskünfte erhältlich oder zweifelt der Gläubiger an ihrer Richtigkeit (z. B. wegen verwandtschaftlicher Beziehungen des Schuldners zum Arbeitgeber), so ist der Pfändungsbeamte auf die Angaben des Gläubigers über das vermutliche Einkommen des Schuldners angewiesen. Unter solchen Umständen kann es zur Pfändung einer strittigen Forderung kommen (BGE *63* III 108, *106* III 14, *110* III 20; unten N. 77).

Das «Familieneinkommen» als Gesamteinkommen

Weil bei der Pfändung der Notbedarf des Schuldners *und* 59
seiner Familie berücksichtigt wird, muss neben seinem persönlichen
Einkommen auch dasjenige seiner Familienangehörigen gebührend in
Rechnung gestellt werden: so die Unterhaltsbeiträge des Ehegatten
(ZGB 163) sowie der im elterlichen Haushalt lebenden Kinder (ZGB
323 II). Diese gesetzlichen Ansprüche des Schuldners sollen auch seinen
Gläubigern massvoll zugut kommen (vgl. auch BGE *106* III 16 betref-
fend Beitragspflicht einer Konkubine).

Immerhin ist nicht das gesamte Einkommen der *unmündigen Kinder* zuzurechnen,
sondern bloss ein angemessener Beitrag daraus. Überdies haben die mitverdienenden
Kinder Anspruch auf Befriedigung ihres normalen Bedarfs, nicht bloss des Notbedarfs
(BGE *104* III 77).
Bezüglich des Vorgehens im Falle eines mitverdienenden *Ehegatten* siehe unten N. 66.

Besondere Einkommensverhältnisse

– *Saisonlohn* muss auf ein Jahr verteilt werden; denn der Saisonarbeiter 60
  muss seinen und seiner Familie Jahresunterhalt daraus bestreiten.
– *Schwankender Lohn* gibt dem Schuldner Anspruch auf einen Ausgleich, wenn der Lohn während der Pfändungsperiode zeitweise unter
  das Existenzminimum fällt. Dann muss mit Auszahlungen an den
  Gläubiger solange zugewartet werden, bis feststeht, welcher Betrag
  nach Vornahme des Ausgleichs übrigbleibt (BGE *112* III 21).

c) *Die Bemessung des Notbedarfs*

Der Betreibungsbeamte hat das gesetzlich garantierte Exi- 61
stenzminimum in jedem Einzelfalle nach seinem *Ermessen* festzuset-
zen. *Richtlinien* der Konferenz der Betreibungs- und Konkursbeamten
der Schweiz sowie der kantonalen Aufsichtsbehörden mögen ihm dabei
behilflich sein, entbinden ihn aber nicht von der Pflicht zu selbständiger
Entscheidung (BGE *86* III 10). Sofern kein Ermessensmissbrauch vorliegt, kann sein Entscheid nur wegen Unangemessenheit angefochten
werden (§ 6 N. 15 f.). Dazu sind nicht nur der Gläubiger und der
Schuldner legitimiert, sondern auch die Familienangehörigen des
Schuldners, welche durch die Verfügung betroffen werden (BGE *116*
III 77).

Zu bestimmen ist der *tatsächliche, objektive Notbedarf* des Schuldners 62
und seiner Familie, nicht etwa der standesgemässe oder gar der gewohn-
te Bedarf. Dabei sind zu berücksichtigen:

- in erster Linie der notwendige *Unterhalt des Schuldners und seiner Familie* sowie weiterer unterstützungsberechtigter Personen (BGE *107* III 76 f.); die Pflichten gegenüber der Familie (in diesem weiten Sinne) gehen denjenigen gegenüber den Gläubigern vor;
- die effektiven Existenzbedingungen in den verschiedenen städtischen und ländlichen Verhältnissen.

63   Im einzelnen ist auszugehen von einem *monatlichen Grundbetrag* (für Nahrung, Kleidung, Körperpflege, Strom, Wasser, PTT und kulturelle Bedürfnisse; hinzu kommen *Zuschläge* für:
- effektive Miete, Heizung, Kosten eines Wohnungswechsels, Hypothekarzins, notwendige Unterhaltskosten, obligatorische Versicherungen für das eigene Haus,
- Ausbildung der Kinder,
- Sozialversicherungsbeiträge (AHV/IV/EO/BVG/UVG/ALV),
- notwendige Berufsauslagen,
- rechtlich oder moralisch geschuldete Unterhaltsbeiträge an Personen, die nicht im Haushalt des Schuldners leben,
- Abzahlung auf oder Miete für Kompetenzgut,
- Auslagen für Krankenkasse, Arzt, Arznei, Geburt, Pflege.

64   *Nicht* zum Notbedarf zählen dagegen beispielsweise:
- alle nicht wirklich bezahlten Beträge (BGE *112* III 23, *121* III 20 ff.),
- Prämien für eine freiwillig abgeschlossene Lebensversicherung (BGE *116* III 81),
- Aufwendungen für den Besuch einer Privatschule (BGE *119* III 73) oder für eine höhere Ausbildung (z. B. ein Hochschulstudium) volljähriger Kinder (BGE *98* III 34),
- Steuern (BGE *95* III 42),
- überdurchschnittlich hohe Wohnkosten, wobei aber dem Schuldner vor einer Herabsetzung des Mietzuschlages eine angemessene Anpassungsfrist einzuräumen ist (BGE *119* III 73),
- Aufwendungen für Kinder, die der Schuldner entgegen einer gerichtlichen Obhuts- und Unterhaltsregelung freiwillig zu sich nimmt (BGE *120* III 16 ff. – wohl allzu formaljuristisch).

65   Eine in krasser Missachtung des Notbedarfs vollzogene Einkommenspfändung, die den Schuldner in eine unhaltbare Lage brächte, wäre nichtig (SchKG 22; BGE *105* III 49).

d)   *Berechnung der pfändbaren Quote im Falle des mitverdienenden Ehegatten*

66   Ist sowohl der Schuldner als auch sein Ehegatte erwerbstätig, muss der Regelung der gemeinsamen Unterhaltspflicht für die Familie (ZGB 163) Rechnung getragen werden. Zunächst werden die *Nettoeinkommen der beiden Ehegatten* und ihr *gemeinsames Existenzminimum* (Grundbetrag für Ehepaar und Kinder nebst zu berücksichtigenden Zuschlägen bzw. Abzügen) bestimmt; dieses wird dann im Verhältnis der beiden Nettoeinkommen auf die Ehegatten aufgeteilt. Der pfändba-

re Teil des Einkommens des betriebenen Ehegatten ergibt sich hierauf durch Abzug seines Anteils am Existenzminimum von seinem Nettoeinkommen (BGE *114* III 15 f., *116* III 78).

Besondere Unterhaltsvereinbarungen zwischen den Ehegatten (die zivilrechtlich durchaus gültig sind) sind in dem Umfang, wie sie abgeändert und den Verhältnissen des Schuldners angepasst werden können, für das Betreibungsamt nicht verbindlich; denn dadurch könnte willkürlich das Existenzminimum des betriebenen Ehegatten zum Nachteil seiner Gläubiger verändert werden (BGE *116* III 79).

e)   Sonderfall der Betreibung für Unterhaltsansprüche

Dem *für Unterhaltsbeiträge betriebenen Schuldner* wird das Existenzminimum nicht unbedingt gewährleistet; denn dann spielt auch das Existenzminimum des Alimentengläubigers – z. B. eines ausserehelichen Kindes oder des getrennt lebenden oder geschiedenen Ehegatten und der ihm zugesprochenen Kinder – eine Rolle. Solange dieses gewahrt ist, muss auch dasjenige des Schuldners respektiert werden. Ist es aber nicht mehr gedeckt, kann sich der Schuldner nicht auf sein eigenes Existenzminimum berufen. Dann muss er sein unzureichendes Einkommen mit dem ebenfalls notbedürftigen Alimentengläubiger teilen, und zwar so, wie wenn dieser zu seiner Familie gehörte. Schuldner und Gläubiger erleiden auf diese Weise verhältnismässig die gleiche Einbusse auf ihrem Notbedarf (BGE *105* III 50). 67

Nach der vom Bundesgericht entwickelten Formel (BGE *111* III 16) muss demnach das Einkommen des Schuldners so verteilt werden, dass sich der dem Alimentengläubiger zufallende Teilbetrag (die pfändbare Quote *X*) zu dem von ihm als Notbedarf zu beanspruchenden Unterhaltsbeitrag *(U)* gleich verhält, wie das ganze Einkommen des Schuldners *(E)* zum gesamten Notbedarf des Schuldners und seiner Familie mit Einschluss des Gläubigers *(N)*. Daraus ergibt sich die Formel: 68

$$\text{pfändbare Quote } X = \frac{E \cdot U}{N}$$

Das *Vorrecht des Unterhaltsgläubigers auf Eingriff in das Existenzminimum des Schuldners* besteht jedoch nur für Unterhaltsforderungen aus dem letzten Jahr vor der Zustellung des Zahlungsbefehls. Ausserdem muss der Unterhaltsgläubiger zur Deckung seines eigenen Notbedarfs auf den Beitrag des Schuldners angewiesen sein, andernfalls wäre der Eingriff nichtig (BGE *111* III 18 ff.). Da es sich um ein privilegium personae handelt, steht es ausschliesslich dem Berechtigten selber zu, haftet also nicht an der Forderung, weshalb es von einem Dritten – selbst im Falle von ZGB 289 II – nicht geltend gemacht werden kann (BGE *116* III 12). 69

C.   Vollzug und Durchführung der Einkommenspfändung

a)   *Die Form des Vollzuges*

70   Auch die Einkommenspfändung wird durch *Pfändungserklärung gegenüber dem Schuldner* vollzogen; rechtsgültig ist sie aber nur, wenn alle Bemessungsgrundlagen, insbesondere die Berechnung des Notbedarfs, aus der Pfändungsurkunde ersichtlich sind (BGE *100* III 15, *110* III 59).

71   Wo möglich wird sicherungshalber, wie bei einer gewöhnlichen Forderungspfändung, dem Schuldner des Betriebenen (seinem jeweiligen Arbeitgeber oder dem Rentenschuldner) angezeigt, dass er den gepfändeten Einkommensteil befreiend nur noch an das Betreibungsamt leisten könne (SchKG 99; BGE *109* III 11). Dieses überweist den Betrag nach Deckung seiner Kosten dem Gläubiger.

72   Ist der Schuldner der gepfändeten Leistung nicht bekannt und deshalb eine Zahlungssperre nicht möglich, bleibt nur übrig, den Betriebenen mit der Pfändungserklärung anzuhalten, den gepfändeten Betrag jeweils selber dem Amt abzuliefern. Auf diese Weise muss namentlich bei der Pfändung von nicht in den Preisen inbegriffenen Trinkgeldern sowie in der Regel auch bei der Pfändung von Einkommen aus selbständiger Erwerbstätigkeit vorgegangen werden. Praktisch wird eine derartige Pfändung somit wie eine Sachpfändung behandelt; demzufolge hat die Verletzung des Pfändungsbeschlages die gleichen Wirkungen wie im Falle der Verfügung über eine gepfändete Sache (StGB 169; BGE *82* IV 187, *84* IV 155).

b)   *Modifikationen des Vollzuges (Revision)*

73   Die Pfändung künftigen Einkommens muss unter Umständen im Laufe der Pfändungsdauer veränderten Verhältnissen angepasst werden (SchKG 93 III).

Eine solche Revision kann namentlich angezeigt sein, wenn
– der Schuldner seinen Wohnsitz, den Beruf, die Stelle oder von selbständiger zu unselbständiger Arbeit und umgekehrt wechselt (BGE *107* III 81);
– oder wenn sich seine familiären Verhältnisse oder die Bedürftigkeit eines Unterhaltsgläubigers ändern (BGE *108* III 13, *111* III 17 f., *116* III 19 f.);
– oder wenn ein Ersatzeinkommen wegfällt (BGE *119* III 17);
– aber auch, wenn dem Schuldner neue Verpflichtungen erwachsen (z. B. infolge Abschlusses einer Krankenversicherung oder eines Mietvertrages; BGE *121* III 23).

74   In solchen Fällen bleibt zwar die Pfändung grundsätzlich bestehen, doch soll das Betreibungsamt sie von Amtes wegen *der neuen Sachlage*

entsprechend modifizieren; jede Partei hat aber Anspruch darauf, vor einer Änderung zu ihren Ungunsten angehört zu werden (BGE *101* III 68).

Bei einem Wohnsitzwechsel sind die neuen Einkommens- und Lebensverhältnisse des Schuldners nötigenfalls auf dem Wege der Rechtshilfe abzuklären. Das pfändende Amt bleibt jedoch bis zur Erledigung der laufenden Betreibung zuständig (SchKG 4, 53).

Stellen weitere Gläubiger nach Ablauf der Teilnahmefrist (SchKG 110 I), aber noch während der Dauer der Einkommenspfändung das Fortsetzungsbegehren, so kann der pfändbare Einkommensteil für diese ebenfalls gepfändet werden, jedoch nur soweit er nicht schon für den ersten Gläubiger mit Beschlag belegt ist und wiederum nur für die Dauer eines Jahres vom Tage der neuen Pfändung an gerechnet (BGE *116* III 20). 75

c)   *Die Durchführung der Einkommenspfändung bei bestrittener Forderung*

Die Abwicklung einer Einkommenspfändung bietet so lange keine Schwierigkeiten, als der Leistungsschuldner den gepfändeten Einkommensteil regelmässig abliefert. Der Einzug der fälligen Beträge erübrigt eine besondere Verwertung (BGE *116* III 59). 76

Ist hingegen der gepfändete Anspruch des Schuldners *bestritten* oder erhebt der Leistungsschuldner eine *Einrede,* die der betreibende Gläubiger nicht anerkennt (z. B. die Einrede der Verrechnung mit Gegenansprüchen), muss das gepfändete Guthaben *als bestrittene Forderung gepfändet und verwertet* werden (BGE *109* III 13). Das geschieht dann meist nicht durch Versteigerung des Guthabens, sondern durch Forderungsüberweisung gemäss SchKG 131; der Erwerber der Forderung mag sich anschliessend mit dem Leistungsschuldner nötigenfalls auf dem Prozessweg – im Prätendentenstreit (OR 168), nicht im Widerspruchsverfahren – auseinandersetzen (vgl. § 24 N. 13). 77

d)   *Das Verhältnis der Pfändung künftigen Einkommens zu einer bestehenden Zession*

Künftiges Einkommen kann nicht nur amtlich gepfändet, sondern, soweit es pfändbar ist, auch durch privates Rechtsgeschäft abgetreten oder verpfändet werden – allerdings, wenn Lohn, nur zur Sicherung familienrechtlicher Unterhalts- und Unterstützungspflichten (OR 325; BGE *117* III 52). Eine *nach* der Pfändung vorgenommene Abtretung künftigen Einkommens bleibt jener gegenüber immer wirkungslos. 78

Hingegen geht – nach herrschender Praxis – eine Abtretung *vor* der Pfändung dieser vor (BGE *107* III 83); dann wird nur gepfändet, wenn der Gläubiger die Gültigkeit der Zession bestreitet, und zwar als bestrittene Lohnforderung (siehe oben).

79   Solange jedoch eine solche *vorbestehende Abtretung* dem gutgläubigen *debitor cessus* (z. B. dem Arbeitgeber) nicht angezeigt ist (OR 167; stille Zession), braucht auf sie keine Rücksicht genommen zu werden: bis zur Notifikation hat die Lohnpfändung Vorrang; erst nachher kann der *debitor cessus* nicht mehr mit befreiender Wirkung an das Betreibungsamt zahlen (BGE *95* III 9, *107* III 83).

Im Konkurs dagegen ist unbestritten, dass trotz einer vorbestehenden generellen Debitorenzession *nach* der Konkurseröffnung entstehende Einzelforderungen in die Konkursmasse fallen (BGE *111* III 75). Es besteht kein Grund, bei der Pfändung eine vorbestehende *Lohnabtretung* anders zu behandeln; denn auch hier ist der Schuldner nach dem Vollstreckungsbeschlag ja nicht mehr verfügungsberechtigt (§ 22 N. 67 f.): folgerichtig müssten die *während der Pfändungsdauer* fällig werdenden Lohnbetreffnisse den Pfändungsgläubigern zugut kommen.

2.   Die Pfändbarkeit von Früchten vor der Ernte

a)   Gesonderte Pfändung der hängenden und stehenden Früchte

80   Hängende und stehende Früchte können nur solange gesondert gepfändet werden, als nicht schon das Grundstück, das sie abwirft, selber gepfändet ist; denn dann gelten sie als mitgepfändet (SchKG 102 I, VZG 14 I).

Blosse *Verpfändung* des Grundstücks schliesst dagegen die gesonderte Pfändung der Früchte nicht aus; doch bleiben die Vorrechte der Grundpfandgläubiger auf die Früchte gewahrt (unten N. 85).

81   Die gesonderte Pfändbarkeit der natürlichen Früchte vor der Ernte ist auf die *Reifezeit* hinausgeschoben: auf den Wiesen ab 1. April, auf den Feldern ab 1. Juni und in den Rebgeländen ab 20. August (SchKG 94 I). Vor diesen Daten ist die Pfändung der erwarteten Ernte (z. B. Heu, Getreide, Feldfrüchte, Trauben) nicht erlaubt, weil noch nicht sicher erkennbar ist, was heranwächst. Die Pfändung wäre nichtig (absolute Unpfändbarkeit).

82   Diese Pfändungsbeschränkung besteht vor allem im Interesse des Gläubigers an einer ordentlichen Bewirtschaftung des Grundstücks durch den Schuldner. Im Interesse des Schuldners liegt das ergänzende

Gebot, natürliche Früchte nicht ohne dessen Zustimmung vor ihrer vollen Reife zu verwerten (SchKG 122 II).

Andererseits schützt das Gesetz den während der Dauer der Un- 83 pfändbarkeit machtlosen Gläubiger, indem es die Veräusserung der Ernte vor ihrer Pfändbarkeit ihm gegenüber als ungültig erklärt (SchKG 94 II).

b)   *Pfändung des Grundstücks*

Wird das Grundstück gepfändet, spielt die zeitliche Beschrän- 84 kung der Pfändbarkeit der Früchte keine Rolle. Solange die Pfändung dauert, können die Früchte nicht mehr gesondert gepfändet werden (BGE *94* III 12; oben N. 80).

c)   *Rechte der Grundpfandgläubiger*

Da die Früchte bis zur Ernte zivilrechtlich als Bestandteile des 85 Grundstücks gelten, werden sie von einer Verpfändung desselben miterfasst (ZGB 643, 805 I). Die Rechte des Grundpfandgläubigers gehen der Pfändung der Früchte vor, sofern dieser vor ihrer Verwertung die Betreibung auf Verwertung des Grundpfandes einleitet (SchKG 94 III). Darum muss die Pfändung des Grundstücks oder die gesonderte Pfändung der Früchte den Grundpfandgläubigern mitgeteilt werden (SchKG 102 II, VZG 14 II; § 22 N. 88).

§ 24   Das Widerspruchsverfahren

I.   *Funktion des Widerspruchsverfahrens*

1.   Die Ausgangslage

Dem Betreibungszweck entsprechend dürfen nur Vermögens- 1 werte des Schuldners gepfändet werden; die Pfändung von Gegenständen, die offensichtlich einem Dritten gehören, wäre nichtig (BGE *105* III 112; § 23 N. 2 f.). Indessen kann die rechtliche Zugehörigkeit einer Sache unklar oder umstritten sein: so wenn der Schuldner behauptet, ein Dritter sei daran berechtigt, oder wenn ein Dritter selber das Recht darauf für sich beansprucht.

2   Solche Vermögenswerte sollen, um einen kostspieligen und zeitraubenden Rechtsstreit zu vermeiden, möglichst nicht zur Vollstreckung herangezogen werden oder dann erst in letzter Linie (SchKG 95 III), und selbst dann nur,
   – wenn dem Betreibungsbeamten die Berechtigung des Schuldners zumindest als *möglich* erscheint,
   – oder wenn der Gläubiger die Pfändung ausdrücklich *verlangt* und die Berechtigung des Schuldners *glaubhaft* macht; dann darf sogar ein Grundstück gepfändet werden, das im Grundbuch auf den Namen eines Dritten eingetragen ist (VZG 10).

3   Das gleiche gilt auch, wenn zwar die Zugehörigkeit zum Schuldnervermögen unbestritten ist, jedoch Rechte eines Dritten am Pfändungsgegenstand geltend gemacht werden, die – wie vor allem ein Pfandrecht – demjenigen des Pfändungsgläubigers vorgehen.

4   In keinem Falle solcher Drittansprüche können die Vollstrekkungsorgane über die materielle Rechtslage verbindlich entscheiden. Sie dürfen aber deshalb nicht einfach von der Pfändung absehen. Vielmehr sind sie zum Vollzug verpflichtet, wenn ihre summarische Prüfung der Verhältnisse – unter Berücksichtigung nur liquider Beweismittel – ergibt, dass die Berechtigung des Schuldners nicht offensichtlich auszuschliessen ist (BGE *107* III 72).

2.   Die Funktion

5   Die Pfändung von Vermögenswerten, an denen Rechte Dritter geltend gemacht sind, ruft nach einer einwandfreien *Klärung der Rechtslage.* Daran ist vor allem der Drittansprecher interessiert; denn die Pfändung und besonders die ihr folgende Verwertung würden seine Rechte beeinträchtigen. Zunächst hindert ihn die Pfändung daran, sein Eigentum auszuüben. Die Verwertung würde ihn sodann nötigen, die Sache vom Erwerber herauszufordern, was jedoch an dessen Gutgläubigkeit scheitern könnte. Beansprucht der Dritte ein Pfandrecht, ginge ihm die Pfanddeckung verloren.

6   Die Klärung der Rechtslage liegt aber auch im Interesse des Betreibungszweckes, zumal die Aussicht auf eine vorteilhafte Verwertung natürlich günstiger ist, wenn der künftige Erwerber der Sache nicht mit Ansprüchen eines Besserberechtigten rechnen muss.

7   Diesem Bedürfnis aller Beteiligten entspricht das Widerspruchsverfahren. Es bezweckt, die Begründetheit des Drittanspruchs für die laufende Vollstreckung zu klären. Wird der Anspruch geschützt, so bewirkt

dies die Freigabe des umstrittenen Vermögenswertes, oder, wo ein Pfandrecht geltend gemacht wird, dessen vorrangige Berücksichtigung (BGE *119* III 25). Wird er abgelehnt, kann die Vollstreckung ungehindert ihren Fortgang nehmen.

3.   Der Verfahrensgang

Das Widerspruchsverfahren kommt immer von Amtes wegen   8
in Gang, sobald das Betreibungsamt von einer Drittansprache an dem zu pfändenden oder schon gepfändeten Vermögenswert – d. h. vom «Widerspruch» gegen vorbehaltlose Pfändung – Kenntnis erhält. Der weitere Verlauf des Verfahrens hängt dann ganz von der Initiative der interessierten Personen ab. Es beginnt in jedem Falle mit einem administrativen Vorverfahren, das sich zum gerichtlichen Widerspruchsprozess ausweiten kann. Dabei ist der Gewahrsam am gepfändeten Vermögenswert für den Ablauf des Vorverfahrens bzw. für die Verteilung der Parteirollen im allfälligen Widerspruchsprozess entscheidend.

II.   *Gegenstand des Widerspruchsverfahrens*

Das Gesetz nennt als solchen allgemein «*Rechte Dritter am*   9
gepfändeten Gegenstand» (SchKG 106 ff.). Darunter ist jeder Anspruch zu verstehen, der dem vollstreckungsrechtlichen Zugriff des Pfändungsgläubigers vorgeht (SchKG 106 I): entweder schliesst er die Pfändung gänzlich aus (wie z. B. das Eigentum) oder er lässt sie zumindest zurücktreten (wie z. B. ein Pfandrecht). Immer aber muss es sich um einen Anspruch handeln, der *materiellrechtlich* begründet werden kann.

Ist das geltend gemachte Recht nur betreibungsrechtlicher Natur – z. B. auf einer bereits bestehenden Pfändung des Vermögenswertes zugunsten einer vorangehenden Pfändungsgruppe beruhend –, so ist die Streifrage – etwa ob eine neuerliche Pfändung zulässig sei – im Beschwerdeverfahren zu beurteilen.

Solche (vorgehenden) Ansprüche Dritter am Pfändungsgut können sein:
- Das *Eigentum* – Allein- oder gemeinschaftliches Eigentum – oder ein   10
  Pfandrecht (auch das Retentionsrecht: BGE *96* III 66) an einer *beweglichen Sache* oder an einem *Wertpapier* (SchKG 37);
- der *Eigentumsvorbehalt* (ZGB 715 f.), der betreibungsrechtlich wie   11
  ein Pfandrecht behandelt wird (Kreisschreiben Nr. 29 des Bundesge-

richts vom 31. 3. 1911 = BBl. 1911 III 514; BGE *101* III 23; § 27 N. 31);

Es steht dem Verkäufer aber auch frei, sein Eigentum geltend zu machen (ZGB 716); dann fällt die Sache aus dem Pfändungsnexus heraus, und es ist an ihrer Stelle der Anspruch des Käufers auf Rückerstattung des Kaufpreises zu pfänden (Kreisschreiben Nr. 14 des Bundesgerichts vom 11. 5. 1922 = BGE *48* III 107).

12   – *Eigentum* – Allein- oder gemeinschaftliches Eigentum – oder ein *Pfandrecht* oder ein anderes *beschränktes dingliches* bzw. *realobligatorisches Recht* an einem *Grundstück* (SchKG 37);

Namentlich handelt es sich um Grundpfandrechte (auch öffentlichrechtliche), Grunddienstbarkeiten, Nutzniessungsrechte sowie um die im Grundbuch vorgemerkten persönlichen Rechte, wie Miete und Pacht (OR 261 b, 290), Vorkaufs-, Rückkaufs- oder Kaufsrechte (ZGB 681 ff., OR 216, BGBB 42, 47, 49, 56; siehe auch § 28 N. 3, 22); bezüglich Stockwerkeigentum (ZGB 712 a ff.) des Schuldners s. BGE *99* III 9. Streitigkeiten um solche Rechte Dritter an Grundstücken werden im funktionsgleichen *Lastenbereinigungsverfahren* geklärt (§ 28 N. 30 ff.).

13   – das *Gläubiger- oder Pfandrecht* an der gepfändeten *Forderung;*

Ist nicht das Gläubigerrecht streitig, sondern der Bestand der Forderung an sich (z. B. weil der Drittschuldner die Verrechnung geltend macht), so ist die Forderung als *bestritten* zu pfänden, und es kommt dann gar nicht zum Widerspruchsverfahren. Auch der Streit um die Zession einer gepfändeten *Lohnforderung* ist nicht im Widerspruchsverfahren, sondern im *Prätendentenstreit* (OR 168) zu beurteilen (BGE *88* III 115, *120* III 18 ff.; § 23 N. 77).

14   – der *Rang eines Rechtes* an der gepfändeten Sache (so z. B. der Rang mehrerer Pfandrechte an derselben Sache).

Über den Rang kann also nicht nur im Kollokationsprozess (vgl. § 30 N. 17 ff.), sondern schon im Widerspruchsprozess entschieden werden (BGE *68* III 24).

15   – Sogar *obligatorische Ansprüche auf Sachrückgabe* können Gegenstand des Widerspruchs sein, so jener des Vermieters, Verpächters, Verleihers, Hinterlegers oder Verpfänders, die nicht Eigentümer der Sache sind; diese Personen stützen sich auf ZGB 931. Andere obligatorische Ansprüche wie auf Übereignung bzw. Gebrauchsüberlassung einer Sache *(*z. B. der Anspruch des Beschenkten, des Käufers oder des Mieters auf Übergabe der Schenkungs-, Kauf- oder Mietsache) fallen hingegen ausser Betracht.

16   – Wird *fiduziarisches Vermögen* des Schuldners (Fiduziars) gepfändet, so kann der Dritte (Fiduziant) seinen Widerspruch auf OR 401 stützen, gleichgültig, ob es sich dabei um das ursprüngliche (d. h. um das vom Fiduzianten anvertraute) oder um erworbenes Treugut handelt (anders BGE *117* II 429 ff.; s. dazu aber § 40 N. 29).

Das gilt auch für *Geldbeträge,* die beim Fiduziar für Rechnung des Fiduzianten eingegangen sind, falls sie genügend individualisiert bzw. segregiert wurden (BGE *102* II 303 ff.).

Nicht auf OR 401 angewiesen ist der Fiduziant, wenn der Schuldner das Gut in *direkter Stellvertretung* (OR 32 ff.) erworben hat; dann kann er es gleich als Eigentümer herausverlangen.

- Sodann ergeben sich auch aus dem *Familienrecht* Widerspruchsrechte: 17
    - das Recht des Ehegatten des Schuldners unter Errungenschaftsbeteiligung oder Gütertrennung, sich in der Betreibung für eine Schuld des anderen gegen die Pfändung des eigenen Eigengutes bzw. der eigenen Errungenschaft zu widersetzen (s. auch § 21 N. 15);
    - das Recht jedes Ehegatten unter Gütergemeinschaft, sich in der Betreibung des andern der Pfändung von Objekten des Gesamtgutes oder des eigenen Eigengutes zu widersetzen (SchKG 68 b I, II; vgl. § 21 N. 25);
    - das Recht des gesetzlichen Vertreters oder Verwaltungsbeirats in der Betreibung gegen einen unmündigen, entmündigten oder unter Verwaltungsbeiratschaft stehenden Schuldner für eine Forderung, die im Rahmen seines freien Vermögens begründet wurde (ZGB 323, 395 II; 414), der Pfändung von Vermögenswerten, die nicht zum freien Vermögen gehören, zu widersprechen (SchKG 68 e; vgl. z. B. BGE *58* III 85; § 8 N. 18).
- Schliesslich kann auch der Streit um die *Begünstigung eines Dritten*   18 *aus einer Lebensversicherung des Schuldners* im Widerspruchsverfahren geklärt werden (§ 23 N. 40).

III.   *Voraussetzung des Widerspruchsverfahrens*

1.   Die Anmeldung des Drittanspruchs

Ohne Kenntnis des Drittanspruchs kann das Betreibungsamt   19 das Widerspruchsverfahren nicht einleiten; er muss deshalb bei ihm angemeldet werden (BGE *97* III 64).

Die *Anmeldung* kann von einem Dritten oder vom Schuldner ausge   20 hen (SchKG 95 III und 106 I und II); als anmeldender Dritter kommt der Drittansprecher selbst oder sonst ein Dritter in Betracht, der die Sache besitzt und die Berechtigung eines anderen daran behauptet (z. B. der Mieter, der das Eigentum des Vermieters geltend macht).

21   In der Anmeldung, die schriftlich oder mündlich erfolgen kann, ist der
Gegenstand, an dem der Anspruch geltend gemacht wird, genau zu
bezeichnen und das *behauptete Recht* (z. B. Eigentum oder Pfandrecht)
sowie der *angeblich Berechtigte* (z. B. Eigentümer oder Pfandgläubiger)
zu nennen (BGE *109* III 56). Wird ein Pfandrecht oder ein Eigentumsvorbehalt beansprucht, so muss ausserdem der Betrag angegeben werden, für den der Drittansprecher vor dem pfändenden Gläubiger Dek-
kung verlangt. Nur wenn alle diese Voraussetzungen erfüllt sind, ist das
Betreibungsamt in der Lage, das Widerspruchsverfahren richtig in Gang
zu bringen (BGE *84* III 159 f.).

2.   Der Zeitpunkt der Anmeldung

22   Der Drittanspruch kann grundsätzlich solange angemeldet
werden, als die Durchführung des Widerspruchsverfahrens im Rahmen
der Betreibung überhaupt noch einen Sinn hat. Eine bestimmte gesetzliche Befristung dafür besteht deshalb nicht. Praktisch verhält es sich
aber folgendermassen:

23 – Die Anmeldung kann bereits *anlässlich der Pfändung* erfolgen
(SchKG 95 III). Dazu ist der Dritte aber nur imstande, wenn er davon
Kenntnis hat, was in der Regel nur zutreffen wird, wenn sich die zu
pfändende Sache in seinem Besitz befindet (22 N. 34).

24 – War der Dritte nicht in der Lage, seine Rechte bereits bei der Pfändung anzumelden, so kann er das *jederzeit bis zur Verteilung* nachholen; nach der Verwertung bezieht sich der Drittanspruch auf den Erlös
des verwerteten Gegenstandes (SchKG 106 II). Sobald der Anspruch
angemeldet ist und solange über ihn noch nicht endgültig entschieden
ist, darf der Verwertungserlös nicht verteilt werden; denn nach der
Verteilung versagt das Widerspruchsverfahren, weil damit die Vollstreckung durchgeführt ist.

Anstelle des ursprünglichen Anspruchs des Dritten tritt dann ein *Bereicherungsan-
spruch* gegen den Schuldner. Unter Umständen kann der Dritte aber auch Schadenersatz fordern, sei es vom Schuldner, der den Anspruch bei der Pfändung nicht angemeldet hat, sei es von einem bösgläubigen Gläubiger, der vom Drittanspruch Kenntnis
hatte oder haben musste. Auch die Staatshaftung kann er geltend machen (SchKG
5 ff.), wenn es der Betreibungsbeamte unterlassen haben sollte, das Widerspruchsverfahren einzuleiten (BGE *59* III 184).

25 – Hat der Dritte aber einmal von der Pfändung des von ihm beanspruchten Vermögenswertes Kenntnis erhalten und steht die Pfändung unanfechtbar (SchKG 17 ff.) fest, soll er sich *binnen angemessener Frist* melden. Jedenfalls darf er die Anmeldung nicht arglistig,

gegen Treu und Glauben, hinauszögern (BGE *120* III 125, 127). Das wäre z. B. der Fall, wenn er unnötigerweise damit zuwartete, wohl wissend, dadurch den Gang der Betreibung zu stören oder den Gläubiger zu überflüssigen Rechtshandlungen zu veranlassen oder von notwendigen Schritten abzuhalten. Bei derlei Machenschaften wird der Dritte dem Gläubiger gegenüber nicht nur zivilrechtlich haftbar, sondern er *verwirkt* zudem *das Recht auf Widerspruch* im hängigen Verfahren (nicht aber seinen materiellrechtlichen Anspruch!). Der gepfändete Vermögenswert kann dann ohne Rücksicht auf das Drittrecht verwertet und der Erlös verteilt werden, wodurch der Dritte zu Verlust kommt. Nur *entschuldbare Gründe* könnten ihn vor diesen Konsequenzen bewahren.

Z. B. grosse Distanz, sprachliche Schwierigkeiten, Unvertrautheit eines ausländischen Ansprechers mit dem schweizerischen Verfahren, die Notwendigkeit für eine Bank, sich mit ihrem Kunden abzusprechen, der Umstand, dass der Ansprecher von der Pfändung nicht persönlich Kenntnis erhalten hat, oder der Umstand, dass der Gläubiger mit einem Drittanspruch hat rechnen müssen (BGE *120* III 125).

Wegen dieser schwerwiegenden Folgen ist mit der Annahme verfahrensrechtlicher Verwirkung grösste Zurückhaltung geboten. Rechtsverlust kann, wo es das Gesetz nicht ausdrücklich anders vorschreibt, nur im Falle eines offensichtlichen Rechtsmissbrauchs eintreten (ZGB 2 II; BGE *114* III 95).   26

3.   Regelung für Ansprüche auf gestohlene oder verlorene Sachen

Dem früheren Besitzer einer abhanden gekommenen oder   27
gestohlenen Sache stehen die *sachenrechtlichen Verfolgungsrechte (droits de suite)* zur Verfügung (ZGB 934 ff.). Diese kann er nicht nur gegen den betriebenen Schuldner – im Widerspruchsverfahren gegen den Pfändungsbeschlag – geltend machen, sondern auch noch nach der Verwertung bzw. Verteilung des Erlöses gegenüber jedem späteren Erwerber der Sache (SchKG 106 III).

So kann die verwertete Sache sogar *vom gutgläubigen Ersteigerer*   28
zurückverlangt werden, allerdings nur befristet und gegen volle Entschädigung (ZGB 934 I und II). Dabei lässt das Betreibungsrecht erst noch den vollstreckungsrechtlichen Freihandverkauf (nach SchKG 130) als öffentliche Versteigerung i. S. von ZGB 934 II gelten (SchKG 106 III Satz 2). Gegenüber einem *bösgläubigen Erwerber* ist das Verfolgungsrecht unbefristet (ZGB 936).

29   *Neben* dieser (zivilrechtlichen) Sachverfolgung steht dem Dritten im
(betreibungsrechtlichen) Widerspruchsverfahren immer noch wenigstens der Anspruch auf den allenfalls noch nicht verteilten Verwertungserlös zu – insbesondere zur Finanzierung des Lösungsrechtes nach ZGB
934 II (SchKG 106 II; vgl. auch BGE *71* III 120 f., *74* III 68 f.).

IV.   Das Vorverfahren

1.   Allgemeines

30   Liegt eine gültige Anmeldung vor – worüber das Betreibungsamt (allenfalls die Aufsichtsbehörde) zu befinden hat –, so wird der geltend gemachte Anspruch in der Pfändungsurkunde vorgemerkt oder,
wenn diese bereits zugestellt ist, den Betreibungsparteien durch besondere Mitteilung angezeigt (SchKG 106 I). Gleichzeitig muss nun das Betreibungsamt das Widerspruchsverfahren eröffnen; mittels Beschwerde
wegen Rechtsverweigerung kann es dazu gezwungen werden.

a)   *Die Bedeutung des Gewahrsams für den Verfahrensgang*

31   Einleitung und Durchführung des Widerspruchsverfahrens
sind verschieden, je nachdem ob sich die gepfändete Sache im Gewahrsam des Schuldners oder des Drittansprechers oder in gemeinsamem
Gewahrsam des Dritten und des Schuldners befindet (SchKG 107 und
108). Die Anknüpfung an den Gewahrsam geht aus von der Vermutung,
dass dessen Inhaber auch das bessere Recht auf die Sache habe. Darum
soll er in einem allfälligen Widerspruchsprozess die prozessual günstige-
re Rolle des Beklagten einnehmen dürfen (BGE *101* III 26). Das Vorverfahren bereitet diese Parteirollenverteilung vor nach der Regel:

32   – Bei *ausschliesslichem Gewahrsam des Schuldners* fällt die Klägerrolle
im Widerspruchsprozess dem Dritten zu: das Verfahren wird nach
SchKG 107 durchgeführt.

– *Gewahrsam des Dritten* – sei es ausschliesslicher oder gemeinsamer
mit dem Schuldner (Mitgewahrsam, unten N. 39) – bedeutet, dass der
den Drittanspruch bestreitende Gläubiger oder der Schuldner klagen
muss, niemals aber der Dritte: Verfahren nach SchKG 108.

– Befindet sich die gepfändete Sache im *Gewahrsam eines Vierten* (z. B.
bei einer Bank, die bei ihr hinterlegte Wertpapiere aufbewahrt),
kommt es darauf an, *für wen* diese Person den Gewahrsam innehat.

Dem Drittansprecher darf auch hier die Klägerrolle nur zugewiesen werden, wenn der Vierte den Gewahrsam über die Sache ausschliesslich für den Schuldner ausübt (BGE *120* III 85, *73* III 63).

b)   *Der Gewahrsam und seine Ersatztatbestände*

Begrifflich versteht man unter Gewahrsam die unmittelbare   33
faktische Herrschaft über eine Sache, verbunden mit der Möglichkeit, sie zu gebrauchen. Wer die tatsächliche Verfügungsmacht in diesem Sinne besitzt, hat den Gewahrsam. Rechtliche Kriterien kommen nur soweit in Betracht, als sie einen Rückschluss auf die tatsächliche Verfügungsmacht zulassen; dabei dürfen aber nur unbestrittene Rechtsverhältnisse berücksichtigt werden (BGE *87* III 12, *110* III 90).

> Gewahrsam und *Besitz* können somit identisch sein, sind es auch meistens, aber nicht   34
> unbedingt. Beim Mietverhältnis zum Beispiel besitzen sowohl der Mieter als auch der
> Vermieter, dieser selbständig, jener unselbständig; den Gewahrsam hat aber regelmässig
> der Mieter inne, weil er die tatsächliche Verfügungsmacht über die Mietsache ausübt.

Im einzelnen ist zu unterscheiden:
– Gewahrsam im dargelegten Sinne gibt es nur *bezüglich beweglicher*   35
Sachen und *Wertpapiere.* Sie kann man tatsächlich und unmittelbar beherrschen und allenfalls auch gebrauchen (SchKG 107 I Z. 1 und 108 I Z. 1).
– *Grundstücke* (und Rechte daran) kann man nicht im Gewahrsam   36
haben. Dessen Funktion übernimmt hier ersatzweise die Aussage des Grundbuchs (SchKG 107 I Z. 3 und 108 I Z. 3).

> Ergibt sich das Recht des Dritten aus dem Grundbuch (Eintrag oder Vormerkung
> desselben), so muss der Gläubiger oder der Schuldner klagen (SchKG 108 I Z. 3);
> spricht das Grundbuch ausschliesslich für das Recht des Schuldners, muss der Dritte
> klagen (SchKG 107 I Z. 3; BGE *85* III 50, *87* III 12).

– *Bei Forderungen,* die nicht in einem Wertpapier verkörpert sind, und   37
anderen Rechten (vgl. auch SchKG 132) wird ersatzweise (anstelle des Gewahrsams) auf die Berechtigung selbst abgestellt. Da aber gerade diese umstritten ist, kommt es für den Entscheid über den «Gewahrsam» zunächst nur auf die *grössere Wahrscheinlichkeit der Berechtigung* an (SchKG 107 I Z. 2 und 108 I Z. 2; BGE *120* III 19 und 85).

> Erscheint die Gläubigereigenschaft des Schuldners als wahrscheinlicher (weil z. B. eine
> nur auf ihn lautende Schuldurkunde vorliegt), muss der Dritte klagen; ist umgekehrt
> eher der Drittansprecher als der wirkliche Gläubiger anzusehen (weil er sich z. B. durch
> eine einwandfreie Zessionsurkunde ausweist), trifft die Klägerrolle den betreibenden
> Gläubiger oder den Schuldner.

Bei registrierten *Immaterialgütern* kann – analog zum Grundbuch – auf den Registerinhalt abgestellt werden.

38   – *Bei Fahrzeugen* wird der Gewahrsam zunächst anhand des Fahrzeugausweises festgestellt. Doch kann dem Dritten die Klägerrolle nur zugeschoben werden, wenn der Schuldner das Fahrzeug ausserdem tatsächlich in seiner Verfügungsmacht hat; andernfalls müsste der Gläubiger gegen den Dritten klagen (BGE *80* III 28).

Beispiel: Der Schuldner gilt – auch wenn der Fahrzeugausweis auf ihn lautet – nicht als Gewahrsamsinhaber, wenn sich das Fahrzeug bei einem Dauermieter befindet oder wenn es ihm gestohlen oder von ihm aufgegeben worden ist (BGE *110* III 91).

39   – *Mitgewahrsam* ist – wie schon angedeutet (oben N. 32) – für das Widerspruchsverfahren stets dann von Bedeutung, wenn der Dritte daran beteiligt ist; denn nur bei ausschliesslichem Gewahrsam des Schuldners darf die Klägerrolle dem Dritten zugeteilt werden.

Mitgewahrsam liegt beispielsweise vor beim *Mitverschluss* eines Faustpfandes, vor allem aber in der *häuslichen Gemeinschaft*. Da können die Ehegatten oder Konkubinatspartner miteinander oder die minder- oder volljährigen Kinder mit den Eltern gemeinsam über Sachen des Haushalts tatsächlich verfügen (BGE *66* III 89, *60* III 107, 117). An *Betriebsgegenständen* eines Ehegatten darf jedoch Mitgewahrsam des anderen nur angenommen werden, wenn dieser nicht bloss dessen Gehilfe ist, sondern in selbständiger Weise, aufgrund eines eigenen Entscheidungs- oder Mitspracherechts, im Betrieb mitarbeitet (BGE *89* III 70 f.).

c)   *Der Entscheid über den Gewahrsam*

40   Die Frage des Gewahrsams oder seiner Ersatzformen beurteilt sich nach den Verhältnissen im Zeitpunkt der Pfändung (BGE *80* III 115, *110* III 92). Der Entscheid des Betreibungsamtes darüber – gegebenenfalls der Beschwerdeentscheid der Aufsichtsbehörde – ist für den Richter in einem nachfolgenden Widerspruchsprozess verbindlich. Der Richter ist somit an die von den Betreibungsbehörden getroffene Verteilung der Parteirollen gebunden. Deshalb ist es wichtig, Beanstandungen rechtzeitig mit Beschwerde vorzubringen.

Wird gegen den Entscheid des Betreibungsamtes Beschwerde geführt, sollte die Aufsichtsbehörde unbedingt um aufschiebende Wirkung ersucht werden, weil die Beschwerde den Lauf der Klagefristen nicht hemmt (SchKG 36).

2.   Das Vorverfahren bei Alleingewahrsam des Schuldners (SchKG 107)

41   Hat ausschliesslich der Schuldner Gewahrsam (im dargelegten Sinne) an der gepfändeten Sache, so eröffnet das Betreibungsamt

das Widerspruchsverfahren, indem es dem Gläubiger und dem Schuldner eine zehntägige *Frist zur Bestreitung* des angemeldeten Drittanspruchs setzt (SchKG 107 II).

Auf Verlangen des Bestreitenden hat der Dritte beim Betreibungsamt innerhalb der Bestreitungsfrist seine Beweismittel vorzulegen, damit jener besser abschätzen kann, ob sich der Widerstand lohnt. Kommt der Dritte dieser Aufforderung nicht nach, so kann dies der Richter nach einem allfälligen Widerspruchsprozess bei der Kostenverlegung berücksichtigen (SchKG 107 III i. V. m. 73 II).

- Wird der *Anspruch des Dritten nicht bestritten,* gilt er als anerkannt   42 (SchKG 107 IV) und das Widerspruchsverfahren ist damit abgeschlossen.
- *Im Falle der Bestreitung* wird der Dritte vor die Wahl gestellt, entwe-   43 der auf die Geltendmachung seines Anspruchs zu verzichten oder den Widerspruchsprozess einzuleiten. Das Betreibungsamt setzt ihm eine Frist von 20 Tagen, gegen den Bestreitenden vor Gericht Klage auf Feststellung seines Anspruchs zu erheben (SchKG 107 V).
  - Lässt der Dritte die Klagefrist unbenützt verstreichen, wird angenommen, er habe auf die Geltendmachung seines Anspruchs verzichtet (SchKG 107 V); auch damit ist das Widerspruchsverfahren abgeschlossen.
  - Reicht er dagegen rechtzeitig Klage ein, so ist das Vorverfahren beendet und der Widerspruchsprozess eingeleitet (SchKG 107 V).

3.   Das Vorverfahren bei Allein- oder Mitgewahrsam des Dritten (SchKG 108)

Hier entfällt das Bestreitungsverfahren, was die weitere Ab-   44 wicklung vereinfacht. Bei Allein- oder Mitgewahrsam des Dritten (SchKG 108 I Z. 2/3) setzt nämlich das Betreibungsamt sogleich dem Gläubiger und dem Schuldner eine 20-tägige *Frist zur Klage auf Aberkennung* des angemeldeten Anspruchs (SchKG 108 II).

- Klagen weder der Gläubiger noch der Schuldner binnen der Frist, gilt   45 der Anspruch des Dritten als anerkannt, und das Widerspruchsverfahren ist abgeschlossen (SchKG 108 III).
- Die rechtzeitig erhobene Klage führt auch hier zum Widerspruchsprozess.

Auch bei dieser Verfahrensweise kann der Dritte aufgefordert werden, während der   46 Klagefrist seine Beweismittel auf dem Betreibungsamt zur Einsicht vorzulegen (SchKG 108 IV).

V. Der Widerspruchsprozess

1. Gegenstand und Rechtsnatur der Widerspruchsklage

47 Der Widerspruchsprozess bildet die Schlussphase des Widerspruchsverfahrens, sofern dieses nicht schon im Vorverfahren abgeschlossen werden konnte. Die Widerspruchsklage zielt jetzt auf die *richterliche Abklärung des Drittanspruchs,* wobei nun auf den Sachverhalt zur Zeit der Urteilsfällung abzustellen ist (BGE *84* III 159, *112* III 100).

48 Zivilprozessual handelt es sich um eine *Feststellungsklage:*
   – eine *positive,* wenn (nach SchKG 107) der Dritte als Kläger das von ihm behauptete Recht feststellen lassen will;
   – eine *negative,* wenn (nach SchKG 108) der Gläubiger oder der Schuldner gegen den Dritten auf Aberkennung seines Anspruchs klagt.

49 Obwohl die Klage materiellrechtlich begründet werden muss (oben N. 9), erfüllt sie einen *rein betreibungsrechtlichen Zweck:* Abklärung der Zusammensetzung des zur Verwertung bereitgestellten Vollstreckungssubstrats für die hängige Betreibung. Das zeigt sich in Fällen, wo z. B. der umstrittene Vermögenswert auf Beschwerde des Schuldners hin als unpfändbar erklärt oder wo die Betreibung auf Beschwerde oder durch richterlichen Entscheid (z. B. nach SchKG 85) aufgehoben wird oder sich als nichtig erweist (BGE *96* III 119, *99* III 14). Derartige Entscheidungen machen die Widerspruchsklage gegenstandslos, weil die betreffende Sache in der laufenden Betreibung nicht mehr beansprucht wird.

50 Das ganze Widerspruchsverfahren (einschliesslich des Widerspruchsprozesses) ist somit – als *Zwischenverfahren* – abhängig vom Schicksal der Betreibung. Fällt diese dahin, wird jenes gegenstandslos, selbst wenn der Drittanspruch materiell tatsächlich streitig sein sollte.

51 Die Widerspruchsklage charakterisiert sich damit als eine betreibungsrechtliche Klage mit Reflexwirkung auf das materielle Recht. Daher unterliegt das *Urteil im Widerspruchsprozess* bei gegebenen Voraussetzungen der Berufung oder der Nichtigkeitsbeschwerde ans Bundesgericht.

   Tritt allerdings der Schuldner gegen den Dritten als Prozesspartei auf, kommt der Klage *materiellrechtliche* Natur zu (vgl. § 4 N. 49), und das Urteil erlangt volle Rechtskraft (siehe unten N. 69).

2. Die Prozessparteien

52 Die Verteilung der Parteirollen durch das Betreibungsamt – als Ergebnis des Vorverfahrens – ist für den Richter verbindlich (oben N. 40).

– Im *Verfahren nach SchKG 107* (Gewahrsam des Schuldners) tritt   53
immer der *Drittansprecher als Kläger* auf. Beklagter ist der Bestreitende: das ist in der Regel der Gläubiger, ausnahmsweise der Schuldner, oder gar beide zusammen (als passive Streitgenossen).

– Im V*erfahren nach SchKG 108* (Gewahrsam des Dritten) ist der *Gläu-*   54
biger der Kläger, der Dritte der Beklagte. Aber auch der Schuldner ist
klageberechtigt, allein oder zusammen mit dem Gläubiger (als aktiver
Streitgenosse).

Ausnahmsweise *muss* der Schuldner sogar gegen den Dritten klagen: nämlich dann,
wenn der Gläubiger an der gepfändeten Sache selber für sich ein Drittrecht geltend
macht; denn gegen sich selber kann der Gläubiger natürlich nicht Klage führen (BGE
52 III 164).

In der Regel stehen sich aber der Gläubiger und der Dritte als Partei-   55
en gegenüber. Dabei darf der Gläubiger – unabhängig von der Parteirol-
le – alle Rechte und Einreden geltend machen, die der Schuldner dem
Dritten gegenüber besitzt. Er kann sich aber auch auf eigenes, nicht vom
Schuldner abgeleitetes Recht berufen, so etwa darauf, der Drittanspruch sei durch eine anfechtbare Handlung des Schuldners (SchKG
285 ff.) erworben worden (BGE *107* III 121; § 52).

Sehr oft sind mehrere Gläubiger an einer Pfändung beteiligt, die aber   56
nicht immer alle – als Streitgenossen – zum Widerspruchsprozess antre-
ten. Dann haben, wenn der Dritte mit seinem Anspruch abgewiesen
wird, nur die siegreichen Prozessteilnehmer Anspruch auf den Erlös aus
der streitigen Sache, und zwar bis zur vollen Deckung ihrer Forderung
einschliesslich Zins und Kosten. Die Mitgläubiger, die sich vom Prozess
ferngehalten haben, können nichts vom Prozessergebnis für sich beanspruchen. Ein allfälliger Überschuss verbleibt folglich dem Dritten.

3.   Das Verfahren

Der Widerspruchsprozess wird nach den Regeln des ordentli-   57
chen, aber beschleunigten Zivilprozesses geführt (SchKG 109 IV). Dabei sind jedoch einige Besonderheiten zu beachten.

a)   *Gerichtsstand*

Widerspruchsprozesse werden an drei verschiedenen Orten   58
durchgeführt:
– am *Betreibungsort* auf Klage des Drittansprechers hin, desgleichen
auf gegen ihn gerichtete Klage, sofern er im Ausland wohnt (SchKG
109 I Z. 1 und 2);

- am *schweizerische Wohnsitz* des beklagten Drittansprechers (SchKG 109 II);
- am *Ort der gelegenen Sache*, wenn die Klage ein Recht an einem Grundstück betrifft (SchKG 109 III).

59   Diese Gerichtsstände gelten auch im *internationalen Verhältnis*. Sofern sich allerdings der Schuldner und der Dritte gegenüberstehen (und der Widerspruchsprozess deshalb einen materiellrechtlichen und nicht mehr nur betreibungsrechtlichen Streit darstellt, oben N. 51), bleiben abweichende Gerichtsstände nach IPRG oder Staatsvertrag (z. B. LugÜ) vorbehalten (SchKG 30 a).

b)   *Streitwert*

60   Im Hinblick auf den vollstreckungsrechtlichen Zweck der Klage gilt die Regel, dass immer der kleinere Wert massgebend ist, sei es
- der Schätzungswert des Pfändungsgegenstandes,
- der Betrag der in Betreibung gesetzten Forderung
- oder der Betrag der pfandgesicherten Forderung, wenn der Streit um die Gültigkeit eines Pfandrechts geht.

c)   *Klagefrist*

61   Die Klagefrist von 20 Tagen ist – wie die Bestreitungsfrist nach SchKG 107 II – *Verwirkungsfrist;* beide sind ausnahmsweise verlänger- und wiederherstellbar (SchKG 33 II und IV).

62   Wer die Klagefrist versäumt, verwirkt aber grundsätzlich sein Klagerecht. Diese Folge ist notwendig im Hinblick auf die Annahme, dass der nichtklagende Dritte auf die Geltendmachung seines Anspruchs verzichtet bzw. der nichtklagende Gläubiger oder Schuldner den Anspruch des Dritten anerkennt. Dementsprechend muss der Richter die Einhaltung der Frist von Amtes wegen prüfen.

Im Falle bloss provisorischer Pfändung steht die Aberkennungsklage der Einreichung der Widerspruchsklage nicht entgegen; darum darf man mit dieser nicht zuwarten.

d)   *Teileinstellung der Betreibung*

63   Damit der Widerspruchsprozess nicht durch den Fortgang der Betreibung bis zur Verteilung des Erlöses gegenstandslos wird, bleibt die *Betreibung* bis zur rechtskräftigen Erledigung der Klage von Gesetzes wegen *eingestellt* und stehen die Fristen für das Verwertungsbegehren still (SchKG 109 V; BGE *108* III 38). Deshalb muss der Richter das Betreibungsamt vom Eingang wie auch von der Erledigung der Klage in Kenntnis setzen (SchKG 109 IV).

Die Einstellung ist jedoch auf den umstrittenen Pfändungsgegenstand beschränkt: hinsichtlich des übrigen Pfändungsgutes kann die Betreibung ungehindert weiterlaufen (BGE *96* III 117). 64

e)   *Beweislast*

Die Verteilung der Parteirollen im Vorverfahren hat keinen Einfluss auf die Beweislast im Widerspruchsprozess (BGE *116* III 84). Es gilt immer – selbst bei falscher Rollenzuteilung – die allgemeine Beweislastregel von ZGB 8. 65

Dabei bestehen besondere gesetzliche oder natürliche Vermutungen: z. B. die Vermutung des guten Glaubens (ZGB 3), die güterrechtlichen Vermutungen des Eherechts (ZGB 200, 226, 248) oder die Vermutungen aus dem Besitz (ZGB 930 ff.).

f)   *Verfahren bei konkurrierenden Drittansprüchen*

Meistens bedarf es nur der Abklärung eines einzigen Drittanspruchs. Gelegentlich werden aber an einer gepfändeten Sache von verschiedener Seite Rechte geltend gemacht. Bei solchem Zusammenlaufen gleich- oder andersartiger Drittansprüche sind die Weichen für den Verfahrensgang so zu stellen, wie es der Praktikabilität und der Prozessökonomie am besten entspricht. 66
- Gleichzeitige Eigentumsansprachen verlangen, dass der bestreitende Gläubiger gegen beide Ansprecher prozediert. Selbst wenn zwischen diesen beiden der Eigentumsprozess bereits hängig ist, muss das Betreibungsamt die Klagefristen ansetzen (BGE *81* III 106).
- Macht jedoch ein Ansprecher Eigentum, der andere ein Pfandrecht geltend, so werden die Fristen zur Klageerhebung dem Gläubiger zwar auch gleichzeitig angesetzt, jedoch mit dem ausdrücklichen Hinweis darauf, dass die Frist zur Klage gegen den Pfandansprecher erst mit dem Tage zu laufen beginnt, an welchem das gegenüber dem Eigentumsansprecher erstrittene Urteil in Rechtskraft tritt; dem Pfandansprecher muss das mitgeteilt werden (BGE *110* III 63). Zuerst soll über den Eigentumsanspruch entschieden werden; wird er gutgeheissen, interessiert das behauptete Pfandrecht im Vollstreckungsverfahren nicht mehr.

VI.   *Die Wirkungen des Widerspruchsverfahrens*

Seiner Funktion entsprechend wirkt das Widerspruchsverfahren grundsätzlich immer *nur in der hängigen Betreibung* (BGE *107* III 67

120 f., *116* III 119; oben N. 49). Dabei ist gleichgültig, ob es im Vorverfahren oder durch gerichtliches Urteil seinen Abschluss findet.

68 Eine Ausnahme von dieser Regel gilt, wenn sich der Widerspruchsprozess zwischen dem Drittansprecher und dem Schuldner abgespielt hat (oben N. 51). Hier besteht kein Grund, dem Urteil die volle materielle Rechtskraft zu versagen. Aber nur der gerichtliche Entscheid kann über das Betreibungsverfahren hinaus wirksam sein; niemals auch blosser Klageverzicht oder Anerkennung im Vorverfahren.

69 – Ist das Recht des Dritten als *bestehend* anzusehen, so fällt, wenn es sich um ein die Pfändung ausschliessendes Recht handelt (z. B. Eigentum oder Gläubigerrecht des Dritten), der streitige Vermögenswert aus dem Pfändungsnexus und damit aus der Betreibung heraus. Er wird dem Dritten freigegeben. – Handelt es sich bloss um ein beschränktes dingliches Recht (z. B. ein Pfandrecht) oder um ein anderes dem Pfändungsgläubiger vorgehendes Recht (z. B. einen vorgemerkten Mietvertrag), so bleibt die Pfändung zwar in Kraft, doch muss dann das anerkannte Recht des Dritten bei der Verwertung der Sache und bei der Verteilung des Erlöses respektiert werden (z. B. durch Wahrung des Deckungsprinzips, SchKG 126, § 27 N. 30, oder durch Überbindung des Mietvertrages).

70 – Erscheint dagegen das Recht des Dritten als *nicht bestehend,* so nimmt die Betreibung ohne Rücksicht auf den Dritten ihren Fortgang: die Sache wird verwertet und ihr Erlös, nach Deckung der Kosten, dem obsiegenden Gläubiger ausgehändigt.

§ 25   Die Anschlusspfändung

I.   Wesen und Arten der Anschlusspfändung

1.   Das Wesen

1 Charakteristisch für die Spezialexekution ist die Begünstigung des betreibenden Gläubigers. Ähnlich wie der Pfandgläubiger in der Pfandverwertungsbetreibung bezüglich des Pfandgegenstandes soll auch der Gläubiger in der Pfändungsbetreibung die Chance haben – hinter allfälligen Pfandberechtigten – als erster aus dem Erlös der für

ihn gepfändeten Vermögenswerte befriedigt zu werden. Der rasche und findige Gläubiger sowie derjenige, der am leichtesten vorgehen kann, aber auch derjenige, der am rücksichtslosesten vorgeht, ist im Vorteil. Es gilt des Müllers Grundsatz: Wer zuerst kommt, mahlt zuerst!

Für die Generalexekution typisch ist demgegenüber die Konkurrenz 2 sämtlicher Gläubiger eines Schuldners, die gemeinsam und gleichzeitig – in der Regel anteilsmässig – Befriedigung aus dem Erlös des gesamten Schuldnervermögens fordern. Prinzip ist hier die gleichmässige Behandlung aller Gläubiger *(pars conditio creditorum).*

Diese gegensätzlichen Methoden der Gläubigerbehandlung – Priori- 3 tätsprinzip einerseits, Gleichbehandlung andererseits – sind jedoch im SchKG nicht rein durchgeführt:
– *Im Konkurs* ist der Grundsatz der Gleichbehandlung teilweise durchbrochen von Privilegien, die gewisse Kategorien von Gläubigern bevorzugen (SchKG 219 IV; § 42 N. 64 ff.).
– *In der Pfändungsbetreibung* ist das Prioritätsprinzip gemildert, indem in gewissem Rahmen die gleichmässige Teilnahme mehrerer Betreibungsgläubiger an ein und derselben Pfändung ermöglicht wird.

In dieser *Konzession an das Prinzip der Gleichbehandlung der Gläu-* 4 *biger* liegt das Wesen der Anschlusspfändung (BGE *101* III 84 f.). Ihr Ziel ist die gemeinsame, gleichzeitige und gleichmässige Befriedigung der in einer Pfändungsgruppe vereinigten Gläubiger.

Aus dieser gesetzlichen Anschlussmöglichkeit (in Gruppen) ergibt sich: 5
– einmal, dass die Pfändung kein exklusives Recht zugunsten des (hauptpfändenden) Gläubigers begründet, dessen Vorrang, wie beim privaten Pfandrecht, garantiert wäre (es gibt kein «Pfändungspfandrecht», § 22 N. 72);
– zum andern die Notwendigkeit, innerhalb einer Pfändungsgruppe gewisse konkursrechtliche Regeln bei der Aufstellung des Kollokationsplanes anzuwenden (§ 30 N. 1, 6).

2. Die Arten der Anschlusspfändung

Das Gesetz unterscheidet zwei Arten der Anschlusspfändung: 6
– eine *ordentliche,* die jedem Gläubiger offensteht (SchKG 110),
– und eine *privilegierte,* die nur von bestimmten Gläubigern und nur für bestimmte Forderungen beansprucht werden kann (SchKG 111).

II. Die ordentliche Anschlusspfändung

1. Voraussetzungen

7   Alle Gläubiger, die innert 30 Tagen nach dem Vollzug einer Pfändung ihrerseits das Fortsetzungsbegehren stellen, nehmen an derselben teil (SchKG 110 I). Demnach setzt der Pfändungsanschluss im einzelnen voraus:

a) Vollzug einer Hauptpfändung

8   Zunächst muss zugunsten eines ersten Gläubigers eine Pfändung vollzogen worden sein, die *Hauptpfändung,* an die sich weitere Gläubiger überhaupt anschliessen können (BGE *106* III 111).

b) Weitere Fortsetzungsbegehren

9   Sodann müssen gegen den Schuldner – aus anderen Betreibungen – *weitere Fortsetzungsbegehren* vorliegen. Meist werden sie von anderen Gläubigern ausgehen; doch kann auch der erste Gläubiger selber – in einer Betreibung für eine andere Forderung – ein zweites Fortsetzungsbegehren stellen.

10   Ein Fortsetzungsbegehren kann aber nur stellen:
   – wer selber schon den Schuldner betrieben und das Einleitungsverfahren erfolgreich durchgeführt hat (§ 22 N. 3, 8); nach erst provisorischer Rechtsöffnung nimmt der Gläubiger nur provisorisch an der Pfändung teil (provisorische Anschlusspfändung);
   – ferner der Gläubiger mit einem definitiven Pfändungsverlustschein binnen 6 Monaten (§ 31 N. 19) oder mit einem Pfandausfallschein binnen Monatsfrist (§ 33 N. 45) seit der Zustellung dieser Urkunden (SchKG 149 III und 158 II); aufgrund eines provisorischen Pfändungsverlustscheins (SchKG 115 II; § 31 N. 13) oder eines Konkursverlustscheins (SchKG 265; § 48 N. 28) wäre dagegen ein direktes Fortsetzungsbegehren ausgeschlossen.

11   Pfändungsanschluss ohne ausdrückliches Fortsetzungsbegehren gibt es nur in einem Ausnahmefall: Der Gläubiger, der einen Arrest erwirkt hat und dessen Arrestgegenstände für einen andern Gläubiger gepfändet werden, bevor er selber das Fortsetzungsbegehren stellen kann, nimmt von Gesetzes wegen an dieser Pfändung teil.

   Die Teilnahme des Arrestgläubigers ist allerdings vorderhand nur provisorisch; sie steht unter der Bedingung jeweils rechtzeitiger Arrestprosekution (§ 51 N. 58). So fällt sie z. B. ohne weiteres dahin, wenn der Arrestgläubiger – sobald er in der Arrestbetreibung dazu in der Lage ist – nicht rechtzeitig das Fortsetzungsbegehren stellt, oder wenn der Arrest aus anderen Gründen (z. B. nach gutgeheissener Einsprache, SchKG 278) dahinfällt (SchKG 281 I; BGE *116* III 44, 114).

c)   *Wahrung der Anschlussfrist*

Nur Fortsetzungsbegehren, die binnen 30 Tagen seit dem Voll-   12
zug der Hauptpfändung gestellt werden, führen zum Pfändungsanschluss. Die Anschlussfrist läuft unabhängig davon, ob der Anschlussbe-
rechtigte von der Pfändung Kenntnis erhalten hat (BGE *85* III 169, *106*
III 111).

Im Unterschied zum privilegierten Pfändungsanschluss macht das Betreibungsamt den   13
gewöhnlichen Gläubigern von der Hauptpfändung keine Mitteilung (N. 40). Sie haben sich
über den Stand der laufenden Betreibungen also selber ins Bild zu setzen; dazu dient ihnen
das Einsichtsrecht (SchKG 8 a; § 4 N. 15 ff.).

d)   *Die Anschlussverfügung*

Die Teilnahme an der Hauptpfändung tritt nicht von selbst   14
ein. Vielmehr muss das Betreibungsamt den Anschluss des hinzutretenden Gläubigers noch ausdrücklich vollziehen, sei es durch eine *Ergänzungspfändung* (SchKG 110 I Satz 2; unten N. 21) oder – wo das nicht
notwendig ist – durch blosse Mitteilung der Teilnahme an die Parteien;
in beiden Fällen erfolgt ein *Nachtrag auf der Pfändungsurkunde*
(SchKG 113). Erst diese amtliche Verfügung stellt den Anschluss an die
Hauptpfändung her. Wurde die Anschlussverfügung versäumt, haftet
der Staat dem Anschlussgläubiger für ihm allenfalls daraus erwachsenen
Schaden (SchKG 5 ff.; s. auch BGE *81* III 113 f.).

Nach BGE *116* III 46 ist eine amtliche Verfügung auch erforderlich für die provisori-   15
sche Teilnahme des Arrestgläubigers, obwohl SchKG 281 diese «von Rechts wegen»
eintreten lässt (s. auch SchKG 112 II).

2.   Die Wirkungen der ordentlichen Anschlusspfändung

a)   *Die Bildung einer Pfändungsgruppe*

Sämtliche Gläubiger, die während der Anschlussfrist das Fort-   16
setzungsbegehren stellen, bilden mit dem ersten zusammen eine *Pfändungsgruppe* (SchKG 110 I). Gläubiger, die das Fortsetzungsbegehren
erst nach der Anschlussfrist stellen, bilden eine weitere Gruppe mit
gesonderter Pfändung (SchKG 110 II; unten N. 24).

Innerhalb jeder Gruppe besteht insofern Gleichberechtigung, als die   17
für die Gruppe gepfändeten Vermögensobjekte zugunsten aller Gruppengläubiger verwertet und der Erlös sowie die Verwertungskosten im

Verhältnis ihrer Forderungsbeträge unter sie verteilt werden. Im Falle
ungenügender Deckung greift allerdings die konkursrechtliche Rangordnung Platz (§ 30 N. 6).

18   Trotz Gruppenzugehörigkeit *wahrt aber jeder Gläubiger seine Rechte
grundsätzlich selbständig.* Rechtshandlungen, die er vornimmt, wirken
nur für oder gegen ihn selber. So kommt z. B. der Gewinn aus einem
Widerspruchsprozess nur denjenigen Gruppengläubigern zugut, die am
Prozess teilgenommen haben (§ 24 N. 56). Die Gläubiger einer Pfändungsgruppe bilden somit alles andere als eine Interessengemeinschaft.
Das zeigt sich auch darin, dass jeder Gläubiger den Pfändungsanschluss
eines Konkurrenten mit Beschwerde anfechten und darüber hinaus dessen Forderung mit der Kollokationsklage bestreiten kann (vgl. § 30
N. 17 ff.).

19   Von der Regel der individuellen Rechtswahrung gibt es indessen *zwei
Ausnahmen:*
   – Das *Verwertungsbegehren* eines Gläubigers wirkt für alle Teilnehmer
     der Gruppe (SchKG 117 I); scheidet aber der Gläubiger, der es ge-
     stellt hat, aus, weil er etwa vom Schuldner befriedigt wurde, muss ein
     anderer Gläubiger die Verwertung verlangen, wenn verwertet werden
     soll (BGE *85* III 78).
   – Sodann wirkt jede Änderung der Pfändung auf *Beschwerde* eines
     Gläubigers (z. B. die Erhöhung des gepfändeten Lohnbetreffnisses)
     zugunsten aller Gruppengläubiger (BGE *64* III 136).

b)   *Die Ergänzungspfändung*

20   Das Gebot, nicht mehr zu pfänden, als zur Befriedigung des
betreibenden Gläubigers erforderlich ist (SchKG 97 II), kann dazu führen, dass infolge veränderter Verhältnisse die *ursprüngliche Pfändung*
nicht mehr genügt, so dass sie *ausgedehnt werden muss.* Das trifft schon
zu, wenn nach Gutheissung einer Kompetenzbeschwerde des Schuldners oder eines Drittanspruchs im Widerspruchsverfahren gepfändete
Gegenstände aus der Pfändung herausfallen. Erst recht entsteht das
Bedürfnis, eine bestehende Pfändung zu ergänzen, wenn weitere Gläubiger hinzukommen und daran teilnehmen; sie muss dann jeweils soweit
ergänzt werden, als zur Deckung aller Forderungen der Gruppe notwendig ist (SchKG 110 I Satz 2).

21   Mit dieser von Amtes wegen vorzunehmenden *Ergänzungspfändung*
wird regelmässig auch die Teilnahme des neu hinzutretenden Gläubigers an der Hauptpfändung hergestellt. Ergänzungspfändungen sollen

während oder unmittelbar nach Ablauf der Teilnahmefrist stattfinden (BGE *83* III 134).

Obwohl sie wie eine Hauptpfändung vollzogen wird (§ 22 N. 53), ist die Ergänzungspfändung rechtlich *keine selbständige Pfändung,* sondern bloss eine Ausdehnung (Fortsetzung) der Hauptpfändung, deren Bestandteil sie bildet und deren Schicksal sie teilt. Infolgedessen kann an der Ergänzungspfändung als solcher kein neuer Gläubiger mehr teilnehmen; ihr Vollzug löst keine neue Anschlussfrist aus.   22

Von dieser unselbständigen Ergänzungspfändung ist die sogenannte *Nachpfändung* zu unterscheiden (SchKG 145). Diese erfolgt *erst nach Ablauf der Anschlussfrist* (wenn sich die Pfändung als ungenügend erweist) und hat selbständigen Charakter; sie ist selber wieder eine Hauptpfändung und löst infolgedessen ihrerseits Anschlussfristen aus (SchKG 145 III).   23

Eine solche Nachpfändung kommt in Frage:
– *von Amtes wegen,* wenn der Verwertungserlös die Betreibungsforderungen nicht deckt (SchKG 145; BGE *83* III 134 f.; § 29 N. 14 f.), oder wenn Pfändungsgut widerrechtlich der Verwertung entzogen worden oder die Verwertung aus anderen Gründen unmöglich geworden ist (BGE *120* III 86 f.);
– *auf Begehren eines Gläubigers,* wenn ihm die Ausstellung eines provisorischen Verlustscheins droht oder er bereits einen solchen besitzt (SchKG 115 III; §§ 22 N. 82, 31 N. 27; siehe auch BGE *88* III 59).
Die Unterlassung der durch die Umstände gebotenen Nachpfändung kann als Rechtsverweigerung mit Beschwerde gerügt werden.

3.   Die Bildung weiterer Pfändungsgruppen

Gleich wie die erste Gruppe können sich nach Ablauf der Anschlussfrist in weiteren Zeitspannen von je 30 Tagen *neue Pfändungsgruppen* bilden (SchKG 110 II). Die verschiedenen Gruppen sind *voneinander unabhängig.* Für jede einzelne besteht eine gesonderte Pfändung (Hauptpfändung mit Ergänzungspfändungen). Diese Unabhängigkeit gilt auch hinsichtlich der Verwertung und der Verteilung des Erlöses unter die Gruppengläubiger.   24

Die Spezialexekution kann so schrittweise zu einer Generalexekution auswachsen, allerdings mit dem Unterschied, dass man nicht – wie im Konkurs – einer einzigen Gläubigergruppe gegenübersteht, sondern einer Vielzahl von Pfändungsgruppen, was der Übersichtlichkeit und der Verfahrensökonomie nicht immer förderlich ist.

Die Pfändung für eine nachfolgende Gruppe kann ausnahmsweise auch Vermögenswerte erfassen, die bereits für eine vorangehende Gruppe gepfändet worden sind. Dies ist aber nur möglich im Hinblick   25 auf den allfälligen Überschuss des Erlöses, der nach Befriedigung der Gläubiger der vorgehenden Gruppe übrig bleibt. Man nennt das eine *Pfändung für den Mehrerlös* (SchKG 110 III). Ein solcher Übergriff auf Pfändungsgut einer vorangehenden Gruppe kommt namentlich dann in Betracht, wenn sich bei der Pfändung für die folgende Gruppe zeigt, dass für diese nicht mehr genügend pfändbares Vermögen vorhanden ist. Die Gläubiger dieser Gruppe können – gleich wie diejenigen der vorderen – die *Verwertung* der für den Mehrerlös gepfändeten Vermögensgegenstände verlangen (SchKG 117 II).

26   Umgekehrt dürfen übrigens auch Gläubiger einer früheren Gruppe an der Pfändung für eine spätere Gruppe teilnehmen. Das kann in Frage kommen, wenn sich die Pfändung für die erste Gruppe als ungenügend erweist und die Gläubiger (alle oder einzelne) eine Ergänzung, insbesondere aber auch eine Nachpfändung, verlangen. Ist die zweite Gruppe infolge Ablaufs der Anschlussfrist bereits abgeschlossen, so kann zugunsten der Gläubiger der ersten Gruppe nur noch für den Mehrerlös nachgepfändet werden.

27   Innerhalb jeder weiteren Gläubigergruppe herrscht Gleichberechtigung wie in der ersten. Jeder Gläubiger hat gegenüber einem Konkurrenten seiner Gruppe die gleichen *Anfechtungsmöglichkeiten* (N. 18 oben). Die Rechte der Gläubiger einer anderen Gruppe können indessen nur mit Beschwerde angefochten werden, nicht auch mit der Kollokationsklage.

Beispiele: Wenn an Stelle einer auf den Mehrerlös beschränkten Pfändung eine unbeschränkte Anschlusspfändung an eine andere Gruppe gewährt wird oder wenn statt einer selbständigen Nachpfändung bloss eine Ergänzungspfändung vorgenommen wurde.

III.   Die privilegierte Anschlusspfändung

1.   Rechtfertigung, Funktion und Inhalt des Anschlussprivilegs

28   Wo Gläubiger und Schuldner in einem *familien- oder vormundschaftsrechlichen Verhältnis* zueinander stehen, erschwert oft schon die gebotene Rücksichtnahme auf die gegenseitigen persönlichen Beziehungen, eine Forderung geltend zu machen. Achtung vor dem Familienbande verlangen von Ehegatten und Kindern Zurückhaltung; moralische, soziale und wirtschaftliche Abhängigkeit legen ihnen – aber auch dem Mündel gegenüber dem Vormund – Hemmungen auf. In ähnlicher Lage befindet sich auch der Pfründer gegenüber dem Pfrundgeber (OR 529).

Solche Umstände begünstigen fremde Gläubiger insofern, als diese   29
sich durch raschen und rücksichtslosen Zugriff auf das Vermögen des
Schuldners rechtzeitig Deckung verschaffen können, während die dem
Schuldner nahestehenden ins Hintertreffen geraten und zu kurz kommen.

Um diesen Vorsprung der Fremdgläubiger wettzumachen, erleichtert   30
das Gesetz den infolge ihrer besonderen Beziehungen zum Schuldner
benachteiligten Gläubigern die Teilnahme an einer zugunsten jener vollzogenen Pfändung. Sie geniessen ein doppeltes Vorrecht:
– Für sie beträgt die Anschlussfrist 40 statt bloss 30 Tage (SchKG 111 I).
– Ausserdem dürfen sie sich *ohne* vorgängige Betreibung der Hauptpfändung ihrer Konkurrenten anschliessen.

2. Die Voraussetzungen des Anschlussprivilegs

Das Anschlussprivileg – für die gewöhnlichen Gläubiger oft   31
eine böse Überraschung – ist an zwei Voraussetzung geknüpft: eine
persönliche und eine sachliche . Es steht einzig den im Gesetz *abschliessend* aufgezählten Personen zu, und selbst diesen nur für ganz bestimmte Forderungen (SchKG 111 I).

Privilegiert sind: 32
– der *Ehegatte* (SchKG 111 I Z. 1) für sämtliche – gewöhnlich privatrechtlichen und familienrechtlichen – Forderungen gegen den Schuldner;
– die *unmündigen Kinder, Mündel* oder *verbeiständeten* Personen
  (SchKG 111 I Z. 2) für Forderungen aus dem elterlichen oder vormundschaftlichen Verhältnis (z. B. Unterhaltsforderungen, ZGB 285,
  Ersatzforderungen aus der Verwaltung des Kindesvermögens, ZGB
  326 und 327, Forderungen aus der Fürsorgepflicht, ZGB 405 und 406,
  aus der Vermögensverwaltung, ZGB 413 und aus Verantwortlichkeit,
  ZGB 426 ff.). Ob ein unmündiges Kind tatsächlich unter elterlicher
  Gewalt oder auch nur der Obhut des Schuldners steht, spielt keine
  Rolle; einzig auf das Kindesverhältnis zum Schuldner (ZGB 252)
  kommt es an;
– die *mündigen Kinder* und *Grosskinder* (SchKG 111 I Z. 3) für ihre
  Lidlohnforderung (ZGB 334 und 334 [bis]);
– der *Pfründer* (SchKG 111 I Z. 4) für die Ersatzforderung nach OR
  529.

Einzig das Anschlussprivileg des Ehegatten ist somit sachlich unbeschränkt; der Güter-   33
stand ist unerheblich.

3. Die Geltendmachung des Anschlussprivilegs

a)   *Die Anschlusserklärung*

34   Privilegierter Pfändungsanschluss muss *ausdrücklich* als solcher *verlangt* werden. In der Anschlusserklärung ist der Betrag und der Entstehungsgrund der Forderung anzugeben. Das Privileg wird nicht von Amtes wegen berücksichtigt.
Zur Abgabe der (formlosen) Erklärung ist nicht nur der privilegierte Gläubiger selber oder sein Vertreter befugt, sondern auch die Vormundschaftsbehörde, wenn es um den Anschluss von Kindern, Mündeln oder Verbeiständeten geht (SchKG 111 II Satz 2).

b)   *Die zeitlichen Schranken*

Zeitlich ist die Geltendmachung des Anschlussrechts in doppelter Hinsicht beschränkt:

35   – Allgemein muss die *Anschlusserklärung binnen 40 Tagen* seit dem Vollzug der Hauptpfändung abgegeben werden (SchKG 111 I). Das Betreibungsamt teilt den bekannten Anschlussberechtigten den Vollzug einer Hauptpfändung mit (SchKG 111 III).

36   – Der Ehegatte, die unmündigen Kinder, Mündel und Verbeiständeten können den privilegierten Anschluss zudem nur an eine Pfändung verlangen, die *während* des ehelichen, elterlichen oder vormundschaftlichen Verhältnisses oder doch noch *innerhalb eines Jahres seit dessen Wegfall* vollzogen wurde (SchKG 111 II Satz 2), und zwar immer nur für eine Forderung, die noch *vor* dem Wegfall entstanden ist (nicht also z. B. für Forderungen aus einem Scheidungs- oder Ungültigkeitsurteil (BGE *34* I 168). Nur die Anschlussprivilegien des lidlohnberechtigten mündigen Kindes sowie des Pfründers unterliegen dieser Jahresschranke nicht.

37   Die Jahresfrist steht während der Dauer eines Prozesses oder einer Betreibung um die privilegierte Forderung still (SchKG 111 II; so schon BGE *106* III 65). Als qualifizierende Frist kann sie weder verlängert noch wiederhergestellt werden.

4. Das Anschlussverfahren

a)   *Allgemeines*

38   Mit Rücksicht darauf, dass der Gläubiger berechtigt ist, ohne vorgängige Betreibung an einer bereits vollzogenen Pfändung teilzu-

nehmen, kann der privilegierte Anschluss nicht einfach – wie der ordentliche – allein durch Anschlussverfügung des Betreibungsamtes hergestellt werden. Zum Schutz des Schuldners wie auch der übrigen Gläubiger vor Missbrauch dieses sehr weit gehenden Privilegs bedarf es vielmehr eines zusätzlichen Verfahrens:

– Der Schuldner, der mangels Betreibung nicht Recht vorschlagen konnte, muss auf andere Weise Gelegenheit erhalten, zur Forderung des privilegierten Gläubigers Stellung zu nehmen.

– Die anderen Gläubiger müssen gegen den privilegierten vorgehen können, den der Schuldner bevorzugen könnte, indem er sich seiner vielleicht ungerechtfertigten Anschlusserklärung nicht widersetzt.

Diesen Erfordernissen trägt das Anschlussverfahren Rechnung. Es   39
bezweckt die Abklärung des Anschlussprivilegs und der ihm zugrunde liegenden Forderung in einer bereits laufenden Betreibung. Ähnlich wie das Widerspruchsverfahren (§ 24) wickelt es sich in zwei Stadien ab:

– in einem *Vorverfahren,* worin die Betroffenen (die anderen Gläubiger und der Schuldner) zur Anschlusserklärung Stellung nehmen können;

– im *Anschlussprozess,* in welchem nötigenfalls gerichtlich über den bestrittenen Anschluss entschieden wird.

b)   *Das Vorverfahren*

Das Betreibungsamt leitet es ein, indem es dem Schuldner und   40
den übrigen Gläubigern von der Anschlusserklärung Kenntnis gibt (SchKG 34) und ihnen gleichzeitig zehn Tage Frist einräumt, den angemeldeten Anspruch zu bestreiten (SchKG 111 IV).

Nichtbestreiten binnen der Frist gilt als Anerkennung des Anspruchs.   41
Der privilegierte Pfändungsanschluss wird dann definitiv vollzogen, und der Anschlussgläubiger nimmt neben den anderen Gruppengläubigern an der Pfändung teil.

Bestreitung des Anspruchs durch den Schuldner oder durch einen   42
anderen Gläubiger bewirkt, dass der Anschlussgläubiger

– vorderhand nur *provisorisch* an der Pfändung teilnimmt und demzufolge einstweilen nicht berechtigt ist, das Verwertungsbegehren zu stellen; inzwischen laufen für ihn aber auch die Fristen dafür nicht (SchKG 111 V und 118);

– zum anderen binnen 20 Tagen beim Gericht *Klage auf Zulassung des Anschlusses* erheben muss, wenn er verhindern will, dass ihm sein Teilnahmerecht endgültig verlorengeht (BGE *106* III 66); die rechtzeitig erhobene Klage hält die provisorische Teilnahme bis zum rechtskräftigen Abschluss des Prozesses aufrecht (SchKG 111 V).

c)   *Der Anschlussprozess*

Das Verfahren

43   Die Klage auf Zulassung des privilegierten Anschlusses richtet sich gegen den *Bestreitenden,* sei es der Schuldner, ein Gläubiger oder seien es beide.

44   Die Klagefrist ist *Verwirkungsfrist,* ihre Einhaltung Prozessvoraussetzung; doch ist sie verlänger- und wiederherstellbar. Sie läuft von der Mitteilung der Bestreitung an.

45   Der *Streitwert* der Klage bestimmt sich entweder nach dem Betrag der bestrittenen Forderung oder nach dem geringeren Wert der gepfändeten Gegenstände bzw. dem geringeren Prozessgewinn (unten N. 50).

46   Der *Gerichtsstand* liegt am Betreibungsort. Im übrigen kommt kantonales Zivilprozessrecht zur Anwendung; bundesrechtlich ist nur das beschleunigte Verfahren vorgeschrieben (SchKG 111 V).

Die Wirkungen des Urteils

47   *Gegenstand der gerichtlichen Beurteilung* bilden sowohl der Bestand und Umfang der Forderung des Anschlussgläubigers als auch die Voraussetzungen des Anschlussprivilegs.

Nicht zu prüfen ist dagegen der Rang innerhalb der Gruppe; darüber wird – im Falle ungenügender Deckung – ausschliesslich im Kollokationsverfahren entschieden (beispielsweise über die Frage, ob es sich um eine nach SchKG 219 IV in der ersten Klasse privilegierte Unterhaltsforderung handelt).

48   Das Gericht hat also *festzustellen,* ob der privilegierte Pfändungsanschluss für die geltend gemachte Forderung in der laufenden Betreibung zu gewähren sei oder nicht. Das ist eine *betreibungsrechtliche Frage,* bei der allerdings vorfrageweise materielles Zivilrecht anzuwenden ist (unten N. 52).

49   – *Gutheissung der Anschlussklage* erlaubt dem Ansprecher, mit seiner Forderung einschliesslich Zins und Kosten definitiv an der Pfändung teilzunehmen.

50   – *Abweisung der Klage* lässt die (provisorische) Teilnahme des Ansprechers dahinfallen. Der *Prozessgewinn* des Beklagten besteht im Teil des Verwertungsergebnisses, der durch die Abweisung des Pfändungsanschlusses frei wird.

Wie im Widerspruchsprozess (§ 24 N. 56) fällt der *Prozessgewinn* ausschliesslich den beklagten Gläubigern der Pfändungsgruppe zu. Nur wenn der Schuldner selber beklagt wurde, ziehen alle Gruppengläubiger aus seinem Sieg den Nutzen; denn dann fällt die bestrittene Forderung infolge voller materieller Wirkung des Urteils ganz aus der Betreibung. 51

Das Urteil wirkt – gleich wie dasjenige im Widerspruchsprozess (§ 24 N. 67) – grundsätzlich nur in der hängigen Betreibung; denn im Streit steht die betreibungsrechtliche Frage, ob ein Gläubiger an einer bestimmten Pfändung teilnehmen darf oder nicht. Materiellrechtliches wird nur vorfrageweise entschieden. Die Anschlussklage ist somit – wie die Widerspruchsklage – eine *betreibungsrechtliche Klage mit Reflexwirkung auf das materielle Recht.* 52

Nur wenn der Schuldner dem Anschlussgläubiger als Beklagter gegenüberstand, erlangt das Urteil zwischen ihnen volle materielle Rechtskraft und schafft (über die hängige Betreibung hinaus) rem iudicatam (BGE *61* III 80; vgl. auch § 4 N. 49 und 55).

Als betreibungsrechtliche Streitigkeit mit Reflexwirkung auf das materielle Recht unterliegt das letztinstanzliche kantonale Urteil bei gegebenen Voraussetzungen der Berufung oder der Nichtigkeitsbeschwerde an das Bundesgericht (BGE *71* II 172). 53

2. Abschnitt: Die Verwertung

§ 26   Allgemeine Grundsätze der Verwertung

I.   *Das Verwertungsbegehren*

1.   Grundsatz und Ausnahmen

Mit der Pfändung wird zwar Vollstreckungssubstrat für die Verwertung bereitgestellt, dennoch wird im allgemeinen nichts verwertet, ohne dass es ausdrücklich verlangt wird. Nur ganz ausnahmsweise geschieht es von Amtes wegen, nämlich: 1
– wenn sich bei gepfändeter Fahrnis ein *Notverkauf* aufdrängt (SchKG 124 II; § 27 N. 9),
– oder im Anschluss an eine *Nachpfändung von Amtes wegen* (SchKG 145; § 25 N. 23).

2   In der Regel bedarf es aber vorher eines *Verwertungsbegehrens.* Dieses darf sowenig wie das Fortsetzungsbegehren an eine Bedingung geknüpft sein (§ 22 N. 16). Es muss sich immer vorbehaltlos auf die ganze Forderung und auf sämtliche Pfändungsgegenstände beziehen (BGE *94 III 79* f.).

2.   Die Legitimation zum Begehren

3   *Jeder Gläubiger einer Gruppe,* der *definitiv* an der Pfändung teilnimmt, ist befugt, das Verwertungsbegehren zu stellen (SchKG 117 I und 118). Dieses wirkt dann für die ganze Gruppe (§ 25 N. 19).

4   Auch der *Gläubiger einer anderen Gruppe* kann die Verwertung verlangen, wenn es sich um einen Vermögenswert handelt, der zugunsten seiner Gruppe für den Mehrerlös gepfändet worden ist (SchKG 117 II; § 25 N. 25).

5   Gläubiger mit bloss *provisorischer* Pfändung – aufgrund provisorischer Rechtsöffnung (§ 19 N. 89) oder der Bestreitung eines privilegierten Pfändungsanschlusses (§ 25 N. 42) oder eines Arrestes (§ 51 N. 57) – dürfen das Verwertungsbegehren nicht stellen; dafür laufen für sie aber auch die entsprechenden Fristen nicht (SchKG 118).

6   Ausser dem betreibenden *Gläubiger* selber können die Verwertung auch verlangen:
– an dessen Stelle seine *Rechtsnachfolger* (Erben oder ein Zessionar; siehe zum Parteiwechsel § 20 N. 13);
– der *Schuldner* (SchKG 124 I, 133 II);
– in der Betreibung auf Pfandverwertung der *Dritteigentümer* des Pfandes (§ 33 N. 15).

3.   Form und Fristen

a)   *Form*

7   Das Begehren kann *mündlich oder schriftlich* angebracht werden; zweckmässigerweise bedient man sich des amtlichen Formulars. Adressat ist das Betreibungsamt, welches die Pfändung angeordnet hat (SchKG 53; s. aber auch SchKG 32 II).

b)   *Fristen*

8   Das Verwertungsbegehren kann nicht zu beliebiger Zeit gestellt werden. Gesetzliche Fristen – wann *frühestens* die Verwertung verlangt werden kann und wann *spätestens* sie verlangt werden muss – tragen

den Interessen des Schuldners, aber auch Dritter, Rechnung. Der Schuldner soll eine Zeitlang die Möglichkeit haben, den betreibenden Gläubiger doch noch zu befriedigen; andererseits muss der Schwebezustand beschränkter Verfügungsbefugnis in absehbarer Zeit ein Ende finden.

Die zeitlichen Schranken für das Verwertungsbegehren sind je nach Art des Pfändungsgegenstandes verschieden: 9

– die Verwertung von *beweglichen Sachen, Forderungen und anderen Rechten* (SchKG 132) kann frühestens einen Monat und muss spätestens ein Jahr nach Vollzug der Pfändung verlangt werden (SchKG 116 I),
– die Verwertung von *Grundstücken* frühestens 6 Monate und spätestens 2 Jahre danach (SchKG 116 I; BGE *115* III 109),
– die Verwertung von *Ansprüchen aus einer Einkommenspfändung* (SchKG 93; § 23 N. 70 ff.) innert 15 Monaten nach der Pfändung (SchKG 116 II).

Bei der Pfändung künftigen Einkommens kommt es meist gar nicht zur Verwertung im eigentlichen Sinne. Der Drittschuldner (z. B. der Arbeitgeber) überweist die gepfändeten Beträge monatlich an das Betreibungsamt, das sie verteilt. Nur bei Säumnis des Arbeitgebers stellt sich die Frage der Verwertung (z. B. bei Weigerung wegen Verrechnung mit einem angeblichen Gegenanspruch). Da aber die Säumnis oft erst am Ende der einjährigen Pfändungsdauer betragsmässig feststeht, beträgt die Frist für das Verwertungsbegehren hier 15 Monate – sonst wäre sie bei Ablauf der Pfändungsdauer bereits verstrichen. Diesfalls empfiehlt sich die *Verwertung durch Forderungsüberweisung* nach SchKG 131 (§ 27 N. 46 ff.).

Nehmen mehrere Gläubiger an der Pfändung teil, so laufen die Fristen für das Begehren vom Tage der letzten erfolgreichen Ergänzungspfändung an (SchKG 116 III). Es handelt sich durchwegs um Verwirkungsfristen, die weder verländer- noch wiederherstellbar sind (SchKG 121). Ihr Lauf kann aber *ex lege* gehemmt sein: so während der Einstellung der Betreibung im Widerspruchsprozess (SchKG 109 V), während der Dauer einer provisorischen Pfändung (SchKG 118; oben N. 5), während einer Nachlassstundung (SchKG 297 I) sowie während der Stundung für eine Schuldenbereinigung (SchKG 334 III).   10

Im übrigen sind die zeitlichen Schranken für das Verwertungsbegehren zwingend; nur ausnahmsweise darf eine *vorzeitige Verwertung* stattfinden, nämlich: 11

– im Falle eines Notverkaufs (SchKG 124 II);
– bei Fahrnis, Forderungen und anderen Rechten auf Begehren des Schuldners (SchKG 124 I);
– bei Grundstücken, wenn dem Begehren des Schuldners zudem sämtliche Pfändungs- und Grundpfandgläubiger ausdrücklich zustimmen (SchKG 133 II).

12   Sowohl ein verfrühtes als auch ein verspätetes Verwertungsbegehren ist unwirksam. Ein vorzeitiges wird zwar nicht zurückgewiesen, doch darf ihm das Amt einstweilen keine Folge geben. Wird die Endfrist nicht eingehalten, so erlischt die Betreibung (SchKG 121). Die Pfändung fällt dahin und weitere Betreibungshandlungen wären nichtig (BGE *69* III 50). Gleich verhält es sich, wenn der Gläubiger das Begehren zurückzieht und nicht binnen der Frist erneuert; ein bedingter Rückzug hat die gleichen Folgen wie ein unbedingter (SchKG 121; BGE *94* III 80). Der Schuldner erlangt mit dem Wegfall der Betreibung wieder die volle Verfügungsbefugnis über die gepfändet gewesenen Vermögenswerte; eine im Grundbuch vorgemerkte Verfügungsbeschränkung wird gelöscht (SchKG 101 II).

4.   Die Wirkungen des Verwertungsbegehrens

13   Ein gültiges Verwertungsbegehren verpflichtet das Betreibungsamt, zur Verwertung zu schreiten. Es benachrichtigt deshalb den Schuldner binnen der Ordnungsfrist von 3 Tagen von dessen Eingang (SchKG 120). Dieser löst die eigentlichen *Verwertungsfristen* aus: für Fahrnis und Forderungen nach SchKG 122 (§ 27 N. 6), für Grundstücke nach SchKG 133 (§ 28 N. 5).

II.   *Grundsätze der Verwertung*

Die Zuständigkeit

14   Die Verwertung obliegt dem Betreibungsamt, in dessen Kreis die zu verwertenden Gegenstände liegen, somit grundsätzlich dem Amt, das die Pfändung vollzogen hat (SchKG 89). Zwingend ist das allerdings – nach dem Wortlaut von SchKG 4 II – nur für die Versteigerung vorgeschrieben; ein Freihandverkauf (SchKG 130, 143 b) oder eine Forderungsüberweisung (SchKG 131) dagegen könnten mit Zustimmung des Amtes am Ort der gelegenen Sache auch vom Amt, das die Betreibung führt, vollzogen werden.

15   Ausnahmsweise, wenn besondere Umstände es nahelegen, kann das Betreibungsamt eine *Privatperson* mit der Verwertung beauftragen, z. B. ein Auktionshaus, das über die für eine erfolgreiche Verwertung von Kunstgegenständen erforderliche Sachkunde und die notwendigen Marktverbindungen verfügt (BGE *105* III 67 ff., *115* III 52 ff.; s. auch N. 23 unten).

Das Versilberungsprinzip

Die Gläubiger sollen in der Zwangsvollstreckung für ihre For-   16
derungen durch Geldzahlung befriedigt werden. Die Zuteilung von gepfändeten Vermögensgegenständen an sie kommt nicht in Frage. Das
Pfändungsgut muss deshalb – soweit es sich nicht schon um Bargeld
handelt – vorerst in Geld umgesetzt, versilbert, in diesem Sinne verwertet werden. Dies geschieht durch Versteigerung oder durch Freihandverkauf.

Nur ausnahmsweise darf das Amt vom Versilberungsprinzip abwei-   17
chen: wenn unter bestimmten Voraussetzungen die Überweisung gepfändeter Forderungen an einen oder mehrere Gläubiger verlangt wird
(SchKG 131).

Der Umfang der Verwertung

Die Verwertung dient ausschliesslich dem Betreibungszweck.   18
Dementsprechend soll nur soviel verwertet werden, als zur Deckung der
Betreibungsforderungen nötig ist. Hinsichtlich des Umfanges der Verwertung gilt somit die gleiche Regel wie schon bei der Pfändung (SchKG
119 II und 97; § 22 N. 48).

Ob zuviel oder zuwenig gepfändet wurde, erweist sich erst nach der   19
Verwertung. War es zuviel, muss das Betreibungsamt die Verwertung
einstellen, sobald der Erlös den Gesamtbetrag der Forderungen mit
definitiver oder provisorischer Pfändung – einschliesslich der aufgelaufenen Verfahrenskosten – erreicht (SchKG 119 II; 29 N. 6) . Bei ungenügendem Erlös wird von Amtes wegen nachgepfändet (SchKG 145; §§ 25
N. 23, 29 N. 15).

Die neue Regel, dass *sämtliche* Forderungen gedeckt sein müssen (also auch jene mit nur   20
provisorischer Pfändung), bevor die Verwertung einzustellen ist, kann dazu führen, dass
sogar für Forderungen verwertet wird, die sich nachträglich als unbegründet erweisen.

Weitere Verwertungsgrundsätze, auf die später zurückzukommen   21
sein wird, seien hier nur angedeutet: das *Deckungsprinzip* (§ 27 N. 30),
das *Überbindungsprinzip* (§ 28 N. 52) und das Prinizip des *doppelten
Aufrufs* (§ 28 N. 55 ff.).

III.   *Rechtsnatur und Anfechtung des Verwertungsaktes*

Verwertungshandlungen im Vollstreckungsverfahren ent-   22
springen nie freier, privater Willensäusserung des Rechtsinhabers der zu

verwertenden Vermögensobjekte. Die betreibungsrechtliche Verwertung ist somit kein privates Rechtsgeschäft zwischen dem Schuldner und dem Erwerber; sie beruht vielmehr immer auf einer *amtlichen Verfügung des Vollstreckungsorgans,* gehört folglich dem öffentlichen Recht an. Das gilt nicht nur für den *Steigerungszuschlag,* sondern auch für den *Abschluss eines Freihandverkaufs* (SchKG 130, 143 b und 156 I; so schon BGE *106* III 82 f.) sowie für die *Forderungsüberweisung* bzw. die konkursrechtliche *Abtretung* (SchKG 131 und 260).

23   Der Umstand, dass der Freihandverkauf meist in den Formen eines Vertrages abgewikkelt wird und dass der Eigentumsübergang analog der privatrechtlichen Regelung erfolgt, widerlegt seine öffentlichrechtliche Natur nicht; ebensowenig eine allfällige analoge Anwendung weiterer zivilrechtlicher Vorschriften, wo sich dem Betreibungsrecht keine brauchbare Regel entnehmen lässt (siehe auch § 27 N. 44; 47 N. 1).

Einzig wenn die Verwertung ausnahmsweise einem Privaten übertragen wird (siehe oben N. 15), ist der Verkauf oder die Versteigerung privatrechtlicher Natur, und zwar sowohl hinsichtlich der Rechtsbeziehungen zwischen dem Vollstreckungsorgan und dem privat Beauftragten als auch zwischen diesem und dem Erwerber (BGE *105* III 71). Entsprechend wäre die Verwertung hier nicht mit betreibungsrechtlicher Beschwerde (s. unten), sondern zivilgerichtlich anzufechten.

24   Diese rechtliche Qualifikation des Verwertungsaktes als *Verwaltungsverfügung* hat insofern praktische Bedeutung, als sie – abgesehen von besonderen Zusicherungen oder von absichtlicher Täuschung – nicht nur die privatrechtliche Gewährleistung ausschliesst (OR 234 I; BGE *120* III 136 f.), sondern auch die privatrechtliche Anfechtung beim Zivilrichter. Die Verwertung kann somit nur mit *betreibungsrechtlicher Beschwerde* angefochten werden, wobei diese aber *betreibungsrechtlich* oder auch *materiellrechtlich* begründet sein kann (SchKG 132 a und 143 a; vgl. auch OR 230 II).

Beispiele:
– Mitbietende fechten nach Durchführung der Steigerung die Steigerungsbedingungen an, was sie allerdings nur dürfen, wenn sie diese schon am Steigerungstag beanstandet haben; sonst gelten die Bedingungen als vom Publikum stillschweigend anerkannt (BGE *121* III 26 f.).
– Der Erwerber macht Willensmängel oder arglistig verschwiegene Sachmängel geltend (OR 234).
– Der Erwerber beruft sich auf die Gewährleistung für zugesicherte Eigenschaften.
– Mitbietende rügen eine Verfahrensverletzung, sei es bei der Vorbereitung oder Durchführung der Verwertung (BGE *121* III 199).

25   Die *relative* Beschwerdefrist beträgt zehn Tage seit Kenntnis von der Verwertungshandlung und vom Anfechtungsgrund (SchKG 132 a II); ein Jahr nach der Verwertung ist das Beschwerderecht hingegen *absolut*

verwirkt (SchKG 132 a III; so schon BGE *73* III 23); die relative Frist ist wiederherstellbar, die absolute hingegen nicht.

§ 27   Die Verwertung von beweglichen Sachen, Forderungen und anderen Rechten

I.   *Begriffliches*

Der Begriff der *beweglichen Sache,* wie ihn SchKG 122 ver- 1 wendet, umfasst alle körperlichen Gegenstände, die nicht Grundstücke im Sinne von ZGB 655 sind. Er entspricht somit dem sachenrechtlichen Begriff.

Auch *Zugehör* ist bewegliche Sache; sie teilt das rechtliche Schicksal 2 der Hauptsache (ZGB 644) und wird deshalb mit dieser zusammen verwertet. Zugehör eines gepfändeten Grundstücks kann jedoch ausnahmsweise auch gesondert verwertet werden (VZG 27).

Zur Pfändung der Zugehör siehe § 22 N. 71, zur Verwertung der Zugehör eines Grundstückes § 28 N. 59.

Forderungen unterliegen der Verwertung, sofern sie unbestritten und 3 nicht schon fällig sind und deshalb vom Betreibungsamt einfach eingezogen werden können (SchKG 100; siehe auch unten N. 45 ff.). Ob sich der Drittschuldner im In- oder Ausland befindet, ist gleichgültig. Ist die Forderung jedoch in einem *Wertpapier* verkörpert, wird dieses als bewegliche Sache verwertet.

Der Begriff *«andere Rechte»* (SchKG 116 I) bzw. *«Vermögensbestand-* 4 *teile anderer Art»* (SchKG 132) umfasst alle Vermögenswerte, die nicht als Sachen, Forderungen oder Wertpapiere bezeichnet werden können und deren Natur bei der Verwertung besondere Vorkehren erheischt (unten N. 64 ff.).

II.   *Der Zeitpunk der Verwertung*

Die Vorschriften darüber, wann verwertet werden darf und 5 wann verwertet werden muss, sind wiederum ganz auf die Interessen sowohl des Schuldners als auch des betreibenden Gläubigers ausgerichtet.

1. Die Regel

6   Allgemein gilt, dass *bewegliche Sachen* und *Forderungen* frühestens 10 Tage und spätestens 2 Monate nach Eingang des Verwertungsbegehrens verwertet werden (SchKG 122 I). Verwertung ausserhalb dieser Ordnungsfristen wäre jedoch nicht ungültig, sondern bloss anfechtbar.

Keine solche Rahmenfrist besteht für die Verwertung der *«anderen Rechte»* (SchKG 116 I und 132), die grösseren zeitlichen Spielraumes bedarf.

2. Die Ausnahmen

7   Ausnahmsweise darf das Amt schon vor Ablauf der Zehn-Tage-Frist verwerten (vorzeitige Verwertung) oder die Verwertung auf einen Zeitpunkt nach Ablauf der Zwei-Monate-Frist hinausschieben (Verwertungsaufschub).

A.   Die vorzeitige Verwertung

8   Die Verwertung kann vorverschoben werden:
– auf Begehren des Schuldners (SchKG 124 I; nach der Praxis auch des Dritteigentümers eines Pfandes, § 33 N. 15)
– sowie im Falle eines Notverkaufs (SchKG 124 II).

9   Ein *Notverkauf* ist angezeigt, wenn Pfändungsgut schneller Wertverminderung ausgesetzt ist, kostspieligen Unterhalt erfordert oder unverhältnismässig hohe Aufbewahrungskosten verursacht. Im weiteren Sinne hat man es mit einem Anwendungsfall von SchKG 100 zu tun, wonach das Betreibungsamt für die Erhaltung der gepfändeten Rechte sorgen soll. Der Notverkauf ist eine dringliche Verwaltungshandlung, keine Betreibungshandlung; infolgedessen muss er auch während der Betreibungsferien oder eines Rechtsstillstandes zulässig sein.

Schneller Entwertung ausgesetzt sind zum Beispiel Schnittblumen, frisches Obst, Gemüse und Fische, nicht aber Waren, deren Verkaufswert nur allmählich sinkt, wie z.B. Modeartikel (BGE *81* III 119) oder Wertpapiere bei fallenden Kursen.

10   Das Amt entscheidet nach seinem Ermessen, ob die Voraussetzungen eines Notverkaufs erfüllt sind. Läuft aber ein Prozess auf Herausgabe der gepfändeten Gegenstände, hat der Richter darüber zu befinden (BGE *101* III 30 f.).

B.   Der Verwertungsaufschub

Die Verwertung kann von Gesetzes wegen oder durch Verfü-   11
gung des Betreibungsbeamten über die ordentliche Verwertungsfrist
hinaus aufgeschoben sein.

a)   Aufschub von Gesetzes wegen

Hängende oder stehende Früchte dürfen kraft ausdrücklicher   12
Vorschrift erst verwertet werden, wenn sie reif sind; sie erzielen dann
normalerweise einen besseren Preis als unreife Früchte. Verwertung vor
der Reife ist nur mit Zustimmung des Schuldners erlaubt, der an einem
hohen Erlös besonders interessiert ist (SchKG 122 II; § 23 N. 80 ff.).

b)   Aufschub durch Verfügung des Betreibungsamtes

Praktisch bedeutsamer ist der Verwertungsaufschub durch   13
Verfügung des Betreibungsamtes (SchKG 123). Er stellt eine ausgespro-
chene Rechtswohltat für den gutwilligen Schuldner dar, der bereit ist,
Abschlagszahlungen zu leisten, und diese Bereitschaft auch durch die
Tat bekundet. Da rechtfertigt sich Schonung. Dem Verwertungsauf-
schub kommt insoweit die Funktion einer *Stundung* zu.

Mit Zustimmung des Gläubigers kann die Verwertung natürlich auch «aufgeschoben»   14
werden, ohne dass die Voraussetzungen von SchKG 123 erfüllt sein müssten. Ein solcher
Aufschub beruht dann aber nicht auf einer amtlichen Verfügung, sondern auf dem einstweiligen Verzicht des Gläubigers auf Durchführung der Verwertung (BGE *95* III 16, *114*
III 103).

Die Voraussetzungen des Aufschubs

Seiner Funktion nach setzt der Verwertungsaufschub einzig   15
voraus, dass der Schuldner glaubhaft macht, er könne die Schuld raten-
weise tilgen, dass er sich zu regelmässigen und angemessenen Abschlagszahlungen an das Betreibungsamt verpflichtet und bereits eine
erste Teilzahlung geleistet hat (SchKG 123 I).

Das Verfahren

Zuständig, den Verwertungsaufschub zu verfügen, ist das *Be-*   16
treibungsamt (SchKG 123 I). Dieses setzt die Höhe der Abschlagszahlungen und ihre Fälligkeit nach freiem Ermessen fest und bewilligt nach
Eingang der ersten Zahlung den Aufschub (SchKG 123 I/III; BGE *97*
III 118).

17   Ob der Aufschub zu gewähren sei oder nicht, ist eine Rechtsfrage, die Festsetzung der Raten und deren Höhe hingegen eine Ermessenfrage; das hat Bedeutung für den Beschwerdeweg (§ 6 N. 15 f.).

18   Während der Dauer des Aufschubs kann das Betreibungsamt seine Verfügung auf Antrag des Gläubigers oder des Schuldners oder sogar von Amtes wegen *jederzeit ändern,* wenn es die Umstände erfordern (SchKG 123 V). So z. B. wenn der Gläubiger glaubhaft macht, dass der Schuldner sofort volle Zahlung oder wenigstens höhere Raten leisten könnte, oder wenn das Einkommen des Schuldners sinkt.

Die Höhe der Abschlagszahlungen

19   Die Höhe der Raten soll den Verhältnissen des Schuldners angemessen sein, gleichzeitig aber auch den Interessen des Gläubigers Rechnung tragen (SchKG 123 I/III). Einerseits dürfen – zugunsten des Schuldners – bei ihrer Festsetzung auch Verbindlichkeiten berücksichtigt werden, die bei der Berechnung des betreibungsrechtlichen Notbedarfs ausser Betracht fallen (BGE *87* III 110: Steuern); auch eine schon bestehende Lohnpfändung ist zu berücksichtigen (BGE *74* III 17). Andererseits ist – zugunsten des Gläubigers – darauf zu achten, dass die Betreibungsforderung durch die Ratenzahlungen auch wirklich getilgt wird (SchKG 123 I). Anstelle fixer Monatsraten kann das Betreibungsamt auch einen Zahlungsplan aufstellen.

Dauer des Aufschubs

20   Die Verwertung darf höchstens 12 Monate hinausgeschoben werden, in der Betreibung für Forderungen, die gemäss SchKG 219 IV in der ersten Klasse privilegiert sind (so Lohnforderungen, familienrechtliche Unterhalts- und Unterstützungsbeiträge), sogar nur bis zu 6 Monaten (SchKG 123 I und II). Da der Verwertungsaufschub erst nach Zahlung der ersten Rate bewilligt wird, muss der Schuldner somit in der Lage sein, die Schuld in höchstens 13 bzw. 7 Raten zu tilgen.

21   Der bewilligte Aufschub verlängert sich um die Dauer eines allfälligen Rechtsstillstandes; nach Ablauf desselben sind aber die Raten und deren Fälligkeit neu zu bestimmen (SchKG 123 IV).

Hinfall des Aufschubs

22   Der Verwertungsaufschub fällt von Gesetzes wegen dahin, wenn auch nur eine einzige Rate nicht pünktlich geleistet wird (SchKG 123 V). Aus welchem Grunde sich der Schuldner im Verzug befindet, ist

gleichgültig. Der Betreibungsbeamte soll ihn also nicht noch mahnen oder ihm gar die Frist erstrecken. Unzulässig wäre auch ein zweiter Aufschub in der gleichen Betreibung. Zahlungen auf Forderungen, die beim Schuldner gepfändet worden sind und vom Drittschuldner an das Betreibungsamt geleistet werden, sind jedoch auf die Abschlagszahlungen anzurechnen (BGE *97* III 118, *88* III 22, *84* III 76).

III.   Die öffentliche Versteigerung

Öffentliche Versteigerung im Betreibungsverfahren bedeutet   23
immer *Zwangsversteigerung.* Sie ist die *ordentliche Verwertungsart,* weil von ihr oft das beste Ergebnis zu erwarten ist (SchKG 125 I und OR 229 I; BGE *120* III 132).

Die Zwangsversteigerung ist ausschliesslich bundesrechtlich geregelt (SchKG 125 ff. und OR 229 ff., bezüglich der Grundstücke ausserdem in der VZG). Die Ermächtigung der Kantone durch OR 236, in den Schranken der Bundesgesetzgebung weitere Vorschriften über die öffentliche Versteigerung aufzustellen, betrifft nur die *freiwillige* Versteigerung.

Dass in OR 229 I von «Kaufvertrag» die Rede ist, widerspricht an sich der Rechtsnatur der Zwangsversteigerung (siehe § 26 N. 22).

1.   Die Vorbereitung der Steigerung

Bestimmte Vorkehren des Betreibungsamtes sollen die erfolg-   24
reiche Durchführung der Versteigerung unter Wahrung der Interessen aller am Verfahren Beteiligten gewährleisten.

– Als erstes erfolgt die *öffentliche Bekanntmachung* von Ort, Tag und   25
Stunde der Versteigerung. Das Betreibungsamt bestimmt die Art der Bekanntmachung, die Art und Weise der Steigerung (Steigerungsbedingungen), den Ort und den Tag der Steigerung nach seinem Ermessen (SchKG 125 I und II).

Anders als für eine Grundstückversteigerung bedarf es somit nicht unbedingt der Publikation im SHAB oder im kantonalen Amtsblatt i. S. von SchKG 35 I.

– Zweitens muss das Betreibungsamt wenigstens drei Tage vor dem   26
Termin eine *individuelle Mitteilung* von Zeit und Ort der Versteigerung an den Schuldner, die Gläubiger und beteiligte Dritte (z. B. Bürgen, Pfandgläubiger) erlassen, sofern sie in der Schweiz wohnen oder hier vertreten sind (SchKG 125 III).

27   Nichtbeachten dieser Vorschriften sowie unrichtige oder irreführende Angaben in der Publikation führen, auf Beschwerde des Betroffenen hin, unweigerlich zur Aufhebung der Steigerung und des Zuschlags; damit muss jeder Beteiligte, insbesondere auch der Ersteigerer, rechnen (BGE *106* III 23).

2.   Das Steigerungsverfahren

28   Weil es sich um einen öffentlichen Verwertungsakt handelt, ist jedermann, der Schuldner und seine Gläubiger eingeschlossen, berechtigt, an der Versteigerung teilzunehmen (BGE *109* III 62: sogar ein Gläubiger, der zugleich Schuldner einer zu versteigernden Forderung ist). Selbst Abwesende können aufgrund eines schriftlichen Angebots mitsteigern oder einen Vertreter damit beauftragen (BGE *69* III 56).

29   Der Steigerungsgegenstand wird nach dreimaligem Aufruf dem Meistbietenden zugeschlagen, sofern die folgenden Voraussetzungen erfüllt sind:

30   – Ganz allgemein ist das *Deckungsprinzip* zu wahren (SchKG 126). Danach müssen die im Rang vorgehenden pfandgesicherten Forderungen – ob fällig oder nicht – durch das Angebot gedeckt sein; anderenfalls würde für den betreibenden Gläubiger nichts herausschauen und hätte die Verwertung für ihn auch keinen Sinn. Betreffnisse auf nicht fällige Pfandforderungen werden freilich nicht ausgezahlt, sondern nach SchKG 9 hinterlegt (§ 29 N. 12). Wird kein dem Deckungsprinzip genügendes Angebot gemacht, fällt die Betreibung hinsichtlich des Pfandgegenstandes dahin (SchKG 126 II).

31   Auch eine unter *Eigentumsvorbehalt* stehende Sache darf nur verwertet werden, wenn das Angebot die Restforderung des Verkäufers deckt (§ 24 N. 21). Allein auf das *Retentionsrecht* für verfallene und laufende Miet- und Pachtzinsforderungen findet das Deckungsprinzip keine Anwendung; Retentionsgegenstände werden also unter allen Umständen verwertet, denn der Retentionsgläubiger wird vom Gesetz wie ein – wenn auch bevorrechteter – Mitbetreibender behandelt (BGE *89* III 72).

32   Ist anzunehmen, dass kein Zuschlag unter Wahrung des Deckungsprinzips möglich sein wird, so kann der Betreibungsbeamte auf Antrag des betreibenden Gläubigers von der Verwertung absehen und ohne weiteres einen Verlustschein ausstellen (SchKG 127). Dies geschieht erst recht, wenn der voraussehbare Erlös nicht einmal die Verwertungskosten decken würde (BGE *97* III 71).

33   – *Gegenstände aus Edelmetall* (Platin, Gold, Silber) dürfen nicht unter ihrem Metallwert zugeschlagen werden; erfolgt kein genügendes An-

gebot, darf man sie aber zu diesem Preis später freihändig verkaufen (SchKG 128 und 130 Z. 3).

Wer nach dreimaligem Aufruf das höchste diesen Anforderungen genügende Angebot macht, hat einen Rechtsanspruch auf den Zuschlag; er kann einen anderen Zuschlag mit Beschwerde anfechten und dessen Aufhebung verlangen (§ 26 N. 24). Nach der Verteilung des Steigerungserlöses ist Anfechtung jedoch ausgeschlossen (BGE *98* III 64). 34

3. Der Zuschlag

Mit dem Zuschlag erwirbt der Bieter *unmittelbar* Eigentum am Steigerungsgegenstand (OR 235 I); Nutzen und Gefahr gehen in diesem Zeitpunkt auf ihn über (OR 229 I in Verbindung mit 185 I). Die Sache wird dem Ersteigerer jedoch erst übergeben, wenn er den Kaufpreis bezahlt hat (SchKG 129 II). 35

Gleichzeitig werden überbotene Bieter frei, sofern die Steigerungsbedingungen nichts anderes vorsehen (OR 231 II).

Andererseits verpflichtet der Zuschlag den Erwerber zur *Barzahlung* des Steigerungspreises (SchKG 129 I). In der Regel hat er das sofort zu tun, wenn in den Steigerungsbedingungen nicht spätere Zahlung vorgesehen war; er ist jedenfalls nicht berechtigt, eine besondere Zahlungsfrist zu verlangen. Der Betreibungsbeamte kann ihm jedoch von sich aus einen Zahlungstermin von höchstens zwanzig Tagen einräumen (SchKG 129 II; BGE *111* III 60). Zahlung mit *Check* gilt als Barzahlung (BGE *100* III 17). 36

Nur ausnahmsweise braucht der Bieter den Steigerungspreis nicht bar zu zahlen: ist er der einzige Gläubiger, darf er nämlich den Erwerbspreis durch *Verrechnung* mit seiner Forderung tilgen (BGE *79* III 23, *111* III 60). 37

Zahlt der Ersteigerer nicht rechtzeitig, hebt das Betreibungsamt den Zuschlag auf, womit der Eigentumsübergang ohne weiteres dahinfällt. Das Betreibungsamt muss dann von Amtes wegen eine neue Steigerung anordnen (SchKG 129 III; BGE *100* III 16). 38

Der säumige Ersteigerer und allfällige Bürgen haften für den Ausfall gegenüber dem Ergebnis der früheren Versteigerung und ausserdem für allen weiteren Schaden, insbesondere für die von ihm verursachten Mehrkosten; der Zinsverlust wird zu 5 % berechnet (SchKG 129 IV). Der Schadenersatzanspruch verjährt in zehn Jahren (OR 127). Er wird wie eine Forderung des Schuldners verwertet. 39

IV. *Die ausserordentlichen Verwertungsarten*

40   Die Verwertung durch öffentliche Versteigerung bildet die Regel. Auf andere Weise darf nur verwertet werden, wo es das Gesetz ausdrücklich zulässt:
- durch Freihandverkauf (SchKG 130),
- durch Forderungsüberweisung (SchKG 131) oder
- in einem der besonderen Verwertungsverfahren, die für Vermögensbestandteile anderer Art als Sachen und Forderungen vorgesehen sind (SchKG 116 I, 132).

Man kann diese Verwertungsarten als die *ausserordentlichen* bezeichnen.

1. Der Freihandverkauf

41   *Wann* gepfändete Vermögensgegenstände durch einen Freihandverkauf verwertet werden dürfen, bestimmt das Gesetz. *Ob* dann im Einzelfall tatsächlich freihändig verkauft werden soll, bleibt dem *Ermessen des Betreibungsbeamten* anheimgestellt. Sind die gesetzlichen Voraussetzungen des Freihandverkaufs erfüllt, darf also – es muss aber nicht – freihändig verkauft werden. Der Entscheid darüber kann deshalb nur mit der Ermessensbeschwerde angefochten werden; dagegen ist die Rechtsbeschwerde am Platz, wenn freihändig verkauft wird, obwohl die gesetzlichen Voraussetzungen dafür nicht gegeben sind.

42   Der Freihandverkauf darf allgemein an die Stelle der Versteigerung treten, wenn *alle Beteiligten damit ausdrücklich einverstanden* sind (SchKG 130 Z. 1); als beteiligt gelten insbesondere: der Schuldner, die Pfändungsgläubiger, allfällige Pfandgläubiger oder Retentionsberechtigte, aber auch der Ehegatte, wenn Gegenstände des Gesamtgutes verwertet werden sollen.

Selbstverständlich bedarf es der Zustimmung desjenigen Gläubigers nicht, dessen Forderung durch das konkrete Angebot gedeckt ist; ebenso darf *rechtsmissbräuchliche Verweigerung* der Zustimmung unbeachtlich bleiben (BGE *115* III 55).

Auch das Erfordernis der *ausdrücklichen* Zustimmung soll vernünftigerweise nicht streng-wörtlich genommen werden, wie aus einem Vergleich zum Grundstückverkauf zu schliessen ist (SchKG 143 b I; § 28 N. 70). Das Betreibungsamt darf den Beteiligten vielmehr Frist für die Zustimmungserklärung setzen und ihnen gleichzeitig anzeigen, dass Nichtäusserung binnen Frist als Zustimmung betrachtet werde.

43   In drei Fällen darf auch *ohne* Zustimmung der Beteiligten freihändig verkauft werden:

– wenn Wertpapiere oder anderes Pfändungsgut mit einem *Markt- oder Börsenpreis* (wie z. B. Derivate, Getreide, Kaffee, Metalle u. dgl.) zum Tageskurs verkauft werden können (SchKG 130 Z. 2);
– wenn für Gegenstände aus Edelmetall, die an der Versteigerung den *Metallwert* nicht erreichten, nunmehr dieser Preis angeboten wird (SchKG 130 Z. 3);
– im Falle eines *Notverkaufs* (oben N. 9).

Verfahren des Freihandverkaufs

Die Durchführung des Freihandverkaufs wird wesentlich von seiner Rechtsnatur als amtlicher Zwangsveräusserungsakt mitbestimmt (§ 26 N. 22 f.). Obwohl er faktisch wie ein privater Vertrag abgewickelt wird und vor allem auch der Eigentumsübergang entsprechend (durch Sachübergabe oder Zession) erfolgt, ist der Betreibungsbeamte nicht frei wie ein privater Veräusserer; vielmehr ist er verpflichtet, das günstigste Preisangebot ausfindig zu machen und zu diesem Zweck gegebenenfalls den Beteiligten Gelegenheit zu geben, ein konkretes Angebot zu überbieten (BGE *106* III 82). Ausserdem wird er einer Reihe von betreibungsrechtlichen Verwertungsgrundsätzen Beachtung schenken müssen: so dem Deckungsprinzip (SchKG 126, 127), der Protokollpflicht (SchKG 8), den Bestimmungen über Zahlungstermine, Barzahlung, Übergabe der Sache und die Folgen von Zahlungsverzug (SchKG 129).

44

Zur Einschränkung der Gewährspflicht sowie zur Anfechtung des Freihandverkaufs mit Beschwerde sei auf § 26 N. 24 verwiesen.

2.   Die Überweisung von Forderungen an die pfändenden Gläubiger

A.   Allgemeine Voraussetzungen

Diese Verwertungsart eignet sich für *illiquide Geldforderungen ohne Markt- oder Börsenpreis,* die sich, weil sie bestritten oder noch nicht fällig sind, kaum einmal vorteilhaft versteigern oder verkaufen lassen (SchKG 131 I; BGE *120* III 132, 134).

45

Liquide Kapital- und Zinsforderungen hat das Betreibungsamt von der Pfändung an einzuziehen (SchKG 100); wie bei der Einkommenspfändung erübrigt sich bei ihnen die Verwertung. Wertpapierforderungen sind nie abtretbar; das gepfändete Wertpapier ist, wie gesagt, als Sache zu versilbern, selbst wenn es nicht kursfähig wäre.

46   Die Forderungsüberweisung kommt – weil mit ihr das Versilberungsprinzips durchbrochen wird (§ 26 N. 16 f.) – nur in Frage, wenn *sämtliche Gläubiger,* für deren Gruppe die Forderung gepfändet ist, dies verlangen bzw. alle damit einverstanden sind *(Einstimmigkeitsprinzip).* Ein Gläubiger, der zugleich Schuldner der gepfändeten und zu überweisenden Forderung ist, fällt allerdings wegen Interessenkonflikts bei der Beschlussfassung und auch als Übernehmer der Forderung ausser Betracht (BGE *43* III 62 f.). Verlangen die Gläubiger die Forderungsüberweisung, so hat das Betreibungsamt – anders als beim Freihandverkauf – nichts dazu zu sagen; es muss ihrem Begehren stattgeben.

47   Das Gesetz sieht zwei Arten solcher Forderungsüberweisung vor:
- die Abtretung einer Forderung zum Nennwert an Zahlungsstatt (SchKG 131 I; unten B) und
- die Übernahme einer Forderung zur Eintreibung (SchKG 131 II; unten C).

48   In beiden Fällen ist die Verfügung des Betreibungsbeamten – wie bei der Versteigerung und beim Freihandverkauf – nur mit Beschwerde an die Aufsichtsbehörde anfechtbar und die Gewährspflicht beschränkt (§ 26 N. 24; SchKG 132 a).

B.   Die Abtretung einer Forderung zum Nennwert an Zahlungsstatt (SchKG 131 I)

49   a) Als *Abtretungsgläubiger* (Zessionare) kommen sämtliche an der Pfändung beteiligten Gläubiger in Betracht, sowohl diejenigen der betreffenden Pfändungsgruppe als auch solche einer anderen Gruppe, die Anspruch auf allfälligen Mehrerlös haben. Sie können die betreffende Forderung an alle oder auch nur an einzelne von ihnen abtreten lassen (SchKG 131 I).

50   b) Die *Wirkungen* der Abtretung entsprechen weitgehend jenen einer privatrechtlichen Zession, und zwar der Abtretung an Zahlungsstatt *(datio in solutum),* ungeachtet dessen, dass die Abtretung nicht auf einem Vertrag *(pactum de cedendo)* zwischen dem Betreibungsschuldner und seinem Gläubiger beruht, sondern – als Verwertungsakt – auf einer Verfügung des Betreibungsamtes (26 N. 22).
Im einzelnen sind folgende Besonderheiten zu beachten:

51   aa) Erfolgt die Abtretung an *sämtliche* beteiligten Gläubiger, ist die Rechtslage einfach:
- Die Gläubiger treten gemeinsam bis zum *Nennwert* der abgetretenen Forderung in die Rechte gegen den Drittschuldner *(debitor cessus)* ein. Weil die Abtretung an Zahlungsstatt erfolgt, sind die Betrei-

bungsforderungen bis zur Höhe des Nennwertes der abgetretenen Forderung *unmittelbar getilgt,* unabhängig davon, ob der Drittschuldner dann auch zahlen wird oder nicht. Im Umfang der Abtretung erlöschen folglich die Betreibungen der Gruppengläubiger.

Je nach der Höhe des Nennwertes der abgetretenen Forderung kommt es somit nur zu einer *Teil-Tilgung* oder bedarf es nur einer *Teil-Zession* (SchKG 131 I Satz 2); im zweiten Falle bleibt der Betriebene für den Überschuss materiell berechtigt.

– Der *debitor cessus* kann den Abtretungsgläubigern folgende *Einreden*   52
entgegenhalten (OR 169):
  – aus dem *Schuldverhältnis,* das der abgetretenen Forderung zugrunde liegt (z. B. Mängel der Kaufsache, nicht gehörige Erfüllung, Verjährung),
  – *persönliche* gegen den *Zedenten* (also den Betreibungsschuldner, z. B. Verrechnung),
  – *persönliche* gegen den einzigen *Zessionar* (sofern die Pfändungsgruppe nur aus diesem einzigen Gläubiger bestehen sollte); gegenüber mehreren Zessionaren hingegen nur solche, die alle Zessionare betreffen.

bb) Wird *nur an einzelne* Gläubiger *abgetreten,* so ist das für das Verhält-   53
nis zwischen Zessionaren und Nichtzessionaren bedeutsam:
– Auch in diesem Fall erfolgt die Abtretung ausdrücklich auf *gemeinschaftliche Rechnung* aller beteiligten Gläubiger (Zessionare und Nicht-Zessionare). Aus der Sicht der letzteren sind die Abtretungsgläubiger deren *Inkassomandatare:* nämlich durch die Abtretung formell befugt und verpflichtet zur Geltendmachung der Forderung. *Materiell* wirkt sich die Abtretung aber auch auf die *Betreibungsforderungen der Nicht-Zessionare* aus (Tilgungswirkung; Erlöschen der Betreibung) – daher das Einstimmigkeitsprinzip (oben N. 46). Die Nicht-Zessionare brauchen sich einfach um die Eintreibung nicht zu kümmern.
– Als Mandatare handeln die Zessionare immer im Interesse sämtlicher   54
an der Pfändung beteiligten Gläubiger; Zahlungen des Drittschuldners kommen letzten Endes *gleichmässig* allen Gläubigern zugut. Die Abtretung begründet somit *kein Vorrecht* der Zessionare.

Alle Gläubiger (die Abtretungs- wie die übrigen an der Pfändung beteiligten Gläubiger) rechnen unter sich ab; der Betreibungsbeamte braucht sich um den Einzug der abgetretenen Forderung und die Verteilung des Erlöses nicht weiter zu kümmern. Anstände unter den Gläubigern entscheidet der ordentliche Zivilrichter.

– Dem *debitor cessus* stehen auch hier die *Einreden* aus dem Schuldver-   55
hältnis sowie persönliche gegen den Zedenten zu; persönliche Einre-

den gegen einen Zessionar kommen nur in Frage, wenn sie – was kaum je zutreffen wird – zugleich auch alle andern Pfändungsgläubiger betreffen.

56   Praktisch kommt die Abtretung nach SchKG 131 I nur selten vor. Sie eignet sich infolge ihrer Tilgungswirkung einzig für Forderungen, mit deren sicherem Eingang nach Fälligkeit gerechnet werden kann; das trifft nur zu, wenn die Forderung unbestritten, einredefrei und der Drittschuldner überdies zahlungsfähig ist.

C.   Die Übernahme einer Forderung zur Eintreibung (SchKG 131 II)

57   a) Die Forderungsübernahme zur Eintreibung erfolgt nicht an Zahlungsstatt; es handelt sich überhaupt nicht um eine Zession. *Das Betreibungsamt ermächtigt den oder die Übernehmer bloss zur Eintreibung der Forderung.* Demzufolge sind die übernehmenden Gläubiger hier gewissermassen *Inkassomandatare des Betreibungsamtes* und nicht etwa anderer Gläubiger.

Auch hier sind die übernehmenden Gläubiger verpflichtet, das Inkasso mit aller *Sorgfalt* zu betreiben. Unter Umständen müssen sie dazu auf dem Betreibungs- oder Prozessweg vorgehen. Für *Schaden,* den sie verschulden (z. B. indem sie den Anspruch verjähren oder verwirken lassen), haften sie dem Schuldner.

58   b) In ihren Wirkungen kommt die Übernahme zur Eintreibung der «Abtretung nach SchKG 260» im Konkursverfahren gleich (§ 47 N. 54 ff.):

59   – Die *Gläubigerrechte* des Betriebenen gehen nicht auf die übernehmenden Gläubiger über (wie bei der Abtretung nach SchKG 131 I). Dafür erfolgt die Übernahme auch ohne Nachteil für die Rechte der Übernehmer: ihre Betreibungen laufen unverändert weiter.

60   – Der Drittschuldner kann den Übernehmern keine *Einreden* entgegenhalten, die ihm nicht schon gegen den Betreibungsschuldner zustehen; persönliche Einreden gegen die Übernehmer sind ausgeschlossen.

61   – Die Gläubiger übernehmen die Eintreibung der Forderung *auf eigene Gefahr.* Die *Aufwendungen* (allfällige Betreibungs- oder Prozesskosten) werden ihnen weder vom Betreibungsamt noch von den anderen Gläubigern ersetzt; sie gehen nicht auf gemeinsame Rechnung.

62   – Zum Ausgleich dieses Risikos kommt dafür der *Nutzen einer erfolgreichen Eintreibung* in erster Linie den übernehmenden Gläubigern zugut. Der eingetriebene Betrag dient nämlich vorab dazu, ihre Auf-

wendungen und Betreibungsforderungen samt Zins zu decken. Nur ein *allfälliger Überschuss* kommt den übrigen Gläubigern zugut oder fällt zuletzt an den Betriebenen zurück.

c) Die Übernahme eines (fälligen oder nicht fälligen) Anspruchs zur 63 Eintreibung eignet sich vor allem da, wo die *Erfüllung unsicher* ist: beispielsweise, wenn eine Forderung bestritten (BGE *109* III 105) oder die Zahlungsfähigkeit des Drittschuldners zweifelhaft oder die Eintreibung sonstwie erschwert ist (etwa im Ausland), aber auch wenn es sich um ein Anteilsrecht an einem Gemeinschaftsvermögen handelt (unten N. 65 ff.; vgl. VVAG 13 und 14 sowie BGE *96* III 10).

3.   Die Verwertung «anderer Rechte»

Es gibt eine Reihe von vermögenswerten Ansprüchen des 64 Schuldners, die zwar gepfändet werden können, die sich aber nicht so einfach wie bewegliche Sachen und Forderungen verwerten lassen. Das Gesetz zählt sie unter dem Begriff *«Vermögensbestandteile anderer Art»* auf (SchKG 132):
– die Nutzniessung;
– Anteile an einem Gemeinschaftsvermögen wie
  – an einer unverteilten Erbschaft (BGE *96* III 10, *105* III 56),
  – an einer Personengesellschaft (einfache Gesellschaft, Kollektiv- und Kommanditgesellschaft; BGE *93* III 116),
  – Gesamteigentum, Miteigentum (BGE *96* III 24);
– Immaterialgüterrechte: Urheberrechte und ähnliche Schutzrechte, Erfindungen, gewerbliche Muster und Modelle, Fabrik- und Handelsmarken, Sortenschutzrechte.

Bezüglich der Verwertung von (Personen-)*Versicherungsansprüchen* des Schuldners sei hier auf die VPAV verwiesen.

A.   Anteile an Gemeinschaftsvermögen

Der gepfändete Vermögenswert des Schuldners, sein «Anteil 65 an einem gemeinschaftlichen Vermögen», besteht in dem ihm im Falle einer Liquidation desselben zufallenden Betrag, seinem *Liquidationsbetreffnis* (vgl. auch VVAG 1 und 11). Nur so verstanden hat der in SchKG 132 I verwendete Begriff einen Sinn.

Nicht das zu einem Gemeinschaftsvermögen gehörende Grundstück als solches wird also gepfändet – und infolgedessen auch keine Verfügungsbeschränkung im Grundbuch vorgemerkt (BGE *118* III 65) –, sondern das dem Schuldner zustehende (noch zu bestimmende) Liquidationsbetreffnis (VVAG 1).

Gleiches gilt an sich auch im Falle eines gemeinsamen Kontos (*compte-joint*). Da jedoch ein solches Konto unter den Inhabern nicht unbedingt ein Gemeinschaftsverhältnis voraussetzt, gelten die Inhaber vermutungsweise als Solidargläubiger (OR 150), so dass in der Betreibung gegen einen Inhaber das ganze Guthaben und nicht bloss der Liquidationsanteil gepfändet und verwertet werden darf (BGE *110* III 24 f., *112* III 90 f.).

Das Verwertungsverfahren

66 Für die *Verwertung von Anteilen an Gemeinschaftsvermögen* hat das Bundesgericht gestützt auf SchKG 15 in einer Verordnung (VVAG) folgende Regelung aufgestellt:
– Vorerst soll das Betreibungsamt versuchen, zwischen den pfändenden Gläubigern, dem Schuldner und den andern Teilhabern der Gemeinschaft eine *gütliche Einigung* herbeizuführen (VVAG 9), sei es durch Abfindung der Gläubiger bei Fortbestand der Gemeinschaft, sei es durch Auflösung der Gemeinschaft und Feststellung des auf den Schuldner entfallenden Liquidationsbetreffnisses. Zur Bestimmung dieser Werte sind die Gemeinschafter gehalten, alle zweckdienlichen Unterlagen (Bücher, Belege) vorzulegen (VVAG 10).

67 – Führt die Einigungsverhandlung nicht zum Ziel, so werden die Beteiligten aufgefordert, binnen zehn Tagen *zuhanden der Aufsichtsbehörde Verwertungsmassnahmen vorzuschlagen* (VVAG 10 I). Die Aufsichtsbehörde kann dann ihrerseits nochmals eine *Einigungsverhandlung* einberufen. Misslingt auch diese oder wird von vornherein darauf verzichtet, so bestimmt sie, unter bestmöglicher Berücksichtigung der Anträge der Beteiligten, die Verwertungsart (SchKG 132 III, VVAG 10 II).

Sie kann anordnen, dass der Anspruch des Schuldners auf das Liquidationsbetreffnis als solcher zu *versteigern* ist oder dass die *Auflösung* der Gemeinschaft und die *Liquidation* des Gemeinschaftsvermögens nach den für die betreffende Gemeinschaft geltenden (materiellrechtlichen) Regeln herbeigeführt werden soll. Eine Versteigerung kommt aber nur in Betracht, wenn der Liquidationsanteil geschätzt werden kann (VVAG 10 III).

68 Die *Aufsichtsbehörde bestimmt nur den Weg,* der zur Verwertung führt, entscheidet somit keine materiellrechtlichen Fragen; infolgedessen ist durch die Anordnung der Auflösung und Liquidation das Gemeinschaftsverhältnis noch keineswegs schon aufgelöst (BGE *105* III 59, *113* III 39, 42, *114* III 98).

Das Betreibungsamt oder ein Verwalter vertritt den Schuldner bei der Durchführung der angeordneten Auflösung und Liquidation (VVAG 12). Geht sie nicht einvernehmlich vonstatten, wird der Liquidationsanteil des Schuldners – weil ihn die Vollstreckungsorgane nicht selber festsetzen dürfen – den Betreibungsgläubigern zur Abtretung nach SchKG 131 II angeboten; findet sich kein Abtretungsgläubiger, wird der Anspruch versteigert (VVAG 13 I). Die Abtretungsgläubiger oder der Ersteigerer mögen sich dann gerichtlich um Auflösung und Liquidation bemühen.

B.   Immaterialgüterrechte

Für die Verwertung von Immaterialgüterrechten besteht neben SchKG 132 keine besondere Regelung; man wird deshalb mit Vorteil die Bestimmungen in der VVAG analog anwenden.   69

Das Verwertungsverfahren

Das Betreibungsamt ersucht die *Aufsichtsbehörde,* das Verfahren festzulegen (SchKG 132 I und II). Diese hört die Beteiligten (den Schuldner und die pfändenden Gläubiger) an und bestimmt sodann die Verwertungsart nach ihrem Ermessen (SchKG 132 III). In Frage kommt die Durchführung einer Versteigerung, ein Freihandverkauf, die Übertragung der Verwertung an einen Verwalter oder die Anordnung anderer geeigneter Vorkehren. Jedenfalls soll für ein möglichst günstiges Ergebnis Gewähr bestehen. Auch hier empfiehlt sich eine Einigungsverhandlung.   70

§ 28   Die Verwertung von Grundstücken

I.   *Allgemeines über die Grundstückverwertung*

1.   Gegenstand und Verwertungsarten

Grundstück ist alles, was ZGB 655 II als solches bezeichnet, gleichgültig ob bebaut oder unbebaut (VZG 1 I). Wo das Gesetz von Anlagevermögen spricht (SchKG 298 II), sind Grundstücke inbegriffen.   1

Kein Grundstück in diesem Sinne ist ein Anteilsrecht des Schuldners an einem in *Gesamteigentum* stehenden Grundstück. Das Anteilsrecht wird nach den Bestimmungen der VVAG verwertet (VZG 1 II; § 27 N. 65 ff.). Dagegen wird ein *Miteigentumsanteil* des Schuldners oder seine *Stockwerkeinheit* wie ein Grundstück verwertet (ZGB 646, 712 a ff.; VZG 73 ff.).

Gepfändete Grundstücke können – gleich wie bewegliche Sachen – durch *öffentliche Versteigerung* oder (seit 1.1.1997) auch durch *Frei-*   2 *handverkauf* verwertet werden. Weil aber in der Spezialexekution – im Gegensatz zur Generalexekution, wo der Freihandverkauf von Grundstücken seit jeher erlaubt war (SchKG 256; § 47 N. 24) – nicht alle Gläubiger eines Schuldners am Vollstreckungsverfahren teilnehmen, hat das Gesetz hier Sicherungen eingebaut, um Missbrauch vorzubeugen (unten N. 68).

3   Von entscheidender Bedeutung für eine sachgerechte Grundstückverwertung ist, wie die *Rechte Dritter,* die auf dem Grundstück lasten, behandelt werden. Um diese für das Verfahren verbindlich zu klären, musste eine zweckmässige Ordnung geschaffen werden. Das SchKG selber beschränkt sich auf wenige Grundsätze. Umfassend geregelt ist die Grundstückverwertung hingegen in der VZG. Dabei hat sich das Bundesgericht zu Recht nicht gescheut, über seine Verordnungskompetenz (SchKG 15 II) hinausgehend auch Gesetzeslücken zu füllen (§ 3 N. 11).

4   Abgesehen von diesen betreibungsrechtlichen Verfahrensbestimmungen sind noch Vorschriften in anderen Gesetzen zu berücksichtigen: insbesondere das BewG und das BGBB sowie die zugehörigen Verordnungen des Bundesrates (unten N. 61).

2.   Der Zeitpunkt der Verwertung

5   Grundstücke sollen frühestens einen Monat und spätestens drei Monate nach Eingang des Verwertungsbegehrens verwertet werden (SchKG 133 I). Mit Rücksicht auf die umfangreiche Vorbereitung wird die Verwertung eines Grundstücks, verglichen mit jener von beweglichen Sachen und Forderungen, zeitlich hinausgeschoben.

Kommt es allerdings im Rahmen der Lastenbereinigung zu einem Prozess, muss unter Umständen die Verwertung ausgesetzt werden, so dass weder diese Ordnungsfrist noch der angekündigte Steigerungstermin eingehalten werden können (unten N. 33).

6   *Vorzeitige Verwertung* – bevor überhaupt ein Gläubiger das Verwertungsbegehren stellen dürfte – kann nach dem Wortlaut des Gesetzes *nur auf Begehren des Schuldners* und im ausdrücklichen *Einverständnis der Pfändungs- und der Grundpfandgläubiger* stattfinden (SchKG 133 II; siehe auch § 26 N. 11).

Den *Notverkauf* schliesst die Rechtsprechung hingegen aus (BGE *107* III 127 f.). Wenn aber einmal das Lastenverzeichnis erstellt und bereinigt ist, wäre dagegen kaum etwas einzuwenden. Die Regel von VZG 128 II, welche im Konkurs die vorzeitige Verwertung bei «Überdringlichkeit» ausnahmsweise sogar *ohne Lastenbereinigung* erlaubt (vgl. § 47 N. 4), ist dagegen nicht anwendbar.

Andererseits kann aber auch die Grundstückverwertung gegen Lei- 7
stung von Abschlagszahlungen aufgeschoben werden (Hinweis auf
SchKG 123 in 143 a; § 27 N. 13 ff.). Der *Aufschub* ist jedoch nur zulässig, wenn der Schuldner ausser der festgesetzten ersten Abschlagszah-
lung auch die Kosten für die Vorbereitung und Verschiebung einer
bereits angeordneten Versteigerung sofort entrichtet (VZG 32 I; BGE
121 III 200).

3.   Die Zuständigkeit zur Verwertung

Auch Grundstücke werden grundsätzlich vom Betreibungs- 8
amt des Ortes verwertet, wo sie – oder ihr wertvollerer Teil – liegen
(VZG 74 II). Befindet sich das Grundstück ausserhalb des Kreises des
Amtes, das die Betreibung führt, bedarf es der *Rechtshilfe* des örtlich
zuständigen Amtes.

Eine *öffentliche Versteigerung* darf – wie bei den beweglichen Sachen – *ausschliesslich* 9
das örtlich zuständige Amt durchführen (SchKG 4 II Satz 2; § 26 N. 14). Das ersuchte Amt
lässt nach durchgeführter Verwertung das Protokoll und den Erlös dem ersuchenden Amt
zukommen. Die Verwertung durch *Freihandverkauf* dagegen kann das die Betreibung
führende Amt mit Zustimmung des örtlich zuständigen Amtes selber an die Hand nehmen.

4.   Die Behandlung von Zugehör

Mitgepfändete Zugehör wird mit dem Grundstück *zusammen* 10
verwertet. Nur mit Zustimmung sämtlicher Beteiligten darf sie *gesondert* verwertet werden (VZG 27). Fehlt diese Zustimmung, so können
der Schuldner und jeder Gläubiger bei der Versteigerung immerhin
verlangen, dass das Grundstück und die Zugehör je einmal getrennt und
einmal zusammen aufgerufen werden (*doppelter Aufruf;* unten N. 59).

II.   *Die Vorbereitung der Verwertung*

1.   Allgemeines

Wenn die Verwertung nicht aufgeschoben ist, trifft das Betrei- 11
bungsamt die erforderlichen Vorbereitungsmassnahmen, indem es
– die Steigerungspublikation erlässt (es sei denn, es käme von vornherein nur ein Freihandverkauf in Frage),

- das Lastenverzeichnis erstellt und das Lastenbereinigungsverfahren einleitet,
- das Grundstück neu schätzt
- und schliesslich die Steigerungsbedingungen – im Falle eines Freihandverkaufes die Verkaufsbedingungen – festsetzt.

12   Fehler bei der Vorbereitung können mit Beschwerde gerügt werden (BGE *121* III 199; § 26 N. 24).

2.   Die Steigerungspublikation und die Anmeldung der Lasten

13   Eine Grundstücksteigerung muss wenigstens einen Monat vorher öffentlich bekanntgemacht werden (SchKG 138 I). Das Betreibungsamt kann dabei die Art der Bekanntmachung nicht frei bestimmen wie bei der Versteigerung von beweglichen Sachen und Forderungen; vielmehr muss es eine Publikation nach Vorschrift von SchKG 35 vornehmen (s. auch § 27 N. 25).

14   Die Steigerungspublikation dient zunächst einmal der weiteren Vorbereitung der Verwertung (Ergänzung des Lastenverzeichnisses und Lastenbereinigung), sodann vor allem auch der späteren Durchführung der Versteigerung.

15   Das erfordert folgenden *Mindestinhalt* (SchKG 138 II, VZG 29 II und III):
- Ort, Tag und Stunde der Steigerung;
- das Datum, von dem an die Steigerungsbedingungen samt dem Lastenverzeichnis aufliegen;
- den Namen des Grundstückeigentümers;
- die genaue Bezeichnung des Grundstücks mit seinem Schätzungswert;
- die *Aufforderung* an die Pfandgläubiger und weitere Berechtigte, ihre Ansprüche am Grundstück binnen 20 Tagen anzumelden, verbunden mit der Androhung, dass nicht angemeldete Ansprüche bei der Verwertung und Verteilung nicht berücksichtigt werden, soweit sie nicht aus dem Grundbuch hervorgehen.

Zur Eingabe ausdrücklich aufgefordert werden die Inhaber von Dienstbarkeiten, die unter kantonalem Recht entstanden, aber noch nicht ins eidgenössische Grundbuch übertragen worden sind (SchKG 138 III).

16   Nebst der Steigerungspublikation erfolgt noch eine *Spezialanzeige* an alle Beteiligten, sofern sie einen bekannten Wohnsitz oder einen Vertreter haben (SchKG 139; VZG 30).

Anzumeldende Rechte

Grundsätzlich empfiehlt es sich, *alle Rechte,* die an einem zu 17
verwertenden Grundstück geltend gemacht werden, anzumelden,
gleichgültig, ob dies erforderlich ist oder nicht.

Unbedingt anzumelden sind Rechte, die *nicht* aus dem Grundbuch 18
hervorgehen; denn von Amtes wegen werden nur die darin belegten
berücksichtigt (SchKG 140 I; unten N. 27).

Das betrifft z. b. bei einem *Grundpfand* vor allem rückständige Zinsen (ZGB 818 I
Z. 3), Verzugszinse und Betreibungskosten (ZGB 818 I Z. 2); denn ohne Anmeldung wird
auch einem im Grundbuch ausgewiesenen *Grundpfandgläubiger* nur das Kapital und der
bis zum Verwertungstag *laufende Zins* berücksichtigt.
Auch *mittelbare gesetzliche Pfandrechte,* wie das Pfandrecht des Verkäufers oder das
Bauhandwerkerpfandrecht (ZGB 837 ff.), sollte man unbedingt anmelden, wenn sie im
Grundbuch weder eingetragen noch auch nur vorgemerkt sind. Solche Pfandrechte können sogar noch nach erfolgter Pfändung begründet werden; allerdings gehen sie dann den
Pfändungsgläubigern nach (§ 22 N. 70; unten N. 25).
Sicherheitshalber wird sich auch melden, wer ein *gesetzliches Kaufs- oder Vorkaufsrecht* beansprucht (z. B. aus ZGB 682, BGBB 24 ff., 42 ff.); denn die Zwangsverwertung
gilt als (Vor-)Kaufsfall (ZGB 681 I, BGBB 27 I, VZG 60 a). Zwar bestehen diese Rechte
unmittelbar kraft Gesetzes und könnten deshalb auch ohne Vormerkung im Grundbuch
ausgeübt werden. Doch sichert sich der Berechtigte durch die Anmeldung die Spezialanzeige der Verwertung (SchKG 139, VZG 30 IV); daran ist er interessiert, weil diese Rechte
an der Steigerung ausgeübt werden müssen (ZGB 681 I).

Keiner Anmeldung bedürfen hingegen die sogenannten *servitutes ap-* 19
parentes, die ohne Eintrag wirksam sind (ZGB 676 III und 691); für sie
besteht *natürliche Publizität.* Auch öffentlichrechtliche Eigentumsbe-
schränkungen (z. B. Nutzungsbeschränkungen) müssen nicht angemeldet werden: ihr Bestand wird durch die Zwangsverwertung nicht betroffen (BGE *121* III 244).

Die Anmeldefrist

Die 20-tägige Anmeldefrist ist zwar *Verwirkungsfrist* (BGE 20
113 III 17 ff., 45), als Eingabefrist jedoch verlänger- und wiederherstellbar.

Nach Fristablauf angemeldete Lasten dürfen infolgedessen (anders
als im Konkurs, SchKG 251; § 46 N. 36) grundsätzlich nicht mehr in das
Verzeichnis aufgenommen werden, es sei denn, sie gingen ohnehin aus
dem Grundbuch hervor oder wären dem Betreibungsamt sonstwie vorher zur Kenntnis gekommen (BGE *113* III 18, 45). Schliesst das Betreibungsamt einen zu spät erhobenen Anspruch aus, muss es den Ansprecher sofort benachrichtigen unter Hinweis auf sein Beschwerderecht
(VZG 36).

3.   Die öffentliche Aufforderung zur Anmeldung von Ansprüchen im Falle eines Freihandverkaufs

21   Wo von vornherein ein Freihandverkauf angestrebt wird, verlangt das Gesetz ebenfalls eine *öffentliche Aufforderung zur Anmeldung allfälliger Ansprüche am Grundstück* (SchKG 143 b II mit Verweis auf SchKG 138 II Z. 3). Auch diese Publikation muss zumindest den Schuldner und Eigentümer sowie das Grundstück bezeichnen, den Freihandverkauf ankündigen, zur Anmeldung von Ansprüchen am Grundstück auffordern und zu weiteren Kaufangeboten einladen. Kommt der Freihandverkauf dann nicht zustande, muss eine Steigerungspublikation nachgeholt werden, dann allerdings ohne nochmalige Aufforderung zur Anmeldung von Ansprüchen.

4.   Das Lastenverzeichnis

A.   Funktion und Inhalt

a)   *Die Funktion*

22   Das Lastenverzeichnis dient der *Abklärung der auf dem Grundstück haftenden dinglichen und realobligatorischen Rechte.* Solche Lasten sind insbesondere: Grundpfandrechte, Grundlasten und Gülten, Dienstbarkeiten, gesetzliche Verfügungsbeschränkungen (z. B. ein gesetzliches Vorkaufsrecht), aber auch vorgemerkte persönliche Rechte (z. B. Miet- oder Pachtverträge, ein vertragliches Vorkaufsrecht usw., ZGB 959).

23   Die Abklärung dieser Lasten ist notwendig,
   – weil einzelne Lasten dem Erwerber des Grundstücks *überbunden* werden (z. B. nicht fällige Grundpfandforderungen, feststehende Dienstbarkeiten und vorgemerkte persönliche Rechte),
   – weil nur absolute Klarheit über die bestehenden Lasten es erlaubt, an der Versteigerung das *Deckungsprinzip* bzw. den *doppelten Aufruf* zuverlässig einzuhalten,
   – und weil die konkrete Belastung den *Verwertungserlös* bzw. den *Mindestpreis* beeinflusst.

Das Lastenverzeichnis bildet somit die unerlässliche und sichere *Grundlage für die Verwertung.* Leidet es an einem wesentlichen Mangel, kann keine gültige Verwertung zustande kommen; der Zuschlag wäre nichtig.

b) *Der Inhalt*

In das Lastenverzeichnis gehören (SchKG 140, VZG 34): 24
– die Bezeichnung des Grundstücks samt Zugehör und dessen Schätzung anlässlich der Pfändung;
– die auf dem Grundstück ruhenden Lasten nach ihrem Rang; nicht
berücksichtigt werden dabei leere Pfandstellen sowie Eigentümer-
und Inhaberschuldbriefe, die sich im Besitze des Schuldners befinden
(VZG 34, 35).

Verpfändete Eigentümer- oder Inhabertitel werden hingegen ins Lastenverzeichnis
aufgenommen, und zwar bis zum Betrag der Faustpfandforderung, höchstens aber bis
zu ihrem Nominalbetrag (VZG 35 II). Der Faustpfandgläubiger wird nämlich, sofern
das Grundstück selber zur Verwertung gelangt, wie ein Grundpfandgläubiger behandelt (vgl. auch § 46 N. 21).

Lasten, die erst *nach der Pfändung* des Grundstücks in das Grund 25
buch eingetragen werden, sind unter Hinweis auf diesen Umstand und
mit der Bemerkung aufzunehmen, dass sie nur berücksichtigt werden,
sofern und soweit die Pfändungsgläubiger vollständig befriedigt sind
(VZG 34 II).

B.   Die Erstellung des Lastenverzeichnisses

        Das Lastenverzeichnis wird in einem eigenen Verfahren in drei 26
Phasen erstellt: der *Grundlegung,* der *Ergänzung* und der *Bereinigung.*

a)   *Die Grundlegung*

        Grundlage des Lastenverzeichnisses bildet der *Grund* 27
buchauszug, den sich der Betreibungsbeamte unmittelbar nach der Mitteilung des Verwertungsbegehrens an den Schuldner beschafft (SchKG
140 I, VZG 28; BGE *116* III 88). Ausser den im Grundbuch ausgewiesenen Lasten werden von Amtes wegen darin noch aufgenommen:
– unmittelbare gesetzliche Pfandrechte (z. B. für die laufenden Prämien
der Gebäudeversicherung),
– servitutes apparentes (oben N. 19) und
– gesetzliche Verfügungsbeschränkungen (z. B. gesetzliche Vorkaufsrechte).

b)   *Die Ergänzung*

        In der zweiten Phase werden die gestützt auf die öffentliche 28
Aufforderung gemachten *Eingaben* berücksichtigt; das Lastenverzeich-

nis wird entsprechend ergänzt (VZG 33). Der ein Recht anmeldende
Gläubiger hat sich über seine Person und seine Berechtigung (z. B. seine
Gläubigereigenschaft) auszuweisen, sofern nicht schon das Grundbuch
darüber Auskunft gibt (BGE *97* III 72).

29   Weicht eine Anmeldung vom Inhalt des Grundbuchauszuges ab, so ist
der Anspruch dennoch gemäss Anmeldung in das Lastenverzeichnis
aufzunehmen, ausserdem aber auch der Inhalt des Grundbucheintrages
anzugeben (VZG 34). Das Betreibungsamt hat jede formell korrekte
und rechtzeitige Anmeldung zu berücksichtigen, ohne irgendwelche materielle Prüfung (VZG 36); dazu bietet das Bereinigungsverfahren Gelegenheit.

c)   *Die Lastenbereinigung (VZG 37–40)*

30   Nur das auf rechtlich einwandfreier Grundlage beruhende Lastenverzeichnis vermag seine Funktion richtig zu erfüllen. Ein Grundbucheintrag kann jedoch fehlerhaft sein, und die Anmeldung eines Ansprechers stellt zunächst eine reine Rechtsbehauptung dar. Es muss
deshalb noch abgeklärt werden, ob und inwieweit die aufgenommenen
Lasten bei der Verwertung berücksichtigt werden dürfen. Dies geschieht
in einem besonderen, zweiteiligen Lastenbereinigungsverfahren, das
nach den Regeln des Widerspruchsverfahrens verläuft (SchKG 140 II
Satz 2).

31   Vor dessen rechtskräftiger Erledigung darf das Grundstück nicht verwertet werden,
sofern ein allfälliger Streit die Feststellung des Zuschlagspreises beeinflussen oder eine
vorherige Versteigerung sonstwie berechtigte Interessen verletzen würde (SchKG 141;
BGE *107* III 124, *110* III 74). Dabei ist aber zu beachten, dass die Bestreitung einer Last
den Eintritt der Rechtskraft des Verzeichnisses nur gegenüber dem Bestreitenden verhindert (BGE *113* III 19).

Das Bestreitungsverfahren

32   Das gestützt auf die Anmeldungen ergänzte Lastenverzeichnis
wird allen Beteiligten mitgeteilt; gleichzeitig wird ihnen eine Frist von 10
Tagen gesetzt, um Bestand, Umfang, Rang oder die Fälligkeit eines
aufgenommenen Anspruchs zu bestreiten (SchKG 140 II; VZG 37 I und
II).

33   Bleibt das *Verzeichnis unbestritten,* so gelten die darin enthaltenen
Lasten für die hängige Betreibung als anerkannt, und es kann zum
angekündigten Termin zur Versteigerung geschritten werden (SchKG
138 II Z. 1, 140 II Satz 2, VZG 37 II). Bei der Verteilung können dann

Rang und Höhe der betreffenden Pfandforderungen nicht mehr angefochten werden (VZG 43 I).

Wird dagegen ein in das Verzeichnis aufgenommener oder ein nicht darin aufgenommener, jedoch behaupteter *Anspruch bestritten,* muss das Widerspruchsverfahren durchgeführt werden (SchKG 140 II Satz 2): 34

- Im Falle der Bestreitung des Bestandes oder des Ranges eines *im Grundbuch eingetragenen* oder eines *unmittelbar kraft Gesetzes* geltenden Rechts fordert das Betreibungsamt den *Bestreitenden* auf, binnen 20 Tagen auf *Aberkennung des Anspruchs* zu klagen (SchKG 108; VZG 39; BGE *112* III 29, 110 f.).
- Ergibt sich hingegen das bestrittene Recht *weder aus dem Grundbuch noch unmittelbar kraft Gesetzes,* so wird der *Ansprecher* aufgefordert, binnen 20 Tagen auf *Feststellung des von ihm behaupteten Rechts* zu klagen (SchKG 107).

Wird nicht rechtzeitig geklagt, so bedeutet das verfahrensmässig: 35

- dass der *Bestreitende* das im Grundbuch eingetragene oder gesetzliche Recht *anerkennt* (SchKG 108 III),
- oder dass der *Ansprecher* auf das von ihm behauptete, aber bestrittene Recht *verzichtet* (SchKG 107 V).

Der Lastenbereinigungsprozess

Mit der rechtzeitig erhobenen Klage verlangt der Rechtsansprecher oder -bestreiter, dass der streitige Anspruch im ordentlichen (beschleunigten) Prozess gerichtlich abgeklärt wird. Er bezweckt damit eine Änderung des Lastenverzeichnisses. Die Klage ist bei dem *am Ort der gelegenen Sache* zuständigen Richter anzubringen (SchKG 109 III). 36

Die *Parteirollen* werden wie im Widerspruchsverfahren durch das Betreibungsamt verteilt, wobei der Grundbucheintrag die Funktion des «Gewahrsams» übernimmt (oben N. 34; s. auch § 24 N. 31 ff.). 37

Hinsichtlich der *Rechtsnatur* der Klage, des *Verfahrens* und der *Wirkungen* des gerichtlichen Urteils gilt ebenfalls dasselbe wie für den Widerspruchsprozess (§ 24 N. 50, 67 ff.). Das bereinigte Lastenverzeichnis bildet nach Durchführung der Verwertung die Grundlage für die ihm entsprechende Berichtigung des Grundbucheintrags von Amtes wegen (VZG 68). 38

Beschwerdeverfahren

Dreht sich der Streit nicht um einen im Lastenverzeichnis aufgeführten Anspruch an sich, sondern bloss um die Einhaltung der Verfahrensvorschriften bei dessen Grundlegung, Ergänzung und Berei- 39 nigung, so ist nicht der Richter, sondern die Aufsichtsbehörde zuständig, darüber zu entscheiden.

Beschwerde zu erheben ist z. B. gegen
- die Aufnahme eines weder im Grundbuch eingetragenen noch angemeldeten noch unmittelbar kraft Gesetzes bestehenden Anspruchs (BGE *113* III 19),
- die Nichtaufnahme eines aus dem Grundbuch ersichtlichen oder rechtzeitig angemeldeten Anspruchs,
- die Unterlassung der Mitteilung des Lastenverzeichnisses oder der Ansetzung der Bestreitungsfrist
- oder gegen die falsche Zuweisung der Klägerrolle im Bereinigungsprozess.

Verfügt die Aufsichtsbehörde eine Ergänzung oder Berichtigung des Lastenverzeichnisses, so hat das Betreibungsamt dies den Beteiligten unter Ansetzung einer neuen Bestreitungsfrist von 10 Tagen mitzuteilen (VZG 40).

C.   Die Wirkungen des Lastenverzeichnisses

a)   *Rechtskraft des Lastenverzeichnisses*

40   Das bereinigte und rechtskräftige Lastenverzeichnis bildet eine wesentliche Grundlage der Verwertung *in der hängigen Betreibung;* fällt diese dahin, verliert es aber jede Wirkung. Es entbehrt also der allgemeinen materiellen Rechtskraft, wie sie dem Grundbuch eignet, obwohl es letztlich diesem vorgeht (unten N. 43).

41   Die Rechtskraft des Lastenverzeichnisses wirkt jedoch selbst innerhalb der hängigen Betreibung nicht ohne Einschränkung. Das Bundesgericht lässt *nachträgliche Änderungen von Amtes wegen* zu:
- wenn eine Unterlassung des Betreibungsamtes die Ergänzung rechtfertigt;
- wenn das Verzeichnis unter Mängeln leidet, die Nichtigkeit zur Folge haben;
- wenn sich das Rechtsverhältnis ändert oder neue Tatsachen eintreten (z. B. ein berichtigter Grundbuchauszug vorgelegt wird) und sich bestimmte Rechte und erhebliche Interessen nur so in geeigneter Weise wahren lassen.

In derartigen Fällen darf ein *Nach-Bereinigungsverfahren* angeordnet werden (BGE *96* III 79 ff., *113* III 18, *121* III 27).

b)   *Das Lastenverzeichnis als Bestandteil der Bedingungen für die Versteigerung und den Freihandverkauf*

42   Wird das Grundstück verwertet, bindet das rechtskräftige Lastenverzeichnis den Erwerber (BGE *121* III 26 f.). Dieser übernimmt mit dem Zuschlag auch alle darin enthaltenen Lasten (*Lastenüberbindung;* unten N. 52 f.).

43   Andererseits erlöschen gegenüber dem *gutgläubigen Erwerber* alle dinglichen und realobligatorischen Rechte, die nicht im Lastenverzeichnis aufgenommen sind, selbst die im Grundbuch eingetragenen.

Beispiel: Ein bloss durch einen Inhaberschuldbrief ausgewiesenes, im Grundbuch eingetragenes Grundpfandrecht kann nicht ins Lastenverzeichnis aufgenommen werden, wenn dessen Gläubiger nicht genannt wird; mit der Versteigerung des Grundstücks geht es unweigerlich unter (BGE *97* III 75 f.).

Ausgenommen von dieser Regel des Untergangs von im Lastenverzeichnis nicht verzeichneten Rechten sind nur die *servitutes apparentes* (oben N. 18). Sie bewahren auch gegenüber einem gutgläubigen Ersteigerer ihren Rechtsbestand (siehe auch VZG 29 III). Der natürlichen *Publizität* vermag das Lastenverzeichnis somit im Unterschied zu der auf dem Grundbuch beruhenden nicht zu derogieren.

44

Geht auf Grund dieser betreibungsrechtlichen Ordnung ein im Grundbuch eingetragenes Recht verloren, weil es nicht ins Lastenverzeichnis aufgenommen wurde, so stellt sich die Frage der Staatshaftung (nach SchKG 5 ff. oder, wenn der Grundbuchbeamte versagt hat, nach ZGB 955 I).

D. Die Neuschätzung (SchKG 140 III; VZG 44)

Sobald das bereinigte Lastenverzeichnis rechtskräftig ist, muss das *Grundstück neu geschätzt* werden. Ergibt sich keine Abweichung von der Pfändungsschätzung, wird diese einfach bestätigt. Die neue Schätzung wird allen Beteiligten mitgeteilt. Sie dient vor allem auch den Pfandgläubigern zur Orientierung über die Aussicht, für ihre Forderungen Deckung zu erlangen.

45

E. Die Steigerungsbedingungen

Soll das Grundstück *versteigert* werden, sind zuletzt noch die Steigerungsbedingungen aufzustellen. Das *rechtskräftige Lastenverzeichnis* wird ihnen als wesentlicher Bestandteil beigefügt (BGE *121* III 26; VZG 45 II).

46

Die Steigerungsbedingungen (samt dem Lastenverzeichnis) bilden die Grundlage der bevorstehenden Versteigerung. Sie bestimmen die *Art und Weise* derselben, insbesondere die Modalitäten des Zuschlags. Das Betreibungsamt setzt sie in ortsüblicher Weise fest und richtet sie so ein, dass ein möglichst gutes Ergebnis erwartet werden kann; mindestens 10 Tage vor dem Steigerungstag werden sie (zusammen mit dem Lastenverzeichnis) auf dem Amt *zur allgemeinen Einsicht aufgelegt* (SchKG 134).

47

Gegen die aufgelegten Steigerungsbedingungen kann *Beschwerde* erhoben werden; das rechtskräftige Lastenverzeichnis ist dabei aber nicht mehr anfechtbar. Kommt es darauf zu einer Änderung der Bedingun-

48

gen, sind sie neu aufzulegen, öffentlich bekanntzumachen und den Beteiligten einzeln mitzuteilen (VZG 52).

49 Der *notwendige Inhalt* der Steigerungsbedingungen (SchKG 135, VZG 45–51) lässt sich in drei Gruppen von Angaben zusammenfassen:

50 a) Die Namen des *Schuldners* und des die Verwertung beantragenden *Gläubigers,* des *Ortes* und der *Zeit* der Versteigerung sowie die *Beschreibung des Grundstücks* und seiner Zugehör.

51 b) Die für das Steigerungsverfahren *massgebenden Regeln:*
- ob das Grundstück als Ganzes oder parzellenweise, allenfalls in welcher Reihenfolge, versteigert wird;
- die Zahlungsbedingungen:
  - welche Lasten (nicht fällige Grundpfandforderungen) in Anrechnung an den Steigerungspreis überbunden werden;
  - welcher Betrag in Anrechnung auf den Steigerungspreis bar zu bezahlen ist (VZG 46);
  - welche Kosten ohne Anrechnung auf den Steigerungspreis zu zahlen sind (SchKG 135 II, VZG 49), z. B. Grundbuchkosten, laufende öffentliche Abgaben, laufende Auslagen für Gas, Wasser, Elektrizität und dergleichen;
  - ein allfälliger Zahlungstermin (SchKG 136) sowie die in diesem Fall zu leistenden Sicherheiten;
- ob wegen Zugehör ein doppelter Aufruf stattfindet sowie dessen Modalitäten;
- dass ohne Gewährleistung versteigert wird bzw. ob besondere Zusicherungen gegeben werden (§ 26 N. 24; BGE *120* III 136 f.).

c) *Die Behandlung der Lasten:*

52 Diesbezüglich ist nach SchKG 135 I zu bestimmen, dass das Grundstück mit allen im Lastenverzeichnis ausgewiesenen Lasten (Grundpfandrechte, Dienstbarkeiten, Grundlasten, vorgemerkte persönliche Rechte) versteigert und die damit verknüpfte *persönliche Schuldpflicht dem Erwerber überbunden* wird.

53 Bei den Grundpfandforderungen werden jedoch nur die *nicht fälligen Ansprüche überbunden;* die fälligen (Kapital und Zinsen) sind vorweg aus dem Steigerungserlös zu bezahlen. Im Umfang der bezahlten Kapitalforderung wird das Grundpfandrecht hierauf im Grundbuch gelöscht (VZG 68).

Der frühere Schuldner einer überbundenen Grundpfandforderung wird indessen erst frei, wenn der Gläubiger binnen Jahresfrist seit dem Zuschlag keine Beibehaltserklärung abgibt (SchKG 135 I, ZGB 832). Im Konkursverfahren ist diese Regel ausgeschlossen (VZG 130 IV).

III.   Das Verwertungsverfahren

1.   Das Deckungsprinzip

54 Im grossen und ganzen wickelt sich die Grundstückverwertung in gleicher Weise ab wie die von Fahrnis. Namentlich gilt auch hier das Deckungsprinzip (Verweis in SchKG 142 a), gleichgültig, ob auf dem Wege der *Versteigerung* (unten Z. 2) oder des *Freihandverkaufs* (unten

Z. 3) verwertet wird; die Rangfolge bestimmt sich nach dem Lastenverzeichnis (Näheres zum Deckungsprinzip in § 27 N. 30 sowie VZG 53 ff.; BGE *107* III 124, *110* III 75 f.).

2. Das Verfahren der Versteigerung

A. Der Doppelaufruf

Eine Besonderheit der Grundstückversteigerung stellt die   55
Möglichkeit des doppelten Aufrufs dar. Dieser kommt in drei Fällen in
Betracht (BGE *121* III 243):

a) Einmal dann, wenn das Grundstück ohne Zustimmung des im   56
Range vorgehenden Grundpfandgläubigers nachträglich mit einer
Dienstbarkeit, einer Grundlast oder mit einem vorgemerkten persönlichen Recht belastet wurde (ZGB 812 II und III). Der Grundpfandgläubiger kann dann, sofern der Vorrang seines Pfandrechts aus dem Lastenverzeichnis hervorgeht, binnen 10 Tagen seit dessen Mitteilung den
Aufruf sowohl mit als auch ohne die später begründete Last verlangen
(SchKG 142 I, VZG 56 und 104).

> Ist diese Voraussetzung nicht erfüllt, wird dem Begehren um Doppelaufruf nur stattgegeben, wenn entweder der Inhaber des nachgehenden Rechts den Vorrang anerkennt
> oder, mangels Anerkennung, der Grundpfandgläubiger binnen 10 Tagen seit Mitteilung
> des Lastenverzeichnisses Klage auf Feststellung des Vorrangs erhebt (SchKG 142 II).
> Diese Klage ist an sich ein Anwendungsfall der Lastenbereinigungsklage, weshalb nicht
> einzusehen ist, dass hier die Klagefrist nur 10 statt 20 Tage beträgt.

Zuerst wird das Grundstück *mit der Last* ausgerufen (Erstaufruf,   57
VZG 56). Bietet das Höchstangebot Deckung auch für die Forderung
des vorgehenden Pfandgläubigers, so erübrigt sich ein zweiter Aufruf
ohne die Last: das Grundstück wird dann mit der Last zugeschlagen.
Nach einem ungenügenden Angebot erfolgt noch ein *Aufruf ohne die
Last* (Zweitaufruf). Wird hierauf für das Grundstück ein höheres Angebot erzielt, so wird ohne die Last zugeschlagen. Andernfalls geht das
Grundstück mit der Last an den Meistbietenden anlässlich des Erstaufrufs.

> Wird ohne die Last zugeschlagen, so kann der Grundpfandgläubiger deren Löschung
> im Grundbuch verlangen; ein allfälliger Überschuss des Erlöses, der nach Befriedigung
> des vorgehenden Gläubigers verbleibt, kommt aber bis zur Höhe des Wertes der Last dem
> Berechtigten als Entschädigung zu (SchKG 142 III).

b) Den Doppelaufruf kann sodann auch ein Ansprecher verlangen,   58
dessen Recht von einem anderen Gläubiger im Lastenbereinigungsver-

fahren mit Erfolg bestritten, vom Schuldner jedoch durch Nichtbestreiten anerkannt wurde (VZG 42 und 56).

Ergibt der Erstaufruf mit der Last volle Deckung für den Anspruch des vorgehenden (bestreitenden) Gläubigers, bleibt sie bestehen und wird dem Erwerber – obwohl an sich mit Erfolg bestritten – überbunden.

59   c) Schliesslich wird doppelt aufgerufen, wenn mit dem Grundstück gleichzeitig Zugehör gepfändet wurde (§ 22 N. 71). Da können die Beteiligten verlangen, dass Grundstück und Zugehör vorerst getrennt, dann zusammen aufgerufen werden (VZG 57). Übersteigt das Gesamtangebot die Summe der beiden Einzelangebote, so fallen diese dahin.

B.   Der Zuschlag

a)   Der Ersteigerer

60   Der Zuschlag darf nur auf Angebote namentlich bezeichneter, *bekannter Personen* erteilt werden; an einen Vertreter, der den Namen des Vertretenen nicht nennt, oder an eine noch nicht bestehende juristische Person wäre er unzulässig (VZG 58 III; BGE *117* III 43). Daher ist es üblich, vom Ersteigerer einen Ausweis zu verlangen (BGE *120* III 26).

61   Ist der Ersteigerer ein «Ausländer» i. S. von BewG 5 f. oder handelt es sich beim Grundstück um ein landwirtschaftliches Grundstück oder Gewerbe i. S. von BGBB 6 f., so muss bei der Versteigerung die Bewilligung zum Erwerb vorliegen oder das betreffende Verfahren rechtzeitig eingeleitet werden (BewG 19, BGBB 67). Wird die Bewilligung nicht erteilt, fällt ein allfälliger Zuschlag dahin. Zur Ausfallshaftung des Ersteigerers s. die Spezialgesetze.

b)   Der Rechtsübergang

62   Auch in der Grundstückversteigerung bewirkt der Zuschlag den *Eigentumsübergang* (BGE *117* III 43). Der Steigerer erwirbt das Eigentum *originär* und ist damit – unter Vorbehalt von SchKG 106 III – gegen Entwehrung geschützt. Wird das Grundstück an mehrere Bieter gemeinsam zugeschlagen, so erlangen sie Miteigentum daran (VZG 59). Mit dem Eigentum gehen sofort auch Nutzen und Gefahr auf den Erwerber über (OR 185, 220, 229 I).

63   Indessen kann der Erwerber *über das Grundstück erst verfügen,* wenn er als neuer Eigentümer im Grundbuch eingetragen ist (ZGB 656 II). Die Anmeldung dazu geschieht von Amtes wegen, gleich wie die An-

meldung zur Löschung nicht überbundener Lasten. Der Betreibungsbeamte hat ganz allgemein dafür zu sorgen, dass im Grundbuch der Zustand hergestellt wird, der dem materiellen Ergebnis der rechtskräftigen Versteigerung entspricht (SchKG 150 III; VZG 66–68). Der Eigentumsübergang wird allerdings erst dann zum Eintrag im Grundbuch angemeldet, wenn die Beschwerdefrist gegen den Zuschlag abgelaufen oder eine Beschwerde endgültig erledigt ist sowie wenn die Kosten der Eigentumsübertragung und der Steigerungspreis bezahlt oder wenigstens sichergestellt sind (SchKG 137; VZG 66).

Steigerungspreis und *Kosten* sind gemäss den Steigerungsbedingun-   64
gen entweder sofort oder am festgesetzten *Zahlungstermin* zu bezahlen (BGE *112* III 26). *Zahlungsfrist* darf höchstens bis zu 6 Monaten gewährt werden (SchKG 136, VZG 45); eine Verlängerung derselben ist nur zulässig, wenn alle Beteiligten einwilligen oder die Aufsichtsbehörde im Gefolge eines Beschwerdeverfahrens eine kurze Nachfrist einräumt (BGE *75* III 13, *109* III 40).

Bis zur Erfüllung sämtlicher Zahlungspflichten durch den Ersteigerer   65
bleibt das Grundstück auf dessen Rechnung und Gefahr in der Verwaltung des Betreibungsamtes. Im Falle eines Zahlungstermins kann das Amt für den gestundeten Betrag Sicherheit verlangen (SchKG 137; VZG 45 I e und 66 III; BGE *109* III 107).

c)   *Zahlungsverzug*

Zahlungsverzug des Ersteigerers hat zur Folge, dass der Zu-   66
schlag widerrufen und der Eigentumsübergang rückgängig gemacht wird; der Steigerungspreis wird also nicht durch Zwangsvollstreckung eingetrieben. Vielmehr fällt mit dem Widerruf das Grundeigentum *eo ipso* an den Schuldner zurück; ein allfällig bereits erfolgter Grundbucheintrag des Erwerbers darf ohne weiteres berichtigt werden (vgl. BGE *106* III 86). Nach dem Widerruf des Zuschlags ordnet das Betreibungsamt sofort eine neue Steigerung an (SchKG 143 I; VZG 63).

Dagegen führt der Verzug des Ersteigerers in der *Erfüllung einer überbundenen Schuldpflicht* nicht zum Widerruf, es sei denn, die Erfüllung dieser Verpflichtung wäre – wie etwa die Bezahlung der Handänderungsgebühr – eine Voraussetzung für den Abschluss des Verfahrens (BGE *108* III 17).

Auch bei der Grundstückversteigerung haften der säumige Ersteige-   67
rer und seine Bürgen für den Ausfall und allen weiteren Schaden; der Zinsverlust wird zu 5 % berechnet (SchKG 143 II). Die Ausfallforderung wird, sofern sie nicht vom Schuldner selber beglichen wird, entwe-

243

der freihändig verkauft oder nach SchKG 131 abgetreten oder schliesslich öffentlich versteigert (VZG 72).

3.   Das Verfahren des Freihandverkaufs

68   Nach Eingang des Verwertungsbegehrens *entscheidet das Betreibungsamt,* ob das Grundstück versteigert oder freihändig verkauft werden soll. Zum Freihandverkauf müssen *drei Bedingungen kumulativ* erfüllt sein (SchKG 143 b): Einverständnis der Beteiligten (unten A); durchgeführte Lastenbereinigung und Einhaltung des Schätzungspreises (unten B). Sind diese Voraussetzungen erfüllt, darf das Grundstück freihändig verkauft werden – ein Ermessensentscheid. Fehlt aber auch nur eine von ihnen, wäre ein Freihandverkauf wegen Rechtsverletzung anfechtbar (§ 6 N. 14).

Mit diesen Bedingungen eines Freihandverkaufs soll insbesondere verhindert werden, dass ein Grundstück im u.U. sehr *kleinen Kreis der Beteiligten* verschleudert wird – zum Nachteil aller nicht beteiligten Gläubiger, die dem Schuldner möglicherweise ebenfalls im Hinblick auf seinen Grundbesitz Kredit gewährt haben.

A.   Das Einverständnis der Beteiligten

69   Beteiligter ist, wer in der Vollstreckung als Partei auftritt oder wessen Rechte von der Verwertung des Grundstücks unmittelbar betroffen werden. Das sind insbesondere:
– der *Schuldner* und Eigentümer des Grundstücks, sein gesetzlicher Vertreter oder Beistand (SchKG 68 c–e);
– sämtliche *Pfändungsgläubiger* – also nicht etwa nur diejenigen, für deren Gruppe das Grundstück gepfändet ist – soweit deren Betreibungsforderungen durch das Angebot nicht gedeckt sind;
– der *Ehegatte* des Schuldners, falls das Grundstück zum Gesamtgut gehört;
– nachgehende *Grundpfandgläubiger,* soweit deren Forderungen durch den angebotenen Preis nicht gedeckt sind (das Einverständnis vorgehender Gläubiger ist wegen des Deckungsprinzips entbehrlich);
– sämtliche *Dienstbarkeitsberechtigten* sowie sämtliche *Berechtigten aus vorgemerkten persönlichen Rechten,* wenn deren Rechte dem doppelten Aufruf ausgesetzt sind (siehe unten N. 77).

Diese Personen werden das Einverständnis verweigern, wenn sie von einer Steigerung ein besseres Ergebnis erhoffen.

Für das Einverständnis ist *keine besondere Form vorgeschrieben;* im 70
Hinblick auf die mit dem Entscheid zum Freihandverkauf verbundene
Verantwortung, vor allem auch gegenüber den am Verfahren nicht be-
teiligten Gläubigern, empfiehlt es sich, schriftliche Zustimmung zu dem
mittels Spezialanzeige unterbreiteten «Verkaufsentwurf» einzuholen.
Nichteinholen der Zustimmung ist ein Beschwerdegrund.

B.   Durchgeführte Lastenbereinigung, Einhaltung
       des Schätzungspreises

Auch der Freihandverkauf setzt ein *rechtskräftiges Lastenver-* 71
zeichnis voraus (SchKG 143 b II sowie 141 *per analogiam*). Öffentliche
Aufforderung zur Anmeldung von Ansprüchen am Grundstück, Erstellen und Bereinigen des Lastenverzeichnisses richten sich nach den für die
Versteigerung geltenden Vorschriften (siehe oben N. 15 ff. und 26 ff.).
Das Lastenverzeichnis bildet einen wesentlichen *Bestandteil der Ver-* 72
kaufsverfügung (analog den Steigerungsbedingungen); diese wird aber
nicht öffentlich aufgelegt, sondern lediglich den Beteiligten durch Spezialanzeige bekanntgemacht.
Der *Betrag der Neuschätzung* nach Bereinigung des Lastenverzeich- 73
nisses gilt zugleich als *Mindestpreis* (SchKG 143 b I).

C.   Abwicklung des Freihandverkaufs

SchKG 143 b II enthält Verweise auf einzelne steigerungs- 74
rechtliche Bestimmungen; diese sind jedoch nicht vollständig und erfordern deshalb die analoge Anwendung noch weiterer Bestimmungen des
Steigerungs- sowie des Privatrechts. Ebenso ist die *Bewilligungspflicht*
nach BewG und BGBB zu beachten (oben N. 61).
– *Form* 75
  Auch der Freihandverkauf ist zu *protokollieren* (SchKG 8); zudem bedarf es einer *schriftlichen Verkaufsverfügung.* Nicht erforderlich ist
  hingegen die öffentliche Beurkundung im Sinne von ZGB 657 und OR
  216; denn es handelt sich hier nicht um einen privatrechtlichen Kaufvertrag, sondern um eine Verfügung des Betreibungsamtes. Hiezu genügt, wie für jede andere öffentlichrechtliche Verfügung, im allgemeinen einfache Schriftlichkeit. Das Bundesgericht hat allerdings in einem
  Einzelfall die öffentliche Beurkundung verlangt (BGE *106* III 85).
– *Deckungsprinzip* 76
  Das *Deckungsprinzip* (SchKG 126) ist auch beim Freihandverkauf zu
  respektieren (oben N. 54).

77 – *Doppelter Aufruf*
Auch beim Freihandverkauf kann – *mutatis mutandis* – ein doppelter Aufruf in der Weise stattfinden, dass das Grundstück den Interessenten einmal mit und einmal ohne die nachgehende Last angeboten wird (oben N. 55 ff.).

78 – Bezüglich *Lastenüberbindung* (SchKG 135), *Kaufpreis- und Kostenliquidation, Zahlungstermin* (SchKG 136 und 137), *Gewährleistung* (OR 234) sowie *Verzug* des Erwerbers (SchKG 143) gilt das zur Steigerung Gesagte.

79 – *Eigentumsübergang*
Anders als bei der Steigerung wird nach herrschender Praxis das Eigentum am Grundstück bei einem Freihandverkauf *nicht originär* erworben (BGE *106* III 85 f.; siehe auch §§ 47 N. 26 und 27 N. 44).

In Anbetracht der weitgehenden Formalisierung und der Publizität des Freihandverkaufs von Grundstücken läge die Annahme originären Erwerbs wohl näher. Das entspräche auch der Gleichsetzung des Freihandverkaufs mit der Zwangsversteigerung in ZGB 656 II.

80 – *Anfechtung*
Als Verfügung des Betreibungsamtes kann der Freihandverkauf – gleich wie der Steigerungszuschlag – mit Beschwerde angefochten werden (SchKG 132 a und 143 a; § 26 N. 24).

3. Abschnitt: Die Verteilung

§ 29   Voraussetzungen und Verfahren der Verteilung

I.   Die Voraussetzungen

1   Das materielle Ergebnis der Verwertung – der Erlös – ist dazu bestimmt, unter die beteiligten Gläubiger verteilt zu werden. Darum wird die Verteilung – im Gegensatz zu allen anderen Vollstreckungsmassnahmen – immer *von Amtes wegen* vorgenommen. Sie folgt zwangsläufig auf die Verwertung und führt so die Betreibung ans Ziel.

2   Nur eine strafrechtliche Beschlagnahme des Erlöses könnte der Verteilung entgegenstehen (BGE *105* III 1), niemals eine bloss fiskalische (BGE *107* III 115 f.).
Ein Hindernis könnte sich auch aus VZG 117 ergeben, wenn ein *Bauhandwerker* sein gesetzliches Vorrecht gegenüber einem Pfandgläubiger geltend macht (ZGB 841; BGE *110* III 77; dazu § 33 N. 38).

246

Grundsätzlich setzt die Verteilung voraus, dass das *gesamte* Pfändungsgut verwertet ist (SchKG 144 I; VZG 79 I). Von dieser Regel darf ausnahmsweise abgewichen werden, wo es das Gesetz ausdrücklich gestattet: 3

– So kann das Betreibungsamt nach seinem Ermessen jederzeit *Abschlagsverteilungen* vornehmen, wenn es die Verhältnisse rechtfertigen und keine Beeinträchtigung des Endergebnisses der Verteilung zu befürchten ist (SchKG 144 II). Wichtig ist dann nur, dass alle Gläubiger einer Pfändungsgruppe gleich behandelt werden. 4

Beispielsweise kommen in Betracht: die Auszahlung von Erträgnissen aus der Liegenschaftsverwaltung oder des Reinerlöses aus beweglichen Sachen, wenn sonst nur noch Grundstücke zu verwerten sind (VZG 22 I und 83), oder Abschlagszahlungen aufgrund einer laufenden Einkommenspfändung.

– Nach Eingang des Erlöses aus der Verwertung eines Grundstückes sollen die im rechtskräftigen Lastenverzeichnis enthaltenen *fälligen Grundpfandforderungen* sofort bezahlt werden, selbst wenn die Schlussverteilung an die Pfändungsgläubiger noch nicht möglich ist (VZG 79 III). 5

– Unter Umständen kann es sogar zur *Schlussverteilung* kommen, bevor alles oder überhaupt etwas verwertet worden ist, nämlich wenn sonst schon hinreichende Mittel vorhanden sind. Die Verwertung muss dann – weil sie zwecklos wäre – eingestellt werden. 6

Einstellung der Verwertung ist geboten:
– wenn der Reinerlös aus einer *Teilverwertung* allein schon den Gesamtbetrag der Forderungen erreicht, für welche eine definitive oder provisorische Pfändung besteht (SchKG 119 II; s. § 26 N. 18 f.);
– wenn bereits der *Reinerlös aus Früchten und Erträgnissen* der gepfändeten Sache ausreicht, die Gläubiger vollständig zu befriedigen (VZG 22 II);
– wenn *Abschlagszahlungen* aus einer Einkommenspfändung zur vollen Befriedigung der Gläubiger führen.
Selbstverständlich darf unter gar keinen Umständen mehr etwas verwertet und verteilt werden, wenn die *Betreibung als solche eingestellt* wird, sei es aufgrund einer richterlichen Verfügung, sei es von Gesetzes wegen (z. B. nach SchKG 85, 85 a oder 109 V).

II. Das Verteilungsverfahren

Für jede Pfändungsgruppe wird gesondert verwertet und verteilt, wobei allfällige Ansprüche einer nachfolgenden Gruppe auf den Mehrerlös zu berücksichtigen sind (SchKG 110 III). Im übrigen schreibt das Gesetz vor: 7

8   1. Vorab sind aus dem Ergebnis die *Kosten* der Verwaltung, Verwertung und Verteilung zu decken (SchKG 144 III). Von den Gläubigern daran geleistete Vorschüsse werden diesen zurückerstattet. Das ergibt dann den an die Gläubiger zu verteilenden Reinerlös.

Reichen die gelösten Mittel dazu nicht aus, so bleiben diejenigen Gläubiger, welche die Verwertung verlangt haben, mit den Kosten belastet (BGE *55* III 122, *111* III 65). Wie die übrigen Betreibungskosten werden sie zur Forderung geschlagen (SchKG 68).

9   2. Erst der *Reinerlös* wird den darauf berechtigten Gläubigern zugewiesen, und zwar – gestützt auf einen Verteilungsplan – bis zur Höhe ihrer Forderungen, einschliesslich Zins (bis zum Tag der letzten Verwertungshandlung für die betreffende Gruppe gerechnet) und Betreibungskosten (SchKG 144 IV).

10   Auf einen Anteil am Reinerlös berechtigt sind:
– allgemein und in erster Linie die *Pfandgläubiger fälliger Forderungen* sowie Retentionsberechtigte;
– bei der Grundstückverwertung zudem allfällige *Dienstbarkeitsberechtigte* oder *Inhaber vorgemerkter persönlicher Rechte,* die dem doppelten Aufruf zum Opfer gefallen und aus einem möglichen Überschuss zu entschädigen sind (§ 28 N. 57);
– zuletzt die zur betreffenden Pfändungsgruppe gehörenden *Betreibungsgläubiger.*

11   *Auszahlung* kommt jedoch nur in Betracht an Gläubiger, die mit einer *definitiven Pfändung* am Verfahren teilnehmen. Beträge, die auf bloss *provisorische Pfändungen* entfallen, sind einstweilen bei der Depositenanstalt zu hinterlegen (SchKG 144 V). Sie dürfen erst ausgezahlt werden, wenn die Pfändung definitiv geworden ist; kommt es nicht dazu und fällt die Forderung des betroffenen Gläubigers infolgedessen aus der Betreibung heraus, so wird der hinterlegte Betrag unter die Gruppengläubiger mit definitiver Pfändung verteilt oder – falls sich ein Überschuss ergibt – dem Schuldner ausgehändigt (siehe unten N. 13).

12   Zu hinterlegen sind auch die Betreffnisse, die auf *noch nicht fällige* Forderungen von Faustpfand- und Retentionsgläubigern entfallen (solche Forderungen werden also – im Unterschied zu den nicht fälligen Grundpfandforderungen – nicht etwa dem Erwerber überbunden); sie werden erst bei Fälligkeit ausgezahlt.
Schliesslich sind zu hinterlegen die Betreffnisse eines Gläubigers, der nur auf Sicherheitsleistung betrieben hat (§ 7 N. 8).

3. Das Ergebnis des verteilbaren Reinerlöses kann dreierlei bedeuten:

13   a) Im günstigsten Falle reicht der Reinerlös aus, um alle Forderungen der Pfändungsgruppe zu decken. Ein *Überschuss* fällt an die Gläubiger

der folgenden Gruppe, zu deren Gunsten der Mehrerlös gepfändet wurde; in letzter Linie steht er dem Schuldner zu.

b) Genügt der Erlös hiezu nicht, muss das Betreibungsamt für die   14
nicht befriedigte Pfändungsgruppe *unverzüglich eine Nachpfändung
vollziehen* (s. hiezu § 22 N. 52, 25 N. 23). Die nachgepfändeten Vermögenswerte sind dann von Amtes wegen «möglichst rasch» und ohne
Bindung an Fristen zu verwerten (SchKG 145 I).

Immerhin muss – mit Rücksicht auf einen möglichen Pfändungsanschluss (SchKG 145
III) – mit der Verwertung bis zum Ablauf der Anschlussfrist zugewartet werden. Ferner ist
allenfalls auch noch ein Widerspruchsverfahren im Rahmen der ordentlichen Fristen
durchzuführen (§ 24), wenn an den nachgepfändeten Gegenständen Drittansprüche angemeldet werden.
Im übrigen berührt diese Nachpfändung keineswegs die Rechte an Pfändungsgut, das
bereits für eine andere Gläubigergruppe erfasst wurde, ausser die Anschlussfrist wäre
noch nicht abgelaufen (SchKG 145 II).

c) Schliesslich kann sich ergeben, dass – mangels weiterer pfändbarer   15
Vermögenswerte – nichts nachgepfändet werden kann oder dass auch
der Erlös aus einer Nachpfändung nicht ausreicht, um die Gruppengläubiger zu befriedigen. Dann bleibt ihnen nichts anderes übrig, als sich in
den unzureichenden Reinerlös zu teilen. Das geschieht indessen nicht zu
gleichen Teilen; vielmehr wird für jede vom Verlust betroffene Pfändungsgruppe ein *Kollokationsplan* erstellt, der die Reihenfolge der
gruppeninternen Befriedigung festlegt (SchKG 146 I; dazu § 30).

§ 30   Der Kollokationsplan

I.   *Begriff, Voraussetzungen und Funktion*

Das Gesetz umschreibt den Kollokationsplan als einen «Plan   1
für die *Rangordnung* der Gläubiger» (SchKG 146 I; *collocatio* = Stellung, Anordnung). Gemeint ist damit die Reihenfolge, in der die Gläubiger einer Pfändungsgruppe bei ungenügendem Reinerlös befriedigt
werden sollen.

Für jede Pfändungsgruppe, die zu Verlust kommt, wird ein eigener Kollokationsplan
erstellt. Anders als im Konkurs, wo es für sämtliche Gläubiger nur eines einzigen Kollokationsplanes bedarf, sind in der Pfändungsbetreibung somit unter Umständen mehrere
Pläne erforderlich.

2   Das Betreibungsamt erstellt den Kollokationsplan, sobald alle gepfändeten und allenfalls nachgepfändeten Gegenstände verwertet sind.
Erst dann ist ersichtlich, ob – nach Befriedigung der Pfandgläubiger –
die Pfändungsgläubiger einer Gruppe vollständig befriedigt werden
können oder nicht (§ 29 N. 15). Wo volle Befriedigung ausser Frage
steht, bedarf es keines Kollokationsplanes; dann genügt ein gewöhnli-
cher Verteilungsplan.

3   In der Betreibung auf Pfändung brauchen die Ansprüche der Pfandgläubiger nicht in den Kollokationsplan aufgenommen zu werden (s.
z. B. VZG 79 II). Deren Befriedigung – entsprechend dem Ergebnis des
Widerspruchs- oder Lastenbereinigungsverfahrens – ist durch Wahrung
des Deckungsprinzips sichergestellt. Für sie wird ein besonderer Verteilungsplan erstellt.

> In der Betreibung auf Pfandverwertung (§ 33 N. 36) sowie im Konkurs (SchKG 247;
> § 46 N. 20 ff.) hingegen gehören auch die Ansprüche der Pfandgläubiger in den Kolloka-
> tionsplan.

4   Der rechtskräftige Kollokationsplan bildet – weil er zugleich den
Verteilungsplan enthält (unten N. 9) – die Grundlage der Verteilung.
Trotz Rechtskraft dürfte allerdings nichts ausgezahlt werden, falls sich
erweisen sollte, dass er durch unerlaubte Handlung zustandegekommen
ist (BGE *64* III 140).

II.   Inhalt des Kollokationsplanes

Man unterscheidet vier Bestandteile des Kollokationsplans:

5   1. Einmal enthält er das *Verzeichnis aller Gläubiger* der betreffenden
Pfändungsgruppe sowie ihrer *Forderungen,* wie sie aus dem Einleitungsverfahren hervorgehen (einschliesslich Zins bis zur letzten Verwertungshandlung und Kosten: SchKG 144 IV).

6   2. Das Kernstück bildet die *Rangordnung der Gläubiger.* Sie beruht
auf konkursrechtlichen Grundsätzen, was heisst, dass die Gläubiger
innerhalb ihrer Gruppe den Rang erhalten, den sie im Konkurs des
Schuldners einnehmen würden (SchKG 146 II mit Hinweis auf SchKG
219. Sie werden also in die sogenannten *Konkursklassen* eingeteilt; Näheres über diese Reihenfolge in § 42 N. 64 ff.).

7   Für die Einreihung in die zwei privilegierten Klassen ist der Zeitpunkt
des Fortsetzungsbegehrens massgebend (SchKG 146 II Satz 2).

Zwischen den Klassen gilt das *Ausschliesslichkeitsprinzip:* Gruppen- 8
gläubiger einer nachgehenden Klasse erhalten erst dann etwas vom Erlös, wenn sämtliche vorrangigen Gläubiger voll befriedigt sind (SchKG
220 II). *Innerhalb einer Klasse* sind die Gläubiger *gleichberechtigt:* ihre
Forderungen werden anteilsmässig, nach ihrem Summenverhältnis, gedeckt (sogenannte Dividende; SchKG 220 I).

Die Dividende berechnet sich jeweils aufgrund der Gesamtforderung jedes im gleichen
Rang stehenden Gläubigers: dazu gehören Kapital, Zins sowie die Betreibungs- und
gewisse Parteikosten (BGE *90* III 38; § 13 N. 9 und 11).

3. Der *Verteilungsplan* gibt im Rahmen des Kollokationsplanes dar- 9
über Aufschluss, welche Beträge jeder Gläubiger erhalten sollte, um
voll befriedigt zu werden, wieviel er tatsächlich erhalten wird *(Dividende)* und wie hoch sich sein *Ausfall* beläuft.

4. In den Kollokationsplan gehören schliesslich einige für das weitere 10
Verfahren bedeutsame *Mitteilungen:* Angaben über den Schuldner, über
die Auflage des Planes, die Möglichkeit seiner Anfechtung und über
sein Inkrafttreten.

III. Auflegung des Kollokationsplanes

Der Kollokationsplan wird nicht publiziert, sondern beim Be- 11
treibungsamt zur Einsicht aufgelegt. Jeder Beteiligte wird hievon benachrichtigt, der Gläubiger durch Mitteilung eines seine Forderung betreffenden Auszuges (SchKG 34 und 147; im Konkursverfahren werden
dem Gläubiger nur Abweichungen von seiner Forderungseingabe mitgeteilt; SchKG 249 III, dazu § 46 N. 31).

Auflage und Mitteilung des Kollokationsplanes sind wichtig für dessen Anfechtung; die Mitteilung löst die Fristen dazu aus.

IV. Anfechtung des Kollokationsplanes

Binnen 10 bzw. 20 Tagen seit der Mitteilung kann jeder Gläu- 12
biger den Kollokationsplan anfechten. Je nach Anfechtungsgrund steht
ihm dafür die betreibungsrechtliche Beschwerde oder die gerichtliche
Klage zur Verfügung.

A.   Anfechtung durch Beschwerde

13   Zur Beschwerde greift man, wo immer geltend gemacht wird,
der Betreibungsbeamte habe bei der Aufstellung des Kollokationsplanes einen Verfahrensfehler begangen.

So kann beipielsweise gerügt werden,
– dass die betreibungsrechtlichen Voraussetzungen für den Kollokationsplan fehlten;
– dass ein Gläubiger einer andern Pfändungsgruppe darin aufgenommen worden sei;
– dass eine einzelne Kollokation nicht eindeutig sei (BGE *106* III 26 f.);
– dass der Verteilungsplan nicht der Kollokation entspreche.

14   Einer der wichtigsten Beschwerdefälle ist derjenige, wo ein Gläubiger
seine *eigene* Kollokation anficht. Dabei rügt er nicht etwa unrichtige
Anwendung des materiellen Rechts durch das Betreibungsamt, sondern
ebenfalls nur eine Verletzung verfahrensrechtlicher Vorschriften.

Dem Betreibungsamt kommt in Bezug auf die zu kollozierende Forderung keinerlei
materielle Prüfungsbefugnis zu. Vielmehr hat es die Forderung nach Bestand und Umfang
ohne weiteres gemäss dem verbindlichen Ergebnis des Einleitungsverfahrens in den Kollokationsplan zu übertragen. Nur gerade der betreibungsrechtliche Rang (SchKG 219 IV)
ist dabei zu bestimmen. Wer in der Pfändungsbetreibung seine eigene Kollokation bemän-
geln will, muss also – im Gegensatz zum Konkurs, wo geklagt werden muss (siehe § 46
N. 48) – den Beschwerdeweg beschreiten.

15   Zur Beschwerde *legitimiert* sind alle an der Verteilung interessierten
Gläubiger, aber auch der Schuldner, der mit der Kollokation einer Forderung nicht einverstanden ist; der Schuldner ist überhaupt nur be-
schwerde-, nie klageberechtigt (BGE *114* III 62; unten N. 21).

16   Aufhebung oder Abänderung des Kollokationsplanes im Beschwerdeverfahren wirken – folgerichtig – immer für alle Beteiligten.

B.   Anfechtung durch Klage

17   Materiellrechtliche Beanstandungen einer Kollokation müssen mittels gerichtlicher Klage angebracht werden, mit der *Kollokationsklage;* das Verfahren, in dem sie beurteilt wird, ist der Kollokationsprozess.

1.   Voraussetzungen und Rechtsnatur der Kollokationsklage

18   Die Kollokationsklage ist gegeben, wenn ein Gläubiger die
Kollokation der Forderung eines *anderen* Gläubigers nach *Bestand,
Höhe oder Rang* bestreiten will (SchKG 148 I). Mit solcher Bestreitung

wird nicht die betreibungsrechtliche Richtigkeit der fremden Kollokation in Frage gestellt, sondern ihre *materiellrechtliche Grundlage.*

Dennoch ist die Kollokationsklage *betreibungsrechtlicher Natur.* Sie 19
verfolgt einzig den betreibungsrechtlichen Zweck, dass die Kollokation
eines anderen Gläubigers abgeändert wird; darum entfaltet das Urteil
über sie Rechtskraft nur für die laufende Betreibung (unten N. 27;
s. auch § 4 N. 53). Dabei muss aber – wenn auch bloss vorfrageweise –
materielles Recht angewendet werden, und das Urteil hat im Ergebnis
Reflexwirkungen darauf; denn letztlich bestimmt es die Dividenden der
Klageparteien und damit den Tilgungsgrad der Forderungen.

> Grundsätzlich ausgeschlossen ist die Kollokationsklage, wenn die betreffende Forde- 20
> rung schon in einem früheren Verfahren gerichtlich abgeklärt oder in einem formalisierten
> Vorverfahren durch Parteidisposition anerkannt wurde, so z. B. durch die An- oder Aber-
> kennungsklage (SchKG 79, 83), beim privilegierten Pfändungsanschluss (SchKG 111), im
> Widerspruchs- oder Lastenbereinigungsverfahren (SchKG 106 ff., 140), durch definitive
> Rechtsöffnung aufgrund einer gerichtlichen Entscheidung (SchKG 80).
> Gegenstand des Kollokationsprozesses kann in diesen Fällen aber noch der betrei-
> bungsrechtliche Rang einer Forderung sein.

2. Der Kollokationsprozess

Kollokationsklage kann *jeder Gläubiger einer Pfändungsgrup-* 21
pe gegen jeden anderen Gläubiger dieser Gruppe erheben.

Niemals kann hingegen *der Schuldner* klagen; er hatte schon vorher,
im Einleitungsverfahren, Gelegenheit, den Bestand und die Höhe der
gegen ihn erhobenen Forderung zu bestreiten und die gerichtliche Abklärung darüber herbeizuführen; ihm bleibt nur die Beschwerde (oben
N. 15).

> Nicht klageberechtigt sind – nach herrschender Praxis – die Gläubiger einer anderen 22
> Gruppe und zwar selbst dann nicht, wenn zu ihren Gunsten der allfällige Mehrerlös
> gepfändet wurde (BGE *24* I 367, *25* I 562). Sachlich ist diese Einschränkung jedoch nicht
> gerechtfertigt; denn auch diese Gläubiger haben ein schützenswertes Interesse an der
> Klärung der Rechtslage, namentlich wenn der Schuldner einen Gruppengläubiger durch
> Unterlassung des Rechtsvorschlages begünstigt hat.

Beklagt ist jeweils der *einzelne Gläubiger,* dessen Kollokation ange- 23
fochten wird.

Der *Streitwert* der Klage bestimmt sich nach der Differenz zwischen 24
dem Betrag, den der beklagte Gläubiger auf Grund des aufgelegten
Kollokationsplans erhielte, und demjenigen, der ihm nach der vom Kläger beantragten Abänderung verbliebe (BGE *93* II 85).

Die Klage ist *binnen 20 Tagen* seit der Mitteilung des Auszuges aus 25
dem Kollokationsplan *beim Gericht des Betreibungsortes* anzuheben

(SchKG 148 I). Die Einhaltung der Klagefrist ist Prozessvoraussetzung: läuft sie unbenützt ab, wird der Kollokationsplan rechtskräftig; immerhin bleibt die Möglichkeit der Verlängerung und Wiederherstellung. Der Prozess wird im *beschleunigten Verfahren* geführt (SchKG 148 II).

26   Die *Beweislast* trifft den Angegriffenen. Der Beklagte muss also seine Forderung und den von ihm beanspruchten Rang nachweisen. Wie z. B. auch beim Aberkennungsprozess sind bloss die Parteirollen vertauscht, ohne dass die Beweislastverteilung davon beeinflusst wird.

3.   Das Urteil im Kollokationsprozess

27   Wie alle anderen Urteile in betreibungsrechtlichen Streitigkeiten mit Reflexwirkung auf das materielle Recht wirkt auch das Urteil im Kollokationsprozess *nur in der hängigen Betreibung* – und *nur zwischen den streitenden Gläubigern* (*inter partes,* oben N. 19). Das bedeutet, dass selbst bei Gutheissung der Klage die angefochtene Kollokation gegenüber allen nichtklagenden Gläubigern bestehen bleibt. Der Prozessgewinn fällt somit ausschliesslich dem obsiegenden Kläger zu (SchKG 148 III): er kann daraus seine Forderung samt Zinsen, Betreibungs- und Prozesskosten decken. Ein allfälliger Überschuss verbleibt dem beklagten Gläubiger (SchKG 148 III Satz 2). Die Kollokation wird somit nur im Verhältnis zwischen dem klagenden und dem beklagten Gläubiger geändert, und auch das nur soweit, als zur vollen Deckung des obsiegenden Klägers notwendig ist. – Vergleiche demgegenüber die andere Konsequenz im Konkurs (§ 46 N. 57).

28   Als betreibungsrechtliche Streitigkeit mit Reflexwirkung auf das materielle Recht kann der letztinstanzliche kantonale Entscheid bei gegebenen Voraussetzungen mit *Berufung oder Nichtigkeitsbeschwerde* ans Bundesgericht weitergezogen werden.

§ 31   Quittung und Verlustschein

1   Ist einmal der Verwertungserlös unter die Gläubiger verteilt, muss das Vollstreckungsverfahren noch formell abgeschlossen werden: dem Schuldner wird für den Tilgungsbetrag Quittung erteilt und dem nicht voll befriedigten Gläubiger für seinen Ausfall ein Verlustschein ausgestellt.

I.   Die Quittung

Der Schuldner hat Anspruch darauf, dass ihm bescheinigt   2
wird, was im Verlauf der Vollstreckung zu seinen Lasten an die Gläubiger ausgezahlt wurde.

– Kann der *Gläubiger voll befriedigt* werden, muss er die Forderungsurkunde quittieren und dem Betreibungsamt zuhanden des Schuldners
  herausgeben (SchKG 150 I). Der Schuldner hat darüber hinaus Anspruch darauf, dass ihm auch jede andere Beweisurkunde ausgehändigt und die Tilgung der Forderung in den Betreibungsregistern festgestellt wird.

– Wird die *Forderung nur teilweise gedeckt,* bleibt die Forderungsurkunde in den Händen des Gläubigers. Es ist aber darauf zu bescheinigen,
  für welchen *Restbetrag* die Forderung noch zu Recht besteht (SchKG
  150 II).

II.   Der Verlustschein

Der Gläubiger hat Anspruch auf einen amtlichen Ausweis für   3
den in der Betreibung nicht gedeckten Teil seiner Forderung. Dazu
dient ihm der Verlustschein (SchKG 149 und 149 a).

1.   Wesen und Inhalt des Verlustscheines

Seinem Wesen nach ist der Verlustschein eine *amtliche Be-*   4
scheinigung darüber, dass der betreibende Gläubiger in der Vollstrek-
kung, in deren Verlauf alles pfändbare Vermögen des Schuldners in der
Schweiz erfasst werden konnte, nicht oder nicht voll befriedigt wurde,
dass er folglich mit einem bestimmten Betrag zu Verlust gekommen ist
(BGE *116* III 68).

Diese Bescheinigung stellt eine öffentliche (betreibungsrechtliche)   5
Urkunde dar. Sie ist kein Wertpapier, sondern nur ein *Beweismittel,*
weshalb sie bei Verlust ohne weiteres erneuert werden kann.

Seiner Funktion nach enthält der Verlustschein ausser der Bezeich-   6
nung des Gläubigers und des Schuldners, den Daten der Pfändung und
der Verteilung insbesondere die Gesamthöhe der Forderung mit ihrem
gedeckten und ungedeckten Teil sowie Hinweise auf seine Rechtswirkungen.

2. Voraussetzungen und Arten

a) *Die Voraussetzungen*

7   Nur die betreibenden *Pfändungsgläubiger* erhalten für den ungedeckten Forderungsbetrag einen Verlustschein (SchKG 149 I).

Keinen Verlustschein erhalten:
- *Gläubiger mit bloss provisorischer Pfändung* (für sie ist noch ungewiss, was sie überhaupt verlieren könnten);
- *Pfandgläubiger* (sie können nach dem Deckungsprinzip überhaupt nicht zu Verlust gekommen sein);
- selbst Pfändungsgläubiger in einer am Arrestort – der nicht zugleich ordentlicher Betreibungsort ist – durchgeführten *Arrestbetreibung* (weil dort nur die Arrestgegenstände gepfändet und verwertet werden konnten: § 51 N. 99).

8   Sodann muss der *Verlust des Pfändungsgläubigers eindeutig* feststehen. Das kann in verschiedenen Stadien des Verfahrens zutreffen:

9   – In der Regel zeigt sich der Verlust *nach der Verwertung*, d. h. bei der Verteilung des Reinerlöses. Der Ausfall für den Gläubiger ergibt sich aus dem Verteilungsplan.

10   – Indessen kann der Verlust *schon während* oder sogar *vor der Verwertung* feststellbar sein:
- so wenn die Verwertung erfolglos war und keine Nachpfändung anderer Vermögenswerte möglich ist
- oder wenn es gar nicht zur Verwertung kommen kann, weil der Schuldner das Pfändungsgut verschwinden liess (BGE *97* III 28, *116* III 30 f.) oder wenn es im Widerspruchsverfahrens einem Dritten freigegeben werden musste;
- ferner, wenn von vornherein anzunehmen ist, dass nicht dem *Deckungsprinzip* gemäss verwertet werden kann und der betreibende Gläubiger deshalb beantragt, von der Verwertung abzusehen und ihm einen Verlustschein auszustellen (SchKG 127; BGE *97* III 68).

11   – Sogar *schon im Pfändungsstadium* kann sich erweisen, dass der betreibende Gläubiger zu Verlust kommen wird:
- entweder weil überhaupt kein pfändbares Vermögen vorhanden ist; dann bildet die «leere Pfändungsurkunde» ex lege den *definitiven Verlustschein* (SchKG 115 I; § 22 N. 81);
- oder weil nach der Schätzung des Betreibungsbeamten nicht genügend pfändbares Vermögen greifbar war; dann dient die Pfändungsurkunde dem Gläubiger zunächst einmal als *provisorischer Verlustschein* (SchKG 115 II; § 22 N. 82).

12   Steht der Verlust fest, wird der Verlustschein grundsätzlich *von Amtes wegen ausgestellt* (SchKG 149 I[bis]); nur im Falle von SchKG 127 ist dafür

ein Antrag des Gläubigers erforderlich. Der Schuldner erhält ein Doppel der Urkunde (SchKG 149 I Satz 2).

b)   *Provisorischer und definitiver Verlustschein*

Der provisorische Verlustschein (SchKG 115) unterscheidet   13
sich vom definitiven (SchKG 149) dadurch,
- dass er lediglich auf der Schätzung des Pfändungsgutes durch das Betreibungsamt beruht (§ 22 N. 82),
- dass er das Betreibungsverfahren, in dem sich ein Verlust erst anzeigt, nicht schon abschliesst
- und dass er dementsprechend wesentlich beschränktere Rechtswirkungen äussert als der definitive Verlustschein (unten N. 27).

Der provisorische Verlustschein bleibt so lange in Kraft, bis das Ver-   14
fahren vollständig durchgeführt ist. Kommt der Gläubiger dann tatsächlich zu Verlust, muss ihm ein definitiver Verlustschein ausgestellt werden.

3.   Die Wirkungen des Verlustscheines

A.   Wirkungen des definitiven Verlustscheines

Abgesehen von allfälligen öffentlichrechtlichen Folgen, die an   15
eine fruchtlose Pfändung geknüpft sein können (siehe § 14), äussert der definitive Verlustschein sowohl betreibungsrechtliche als auch zivilrechtliche Wirkungen.

a)   *Betreibungsrechtliche Wirkungen*

Einerseits bedeutet der definitive Verlustschein den formellen   16
Abschluss der hängigen Pfändungsbetreibung, andererseits erleichtert er dem Gläubiger die Eintreibung seiner Ausfallforderung in einer künftigen Exekution.
- Der definitive Verlustschein gilt nämlich als *«Schuldanerkennung»* im   17
Sinne von SchKG 82 (SchKG 149 II). Folglich dient er dem Gläubiger in einer neuen Betreibung als *provisorischer Rechtsöffnungstitel.*

Eine richtige Schuldanerkennung ist er allerdings nicht, weil er nicht vom Schuldner,   18
sondern vom Betreibungsbeamten ausgestellt wird. Umso weniger bedeutet seine Ausstellung eine Novation (OR 116 II). Das ursprüngliche Schuldverhältnis bleibt vielmehr unberührt (BGE *116* III 68); es wird bloss im Verlustschein bestätigt und erhält darüber hinaus verschiedene zusätzliche Eigenschaften (unten N. 22 ff.). Der Gläubiger kann sich betreibungs- und zivilrechtlich nach wie vor auch auf seinen ursprünglichen Forde-

rungstitel berufen, bestehe dieser in einer echten Schuldanerkennung oder gar in einem definitiven Rechtsöffnungstitel.

19 – Im weiteren kann der Gläubiger gestützt auf den definitiven Verlustschein binnen 6 Monaten seit seiner Zustellung *die Betreibung ohne neuen Zahlungsbefehl «fortsetzen»* (SchKG 149 III), mit anderen Worten: der Verlustschein gibt ihm das befristete Recht, ohne Durchführung eines neuen Einleitungsverfahrens eine *neue Betreibung* gegen den Schuldner zu führen. Er braucht dazu nur das Fortsetzungsbegehren zu stellen oder, wenn der Schuldner inzwischen ins Handelsregister eingetragen worden ist, die Konkursandrohung zu beantragen.

Sollte dann die neue Betreibung allerdings wiederum zu einem Verlustschein führen, müsste beim dritten Versuch wieder mit einem Einleitungsverfahren neu begonnen werden (BGE *69* III 71).

20 – Sodann bildet der Verlustschein für den Gläubiger einen *Arrestgrund* (SchKG 149 II und 271 I Z. 5; § 51 N. 21).

21 – Schliesslich ist der Verlustschein-Gläubiger berechtigt, gegen eine vom Schuldner begünstigte Person mit der *Anfechtungsklage* vorzugehen (SchKG 149 II und 285 II Z. 1; § 52 N. 30).

b)   *Zivilrechtliche Wirkungen*

22   Zivilrechtlich nützt der definitive Verlustschein teils dem Schuldner und seiner Familie, teils den Gläubigern.

23 – Vor allem ist die im Verlustschein verurkundete *Forderung nicht mehr verzinslich* (SchKG 149 IV). Die Zinspflicht hört aber nur für den Schuldner persönlich auf. Allfällige Mitverpflichtete – wie Mitschuldner und Bürgen – haben weiterhin Zinsen zu bezahlen, und zwar ohne Rückgriffsrecht gegenüber dem Schuldner. Diese Regelung bezweckt, dem Schuldner das wirtschaftliche Wiederaufkommen zu erleichtern.

24 – Andererseits gilt für die Verlustscheinforderung eine – jederzeit unterbrechbare (OR 135) – *Verjährungsfrist von 20 Jahren* (SchKG 149 a I). Auch diese ausserordentlich lange Frist besteht aber nur gegenüber dem Schuldner persönlich. Für Mitschuldner und Bürgen läuft die ordentliche gesetzliche Verjährung (OR 127 ff.). Gegenüber den *Erben* des Schuldners gilt wiederum eine betreibungsrechtliche Sonderregelung: zu ihren Gunsten verjährt die Forderung spätestens 1 Jahr nach Eröffnung des Erbganges (SchKG 149 a I).

Nach altem Recht (SchKG 149 V) war eine Verlustscheinforderung unverjährbar; die 25
20-jährige Verjährungsfrist gilt jedoch zu Recht auch für altrechtliche Verlustscheine;
die Verjährungsfrist beginnt für sie mit dem Inkrafttreten des neuen Rechts zu laufen
(SchKG Schlussbestimmungen 2 V).

– Ausser diesen Vorschriften des SchKG knüpfen noch verschiedene 26
  Bestimmungen im ZGB, im OR und im VVG zivilrechtliche Wirkungen an die Ausstellung eines definitiven Verlustscheines:

Beispiele:
ZGB 480 (exhereditatio bona mente), *ZGB 524* (Legitimation des Verlustscheingläubi-
gers zur Herabsetzungsklage), *ZGB 609 II* (der Verlustscheingläubiger kann die Mit-
wirkung der Behörde bei der Erbteilung verlangen).
OR 250 II: Aufhebung eines Schenkungsversprechens (gleich wie bei Eröffnung des
Konkurses).
VVG 81: Der Ehegatte oder die Nachkommen, die aus einem Lebensversicherungsver-
trag begünstigt sind, treten an die Stelle des Versicherungsnehmers, gegen den ein
Verlustschein ausgestellt wurde, in den Vertrag ein, sofern sie das nicht ausdrücklich
ablehnen.

B.   Wirkungen des provisorischen Verlustscheines

         Die Wirkungen des provisorischen Verlustscheines beschrän- 27
ken sich ausschliesslich auf drei betreibungsrechtliche:
– er verleiht dem Gläubiger das Recht, eine *Nachpfändung* zu verlangen (SchKG 115 III; dazu §§ 22 N. 82, 25 N. 23),
– er bildet für ihn einen *Arrestgrund* (SchKG 271 I Z. 5)
– und er legitimiert zur *Anfechtungsklage* (SchKG 285 II Z. 1).

         Anders als der definitive Verlustschein äussert der provisorische diese 28
Wirkungen aber schon während des Betreibungsverfahrens, das ja ungeachtet seiner Ausstellung weiterläuft. Darin liegt für den Gläubiger der
praktische Vorteil, dass er schon vor Abschluss der Betreibung (d. h. vor
endgültigem Verlusteintritt) alle Mittel ergreifen kann, um vielleicht
doch noch an Vollstreckungssubstrat heranzukommen.

4.   **Die Löschung des Verlustscheines**

         Die Ausstellung des Verlustscheines wird in den Betreibungs- 29
registern eingetragen, wo er Gegenstand des Einsichtsrechts ist (SchKG
8 a; § 4 N. 15 ff.). Darum hat der Schuldner Anspruch darauf, dass nach
Untergang der Verlustscheinforderung dies sofort in den Registern vermerkt, der Verlustschein gelöscht und die Löschung ihm bescheinigt
wird (SchKG 149 a III; so schon BGE *95* III 43). Über die gelöschten
Einträge darf Dritten keine Auskunft mehr gegeben werden.

Löschung ist geboten:
- nach Verjährung der Verlustscheinforderung (SchKG 149 a I);
- nach Zahlung an das Betreibungsamt (SchKG 149 a II), aber auch im Falle einer durch Quittung nachgewiesenen Zahlung an den Gläubiger;
- nach Feststellung der ungerechtfertigten Betreibung im Sinne von SchKG 8 a III.

30 Die Weigerung des Amtes, die Löschung vorzunehmen, unterliegt der Beschwerde (SchKG 17 ff.).

6. Kapitel: Die Durchführung der Betreibung auf Pfandverwertung

§ 32   Wesen und Voraussetzungen der Betreibung auf Pfandverwertung

I.   Das Wesen

Die Betreibung auf Pfandverwertung ist *reine Spezialexeku-* 1
tion. Sie kennt keine Konzession an das Prinzip möglichst gleicher Behandlung der Gläubiger, das die Generalexekution beherrscht. Dadurch unterscheidet sie sich wesentlich von der Betreibung auf Pfändung, welche die Gruppenbildung durch Pfändungsanschluss erlaubt.

Von der Pfändungsbetreibung unterscheidet sie sich aber auch da- 2
durch, dass das Vollstreckungssubstrat – der Pfandgegenstand – bereits im voraus (vor Einleitung der Betreibung) gegeben ist und nicht erst noch durch Pfändungsbeschlag beschafft werden muss.

Infolgedessen schliesst sich in der Betreibung auf Pfandverwertung an 3
das Einleitungsverfahren unmittelbar die Verwertung an; denn bezweckt ist einzig die Realisierung der Pfandsicherheit. Nur das Pfandobjekt darf verwertet werden, nichts anderes. Darum fällt auch eine Nachpfändung zur Vervollständigung einer ungenügenden Pfanddeckung ausser Betracht; der Gläubiger erhält dann vielmehr einen sogenannten *Pfandausfallschein.*

II.   Die Voraussetzungen

Die Betreibung auf Pfandverwertung greift grundsätzlich im- 4
mer Platz, wo eine pfandgesicherte Forderung zu vollstrecken ist. Als Sicherheit kann ein Faustpfand oder ein Grundpfand bestellt sein. Beide Begriffe sind im Schuldbetreibungsrecht aber wesentlich weiter gefasst als im Zivilrecht.

So umfasst das «*Grundpfand*» gemäss SchKG 37 I: 5
– die Grundpfandverschreibung,

Ihr sind gleichgestellt die Schiff- und die Luftfahrzeugverschreibung: Bundesgesetz vom 28. 9. 1923 über das Schiffsregister 54 II (SR 741.11) und Bundesgesetz vom 7. 10. 1959 über das Luftfahrzeugbuch 26 ff. (SR 748.217.1); Kreisschreiben des Bundesgerichts Nr. 35 vom 16. 10. 1961 betreffend Luftfahrzeuge als Gegenstand der Zwangsvollstreckung.

- den Schuldbrief und die Gült,
- die Grundpfandrechte des kantonalen Rechts,
- die Grundlast,
- jedes Vorzugsrecht auf bestimmte Grundstücke (z. B. des öffentlichen Rechts), soweit es eine Geldleistung zum Gegenstand hat,
- und das Pfandrecht an der Zugehör eines Grundstücks.

6   Zum «*Faustpfand*» rechnet SchKG 37 II:
- das eigentliche Faustpfand,
- das Pfandrecht an Forderungen und anderen Rechten,
- die Viehverpfändung
- und das Retentionsrecht.

Kein Pfandrecht im Sinne des SchKG begründet hingegen eine *Sicherungsübereignung* oder eine *Sicherungszession* (BGE *106* III 5).
Auch der *Eigentumsvorbehalt* (ZGB 715 f.) ist kein Pfandrecht, für das auf Pfandverwertung betrieben werden dürfte. Wird aber in einer Betreibung auf Pfändung die Kaufsache zugunsten eines anderen Gläubigers gepfändet oder fällt der Schuldner in Konkurs, so wird der Verkäufer für die Restschuld wie ein Pfandgläubiger behandelt (§§ 24 N. 11, 27 N. 31). Gleiches sollte diesfalls auch für die Sicherungsübereignung bzw. -zession gelten, soweit ihnen, wirtschaftlich betrachtet, nachweisbar Verpfändungsfunktion zukommt.

7   Handelt es sich um eine Forderung, die durch ein Pfand in diesem weiteren Sinne sichergestellt ist, so kann und soll die Betreibung auf dem Wege der Pfandverwertung durchgeführt werden (SchKG 41 I).

8   Die Vorausverwertung des Pfandes ist jedoch *nicht zwingend* (§ 9 N. 18). Das zeigt sich in folgendem:

9   - Dem Schuldner steht es frei, sich einer Betreibung auf Pfändung oder auf Konkurs zu unterziehen. Er hat aber das *Recht,* sich zu widersetzen und *vorab die Pfandverwertung zu verlangen:* er geniesst das *beneficium excussionis realis.* Diese (verfahrensrechtliche) Einrede der Vorausverwertung des Pfandes ist mit *Beschwerde gegen den Zahlungsbefehl* geltend zu machen, nicht etwa mit Rechtsvorschlag (SchKG 41 I[bis]; BGE *93* III 15, *106* III 5); darin hat der Schuldner die Pfandsicherung in liquider Weise darzutun.

10   - Der Schuldner kann auf das beneficium aber auch *schon im voraus verzichten,* indem er mit dem Gläubiger oder dem Dritteigentümer des Pfandes vereinbart, dass die Pfandhaft gegenüber seiner persönlichen Haftung nur *subsidiär* gelten solle (BGE *73* III 16, *93* III 15). Diese Abrede wird vor allem ein Drittpfandbesteller treffen; er si-

chert sich auf diese Weise das – ebenfalls mit Beschwerde geltend zu machende – *beneficium excussionis personalis.*

Wer sich nicht rechtzeitig beschwert, verliert zwar sein beneficium (BGE *101* III 21 f.).   11
Umgekehrt bedeutet das Erheben der Beschwerde keineswegs schon materielle Anerken-
nung des Pfandrechts, sowenig wie die Einleitung der falschen Betreibung durch den
Gläubiger als Verzicht ausgelegt werden darf.

In bestimmten Fällen darf aber der Gläubiger zwischen der Betrei-   12
bung auf Pfandverwertung und einer anderen Betreibungsart *frei wählen*, ohne dass sich der Schuldner auf das beneficium nach SchKG 41 I^{bis}
berufen könnte:

– Durch Grundpfand gesicherte *Zinsen* oder *Annuitäten* darf er auch   13
  auf dem Wege der ordentlichen Betreibung (auf Pfändung oder Konkurs) einfordern, selbst wenn sich der Schuldner für die *Kapitalforderung* auf das beneficium excussionis realis berufen sollte (SchKG 41
  II; BGE *97* III 49).

– Für pfandgesicherte Forderungen, die sich auf einen *Wechsel* oder   14
  Check gründen, darf er die Wechselbetreibung verlangen, sofern
  der Schuldner konkursfähig ist (SchKG 41 II Satz 2 und SchKG 177
  I).

– Der Pfandgläubiger kann sich auch ganz allgemein den Weg der or-   15
  dentlichen Betreibung öffnen, indem er in gesetzlicher Form *auf sein
  Pfandrecht verzichtet*, was aber dem Schuldner spätestens im Zahlungsbefehl mitgeteilt werden muss (BGE *93* III 15).

– Hat sodann der Gläubiger mit dem Schuldner oder dem Dritteigen-   16
  tümer des Pfandes nur *subsidiäre Pfandhaft vereinbart* (oben N. 10),
  steht ihm der Weg zur ordentlichen Betreibung ebenfalls offen.

– Schliesslich können die Parteien zugunsten des Pfandgläubigers auch   17
  ein *Selbstverkaufsrecht* vereinbart haben (ZGB 816, 891 I). Dessen
  Inhalt kann je nach Abrede verschieden sein (BGE *73* III 13):

  – Wahl des Gläubigers zwischen Selbstverkauf, Pfandverwertungs-
    oder ordentlicher Betreibung;

  – Ausschluss der Zwangsvollstreckung überhaupt (was dem Schuld-
    ner das Recht gibt, sich einer gegen ihn angehobenen Betreibung
    mit Rechtsvorschlag zu widersetzen).

Das private Verwertungsrecht kann jedoch nicht mehr ausgeübt werden, sobald der   18
Pfandgegenstand für einen anderen Gläubiger gepfändet oder arrestiert oder über den
Schuldner der Konkurs eröffnet worden ist (BGE *108* III 91, bestätigt in *116* III 26).

§ 33   Das Verfahren der Betreibung auf Pfandverwertung

I.   Das Einleitungsverfahren

1   Wie jede andere Betreibung beginnt auch diejenige auf Pfandverwertung mit einem Einleitungsverfahren. Im grossen und ganzen verläuft dieses gleich wie das ordentliche; es zeichnet sich jedoch durch einige sachbedingte Besonderheiten aus (SchKG 87).

1.   Das Betreibungsbegehren

2   Das Betreibungsbegehren muss die üblichen Angaben nach SchKG 67 enthalten (§ 16 N. 7 ff.), darüber hinaus aber noch den *Pfandgegenstand* bezeichnen und den Namen eines allfälligen *Dritteigentümers* desselben sowie die allfällige Verwendung eines verpfändeten Grundstücks als *Familienwohnung* angeben (SchKG 151 I).

3   Ein betreibender Faustpfandgläubiger ist zudem verpflichtet, einen *nachgehenden Pfandgläubiger* (ZGB 886 und 903) von der Anhebung der Betreibung zu benachrichtigen (SchKG 151 II), damit auch dieser seine Rechte wahrnehmen kann. Unterlassung dieser Benachrichtigung kann Schadenersatzpflicht zur Folge haben.

2.   Der Zahlungsbefehl

4   Inhaltlich entspricht der Zahlungsbefehl im wesentlichen dem gewöhnlichen Zahlungsbefehl nach SchKG 69 (§ 17 N. 6 ff.), abgesehen von folgenden Besonderheiten:
– Einmal beträgt die *Zahlungsfrist* hier nicht bloss 20 Tage, sondern 1 Monat, wenn ein Faustpfand, und 6 Monate, wenn ein Grundpfand zu verwerten ist (SchKG 152 I Z. 1).
– Zum andern lautet die Androhung an den Schuldner, dass das Pfand verwertet werde, wenn er weder Zahlung leiste noch Recht vorschlage (SchKG 152 I Z. 2).

5   Ferner wird der – nach SchKG 70 ausgefertigte – Zahlungsbefehl nicht nur dem Schuldner, sondern gegebenenfalls *auch dem Dritteigentümer des Pfandes zugestellt* (SchKG 153 I und II a, VZG 88); dies gilt auch im Falle von Mit- oder Gesamteigentum des Dritten zusammen mit dem Schuldner, und zwar sogar dann, wenn der Dritte gleichzeitig gesondert als Mitschuldner betrieben ist (BGE 77 III 32). Ausserdem muss der Zahlungsbefehl *dem Ehegatten des Schuldners oder des Drittei-*

gentümers zugestellt werden, falls das verpfändete Grundstück als Familienwohnung dient (SchKG 153 II b).

Auf diese Weise werden der Dritteigentümer sowie der Ehegatte in die Betreibung einbezogen; sie gelten als *Mitbetriebene* und können als solche sämtliche Rechte eines Betriebenen ausüben (Rechtsvorschlag, Aberkennungklage, Beschwerde; unten N. 10 und 13).   6

Ergibt sich erst im Laufe der Betreibung (z. B. nach Stellung des Verwertungsbegehrens), dass das Pfandgrundstück einem Dritten gehört oder als Familienwohnung dient, so müssen die zusätzlichen Zahlungsbefehle noch nachträglich zugestellt werden; die Verwertung darf dann erst stattfinden, wenn auch diese Zahlungsbefehle rechtskräftig geworden und die Frist von 6 Monaten seit der Zustellung abgelaufen ist (VZG 100).   7

Bestehen am verpfändeten Grundstück *Miet- oder Pachtverträge,* so kann der Grundpfandgläubiger mit dem Betreibungsbegehren – oder auch später noch (BGE *121* III 187) – die Ausdehnung der Pfandhaft auf die Miet- und Pachtzinsforderungen nach ZGB 806 geltend machen. Das Betreibungsamt gibt hierauf den Mietern und Pächtern von der Betreibung Kenntnis und weist sie an, fällige Zinsbeträge künftig an das Amt zu überweisen (SchKG 152 II und 99, VZG 91; sogenannte «Zinssperre»). Mit dieser Mitteilung übernimmt das Amt zugleich die *Verwaltung* des Grundstücks (VZG 94; BGE *109* III 45).   8

3.   Rechtsvorschlag und Rechtsöffnung

Auch diesbezüglich gelten grundsätzlich die gewöhnlichen Regeln der Schuldbetreibung (SchKG 153 IV, der auf SchKG 71–86 verweist), jedoch mit folgenden sachbedingten Besonderheiten: 9

– Nicht nur der Schuldner, sondern auch jeder Mitbetriebene (Dritteigentümer, Ehegatte) kann *Rechtsvorschlag* erheben (SchKG 153 II Satz 2).   10

– Mit dem Rechtsvorschlag können sowohl Bestand, Umfang oder Fälligkeit der *Forderung* bestritten werden als auch Bestand und Umfang des *Pfandrechts* (BGE *105* III 120); eine Begründung ist nicht erforderlich.   11

Auch den Einwand, dem Gläubiger hafte nicht das Grundstück selber, sondern *bloss ein Faustpfand* (z. B. ein Schuldbrief), muss der auf Grundpfandverwertung Betriebene mit Rechtsvorschlag erheben; sonst läuft das Verfahren auf Verwertung des Grundpfandes weiter. Den Grundpfandgläubigern steht zur Abwehr eines zu Unrecht beanspruchten Grundpfandrechtes immerhin noch das Lastenbereinigungsverfahren offen (BGE *105* III 64).

12 – Der Ehegatte des Schuldners oder des Dritteigentümers kann überdies einwenden, die Verpfändung des Grundstücks habe gegen ZGB
169 verstossen.

Das ist vor allem der Fall, wenn die Verpfändung ein verkapptes Veräusserungsgeschäft
darstellt, wodurch die Zustimmung des Ehegatten, die nach ZGB 169 für die Veräusserung des Familien-Grundstücks notwendig wäre, umgangen wird.

13 – Dieser Erweiterung des Rechtsvorschlages entspricht auch das
Rechtsöffnungsverfahren (SchKG 153 a). Jeder Rechtsvorschlag,
gleichgültig, wogegen er sich richtet, kann durch Rechtsöffnung überwunden werden (vgl. z. B. BGE *105* III 65 und 120). Die Rechtsöffnung ist zu erteilen, wenn der Gläubiger einen Rechtsöffnungstitel
vorweist, der die bestrittene Forderung oder das bestrittene Pfandrecht belegt. Nach provisorischer Rechtsöffnung steht die *Aberkennungsklage* nicht nur dem Schuldner, sondern àuch dem mitbetriebenen Dritteigentümer des Pfandes und dem Ehegatten zu.

Das Rechtsöffnungsgesuch muss binnen 10 Tagen seit Mitteilung des Rechtsvorschlages, die Anerkennungsklage binnen 10 Tagen seit Eröffnung des abschlägigen
Rechtsöffnungsentscheides angebracht werden. Fristversäumnis hätte aber nur den
Hinfall einer allfälligen Zinssperre (oben N. 8) zur Folge, niemals der ganzen Betreibung; für diese gilt die Frist von SchKG 154 I (vgl. SchKG 153 a).

14 – Ist der Zahlungsbefehl *rechtskräftig* geworden, darf der betreibende
Grundpfandgläubiger verlangen, dass im Grundbuch eine Verfügungsbeschränkung gemäss ZGB 960 vorgemerkt wird (VZG 90).

Zwar könnte der Schuldner das Grundstück nach wie vor veräussern, doch käme einem
Erwerber nach der Vormerkung nicht mehr die Stellung eines mitbetriebenen Dritei-
gentümers zu (VZG 88 II). Er könnte sich deshalb der laufenden Betreibung nicht
mehr widersetzen; das Grundstück würde ohne Rücksicht auf sein Eigentumsrecht
verwertet.

II. *Die Verwertung*

1. **Das Verwertungsbegehren**

15   Der Antrag auf Verwertung kann vom betreibenden Gläubiger, vom Schuldner oder vom Dritteigentümer des Pfandes ausgehen
(BGE *69* III 81).

16 Vor Ablauf der *Zahlungsfrist* – 1 Monat seit der Zustellung des Zahlungsbefehls bei einem Faustpfand, 6 Monate bei einem Grundpfand
(SchKG 154 I) – darf die Verwertung nicht verlangt werden. Andererseits muss das Verwertungsbegehren für ein Faustpfand spätestens

1 Jahr, für ein Grundpfand spätestens 2 Jahre nach diesem Zeitpunkt gestellt sein. Nach unbenütztem Ablauf dieser Frist, der Gültigkeitsdauer des Zahlungsbefehls, erlischt die Betreibung; desgleichen wenn ein zurückgezogenes Begehren nicht innert derselben erneuert wird (SchKG 154 II); einem verfrühten Verwertungsbegehren darf einstweilen keine Folge gegeben werden.

Kommt es nach einem Rechtsvorschlag zu einem gerichtlichen Verfahren (Rechtsöffnung, An- oder Aberkennungsprozess), so stehen diese Fristen während der Prozessdauer still (SchKG 154 I Satz 2, der 88 II entspricht). Dasselbe gilt für die Dauer eines nach Einleitung der Betreibung eröffneten und in der Folge mangels Aktiven wieder eingestellten Konkurses (BGE *90* III 85).

Das Betreibungsamt benachrichtigt den Schuldner (und allfällige Mit- 17 betriebene) binnen 3 Tagen vom Eingang des Verwertungsbegehrens (SchKG 155 II, VZG 99 I; BGE *96* III 124). Ein Grundstück wird in Zwangsverwaltung genommen, sofern das nicht schon vorher geschehen ist (oben N. 8) und der betreibende Gläubiger nicht ausdrücklich darauf verzichtet (VZG 101; BGE *109* III 45).

2.   Die Vorbereitung der Verwertung

Sobald das Verwertungsbegehren vorliegt, bereitet das Be- 18 treibungsamt die Verwertung in ähnlicher Weise vor wie in der Betreibung auf Pfändung. Es schätzt den Wert des Pfandes und nimmt es zur Bewirtschaftung und Verwaltung in Verwahrung. Ferner leitet es das Widerspruchsverfahren ein, wenn ein Dritter am Pfandobjekt Eigentum oder ein vorgehendes Pfandrecht geltend macht (SchKG 155 I mit Verweis auf SchKG 97 I, 102 III, 103, 106–109; VZG 99; s. § 22 N. 86 ff.).

Für ein Grundstück muss deshalb das *Lastenverzeichnis* erstellt und das Lastenbereini- 19 gungsverfahren durchgeführt werden (Verweis in SchKG 156 I auf 140; s. § 28 N. 26 ff.).

Ausserdem hat das Betreibungsamt – nunmehr von Amtes wegen – 20 eine Verfügungsbeschränkung im Grundbuch vormerken zu lassen, sofern das nicht schon früher auf Antrag des Pfandgläubigers geschehen ist (oben N. 14; VZG 97).

3.   Das Verwertungsverfahren

Grundsätzlich wird das Pfand auf die gleiche Art und Weise 21 verwertet wie ein gepfändeter Vermögensgegenstand. SchKG 156 I verweist einfach auf SchKG 122–143 b (s. auch VZG 102). Insbesondere ist auch hier das *Deckungsprinzip* (SchKG 126) zu wahren und kommen ebenfalls der *Verwertungsaufschub* (SchKG 123), die *vorzeitige Verwertung* (SchKG 124 II, 133 II) und der *Freihandverkauf* (SchKG 130, 143 b) in Frage. Näheres dazu in § 26–28.

22 Auch bezüglich der *Rechtsnatur, der Gewährspflicht* und der *Anfechtung* des Verwertungsaktes gilt das zur Betreibung auf Pfändung Gesagte (§ 26 N. 22 ff.).

23 Überflüssig wird die Verwertung des Pfandobjektes, wenn bereits seine Früchte und Erträgnisse (z. B. die Miet- und Pachtzinse des verpfändeten Grundstücks) ausreichen, um die Betreibungsforderung und Kosten zu decken. Dann bleibt es einstweilen bei der Zwangsverwaltung. In allen anderen Fällen aber muss das Pfand versilbert werden. Wie in der Betreibung auf Pfändung können aus den Erträgnissen der Pfandsache auch Abschlagszahlungen vorgenommen werden.

24 In der Betreibung auf *Grundpfandverwertung* sind indessen einige Besonderheiten zu beachten (vgl. namentlich VZG 103 ff.):

25 – Die *Steigerungsbedingungen* müssen bestimmen, dass der dem betreibenden Pfandgläubiger zukommende Anteil am Zuschlagspreis bar zu bezahlen ist, wenn nichts anderes vereinbart wurde; die Belastung des Grundstücks (Hypothek usw.) wird hierauf im Grundbuch gelöscht (SchKG 156 I Satz 2). Dass eine fällige Grundpfandforderung ausgezahlt und nicht dem Erwerber überbunden wird, folgt indessen schon klar aus SchKG 135 I Satz 3.

26 – Zum Schutz des Schuldners vor Missbrauch durch den Pfandgläubiger (vgl. das Beispiel in BGE *115* II 149 ff. und dazu ZBJV 1991, 684 ff.) werden sodann nach SchKG 156 II Eigentümer- und Inhaberschuldbriefe, die der Schuldner als Sicherheit zu *Faustpfand* begeben hat, bei gesonderter Verwertung desselben auf den Betrag des Erlöses herabgesetzt.

27 – Schliesslich regeln Sonderbestimmungen den Fall, wo mehrere Grundstücke für eine Forderung verpfändet sind:
   – Gehören sie demselben Eigentümer, so sind nur so viele zu verwerten, als zur Deckung der Forderung des betreibenden Pfandgläubigers sowie allfälliger dieser im Range vorgehenden Pfandforderungen erforderlich ist (VZG 107 I).
   – Gehören die gemeinsam verpfändeten Grundstücke verschiedenen Eigentümern, so sind zuerst diejenigen des Schuldners zu verwerten; bieten diese nicht volle Deckung, müssen alle Grundstücke gleichzeitig versteigert werden (ZGB 816 III, VZG 107 II; BGE *100* III 48).

– Wie zu verfahren ist, wenn getrennt verpfändete Grundstücke zu versteigern sind, schreibt VZG 108 vor (siehe auch BGE *115* III 55).

Bemerkenswert ist in diesem Zusammenhang noch ZGB 898 II, wonach bei der Ver- 28 wertung retinierter Namenpapiere das Betreibungsamt in Vertretung des Schuldners das Erforderliche vorzukehren hat: es muss durch Indossament oder Abtretungserklärung die Papiere auf den Erwerber übertragen.

4. Grundpfandverwertung und Purgation

Der Erwerber eines Grundstücks kann unter bestimmten Vor- 29 aussetzungen die *einseitige Ablösung von Grundpfandrechten* verlangen. Für Einzelheiten einer solchen Purgation sei auf ZGB 828 ff. verwiesen.

Zu den Voraussetzungen gehört unter anderem, dass noch keine Be- 30 treibung auf Grundpfandverwertung im Gange ist. Umgekehrt darf aber, wenn ein Purgationsverfahren bereits hängig ist, das Pfandgrundstück erst nach dessen Abschluss verwertet werden, jedoch auch dann nur, wenn der betreibende Gläubiger nachweist, dass ihm trotz durchgeführter Purgation noch ein Grundpfandrecht zusteht (SchKG 153 III; BGE *100* III 51).

III. Die Verteilung

Auch das letzte Stadium der Pfandverwertungsbetreibung 31 wickelt sich im wesentlichen wie bei der Pfändungsbetreibung ab.

1. Das Verteilungsverfahren

a) Aus dem *Pfanderlös* sind vorab die Kosten der Verwaltung, 32 Verwertung und Verteilung zu begleichen (SchKG 157 I; § 29 N. 8).

b) Der verbleibende *Reinerlös* wird dann den Pfandgläubigern bis zur 33 Höhe ihrer Forderungen einschliesslich des laufenden Zinses (berechnet bis zum Zeitpunkt der letzten Verwertung) und der Betreibungskosten ausgerichtet (SchKG 157 II). Dabei sind alle Pfandgläubiger zu berücksichtigen, deren Forderungen nicht dem Ersteigerer überbunden werden.

34   Der Umfang der *Pfandsicherung durch das Grundpfand* richtet sich nach ZGB 818 und 819 (BGE *101* III 74): er erstreckt sich auf die Kapitalforderung, drei verfallene Jahreszinsen, den laufenden Zins, die Betreibungskosten, die Verzugszinsen sowie die zur Erhaltung der Pfandsache notwendigen Auslagen.

Das *Faustpfand* soll die Kapitalforderung, alle verfallenen Zinsen, die Betreibungskosten und die Verzugszinsen decken (ZGB 891 II).

35   Haften mehrere Pfänder für dieselbe Forderung, wird der aus ihrer Verwertung erzielte Erlös verhältnismässig zu deren Deckung verwendet (SchKG 157 III sowie 219 II und III).

36   c) Genügt der Nettoerlös nicht, um alle Pfandgläubiger voll zu befriedigen, stellt das Betreibungsamt für sie einen *Kollokationsplan* auf (SchKG 157 III; BGE *95* III 38). Darin wird der zivilrechtliche Rang ihrer Forderungen und ihr Anteil (Dividende) festgesetzt. Für den Betrag und den Rang der Grundpfandrechte ist das *Lastenverzeichnis* massgebend.

37   Hinsichtlich Auflage und Anfechtung des Kollokationsplans gelten die gleichen Vorschriften wie in der Betreibung auf Pfändung (SchKG 157 IV; siehe § 30 N. 11 ff.).

38   d) Kommen gemäss Kollokationsplan *Unternehmer* oder *Bauhandwerker* zu Verlust, stellt sich die Frage ihres Vorrechts (ZGB 837 I Z. 3, 841); bezüglich seiner materiellrechtlichen Voraussetzungen siehe BGE *112* II 493, *115* II 136 ff.

Zur Klärung der Rechtslage verfährt das Betreibungsamt nach den Regeln von VZG 117.

– Es setzt den Baugläubigern eine Frist von 10 Tagen, um beim Gericht am Betreibungsort gegen einen vorgehenden Pfandgläubiger auf Ersatz zu klagen (VZG 117 I).
– Klagt der Baugläubiger rechtzeitig, wird dem beklagten Pfandgläubiger der ihm zugerechnete Verwertungsanteil nicht ausgezahlt, sondern einstweilen hinterlegt (VZG 117 II; BGE *100* III 61).
– Wird die Klage des Baugläubigers gutgeheissen, weist ihm das Betreibungsamt aus dem hinterlegten Betrag die gerichtlich zugesprochene Summe zu.
– Bei verspäteter (oder abgewiesener) Klage ist die Verteilung hingegen gemäss Kollokationsplan vorzunehmen. Der Baugläubiger kann jedoch auch noch nach Ablauf der 10 Tage – ausserhalb der Betreibung – klagen, nur hat er dann sein Privileg verloren, den Ausfall direkt aus dem Betreffnis des vorgehenden Pfandgläubigers decken zu lassen (BGE *110* III 78).

2.   Quittung und Pfandausfallschein

A.   Die Quittung

39   Dem Schuldner wird nach den gewöhnlichen Regeln Quittung erteilt (SchKG 157 IV in Verbindung mit 150; dazu § 31 N. 2).

Unbekümmert um das Ergebnis der Verwertung wird das Pfandrecht 40
im Grundbuch abgeschrieben bzw. entkräftet; ein ungedeckt gebliebe-
ner Betrag (Pfandausfall) bleibt jedoch als *ungesicherte Forderung* bestehen.

B.   Der Pfandausfallschein

a)   Wesen des Pfandausfallscheines

Der Gläubiger, der in einer Betreibung auf Pfandverwertung 41
nicht volle Befriedigung erlangt, erleidet noch keinen eigentlichen «Verlust», sondern bloss einen *«Pfandausfall»*. Ob er je zu Verlust kommen
wird, könnte sich erst nach einer weiteren, auf Vollstreckung in das
gesamte Schuldnervermögen zielenden Betreibung (auf Pfändung oder
auf Konkurs) erweisen. Darum erhält der Gläubiger nur eine amtliche
Bescheinigung darüber, dass seine Forderung aus dem Pfanderlös nicht
oder nicht vollständig bezahlt werden konnte: einen *Pfandausfallschein*
(SchKG 158 I).

b)   Empfänger eines Pfandausfallscheines

Anspruch auf Ausstellung eines *Pfandausfallscheines* hat ein- 42
zig der *betreibende Pfandgläubiger,* wenn entweder das Pfand wegen
ungenügenden Angebots gar nicht verwertet werden konnte (SchKG
126 und 127) oder der Erlös nicht ausreicht, um seine Forderung zu
tilgen (SchKG 158 I); alle übrigen (nicht-betreibenden) Pfandgläubiger
erhalten einzig eine Bescheinigung darüber, dass sich die Forderung als
ungedeckt erwiesen hat: einen *Ausweis über mangelnde Deckung* (VZG
120); diese Urkunde hat keine besonderen Wirkungen.

c)   Die Wirkungen des Pfandausfallscheines

Seiner beschränkteren Aussagekraft entsprechend hat der 43
Pfandausfallschein wesentlich schwächere Wirkungen als der Pfän-
dungsverlustschein:
– Er löst namentlich *keine öffentlichrechtlichen Folgen* aus (§ 14). 44
– Dem bisherigen Pfandgläubiger gibt er hingegen das bedeutsame 45
  Recht, die *Betreibung für die Ausfallforderung* jetzt auf das übrige
  Vermögen des Schuldners zu richten. Weil die Forderung nicht mehr
  pfandgesichert ist, kann das *auf dem Wege der ordentlichen Betrei-
  bung auf Pfändung oder auf Konkurs* geschehen (SchKG 158 II Satz
  1; BGE *85* III 141). Binnen Monatsfrist seit der Zustellung des Pfand-

271

ausfallscheines darf der Gläubiger sogar *ohne neues Einleitungsver-*
fahren gegen den Schuldner vorgehen (SchKG 158 II Satz 2); er
braucht nur das Pfändungsbegehren oder das Begehren um Konkursandrohung zu stellen.

46   Eine Ausnahme von dieser Regel macht VZG 121 für den in einem Pfandverwertungs-
verfahren nach Bewilligung eines Nachlassvertrages ausgestellten Pfandausfallschein;
hier kann sich der Schuldner einer Betreibung ohne Einleitungsverfahren mit Beschwerde widersetzen.

47   Diese Wirkung des Pfandausfallscheines setzt jedoch voraus, dass der
Schuldner dem Gläubiger gegenüber persönlich haftet. Wo nur *reine*
Sachhaftung besteht wie bei der Gült oder bei der Grundlast, kann
der Gläubiger ausschliesslich aus dem Wert des Grundstücks Befrie-
digung verlangen (ZGB 847 III und 791). Nach durchgeführter
Zwangsvollstreckung besteht, mangels persönlicher Haftung, keine
Forderung mehr, so dass eine weitere Betreibung ausgeschlossen ist.

48   – Schliesslich gilt (seit 1.1.1997) auch der Pfandausfallschein als
«Schuldanerkennung» i.S. von SchKG 82 und taugt folglich als provisorischer Rechtsöffnungstitel (SchKG 158 III); selbst unter altem
Recht ausgestellten Ausfallscheinen kommt diese Wirkung zu, sofern
die Urkunde tatsächlich einem *Betreibungsgläubiger* ausgestellt wurde (s. alt VZG 120; SchlT/ZGB 3 *per analogiam*).

Ebensowenig wie der Verlustschein wirkt der Pfandausfallschein novatorisch. Lag somit der Pfandforderung ein Gerichtsentscheid zugrunde, so kann sich der Gläubiger in
einer nachfolgenden ordentlichen Betreibung auch auf diesen definitiven Rechtsöffnungstitel stützen.

§ 34   Das Retentionsrecht bei Miete und Pacht von Geschäftsräumen sowie bei Stockwerkeigentum

I.   Allgemeines

1   *Miet- und Pachtzinsforderungen* sowie *Beitragsforderungen der*
Stockwerkeigentümergemeinschaft können wie jede andere Forderung
durch gewöhnliche Betreibung geltend gemacht und im Pfändungs- oder
Konkursverfahren vollstreckt werden. Der Stockwerkeigentümergemeinschaft sowie den Vermietern und Verpächtern von Geschäftsräumen steht jedoch zur Sicherung ihrer Forderungen noch ein besonderes
Retentionsrecht zur Verfügung (OR 268 ff., 299 c, ZGB 712 k).

Wollen sie es geltend machen, so kommen die Bestimmungen von SchKG 283 und 284 zur Anwendung. Nach diesen ist dann die Betreibung auf dem Wege der Pfandverwertung durchzuführen; denn betreibungsrechtlich gilt das Retentionsrecht als *Faustpfand* (SchKG 37 II). Es handelt sich dabei um eine echte Betreibung auf Pfandverwertung, nicht etwa bloss um eine «Abart» derselben.

2

In Anbetracht dessen, dass sich Vermieter und Verpächter durch Kautionen absichern können (OR 257 e) und dass der Stockwerkeigentümergemeinschaft überdies noch ein gesetzliches Pfandrecht auf dem Anteil des säumigen Eigentümers zusteht (ZGB 712 i), kann man sich allerdings fragen, ob deren Retentionsrecht überhaupt noch zeitgemäss ist.

3

Das Retentionsrecht kann *vor* Anhebung einer Betreibung oder *gleichzeitig* mit ihr ausgeübt werden (SchKG 283 I). Auf Begehren des Gläubigers nimmt das Betreibungsamt das *Retentionsverzeichnis* auf (SchKG 283 III; unten N. 22 ff.). Zu diesem Zweck können sogar Gegenstände, die der Schuldner *vor* Aufnahme des Verzeichnisses fortgeschafft hat, wieder beigebracht und aufgezeichnet werden (SchKG 284). Gleich wie ein Arrest muss dann der Retentionsbeschlag durch Einleitung oder Fortsetzung der Betreibung *prosequiert* werden (unten N. 30 ff.).

4

Dem Gläubiger steht es jedoch *frei*, ob er sein Retentionsrecht ausüben will oder nicht. Beruft er sich nicht darauf – was zum ordentlichen Betreibungsverfahren führt – kann ihn der Schuldner nicht auf den Weg der Betreibung auf Pfandverwertung zwingen (BGE *76* III 24); dem Retentionsgläubiger gegenüber besteht nämlich das *beneficium excussionis realis* nicht.

5

Durch Wahl des ordentlichen Betreibungsweges auf Pfändung oder Konkurs geht das Retentionsrecht dem Gläubiger anderseits aber auch nicht verloren. Er kann es vielmehr in einer späteren Betreibung erneut geltend machen; auch in der Betreibung eines Dritten gegen den Schuldner (dort im Widerspruchsverfahren; § 24 N. 10) oder im Konkurs kann er es beanspruchen.

6

Im Unterschied zum Pfandrecht ist aber das *Deckungsprinzip* bei der Verwertung auf das Retentionsrecht nicht anwendbar (§ 27 N. 31).

II. *Das Retentionsverzeichnis*

1. **Die Funktion des Retentionsverzeichnisses**

Das Retentionsrecht des Vermieters, des Verpächters und der Stockwerkeigentümergemeinschaft ist insofern atypisch, als sich – an-

7

ders als bei jenem nach ZGB 895 – die *Retentionsgegenstände im Besitz des Schuldners* befinden. Aus diesem Grunde muss dieses Retentionsrecht zunächst gegenständlich konkretisiert und alsdann noch besonders gesichert werden. Dazu dient das Retentionsverzeichnis.

8   Das Retentionsverzeichnis bezweckt die autoritative *Feststellung der dem Retentionsrecht unterworfenen Gegenstände.* Formell und inhaltlich besteht es in einem betreibungsrechtlichen Inventar derselben (SchKG 283 III); es ist mit der Pfändungs- und der Arresturkunde vergleichbar (SchKG 112 und 276).

9   Die *Retentionsurkunde* wird, wenn die Betreibung auf Pfandverwertung angehoben ist, dem Zahlungsbefehl beigefügt. Sie bildet die Grundlage für die Durchführung der Retentionsbetreibung; ohne sie wäre diese Betreibung nichtig (BGE *55* III 17)

2.   Die Voraussetzungen des Retentionsverzeichnisses

Materiell setzt die Aufnahme des Retentionsverzeichnisses dreierlei voraus: eine Retentionsforderung (a), einen Retentionsgegenstand (b) sowie dass der Schuldner nicht anderweitig Sicherheit leistet (c).

a) Als Retentionsforderung fallen in Betracht:

10   – *Miet-* oder *Pachtzinsforderungen für die Überlassung von Geschäftsräumen.* Das Retentionsrecht bietet Deckung für den laufenden (auch noch nicht fälligen) Halbjahreszins und einen verfallenen Jahreszins (OR 268 I).

11   Zur Sicherung des laufenden, noch nicht fälligen Zinses darf das Retentionsverzeichnis jedoch nur aufgenommen werden, wenn der Vermieter oder Verpächter das Bestehen einer unmittelbaren Gefahr für sein Recht glaubhaft macht; namentlich, wenn der Schuldner fortziehen oder Gegenstände fortschaffen will (OR 268 b I; BGE *97* III 45).

12   Zu der durch das Retentionsrecht gesicherten Forderung zählen auch die *Nebenkosten* (z. B. Heizungskosten u. dgl.; BGE *111* II 71, *80* III 130) sowie die Retentions- und Betreibungskosten, nicht aber blosse Schadenersatzansprüche des Vermieters oder Verpächters (z. B. für Instandstellungskosten, BGE *104* III 84, *86* III 39).

13   – *Beitragsforderungen der Stockwerkeigentümergemeinschaft,* die während der letzten 3 Jahre aufgelaufen sind (ZGB 712 k); siehe die einzelnen Posten in der nicht abschliessenden Aufzählung von ZGB 712 h (BGE *117* II 42). Diese Forderungen müssen nun aber fällig sein.

Stichtag für die Berechnung des Umfangs der Retentionsforderung ist der letzte Zahlungstermin vor dem Gesuch um Aufnahme des Retentionsverzeichnisses (BGE *97* III 46). Solange das Miet- oder Pachtverhältnis und das Stockwerkeigentum des Schuldners bestehen, erneuern sich die Forderung und das Retentionsrecht immer wieder von selbst. 14

b) Als *Retentionsgegenstand* kann jede bewegliche Sache im *Eigentum* 15 *des Schuldners* herangezogen werden, die sich in den gemieteten Geschäftsräumen oder in den Räumen des Stockwerkeigentums befindet, der Benützung oder Einrichtung derselben dient (OR 268 I, ZGB 712 k) und pfändbar ist (OR 268 III, SchKG 92), also z. B. Möbel, Bilder, Teppiche und das TV-Gerät.

Aber auch *Sachen Dritter,* die sich in den betreffenden Räumlichkeiten befinden, können retiniert werden, namentlich solche von
– Untermietern, solange diese ihre Miete nicht bezahlt haben (OR 268 II; BGE *120* III 54);
– beliebigen Dritten, sofern der Retentionsgläubiger nicht wusste oder wissen musste, dass sie dem Dritten gehören; gestohlene, verlorene oder sonstwie dem Dritten abhanden gekommene Sachen (ZGB 934) fallen hingegen nicht unter das Retentionsrecht (OR 268 a).

Die Retinierbarkeit einer Sache deckt sich nicht immer mit der Pfändbarkeit. Kein 16 Retentionsrecht besteht z. B. an persönlichen Effekten des Schuldners (z. B. Kleider, Schmuck, Sportgeräte, Musikinstrumente, BGE *109* III 44), selbst wenn diese pfändbar wären. Ausserdem darf die räumliche Verbindung nicht bloss zufällig, vielmehr muss sie von einer gewissen Dauer sein (BGE *120* III 55).

c) Durch *anderweitige Sicherheitsleistung* (z. B.eine Kaution oder 17 Bankgarantie) kann der Schuldner die Aufnahme des Retentionsverzeichnisses abwenden (ZGB 898 I *per analogiam*). Das Retentionsrecht erfasst dann ersatzweise diese Sicherheit (BGE *90* III 57, *121* III 95). Es handelt sich hier gewissermassen um eine negative Voraussetzung der Retention.

Das *Betreibungsamt* kann die materiellen Voraussetzungen bloss *sum-* 18 *marisch prüfen* (BGE *109* III 43). Nur wenn das Retentionsrecht offensichtlich nicht besteht, darf es die Aufnahme des Verzeichnisses ausnahmsweise aus materiellrechtlichen Gründen ablehnen (BGE *103* III 41 f.); desgleichen bei rechtsmissbräuchlicher Beanspruchung des Retentionsverfahrens (BGE *105* III 80).
Materiellrechtliche Streitigkeiten um das Retentionsrecht sind viel- 19 mehr vom *Richter* zu entscheiden:
– Forderung und Retentionsrecht kann der Schuldner in der Retentionsbetreibung mit *Rechtsvorschlag* bestreiten, worauf der Rechtsöffnungsrichter oder der ordentliche Richter angerufen werden kann.

– Erfasst die Retention Gegenstände Dritter, was häufig vorkommt (oben N. 15), so steht diesen das *Widerspruchsverfahren* offen (unten N. 27).

20 Die Pfändbarkeit der retinierten Gegenstände (SchKG 92) ist hingegen von den *Aufsichtsbehörden im Beschwerdeverfahren* zu beurteilen (BGE *90* III 101).

Beispiel: In der Mietzinsbetreibung gegen eine Waschanstalt macht der Vermieter an den Einrichtungsgegenständen (Dampfanlagen) sein Retentionsrecht geltend, der Verkäufer der Anlagen den Eigentumsvorbehalt, der Schuldner Unpfändbarkeit. Der Verkäufer wahrt seine Rechte im Widerspruchsverfahren, der Schuldner bestreitet das Retentionsrecht mit Rechtsvorschlag und die Pfändbarkeit der Dampfanlagen (Kompetenzgut) mit Beschwerde (BGE *96* III 66).

21 *Formell* setzt die Aufnahme eines Retentionsverzeichnisses nur ein entsprechendes *Gesuch des Gläubigers* an das Betreibungsamt voraus. Das Retentionsbegehren kann – wie schon erwähnt (N. 4 oben) – mit dem Betreibungsbegehren verbunden oder selbständig schon vorher gestellt werden.

3.   Die Aufnahme des Retentionsverzeichnisses

22 Das Gesetz enthält keine besonderen Vorschriften, wie bei der Aufnahme des Verzeichnisses vorzugehen ist; deshalb sind *per analogiam* diejenigen über die Pfändung und den Arrestvollzug anzuwenden (SchKG 91 ff.):

23 – Demnach ist das Retentionsverzeichnis immer vom *Betreibungsamt am Ort der gelegenen Sache* aufzunehmen (SchKG 4 II). Ist Gefahr im Verzuge, kann das Amt die Hilfe der Polizei oder der Gemeindebehörde anfordern (SchKG 283 II); dieser Schritt ist namentlich dann angezeigt, wenn der Schuldner Anstalten trifft, wegzuziehen oder Sachen, die dem Retentionsrecht unterliegen, fortzuschaffen.

24 – Wie der Arrest braucht auch die Aufnahme des Retentionsverzeichnisses dem Schuldner *nicht vorher angekündigt* zu werden (s. SchKG 275, der auf SchKG 90 nicht verweist). Da man es nur mit einer sichernden Massnahme, also nicht mit einer Betreibungshandlung zu tun hat, darf sie auch während der geschlossenen Zeiten, der Betreibungsferien oder eines Rechtsstillstandes vollzogen werden (SchKG 56 Einleitungssatz; § 11 N. 44).

25 – Die retinierten Gegenstände werden einzeln aufgezeichnet (*Spezialitätsprinzip* wie bei Pfändung und Arrest; § 22 N. 54). Auch hier wird nur soviel in die Urkunde aufgenommen, als zur Sicherung der Reten-

tionsforderung notwendig ist; das verlangt eine *Schätzung* des Wertes der retinierten Gegenstände (OR 268 b I, SchKG 97; BGE *108* III 123). Ausserdem ist, wie bei Pfändung und Arrest, die *Pfändungsreihenfolge* zu beachten (SchKG 95).

– Ausgeschlossen von der Aufnahme in das Retentionsverzeichnis sind die *Kompetenzstücke* (OR 268 III).   26

– Angemeldete *Drittansprüche* an den retinierten Gegenständen hindern dagegen die Inventarisierung ebensowenig wie bei der Pfändung. Sie werden aber in der Urkunde für das *Widerspruchsverfahren* vorgemerkt.   27

Zu diesem kommt es jedoch erst, nachdem das Verwertungsbegehren gestellt worden ist. Die vorzeitige Ansetzung einer Klagefrist wäre nichtig. Unter Umständen ist das Verzeichnis entsprechend den Aussichten des Dritten zu ergänzen (BGE *108* III 123).

4.   Wirkungen und Prosekution des Retentionsverzeichnisses

Die Aufnahme der Retentionsurkunde stellt keine Vollstreckungsmassnahme dar, sondern bedeutet, wie gesagt, *bloss Sicherung der Vollstreckung.* Darum äussert sie auch keine materiellrechtlichen Wirkungen; das Retentionsrecht besteht unabhängig von ihr (BGE *116* III 125).   28

Die Wirkung des Verzeichnisses besteht vielmehr darin, dass der Schuldner die aufgezeichneten Gegenstände zwar weiterhin gebrauchen, aber nicht mehr über sie verfügen darf, sofern er nicht als Ersatz anderweitige Sicherheit leistet. Die Aufnahme in das Verzeichnis begründet den *Retentionsbeschlag,* der – wie Pfändung und Arrest – strafrechtlich geschützt ist (StGB 169). Vor allem aber verschafft er dem Gläubiger die Befugnis, die Retentionsgegenstände – aber nur diese – in einer Betreibung auf Pfandverwertung zu seinen Gunsten verwerten zu lassen.   29

Als sichernde Massnahme, die den Schuldner in seiner Verfügungsbefugnis einschränkt (§ 22 N. 67), ist die Wirkung des Retentionsverzeichnisses befristet; die Retention muss deshalb (wie ein Arrest) stets rechtzeitig *prosequiert* werden (SchKG 279; BGE *106* III 31; *120* III 158 f.).   30

– Das Betreibungsamt setzt dem Gläubiger dazu *Frist zur Einleitung der Betreibung auf Pfandverwertung,* sofern das Betreibungsbegehren nicht schon zusammen mit dem Retentionsgesuch gestellt wurde (oben N. 21). Die Frist beträgt 10 Tage seit Zustellung der Retentionsurkunde (SchKG 283 III und 279 I; BGE *105* III 86). Für nicht   31

fällige Miet- und Pachtzinse beträgt sie 10 Tage seit Fälligkeit der
letzten in Betracht fallenden Zinsrate.

32   – Der *Umfang der Prosekution* bestimmt sich einerseits nach der Höhe
der Forderung, für die das Retentionsverzeichnis aufgenommen wurde, und ist andererseits auf die aufgezeichneten Gegenstände beschränkt (BGE *120* III 158 f.).

33   – Wird *Rechtsvorschlag* erhoben, so muss der Gläubiger – wiederum
binnen 10 Tagen – Rechtsöffnung verlangen oder die Klage auf Anerkennung der Forderung oder des Retentionsrechtes anheben (SchKG
279 II *per analogiam*).

34   – Werden diese Fristen nicht eingehalten, so *erlischt die Wirkung der
Retentionsurkunde,* womit auch der Retentionsbeschlag dahinfällt
(BGE *105* III 86). Materiell bleibt das Retentionsrecht hingegen bestehen, so dass ein neues Retentionsverzeichnis aufgenommen und
wiederum prosequiert werden kann.

Die Prosekutionsfristen sind verläger- und wiederherstellbar.

35   Zur Anwendung von SchKG 283 siehe im übrigen das Kreisschreiben
Nr. 24 des Bundesgerichts (SchKK) vom 12. 7. 1909.

III.   *Die Rückschaffung entfernter Retentionsgegenstände*

36   Dass Sachen, die unter amtlichem Beschlag liegen, *jederzeit
und bedingungslos* wieder beizubringen sind, wenn sie widerrechtlich
beiseite geschafft wurden, verlangt allein schon die Durchsetzung öffentlichen Zwanges im Rechtsstaat. Dieser Grundsatz gilt auch für reti-
nierte Gegenstände, so dass in Fällen unbefugten Entfernens die Bedingungen von SchKG 284 und OR 268 b nicht erfüllt zu sein brauchen
(BGE *104* III 25). Vorbehalten bleibt dann nur gutgläubiger Rechtserwerb eines Dritten (SchKG 96; es gilt das zur Pfändung Gesagte, vgl.
§ 22 N. 68 ff.).

37   Darüber hinaus bieten SchKG 284 und OR 268 b II unter besonderen
Voraussetzungen aber noch weiteren Schutz, nämlich die Rückschaf-
fungsmöglichkeit von Gegenständen, die noch *vor* dem amtlichen Beschlag eilends weggeschafft wurden. Dadurch wird das materielle Retentionsrecht selbst geschützt (BGE *104* III 26).

38   Der Retentionsgläubiger kann aber auch bereits Schritte unternehmen, solche Fortschaffung von vornherein zu verhindern. Trifft nämlich der Mieter Anstalten, fortzuziehen
oder Gegenstände beiseitezuschaffen, kann sich der Gläubiger gestützt auf OR 268 b I an

das Betreibungsamt wenden, das dann – nötigenfalls mit Hilfe der Polizei – umgehend das Retentionsverzeichnis aufnimmt, und zwar auch für eine noch nicht fällige Forderung (oben N. 11). Ist amtliche Hilfe nicht sofort verfügbar, darf der Gläubiger sogar zur Selbsthilfe greifen (OR 52 III).

1.   Die Voraussetzungen der Rückschaffung

Rückschaffung von noch nicht in eine Retentionsurkunde aufgenommenen Retentionsgegenständen kommt nur in Frage, wenn sie *heimlich oder gewaltsam fortgeschafft* wurden, in einer Art also, die dem Retentionsgläubiger erfolgreichen Widerstand unmöglich machte (SchKG 284 Satz 1; BGE *101* II 94 zum Begriff «heimlich»).   39

Ausserdem muss sich der Gläubiger binnen 10 Tagen seit der Fortschaffung mit einem *Rückschaffungsbegehren* an das Betreibungsamt wenden; von Amtes wegen wird ihm nichts zurückgebracht. Nach Ablauf der Frist hat er das Rückschaffungsrecht verwirkt. Immerhin kann Wiederherstellung der Frist in Frage kommen, wenn der Gläubiger von der Wegschaffung keine Kenntnis hatte (SchKG 33 IV).   40

Ausgeschlossen ist die Rückschaffung, sobald Dritte an den Retentionsgegenständen *gutgläubig Rechte erworben* haben (SchKG 284 Satz 2); so z. B., wenn ein neuer Vermieter des Schuldners an den in die Geschäftsräume verbrachten Gegenständen gutgläubig ein Retentionsrecht erworben hat.   41

2.   Das Verfahren

Die Rückschaffung wird auf Begehren des Retentionsgläubigers vom *Betreibungsamt des Ortes, von wo die Gegenstände fortgeschafft wurden,* angeordnet und vollzogen. Unter Umständen muss auf dem Requisitionsweg vorgegangen und Polizeihilfe angefordert werden (SchKG 284 Satz 1, OR 268 b II).   42

Das Betreibungsamt prüft summarisch, ob die Voraussetzungen des Retentionsrechts und der Rückschaffung gegeben sind; es genügt, dass das Retentionsrecht wahrscheinlich gemacht ist. Meist wird mit der Rückschaffung auch gerade die Aufnahme eines Retentionsverzeichnisses verbunden. Beides gilt als eine dringliche Sicherungsmassnahme.

Statt die Retentionsgegenstände zurückzubringen, kann sie das Betreibungsamt auch *in Verwahrung nehmen* oder sich vom Schuldner als Ersatz dafür eine entsprechende *Sicherheit leisten lassen* (oben N. 17).   43

Macht ein *Drittbesitzer* an den fortgeschafften Gegenständen ein eigenes Recht geltend, so darf das Betreibungsamt sie ihm nicht einfach   44 wegnehmen und ihn auf das Widerspruchsverfahren vertrösten; dann kommt es vielmehr zum Retentionsstreit (SchKG 284 Sätze 2 und 3).

3. Retentionsstreitigkeiten

45 Der Streit über die Rückschaffung von Retentionsgegenständen ist *materiellrechtlicher Natur* und deshalb vom ordentlichen Richter zu beurteilen. Mit Rücksicht auf die Dringlichkeit der Sache ist das *beschleunigte Verfahren* vorgeschrieben (SchKG 284 Satz 3).

46 *Kläger ist der Retentionsgläubiger;* seine Klage richtet sich *gegen den besitzenden Dritten,* der sich der Rückschaffung widersetzt.

– Der *beklagte Dritte* kann sich nicht nur auf sein eigenes Recht stützen (insbesondere auf gutgläubigen Erwerb), sondern dem Gläubiger auch alle Einreden gegen das Retentionsrecht entgegenhalten.

– Dem *Kläger* obliegt es, den guten Glauben des Dritten zu widerlegen und das Retentionsrecht nachzuweisen; er *trägt die Beweislast.*

– Bei gegebenen Voraussetzungen ist das letztinstanzliche kantonale Urteil mit Berufung oder Nichtigkeitsbeschwerde an das Bundesgericht weiterziehbar.

47 Doch auch der *Schuldner* kann sich der Rückschaffung widersetzen oder die Herausgabe zurückgeschaffter Gegenstände verlangen:

– Mit *Beschwerde* an die Aufsichtsbehörde kann er geltend machen, dass die betreibungsrechtlichen Voraussetzungen der Rückschaffung nicht gegeben waren: beispielsweise Unzuständigkeit des Betreibungsamtes, offensichtlich unbegründetes Retentionsrecht, Unpfändbarkeit.

– Hingegen braucht der Schuldner nicht gegen den Gläubiger zu klagen; vielmehr kann er ihn mit *Rechtsvorschlag in der Prosekutionsbetreibung* zwingen, das behauptete Retentionsrecht selber durch Rechtsöffnungsgesuch oder Feststellungsklage gerichtlich geltend zu machen.

7. Kapitel: Der Konkurs

§ 35 Allgemeine Grundlagen des Konkurses

I. Begriff, Wesen und Rechtsnatur des Konkurses

Schon ein einzelner Gläubiger kann seinen Schuldner in den 1
Konkurs treiben. Ist aber der Konkurs einmal eröffnet, so laufen immer
alle Gläubiger zusammen und nehmen an diesem kollektiven Vollstrek-
kungsverfahren teil – deshalb auch sein Name: *concursus creditorum* =
Zusammenlaufen der Gläubiger. Sie alle trachten nach Befriedigung für
alle ihre Forderungen gegenüber ihrem gemeinsamen Schuldner, den
man deswegen auch etwa «Gemeinschuldner» nennt.

Dieses umfassende Exekutionsziel erfordert den Einsatz des gesam- 2
ten verwertbaren Vermögens des Schuldners. Der Konkurs bedeutet
somit letztlich die vollständige Liquidation des Schuldnervermögens,
sowohl aller Aktiven als auch aller Passiven.

In diesem Sinne ist der Konkurs *Generalexekution:* er führt zur 3
Vollstreckung aller Gläubigerforderungen in das gesamte Schuldnervermögen; es wird gewissermassen ein Schlussstrich unter die finanzielle Vergangenheit gezogen. Die Befriedigung der Gläubiger erfolgt dabei grundsätzlich nach dem Prinzip der *Gleichbehandlung (pars conditio creditorum);* nur zugunsten bestimmter Forderungskategorien bestehen gewisse Vorrechte (so für die *Pfandforderungen* und einige *privilegierte Forderungen;* § 42 N. 64 ff.). Auch dadurch unterscheidet sich
der Konkurs von den Formen der Spezialexekution (§ 25 N. 1 ff.).

Aus antiken Formen der Vermögensexekution, insbesondere der Be- 4
sitzeinweisung des Gläubigers in das Schuldnervermögen nach römi-
schem Recht (*missio in possessionem* mit anschliessendem Verkauf des
Ganzen an denjenigen, der den Gläubigern die grösste Dividende ver-
sprach), wurde das Rechtsinstitut des Konkurses herausgebildet. Im
gemeinen Recht noch als Übergang des Schuldnervermögens auf die
Gläubiger betrachtet, gewährt der Konkurs moderner Prägung den
Gläubigern bloss einen *öffentlichrechtlichen Anspruch auf Durchführung des Verfahrens und Befriedigung aus dem Erlös;* der Schuldner
bleibt Rechtsträger aller seiner Vermögensbestandteile bis zur Verwertung.

5   Dieser Anspruch des Konkursgläubigers ist somit ebensowenig dinglicher («pfand-rechtsähnlicher») Natur wie jener des Pfändungsgläubigers (§ 22 N. 72). Vielmehr handelt es sich auch hier ganz einfach um den Anspruch auf staatlichen Rechtsschutz, auf Mitwirkung der Staatsgewalt bei der Rechtsverwirklichung.

II.   Die Voraussetzungen des Konkurses

6   Im Hinblick auf seine einschneidenden Wirkungen kann ein Konkurs nur durch *Gerichtsentscheid* ausgelöst werden: das Konkurserkenntnis. Dieses setzt das Vorliegen eines gesetzlichen Tatbestandes voraus, einen Konkursgrund *(causa concursus)*. Systematisch unterscheidet man formelle und materielle Konkursgründe.

1.   Die formellen Konkursgründe

7   Als formeller Konkursgrund gilt die erfolgreiche Durchführung einer Betreibung, in deren Folge der Gläubiger die Konkurseröffnung verlangen kann. Das ist die *Konkursbetreibung;* sie ist der reguläre Weg zum Konkurs.

8   Die Konkursbetreibung kann sich einzig gegen einen *konkursfähigen Schuldner* richten; ausserdem darf die *Betreibungsforderung* keine Forderung im Sinne von SchKG 43 sein (SchKG 39; dazu § 9 N. 3 und 7–9).

9   Das schweizerische Vollstreckungsrecht sieht zwei Arten von Konkursbetreibungen vor:
– die ordentliche Konkursbetreibung (SchKG 159 ff.; § 36)
– und die Wechselbetreibung (SchKG 177 ff.; § 37).

2.   Die materiellen Konkursgründe

10   Diese bestehen in einer besonderen (schlechten) Vermögenslage oder einer unredlichen Handlungsweise des Schuldners, welche die vollständige Befriedigung der Gläubiger als zweifelhaft oder gefährdet erscheinen lassen. In einer derartigen Situation darf der Konkurs ausnahmsweise sofort, d. h. *ohne vorgängige Konkursbetreibung,* ausgesprochen werden (SchKG 190 ff.).

11   Die Konkurseröffnung ohne Betreibung, allein aus Anlass eines materiellen Konkursgrundes, ist in gewissen Fällen gegen jeden Schuldner, in anderen nur gegen einen konkursfähigen statthaft (§ 38).

III.   Die Wirkungen des Konkurses

Im Hinblick auf sein Ziel (Generalexekution) entfaltet der   12
Konkurs besondere Rechtswirkungen materieller und formeller Art;
sie bilden den Inhalt des materiellen und des formellen Konkursrechts.

1.   Das materielle Konkursrecht

Es behandelt die *materiellrechtlichen Auswirkungen des Kon-*   13
kurses auf das Vermögen des Schuldners einerseits und auf die Gläubigeransprüche sowie auf die Rechte Dritter andererseits (§§ 40–42).

– Alles verwertbare Vermögen des Schuldners gilt nun als ein *Sonder-*   14
vermögen, über das der Schuldner infolge des Konkursbeschlages
nicht mehr verfügen darf, obwohl es ihm noch gehört (§ 41 N. 6).
Dieser Vermögenskomplex, die *Aktivmasse* (meist *Konkursmasse* genannt) dient nunmehr ausschliesslich der gemeinschaftlichen Befriedigung der Gläubiger.

– Sämtliche Forderungen der Gläubiger, die nun ihre individuellen   15
Vollstreckungsansprüche verlieren, – die *Konkursforderungen* – bilden demgegenüber die *Passivmasse.*

2.   Das formelle Konkursrecht

Formell wird mit dem gerichtlichen Konkurserkenntnis   16
der Weg zur *Durchführung der Generalexekution im Konkursverfahren*
freigegeben. Aufgabe dieses im formellen Konkursrecht geregelten
Verfahrens ist es, die Aktiven des Schuldners in einem Inventar und
die Passiven im Kollokationsplan festzustellen, die Aktivmasse zu verwalten und zu verwerten und schliesslich den Erlös unter die Gläubiger
zu verteilen, kurzum: die Aktiv- und die Passivmasse zu liquidieren
(§§ 43–50).

I. Abschnitt: Die Konkursgründe

§ 36   Die ordentliche Konkursbetreibung

I.   *Die Anhebung der Betreibung*

1   Im Einleitungsverfahren verläuft die ordentliche Konkursbetreibung genau gleich wie die Betreibung auf Pfändung:

> Betreibungsbegehren, Zahlungsbefehl, gegebenenfalls gefolgt von einem Rechtsvorschlag, Rechtsöffnung, allenfalls noch Aberkennungsklage (SchKG 83) oder Klage auf Feststellung der Forderung (SchKG 79) oder auch der Nichtschuld (SchKG 85 a).

2   Auch das Fortsetzungsbegehren ist nicht anders: Wie in der Pfändungsbetreibung kann der Gläubiger einfach «Fortsetzung der Betreibung» verlangen. Jetzt muss aber das Betreibungsamt die Weiche stellen und die Betreibung auf dem Wege der Konkursbetreibung fortsetzen, wenn der Betriebene dieser Betreibungsart unterliegt (SchKG 38 III). Erst im Fortsetzungsverfahren unterscheiden sich also Spezial- und Generalexekution. Dieses läuft in der Konkursbetreibung in drei Phasen ab:
– der Konkursandrohung (N. 4 ff.);
– der (fakultativen) Aufnahme eines Güterverzeichnisses (N. 11 ff.);
– der Konkurseröffnung (N. 24 ff.).

3   Falsche Weichenstellung durch das Betreibungsamt muss von Amtes wegen korrigiert werden; zum Beispiel durch Aufhebung einer irrtümlichen Pfändung und Zustellung der Konkursandrohung (BGE *101* III 20; § 9 N. 16 f.).

II.   *Die Konkursandrohung*

4   Mit der Konkursandrohung wird die Betreibung auf den Konkurs hingesteuert. Sie wird dem Betriebenen «unverzüglich» nach Eingang des Fortsetzungsbegehrens in gleicher Form wie der Zahlungsbefehl zugestellt; der Gläubiger erhält ein Doppel (SchKG 159 und 161; §§ 11 N. 5, 12 N. 10 f.).

> Die Konkursandrohung entspricht der Pfändungsankündigung in der Spezialexekution. Sie kann nur vom Betreibungsamt am Konkursort gültig erlassen werden; andernfalls wäre sie nichtig (BGE *118* III 6).

1.   Die Voraussetzungen der Konkursandrohung

a) In erster Linie muss sich die Betreibung gegen einen im   5
Zeitpunkt der Konkursandrohung *konkursfähigen Schuldner* richten;
entscheidend ist, dass das Fortsetzungsbegehren noch während der
Dauer der Konkursfähigkeit gestellt wurde (SchKG 39 und 40; § 9 N. 5).

b) Überdies muss der Schuldner in der Schweiz einen *Konkursort*   6
haben (dazu § 10 N. 6 f.).

c) Die Betreibung auf Konkurs darf zudem *nicht* durch eine gesetzli-   7
che Vorschrift *ausgeschlossen* sein, wie
– bei einer pfandgesicherten Forderung (SchKG 41; zu den Ausnahmen
  siehe § 32 N. 8 ff.)
– oder bei einer Forderung gemäss SchKG 43 (dazu § 9 N. 7 ff.).

d) Im weiteren setzt die Konkursandrohung voraus, dass der Gläubi-   8
ger mit Erfolg das Einleitungsverfahren durchgeführt hat; es muss somit
ein *rechtskräftiger Zahlungsbefehl* vorliegen (dazu § 22 N. 2).

Nur aufgrund eines Pfandausfall- oder eines Pfändungsverlustscheines kann der Gläubiger ausnahmsweise ohne neuen Zahlungsbefehl die Konkursandrohung verlangen (§§
31 N. 19, 33 N. 45).

e) Schliesslich wird auch die Konkursbetreibung nur auf *Begehren des*   9
Gläubigers fortgesetzt. Dieses braucht nicht ausdrücklich auf Androhung des Konkurses zu lauten; es genügt, dass unmissverständlich und
unbedingt «Fortsetzung» verlangt wird. Wie in der Spezialexekution
darf das Fortsetzungbegehren erst nach Ablauf der 20-tägigen Zahlungsfrist seit Zustellung des Zahlungsbefehls gestellt werden.

2.   Der Inhalt der Konkursandrohung

SchKG 160 fordert diesbezüglich: 10
– die Angaben des Betreibungsbegehrens,
– das Datum des Zahlungsbefehls,
– die Anzeige, dass der Gläubiger nach (weiteren) 20 Tagen beim Gericht das Konkursbegehren stellen kann (mit dem erst die Eröffnung
  des Konkurses verlangt wird),
– die Mitteilung,
  – dass der Schuldner innert 10 Tagen mit Beschwerde an die Auf-
    sichtsbehörde die Zulässigkeit der Konkursbetreibung bestreiten
    kann und
  – dass er das Recht hat, einen Nachlassvertrag vorzuschlagen.

Der Schuldner erhält also noch einmal eine Gnadenfrist von 20 Tagen, um die Forderung zu bezahlen, nachdem ihm bereits der Zahlungsbefehl eine solche eingeräumt hatte (SchKG 69 II). Nur in der schnellen Wechselbetreibung entfällt diese zweite Zahlungsfrist.

III.   Das Güterverzeichnis

1.   Funktion, Inhalt und Zuständigkeit

11   Das Güterverzeichnis ist, ähnlich wie das Retentionverzeichnis oder der Arrest (§§ 34, 51), eine bloss vorläufige *Sicherungsmassnahme* zum Schutze der Gläubigerrechte, folglich keine Betreibungshandlung. In der Form eines amtlichen Inventars des Schuldnervermögens wird festgestellt, was im Falle der Konkurseröffnung alles zur Aktivmasse gehören könnte.

12   Das Güterverzeichnis nimmt somit einstweilen das Konkursinventar vorweg; wird später der Konkurs eröffnet, bildet es dessen Grundlage. Darum kann es nur vom zuständigen *Konkursgericht* – das später über die Konkurseröffnung zu entscheiden haben wird – angeordnet werden; dies geschieht durch einseitige Verfügung im summarischen Verfahren (SchKG 162; ZPO 317 Z. 8).

13   Die richterliche Verfügung kann zunächst mit den nach kantonalem Recht zulässigen Rechtsmitteln angefochten werden; ans Bundesgericht führt hingegen nur die staatsrechtliche Beschwerde (BGE *82* I 145).

2.   Voraussetzungen

14   Die Aufnahme eines Güterverzeichnisses setzt ein entsprechendes *Begehren des Gläubigers* beim Konkursgericht voraus. Dieses ordnet die beantragte Massnahme an, wenn Tatsachen vorliegen, welche die Sicherung des Schuldnervermögens wegen *Gefährdung des Gläubigerinteresses* als geboten erscheinen lassen (SchKG 162): so wenn z. B. Anzeichen dafür vorliegen, dass der Schuldner beabsichtigt zu fliehen oder umzuziehen, oder dass er Vermögensbestandteile verheimlicht, beiseiteschafft, vermindert oder verschleudert. Bei gegebenen Voraussetzungen – Vorliegen eines Arrestgrundes (SchKG 271) – steht dem Gläubiger jedoch wahlweise auch der (billigere) *Arrest* zur Verfügung.

3.   Vollzug

Aufgrund der gerichtlichen Verfügung nimmt das *Betrei-* 15
bungsamt das Güterverzeichnis auf (SchKG 163 I). Wie bei der Aufnahme eines Retentionsverzeichnisses oder beim Arrestvollzug sind die
Pfändungsvorschriften analog anzuwenden (SchKG 163 II); wenn allerdings Gefahr im Verzug ist, unterbleibt die Ankündigung.

Im Hinblick auf die Generalexekution muss der Schuldner nun aber 16
sämtliche ihm gehörenden Vermögenswerte angeben. Auch Dritte sind,
wie bei einer Pfändung oder im Konkurs, auskunftspflichtig (StGB 323
und 324).

Grundsätzlich darf das Betreibungsamt das Güterverzeichnis erst *nach* der Zustellung 17
der Konkursandrohung aufnehmen (SchKG 163 I). Nur im Falle einer provisorischen
Rechtsöffnung, während der Dauer eines Rechtsstillstandes und in der Wechselbetreibung
(wo die Konkursandrohung entfällt; § 37 N. 13) kann das schon vorher geschehen (SchKG
163 I und 57 c).

4.   Wirkungen

Trotz der Ähnlichkeit des Vollzuges gehen die Wirkungen des 18
Güterverzeichnisses nicht so weit wie diejenigen einer Pfändung oder
eines Arrestes. Der reinen Sicherungsfunktion entsprechend wird der
Schuldner – wie schon beim Retentionsverzeichnis – bloss einer *modifi-*
zierten Verfügungsbeschränkung unterworfen: er ist verpflichtet, die
aufgezeichneten Vermögensbestandteile zu erhalten. Er darf sie aber
gebrauchen und verbrauchen, muss sie aber jeweils durch gleichwertige
ersetzen. Somit sind Veräusserungshandlungen – anders als bei Pfändung und Arrest – grundsätzlich erlaubt und den Gläubigern gegenüber
gültig. Dem Schuldner obliegt nur die *Pflicht, den Wert des inventarisier-*
ten Vermögens zu bewahren. Die Verletzung dieser Pflicht steht unter
Strafandrohung (StGB 169). Das Betreibungsamt macht ihn darauf ausdrücklich aufmerksam (SchKG 164).

Ohne Ersatzpflicht darf der Schuldner so viel von seinem Vermögen 19
verbrauchen, als er nach Ermessen des Betreibungsbeamten zu seinem
und seiner Familie *Lebensunterhalt* benötigt; massgebend hiefür sind die
Richtlinien für den betreibungsrechtlichen Notbedarf (§ 23 N. 61 ff.).

5.   Dauer des Güterverzeichnisses

Mit Rücksicht auf seinen provisorischen Sicherungszweck darf 20
ein Güterverzeichnis *nicht unbeschränkt lange* bestehen bleiben.

21 – Einmal kann es das Betreibungsamt ohne weiteres aufheben, wenn sämtliche betreibenden Gläubiger damit einverstanden sind; gemeint sind alle Gläubiger, die das Einleitungsverfahren erfolgreich durchgeführt haben (SchKG 165 I).

22 – Sodann erlöschen die Wirkungen von Gesetzes wegen 4 Monate nach Erstellung des Verzeichnisses (SchKG 165 II); der Gläubiger soll, wenn er den Schutz nicht verlieren will, innert angemessener Frist das Konkursbegehren stellen.

Eine Ausnahme gilt immerhin für das Güterverzeichnis auf Grund einer provisorischen Rechtsöffnung: dieses wirkt während der ganzen Dauer des Aberkennungsprozesses, weil der Gläubiger vorläufig noch nicht in der Lage ist, das Konkursbegehren zu stellen (SchKG 83 IV).

23 – Schliesslich fallen die Wirkungen des Güterverzeichnisses mit dem Entscheid des Konkursgerichts über das Konkursbegehren dahin. Abweisung des Konkursbegehrens macht das Verzeichnis gegenstandslos; nach Gutheissung bildet es die Grundlage für das Konkursinventar.

IV. Die Konkurseröffnung

24   Die Konkurseröffnung schliesst die Konkursbetreibung ab und löst die Generalexekution, den Konkurs, mit allen zivil- und verfahrensrechtlichen Folgen aus.

25   Hat das Gericht einmal den Konkurs eröffnet, wird er von Amtes wegen abgewickelt. Die Eröffnung selbst setzt jedoch einen ausdrücklichen Antrag des Gläubigers voraus: das Konkursbegehren.

1. Das Konkursbegehren und seine Wirkungen

26   Das Konkursbegehren ist mit dem Doppel des Zahlungsbefehls und der Konkursandrohung *beim Konkursgericht am Konkursort* einzureichen (SchKG 166 I). *Legitimiert* dazu ist der Gläubiger, der die Konkursandrohung erwirkt hat.

Zur Legitimation in den Fällen, wo das Konkursbegehren ohne vorgängige Betreibung gestellt werden darf, siehe § 38.
Im Kanton Bern ist der Gerichtspräsident Konkursrichter (ZPO 2 II und 317 Z. 9).

27   Das Begehren darf frühestens 20 Tage nach der Konkursandrohung und muss spätestens 15 Monate nach Zustellung des Zahlungsbefehls

gestellt werden; diese Verwirkungsfrist, deren Einhaltung der Richter von Amtes wegen beachten muss, verlängert sich um die Dauer eines gerichtlichen Verfahrens zur Überwindung des Rechtsvorschlages (SchKG 166).

Nicht nur das Fortsetzungsbegehren muss also innerhalb der Gültigkeitsdauer des Zahlungsbefehls gestellt werden, sondern auch das Konkursbegehren. Obwohl die Konkursandrohung unverzüglich zugestellt werden soll (oben N. 4), ist der Gläubiger gut beraten, die Fortsetzung nicht erst 20 Tage vor Ablauf der 15-Monatsfrist zu verlangen, sondern eine gewisse Zeitreserve (von etwa 3–5 Tagen) einzuplanen.

Zieht der Gläubiger das Begehren zurück, so darf er es erst nach einem Monat erneuern; als Rückzug gilt auch die Zustimmung zu einem Aufschub der Konkurseröffnung (SchKG 167; BGE *64* I 199). 28

Die Einreichung des Konkursbegehrens bewirkt,

– dass der Richter den *Termin* für die gerichtliche Verhandlung (Konkursverhandlung) bestimmt und ihn wenigstens 3 Tage vorher den Parteien anzeigt (SchKG 168; Unterlassung der Anzeige wäre ein Nichtigkeitsgrund); 29

– dass der Antragsteller von Gesetzes wegen für die *Kosten* bis zum Schuldenruf (SchKG 232) oder bis zur Einstellung des Konkurses mangels Aktiven (SchKG 230) haftet; das Gericht kann von ihm einen entsprechenden *Vorschuss* verlangen (SchKG 169); 30

– dass das Gericht zur Wahrung der Rechte der Gläubiger sofort *vorsorgliche Massnahmen* treffen kann (SchKG 170). 31

Zum Beispiel: Anordung eines Güterverzeichnisses, Vormerkung einer Verfügungsbeschränkung im Grundbuch, Erlass von Zahlungsverboten, Beschlagnahme von Objekten, Siegelung von Räumen und Behältnissen, Schliessung von Magazinen oder des ganzen Betriebes usw.

2. Das Konkurseröffnungsverfahren

Über das Konkursbegehren wird im *summarischen Verfahren* nach kantonalem Prozessrecht entschieden (SchKG 25 Z. 2 a); das Bundesrecht stellt dafür folgende Grundsätze auf: 32

– Den *Parteien* steht es frei, an der ihnen angezeigten Konkursverhandlung persönlich zu erscheinen, sich vertreten zu lassen oder ihre Anliegen bloss schriftlich anzubringen (SchKG 168 Satz 2). Am angezeigten Termin wird aber ohne Aufschub entschieden, selbst bei Abwesenheit oder Stillschweigen der Parteien (SchKG 171). 33

– Der Richter hat konkurshindernde Tatsachen von Amtes wegen zu berücksichtigen (*Untersuchungsmaxime;* BGE *102* I a 155). Er be- 34 schafft sich seine Entscheidungsgrundlagen unabhängig von den Parteivorbringen.

3. Der Entscheid des Konkursgerichts

35   Das Gericht kann – vom *Nichteintreten* auf das Begehren wegen eines Verfahrensmangels (z. B. Unzuständigkeit oder Fristversäumnis) abgesehen – den Entscheid über das Konkursbegehren einstweilen *aussetzen,* das Begehren *abweisen* oder *den Konkurs eröffnen.*

A.   Aussetzen des Entscheides

36   Verschiedentlich muss erst noch der *Ausgang eines anderen Verfahrens abgewartet* werden, bevor über das Konkursbegehren entschieden werden kann. Das Gesetz nennt folgende *Aussetzungsgründe* (SchKG 173 und 173 a):

37   a) Im ersten Fall sind noch Fragen offen, deren Beurteilung in die *Zuständigkeit der Aufsichtsbehörden* fällt.

38   – So kann noch eine *Beschwerde hängig* sein, der aufschiebende Wirkung erteilt wurde (SchKG 36, 173 I.).

Beispiel: Der Schuldner beschwert sich gegen die Konkursandrohung, weil sie ihm nicht formgültig zugestellt worden sei.

39   – Ist keine Beschwerde hängig, muss das Konkursgericht sogar von sich aus den *Entscheid der Aufsichtsbehörde einholen,* wenn es der Ansicht ist, die Konkursbetreibung leide an einem Nichtigkeitsfehler (SchKG 173 II).

Das ist z. B. der Fall, wenn der Schuldner nicht der Konkursbetreibung unterliegt, ein nicht handlungsfähiger Schuldner in Missachtung von SchKG 68 c f. betrieben wurde oder wenn die örtliche Zuständigkeit des Betreibungsamtes, welches die Konkursandrohung zugestellt hat, zweifelhaft ist.

40   Liegt hingegen *offensichtlich Nichtigkeit* vor, so kann sie das Konkursgericht selber (vorfrageweise) feststellen und das Konkursbegehren abweisen.

41   b) Ferner ist der Entscheid auszusetzen, wenn die Betreibung im Rahmen eines Verfahrens nach SchKG 85 oder 85 a II vom Richter *eingestellt* worden ist (SchKG 173 I).

Bei *endgültiger* Einstellung nach SchKG 85 a III (Haupturteil) ist der Konkursentscheid jedoch nicht einfach auszusetzen, sondern das Konkursbegehren abzuweisen (SchKG 172 Z. 3 *per analogiam*).

c) Das Konkursgericht *kann* (nach seinem Ermessen) seinen Ent- 42
scheid auch aussetzen, wenn der Schuldner oder ein Gläubiger ein *Ge-*
such um Nachlass- oder Notstundung eingereicht hat; ohne dass ein
Nachlassgesuch vorzuliegen braucht, kann es das sogar *von Amtes we-*
gen tun, wenn Anhaltspunkte für das Zustandekommen eines Nachlassvertrages bestehen; dann überweist es die Akten dem Nachlassrichter
(SchKG 173 a I und II).

In dieser Regelung kommt deutlich zum Ausdruck, dass – im öffentlichen Interesse
(insbesondere zur Erhaltung von Arbeitsplätzen) – Konkurse über an sich sanierungsfähi-
ge Unternehmen möglichst vermieden werden sollen.

d) Schliesslich ist der Entscheid auszusetzen, wenn der Schuldner ein 43
Gesuch um Einräumung besonderer Zahlungsfristen anhängig gemacht
hat (ZGB 203, 218, 235, 250).

In allen diesen Fällen nimmt das Konkursgericht das Verfahren erst 44
wieder auf, nachdem ihm die zuständige Behörde (Zivilrichter, Nachlassgericht, Aufsichtsbehörde) ihren endgültigen Entscheid mitgeteilt
hat (vgl. SchKG 173 III und 173 a III). Je nachdem weist es dann das
Konkursbegehren ab oder spricht die Konkurseröffnung aus.

B.   Abweisung des Konkursbegehrens

Bei Vorliegen eines der folgenden *Gründe* muss das Konkurs- 45
begehren abgewiesen werden:
– wenn die Aufsichtsbehörde die Konkursandrohung aufgehoben hat
  (SchKG 172 Z. 1; BGE *96* III 31); folgerichtig auch, wenn die Aufsichtsbehörde die Nichtigkeit der Konkursbetreibung feststellt;
– wenn dem Schuldner ein nachträglicher Rechtsvorschlag oder die
  Wiederherstellung einer Frist bewilligt wurde (SchKG 172 Z. 2);
– wenn er durch Urkunden beweist, dass die Schuld samt Zinsen und
  Kosten getilgt ist oder dass ihm der Gläubiger Stundung gewährt hat
  (SchKG 172 Z. 3; es handelt sich hier um einen besonderen Anwendungsfall von SchKG 85).
Diese (ausdrücklichen) Abweisungsgründe sind jedoch *nicht ab-* 46
schliessend; abzuweisen ist das Konkursbegehren vielmehr auch dann,
wenn
– der Richter die Betreibung nach SchKG 85 a III durch Urteil eingestellt oder aufgehoben bzw. nach SchKG 85 aufgehoben hat (oben
  N. 41);
– dem Schuldner eine besondere Zahlungsfrist bewilligt wurde (ZGB
  203, 218, 235, 250; oben N. 43);

– eine Nachlass- oder Notstundung gewährt wurde (SchKG 294 ff., 337 ff.); für die Dauer einer nur provisorischen Nachlassstundung (SchKG 293 III) bleibt der Entscheid des Konkursrichters aber nur ausgesetzt.

C. Gutheissung des Konkursbegehrens

47   Den das Konkursbegehren gutheissenden Entscheid nennt man das *Konkurserkenntnis* (gelegentlich auch Konkursdekret). Das Gericht spricht den Konkurs aus, sofern weder ein Nichteintretens- noch ein Aussetzungs- noch ein Abweisungsgrund vorliegt (SchKG 171 Satz 2).

48   Die *Konkurseröffnung ist sofort wirksam,* das Konkurserkenntnis mithin *sofort vollstreckbar;* die Weiterziehung des Entscheides hat nur dann aufschiebende Wirkung, wenn es die Rechtsmittelinstanz so verfügt hat (SchKG 174 III). Weil der Konkurs damit augenblicklich alle seine materiell- und formellrechtlichen Wirkungen entfaltet, muss der *Zeitpunkt des Entscheides* nach Tag und Stunde genau festgehalten sein (SchKG 175). Wird der Entscheid weitergezogen, so ist, falls aufschiebende Wirkung erteilt wurde, das Datum und die Stunde des oberinstanzlichen Entscheides massgebend (BGE *85* III 157; unten N. 55).

49   Das Konkurserkenntnis wird nicht nur den Parteien *eröffnet,* sondern auch dem Betreibungs-, dem Konkurs-, dem Grundbuch- und dem Handelsregisteramt unverzüglich *mitgeteilt* (SchKG 176).

Es ist für die Konkursbehörden (das Konkursamt, die Aufsichtsbehörden) verbindlich. Nur offensichtlich nichtige Verfügungen des Konkursrichters dürften sie unbeachtet lassen (BGE *100* III 19). Das Konkursamt hat sofort von Amtes wegen mit der Durchführung des Konkurses zu beginnen (§ 44). Das Grundbuchamt muss die Konkurseröffnung im Grundbuch anmerken, das Handelsregisteramt den Eintrag der Firma mit einem Hinweis auf den Konkurs versehen.

50   Ausser den konkursrechtlichen Folgen (§ 40 ff.) hat die Konkurseröffnung auch eine Reihe *zivilrechtlicher Auswirkungen.*

Beispiele: ZGB 188: Eintritt der Gütertrennung, ZGB 334bis II: vorzeitige Geltendmachung des Lidlohnes, OR 35 I: Erlöschen einer Vollmacht, OR 83: Recht des Vertragspartners, die Gegenleistung zurückzubehalten, OR 250 II: Hinfall eines Schenkungsversprechens, OR 266 h: Recht des Vermieters auf Sicherstellung, OR 495 I: Belangbarkeit des einfachen Bürgen, OR 545 I Z. 3: Auflösung der einfachen Gesellschaft bei Konkurs eines Gesellschafters, OR 574 I, 619, 736, 770, 820, 911: Auflösung der Kollektivgesellschaft, der Kommanditgesellschaft, der AG, der Kommandit-AG, der GmbH, der Genossenschaft bei Konkurs der Gesellschaft, OR 1033 Z. 2/3: Vorzeitiger Wechselregress bei Konkurs des Bezogenen.

4.   Die Weiterziehung des Entscheides

Gegen den Entscheid des Konkursgerichts schreibt das   51
SchKG *zwingend* die Möglichkeit der *Weiterziehung an ein oberes kan-
tonales Gericht* vor (SchKG 174); bundesrechtlich gelten dafür folgende
Grundsätze:

- Die *Eingabefrist* beträgt 10 Tage; sie beginnt mit der Eröffnung des   52
Entscheides zu laufen (SchKG 174 I), ist aber verländer- und wiederherstellbar; das Rechtsmittel ist bei der Rechtsmittelinstanz einzureichen.

- *Legitimiert* sind der Schuldner sowie der Gläubiger, der das Konkurs-   53
begehren gestellt hat, Gläubiger, die nicht am Verfahren beteiligt
waren, dagegen grundsätzlich nicht (BGE *111* III 68; s. aber auch § 38
N. 29).

- *Anfechtungsobjekt* ist der Entscheid des Konkursgerichts, sei es die   54
Konkurseröffnung, sei es der Nichteintretens- oder der Abweisungs-
entscheid. Blosse Aussetzung könnte nur mit einem kantonalen
Rechtsmittel weitergezogen werden (BGE *78* III 27).

- Die Weiterziehung hat grundsätzlich *keine aufschiebende Wirkung.*   55
Nur ausnahmsweise kann ihr die Rechtsmittelinstanz diese Wirkung
zuerkennen *(fakultativer Suspensiveffekt);* dann sollen aber gleichzeitig die nötigen vorsorglichen Massnahmen getroffen werden (SchKG
174 III).

Wird gegen das Konkurserkenntnis aufschiebende Wirkung erteilt, so treten die Kon-
kurswirkungen erst im Zeitpunkt der oberinstanzlichen Bestätigung der Konkurseröffnung ein.
Aufschiebende Wirkung sollte im übrigen nur verfügt werden, wenn eine gewisse
Wahrscheinlichkeit für die Aufhebung des Konkurserkenntnisses besteht, z. B. wenn
nachträglich Anhaltspunkte zu Tage treten, die für einen Nachlassvertrag sprechen,
oder wenn ein an sich nicht konkursreifer Schuldner glaubhaft versichert, die Betreibungsforderung nachträglich zu bezahlen.

- Die Rechtsmittelinstanz kann auch *neue Tatsachen und Beweismittel*   56
(nova) berücksichtigen. Diese sind gleichzeitig *mit der Einlegung des
Rechtsmittels vorzubringen;* die Gegenpartei muss Gelegenheit zur
Stellungnahme erhalten.

  - *Unechte nova* (Tatsachen und Beweismittel, die *bereits vor erster*   57
  Instanz bestanden haben, dort aber aus irgendeinem Grunde nicht
  vorgebracht worden waren) können vor oberer Instanz *unbeschränkt* geltend gemacht werden (SchKG 174 I Satz 2; Ausfluss
  der Untersuchungsmaxime).

  - *Echte nova* (neue Tatsachen und Beweismittel, die erst *nach dem*   58
  erstinstanzlichen Entscheid eingetreten sind) dürfen dagegen nur

unter besonderen Voraussetzungen berücksichtigt werden (SchKG 174 II). Diese sind im Gesetz *abschliessend aufgezählt* (SchKG 174 II Z. 1–3): nachträgliche Tilgung der Schuld (samt Zinsen und Betreibungskosten, Hinterlegung des entsprechenden Betrages bei der Rechtsmittelinstanz, Verzicht des Gläubigers auf die Durchführung des Konkurses – also eine *Auswahl konkurshindernder Tatsachen* (Stundung der Forderung genügt nicht). Die echten nova werden nicht von Amtes wegen berücksichtigt; vielmehr muss der Schuldner sie ausdrücklich geltend machen und überdies *mit Urkunden beweisen,* wozu er aber nur zugelassen wird, wenn er ausserdem seine *Zahlungsfähigkeit glaubhaft* macht.

Zum Begriff der Zahlungs*un*fähigkeit, das Gegenteil von Zahlungsfähigkeit, sei auf § 38 N. 13 f. verwiesen.
Diese bundesrechtliche Regelung der Behandlung von echten Noven in oberer Instanz bezweckt, sinnlose Konkurse über nicht konkursreife Schuldner zu vermeiden.

59 – Der oberinstanzliche kantonale Entscheid kann nur noch mit *staatsrechtlicher Beschwerde* vor das Bundesgericht getragen werden (BGE *118* III 5).

§ 37 Die Wechselbetreibung

I. *Das Wesen der Wechselbetreibung*

1 Die Wechselbetreibung ist eine besondere Art Konkursbetreibung für Forderungen, die sich auf einen Wechsel oder einen Check gründen. Sie ist ganz der Eigenart dieser Wertpapiere angepasst, das heisst – wie diese selbst – auf die Bedürfnisse des Handelsverkehrs zugeschnitten. Dementsprechend zeichnet sich die Wechselbetreibung durch Raschheit ihres Verfahrens aus, was ganz im Interesse der Zirkulationsfähigkeit von Wechsel und Check liegt. Man spricht deshalb auch von «*schneller Konkursbetreibung*».

2 Die Beschleunigung wird vor allem erzielt durch
  – Verkürzung der Fristen (insbesondere der Zahlungs- und Bestreitungsfristen),
  – Ausschluss der Betreibungsferien,
  – Erschwerung des Rechtsvorschlages,

– Verzicht auf die Konkursandrohung (und damit auch auf die Gnadenfrist nach SchKG 160 I Z. 3),
– Verzicht auf eine zweitinstanzliche Beurteilung des Konkursbegehrens.

II.   Die Voraussetzungen

1.   Materiellrechtliche

Die Wechselbetreibung steht nur zur Verfügung für Forderun-   3
gen, die auf einem *Wechsel* oder einem *Check* beruhen (SchKG 177 I).
Auch der *Postcheck* fällt darunter, obwohl er nicht auf eine Bank gezogen wird (BGE *67* III 99; OR 1102 und 1144 sowie PVG 33). Ungenügend wäre hingegen eine blosse *Anweisung an Order* (OR 1147 ff.) oder
ein *Zahlungsversprechen an Order* (OR 1151); auch ein WIR-Check
genügt nicht (BGE *95* II 181).

Selbstverständlich müssen alle gesetzlichen Erfordernisse erfüllt sein,   4
die OR 991 für den *gezogenen Wechsel,* OR 1096 für den *Eigenwechsel*
und OR 1100 für den *Check* bestimmen. Ein im Ausland gezogener
Wechsel muss wenigstens dem Gesetz des Ausstellungsortes entsprechen (BGE *53* III 125).

Die Wechselbetreibung kann *gegen jeden konkursfähigen Schuldner*   5
erhoben werden, *der aus einem Wechsel oder Check haftet,* sei es als
Aussteller, Akzeptant, Indossant, Wechselbürge (Avalist) oder als deren
Rechtsnachfolger. Als bloss *Bezogener* haftet hingegen niemand wech-
selmässig; erst das Akzept begründet die wechselmässige Verpflichtung.

Andererseits kommen als *betreibende Gläubiger* in Betracht: der Aus-   6
steller, der Wechselnehmer (Remittent), der Indossatar, der zahlende
Wechselbürge sowie die Rechtsnachfolger dieser Personen. Es spielt
somit keine Rolle, ob die primäre Zahlungspflicht oder eine Regressforderung vollstreckt werden soll.

2.   Betreibungsrechtliche

Betreibungsrechtlich setzt die Wechselbetreibung voraus:
– Die *Konkursfähigkeit des Schuldners* (SchKG 177 I); entscheidend ist   7
  der Zeitpunkt, in dem die Betreibung eingeleitet wurde, nicht etwa
  derjenige, in dem der Titel errichtet oder die Forderung entstanden
  oder fällig geworden ist.

8   – Das *ausdrückliche Begehren* um Durchführung der Wechselbetreibung (SchKG 177 I); wird sie im Betreibungsbegehren nicht ausdrücklich verlangt, kommt es zur ordentlichen Konkursbetreibung.

Wäre die Wechsel- oder die Checkforderung auch *pfandgesichert*, so schlösse das die Wechselbetreibung nicht aus (SchKG 177 I; § 32 N. 14). Der Wechselgläubiger hat also gegenüber dem konkursfähigen Schuldner die Wahl zwischen der Wechselbetreibung, der ordentlichen Konkursbetreibung oder der Pfandverwertungsbetreibung.

III.   Das Einleitungsverfahren

9   Die Wechselbetreibung unterscheidet sich – im Gegensatz zur ordentlichen Konkursbetreibung – schon im Einleitungsverfahren wesentlich von der Pfändungsbetreibung (SchKG 87).

1.   Das Betreibungsbegehren

10   Mit dem Betreibungsbegehren, das neben den üblichen Angaben (SchKG 67) das ausdrückliche Verlangen nach der Wechselbetreibung enthalten muss, ist der Wechsel oder der Check dem Betreibungsamt zu übergeben (SchKG 177 II). Dies ist notwendig, damit das Amt die formellen Voraussetzungen der Wechselbetreibung überprüfen kann (SchKG 178 I).

11   Doch hat sich das Amt auch hier nicht darum zu kümmern, ob der behauptete Anspruch materiell begründet ist. Es darf hinsichtlich der materiellen Voraussetzungen der Wechselbetreibung (Vorliegen eines gültigen Wechsels oder Checks) nur eine *prima facie*-*Prüfung* vornehmen, insbesondere sich vergewissern, ob das Wertpapier alle erforderlichen Elemente enthält (BGE *118* III 24 ff.). Wenn die materiellen Voraussetzungen *offensichtlich* fehlen, darf die Wechselbetreibung verweigert werden (BGE *113* III 124 ff.). Die einlässliche Prüfung der materiellen Fragen bleibt dem Richter in einem späteren Stadium des Verfahrens vorbehalten.

12   Zuständig ist das Betreibungsamt am *Konkursort;* dieses forum bleibt bereits mit der Zustellung des Zahlungsbefehls unverrückbar (SchKG 53).

Werden mehrere Verpflichtete in verschiedenen Betreibungskreisen belangt, ist der Titel demjenigen Betreibungsamt auszuhändigen, das die erste Betreibung führt; die anderen Betreibungsämter erhalten von diesem Amt Abschriften (BGE *74* III 35, *78* III 12).

2.   Der Zahlungsbefehl

13   Der Zahlungsbefehl enthält nach SchKG 178 II ausser den Angaben des Betreibungsbegehrens die *Aufforderung an den Schuld-*

ner, binnen 5 Tagen den Gläubiger zu befriedigen. Ferner wird darin auf das Recht des Schuldners hingewiesen, binnen 5 Tagen schriftlich und begründet *Rechtsvorschlag* einzugeben oder wegen Verletzung betreibungsrechtlicher Vorschriften *Beschwerde* zu führen. Schliesslich wird noch mitgeteilt, dass der Gläubiger ohne weiteres das Konkursbegehren stellen kann, wenn der Schuldner dem Zahlungbefehl nicht nachkommt und keinen Rechtsvorschlag erhoben hat oder dieser beseitigt worden ist (SchKG 188 I). Der Zahlungsbefehl enthält also eigentlich schon die Konkursandrohung, die – rein formal – in der Wechselbetreibung wegfällt.

In der Wechselbetreibung wird der Zahlungsbefehl *unverzüglich zugestellt* (SchKG 178   14
I; § 11 N. 5). Im übrigen gelten für seine Ausfertigung und Zustellung die gewöhnlichen Vorschriften (SchKG 178 III; dazu § 17 N. 6 ff.).

3.   Der Rechtsvorschlag

Die wichtigsten Abweichungen der Wechselbetreibung von   15
der ordentlichen Betreibung finden sich beim Rechtsvorschlag und bei der Beseitigung seiner Wirkungen.
- Einerseits wird der Rechtsvorschlag wesentlich erschwert, indem er nämlich vom Richter bewilligt werden muss.
- Andererseits kommt dann aber diesem Rechtsvorschlag eine bedeutend stärkere Wirkung zu: er kann nicht mehr einfach durch gewöhnliche Rechtsöffnung, sondern nur noch durch Klage im ordentlichen Zivilprozess überwunden werden.

a)   *Förmlichkeiten des Rechtsvorschlages*

Im Hinblick auf die gerichtliche Beurteilung muss der Rechts-   16
vorschlag schriftlich eingegeben und begründet werden (SchKG 179 I); als *Begründung* kommen nur die im Gesetz *abschliessend* aufgezählten Einreden in Betracht; diese sind identisch mit den Voraussetzungen für die Bewilligung des Rechtsvorschlages durch den Richter (SchKG 179 I und 182). Nachträgliche Ergänzung oder Änderung der Begründung ist zulässig (SchKG 179 II). Selbst ein zunächst unbegründeter Rechtsvorschlag wäre von den Behörden an die Hand zu nehmen; denn das Begründungserfordernis ist nur Ordnungsvorschrift (SchKG 32 IV).

Eine *Wiederherstellung* der 5-tägigen Bestreitungsfrist schliesst   17
SchKG 179 III ausdrücklich aus. Hingegen wird ein *nachträglicher Rechtsvorschlag* im Sinne von SchKG 77 bei Gläubigerwechsel zuzulassen sein.

b)   *Behandlung des Rechtsvorschlages*

Durch das Betreibungsamt

18   Auch in der Wechselbetreibung wird der Rechtsvorschlag *beim Betreibungsamt* erhoben. Bescheinigung der Einreichung und Mitteilung an den Gläubiger sind wie in der ordentlichen Betreibung geregelt (SchKG 179/180 analog SchKG 74 III und 76).

19   Das Betreibungsamt – oder auf Beschwerde hin die Aufsichtsbehörde – entscheidet auch hier nur darüber, ob der Rechtsvorschlag form- und zeitgerecht erfolgte. Hierauf wird er unverzüglich dem Gericht überwiesen (SchKG 181 Satz 1).

Durch das Gericht

20   Über die *Bewilligung des Rechtsvorschlages* entscheidet das Gericht im *summarischen* Verfahren (SchKG 25 Z. 2 b).

21   Zuständig ist das Gericht am *Konkursort;* es lädt die Parteien vor und entscheidet innert der Ordnungsfrist von 10 Tagen, selbst wenn die Parteien abwesend sind (SchKG 181). Der Entscheid wird den Parteien sofort eröffnet (SchKG 184 I). Diese können ihn dann binnen 5 Tagen an das obere kantonale Gericht weiterziehen (SchKG 185). Im übrigen wird nach kantonalem Prozessrecht verfahren. Dieses bestimmt namentlich auch, welches Gericht sachlich zuständig ist; im Kanton Bern ist es der Gerichtspräsident (ZPO 2 II und 317 Z. 5).

22   Nach Erschöpfung des kantonalen Instanzenzuges kann nur noch die staatsrechtliche Beschwerde ans Bundesgericht in Betracht kommen (*119* III 76 f.).

c)   *Die Bewilligungsgründe*

23   Das Gericht darf den Rechtsvorschlag nur bei Vorliegen eines der im Gesetz *abschliessend aufgezählten Gründe* bewilligen. Die vier Bewilligungsgründe tragen in wohlabgewogener Weise den Interessen des Wechselgläubigers und des Schuldners Rechnung. Sie entsprechen den wechselrechtlichen Einreden gemäss OR 1007 (s. auch OR 1146): Einreden gegen das Papier, Einreden aus dem Papier, persönliche Einreden sowie die Arglisteinrede. Demgemäss wird der Rechtsvorschlag dem Schuldner bewilligt:

24   – Zunächst wenn er *durch Urkunden beweist, dass die Schuld bezahlt, nachgelassen oder gestundet ist* (SchKG 182 Z. 1 in Analogie zu SchKG 172 Z. 3 und 85; BGE *113* III 89).

298

- Wenn er *Fälschung des Titels glaubhaft* macht (SchKG 182 Z. 2); sei es   25
Fälschung einer Unterschrift oder des Inhalts (z. B. der Schuldsumme
nach Unterzeichnung des Titels). Allerdings ist OR 997 zu beachten:
Der Schuldner kann nur die Fälschung seiner *eigenen* Unterschrift
einwenden.
- Wenn sonst eine *wechselrechtliche Einrede,* die sich gegen das Beste-   26
hen einer wechselmässigen Verpflichtung richtet, begründet erscheint, d. h. vom Schuldner glaubhaft gemacht wird (SchKG 182
Z. 3): z. B. das Fehlen eines wesentlichen Elementes des Wechsels
oder Checks oder der Eintritt der Wechselverjährung.
- Schliesslich kann der Schuldner noch *andere nach OR 1007 zulässige,*   27
aber nicht unmittelbar aus dem Wechselrecht hervorgehende Einreden glaubhaft machen (SchKG 182 Z. 4).

Das sind allgemein-materiellrechtliche Einreden gegen den Gläubiger: z. B. Irrtum,
Zwang, Täuschung, Arglist, unsittlicher Inhalt der Verpflichtung, Unklagbarkeit der
Forderung, fehlende Vollmacht oder mangelnde Handlungsfähigkeit – kurzum alle
Einreden, die sich gegen das gültige Zustandekommen oder Weiterbestehen einer
Verbindlichkeit überhaupt richten.

Erscheint eine solche «allgemeine» Einrede glaubhaft, so kann der   28
Rechtsvorschlag dem Schuldner allerdings *nur bedingt bewilligt* werden – im Gegensatz zu den Fällen von SchKG 182 Z. 1–3 –, weil dann
die rein wechselrechtliche Verbindlichkeit selber nicht in Frage steht.

d)   *Der gerichtliche Entscheid und seine Wirkungen*

Die unbedingte Bewilligung

Die Bewilligung des Rechtsvorschlages aufgrund von SchKG   29
182 Z. 1–3 erfolgt unbedingt. Sie hat zur Folge, dass die Betreibung
eingestellt wird und der Gläubiger seinen Anspruch nun auf dem ordentlichen Prozessweg mit der *Wechselklage* geltend machen muss
(SchKG 186, analog der Forderungsklage nach SchKG 79 in der gewöhnlichen Betreibung); nun geht es um eine materiellrechtliche Streitigkeit.
Der Zivilprozess ist der einzige Weg, über den Rechtsvorschlag hin-   30
wegzukommen. Es gibt in der Wechselbetreibung, wegen dieser gerichtlichen Beurteilung des Rechtsvorschlages, kein eigentliches Rechtsöffnungsverfahren mehr.

Obsiegt der Gläubiger in diesem Prozess, kann er die Betreibung fortsetzen und das
Konkursbegehren stellen (SchKG 188 I); unterliegt er, fällt die Betreibung dahin.

299

Die bedingte Bewilligung

31   Auch die Bewilligung des Rechtsvorschlages aufgrund von SchKG 182 Z. 4 bewirkt die Einstellung der Betreibung. Weil aber in diesen Fällen die wechselrechtliche Verbindlichkeit nicht in Frage gestellt ist, wird die Bewilligung nur unter der Bedingung erteilt, dass der *Schuldner die Forderungsumme in Geld oder Wertschriften hinterlegt oder dem Gläubiger eine gleichwertige Sicherheit leistet.* Diese Bedingung muss der Sache nach schon *vor dem Bewilligungsentscheid* erfüllt sein. Der Richter wird deshalb, wenn er eine bedingte Bewilligung in Betracht zieht, dem Schuldner hiezu nur eine *kurze Frist* einräumen.

32   Hinterlegung der Forderungssumme in Geld oder in leicht realisierbaren Werttiteln bedeutet vorweggenommene, *bedingte Zahlung des Schuldners,* nicht bloss Sicherheitsleistung. Als solche dient sie, auch wenn der Schuldner nachher in Konkurs fallen sollte, in erster Linie zur Befriedigung des betreibenden Gläubigers (BGE *42* III 365 f., *110* III 34, *119* III 77). Eine andere Hinterlage oder die Leistung einer gleichwertigen Sicherheit (z. B. durch Bankgarantie oder Solidarbürgschaft) bleibt dagegen reine Sicherheit und käme im Konkursfall nicht dem Wechselgläubiger allein, sondern der Konkursmasse und damit allen Gläubigern zugut.

33   Die Hinterlage oder Sicherheitsleistung des Schuldners muss *prosequiert* werden (SchKG 184 II): Im Bewilligungsentscheid wird deshalb dem Gläubiger Frist gesetzt, binnen 10 Tagen *Wechselklage* zu erheben. Klagt er nicht rechtzeitig, so erhält der Schuldner die Hinterlage zurück und die Sicherheitsleistung bzw. der Garant werden frei; der bedingte Rechtsvorschlag wird dadurch unbedingt.

34   Da aber der unbenützte Ablauf der Frist bloss zur Freigabe der Hinterlage führt, kann der Gläubiger die Wechselklage – innerhalb der Gültigkeitsdauer des Zahlungsbefehls – auch nachher noch anheben. Wird die Klage gutgeheissen, kann der Gläubiger das Konkursbegehren stellen, wird sie abgewiesen, fällt die ganze Betreibung dahin.

Abweisung des Rechtsvorschlages und Rückforderung

35   Bewilligt das Gericht den Rechtsvorschlag nicht, so kann der Gläubiger die Betreibung ohne weiteres fortsetzen. Der Entscheid ist – eine anders lautende Verfügung der Rechtsmittelinstanz vorbehalten – sofort vollstreckbar, selbst wenn er weitergezogen würde (SchKG 36).

36   Mit dem Entscheid können vorsorgliche Massnahmen nach SchKG 170 angeordnet werden, insbesondere auch wieder die Aufnahme eines Güterverzeichnisses (SchKG 183 I). – Nötigenfalls wird das Gericht jetzt aber auch dem Gläubiger eine Sicherheitsleistung auferlegen; diese

soll nun einen allfälligen *Rückforderungsanspruch des Schuldners* dek-
ken (SchKG 183 II).

Die Strenge der Wechselbetreibung kann nämlich noch eher als die gewöhnliche dazu   37
führen, dass der Schuldner dem Gläubiger Zahlung leistet, nur um den plötzlich drohenden Konkurs zu vermeiden; denn die Aberkennungsklage ist ihm verschlossen, obwohl die
Nicht-Bewilligung des Rechtsvorschlages durchaus mit einer provisorischen Rechtsöffnung in der ordentlichen Betreibung verglichen werden kann. Auch die verwandte Feststellungsklage nach SchKG 85 a entfällt (§ 20 N. 18). SchKG 187 räumt dem Schuldner
deshalb (mit Verweis auf SchKG 86) ausdrücklich noch das *Rückforderungsrecht* ein, falls
er infolge Unterlassung oder Nichtbewilligung seines Rechtsvorschlages eine *Nichtschuld*
bezahlt haben sollte.

IV.   Die Fortsetzung der Wechselbetreibung

Da die Konkursandrohung im Zahlungsbefehl bereits vorweg-   38
genommen ist (SchKG 178 II Z. 4 und 188 I), wird die Wechselbetreibung nach erfolgreich durchgeführtem Einleitungsverfahren unmittelbar mit dem Konkursbegehren fortgesetzt.

1.   Das Konkursbegehren

Nach Ablauf der Zahlungsfrist (SchKG 178 Z. 2) und Eintritt   39
der Rechtskraft des Zahlungsbefehls kann der Gläubiger die *Konkurseröffnung beantragen*. Rechtskräftig ist der Zahlungsbefehl, wenn der
Schuldner keinen Rechtsvorschlag eingegeben hat oder dieser ihm
nicht bewilligt worden ist oder wenn seine Wirkungen nach erfolgreicher Wechselklage dahingefallen sind. Dem Konkursbegehren ist der
Forderungstitel, das Doppel des Zahlungsbefehls sowie gegebenenfalls
der rechtskräftige Entscheid über die Verweigerung des Rechtsvorschlages oder über die Gutheissung der Wechselklage beizulegen
(SchKG 188 I).

Das Begehren muss während der einmonatigen Gültigkeitsdauer des   40
Zahlungsbefehls gestellt werden; hat der Schuldner Recht vorgeschlagen, so zählt die Dauer des Bewilligungsverfahrens oder des ordentlichen Wechselprozesses nicht mit (SchKG 188 II).

In bezug auf *Zuständigkeit* des Gerichtes, *Kosten* und *vorsorgliche Massnahmen* gilt das   41
zur ordentlichen Konkursbetreibung Gesagte (Verweis auf SchKG 169/170 in SchKG 189
II; s. § 36 N. 29 ff.).

2. Das Konkurseröffnungsverfahren

42   Das Konkurseröffnungsverfahren in der Wechselbetreibung weicht lediglich in zwei Bestimmungen, die der Beschleunigung dienen, von der ordentlichen Konkursbetreibung ab (SchKG 189):

– Das Konkursgericht soll, wenn alle Voraussetzungen erfüllt sind, den Konkurs binnen 10 Tagen aussprechen.

Diese Ordnungsfrist muss auf einem Versehen beruhen, soll der Richter doch schon in der ordentlichen Konkursbetreibung nach SchKG 171 «ohne Aufschub» entscheiden.

– Die Weiterziehung des Entscheides an eine obere Instanz ist ausgeschlossen (SchKG 189 II erwähnt SchKG 174 mit Absicht nicht), weil schon der gerichtliche Entscheid über den Rechtsvorschlag weiterziehbar war; nur eine staatsrechtliche Beschwerde kommt noch in Frage.

43   Im übrigen gelten durchwegs die gleichen Bestimmungen wie in der ordentlichen Konkursbetreibung:

– Nach SchKG 189 I wird der Verhandlungstermin den Parteien angezeigt und allenfalls in deren Abwesenheit entschieden (was inhaltlich der Regelung in SchKG 168 und 171 entspricht; vgl. § 36 N. 33).

– SchKG 189 II verweist sodann auf weitere anwendbare Bestimmungen:
  – Kostenhaftung SchKG (169),
  – vorsorgliche Massnahmen (SchKG 170),
  – Einrede der Tilgung, der Stundung oder des Erlasses der Schuld (SchKG 172 Z. 3),
  – Aussetzen des Entscheides (SchKG 173 und 173 a),
  – Inhalt, Wirkung, Eröffnung und Mitteilung des Konkursdekrets (SchKG 175 und 176).

§ 38   Die Konkurseröffnung ohne Betreibung

I.   *Allgemeine Voraussetzungen*

1   Ohne vorgängige Betreibung kann nur ausnahmsweise über einen Schuldner der Konkurs eröffnet werden, nämlich wenn ein *materieller Konkursgrund* vorliegt (§ 35 N. 10). Es handelt sich dabei durchwegs um Tatbestände, welche eine Zwangsvollstreckung ohne Zeitverlust erheischen oder welche die vorgängige Durchführung einer Betreibung sachlich nicht mehr rechtfertigen. Dann mag die Konkurseröffnung unter Umständen sogar einen nicht konkursfähigen Schuldner treffen.

Den Anstoss zu einer Konkurseröffnung ohne Betreibung bildet ein 2
direktes Konkursbegehren an das Konkursgericht ohne vorgängige Konkursandrohung; ein solches Begehren kann vom *Gläubiger,* vom *Schuldner* oder von einer *Behörde* ausgehen.

Nach dem Antragsrecht lassen sich die einzelnen Tatbestände, die das Gesetz als *materielle Konkursgründe* anerkennt, systematisch zweckmässig gliedern.

Auch die Konkurseröffnung ohne Betreibung ist aber immer nur *am* 3
Konkursort statthaft (BGE *107* III 53). Mit der *Vorladung* des Schuldners zur Konkursverhandlung tritt die *perpetuatio fori* ein (SchKG 53 per analogiam; BGE *121* III 13; § 10 N. 6, 39 ff.).

II. Konkurseröffnung auf Antrag des Gläubigers

1. Allgemeines

Alle Tatbestände, welche den Gläubiger berechtigen, sofort 4
die Konkurseröffnung über den Schuldner zu verlangen, bedeuten eine *Gefährdung der Eintreibbarkeit* seiner Forderung. Sie lassen sich in zwei Gruppen zusammenfassen:
– einerseits sind es Tatbestände, bei denen gegen jeden beliebigen, also auch gegen einen nicht konkursfähigen Schuldner das Konkursbegehren gestellt werden kann (SchKG 190 I Z. 1 und 3);
– andererseits ein Tatbestand, der nur gegen einen konkursfähigen Schuldner als Konkursgrund angerufen werden darf (SchKG 190 I Z. 2).

2. Sofortige Konkurseröffnung über jeden beliebigen Schuldner

In Frage kommen folgende Gründe:
a) *Unbekannter Aufenthalt* des Schuldners (SchKG 190 I Z. 1). Nicht 5
das Fehlen eines festen Wohnsitzes ist entscheidend, sondern allein das Unbekanntsein des tatsächlichen Aufenthalts des Schuldners; der Aufenthaltsort muss trotz zweckmässiger und zumutbarer Nachforschungen des Gläubigers, selbst mit behördlicher Hilfe, unauffindbar sein.

b) *Unredliches Verhalten* des Schuldners gegenüber einem oder mehreren Gläubigern, das deren Interessen gefährdet oder gar schädigt. 6
Aber nur drei qualifizierte Arten solchen Verhaltens lässt das Gesetz als Konkursgründe gelten (SchKG 190 I Z. 1):

7   – So wenn der *Schuldner die Flucht ergriffen hat,* um sich seinen Verbindlichkeiten zu entziehen; dazu genügt bereits jeder ernsthafte
Fluchtversuch. Doch ist Schuldnerflucht nur dann Konkursgrund,
wenn der Schuldner sich ins Ausland absetzt, nicht schon, wenn er
bloss in der Schweiz umherzieht; denn hier kann er ohne weiteres
noch auf ordentliche Weise betrieben werden.

8   – Wenn der Schuldner *betrügerische Handlungen zum Nachteil seiner
Gläubiger* begangen hat oder zu begehen versucht (BGE *97* I 309).
Das braucht durchaus nicht bis zur Erfüllung des Straftatbestandes
des Betruges zu gehen; vielmehr genügt jedes Handeln in der Absicht,
seine Gläubiger zu schädigen; z. B. durch Verschiebung von Vermögenswerten.

9   – Drittens, wenn der Schuldner in einer Betreibung auf Pfändung *Bestandteile seines Vermögens verheimlicht.* Es genügt schon, dass er bei
der Pfändung die Vermögensgegenstände nicht pflichtgemäss angibt
(SchKG 91). Schädigungsabsicht ist nicht erforderlich; denn «Ver-
heimlichen» setzt nur voraus, dass der Schuldner Vermögensbestandteile verbergen will.

10   Liegt solch fraudulöses Verhalten des Schuldners vor, darf nicht nur
der unmittelbar betroffene Gläubiger, sondern auch jeder andere Gläubiger die sofortige Konkurseröffnung verlangen (BGE *120* III 8).

11   c) Schliesslich kann es noch zur sofortigen Konkurseröffnung kommen, wenn gegenüber dem Schuldner eine *Nachlassstundung widerrufen*
oder ein *Nachlassvertrag verworfen oder widerrufen* wird (SchKG 190 I
Z. 3 in Verbindung mit SchKG 309 und 313; §§ 54 N. 50, 84; 56 N. 9). Bei
dieser Sachlage ist offenkundig, dass der Schuldner ausserstande ist,
seine Gläubiger zu befriedigen, dass er also konkursreif ist. Dieser Konkursgrund ist allerdings befristet: Das Konkursbegehren muss binnen 20
Tagen seit dem betreffenden Entscheid des Nachlassrichters gestellt
werden.

3.   Sofortige Konkurseröffnung nur über einen konkursfähigen Schuldner

12   Sie zu beantragen ist der Gläubiger berechtigt, wenn der
Schuldner seine *Zahlungen eingestellt* hat (SchKG 190 I Z. 2).

13   Mit der *Zahlungseinstellung* manifestiert der Schuldner nach aussen
seine *Zahlungsunfähigkeit.* Beides ist nicht mit Überschuldung zu verwechseln; ein zahlungsunfähiger Schuldner braucht keineswegs überschuldet zu sein und umgekehrt. Die Überschuldung ist ein selbständiger Konkursgrund (unten N. 31).

Zahlungseinstellung oder Zahlungsunfähigkeit ist aber auch nicht   14
einfach mangelndem Zahlungswillen gleichzusetzen. Vielmehr muss *objektiv Illiquidität* vorliegen, die den Schuldner ausserstande setzt, seine Gläubiger bei Fälligkeit ihrer Forderungen zu befriedigen: Mangel an den hiezu erforderlichen flüssigen Mitteln. Indessen darf es sich nicht nur um vorübergehende Zahlungsschwierigkeit handeln, sondern der Schuldner muss sich auf unabsehbare Zeit in dieser Lage befinden.

Zahlungseinstellung liegt beispielsweise vor, wenn der Schuldner unbestrittene fällige   15
Schulden nicht mehr zahlt oder mehrere Betreibungen auflaufen lässt; wenn er um einen
aussergerichtlichen oder einen gerichtlichen Nachlassvertrag nachsucht (wobei der Richter allerdings nach SchKG 173 a das Konkurserkenntnis aussetzen kann; vgl. § 36 N. 42).
Nicht erforderlich ist jedoch, dass der Schuldner sämtliche Zahlungen einstellt; es genügt,
dass ein wesentlicher Teil des Geschäftsbetriebes davon betroffen ist (BGE *85* III 154).

4. Das Verfahren

Zur Konkurseröffnung ohne Betreibung kommt man sehr ein-   16
fach. Der Gläubiger braucht nur beim Konkursgericht das *Konkursbegehren* zu stellen. *Legitimiert* dazu ist jeder Gläubiger, gleichgültig, ob seine Forderung fällig ist oder nicht, gleichgültig auch, ob seine Forderung erst nach Eintritt des Konkursgrundes entstanden ist (BGE *120* III 88). Der Antragsteller muss sich nur als Gläubiger ausweisen und den angerufenen *Konkursgrund glaubhaft* machen (BGE *85* III 151 f.).

Wohnt der Schuldner in der Schweiz oder hat er hier einen Vertreter,   17
wird er kurzfristig vor Gericht geladen und einvernommen, damit er seine Rechte gegenüber dem Antrag stellenden Gläubiger wahrnehmen kann (SchKG 190 II). Darin liegt ein bescheidener verfahrensrechtlicher Ausgleich für die ausfallende Betreibung.

Im übrigen gelten gemäss SchKG 194 auch hier wieder die Bestimmungen über das Kon-   18
kurseröffnungsverfahren in der ordentlichen Konkursbetreibung hinsichtlich Kostenhaftung (SchKG 169), sichernde Massnahmen (SchKG 170), Aussetzen des Entscheides
(SchKG 173 a), Weiterziehung (SchKG 174), Wirkung, Eröffnung und Mitteilung des Konkursdekrets (SchKG 175 und 176). Im Falle eines nicht im Handelsregister eingetragenen
Schuldners entfällt natürlich die Mitteilung an das Handelsregister. – Siehe § 36 N. 32 ff.

III. *Konkurseröffnung auf Antrag des Schuldners*

1. Antragsrecht und Antragspflicht

Der Schuldner selber kann unter Umständen ein Interesse   19
daran haben, dass über ihn der Konkurs eröffnet und sein Vermögen der

Generalexekution unterworfen wird. Namentlich der sonst nicht konkursfähige Schuldner vermag dadurch einer Häufung von Spezialexekutionen zu entrinnen, die sich gegen ihn härter auswirken können als der Konkurs (unten N. 21 ff.). Das Interesse des Schuldners an der Konkurseröffnung kann aber auch darin bestehen, eine günstige Ausgangslage zum Abschluss eines Nachlassvertrages zu schaffen.

20   Andererseits kann der Schuldner sogar verpflichtet sein, im Interesse seiner Gläubiger die Konkurseröffnung ohne vorgängige Betreibung herbeizuführen (unten N. 31 ff.).

2.   Die Insolvenzerklärung des Schuldners

21   Ist der Schuldner *zahlungsunfähig,* so hat er das Recht, selber die Konkurseröffung zu beantragen (*Insolvenzerklärung,* SchKG 191). Auch ein konkursfähiger Schuldner muss also nicht zuwarten, bis ein Gläubiger wegen Zahlungseinstellung das Konkursbegehren stellt (oben N. 12).

22   Das Recht auf Insolvenzerklärung steht *jedem* Schuldner zu, ob er konkursfähig ist oder nicht. Jeder Schuldner soll die Möglichkeit haben, seine finanziellen Angelegenheiten zu bereinigen. In der Praxis machen vor allem nicht konkursfähige Schuldner hievon Gebrauch.

23   Die Konkurseröffnung bietet nämlich dem der Spezialexekution unterliegenden Schuldner *erhebliche Erleichterungen,* die einer Sanierung nahekommen (s. § 40 N. 14). So fallen mit ihr bereits vollzogene Pfändungen (auch *Lohnpfändungen*) dahin. Ausserdem verschafft der Konkurs dem Schuldner sofort die notwendige Ruhe, sich wirtschaftlich wieder zu erholen; schon während des Konkurses darf er nämlich über seinen *laufenden* Lohn (Betreffnisse, die *nach* Konkurseröffnung anfallen) wieder völlig frei verfügen. Und schliesslich kann er nach Abschluss des Konkurses für die Konkursforderungen erst wieder betrieben werden, wenn er zu *neuem Vermögen* gekommen ist (§ 48 N. 29). Demgegenüber könnten ihn seine Gläubiger während und nach einer Spezialexekution mit Pfändungen, namentlich mit Lohnpfändungen bis auf den Notbedarf, dauernd belästigen.

24   Die Vorteile, welche der Konkurs dem Schuldner zu bringen vermag, haben von jeher nicht selten zu *Missbrauch* verleitet: zur *Flucht in den Konkurs.* Das soll nun (nach neuer Regelung) möglichst vermieden werden. Danach kann der Schuldner die Konkurseröffnung nicht mehr einfach «bewirken» (alt SchKG 191), sondern nur noch «beantragen»; er muss dem Richter seine finanziellen Verhältnisse also darlegen. Dieser ist dann auch zu strengerer Prüfung angehalten.

25   Wie schon ehedem muss der Richter ein *offensichtlich rechtsmissbräuchliches* Konkursbegehren (ZGB 2) abweisen. Das wäre der Fall,

wenn der Schuldner kein schutzwürdiges Interesse an der Konkurseröffnung hätte und es ihm nur darum ginge, seine Gläubiger zu prellen und wieder in den Genuss seines vollen Lohnes zu kommen (vgl. auch ZBJV 1994, S. 719 f.).

Überdies muss geprüft werden, ob nicht *Aussicht auf eine private* 26 *Schuldenbereinigung* nach SchKG 333 ff. besteht (SchKG 191 II; § 57 N. 2 ff.). Nur wenn dies nicht zutrifft, darf der Konkurs eröffnet werden. Diese Voraussetzung kann allerdings nach SchKG 333 I nur gegenüber einem nicht konkursfähigen Schuldner gelten. Die Konkurseröffnung soll insgesamt nur als *ultima ratio* in Betracht gezogen werden.

Schliesslich prüft der Konkursrichter, ob kein Tatbestand nach 27 SchKG 206 III (§ 41 N. 25; 42 N. 22) oder SchKG 265 b (§ 48 N. 38) vorliegt. Diese Tatbestände verbieten Parallel- und gewisse Folgekonkurse.

Verfahren

Antragsberechtigt ist – der Sache nach – der *Schuldner.* Für ein 28 zahlungsunfähiges *Mündel* muss der Vormund die Zustimmung der Vormundschaftsbehörde einholen (ZGB 421 Z. 10). – Eine *Stiftung* bedarf der Zustimmung ihrer Aufsichtsbehörde. – Für eine *Aktiengesellschaft* müsste, gestützt auf einen Auflösungsbeschluss der Generalversammlung, der Verwaltungsrat die Insolvenzerklärung abgeben (OR 716 und 736).

Anhörung der Gläubiger ist angezeigt zur Abklärung der Aussicht auf 29 eine Schuldenbereinigung. Parteistellung kommt den Gläubigern aber (nach herrschender Praxis) in diesem Verfahren nicht zu; demzufolge könnten sie die Konkurseröffnung auch nicht weiterziehen (SchKG 174; BGE *111* III 66 ff.).

Angesichts der (neuen) materiellen Einschränkungen der Insolvenzerklärung müsste diese Praxis unbedingt überprüft werden; sonst könnte das neue Recht nämlich Gefahr laufen, toter Buchstabe zu bleiben. Nicht die förmliche Parteistellung allein darf hier für die Legitimation zur Weiterziehung massgebend sein, sondern auch die *materielle* Beschwer der Gläubiger muss berücksichtigt werden.

Im übrigen gilt wiederum das oben unter N. 18 Gesagte (SchKG 194). 30 Insbesondere kann hier aber auch vom antragstellenden Schuldner *Kostenvorschuss* verlangt werden; auch das erlaubt es bis zu einem gewissen Grade, einer rechtsmissbräuchlichen Insolvenzerklärung zu begegnen. Zur unentgeltlichen Rechtspflege siehe § 13 N. 15 ff.

3. Überschuldungsanzeige bei Kapitalgesellschaften und Genossenschaften

a)   Überschuldung

31   Der Tatbestand der Überschuldung bildet einen besonderen Konkursgrund gegenüber einer Kapitalgesellschaft (Aktiengesellschaft, Kommanditaktiengesellschaft, Gesellschaft mit beschränkter Haftung) oder einer Genossenschaft (SchKG 192 mit Verweis auf OR 725 a, 764 II, 817 und 903).

32   Im Gegensatz zur Zahlungsunfähigkeit (oben N. 13) und einer bloss «unechten Unterbilanz» (wo nur das *Eigenkapital* von Verlust betroffen ist) bedeutet Überschuldung, dass das *Fremdkapital*, d. h. die Forderungen der Gesellschaftsgläubiger (OR 725 II), durch die Aktiven nicht mehr voll gedeckt ist. Ob und inwieweit dieser kritische Sachverhalt gegeben ist, bestimmt sich nach den obligationenrechtlichen Vorschriften.

Solange noch mindestens die *Hälfte des Eigenkapitals* vorhanden ist, bleibt eine blosse Unterbilanz unbeachtlich. Trifft dies aber nach der letzten Jahresbilanz nicht mehr zu, muss unverzüglich eine Generalversammlung einberufen werden, der Sanierungsmassnahmen vorzuschlagen sind (OR 725 I). Der Gang zum Konkursrichter wird erst dann unvermeidlich, wenn der Bilanzverlust das *gesamte Eigenkapital* aufgezehrt und sogar das Fremdkapital erfasst hat.

b)   Überschuldungsanzeige

33   Bei begründeter Besorgnis einer solchen Überschuldung ist unverzüglich eine *Zwischenbilanz* zu erstellen und der Revisionsstelle vorzulegen. Bestätigt sich der Verdacht, sind die zuständigen Organe der Gesellschaft (Verwaltungsrat, Liquidatoren sowie gegebenenfalls auch die Revisionsstelle (OR 716 a, 743 II, 729 b II) *verpflichtet,* im Interesse der Gläubiger *den Richter zu benachrichtigen* (OR 725 II); diese Überschuldungsanzeige wird gemeinhin auch als «die Bilanz deponieren» bezeichnet.

Anlass zu «begründeter Besorgnis» einer Überschuldung besteht insbesondere dann, wenn bei bescheidenem Eigenkapital hohe Debitoren- oder Spekulationsverluste oder ein Preiszerfall eintreten.

34   Die Überschuldungsanzeige darf nur unterbleiben, wenn die Bilanz binnen kurzer Zeit saniert werden kann, insbesondere auch durch *Rangrücktrittserklärungen* von Gläubigern im Umfang der Unterdeckung (OR 725 II; BGE *116* II 54; siehe auch § 42 N. 83).

Rangrücktritt allein hindert aber niemanden, seine Forderung bei Fälligkeit geltend zu machen. Es müsste also schon ein *«Stundungsrücktritt»* sein, wonach sich die Gläubiger bereit erklären, für die Zeit der Überschuldung auf die Geltendmachung ihrer Forderungen zu verzichten.

c)   Konkurseröffnung

Nach *summarischer* Überprüfung der Überschuldung anhand   35
der ihm vorgelegten Zwischenbilanz soll der Richter, wenn die Voraussetzungen dazu erfüllt sind, *von Amtes wegen* den Konkurs eröffnen, damit der Betrieb nicht mit neuen Verlusten zum Schaden der Gläubiger weitergeführt wird.

Auch hier kommen wiederum die ordentlichen Verfahrensvorschrif-   36
ten zur Anwendung, nur darf von der überschuldeten Gesellschaft *kein Kostenvorschuss* verlangt werden (SchKG 194 I).

Unter zwei Voraussetzungen darf – trotz Überschuldung – von der   37
Konkurseröffnung abgesehen werden:
- wenn entweder ein Antrag auf *Konkursaufschub* gestellt wird und Aussicht auf Sanierung besteht (OR 725 a; Näheres dazu in § 57 N. 10 ff.),
- oder wenn Anhaltspunkte für das Zustandekommen eines *Nachlassvertrage*s bestehen, so dass von Amtes wegen ein Nachlassverfahren einzuleiten ist (SchKG 173 a II; Näheres dazu in § 54 N. 4).

IV.   Konkurseröffnung auf behördliche Anordnung

Der letzte materielle Konkursgrund führt zur *konkursamtli-*   38
chen Liquidation einer Verlassenschaft oder, weniger pietätvoll ausgedrückt, zum Erbschaftskonkurs. Dieser kann durchgeführt werden, ungeachtet dessen, ob der Erblasser zur Zeit seines Todes konkursfähig war oder nicht.

1.   Voraussetzungen

Zum Erbschaftskonkurs kommt es, wenn eine Erbschaft er-   39
wiesenermassen oder vermutungsweise *überschuldet* ist. Ob dem so ist, beurteilt sich nach dem Erbrecht, insbesondere der Regelung der Ausschlagung (SchKG 193, der auf die einschlägigen Bestimmungen des ZGB verweist; s. auch BGE *82* III 40).

Demnach wird die konkursamtliche Liquidation angeordnet,   40
- wenn die gesetzlichen und die eingesetzten Erben die *Erbschaft ausgeschlagen* haben oder wenn die Ausschlagung infolge amtlich festge-

stellter oder offenkundiger Zahlungsunfähigkeit *zu vermuten ist* (ZGB 566 ff.);

– aber auch schon, wenn die nächsten gesetzlichen Erben die Erbschaft vorbehaltlos ausschlagen (ZGB 573 und 575);
– oder wenn sich im Verlauf der Durchführung einer *amtlichen Liquidation* nach ZGB 593 ff. die Erbschaft *als überschuldet erweist* (ZGB 597).

2.   Das Verfahren

41   Auch der Erbschaftskonkurs wird durch einen *Entscheid des Konkursrichters* eröffnet, nachdem die Erbschaftsbehörde ihm die Akten von Amtes wegen überwiesen hat (SchKG 193 I Einleitungssatz, ZPO 317 Z. 12). Das Verfahren richtet sich nach den allgemeinen Vorschriften (SchKG 194). Die *Kosten* sind aus dem Liquidationserlös vorweg zu bezahlen; den Erben dürfen sie nicht belastet werden.

42   Die konkursamtliche Erbschaftsliquidation kann jedoch auch von einem *Gläubiger* oder einem *Erben* beantragt werden (SchKG 193 III), von einem Gläubiger namentlich im Falle von ZGB 594. Dann kann vom Antragsteller ein *Kostenvorschuss* verlangt werden. Folgerichtig ist jener dann aber auch zur Weiterziehung befugt.

43   Ein allfälliger *Liquidationsüberschuss,* der sich – z. B. infolge eines unerwartet günstigen Verwertungsergebnisses – nach Deckung aller Schulden und der Kosten ergibt, fällt den berechtigten Erben zu, insbesondere auch bei einer ausgeschlagenen Erbschaft (ZGB 573 II).

44   *Verlustscheine* werden bloss auf Verlangen und auf Kosten des Gläubigers ausgegeben; denn nach Abschluss des Konkurses für die Erbschaftschulden besteht normalerweise keine Haftung mehr. Die ausschlagenden Erben haften den Erbschaftsgläubigern nur mit ihren ausgleichspflichtigen Vorempfängen, die sie in den letzten 5 Jahren vor dem Tode des Erblassers bezogen haben (ZGB 579).

§ 39   Der Widerruf des Konkurses

I.   *Das Wesen des Konkurswiderrufs*

1   Charakteristisch für den Widerruf des Konkurses ist, dass der Richter, der den Konkurs eröffnet hat, ihn noch *vor* seinem Abschluss

durch einen neuen Entscheid *wieder aufhebt.* Das ist vernünftigerweise geboten, wenn infolge nachträglich eingetretener Tatsachen – *echter nova* – Voraussetzungen dahinfallen, die zur Konkurseröffnung führten. Dann wird der Konkurs zwecklos, und es ist folgerichtig, ihn aufzuheben.

Das schweizerische Recht kennt zwei Arten solchen Widerrufs: 2
- den allgemeinen Widerruf des Konkurses nach SchKG 195
- und die Einstellung der konkursamtlichen Erbschaftsliquidation nach SchKG 196.

II.   *Der allgemeine Konkurswiderruf*

1.   Voraussetzungen

SchKG 195 I nennt deren drei: 3
- Entweder weist der Schuldnerr nach, dass sämtliche Forderungen getilgt sind,
- oder er bringt die schriftliche Erklärung sämtlicher Gläubiger bei, dass sie ihre Konkurseingaben vorbehaltlos zurückziehen (womit sie auf den Konkurs, nicht aber auf ihre Forderungen verzichten),
- oder es ist ein gerichtlicher Nachlassvertrag zustandegekommen.

2.   Befristung der Widerrufsmöglichkeit

Seinen Voraussetzungen und seinem Zweck entsprechend   4
kann ein Konkurs erst *nach Ablauf der Eingabefrist* (SchKG 232 II Z. 2) widerrufen werden, muss aber spätestens *vor seinem Abschluss* widerrufen sein. Denn einerseits muss vorerst einmal bekannt sein, wer alles überhaupt als Gläubiger in Betracht kommt, und andererseits lässt sich ein zu Ende geführter Konkurs nicht mehr aufheben (SchKG 195 II).

3.   Die Wirkungen des Konkurswiderrufs

Allgemein bewirkt der Widerruf den *Hinfall sämtlicher Wir-*   5
kungen des Konkurses, sowohl der materiell- als auch der formellrechtlichen. Aufgehoben wird damit aber nicht etwa das Konkurserkenntnis – wie in einem Rechtsmittelverfahren –, sondern der Konkurs selbst und mit ihm die Zwangsvollstreckung als Ganzes.

Das bedeutet, dass alle bereits erfolgten Vorkehren wie z. B. das Konkursinventar, sichernde Massnahmen, Kollokationsverfügungen und -entscheide und dergleichen dahinfallen. Bereits durchgeführte Verwertungen berührt der Widerruf dagegen nicht mehr.

Vor allem werden auch die zivilrechtlichen Verhältnisse wiederhergestellt: die Verzinslichkeit der Konkursforderungen lebt wieder auf (und zwar *ex tunc*), und es gelten auch wieder die ursprünglichen Fälligkeiten (§ 42 N. 14, 30).

6 Mit dem Widerruf des Konkurses erlangt der Schuldner wieder das *volle Verfügungsrecht* über sein Vermögen; das wird im Widerrufsentscheid ausdrücklich festgestellt (SchKG 195 I Einleitungssatz; BGE *117* III 42).

7 Andererseits können die Gläubiger den Schuldner aber auch wieder von neuem betreiben. Frühere Betreibungen, die infolge des Konkurses dahingefallen sind, leben mit dem Widerruf jedoch nicht wieder auf und können deshalb nicht einfach fortgesetzt werden. Im Konkurs als Generalexekution sind die vorher eingeleiteten Spezialexekutionen aufgegangen, sodass mit seinem Wegfall überhaupt jede bisherige Zwangsvollstreckung aufhört (BGE *93* III 59).

Ausdrücklich anders hält es das Gesetz im Falle der Einstellung des Konkurses mangels Aktiven (SchKG 230 IV, dazu § 44 N. 23).

Auch öffentlichrechtliche Folgen des Konkurses sind nach dem Widerruf wieder aufzuheben (vgl. § 14 N. 9).

III. Die Einstellung der konkursamtlichen Liquidation einer Erbschaft

8 Dieser Sonderfall des Konkurswiderrufs setzt gemäss SchKG 196 zweierlei voraus:
- einmal dass ein Erbe nachträglich, aber noch vor Schluss des Verfahrens, die Erbschaft antritt,
- ferner dass er ausserdem für die Bezahlung der Schulden hinreichend Sicherheit leistet.

Die Bestimmung schliesst nicht aus, dass die Liquidation einer Erbschaft auch aus den Gründen von SchKG 195 widerrufen werden kann (SchKG 196: «überdies»).

9 Wird der Konkurs widerrufen, so fällt der Nachlass dem antragstellenden Erben zu; dafür wird er nun aber den Konkursgläubigern persönlich haftbar.

Im übrigen gilt das zum allgemeinen Widerruf Ausgeführte.

IV.   Das Widerrufsverfahren

Zuständig zum Widerruf ist das *Konkursgericht,* das den Kon-   10
kurs eröffnet hat; entschieden wird im summarischen Verfahren
(SchKG 25 Z.2 a). Das Gericht greift aber nicht von sich aus ein, wenn
Widerrufsgründe vorliegen, sondern nur auf entsprechenden *Antrag*
hin.
- In den Fällen von SchKG 195 Z.1 und 2 (Tilgung oder Rückzug) geht   11
  der *Antrag vom Schuldner* aus; die Quittungen und die Rückzugser-
  klärungen sind dem Gesuch beizulegen.
- Im Falle von SchKG 195 Z.3 (Zustandekommen eines Nachlassver-   12
  trages) teilt das *Nachlassgericht* die Bestätigung des Nachlassvertra-
  ges der *Konkursverwaltung* mit; diese hat dann den Widerruf von
  Amtes wegen zu beantragen (SchKG 332 III; BGE *85* III 88).
- Im Falle von SchKG 196 (Erbschaftsliquidation) muss ein *Erbe* den   13
  Widerruf beantragen.

Der Antragsteller hat die *Gerichtskosten* vorzuschiessen (GebV 49   14
II), sonst tritt das Gericht auf das Gesuch nicht ein.

Der Widerruf des Konkurses wird *öffentlich bekanntgemacht* (SchKG   15
195 III) und allen Amtsstellen mitgeteilt, denen die Konkurseröffnung
gemeldet worden war (SchKG 176). Nach der Praxis ist der Entscheid
nur mit den im kantonalen Recht vorgesehenen Rechtsmitteln *anfechtbar;* sachlich würde es naheliegen, SchKG 174 analog anzuwenden. An
das Bundesgericht führt – wie schon gegen die Konkurseröffnung – nur
die *staatsrechtliche Beschwerde* (§ 36 N. 59).

2. Abschnitt: Die materiellen Rechts- verhältnisse im Konkurs (materielles Konkursrecht)

§ 40   Die Konkursmasse

I.   Die Einheit der Konkursmasse

In der Betreibung auf Pfändung bilden die einzelnen gepfän-   1
deten, in der Betreibung auf Pfandverwertung die einzelnen verpfände-

ten Vermögensgegenstände das Vollstreckungssubstrat. Im Konkurs ist es das *gesamte verwertbare Vermögen* des Schuldners. Dieses unterliegt von der Konkurseröffnung an als Ganzes dem Vollstreckungsbeschlag: dem Konkursbeschlag, analog dem Pfändungsbeschlag (dazu § 41 N. 6).

2   Das Konkurssubstrat besteht somit in einer einzigen, einheitlichen Masse, einem *Sondervermögen* mit eigenem rechtlichem Schicksal: der *Konkursmasse* im engeren Sinn (SchKG 197 I).

3   Dieser Umstand wirkt sich weiter aus
  – auf die Rechtsstellung des Schuldners (§ 41)
  – und auf diejenige der Gläubiger (§ 42).

II.   Die örtliche und zeitliche Begrenzung der Konkursmasse

1.   Die örtliche Begrenzung

4   Das SchKG steht grundsätzlich auf dem Boden der Einheit und der Allgemeinheit, das heisst der *Universalität des Konkurses.* Das bedeutet:

5   – Der Konkurs kann in der Schweiz gleichzeitig nur an *einem Ort* eröffnet sein, dort nämlich, wo er zuerst erkannt wurde (SchKG 55). Dieser Grundsatz der *Einheit des Konkurses* bezweckt, dass die Generalexekution unter einem rechtlich einheitlichen Regime durchgeführt wird und regelmässig auch nur *ein* Gericht für konkursrechtliche Klagen zuständig ist. Das liegt im öffentlichen Interesse und ist deshalb *zwingend* (s. auch § 10 N. 6 f.).

6   – Der (einheitliche) Konkurs erstreckt sich sodann auf *sämtliches Vermögen des Schuldners,* gleichviel, wo es sich befindet (SchKG 197 I).

7   Der Gedanke der *Universalität oder der Attraktivkraft des Konkurses* findet indessen seine Grenze an der staatlichen Souveränität. Der Rechtsschutz eines Staates kann nicht ohne weiteres auf das Hoheitsgebiet eines anderen Staates übergreifen. Darum gilt das dem Gesetz zugrundeliegende Universalitätsprinzip zunächst nur für das Gebiet der Schweiz. *Zwischenstaatlich* ist es eingeschränkt durch den ihm entgegengesetzten Grundsatz der *Territorialität* (BGE *102* III 71, *107* II 484). Über die Landesgrenze hinaus kann deshalb die Universalität eines schweizerischen Konkurses nur durch *nachgiebiges Landesrecht* des ausländischen Staates oder durch *zwischenstaatliche Vereinbarung* verwirklicht werden. Nicht ganz auszuschliessen ist auch die Möglich-

keit gesetzlich nicht geregelter *freiwilliger Rechtshilfe* eines ausländischen Staates.

Das Landesrecht des ausländischen Staates oder ein mit ihm abgeschlossener Staatsvertrag bestimmen also darüber, ob das in seinem Herrschaftsbereich gelegene Vermögen des Schuldners zur *schweizerischen Konkursmasse* gezogen werden kann (z. B. die Übereinkunft der alten Eidgenossenschaft mit der Krone Württemberg von 1825). Unabhängig davon ist das ausländische Vermögen in jedem Falle ins Konkursinventar aufzunehmen (KOV 27 I); dies wohl im Hinblick auf den guten Willen des Schuldners, der Konkursverwaltung auf dem Boden des Privatrechts behilflich zu sein, es beizubringen (*102* III 71). 8

Umgekehrt, *im Falle eines im Ausland eröffneten Konkurses,* wird dieser – selbst bei Fehlen eines Staatsvertrages – in der Schweiz anerkannt, wenn die Voraussetzungen nach IPRG 166 erfüllt sind, nämlich: das ausländische Konkurserkenntnis muss von zuständiger Stelle erlassen worden sein, es darf ihm kein allgemeiner Verweigerungsgrund nach IPRG 27 entgegenstehen, und der ausländische Staat muss unserem Land Gegenrecht halten. 9

Indessen verwirklicht das IPRG eher ein *Rechtshilfemodell* als das Universalitätsprinzip, indem das in der Schweiz befindliche Vermögen des Schuldners der ausländischen Masse nur unter engen Bedingungen herausgegeben wird (IPRG 172 ff.). Ausgeliefert wird nämlich nur, was nach Befriedigung der Pfandgläubiger und der privilegierten Gläubiger mit Wohnsitz in der Schweiz übrigbleibt (IPRG 173 I). Zur Durchsetzung ihres Vorrechts wird für diese Gläubiger ein auf die hier gelegenen Vermögensteile beschränkter «Hilfskonkurs» im Summarverfahren durchgeführt (§ 49 N. 3). Ausserdem muss nachgewiesen sein, dass schweizerische Gläubiger im ausländischen Hauptkonkurs «angemessen» behandelt werden (IPRG 173 III). – Im übrigen sei auf die konzise Darstellung des Hilfskonkurses i. S. von IPRG 166 ff. in Fritzsche/Walder, Band II, § 55 verwiesen.

Heute sind im europäischen Raum multilaterale Bestrebungen im Gange, das Territorialitätsprinzip zugunsten der Universalität des Konkurses einzuschränken (siehe den Entwurf der Kommission der Europäischen Union zu einem Übereinkommen über den Konkurs, Vergleiche und ähnliche Verfahren vom 16. 2. 1970). Auch der Europarat befasst sich mit gewissen Aspekten des internationalen Konkurses. 10

In der neueren Doktrin und Rechtsprechung wird zu Recht die Förderung des Universalitätsprinzips – im Interesse der Gleichbehandlung aller Gläubiger – befürwortet (BGE *102* III 71, *107* II 486, *109* III 116).

2. Die zeitliche Begrenzung

Zeitlich gesehen umfasst die Konkursmasse alles Vermögen, das dem Schuldner zwischen Beginn und Ende des Konkurses rechtlich zusteht. Das ist nicht allein sein *Vermögensbestand im Zeitpunkt der Konkurseröffnung,* sondern auch das Vermögen, das ihm seither bis zum Schluss des Konkursverfahrens *noch anfällt* (SchKG 197; BGE *95* II 36). 11

12   Zum «anfallenden Vermögen» gehören sachlich nur Werte, die der
Schuldner nicht erarbeiten muss, die ihm vielmehr – aus welchem Grunde auch immer – während des Konkurses zufallen: z. B. aus Erbschaft,
Schenkung, Spiel und Wette. Dabei kommt nur zugefallenes *Reinvermö-
gen* in Betracht, der Betrag also, der nach Abzug allfälliger Aufwendungen (z. B. des Lotterieeinsatzes) übrigbleibt.

13   Keinen Vermögensanfall in diesem Sinne bildet demnach das *Erwerbseinkommen*, das der Schuldner *nach der Konkurseröffnung* erzielt.
Nur was *vorher* erworben wurde, fällt in die Konkursmasse. Dabei spielt
es keine Rolle, in welchem Zeitpunkt der Einkommensbetrag beim
Schuldner eingegangen ist; allein der Zeitpunkt der Entstehung der
rechtsbegründenden Tatsachen ist massgebend (vgl. BGE *118* III 41 f.
für eine Kapitalabfindung aus beruflicher Vorsorge, die erst nach Konkurseröffnung ausgezahlt wurde).

14   Über seinen Arbeitserwerb kann der Schuldner somit von der Konkurseröffnung an frei verfügen (BGE *121* III 383), und zwar selbst dann,
wenn er zuvor gepfändet worden wäre und das Ende der Jahresfrist
dafür (SchKG 93 II) auf einen Zeitpunkt nach der Konkurseröffnung
fiele (BGE *72* III 85 ff., *114* III 27 f.).

Daraus erhellt, welchen Vorteil die Konkurseröffnung einem von Lohnpfändungen
geplagten, auf den Notbedarf gedrückten Schuldner bieten kann. Selbst *Ersparnisse,* die
der Schuldner aus seinem Arbeitserwerb macht, stellen nicht «anfallendes Vermögen» dar;
daraus kann höchstens einmal «neues Vermögen» gebildet werden, auf das die Gläubiger
aber erst nach Schluss des Konkurses, auf Grund ihrer Verlustscheine, greifen können
(vgl. §§ 38 N. 23 und 48 N. 29).

Nach der Praxis bleibt andererseits auch eine *bereits bestehende Lohnzession* vom
Konkurs unberührt (BGE *114* III 27). Man kann sich fragen, ob das richtig ist: erstens
führt es zu einer weiteren Privilegierung des Zessionars gegenüber den übrigen Gläubigern (OR 325 deckt sich zum guten Teil mit SchKG 219 IV Erste Klasse lit. c), zweitens
erschwert es die wirtschaftliche Erholung des Schuldners und drittens widerspricht es dem
Wesen des Konkurses als Generalliquidation ganz allgemein, indem es dem Schuldner
verunmöglicht, einen Schlussstrich unter Vergangenes zu ziehen.

III.   Der sachliche Umfang der Konkursmasse

1.   Allgemein und grundsätzlich

15   Wie in der Pfändungsbetreibung kann auch im Konkurs *nur
verwertbares Vermögen* des Schuldners zur Vollstreckung herangezogen
werden. Darum gilt, dass zur Konkursmasse alles gehört, was auch
pfändbar wäre (SchKG 197 I). Unpfändbare Vermögensbestandteile,

insbesondere Kompetenzstücke (SchKG 92), fallen selbst dann nicht in die Konkursmasse, wenn sie vor der Konkurseröffnung unangefochten gepfändet worden wären (BGE *51* III 140).

Abgesehen von den unpfändbaren Vermögenswerten gehört aber alles zur Konkursmasse, was dem Schuldner zu *Eigentum* oder auf Grund eines anderen *absoluten oder eines obligatorischen Rechts* (z. B. eine Forderung) zusteht. Sogar eine vor Konkurseröffnung abgetretene *künftige Forderung* des Schuldners fällt in die Konkursmasse, wenn sie erst nach der Konkurseröffung entstanden ist (z. B. bei einer generellen Debitorenzession BGE *111* III 75; zur Ausnahme der Lohnzession siehe oben N. 14).   16

Auch *erbrechtliche Ansprüche* gehören dazu, wobei die den Gläubigern eines konkursiten Erben nach zivilrechtlicher Ordnung zustehenden Rechte nunmehr von der Konkursverwaltung geltend gemacht werden. Diese ist jetzt also befugt, zugunsten der Masse eine dolose Ausschlagung der Erbschaft oder eine ungerechtfertigte Enterbung anzufechten sowie die Herabsetzungsklage zur Herstellung des Pflichtteils anstelle des Erben anzustrengen (ZGB 578 und 524).   17

2.   Verpfändete, gepfändete oder arrestierte Vermögenswerte

a)   *Pfandgegenstände*

Pfandgegenstände, die dem Schuldner gehören, fallen nach schweizerischem Recht ebenfalls in die Konkursmasse; doch bleibt den Pfandgläubigern das Recht auf Vorausbefriedigung aus deren Erlös erhalten (SchKG 198, 219 und 232 II Z. 4; BGE *116* III 26; s. § 42 N. 58). Infolgedessen werden im Konkurs die vom Schuldner bestellten Pfänder zusammen mit seinem übrigen Vermögen verwertet. Entsprechend ist der Pfandgläubiger zur Herausgabe des Pfandes verpflichtet (SchKG 232 II Z. 4).   18

Im ausländischen Konkursrecht kann das anders sein, so beispielsweise im deutschen: dort werden die Pfandgegenstände «abgesondert» und ausserhalb des Konkurses für die Pfandgläubiger verwertet. Nur ein allfälliger Überschuss des Erlöses fällt in die Masse zur gemeinschaftlichen Befriedigung der Konkursgläubiger.   19
Das schweizerische Recht kennt diese *Absonderung* der Pfandgegenstände nur beim Nachlassvertrag mit Vermögensabtretung (SchKG 324; §§ 54 N. 54, 55 N. 8). Im Konkurs ist die private Verwertung des Pfandes sogar dann ausgeschlossen, wenn dem Pfandgläubiger ein *Selbstverkaufsrecht* eingeräumt wurde; dieses wird – im Interesse der Generalexekution – mit der Konkurseröffnung unwirksam (BGE *116* III 26; zum Selbstverkaufsrecht s. auch § 32 N. 17).

b)   *Gepfändete oder arrestierte Vermögensgegenstände*

20   Vermögensgegenstände des Schuldners, die *vor der Konkurs-eröffnung gepfändet oder arrestiert* wurden, gehören ebenfalls zur Konkursmasse; denn frühere Spezialexekutionen sind mit der Konkurseröffnung aufgehoben (SchKG 199 I; BGE *67* III 38; 41 N. 22). Das trifft aber nur solange zu, als sie nicht schon vorher, im Rahmen der Spezialexekution, verwertet worden sind. In diesem Falle wird der *Erlös an die Pfändungsgläubiger verteilt* und nur ein allfälliger *Überschuss fällt in die Konkursmasse* (SchKG 199 II; BGE *107* III 117).

21   Gleich verhält es sich – sofern die Fristen für den Pfändungsanschluss vor dem Konkurs abgelaufen sind –, wenn sich eine eigentliche Verwertung erübrigt, wie bei gepfändetem Bargeld sowie bei Geldbeträgen, die aufgrund einer Forderungs- oder Einkommenspfändung vor Konkurseröffnung beim Betreibungsamt eingegangen und noch nicht verteilt worden sind (SchKG 199 II). Diese Verteilungsregel belohnt die Pfändungsgläubiger für ihre besonderen Anstrengungen.

22   Im Falle bloss *provisorischer Pfändung* fallen allerdings Bargeld, Verwertungserlös und dem Betreibungsamt abgelieferte Beträge in die Konkursmasse, weil hier nach SchKG 144 V noch gar nicht verteilt werden darf (BGE *40* III 88; s. § 29 N. 11).

3.   Betreibungsrechtliche Anfechtungsansprüche

23   Auch sie gehören zur Konkursmasse und sind deshalb ins Inventar aufzunehmen (SchKG 200 und KOV 27 II).

24   Die Anfechtungsansprüche gründen sich durchwegs auf Rechtshandlungen, durch welche das Vermögen des Schuldners verringert wurde: der entgangene Vermögenswert soll wieder dem Vollstreckungssubstrat zugeführt werden. Im einzelnen kommen in Betracht:
– die Anfechtung einer fraudulösen Verrechnung nach SchKG 214 (siehe N. 54 ff.);
– die sogenannte paulianische Anfechtung gemäss SchKG 285 ff. (siehe § 52).

IV.   *Die Aussonderungsrechte Dritter*

1.   Allgemeines zur Aussonderung

25   Nur was dem Schuldner gehört, ist Bestandteil der Konkursmasse; denn jedermann haftet für seine Schulden nur mit seinem eige-

nen Vermögen. Indessen kann – wie bei einer Pfändung – auch im Konkurs die Rechtszugehörigkeit eines Vermögenswertes streitig sein: ein Dritter kann daran eigene Rechte geltend machen. Dann muss – wie in der Spezialexekution im Widerspruchsverfahren – die Berechtigung abgeklärt werden: es kommt – je nach dem Gewahrsam am streitigen Gegenstand – zum Aussonderungs- oder zum Admassierungsverfahren (SchKG 242).

Aussonderung bedeutet, dass der Dritte einen unter Konkursbeschlag   26
gefallenen Gegenstand freibekommen will. Mit der *Admassierung* sucht die Konkursmasse dagegen einen bei einem Dritten befindlichen Gegenstand, an dem dieser eigene Rechte geltend macht, zur Masse zu ziehen, weil er nach Auffassung der Konkursorgane dem Schuldner gehört.

Die Frage der Admassierung kann sich auch bei Ansprüchen des Konkursiten aus Personenversicherung stellen, wenn die Konkursmasse eine angebliche Begünstigung von Drittpersonen bestreiten will (VVG 79 f.; BGE *105* III 133; vgl. VPAV 10).

Näheres zu den beiden Verfahren in § 45 N. 28 ff. Hier werden vorerst nur die *materiellen Aussonderungsgründe* erläutert; sie sind teils zivilrechtlicher, teils konkursrechtlicher Natur.

2.   Zivilrechtliche Aussonderungsgründe

Anders als das Widerspruchsverfahren im Rahmen einer Spe-   27
zialexekution, das auch der Klärung von reinen Rangfragen der angemeldeten Drittrechte dient (§ 24 N. 9 ff.), hat die Aussonderung im Konkurs immer nur *Herausgabeansprüche* zum Gegenstand; andere Rechte Dritter (beschränkte dingliche Rechte wie Pfandrechte, Dienstbarkeiten sowie realobligatorische Ansprüche, s. § 24 N. 12) werden hier im *Kollokationsverfahren* geklärt. Aussonderungs- und Widerspruchsrechte sind somit zwar funktionsverwandt, aber nicht deckungsgleich.

a) Im Vordergrund steht das *Eigentum* eines Dritten: was ihm gehört,   28
kann er von der Konkursmasse herausverlangen (ZGB 641 II).

Das gilt auch für den aus einem Wertpapier Berechtigten (den Titular), nicht aber für den Gläubiger einer Forderung, die nicht in einem Wertpapier verkörpert ist; das Gläubigerrecht muss im *Prätendentenstreit* zwischen der Konkursmasse und dem Drittansprecher abgeklärt werden (OR 168).

Praktisch kommt diese sachenrechtliche Aussonderung in Frage, wenn der Schuldner fremde Sachen besitzt; z. B. als Mieter oder Entlehner, als Käufer unter Eigentumsvorbehalt (BGE *93* III 96) oder als Leasing-Nehmer, aber auch als Dieb.

b) Im weiteren gewährt das *Auftragsrecht* dem Auftraggeber An-   29
spruch auf *Herausgabe des beweglichen Vermögens,* das der Beauftragte

für dessen Rechnung in eigenem Namen erworben hat (OR 401; § 24 N. 16).

Auf diesen Aussonderungsgrund muss sich der Auftraggeber bzw. Fiduziant jedoch auch berufen können, wenn er im Konkurs des Beauftragten (Fiduziars) die Rückgabe des ursprünglichen (d. h. anvertrauten) Treuguts verlangt – wie es übrigens das revidierte BankG für die Bankentreuhand ausdrücklich bestimmt (BankG 16 Z. 2 sowie 37 b). Es wäre unverständlich, wenn eine Bankentreuhand bezüglich des ursprünglichen Treuguts als sicherer gelten würde als jede andere Treuhand. OR 401 muss deshalb i. S. des BankG ausgelegt werden (problematisch erscheint daher BGE *117* II 429 ff.).

30   c) Schliesslich kommen noch einige dem Aussonderungsrecht des Auftraggebers nachgebildete *Sonderfälle* in Betracht:

– So steht den *Anlegern eines Anlagefonds* im Konkurs der Depotbank oder der Fondsleitung nach AFG 4 II und 16 ein Absonderungsrecht für das ihnen – anteilsmässig – gehörende Vermögen zu. Im Unterschied zum Aussonderungsrecht des Auftraggebers erstreckt es sich auch auf Grundstücke und wird überdies schon von Amtes wegen berücksichtigt.

– Ein analoges Absonderungsrecht besitzen auch die *Depotkunden* im Konkurs einer Bank (BankG 37 b), das ebenfalls von Amtes wegen berücksichtigt wird. Es erfasst die beweglichen Sachen und Effekten im Eigentum der Depotkunden (BankG 16 Z. 1), das Vermögen, das die Bank für ihre Kunden fiduziarisch besitzt (BankG 16 Z. 2) sowie die frei verfügbaren Lieferansprüche der Bank gegen Dritte aus gewissen Geschäften für Rechnung der Depotkunden.

3.   Konkursrechtliche Aussonderungsgründe

31   In drei Fällen gewährt das Konkursrecht selbst – aus Billigkeits- und Zweckmässigkeitsüberlegungen – ein Recht auf Aussonderung. Die beiden ersten dieser Aussonderungsgründe (a und b hienach) lehnen sich ans Auftragsrecht an.

32   a) So darf, wer dem Schuldner ein Inhaber- oder ein Ordrepapier bloss zum Einkassieren oder als Deckung für eine bestimmt bezeichnete künftige Zahlung übergeben und indossiert hat, die Rückgabe desselben verlangen (*Inkassomandat* und *Sicherungsübereignung;* SchKG 201).

Dieser Aussonderungsfall ist vor allem auf fiduziarisch übertragene Inhaberpapiere zugeschnitten. Er spielt aber auch bei voll indossierten Ordrepapieren eine Rolle, falls intern eine beschränkende fiduziarische Abrede besteht. Bei offenem Vollmachtsindossament greift hingegen bereits das zivilrechtliche Aussonderungsrecht Platz.

Auftragsgemäss *einkassiertes Geld* kann wiederum nach OR 401 III ausgesondert werden, sofern es genügend individualisiert und segregiert ist (§ 24 N. 16).

b) Der zweite konkursrechtliche Aussonderungsgrund liegt darin, 33 dass der Schuldner – ohne dazu beauftragt zu sein – eine *fremde Sache* (nach der Praxis auch eine Forderung; BGE *70* III 84) *verkauft,* jedoch im Zeitpunkt der Konkurseröffnung den *Kaufpreis noch nicht erhalten* hat. Hier darf der bisher Berechtigte die Abtretung der Kaufpreisforderung oder die Herausgabe des inzwischen von der Konkursverwaltung eingezogenen Geldbetrages verlangen, sofern er dem Schuldner seine Aufwendungen vergütet (SchKG 202). Was *vor der Konkurseröffnung* an den Kaufpreis bezahlt wurde, fällt in die Konkursmasse; der bisher Berechtigte kann dann nur noch eine Konkursforderung eingeben und wird gleich behandelt wie jeder andere Konkursgläubiger.

Nicht auf diesen konkursrechtlichen Aussonderungsanspruch angewiesen ist, wer den Schuldner mit dem Verkauf beauftragt hatte; er hat das Aussonderungsrecht als Auftraggeber (OR 401, oben N. 29).

c) Konkursrechtliche Aussonderung kommt schliesslich noch in Fra- 34 ge, wenn bei einem *Distanzkauf* die vom Schuldner gekaufte, aber noch nicht bezahlte Ware zur Zeit der Konkurseröffnung zwar bereits an ihn abgesandt war, aber noch nicht bei ihm eingetroffen ist. Dann kann der Verkäufer die Rückgabe der Sache fordern, sofern die Konkursverwaltung es nicht vorzieht, den Kaufpreis zu bezahlen; das wird sie tun, wenn es sich um einen besonders günstigen Kauf handelte oder der Wert der Sache inzwischen gestiegen ist (SchKG 203 I).

Vor diesem Rücknahmerecht wird immerhin der *gutgläubige Dritte* 35 *geschützt,* der vor der Konkurspublikation auf Grund eines Warenpapiers (Frachtbrief, Konossement, Ladeschein) an der Kaufsache Eigentum oder ein Pfandrecht erworben hat (SchKG 203 II).

Das Rücktrittsrecht des Verkäufers bei Verzug des Kreditkäufers gemäss OR 214 III 36 wird im Konkurs des Käufers durch SchKG 212 ausgeschlossen. Der vertragliche Rücktrittsvorbehalt gewährt dem Verkäufer somit keine Rücknahme- oder Aussonderungsmöglichkeit im Konkurs. Er kann für den Kaufpreis nur eine Konkursforderung geltend machen. Liegt aber ein gültiger Eigentumsvorbehalt vor, so greift die zivilrechtliche Aussonderung Platz, nicht die konkursrechtliche (BGE *93* III 96).

4. Aussonderung kraft Sonderrechts (Hinweise)

a) Aussonderung der Kaution zugunsten der schweizerischen 37 Versicherungsnehmer im Konkurs einer inländischen Versicherungsgesellschaft (*BG über die Kautionen der Versicherungsgesellschaften 16*; SR 961.02).

38   b) Aussonderungsrecht des Bundes für bestimmte Pflichtlagerware gemäss dem *BG über die wirtschaftliche Landesversorgung 13* (SR 531) sowie der zugehörigen Verordnung (SR 531.212; s. etwa BGE *104* III 110 betreffend die Aussonderung auf Grund des früheren Kriegsvorsorgegesetzes).

V.   Die Verrechnungsansprüche von Konkursgläubigern

1.   Die Bedeutung der Verrechnung im Konkurs

39   Wie die Aussonderungsrechte Dritter können sich auch Verrechnungsansprüche von Gläubigern auf den Bestand des Konkurssubstrats auswirken. Während aber durch Aussonderung bloss Vermögenswerte ausgeschieden werden, die nach Zivil- oder Konkursrecht gar nicht dazu gehören, greift eine Verrechnung die Substanz selbst an: die Konkursmasse wird vermindert, indem eine Forderung des Konkursiten (Bestandteil der Aktivmasse) durch Verrechnung mit der Gegenforderung eines Konkursgläubigers (Bestandteil der Passivmasse) untergeht.

40   Nominal sind die Aktiv- und die Passivmasse durch die Verrechnung zwar in gleichem Masse betroffen. Für die kompensierenden Parteien jedoch bringt sie konkrete Vorteile. Konkursforderungen werden dadurch unter Umständen vollständig getilgt; der verrechnende Konkursgläubiger braucht sich nicht bloss mit einer Konkursdividende zu begnügen. Es wäre in der Tat unbillig, von einem Schuldner des Konkursiten vollständige Erfüllung zu verlangen, ihn aber andererseits als Konkursgläubiger nur mit einem Bruchteil seiner Forderung (Dividende) abzufinden oder gar leer ausgehen zu lassen.

41   Gerade wegen dieses Vorteils der Verrechnung muss verhindert werden, dass sich einzelne Konkursgläubiger bzw. Schuldner des Konkursiten durch Missbrauch begünstigen. Darum wird das allgemeine Kompensationsrecht des OR durch das materielle Konkursrecht des SchKG modifiziert (OR 123 II).

2.   Die Voraussetzungen der Verrechnung im Konkurs

42   Soweit das Schuldbetreibungsrecht nichts anderes vorsieht, gelten die Verrechnungregeln des Obligationenrechts auch im Konkurs; die Verrechnung ist somit grundsätzlich unter den gleichen Vorausset-

zungen zulässig (OR 123, SchKG 213 I). Die materiellen Wirkungen des Konkurses begünstigen sie sogar:

- Einmal ist die in OR 120 I geforderte *Gleichartigkeit der zu verrech-* 43 *nenden Forderungen* im Konkurs stets gegeben, wenn der Konkursit vom Gläubiger Geld zu fordern hat; denn gemäss SchKG 211 I wandeln sich alle Konkursforderungen, die nicht auf Geldzahlung lauten (Realforderungen), in Geldforderungen von entsprechendem Wert um (42 N. 32). Verrechnung wäre also nur ausgeschlossen, wenn der Konkursforderung eine *Realforderung* des Konkursiten gegenübersteht.
- Sodann entfällt nach OR 123 I das Erfordernis der *Fälligkeit* der 44 Forderungen der Konkursgläubiger, abgesehen davon, dass die Konkurseröffnung die Fälligkeit sämtlicher Konkursforderungen bewirkt, ausgenommen der grundpfandgesicherten (SchKG 208 I).
- Schliesslich lässt das Bundesgericht die Verrechnung sogar zu, wenn 45 die *Gegenforderung* des Konkursiten im Zeitpunkt der Konkurseröffnung noch nicht fällig, jedoch *erfüllbar* ist (BGE *39* II 394, *42* III 277).

3.   Die Verrechnungsverbote

Um Missbräuchen vorzubeugen, zu welchen die erleichterte 46 Verrechnungsmöglichkeit verleiten könnte, wird die Verrechnung in bestimmten Fällen ausgeschlossen. Die Verbote setzen jedoch – mit Ausnahme von SchKG 213 III – nicht etwa voraus, dass dem verrechnenden Konkursgläubiger im konkreten Fall Unredlichkeit vorgeworfen werden könnte; sie gelten vielmehr *allgemein und absolut* (BGE *101* III 110 f.).

Doch gelten sie – ihrem Zweck, den Bestand des Vollstreckungssubstrats zu erhalten, 47 entsprechend – nur für die Konkursgläubiger, nicht auch für die Masse. Die Konkursverwaltung darf also ohne weiteres eine Konkursforderung durch Verrechnung mit einer Gegenforderung des Konkursiten tilgen (BGE *109* III 119).

In vier Fällen verbietet das Gesetz die Verrechnung (SchKG 213 II–IV):
- Zunächst dann, wenn ein Schuldner des Konkursiten erst *nach der* 48 *Konkurseröffnung* auch dessen Gläubiger wird, indem er nachträglich eine Konkursforderung erwirbt (SchKG 213 II Z. 1).

Von diesem Verbot ausgenommen ist immerhin der Schuldner, der – zufolge Erfüllung einer schon vorher bestehenden Eventualverpflichtung – in die Gläubigerstellung subrogiert und nun sein Rückgriffsrecht ausübt: so wenn er als Drittpfandbesteller das Pfand erst nach Konkurseröffnung einlöst (OR 110) oder wenn er als Bürge oder Garant erst nach der Konkurseröffnung für den Konkursiten einspringen muss.

49 – Ausgeschlossen ist die Verrechnung auch im *umgekehrten Fall,* wenn ein Gläubiger des Konkursiten erst nach der Konkurseröffnung dessen Schuldner oder Schuldner der Konkursmasse wird (SchKG 213 II Z. 2; BGE *115* III 67, *117* III 66).

50 – Zum Dritten verbietet das Gesetz die Verrechnung, wenn die Forderung des Gläubigers auf einem *Inhaberpapier* beruht und er nicht nachzuweisen vermag, dass er das Wertpapier in gutem Glauben *vor* der Konkurseröffnung erworben hat (SchKG 213 III).

Anders als bei den anderen Verrechnungsverboten berücksichtigt dieser Tatbestand somit auch noch ein subjektives Moment und kehrt erst noch die Regel von ZGB 3 um: der Titular muss nicht nur nachweisen, dass er das Papier vor der Konkurseröffnung erworben hat, sondern auch, dass er sich dabei – was die Vermögenslage des Schuldners betrifft – in gutem Glauben befunden hat (BGE *101* III 109).

51 – Schliesslich können im Konkurs einer Kommanditgesellschaft, einer Handelsgesellschaft oder einer Genossenschaft nicht voll einbezahlte Beträge der Kommanditsumme oder des Gesellschaftskapitals sowie rückständige statutarische Beiträge an die Genossenschaft nicht mit Konkursforderungen verrechnet werden (SchKG 213 IV). Diese Vorschrift schützt das Gesellschaftskapital im Interesse der übrigen Gläubiger (BGE *76* III 13).

Die Konkursverwaltung ist jedoch befugt, den vom Gläubiger geschuldeten Zeichnungsbetrag mit der ihm zufallenden Dividende zu verrechnen (BGE *76* III 16).

52 Mit Ausnahme des letzten Falles, wo die Art der betroffenen Forderungen für das Verrechnungsverbot ausschlaggebend ist, kommt es immer darauf an, *wann* die rechtserheblichen Tatsachen, die zur Verrechnungslage führten, eingetreten sind. Entscheidend für den Ausschluss der Verrechnung ist einzig, ob die Gegenforderung erst *nach der Konkurseröffnung* entstanden ist oder der Erwerb einer Forderung oder die Übernahme einer Schuld erst nach diesem Zeitpunkt erfolgte (BGE *107* III 139 ff., *111* I b 158). Unmassgeblich ist hingegen der Zeitpunkt der Fälligkeit oder des Eintritts der Gleichartigkeit; denn diese Kriterien sind meist bereits mit der Konkurseröffnung gegeben.

53 Der Schuldner des Konkursiten soll in allen diesen vier Fällen seine Schuld voll in die Masse einzahlen und sich mit einer Dividende für seine Konkursforderung begnügen.

4. Die konkursrechtliche Anfechtbarkeit der Verrechnung

54 Ausser den absoluten Verrechnungsverboten (SchKG 213) kennt das Konkursrecht noch einen Tatbestand bloss *anfechtbarer Ver-*

rechnung: Hat ein Schuldner des Konkursiten noch *vor* der Konkurseröffnung eine Forderung gegen ihn erworben, so ist die Verrechnung zivil- und konkursrechtlich zwar grundsätzlich zulässig. Sie kann jedoch angefochten werden, wenn der Erwerb *mala fide* erfolgte, nämlich in Kenntnis der Zahlungsunfähigkeit des späteren Konkursiten und mit der Absicht, sich oder einem andern einen Vorteil zu verschaffen (SchKG 214).

Diese Bestimmung will verhindern, dass der Schuldner einer zahlungsunfähigen Person 55
unangefochten (und möglicherweise auch noch billig, d. h. unter pari) Forderungen gegen
diese erwerben kann, um hierauf mit dem Nominalbetrag seine eigene Schuld zu tilgen.
Als Ausnahme von der Regel sonst zulässiger Verrechnung darf sie nicht ausdehnend
interpretiert werden. Die Kenntnis der Zahlungsunfähigkeit sowie der resultierenden
Begünstigung sind dem verrechnenden Schuldner nachzuweisen, wobei aber nicht Arglist
verlangt ist, sondern Erkennenmüssen genügt (BGE *122* III 136, *95* III 88).

Der Anfechtungsanspruch gehört zur Konkursmasse (SchKG 200) 56
und ist wie eine paulianische Anfechtung geltend zu machen (SchKG
285 ff.; § 52 N. 27). *Beklagter* ist immer der verrechnende Schuldner des
Konkursiten, niemals auch der einstige Gläubiger, der durch die Abtretung seiner Forderung die Verrechnung ermöglicht hat (BGE *95* III 83,
103 III 46).

Die Verrechnungsanfechtung nach SchKG 214 weist eine gewisse Verwandtschaft 57
mit der Überschuldungspauliana auf (§ 52 N. 16). Sie unterscheidet sich von dieser im
wesentlichen nur dadurch, dass die Pauliana durchwegs ein Handeln des Konkursiten voraussetzt, während jene auf einem Vorgang beruht, an dem der Schuldner nicht beteiligt ist.

5.   Das Geltendmachen der Verrechnung

Diesbezüglich sind – nach der Rechtsprechung des Bundesgerichts (BGE *83* III 70 f., *117* III 63 ff.) – folgende Regeln zu beachten:
- Forderungen des Konkursiten gegen einen Konkursgläubiger werden 58
  mit dessen *Konkursforderung* verrechnet. Dies geschieht regelmässig
  im *Kollokationsverfahren,* sofern es in diesem Zeitpunkt bereits möglich ist.
  - Entweder erklärt der Konkursgläubiger die Verrechnung, indem
    er z. B. nur noch einen Restbetrag seiner Konkursforderung eingibt;
  - oder dann verrechnet die Konkursverwaltung ihrerseits, indem sie
    nur einen Restbetrag der angemeldeten Konkursforderung kolloziert oder – je nach Betragshöhe – die Kollokation gänzlich abweist.

– Lehnt die Konkursverwaltung die vom Konkursgläubiger erklärte Verrechnung ab, so bleibt sie zunächst dennoch daran gebunden und darf demzufolge einstweilen nur die eingegebene Restforderung kollozieren (§ 46 N. 17). Die verrechnete Gegenforderung des Konkursiten muss gerichtlich eingeklagt werden.

Dabei handelt es sich nicht etwa um eine Kollokationsklage, sondern um eine materiellrechtliche Forderungsklage. Klägerin ist die Konkursmasse. Wenn hingegen die zweite Gläubigerversammlung auf die Gegenforderung verzichtet, so kommt als Kläger ein Abtretungsgläubiger in Frage (SchKG 260; dazu § 47 N. 30 ff.).

Unterliegt der verrechnende Gläubiger in diesem Forderungsprozess, so kann er mit nachträglicher, «korrigierter» Konkurseingabe seine «wiedererstandene» ganze Konkursforderung anmelden – allerdings unter Kostenfolge (SchKG 251; BGE *56* III 248, *71* III 185, *120* III 30 f.).

59 – *Masseforderungen* können nur mit Masseschulden (§ 48 N. 4 f.), insbesondere also mit der Konkursdividende, verrechnet werden, diesfalls also *erst bei der Verteilung* (BGE *76* III 15).

Beispiel: Hat ein Konkursgläubiger (z. B. ein Lieferant) eine Lagerhalle gemietet, die zu einem Grundstück des Konkursiten gehört, so kann er die Miete, die nach Konkurseröffnung anfällt (Masseforderung), nicht mit der ganzen Konkursforderung (Lieferantenguthaben), sondern nur mit der darauf entfallenden Dividende verrechnen.

§ 41   Die Rechtsstellung des Schuldners

I.   *Im allgemeinen*

1   Der Konkurs ändert vor allem die Rechtslage des Schuldners. Dies ist unvermeidlich im Hinblick auf das Ziel der Liquidation seines ganzen Vermögens. Die Änderung der Rechtsstellung des Konkursiten betrifft sein Verhältnis
– zur Konkursmasse einerseits (N. 5 ff.) sowie
– zu seinen Gläubigern andererseits (N. 21 ff.).

2   Vollkommen unberührt bleibt indessen seine *Rechts- und Handlungsfähigkeit;* so wenigstens wenn er eine *natürliche Person* ist.

3   Handelt es sich um eine *juristische Person* oder um eine *betreibungsfähige Personengesellschaft,* führt die Konkurseröffnung zwangsläufig zu ihrer *Auflösung.* Die Gesellschaft tritt in Liquidation und wird als solche ins Handelsregister eingetragen (z. B. «Aktiengesellschaft X in Liquida-

tion»). Nach Abschluss des Konkurses fällt ihre wirtschaftliche Existenz dahin; mit der darauf folgenden Löschung im Handelsregister hört auch ihre rechtliche Existenz auf (BGE *117* III 41 f.).

Auflösung infolge des Konkurses trifft insbesondere: 4
– den Verein (ZGB 77) und die Stiftung (ZGB 88 I);
– die Aktiengesellschaft (OR 736 Z. 3);
– die Kommandit-Aktiengesellschaft (OR 770);
– die Gesellschaft mit beschränkter Haftung (OR 820 Z. 3);
– die Genossenschaft (OR 911 Z. 3);
– die Kollektivgesellschaft (OR 574 I);
– die Kommanditgesellschaft (OR 619 I).

II.   *Die Stellung des Schuldners zur Konkursmasse*

1.   Die Rechtszugehörigkeit des Massevermögens

Der Konkursit bleibt auch nach der Konkurseröffnung   5
Rechtsträger seines Vermögens, insbesondere also Eigentümer der zugehörigen Sachen und Gläubiger seiner Forderungen. Erst mit der Verwertung verliert er die Rechtsträgerschaft, weil die Vermögenswerte dann auf die einzelnen Erwerber übergehen. Der Konkurs bewirkt somit keine Sukzession der Gläubiger oder der Masse in die Rechte des Schuldners.

2.   Das Verfügungsrecht über das Massevermögen

Dagegen verliert der Schuldner mit der Konkurseröffnung   6
grundsätzlich das Recht, über sein Vermögen zu verfügen; es steht jetzt unter *Konkursbeschlag* (BGE *114* III 61, *95* II 36). Als Konkursit kann und darf er seine Herrschaftsrechte nicht mehr im vollen Umfang ausüben. Frei verfügen kann er nur noch über das, was nicht zur Konkursmasse gehört: über die nach SchKG 92 unpfändbaren Vermögenswerte (SchKG 224) sowie über das Erwerbseinkommen und dessen Surrogate (§ 40 N. 13). Im übrigen aber gehen die Verwaltungs- und Verfügungsbefugnisse auf die Konkursmasse über, die sie durch die *Konkursverwaltung* ausübt (BGE *121* III 30).

Die Konkurseröffnung bewirkt somit – wie Pfändung und Arrest –   7
eine *Beschränkung des Verfügungsrechts* des Schuldners. Auch hier ist das Verfügungsverbot strafrechtlich geschützt («Verstrickungsbruch» nach StGB 169).

327

Die *rechtliche Verfügungsfähigkeit* hingegen – Ausfluss der Handlungsfähigkeit – wird vom Konkursbeschlag nicht betroffen (s. aber die Marginalie von SchKG 204). Der Konkursit kann sodann auch nach Konkurseröffnung ohne weiteres noch *Verpflichtungsgeschäfte* abschliessen, sogar über Werte der Aktivmasse: nur das darauf folgende *Verfügungsgeschäft* wäre ungültig. Ausserdem könnte die neu eingegangene Verpflichtung weder als Konkursforderung noch als Masseverbidlichkeit geltend gemacht werden; es haften für sie nur vom Konkurs nicht betroffene (konkursfreie) Aktiven.

Die Beschränkung des Verfügungsrechts äussert sich im einzelnen wie folgt:

8   a) Erstens sind Rechtshandlungen *(Verfügungen),* die der Schuldner nach der Konkurseröffnung über Bestandteile der Konkursmasse vornimmt, *den Konkursgläubigern gegenüber ungültig* (SchKG 204 I).

> Wenn also der Schuldner z. B. eine Schuld bezahlt oder seinem eigenen Schuldner eine Schuld erlässt, ein Pfandrecht bestellt oder eine Sache veräussert, kann die Konkursverwaltung über diese Rechtshandlungen hinweggehen, wie wenn sie nicht geschehen wären. Die entäusserten Werte können bedingungslos wieder beigebracht werden.

9   Auf diese Ungültigkeit der Verfügungen können sich aber nur die *Konkursgläubiger* und die *Konkursverwaltung* berufen, nicht etwa auch der Konkursit selber oder gar der Dritte, mit dem das Rechtsgeschäft abgeschlossen worden ist. Die Verfügung kann aber auch nachträglich genehmigt werden, so wenn das Geschäft der Konkursmasse einen Vorteil bringt.

10   Anders als in der Spezialexekution ist der *Gutglaubensschutz* im Konkurs grundsätzlich ausgeschlossen (zu den beiden Ausnahmen unten N. 11 und 13): die Wirkung des Konkursbeschlages und das *Interesse der Gläubigergesamtheit* – also der Gläubigerschutz – gehen hier den Interessen eines meist nur *einzelnen* gutgläubigen Dritten vor, betreffe die unbefugte Verfügung des Konkursiten *bewegliches* oder *unbewegliches* Vermögen (für die Pfändung siehe demgegenüber § 22 N. 68 ff.).

> Dem Konkursbeschlag kommt daher *unmittelbare gesetzliche Publizität* zu, das heisst: das richterliche Konkurserkenntnis entfaltet unmittelbar seine Wirkungen, und zwar kraft Gesetzes *erga omnes* (d. h. auch gegenüber dem gutgläubigen Publikum), ohne dass es noch anderer Publizitätsformen wie eines Grundbucheintrages oder einer öffentlichen Bekanntmachung bedürfte (zu dieser Problematik BGE *115* III 111 ff.). Dementsprechend braucht der Konkurs im Grundbuch nur angemerkt (und nicht mehr, wie nach altem Recht, vorgemerkt) zu werden.

11   Das Gesetz schützt aber einen gutgläubigen (von der Konkurseröffnung nicht unterrichteten) *Wechselinhaber,* dem der Konkursit noch vor der Konkurspublikation einen Wechsel bezahlt hat, sofern der Inhaber im Falle der Nichtzahlung erfolgreich hätte Regress nehmen können; ihm darf die Ungültigkeit der Verfügung (Zahlung) nicht entgegengehalten und Rückzahlung verlangt werden (SchKG 204 II).

b) Zweitens kann der Konkursit nach der Konkurseröffnung von   12
seinen Schuldnern nicht mehr rechtsgültig *Zahlungen entgegennehmen;*
Zahlungen an ihn haben gegenüber den Konkursgläubigern nur insoweit befreiende Wirkung, als das Geleistete in die Konkursmasse gelangt (SchKG 205 I). Dem Schuldner gegenüber gilt die Forderung aber
stets als getilgt.

Doch wird auch hier der *gutgläubige Drittschuldner* ausnahmsweise   13
geschützt, d. h. von seiner Schuldpflicht befreit, wenn er vor der Konkurspublikation – ohne Kenntnis von der Konkurseröffnung – an den
Konkursiten gezahlt hat (SchKG 205 II). Darum ist es wichtig, dass das
Konkursamt nach der Konkurseröffnung die bekannten Drittschuldner,
insbesondere Mieter und Pächter von Grundstücken des Konkursiten,
benachrichtigt (VZG 124; § 44 N. 16).

Abgesehen von diesen beiden ausdrücklichen Ausnahmefällen (SchKG 204 II, 205 II)   14
kann dem Schutzbedürfnis Dritter nur in der Weise Rechnung getragen werden, dass der
Konkurs *sofort* (wenn vielleicht auch nur im Sinne einer vorläufigen Anzeige) *publiziert*
wird, also nicht erst, wenn feststeht, in welchem Verfahren er durchzuführen ist (SchKG
232).

c) Schliesslich wirkt sich die Beschränkung der Verfügungsmacht des   15
Konkursiten auch auf *Prozesse und Verwaltungsverfahren des Schuldners* aus, die im Zeitpunkt der Konkurseröffnung hängig sind: Der Konkursit darf über die betreffenden Streitgegenstände, sofern sie den Bestand der Konkursmasse (aktiv oder passiv) berühren, nicht mehr verfügen.

Deshalb werden *hängige Verfahren* nach der Konkurseröffnung zu-   16
nächst einmal *eingestellt,* bis das zuständige Konkursorgan einen Entscheid über die Fortführung getroffen hat (SchKG 207 I und II). Für
Zivilprozesse ist die Einstellung – wenn nicht ein Ausnahmefall vorliegt
(unten N. 19) – zwingend; für Verwaltungsverfahren liegt sie im Ermessen der zuständigen Behörden.

Im ordentlichen Konkursverfahren hat die *zweite Gläubigerversammlung* endgültig
über die Fortführung zu entscheiden; auch eine Abtretung des Prozessführungsrechts an
einen oder mehrere Gläubiger kann in Frage kommen (SchKG 260). Die *erste* Gläubigerversammlung könnte nur in dringlichen Fällen einen Entscheid treffen (SchKG 253 II und
238 I). Im summarischen Konkursverfahren entscheidet die *Konkursverwaltung.*

Nach Ablauf der gesetzlichen Einstellungsfrist (10 Tage nach der zwei-   17
ten Gläubigerversammlung bzw. 20 Tage nach Auflage des Kollokationsplanes im Summarverfahren; SchKG 207 I) kann der Prozessgegner des Konkursiten das Verfahren auf jeden Fall wieder aufnehmen,
und zwar – je nach dem Entscheid des zuständigen Konkursorgans –

gegen die Konkursmasse selber oder gegen den oder die Abtretungsgläubiger oder, wenn die Gläubiger auf die Prozessführung verzichten,
gegen den Schuldner persönlich, weil dann das Verfügungsrecht über
den Prozessgegenstand an ihn zurückfällt (BGE *68* III 164, *109* III 36).
Das gegen die Masse weitergeführte Verfahren wird – funktionell – zum
Kollokationsprozess (§ 46 N. 14).

18   Selbstverständlich laufen während der Dauer der Verfahrenseinstel-
lung die Verjährungs- und Verwirkungsfristen des materiellen Rechts
und des Prozessrechts nicht (SchKG 207 III).

19   Nicht alle Verfahren des Konkursiten werden aber infolge der Konkurseröffnung eingestellt. Das Gesetz sieht – aus Gründen der Zweckmässigkeit oder mit Rücksicht auf die
Natur des Streitgegenstandes – *Ausnahmen* vor:
– Von der Einstellung nicht betroffen sind zunächst *dringliche Fälle* (SchKG 207 I). Da
   die Verjährungs- und Verwirkungsfristen ruhen, kann es sich nur um Dringlichkeit
   handeln, die ihren Grund in der Streitsache selber hat, nicht bloss um zeitliche Dringlichkeit.
– Ferner sind ausgenommen alle Streitigkeiten, deren Ausgang für die Konkursgläubiger
   gleichgültig ist, weil sie weder einen Aktivwert der Masse noch eine Konkursforderung
   zum Gegenstand haben:
   – nach SchKG 207 IV: Entschädigungsklagen wegen Ehr- und Körperverletzung oder
      familienrechtliche Prozesse;
   – aber auch ein Prozess über konkursfreies Vermögen (z. B. Kompetenzstücke).
   Soweit diese Verfahren den Bestand der Konkursmasse nicht berühren, soll sie der
   Schuldner selber weiterführen.

20   Der *Einstellungsentscheid* ist bloss ein Zwischenentscheid; deshalb
kann er nur mit staatsrechtlicher Beschwerde ans Bundesgericht gezogen werden, wenn die Einstellung der Gegenpartei einen irreparablen
Nachteil verursacht (OG 87; BGE *120* III 144).

III.   Die Stellung des Schuldners zu seinen Gläubigern

1.   Das Betreibungsverbot

21   Die Konkurseröffnung ändert nichts an der persönlichen Haftung des Schuldners; doch können ihn seine Gläubiger nicht mehr beliebig belangen. Die Generalexekution verlangt, dass sämtliche zur Zeit
der Konkurseröffnung vorhandenen Gläubiger gleichzeitig und – unter
Vorbehalt zivil- und konkursrechtlicher Privilegien – gleichmässig befriedigt werden (§ 35 N. 3). Für individuelle Rechtsverfolgung ist daneben kein Platz.

Darum schliesst das Gesetz gleichzeitige Spezialexekutionen gegen   22
den Konkursiten grundsätzlich aus. Alle gegen ihn schon *hängigen Be-*
treibungen werden durch die Konkurseröffnung aufgehoben, und *neue*
Betreibungen für Forderungen, die vor der Konkurseröffnung entstanden sind, dürfen während der Dauer des Konkurses gegen ihn nicht
angehoben werden (SchKG 206 I).

Das *Betreibungsverbot* wird mit Beschwerde, nicht mit Rechtsvor-   23
schlag geltendgemacht. Da es dem Wesen der Generalexekution entspringt, ist es *zwingend* und eine dagegen verstossende Betreibungshandlung nichtig (BGE *93* III 58 f.).

Vom Verbot betroffen sind aber nur Betreibungen für Forderungen,   24
die *vor der Konkurseröffnung* begründet worden sind, also für *Konkurs-*
forderungen. Erst nachher entstandene Forderungen fallen von vornherein nicht darunter:

– So kann der Konkursit für Verbindlichkeiten, die er nach der Kon-   25
  kurseröffnung begründet hat, jederzeit betrieben werden (SchKG 206
  II, oben N. 7; für periodische Leistungen – vor allem Unterhaltsbeiträge – die nach Konkurseröffnung fällig werden, siehe auch § 42 N. 22).
  In dieser Betreibung (auf Pfändung oder auf Pfandverwertung) darf
  allerdings nur auf Vermögen gegriffen werden, das nicht zur Konkursmasse gehört, wie insbesondere auf das seit der Konkurseröffnung
  erarbeitete Einkommen (BGE *93* III 57, *121* III 383).

  Wurde der laufende Konkurs durch Insolvenzerklärung des Schuldners ausgelöst, so
  darf dieser eine solche Betreibung nicht durch eine neuerliche Insolvenzerklärung
  unterlaufen (SchKG 206 III; § 38 N. 21 ff.).

– Selbstverständlich kann auch die *Konkursmasse* selber – ebenfalls auf   26
  Pfändung oder auf Pfandverwertung – betrieben werden für Forderungen, die zu ihren Lasten begründet wurden (*Masseschulden;* § 48 N. 4).

2.   Die Ausnahmen vom Betreibungsverbot

    In bestimmten Fällen rechtfertigt es sich, *sogar für Konkurs-*   27
forderungen neben der Generalexekution ausnahmsweise noch eine
Spezialexekution zuzulassen:

– So wird eine hängige Betreibung, in der schon vor der Konkurseröff-   28
  nung *verwertet* worden ist oder bei der sich eine *Verwertung über-*
  haupt erübrigt, nicht aufgehoben (SchKG 199 II). Der Erlös oder die
  dem Betreibungsamt abgelieferten Beträge werden unter die beteiligten Pfändungsgläubiger nach den Regeln der Spezialexekution verteilt; nur ein Überschuss fällt in die Konkursmasse (§ 40 N. 20).

29 – Ohne dass es schon zur Verwertung gekommen sein muss, darf sodann eine bereits hängige Betreibung für eine Konkursforderung weitergeführt oder sogar neu gegen den Konkursiten eingeleitet werden, wenn sie auf die Verwertung eines *von einem Dritten bestellten Pfandes* gerichtet ist (SchKG 206 I Satz 2); das Konkurssubstrat wird dadurch nicht berührt. Der Konkurs des Hauptschuldners soll die Verwertung des Drittpfandes nicht ausschliessen. Doch sind die Betreibungsurkunden dann – neben dem mitzubetreibenden Dritten – auch der Konkursverwaltung zuzustellen, obwohl nicht die Konkursmasse, sondern der Konkursit persönlich der Betriebene ist (BGE *121* III 30 f.). Die Konkursverwaltung nimmt an Stelle des Schuldners die Rechte wahr. Im Falle eines Erbschaftskonkurses oder des Konkurses einer juristischen Person ist die Betreibung hingegen ausschliesslich gegen den Dritten zu richten (VZG 89 II).

30 – Ferner darf ein Konkursit (auf Pfandverwertung) betrieben werden, wenn es um die Verwertung einer Sache geht, an der er ein Miteigentums- oder Gesamteigentumsrecht besitzt (BGE *93* III 57, *64* III 51; VZG 89 III). Dann fällt nur sein Gesamt- bzw. Miteigentumsanteil in die Konkursmasse, nicht die Sache selbst.

§ 42 Die Rechte der Gläubiger

I. Im allgemeinen

1 a) Die Konkurseröffnung kann sich zunächst einmal auf die *vom Schuldner abgeschlossenen Verträge im Ganzen* auswirken. Doch gibt es hier keine einheitliche Regel, sondern nur vereinzelte Sonderbestimmungen (s. SchKG 211 III). Grundsätzlich werden aber Verträge wegen des Konkurses eines Vertragspartners nicht einfach aufgehoben.

2 Die Tragweite dieser Sonderbestimmungen ist unterschiedlich: sie reichen vom Einräumen besonderer Sicherungs-, Kündigungs-, oder Rücktrittsrechte bis hin zur Vertragsaufhebung.

Beispiele:
– *Aufhebung* des Vertrages trifft die Vereinbarung der Gütergemeinschaft (ZGB 188), ein Schenkungsversprechen des Schuldners (OR 250 II), den Auftrag (OR 405 I).
– *Besondere Kündigungs- oder Rücktrittsrechte* des Vertragspartners bieten: die Behelfe des Verkäufers (OR 214 I, nicht aber OR 214 III; s. SchKG 212 und § 40 N. 36), des Vermieters (OR 266 h), des Arbeitnehmers (OR 337 a), des Verlaggebers (OR 392 III), des Darleihers (OR 316).

– Aber sogar dann, wenn bei einzelnen Verträgen besondere Bestimmungen fehlen, ist der Vertragspartner des Konkursiten nicht schutzlos. Bei *Vorleistungspflicht* kann er sich immerhin auf OR 83 und bei einem *Zug-um-Zug-Geschäft* auf OR 82 berufen. Auch die Behelfe aus OR 107/109 kommen bei *Verzug* des Schuldners in Frage.

Ein *Vertragsrücktritt* oder eine *Kündigung* steht aber immer unter dem Vorbehalt, dass die Konkursverwaltung nicht selber in den Vertrag eintritt (unten N. 34). 3

b) Ausführlich befasst sich das Gesetz hingegen mit den *einzelnen Forderungen,* die aus den vertraglichen Beziehungen fliessen: 4
– mit deren Verrechenbarkeit (§ 40 N. 39 ff.),
– ihrer Fälligkeit (unten N. 14 ff.) und Verzinslichkeit (unten N. 30 f.)
– sowie mit der Reihenfolge der Befriedigung der Gläubiger (unten N. 54 ff.).
Die Ansprüche, für die aus dem Erlös des Konkurssubstrats Befriedigung verlangt werden kann, sind grundverschiedener Art.
– In erster Linie sind es die *Konkursforderungen:* das sind alle Gläubigeransprüche, die bereits im Zeitpunkt der Konkurseröffnung gegen den Konkursiten bestehen. 5
– Weiter sind es die *Masseverbindlichkeiten:* das sind die erst im Laufe des Konkursverfahrens entstehenden Forderungen, für welche aber nicht der Konkursit, sondern die Masse als Sondervermögen gegenüber ihren eigenen Gläubigern, den Massegläubigern, haftet (§ 48 N. 2 ff.). 6

Von diesen beiden Ansprüchen sind wiederum die nach Konkurseröffnung *gegenüber* 7
dem Konkursiten neu begründeten Forderungen zu unterscheiden; sie haben aber, weil sie nur das konkursfreie Vermögen betreffen können, mit dem Konkurs nichts zu tun (§ 41 N. 25).

Welcher Kategorie eine Forderung zuzuordnen sei, ist eine materiell- 8
rechtliche Frage, die, wenn sie streitig wird, nicht von den Aufsichtsbehörden, sondern vom Zivilrichter oder von den zuständigen Verwaltungs – und Verwaltungsjustizbehörden zu entscheiden ist (BGE *106* III 121 f.; § 48 N. 8).

II. Die Konkursforderungen

1. Keine territoriale Begrenzung

Wie der Umfang des Konkurssubstrates wird auch der *Be-* 9
stand der Konkursforderungen durch zeitliche und sachliche Begren-

zung bestimmt. Doch gibt es für die Konkursforderungen – im Gegensatz zur Aktivmasse – keine territoriale Schranke: auch die Forderungen *ausländischer Gläubiger* sind in einem schweizerischen Konkurs zu berücksichtigen, sofern sie zeitlich und sachlich die Voraussetzungen einer Konkursforderung erfüllen.

10   Unter Umständen kann *Retorsionsrecht* zur Anwendung kommen, wenn Schweizer im Ausland schlechter behandelt werden als Angehörige des betreffenden Staates.

11   Beruht die Forderung auf einem ausländischen Entscheid, so benötigt der Gläubiger für die Konkurseingabe allein noch kein Exequatur des schweizerischen Vollstreckungsrichters. Die Bedingungen desselben können später, im Erwahrungs- oder im Kollokationsverfahren, geprüft werden (§ 46).

2.   Die zeitliche Begrenzung

A.   Der Grundsatz

12   Konkursforderung kann nur eine Forderung sein, die *zur Zeit der Konkurseröffnung bereits besteht,* mithin schon vorher entstanden ist. Forderungen, die erst nach der Konkurseröffnung – gegenüber der Masse oder gegenüber dem Konkursiten – begründet werden, sind nie Konkursforderungen.

13   Der *Entstehungsgrund* der Forderung (ihre causa) muss also vor der Konkurseröffnung eingetreten sein. Das allein genügt in zeitlicher Hinsicht: spätere Fälligkeiten oder aufschiebende Bedingungen dürfen die Durchführung der Generalexekution nicht behindern.

B.   Die Durchführung des Grundsatzes im einzelnen

a)   Das Fälligwerden der Forderungen

14   Die Generalexekution ist praktisch nur durchführbar, weil mit der Konkurseröffnung grundsätzlich sämtliche in diesem Zeitpunkt bestehenden Schuldverpflichtungen des Konkursiten *von Gesetzes wegen fällig* werden (SchKG 208 I). Die Gläubiger fälliger und nicht fälliger Forderungen werden jetzt gleichgeteilt. Kein Konkursgläubiger soll noch die durch Vertrag oder durch die Natur des Rechtsverhältnisses bestimmte Erfüllungszeit nach OR 75 abwarten müssen. Auch der Schuldner hat in der Gesamtliquidation seines Vermögens an späteren Erfüllungszeiten kein legitimes Interesse mehr.

Nur die *grundpfandgesicherten Forderungen* sind von dieser Regel   15
ausgenommen (SchKG 208 I); für sie besteht kein praktisches Bedürfnis, ihre Fälligkeit vorzuverlegen. *Nicht fällige* Grundpfandforderungen
werden dem Erwerber des Grundstücks nämlich als persönliche Schuldpflicht *überbunden* – wie in der Spezialexekution (SchKG 259 i. V. m.
135 I; § 28 N. 53). Sie brauchen deshalb – wie übrigens auch die Dienstbarkeiten – im Konkurs nicht liquidiert zu werden. *Faustpfandforderungen* werden demgegenüber immer fällig (siehe unten N. 58).

Soweit das Grundpfand aber nicht genügend Deckung bietet, wird die   16
Forderung im Konkurs als *ungesicherte* berücksichtigt und folglich nach
der allgemeinen Regel fällig. Massgebend für die Beurteilung der Dek-
kung ist die amtliche Schätzung.

Ist die Forderung durch ein *Drittpfand* gesichert, wird sie im Konkurs des Hauptschuldners ebenfalls wie eine ungesicherte behandelt (KOV 61). Denn das Grundstück selber
kann im Rahmen dieses Konkurses nicht verwertet werden, weil es nicht Bestandteil der
Konkursmasse ist. Zulässig ist aber eine parallele Betreibung auf Pfandverwertung
(SchKG 206 I; § 41 N. 29).

Die sofortige Fälligkeit wirkt *nur gegenüber der Konkursmasse.* Ge-   17
genüber dem Schuldner persönlich können sich die Gläubiger nicht
darauf berufen. Das zeigt sich deutlich, wenn der Konkurs widerrufen
wird: dann gelten nämlich wieder die ordentlichen zivilrechtlichen Fälligkeiten. Auch Mitverpflichtete und Bürgen des Konkursiten sowie ein
Drittpfandeigentümer werden von der konkursrechtlichen Fälligkeit –
wenn nichts anderes vereinbart ist – nicht betroffen.

Den Gläubigern soll andererseits aus der sofortigen Fälligkeit kein   18
wirtschaftlicher Vorteil erwachsen, was bei vorzeitiger Erfüllung von
unverzinslichen Forderungen der Fall wäre; deshalb wird von solchen
Forderungen ein *Zwischenzins* von 5 % (Diskonto) abgezogen (SchKG
208 II).

b)   Bedingte Forderungen

Forderungen unter aufschiebender Bedingung (OR 151) kön-   19
nen, wenn sie vor der Konkurseröffnung entstanden sind, im vollen
Betrag eingegeben werden, selbst wenn die Bedingung bei Konkurseröffnung noch nicht eingetreten ist. Bis zum Eintritt der Bedingung wird
jedoch die Dividende des Gläubigers bei der Depositenanstalt hinterlegt (SchKG 210 I und 264 III). Dafür wird hier kein Zwischenzins
abgezogen.

Forderungen unter auflösender Bedingung (OR 154) sind selbstver-   20
ständlich wie unbedingte zu behandeln, und die auf sie entfallende

Dividende ist – unter Vorbehalt einer allfälligen Bereicherungsklage – auszuzahlen.

c) Künftige periodische Verpflichtungen

21   Stehen periodische Verpflichtungen des Konkursiten für die Zukunft *unabänderlich* fest, so können sie kapitalisiert und im Konkurs liquidiert werden; das gilt insbesondere für
– Leibrentenforderungen (OR 518 III; SchKG 210 II)
– und die Forderung des Pfründers (OR 529 II).

22   Soweit jedoch die künftigen Leistungen *Änderungen unterworfen* sein können – wie familienrechtliche Unterhaltsbeiträge (ZGB 151, 152, 279) – ist eine Kapitalisierung mangels gesicherter Berechnungsgrundlage ausgeschlossen; dann gilt:
– die bis zur Konkurseröffnung anfallenden periodischen Leistungen werden als Konkursforderungen behandelt (zum Privileg unten N. 77);
– die während des Konkurses und danach fällig werdenden Beiträge sind gegen den Konkursiten persönlich zu vollstrecken (SchKG 206 II; § 41 N. 25).

Da somit die *nach Konkurseröffnung* anfallenden Leistungen weder Konkursforderungen noch Masseverbindlichkeiten darstellen, steht dem Konkursiten bei ihrer Vollstreckung nach Abschluss des Konkurses die Einrede des mangelnden neuen Vermögens (SchKG 265/265 a) nicht zu; bei Vollstreckung während des Konkurses ist ihm sodann eine (neuerliche) Insolvenzerklärung verschlossen (SchKG 206 III; § 41 N. 25).

d) Forderungen aus Bürgschaften des Konkursiten

23   Eine Bürgschaft des Konkursiten kann im Konkurs geltend gemacht werden, gleichgültig ob sie fällig ist oder nicht (SchKG 215 I). Das gilt bei einfacher wie bei Solidarbürgschaft des Konkursiten.

24   Anders als bei einer aufschiebend bedingten Forderung kann der Bürgschaftsgläubiger seine Dividende sogar schon vor Fälligkeit der Bürgschaft beziehen. Die Bürgschaftsforderung wird so behandelt, als wäre sie fällig und unbedingt. Doch kommt hier wiederum der Abzug des Zwischenzinses in Betracht (SchKG 208 II).

25   Andererseits tritt dann aber die Konkursmasse bis zur Höhe des bezahlten Betrages in die Rechte des Bürgschaftsgläubigers gegen den Hauptschuldner und allfällige Mitbürgen ein (*Subrogation;* SchKG 215 II und OR 507).

26   Wenn der Konkurs jedoch auch über den Hauptschuldner oder über einen Mitbürgen eröffnet wird, finden die Grundsätze über den gleich-

zeitigen Konkurs mehrerer Mitverpflichteter Anwendung (SchKG 215
II Satz 2; unten N. 40 ff.).

3. Der sachliche Bestand der Konkursforderungen

Sachlich kommen als Konkursforderungen *alle vermögens-* 27
rechtlichen Ansprüche, die im Zeipunkt der Konkurseröffnung gegen
den Schuldner bestehen, in Betracht, gleichgültig aus welchem Rechts-
grund sie entstanden sind (Vertrag, Delikt, Gesetz).

Ist der Konkurs einmal eröffnet, fallen auch die Forderungen darunter, die an sich nicht
auf dem Wege der Konkursbetreibung vollstreckt werden dürften; SchKG 43 bezieht sich
nur auf die Konkurs*betreibung* (§ 9 N. 7 ff.).

a) *Geldforderungen*

Konkursforderungen sind in erster Linie die auf *Geldzahlung* 28
in Schweizer Währung gerichteten Ansprüche. Auf fremde Währung
lautende Forderungen werden in Schweizer Franken umgerechnet, und
zwar zum Kurs am Tag der Konkurseröffnung (BGE *105* III 95, *110*
III 105).

Ein betreibender Konkursgläubiger kann aber, wenn es für ihn günstiger ist, den Kurs
am Tag des Betreibungsbegehrens beibehalten (SchKG 88 IV per analogiam; dazu § 16
N. 14 ff.).

Betragsmässig besteht die Konkursforderung aus dem *Forderungska-* 29
pital, den *Zinsen* bis zum Tage der Konkurseröffnung und den *Betrei-*
bungskosten (SchKG 208 I Satz 2).

Im übrigen gilt für die Konkursforderungen – auch für die nicht 30
angemeldeten – von der Konkurseröffnung an der Grundsatz der *Un-*
verzinslichkeit (SchKG 209 I). Doch hört der Zinsenlauf ausschliesslich
gegenüber dem Konkursiten auf; Mitverpflichtete und Bürgen haben
weiter Zinsen zu zahlen, ohne dass sie dafür ein Rückgriffsrecht gegen
den Gemeinschuldner besässen. Wird der Konkurs widerrufen, sind die
Forderungen wieder *ex tunc* verzinslich. Endet ein Konkurs überra-
schenderweise mit einem Aktivüberschuss, so sind auch die Zinsen für
die Zeit nach der Konkurseröffnung daraus zu decken (BGE *102* III 44).

Für *pfandgesicherte Forderungen* (Grund- oder Faustpfand) läuft der 31
Zins hingegen bis zur Verwertung des Pfandes weiter, soweit der
Pfanderlös nach Begleichung des Forderungskapitals und der bis zur
Konkurseröffnung aufgelaufenen Zinsen ausreicht (SchKG 209 II, in

Abweichung von OR 85). Der ungedeckte Zins seit Konkurseröffnung kann dann nicht etwa als ungesicherte Forderung eingegeben werden.

b)   Realforderungen

32   Ausser den Geldforderungen können im Konkurs aber auch Realforderungen gegen den Konkursiten geltend gemacht werden (z. B. die Forderung des Käufers oder des Werkbestellers sowie andere, die auf eine Sach- oder Dienstleistung gerichtet sind). Zwar kann man für Realforderungen keine Betreibung einleiten; ist aber einmal über den Leistungsschuldner der Konkurs eröffnet, unterliegen sie dennoch der Generalexekution, gleich wie alle anderen vermögensrechtlichen Ansprüche. Dieser Einbezug der Realforderungen wird durch den *gesetzlichen Kunstgriff* ermöglicht, wonach sie mit der Konkurseröffnung *ex lege in eine Geldforderung von entsprechendem Wert umgewandelt* werden (SchKG 211 I). Erst dadurch wird die generelle Liquidation der Schuldverhältnisse praktisch durchführbar und können sämtliche Gläubiger gleich behandelt werden.

33   Der Gläubiger rechnet seine Realforderung selber um und gibt den beanspruchten Betrag als Konkursforderung ein. Massgebend ist sein Erfüllungsinteresse, das *positive Vertragsinteresse* (BGE *48* III 158).

Doch lassen sich nicht alle Realforderungen umwandeln, so z. B. nicht:
– die Forderung des Mieters gegenüber dem konkursiten Vermieter (der Mietvertrag wird dem Erwerber der Mietsache überbunden; OR 261);
– die Forderung des Arbeitgebers gegenüber dem konkursiten Arbeitnehmer auf Arbeitsleistung (der Arbeitsvertrag bleibt trotz des Konkurses bestehen).

34   Die Umwandlung in eine Geldforderung ist zwingend für alle *einseitigen Realschulden* des Konkursiten. Bei *zweiseitigen Verträgen* findet sie nur statt, wenn der Konkursgläubiger seine eigene Leistung bereits erbracht hat. Sind zweiseitige Verträge dagegen *beiderseits noch nicht oder nur teilweise erfüllt,* hat die Konkursverwaltung das Recht, den Vertrag anstelle des Konkursiten *realiter zu erfüllen,* statt die Umwandlung hinzunehmen (*Eintritts- oder Wahlrecht,* SchKG 211 II; BGE *107* III 109). Realerfüllung ist zum Beispiel geboten, wenn für die vom Konkursiten zu liefernde Sache ein guter Preis vereinbart ist, so dass sie im Interesse der Gläubiger liegt; ist der Kaufpreis aber bereits entrichtet, darf nicht mehr Realerfüllung angeboten werden.

35   Entscheidet sich die Konkursverwaltung für Realerfüllung, kann der Konkursgläubiger nicht mehr ohne weiteres vom Vertrag zurücktreten (OR 83, 107 f.), so dass das gute Geschäft der Masse bewahrt bleibt. Er hat jedoch das Recht, *Sicherstellung* der ihm angebotenen Erfüllung

binnen angemessener Frist zu verlangen (SchKG 211 II Satz 2). Deshalb liegt es im beidseitigen Interesse, die Wahl rasch zu treffen.

Die Ausübung des Wahlrechts ist weder an eine besondere *Form* noch an eine *Frist* geknüpft. Sollte der Konkursgläubiger *nach* der Konkurseröffnung, aber vor dem Entscheid der Konkursverwaltung vom Vertrag zurückgetreten sein (OR 83, 107 ff.), so wäre diese an den Vertragsrücktritt nicht gebunden. Das ergibt sich aus dem Grundsatz *pacta sunt servanda.*

Mit der Wahl der Realerfüllung wird die Forderung des Konkursgläu- 36
bigers wie auch sein Sicherstellungsanpruch und eine allfällige Schaden-ersatzforderung wegen Nicht- oder Schlechterfüllung zur *Masseverbind-lichkeit;* als solche ist sie *vor* allen Konkursforderungen zu erfüllen (BGE *106* III 124; § 48 N. 2 ff.).

Aus Zweckmässigkeitsgründen – im Interesse rascher und unkomplizierter Liquidation 37
– hat der Gesetzgeber in bestimmten Fällen das *Wahlrecht ausgeschlossen* (SchKG 211 IIbis), nämlich bei Fixgeschäften (OR 108 Z. 3) sowie bei gewissen Finanztermin-, Swap- und Optionsgeschäften (siehe dazu im einzelnen den Bericht des Bundesamtes für Justiz mit Beispielen, BBl. 1994 I 1315 ff.).

III.   Die Konkursforderung bei Solidarhaftung

Haften einem Gläubiger mehrere Schuldner solidarisch, ist zu 38
unterscheiden, ob der Konkurs über mehrere oder nur über einen ein-zelnen von ihnen eröffnet worden ist. Das SchKG hat hiefür aber keine allgemeine Regel aufgestellt. Es regelt vielmehr in Verbindung mit dem Zivilrecht nur besondere Tatbestände (SchKG 216–218).

1.   Konkurs mehrerer Solidarschuldner

Zivilrechtlich kann der Gläubiger jeden Solidarschuldner nach 39
freier Wahl für einen Teil oder auch für die ganze Forderung belangen, unbeschadet des Rückgriffsrechtes des Zahlenden gegen seine Mit-schuldner (OR 144 und 148 II). Befinden sich mehrere Solidarschuldner im Konkurs, so gestattet das *Konkursrecht* dem Gläubiger, seine Forde-rung *in jedem Konkurs im vollen Betrage* geltend zu machen (SchKG 216 I). Dadurch wird die Wirksamkeit der Solidarität beachtlich ver-stärkt; der Gläubiger konkursiter Solidarschuldner könnte sonst wohl nie zu voller Befriedigung kommen.

Andererseits darf die Anwendung dieser Regel nicht dazu führen, 40
dass der Gläubiger aus mehreren Konkursen insgesamt mehr erhält, als

ihm im ganzen zivilrechtlich zusteht. Darum wird sie dahin ergänzt, dass ein allfälliger *Überschuss* der Zuteilungen aus den verschiedenen Konkursen nach Massgabe der unter den Mitverpflichteten bestehenden Rückgriffsrechte an die Massen zurückfällt (SchKG 216 II). Der Rückgriff unter den Massen setzt somit die volle Befriedigung des Konkursgläubigers voraus (SchKG 216 III).

41   Die Rückgriffsrechte unter den Solidarschuldnern, hier ihren Konkursmassen, bestimmen sich nach OR 148/149, 507. Die Regressforderung einer Masse gegen die andere ist für die letztere eine *Masseverbindlichkeit;* vorbehalten bleibt der Rückgriff auf einen nicht konkursiten Mitverpflichteten.

2.   Teilzahlung eines Solidarschuldners

42   Es mag zutreffen, dass der Gläubiger von einem der Solidarschuldner bereits eine Teilzahlung erhalten hat. Trotz dieser teilweisen Tilgung darf er seine Forderung noch immer im *vollen ursprünglichen Betrag* im Konkurs des Mitverpflichteten eingeben, gleichgültig ob der zahlende gegenüber dem Konkursiten rückgriffsberechtigt ist oder nicht (SchKG 217 I). Würde nur die Restforderung zugelassen, könnte der Gläubiger wohl auch hier nie volle Befriedigung erwarten.

43   Aber nicht nur der Gläubiger, auch der *Solidarschuldner,* der die Teilzahlung erbracht hat, ist berechtigt, diese ganze Forderung im Konkurs seines Mitverpflichteten – zur Wahrung seines allfälligen Regressanspruchs – anzumelden (SchKG 217 II).

44   Die auf den ganzen Forderungsbetrag entfallende *Dividende* kommt dann in erster Linie dem Gläubiger bis zu seiner vollen Befriedigung zu; erst aus einem Überschuss erhält der teilzahlende Solidarschuldner, soweit er rückgriffsberechtigt ist, den Betrag, den er bei selbständiger Geltendmachung des Rückgriffsrechts erhalten würde, und ein weiterer Überschuss verbleibt der Konkursmasse (SchKG 217 III).

45   Doch auch die *Konkursmasse* selbst kann natürlich ein Rückgriffsrecht haben, wenn aus ihr mehr an den Gläubiger ausgezahlt wurde, als der Konkursit nach dem internen Verhältnis unter den Mitverpflichteten zu tragen hat.

46   Die Praxis stellt dem teilzahlenden Solidarschuldner auch einen *Drittpfandbesteller* gleich, der – aufgrund einer Pfandverwertungsbetreibung – eine Teilzahlung geleistet hat (BGE *110* III 112).

3.   Gesellschafts- und Gesellschafterkonkurs bei der Kollektiv- oder der Kommanditgesellschaft

Zu unterscheiden sind folgende Fälle: 47
- gleichzeitiger Konkurs von Gesellschaft und Gesellschafter (SchKG 218 I),
- Konkurs eines Gesellschafters allein (SchKG 218 II),
- ausschliesslicher Konkurs der Gesellschaft (OR 570).

a)   Gleichzeitiger Konkurs von Gesellschaft und Gesellschafter

Des öftern folgt dem Konkurs der Gesellschaft auch der Kon-   48
kurs der Gesellschafter; denn die Insolvenz der Gesellschaft löst die
Belangbarkeit der Gesellschafter aus (OR 568 III i. V. m. 574, 604
i. V. m. 619).

Die Subsidiarität der Haftung der Gesellschafter verlangt dann, dass   49
zuerst der Gesellschaftskonkurs abgewickelt wird (SchKG 218 I, OR 568
III, 617). In diesem Konkurs können die Gesellschaftsgläubiger ihre
Forderungen voll eingeben (nicht aber die Privatgläubiger ihre Forderungen gegen einen Gesellschafter).

Auch die Gesellschafter haben für ihre Kapitaleinlagen gegen die Gesellschaft keine
Konkursforderungen (OR 570 II), ebensowenig der Kommanditär für Leistungen auf
seine Kommanditsumme (OR 616 II); Honorarforderungen, Auslagenersatz und verfallene Kapitalzinsen können sie indessen geltend machen (OR 570 II).

Im darauf folgenden *Gesellschafterkonkurs* dürfen dann die Gesell-   50
schaftsgläubiger nur noch den im Gesellschaftskonkurs erlittenen Verlust, d. h. ihre Restforderung, geltend machen (SchKG 218 I). Für diese
Restschuld haften die Gesellschafter solidarisch; ihr Verhältnis untereinander bestimmt sich daher nach SchKG 216 und 217 (vgl. oben
N. 40 ff.). Im übrigen konkurrieren die Gesellschaftsgläubiger in diesem
Konkurs nun mit den Privatgläubigern des Gesellschafters.

*b)   Gesellschafterkonkurs ohne gleichzeitigen Konkurs
          der Gesellschaft*

Sowohl nach den Bestimmungen des Handels- als auch des   51
Konkursrechts wird hier der Grundsatz der subsidiären Haftung der
Gesellschafter durchbrochen: der Gesellschaftsgläubiger kann nämlich
(neben den Privatgläubigern) seine Forderung an die Gesellschaft im
vollen Betrag im Konkurs des Gesellschafters geltend machen (SchKG
218 II). Der Konkursmasse des Gesellschafters stehen jedoch für die
von ihr bezahlten Gesellschaftsschulden die Rückgriffsrechte nach

SchKG 215 II zu; sie kann sich also an der Gesellschaft wie ein Bürge am Hauptschuldner schadlos halten (SchKG 218 II Satz 2; oben N. 25).

52   Zur *Aktivmasse* des Gesellschafters gehören inbesondere dessen *Liquidationsanteil* und seine *Forderungen gegenüber der Gesellschaft* (OR 572 II, 613 II). Der Liquidationsanteil besteht aus dem Betreffnis des Gesellschafters am Gesellschaftsvermögen, das nach Befriedigung der Gesellschaftgläubiger allenfalls noch übrigbleibt (OR 588). Um den Liquidationsanteil zu realisieren, kann die Konkursverwaltung – bzw. der Pfändungsgläubiger im Falle einer Spezialexekution gegen den Gesellschafter – die Gesellschaft kündigen (OR 575). Fehlen der Gesellschaft (oder einem anderen Gesellschafter) die zur Abfindung erforderlichen Mittel (OR 575 III, 578), so kann dies eine Kettenreaktion auslösen: Konkurs der Gesellschaft und anderer Gesellschafter.

53   Bei gleichzeitigen Konkursen mehrerer Gesellschafter spielen die Regeln von SchKG 216 und 217 (oben N. 40 ff.).

IV.   Die Reihenfolge der Gläubigerbefriedigung

1.   Allgemeines

54   Die Konkursgläubiger sollen für ihre Forderungen aus dem Erlös der Konkursmasse gleichzeitig und gleichmässig befriedigt werden *(pars conditio creditorum).* Bei ausreichendem Ergebnis, das zu voller Befriedigung führt, ergeben sich keine Schwierigkeiten. In der Regel aber müssen sich die Gläubiger in einen ungenügenden Gesamterlös teilen.

55   Im Verlustfall bedeutet Gleichbehandlung, dass jeder Gläubiger verhältnismässig seinen Anteil daran tragen muss. Gleichmässigkeit wäre aber nicht immer gerecht: schon das Zivilrecht begründet gewisse Vorrechte, und ausserdem kann ein Gläubiger auf volle Befriedigung seiner Forderung angewiesen sein. Darum stellt das SchKG eine bestimmte Rangordnung auf, indem es die Gläubiger bestimmter Forderungen privilegiert.

56   Auf Zivilrecht beruht das *Privileg der Pfandgläubiger,* auf Konkursrecht dasjenige der verschiedenen *Forderungsklassen* nach SchKG 219 IV.

57   Jedes Privileg widerspricht an sich dem Wesen des Konkurses. Das schweizerische Konkursrecht litt vor der Revision in so hohem Masse an überbordenden Privilegien – sie waren von ursprünglich 6 auf 25 angewachsen –, dass kaum je ein Konkurs auch der meist grossen Schar nicht-privilegierter Gläubiger noch etwas einbrachte. Die Revision hat nun gründlich Remedur geschaffen.

2. Die Befriedigung der Pfandgläubiger

Nach schweizerischem Recht werden auch die vom Konkursi-   58
ten verpfändeten Vermögensobjekte zur Konkursmasse gezogen und
zusammen mit dem übrigen Vermögen verwertet (SchKG 198; § 40
N. 18). Dem Pfandgläubiger bleibt jedoch das *Recht auf vorrangige Befriedigung aus dem Pfanderlös* gewahrt (SchKG 219 I). Das gilt uneinge-
schränkt für *sämtliche Faustpfandforderungen* und für die *fälligen
Grundpfandforderungen*. Die nicht fälligen Grundpfandforderungen
werden hingegen nicht ausgezahlt und liquidiert, sondern dem Erwerber
des Grundstücks überbunden (§ 47 N. 23).

Allfällige Zinserträge des Pfanderlöses kommen ebenfalls den Pfandgläubigern, nicht   59
der Konkursmasse zu; sie bilden ein Akzessorium des Erlöses, das sich ergibt, wenn dieser
wegen hängiger Prozesse oder aus anderen Gründen nicht sofort ausgezahlt werden kann
und deshalb zinstragend angelegt wird (BGE *108* III 26 und 31). Das muss – entgegen
BGE *94* III 54 – folgerichtig auch für Verzugszinsen gelten, die der Erwerber für den
gestundeten Teil des Preises zu bezahlen hat.

Wo für dieselbe Forderung *mehrere Pfänder* haften, werden die gelö-   60
sten Beträge im Verhältnis ihrer Höhe zur Deckung der Forderung
verwendet; das Pfand eines Dritten wird hievon nicht berührt (SchKG
219 II). Die Forderung dürfte also nicht einfach aus dem Erlös eines der
Pfänder allein bezahlt werden. Das ist vor allem da bedeutsam, wo noch
nachgehende Pfandrechte bestehen (BGE *103* III 26).

Umgekehrt kann *eine Pfandsache* für *mehrere Forderungen* haften.   61
Dann bestimmt sich der Rang der einzelnen Pfandgläubiger – und damit
die Reihenfolge ihrer Befriedigung untereinander – nach dem Zivilrecht.

Dieses ist – abgesehen von SchKG 209 II (oben N. 31) – auch massgebend für den
Umfang der Pfandhaft (für das Grundpfand: SchKG 219 III, ZGB 795, 818, 819; für das
Faustpfand: ZGB 891–893).

Ein *Überschuss* des Pfanderlöses, der nach Befriedigung der Pfand-   62
gläubiger verbleibt, wird zur Deckung der nicht pfandgesicherten
Forderungen herangezogen. Das ist die klare Konsequenz der Vorschrift, dass auch Pfandgegenstände in die Konkursmasse fallen
(SchKG 198).

Soweit umgekehrt die Pfanddeckung nicht ausreicht, kann der Pfand-   63
gläubiger nur noch eine *ungesicherte Forderung geltend machen* (für die
Zinsforderung aber oben N. 31). Auch für die Pfandgläubiger gilt dann
ausschliesslich die konkursrechtliche Rangordnung. Voraussetzung für
die weitere Teilnahme am Konkurs ist allerdings, dass dem Pfandgläubi-

ger ausser der Pfandsache auch der Konkursit persönlich haftet, was bei einer Gült oder einer Grundlast nicht zutrifft.

3. Die Befriedigung der Gläubiger ohne Pfanddeckung

A. Die konkursrechtliche Rangordnung

64 Die nicht (oder nicht mehr) pfandgesicherten Forderungen sind in drei Klassen eingereiht. Die ersten zwei Klassen sind voreinander privilegiert; die dritte Klasse umfasst die nicht privilegierten Forderungen, die sogenannten Kurrentforderungen (SchKG 219 IV).

In gewissen Sonderfällen – Bankeninsolvenz, intertemporales Frauengutsprivileg – sind noch Sonderklassen zu berücksichtigen (BankG 37 a II; SchKG Schlussbestimmungen 2 IV; unten N. 84 ff.).

65 *Innerhalb* ein und derselben Klasse sind die Gläubiger gleichberechtigt (SchKG 220 I). Die Gläubiger einer *nachfolgenden* Klasse haben dagegen erst dann und nur soweit Anspruch auf den Erlös, als jene der vorgehenden Klasse voll befriedigt sind (SchKG 220 II). Reicht der Erlös nicht aus, um die Gläubiger einer Klasse voll zu befriedigen, wird er nach dem Verhältnis ihrer Forderungsbeträge auf sie verteilt; diese Betreffnisse nennt man *Konkursdividenden*.

66 Konkursprivilegien rechtfertigen sich nur aus *sozialen Gründen*. Privilegiert sind dementsprechend gewisse Forderungen *natürlicher Personen,* die zum Schuldner in einem besonderen *Abhängigkeitsverhältnis* stehen und die auf Befriedigung besonders *angewiesen* sind.

67 Privilegiert ist dabei aber nicht der Gläubiger persönlich, sondern die Forderung an sich: das Privileg haftet an der Forderung. Bei Abtretung der Forderung geht es somit auf den Zessionar über.

Auf diese Weise wird die *Bevorschussung* privilegierter Forderungen durch Dritte ganz wesentlich erleichtert: z. B. die Bevorschussung der *Löhne* bei Zahlungsschwierigkeiten des Arbeitgebers durch Banken; *Alimentenbevorschussung* durch das Gemeinwesen (BGE *106* III 20); Bevorschussung von geschützten *Kundenforderungen* bei einer Bankeninsolvenz (s. die betreffende Vereinbarung über den Einlegerschutz der Banken vom 1. 7. 1993, zu beziehen bei der Schweizerischen Bankiervereinigung).

68 *Intertemporalrechtlich* kommt für die vor dem 1. 1. 1997 eröffneten Konkurse bzw. vollzogenen Pfändungen noch die *Privilegienordnung* des alten Rechts zur Anwendung (SchKG Schlussbestimmungen 2 III). Für Einzelfragen der alten Privilegien sei auf die Vorauflage verwiesen (§ 42 N. 57 ff.).

B.   Die einzelnen Konkursklassen

Erste Klasse:

a) Forderungen der Arbeitnehmer (auch Heimarbeiter) aus   69
dem Arbeitsverhältnis (*Arbeitnehmerprivileg*), nämlich:
– Vor allem einmal die *Lohnforderungen,* die in den letzten 6 Monaten   70
vor der Konkurseröffnung entstanden sind (s. § 23 N. 45).

Wird das Arbeitsverhältnis weitergeführt, so bilden die *nach* der Konkurseröffnung
geschuldeten Löhne sogar Masseverbindlichkeiten.

– Ferner die Forderungen wegen *vorzeitiger Auflösung* des Arbeitsver-   71
hältnisses infolge Konkurses des Arbeitgebers.

So die Entschädigung für die ordentliche Kündigungsfrist (sogenannter Kündigungs-
lohn; widersprüchlich BGE *119* V 62, zutreffend *102* V 157 f.), eine Abgangsentschädi-
gung (OR 339 b ff.) oder eine Schadenersatzforderung (OR 337 a ff.).

– Die *Rückforderung von Kautionen,* worunter sowohl Lohnrückbehal-   72
te (sogar aus Betreffnissen, die mehr als 6 Monate vor Konkurseröffnung fällig wurden, OR 323 a) als auch eigentliche Kautionen fallen.

Für Kautionen kann der Arbeitnehmer bei gehöriger Segregation sogar ein Aussonderungsrecht geltend machen (OR 330).

Voraussetzung des *Arbeitnehmerprivilegs* ist jedoch immer das Beste-   73
hen eines rechtlichen und tatsächlichen Unterordnungsverhältnisses des
Gläubigers zum Konkursiten; es kann nicht einfach auf alle formell
unter den Begriff des Arbeitnehmers fallenden Personen ausgedehnt
werden.

So ist Arbeitnehmer z. B. der Geschäftsführer, nicht aber – obwohl ebenfalls unselb-
ständigerwerbend – ein Mitglied des Verwaltungsrates einer Gesellschaft (BGE *118* III
48 ff.).

b) Im gleichen Rang wie die Forderungen der Arbeitnehmer sind
weiter privilegiert:
– die *Ansprüche der Versicherten aus UVG* bei Insolvenz der Unfallver-   74
sicherung;
– sämtliche *Ansprüche der Versicherten aus der nicht obligatorischen be-*   75
ruflichen Vorsorge bei Insolvenz der Vorsorgeeinrichtung; das Privileg
greift somit dort, wo keine Garantie des Sicherungsfonds besteht;
– sämtliche *Forderungen einer Personalvorsorgeeinrichtung* gemäss   76
BVG gegenüber dem ihr angeschlossenen Arbeitgeber in dessen
Konkurs, z. B. die Beitragsforderungen, aber auch Darlehen an den
Arbeitgeber.

Dieses mangels sozialer Motivierung eigentlich systemwidrige Privileg wurde bedauerlicherweise aus dem Wildwuchs des alten Rechts übernommen.

77   c) Schliesslich sind in der ersten Klasse noch die *familienrechtlichen Unterhalts- und Unterstützungsansprüche* privilegiert, die in den letzten 6 Monaten vor der Konkurseröffnung entstanden und durch Geldzahlung zu erfüllen sind.

Zweite Klasse:

78   Im Rang dieser Klasse steht das *Kinderprivileg im Konkurs des Inhabers der elterlichen Gewalt.* Es umfasst die *Ersatzforderungen* des Kindes aus der Verwaltung seines Vermögens (ZGB 326 f.).

79   Nicht darunter fallen Forderungen aus Delikten oder aus Rechtsgeschäften zwischen Eltern und Kind; ebensowenig die Lidlohnforderungen nach ZGB 334 (obwohl dafür in der Pfändungsbetreibung das Anschlussprivileg gegeben ist; § 25 N. 32).
Noch *vorhandenes Kindesvermögen* kann natürlich ausgesondert werden.

80   Auch dieses Privileg ist *zeitlich beschränkt:* es gilt nur, wenn der Konkurs während der Dauer der elterlichen Verwaltung oder binnen Jahresfrist nach deren Beendigung eröffnet worden ist.

81   Wo ein Privileg der ersten oder der zweiten Klasse befristet ist, werden bei der *Fristberechnung* nicht mitgezählt (SchKG 219 V):
   – die Dauer eines dem Konkurs vorausgegangenen Nachlassverfahrens;
   – die Dauer eines Konkursaufschubes;
   – die Dauer eines Prozesses über die betreffende Forderung;
   – beim Erbschaftskonkurs die Zeit zwischen Todestag und Anordnung der (konkursamtlichen) Liquidation.

Beispiel: Wurden im Rahmen einer Nachlassstundung Arbeitnehmer entlassen und kommt es wegen Scheiterns der Sanierung später dennoch zum Konkurs über das Unternehmen, so bleiben die letzten 6 Monatsbetreffnisse der Entlassenen privilegiert, auch wenn der Konkurs erst nach der gesetzlichen Maximaldauer der Stundung – d. h. möglicherweise 1 bzw. 2 Jahre nach der Entlassung – ausgesprochen wurde.

Dritte Klasse:

82   *Alle übrigen Forderungen,* also die ungedeckten Pfandforderungen sowie die auch konkursrechtlich nicht privilegierten Forderungen (*Kurrentforderungen,* s. oben N. 64).

83   Die neue, gestraffte Privilegienordnung wird die Aussichten der Kurrentgläubiger zweifellos verbessern. Einen weiteren Vorteil können ihnen *Rangrücktrittserklärungen* von Darlehens- und Anleihensgläubigern («subordinated loans») bieten, wonach auf Befriedigung verzichtet

wird, solange die übrigen Kurrentgläubiger nicht voll gedeckt sind oder eine gewisse Mindestdividende erhalten (vgl. auch OR 725 II). Auf diese Weise wird – durch *privatrechtliche Vereinbarung* – gleichsam noch eine allerletzte Klasse geschaffen.

Trotz Rangrücktritts wird die betreffende Forderung jedoch in der für sie gesetzlich vorgesehenen Klasse kolloziert. Erst bei der *Verteilung* wird dann einem unbestrittenen Rangrücktritt Rechnung getragen. Bestreitet der Gläubiger jedoch seinen Rangrücktritt, so wird seine Dividende bis zur Erledigung des Streites hinterlegt; ein allfälliger Prozess darüber wäre freilich kein Kollokationsprozess, sondern eine materiellrechtliche Auseinandersetzung.

Sonderklassen

Im Falle einer Bankeninsolvenz sowie im Konkurs eines Ehemannes ist zusätzlich zu den allgemeinen Privilegien eine Sonderklasse zu berücksichtigen; sie wird jeweils zwischen die zweite und dritte Klasse eingeschoben. 84

a) Gegenüber einer *insolventen Bank* (Konkurs, Bankennachlass) ist das *«Einlageprivileg»* gemäss BankG 37 a II zu berücksichtigen für: 85
– Forderungen bis zu Fr. 30 000.– aus allen Kontoarten, auf die regelmässig Erwerbseinkommen oder dessen Surrogate oder Unterhalts- und Unterstützungsbeträge überwiesen werden (Ziff. 1), wobei die Bezeichnung des Kontos gleichgültig ist.
– Forderungen aus Spar-, Depositen- oder Anlagekonten oder aus Kassenobligationen (Ziff. 2; zu unterscheiden von der Aussonderung eines Kundendepots gemäss BankG 37 b, vgl. § 40 N. 30).

Dieses Privileg kommt *allen natürlichen Personen* zugut, also auch den Selbständigerwerbenden. Es ist auf den gesetzlichen Höchstbetrag begrenzt, selbst wenn der Gläubiger *mehrere privilegierte Forderungen* gegen die Bank besitzt, die ihn zusammen übersteigen, oder wenn dieselbe Forderung mehreren Personen zusteht (BankG 37 a IV). 86

b) Im *Konkurs des Ehemannes* kann in seltenen Fällen noch das *«Frauengutsprivileg»* des alten Eherechts eine Rolle spielen (SchKG Schlussbestimmungen 2 IV). 87

Bevorzugt ist danach die Hälfte der Ersatzforderung der Ehefrau für nicht mehr vorhandenes eingebrachtes Frauengut (alt ZGB 211 und 224). Da das am 1. 1. 1988 in Kraft getretene neue Eherecht dieses Privileg nicht mehr kennt, kommt es – intertemporalrechtlich – nur noch in drei besonderen Fällen in Betracht:
– zwischen Ehegatten, welche die Güterverbindung beibehalten haben (SchlT/ZGB 9 e);
– zwischen Ehegatten, deren altrechtliche Gütergemeinschaft weiterbesteht (SchlT/ZGB 10);
– zwischen Ehegatten, die von der Güterverbindung zur Errungenschaftsbeteiligung gewechselt haben, gilt es dagegen nur noch bis zum 31. 12. 1997 (SchlT/ZGB 9 c).

3. Abschnitt: Das Konkursverfahren (formelles Konkursrecht)

§ 43   Gliederung und Organe des Konkursverfahrens

I.   Die Verfahrensstadien

1   Gerichtliche Entscheidungen des Konkursgerichts eröffnen und schliessen das Konkursverfahren (Konkurserkenntnis und Schlusserkenntnis); dazwischen wickelt sich die Generalexekution in verschiedenen Stadien ab:
– Feststellung und Sicherung der Konkursmasse (Aktiv- und Passivmasse; § 44);
– Verwaltung der Aktivmasse sowie Abklärung von Drittansprüchen (§ 45);
– Erwahrung der Konkursforderungen (Passivmasse) und Kollokation der Gläubiger (§ 46);
– Verwertung des Konkurssubstrates und Verteilung des Erlöses unter die Gläubiger (§ 47 und § 48);
– Abschluss mit dem Schlusserkenntnis (§ 50).

2   Das ganze Konkursverfahren sollte vorschriftsgemäss binnen 12 Monaten seit seiner Eröffnung durchgeführt sein; die Aufsichtsbehörde ist jedoch befugt, diese Ordnungsfrist zu verlängern (SchKG 270). Solche – auch mehrmalige – Fristverlängerung ist namentlich in grösseren Konkursfällen notwendig.

II.   Die Organe des Konkursverfahrens

3   Die Abwicklung des Konkurses obliegt verschiedenen Organen.

4   Vor allem sind es *aussergerichtliche Organe:*
– das Konkursamt,
– die Gläubigerversammlungen,
– ein fakultativer Gläubigerausschuss,
– die Konkursverwaltung und
– die Aufsichtsbehörden.

Aber auch *gerichtliche Organe* befassen sich damit: 5
– das Konkursgericht und
– die ordentlichen Zivilgerichte.

§ 44 Die Feststellung der Masse

Sobald das Konkursamt die Mitteilung des Konkurserkennt- 1
nisses erhalten hat (SchKG 176), muss es das Vermögen des Konkursiten, seine Aktiven und Passiven, ermitteln. Zu diesem Zweck nimmt es
sofort ein *Inventar* der vorhandenen Aktiven auf, trifft die notwendigen
Sicherungsmassnahmen, macht den Konkurs öffentlich bekannt und
verbindet damit einen *Schuldenruf* (SchKG 221, 223, 232).

I. *Das Konkursinventar*

1. Die Grundlagen

Unter Umständen muss für die Inventarisierung und Siche- 2
rung des Aktivvermögens – wie bei der Pfändung – der Requisitionsweg beschritten werden, wenn sich Vermögensstücke in einem
anderen Konkurskreis befinden (SchKG 4). Wurde schon vor der Konkurseröffnung ein Güterverzeichnis aufgenommen (§ 36 N. 11 f.), dient
es als Grundlage.

2. Rechte und Pflichten des Konkursiten sowie Dritter

a) *Präsenzpflicht, Auskunfts- und Herausgabepflicht*

Dem Konkursiten obliegt während des ganzen Konkursver- 3
fahrens eine allgemeine *Präsenzpflicht* (SchKG 229 I), deren Missachtung unter Strafdrohung steht (StGB 323 Z. 5). Nur mit besonderer
Erlaubnis des Konkursamtes darf er sich entfernen; nötigenfalls wird er
polizeilich vorgeführt (SchKG 229 I Satz 2).

Schon bei der Inventaraufnahme hat er persönlich an Ort und Stelle 4
mitzuwirken; insbesondere ist er verpflichtet, dem Konkursamt alle Vermögenswerte anzugeben und zur Verfügung zu stellen (*Auskunfts-* und
Herausgabepflicht, SchKG 222 I). Ist er gestorben oder geflohen, treffen

diese Obliegenheiten seine erwachsenen Hausgenossen (SchKG 222 II). Die Missachtung dieser Pflicht steht ebenfalls unter Strafdrohung (StGB 323 Z. 4 und 324 Z. 1).

5   Die gleiche Auskunfts- und Herausgabepflicht trifft übrigens auch *Drittpersonen,* bei denen Vermögen des Schuldners liegt, sofern sie nicht eigene Rechte daran geltend machen (SchKG 222 IV; vgl. hiezu § 22 N. 34 f. sowie unten N. 12); auch sie haben bei Missachtung ihrer Verfahrenspflichten Strafe zu gewärtigen (StGB 324 Z. 5).

6   Die Auskunfts- und Herausgabepflicht umfasst zugleich die Pflicht zur Duldung von Durchsuchungen, was nötigenfalls mit polizeilicher Hilfe erzwungen werden kann (SchKG 222 III). Werden die Betroffenen in die Pflicht genommen, muss ihnen die Strafe ausdrücklich angedroht werden (SchKG 222 VI).

7   Schliesslich sind auch *Behörden* auskunftspflichtig (SchKG 222 V).

8   Die Verfahrenspflichten sind somit analog denjenigen beim Pfändungsvollzug ausgestaltet (SchKG 91; s. die Ausführungen hiezu in § 22 N. 29 ff.).

b)   Recht des Konkursiten auf Unterhalt

9   Andererseits hat aber der Konkursit *Anspruch auf einen* billigen *Unterhaltsbeitrag aus der Konkursmasse,* namentlich wenn er gehalten ist, zur Verfügung zu bleiben und wegen des Konkurses kein Erwerbseinkommen mehr erzielt (SchKG 229 II). Dieser Anspruch gilt als Masseverbindlichkeit. Die Höhe der Alimente wird von der Konkursverwaltung nach freiem Ermessen festgesetzt; Richtschnur dafür ist das betreibungsrechtliche Existenzminimum (§ 23 N. 61).

10   Die Konkursverwaltung bestimmt auch, wie lange und unter welchen Bedingungen (entgeltlich oder unentgeltlich) der Schuldner mit seiner Familie in der bisherigen Wohnung bleiben darf, sofern diese – z. B. als Eigentumswohnung oder als Einfamilienhaus – zur Konkursmasse gehört (SchKG 229 III; BGE *117* III 65).

3.   Der Inhalt des Inventars

11   In das Konkursinventar werden *sämtliche Vermögensstücke des Schuldners* mit ihrem Schätzungswert aufgenommen (SchKG 227). Selbst Kompetenzgut ist vorzumerken, jedoch auszuscheiden und dem Schuldner zur freien Verfügung zu überlassen (SchKG 224, KOV 31). Sogar Sachen, die als Eigentum Dritter bezeichnet oder von Dritten als ihr Eigentum angesprochen werden, gehören ins Inventar, ausser es

wäre offensichtlich Dritteigentum. Die behaupteten Rechte Dritter sind aber vorzumerken, jene an Grundstücken von Amtes wegen, so wie sie aus dem Grundbuch hervorgehen (SchKG 225, 226; KOV 34).

Für die Inventarisierung spielt es noch keine Rolle, *wo* sich die Ver- 12
mögenswerte befinden, ob im Ausland oder in der Schweiz, ob im Gewahrsam des Schuldners oder eines Dritten, ob deren Zugehörigkeit umstritten ist oder nicht (BGE *114* III 22). *Vermögensstücke im Drittgewahrsam* dürfen aber, wenn ein Dritter Eigentum daran geltend macht, nicht einfach beschlagnahmt und weggeführt, sondern nur durch «Vindikation» admassiert werden (SchKG 242 III; §§ 40 N. 26, 45 N. 30).

4. Die Stellungnahme der Beteiligten

Das abgeschlossene Inventar wird *dem Konkursiten vorgelegt;* 13
er muss sich zu dessen Vollständigkeit und Richtigkeit äussern und seine Erklärung darüber im Inventar unterzeichnen (SchKG 228). Von da an läuft für ihn auch die Beschwerdefrist, wenn er die Freigabe von Kompetenzgut beanspruchen will (BGE *106* III 77).

Wegen Nichtaufnahme eines Vermögenswertes kann sich auch ein 14
Gläubiger beschweren (BGE *114* III 22); für ihn läuft die Beschwerdefrist von der Auflage des Inventars an (KOV 32).

Da sich das Inventar in keiner Weise auf die Rechte Dritter auswirkt, 15
haben diese – sofern ihre Berechtigung nicht ausser Zweifel steht – keinen Beschwerdegrund (BGE *54* III 15). Sie wahren ihre Rechte im Aussonderungs- oder Admassierungsverfahren (wenn Eigentum strittig ist) oder im Kollokationsverfahren (wenn es um ein beschränktes dingliches Recht geht).

5. Die Sicherung der inventarisierten Vermögenswerte

Gleichzeitig mit der Inventaraufnahme hat das Konkursamt 16
die zur Erhaltung der Vermögenswerte gebotenen *Sicherungsmassnahmen* zu treffen (SchKG 221). In Betracht kommen beispielsweise (vgl. auch SchKG 223):

– Schliessen und Siegelung von Räumlichkeiten (Magazine, Warenlager, Büros, Werkstätten etc.);
– Schliessen des Betriebes oder eines Betriebsteiles;
– Verwahrung von Bargeld, Wertpapieren, Geschäftsbüchern und Belegen;
– Sperren von Bank- und Postcheckkonten;

– Anweisung an die Mieter und Pächter von Grundstücken des Konkursiten, Zinsen künftig an das Konkursamt zu bezahlen (VZG 124);
– Einleitung von Betreibungen für Forderungen des Konkursiten zur Unterbrechung der Verjährung.
Siehe hiezu auch § 22 N. 56 ff. sowie BGE *114* III 105, *119* III 78, *120* III 30 f.

Von einer Betriebsschliessung wird man mit Vorteil absehen, wo die Sanierung möglich erscheint (SchKG 332), oder wo die Erfüllung einzelner Aufträge (z. b. Lieferungen, Fertigstellen eines Bauwerkes) der Masse noch Mittel zuführt.

6.   Die Bedeutung des Inventars

17   Nicht erst die Aufnahme der Vermögenswerte in das Inventar bewirkt den Konkursbeschlag über sie, sondern unmittelbar bereits die Konkurseröffnung (§ 41 N. 6). Die Inventarisierung ist bloss eine darauf folgende *Verwaltunghandlung* des Konkursamtes, die keinerlei Wirkung gegenüber Dritten entfaltet (BGE *114* III 22). Vom Ergebnis der Inventarisierung hängt jedoch der weitere Verlauf des Verfahrens ab; dieses kann drei Wendungen nehmen:

18   – Reicht der Erlös des inventarisierten Vermögens voraussichtlich zur Deckung der Kosten aus oder leistet ein Gläubiger für den mutmasslichen Fehlbetrag Sicherheit, wird das *ordentliche Konkursverfahren* durchgeführt (SchKG 231 I Z. 1 und II).

19   – Andernfalls kann nur das *summarische Konkursverfahren* in Betracht kommen (SchKG 231; § 49).

20   – Werden aber nicht einmal zur Deckung der Kosten eines summarischen Konkursverfahrens genügend Vermögenswerte vorgefunden, stellt sich die Frage der *Einstellung des Konkurses* mangels Aktiven (SchKG 230).

II.   Die Einstellung des Konkursverfahrens mangels Aktiven

21   Ergibt das Inventar, dass nicht genügend Aktiven vorhanden sind, um auch nur das summarische Konkursverfahren durchzuführen, *beantragt das Konkursamt dem Konkursgericht die Einstellung des Verfahrens* (SchKG 230 I). Verfügt dieses die Einstellung, macht sie das Konkursamt öffentlich bekannt (SchKG 230 II Satz 1, SchKG 35). Der Entscheid ist nur mit kantonalen Rechtsmitteln anfechtbar.

In der Publikation wird darauf hingewiesen, dass das Konkursverfah- 22
ren endgültig geschlossen bleibe, wenn nicht binnen 10 Tagen ein Gläubiger die Durchführung verlange und für den nicht gedeckten Teil der
mutmasslichen Kosten Sicherheit leiste (SchKG 230 II Satz 2; BGE *117*
III 67).

Nach der Einstellung des Konkurses haben die Gläubiger verschiedene Möglichkeiten:

– Zunächst lässt die Einstellung des Konkurses die Betreibungen, wel- 23
che durch die Konkurseröffnung dahingefallen sind, wieder aufleben
(SchKG 230 IV).

Das ist etwa bedeutsam gegenüber einem Pfändungsschuldner, der eine Lohnpfändung
durch Insolvenzerklärung hat hinfällig werden lassen, für Betreibungen auf Pfandverwertung gegen eine natürliche Person (s. unten) sowie für eine vor Konkurs durch
Anfechtungsklage erkämpfte Pfändung.

– Nicht auf dieses Wiederaufleben der Spezialexekutionen angewiesen 24
sind die *Pfandgläubiger* (Faust- und Grundpfandgläubiger) *einer juristischen Person:* sie können die Verwertung ihres Pfandes unmittelbar
durch das Konkursamt verlangen, ohne erst eine separate Betreibung
auf Pfandverwertung anheben oder eine wieder auflebende weiterführen zu müssen (SchKG 230 a II). Das Konkursamt setzt ihnen dazu
eine angemessene Frist.

Wird die Verwertung nicht verlangt, so gelangen die Pfandgegenstände – nach Abzug
der Kosten – zusammen mit den übrigen Aktiven der juristischen Person lastenfrei an
den Staat (SchKG 230 a III). Lehnt dieser die Übernahme ab, so werden die Aktiven
letztlich dennoch vom Konkursamt verwertet (SchKG 230 a IV).
Diese Ordnung stellt sicher, dass eine bankrotte juristische Person, über die der Konkurs eröffnet und die dadurch an sich aufgelöst wurde (§ 36 N. 50), trotz Einstellung des
Verfahrens tatsächlich liquidiert wird (BGE *113* III 119). Erst nach Abschluss dieser
Liquidation erfolgt die Löschung im Handelsregister (HRegV 66 II; siehe auch unten
N. 27). Gleiches gilt für eine Kollektiv- und Kommanditgesellschaft, welche das mate-
rielle Recht im Aussenverhältnis einer juristischen Person gleichstellt.
Ähnlich wie eine juristische Person wird auch eine *Erbschaft* nach der Einstellung des 25
Erbschaftskonkurses liquidiert (SchKG 230 a I und III). Diese Einstellung ist vom
Widerruf des Erbschaftskonkurses, dem natürlich keine Liquidation folgt, zu unter-
scheiden (SchKG 196; § 39 N. 8).

– Den *Pfandgläubigern einer natürlichen Person* steht dieses praktische 26
direkte Verwertungsrecht nach dem Wortlaut des Gesetzes bedauerlicherweise nicht zu. Sie müssen daher eine Betreibung auf Pfandverwertung einleiten oder eine wieder auflebende weiterführen (SchKG
230 IV).

– *Gläubiger ohne Pfandsicherung* können nach Einstellung des Kon- 27
kurses jeden Schuldner – sei er konkursfähig oder nicht – während
2 Jahren auf Pfändung betreiben (SchKG 230 III).

- Diese Möglichkeit ist vor allem gegenüber dem Inhaber einer *Einzelfirma* von Bedeutung, der seinen Betrieb nach Einstellung des Konkurses weiterführt. In diesem Falle wird er nämlich im Handelsregister nicht gelöscht, so dass er ohne die Sonderbestimmung von SchKG 230 III weiterhin – aber erneut aussichtslos – auf Konkurs zu betreiben wäre (BGE *113* III 118).

- Eine *juristische Person oder eine Kollektiv- oder Kommanditgesellschaft* hingegen wird nach Einstellung des Konkurses im Handelsregister *gelöscht*, sofern niemand Einspruch erhebt und die Liquidation nach SchKG 230 a abgeschlossen ist (HRegV 66 II). *Einspruch* erheben wird, wer trotz Einstellung gegen die Schuldnerin vorgehen will, namentlich also ein ungesicherter Gläubiger auf dem Wege einer Betreibung auf Pfändung. Werden hingegen erst nach der Löschung verwertbare Aktiven entdeckt, so ist auf Begehren eines Interessierten eine *Wiedereintragung* vorzunehmen, worauf die Vollstreckung wieder aufgenommen werden kann (vgl. auch BGE *110* II 397).

III.   Die Konkurspublikation

28   Steht fest, dass das ordentliche oder das summarische Verfahren durchgeführt werden kann, macht das Konkursamt die Eröffnung des Konkurses öffentlich bekannt (SchKG 232 I). Die Publikation bezweckt die Ergänzung und Bereinigung des inventarisierten Konkurssubstrates, die Feststellung der Konkursforderungen sowie die Vorbereitung des weiteren Verfahrens. Auf diese Ziele hin ist der Inhalt der Publikation ausgerichtet:

29   *1.   Bekanntgabe* des Namens und Wohnorts des Konkursiten sowie des Zeitpunkts der Konkurseröffnung (SchKG 232 II Z. 1).

2.   Schuldenruf (SchKG 232 II Z. 2)

30   Konkursgläubiger und Aussonderungsberechtigte werden aufgefordert, ihre Ansprüche samt Beweismitteln binnen Monatsfrist beim Konkursamt einzugeben. Ausländischen Gläubigern kann eine längere Frist eingeräumt oder die Frist verlängert werden (SchKG 33 II). Spätere Eingaben sind noch bis zum Schluss des Verfahrens zu berücksichtigen; nur muss der Säumige dann die dadurch verursachten Kosten tragen und kann zu deren Vorschuss angehalten werden (SchKG 251 I und II).

31   Die Eingabefrist beträgt nur 10 Tage, wenn vorher schon ein Schuldenruf erfolgt ist, wie im Falle eines Erbschaftskonkurses nach ZGB 582 (öffentliches Inventar) oder nach ZGB 595 (amtliche Liquidation), sowie wenn dem Konkurs eine Nachlassstundung vorausgegangen ist (SchKG 300). Bereits in diesem Verfahren angemeldete Gläubiger brau-

chen nicht erneut einzugeben, ausser sie wollten ihre frühere Eingabe ändern (SchKG 234).

3. Aufforderung an die Schuldner des Konkursiten (SchKG 232 II Z. 3)

Schuldner des Konkursiten werden aufgefordert, sich binnen der Eingabefrist als solche anzumelden, bei Straffolge im Unterlassungsfall (StGB 324 Z. 2). Jeder Drittschuldner ist auskunftspflichtig, auch wenn er (wie z. B. eine Bank) Träger eines Berufsgeheimnisses ist (BGE *92* III 45 f.).   32

4. Aufforderung an die Besitzer von Sachen des Konkursiten (SchKG 232 II Z. 4)

Besitzer von Sachen des Konkursiten werden aufgefordert, diese binnen der gleichen Frist dem Konkursamt zur Verfügung zu stellen, ebenfalls mit dem Hinweis auf die Strafdrohung im Unterlassungsfalle (StGB 324 Z. 3).   33

Das betrifft insbesondere die *Faustpfandgläubiger;* ihnen wird jedoch zugesichert, dass die Einlieferung ohne Nachteil für ihr Vorzugsrecht geschehe (SchKG 219 I). Drohend wird aber gleich beigefügt, dass im Falle ungerechtfertigter Unterlassung das Vorzugsrecht erlösche; ein schwerer Eingriff ins Privatrecht, der vollstreckungsrechtlich absolut unnötig und auch sonstwie sachlich nicht zu rechtfertigen ist. Das Bundesgericht lässt deshalb den Rechtsverlust nur eintreten, wo dem Nachlässigen ein erhebliches Verschulden zur Last gelegt werden muss (BGE *71* III 87); besser wäre es, Arglist vorauszusetzen.   34

Nicht anzumelden sind im Ausland gelegene Pfandgegenstände, solange sie nicht zur Masse gezogen werden können.   35

5. Einladung zur ersten Gläubigerversammlung (SchKG 232 II Z. 5)

Angesichts der Dringlichkeit der Beschlüsse, die dort zu treffen sind (§ 45 N. 10), muss diese Versammlung spätestens 20 Tage nach der Konkurspublikation abgehalten werden. Auch Mitschuldner und Bürgen des Konkursiten sowie Gewährspflichtige dürfen ihr beiwohnen, was ihnen angezeigt wird. Im summarischen Konkursverfahren kann diese Einladung unterbleiben (SchKG 231 III Z. 1; § 49 N. 6).   36

Jeder bekannte Gläubiger erhält zudem eine *Spezialanzeige* der Konkurspublikation, sofern der Konkurs im ordentlichen Verfahren durchgeführt wird (SchKG 233). – Weitere Adressaten sind: das Betreibungsamt, das Gericht, vor dem ein Prozess hängig ist, der Versicherer einer   37

Schadens- oder Personenversicherung, das Grundbuchamt und allenfalls noch die Vormundschaftsbehörde (KOV 40 II).

38 6.   Schliesslich muss die Konkurspublikation noch den *Hinweis für ausländische Beteiligte* enthalten, dass das Konkursamt als Zustellungsdomizil gelte, solange kein anderes in der Schweiz bezeichnet werde (SchKG 232 II Z. 6; s. auch SchKG 67 I Z. 1; § 16 N. 8).

§ 45   Die Verwaltung der Aktivmasse

I.   *Organe und Kompetenzen*

1 Die Verwaltung der Aktivmasse obliegt:
  – der Gläubigerversammlung,
  – einem allfällig eingesetzten Gläubigerausschuss
  – und der Konkursverwaltung.

1.   Die Erste Gläubigerversammlung

a)   Organisatorisches

2   Die spätestens 20 Tage nach der Konkurspublikation abzuhaltende erste Versammlung der Gläubiger wird vom Konkursbeamten geleitet; er bildet mit zwei von ihm bezeichneten Gläubigern das «*Büro*» (SchKG 235 I). Dieses entscheidet über die Zulassung nicht eingeladener Personen sowie über Anstände wegen der Berechnung der Stimmen (SchKG 235 II und IV Satz 3). Die Entscheide des Büros unterliegen der Beschwerde (BGE *86* III 94).

3   An der Ersten Gläubigerversammlung ist *teilnahmeberechtigt,* wer aus den Unterlagen des Konkursiten (seinen Geschäftsbüchern u. dgl.) als dessen Gläubiger hervorgeht oder der sich sonstwie als Gläubiger, Mitschuldner, Bürge oder Gewährspflichtiger ausweist.

4   *Beschlussfähig* ist die Versammlung erst, wenn wenigstens ein Viertel der bekannten Gläubiger anwesend oder vertreten ist. Sind es weniger als fünf, müssen sie wenigstens die Hälfte der bekannten Gläubiger ausmachen (SchKG 235 III). Ein Gläubiger kann sich auch durch einen Nicht-Gläubiger vertreten lassen.

356

Ist die Versammlung *nicht beschlussfähig,* so unterrichtet das Kon- 5
kursamt die Anwesenden über den Bestand der Masse (Inventar) und
stellt die Beschlussunfähigkeit fest (SchKG 236). Das hat weiter zur
Folge, dass das Konkursamt die Aktivmasse bis zur allfälligen Zweiten
Gläubigerversammlung alleine verwalten muss und dass nun für alle
späteren Gläubigerbeschlüsse der *Zirkularweg* offen steht (SchKG
255 a; zu den Modalitäten vgl. § 47 N. 10).

Z. B. können durch Zirkular eine ausseramtliche Konkursverwaltung oder ein Gläubigerausschuss eingesetzt werden; oder das Konkursamt kann heikle Fragen, für die es die
Verantwortung nicht alleine übernehmen will (z. b. eine Betriebsschliessung, Anhebung
eines Admassierungsprozesses), den Gläubigern mit Zirkular unterbreiten.

Beschlüsse der Ersten Gläubigerversammlung werden immer mit 6
dem *absoluten Mehr der stimmenden* (also nicht einfach der anwesenden) *Gläubiger* gefasst, gleichgültig ob es sich um einen Versammlungs-
oder einen Zirkularbeschluss handelt. Dem Vorsitzenden kommt der
Stichentscheid zu (SchKG 235 IV). Zahl und Höhe der Forderungen
spielen für die Stimmkraft keine Rolle (Kopfstimmrecht).

b)   *Aufgaben*

        Der Ersten Gläubigerversammlung obliegen folgende Aufga-
ben:
– Sie nimmt den *Bericht des Konkursamtes* über die Aufnahme des 7
  Inventars und den Bestand der Aktivmasse entgegen (SchKG 237 I).

Das Inventar wird daher grundsätzlich an der Gläubigerversammlung oder ausnahmsweise später zusammen mit dem Kollokationsplan aufgelegt, im summarischen Konkursverfahren immer erst dann (KOV 32; SchKG 231 III Z. 3).

– Im weiteren trifft sie die ersten *organisatorischen* Entscheidungen, 8
  indem sie
    – entweder das Konkursamt oder eine oder mehrere von ihr ge-
      wählte Personen als *Konkursverwaltung* einsetzt (SchKG 237 II;
      unten N. 19 ff.) und
    – allenfalls noch einen Gläubigerausschuss als Hilfsorgan wählt 9
      (SchKG 237 III; unten N. 15 ff.),
– Schliesslich hat sie (nach SchKG 238 I) über eine Reihe *dringlicher* 10
  Verwaltungsmassnahmen zu beschliessen, die keinen Aufschub ver-
  tragen, so über:
    – die Fortführung des Betriebes des Konkursiten (BGE *95* III 25),
    – die Fortsetzung schwebender, ganz ausnahmsweise auch über die
      Anhebung neuer, dringlicher Prozesse (BGE *58* III 44),

357

   – einen vorzeitigen Verkauf (auch von Grundstücken) aus freier Hand (BGE *105* III 76; § 47 N. 4).

11 – Darüber hinaus kann die Erste Gläubigerversammlung die Verwertung einstellen, wenn der Konkursit einen Nachlassvertrag vorschlägt (SchKG 238 II).

12 Angesichts ihrer zum Teil noch zweifelhaften Zusammensetzung – die eingegebenen Forderungen sind noch nicht erwahrt – rechtfertigt es sich nicht, der Ersten Gläubigerversammlung weitergehende Kompetenzen einzuräumen; erst die Zweite Gläubigerversammlung ist umfassend kompetent (SchKG 253).

c) Anfechtung der Beschlüsse

13 Die Beschlüsse der ersten Gläubigerversammlung können sowohl wegen Rechtsverletzung als auch wegen Unangemessenheit mit *Beschwerde bei der Aufsichtsbehörde* angefochten werden (SchKG 239; Beispiele in BGE *96* III 100). Legitimiert dazu ist jeder *Gläubiger* (sofern er dem angefochtenen Beschluss nicht ausdrücklich oder durch konkludentes Verhalten zugestimmt hat), der *Schuldner* sowie ein betroffener *Dritter*.

14 Die *Beschwerdefrist* – nicht aber die Weiterziehungsfrist – beträgt hier nur 5 statt 10 Tage (SchKG 239 I); die Aufsichtsbehörde hat – nach Anhörung des Konkursamtes und allenfalls auch weiterer Beteiligter – kurzfristig zu entscheiden (SchKG 239). Diese *Beschleunigung* entspricht der Dringlichkeit der zu überprüfenden Beschlüsse. Gegen Zirkularbeschlüsse läuft hingegen die ordentliche Beschwerdefrist (BGE *69* III 18).

2. Der Gläubigerausschuss

15 Der Gläubigerausschuss ist ein von der Gläubigerversammlung aus ihrer Mitte *fakultativ* eingesetztes Hilfs- und Kontrollorgan (SchKG 237 III). Bestimmt der Einsetzungsbeschluss nichts anderes, stehen ihm einfach die im Gesetz aufgezählten Obliegenheiten zu (SchKG 237 III, 247 III und 255). Diese sind teils von den Kompetenzen der Gläubigerversammlung abgeleitet, teils haben sie selbständigen Charakter.

16 *Abgeleitete Kompetenzen (SchKG 237 III Z. 1–3):*
– Kontrolle der Geschäftsführung der Konkursverwaltung;
– Begutachtung der von dieser vorgelegten Fragen;

– Einspruch gegen jede den Interessen der Gläubiger zuwiderlaufende Massnahme der Konkursverwaltung (Sache der Gläubigerversammlung ist es dann, die Massnahme allenfalls trotzdem anzuordnen);
– Ermächtigung, den Betrieb des Konkursiten fortzuführen;
– Genehmigung von Rechnungen zulasten der Masse;
– Ermächtigung, Prozesse zu führen sowie Vergleiche und Schiedsverträge abzuschliessen (BGE *103* III 21).

Selbständige Kompetenzen (die der Ersten Gläubigerversammlung nie 17 zustünden):
– Genehmigung des Kollokationsplans (SchKG 237 III Z. 4, 247; § 46 N. 24);
– Anordnung von Abschlagsverteilungen (SchKG 237 III Z. 5);
– Einberufung weiterer Gläubigerversammlungen (SchKG 255).

In den Gläubigerausschuss kann jeder Gläubiger gewählt werden, der 18 vom Schuldner nicht irgendwie abhängig ist (BGE *97* III 127). Innerhalb des Ausschusses herrscht das *Kollegialitätsprinzip*, das individuelles Handeln eines einzelnen Mitgliedes ausschliesst (BGE *119* III 122).

Auch Beschlüsse des Ausschusses sind mit *Beschwerde* anfechtbar, soweit sie betreibungsrechtliche Verfügungen und nicht nur rechtsgeschäftliche Handlungen darstellen, wie z. B. der Abschluss eines Prozessvergleichs (BGE *103* III 23).

Die Zweite Gläubigerversammlung kann den Gläubigerausschuss wieder abberufen (SchKG 253 II).

3. Die Konkursverwaltung

a)   Funktion und Stellung der Konkursverwaltung im allgemeinen

Das *ausführende Organ* im Konkursverfahren, die «Exekuti- 19 ve», ist die Konkursverwaltung. Ihr obliegt die Durchführung des Konkurses im einzelnen, namentlich der Vollzug der Gläubigerbeschlüsse. Sie übt *öffentlichrechtliche Funktionen* aus. Ob diese – von Gesetzes wegen oder durch Beschluss der Gläubigerversammlung – dem *Konkursamt* übertragen sind, oder ob die Gläubiger an dessen Stelle eine besondere, *ausseramtliche Konkursverwaltung,* bestehend aus einer oder mehreren natürlichen oder juristischen Personen (BGE *101* III 43), gewählt haben, macht keinen Unterschied. Auch die Mitglieder einer ausseramtlichen Konkursverwaltung versehen ein öffentliches Amt (BGE *104* III 1).

Für eine ausseramtliche Konkursverwaltung kommen vor allem in Frage: Rechtsanwälte, Notare und Treuhänder, nicht aber Gläubiger oder Drittschuldner; hingegen kann sogar ein Konkursbeamter als ausseramtlicher Verwalter auftreten, wenn er das Mandat als Privatperson übernimmt (BGE *104* III 1). – Der Zweiten Gläubigerversammlung steht es frei, eine eingesetzte Konkursverwaltung jederzeit wieder abzuberufen (SchKG 253 II).

20 Mit Rücksicht auf ihre öffentlichrechtliche Tätigkeit gelten im übrigen sowohl für die amtliche wie für die ausseramtliche Konkursverwaltung die gleichen Vorschriften (SchKG 241):
   – Sie unterstehen denselben positiven und negativen Amtspflichten und der gleichen Aufsicht (SchKG 8–11; dazu § 4 N. 11 ff.);
   – der Kanton ist für sie verantwortlich (SchKG 5; § 5 N. 6 ff.);
   – ihre Mitglieder unterstehen der disziplinarischen Verantwortlichkeit (SchKG 14; § 5 N. 4);
   – ihre Verfügungen unterliegen der Beschwerde (§ 6 N. 9);
   – Entschädigungen dürfen ausschliesslich im Rahmen der GebV berechnet werden.

   In anspruchsvollen Verfahren kann die Aufsichtsbehörde nach ihrem Ermessen höhere Ansätze bewilligen (GebV 47; § 13 N. 6; illustrativ BGE *120* III 97 ff.).

b)   *Die einzelnen Verwaltungsaufgaben*

21   Der Konkursverwaltung obliegen im Rahmen der Verwaltung der Aktivmasse insbesondere folgende Aufgaben:
22   – Sie besorgt alle zur *Erhaltung der Masse* gehörenden Geschäfte und *vertritt die Masse vor Gericht* (SchKG 240).
23   – Schulden, die sie im Rahmen dieser Tätigkeit eingeht, sind *Masseverbindlichkeiten* (BGE *106* III 124; § 48 N. 2 f.).
24   – Sodann ist die Konkursverwaltung gehalten, *unbestrittene fällige Forderungen einzuziehen.* Anders als in einer Betreibung auf Pfändung ist im Konkurs die Eintreibung auf dem Betreibungswege möglich (SchKG 243 I). Das gilt nach der Praxis, solange die Forderung nicht ernsthaft bestritten ist (BGE *108* III 21). Schwer einbringliche Forderungen sollen hingegen, selbst wenn sie anerkannt sind, abgetreten oder verwertet werden (BGE *93* III 26 f.; § 47 N. 30).
25   – Zur Verwaltung der Aktivmasse gehört ferner die *Behandlung der Aussonderungsansprüche;* es ist Sache der Konkursverwaltung, das Aussonderungsverfahren in Gang zu bringen (SchKG 242; unten N. 28 ff.).
26   In besonderen Fällen darf die Konkursverwaltung sogar schon zur *Verwertung* schreiten (SchKG 243 II). So ist bei drohender Wertverminderung, kostspieligem Unterhalt oder hohen Aufbewahrungskosten ein *Notverkauf* vorzunehmen. Auch Wertpapiere und Sachen, die einen

Markt- oder Börsenpreis haben, dürfen (z. B. wenn ein besonders günstiger Verkauf möglich ist) sofort veräussert werden.

Sonst wird aber immer erst nach der Zweiten Gläubigerversammlung 27
verwertet (SchKG 243 III; BGE *115* III 124). Im Verwaltungsstadium des Konkursverfahrens sind die Aktivwerte der Masse grundsätzlich bloss zu erhalten, das heisst, vor Verlust zu bewahren.

II.   Aussonderung und Admassierung

1.   Abgrenzung der beiden Verfahren

a)   Verfahrenszweck

Im Aussonderungs- wie im Admassierungsverfahren soll der 28
Bestand des für die Verwertung bestimmten Konkurssubstrates definitiv abgeklärt, d. h. über allenfalls umstrittene Zugehörigkeit von Vermögenswerten zur Konkursmasse entschieden werden.

b)   Anwendbares Verfahren

Nach dem *Gewahrsam am streitigen Gegenstand* entscheidet 29
sich, welches der beiden Verfahren zur Anwendung kommt.

Zum Begriff des *Gewahrsams* und seinen Ersatztatbeständen siehe § 24 N. 33 ff. Entscheidend ist hier der Gewahrsam im Zeitpunkt der Konkurseröffnung (BGE *110* III 87, 93).

– Befand sich die umstrittene Sache bei Konkurseröffnung im *aus-* 30
schliesslichen oder im Mitgewahrsam des Drittansprechers, so ist sie vom Konkursbeschlag noch gar nicht betroffen (§ 40 N. 26). Vielmehr muss die Konkursmasse sie vorerst an sich ziehen: «admassieren». Zu diesem Zweck muss sie, wenn der Dritte widerstrebt, die Sache im *Admassierungsverfahren* – mit einer Art «Vindikationsklage» – von ihm herausverlangen (SchKG 242 III; BGE *99* III 16, *100* III 64, *110* III 90; zu deren Rechtsnatur unten N. 46). – Dies ganz im Gegensatz zur Spezialexekution, wo der Pfändungsbeschlag auch Gegenstände im Drittgewahrsam erfassen kann.

Im ordentlichen Konkursverfahren entscheiden die Gläubiger dar- 31
über, ob mit einer solchen *Admassierungsklage* gegen den Dritten vorzugehen sei, im summarischen entscheidet die Konkursverwaltung (SchKG 236, 237 III Z. 3; 253 II). Auch die Abtretung des Prozessfüh-

rungsrechts nach SchKG 260 kann in Frage kommen (§ 47 N. 38). Das Gesetz setzt keine besondere Klagefrist.

32   – Hatte hingegen bei der Konkurseröffnung *ausschliesslich der Schuldner* den Gewahrsam inne, so fiel die Sache vorerst einmal in die Konkursmasse, es sei denn der Drittanspruch habe offensichtlich zu Recht bestanden (BGE *104* III 23). Bei dieser Sachlage muss nun der Drittansprecher im *Aussonderungsverfahren* – mit der «*Aussonderungsklage*» – gegen die Konkursmasse, die sich der Freigabe widersetzt, vorgehen (SchKG 242 I und II). Das Prozedere ist vergleichbar mit jenem nach SchKG 107 in der Spezialexekution.

2.   Das Aussonderungsverfahren

33   Es ist in SchKG 242 nur sehr rudimentär, in KOV 45 ff. dafür um so ausführlicher geregelt, und zwar in weitgehender Analogie zum Widerspruchsverfahren. Auch das Aussonderungsverfahren kann somit zwei Stadien durchlaufen: ein Vorverfahren, dem unter Umständen der eigentliche Aussonderungsprozess folgt (BGE *107* III 86).

a)   *Aussonderungsbegehren*

34   Die Aussonderung muss *ausdrücklich verlangt* werden, sei es vom Rechtsansprecher selber, vom Schuldner oder von einer anderen Person. In der Konkurspublikation werden allfällige Ansprecher aufgefordert, binnen Monatsfrist eine entsprechende Eingabe zu machen (§ 44 N. 30). Die Anmeldung ist jedoch noch bis zur Verteilung des Erlöses möglich (SchKG 251 und KOV 45). Wurde die Sache inzwischen verwertet, so richtet sich der Anspruch auf Herausgabe des Erlöses.

35   Keiner besonderen Anmeldung bedarf es für Werte im Kundendepot einer insolventen *Bank,* für die bankinternen Sondervermögen sowie für das Fondsvermögen bei Insolvenz einer *Fondsleitung* (BankG 16, 37 b; AFG 4 und 16; § 40 N. 30). In diesen Fällen werden die betreffenden Werte *von Amtes wegen ausgeschieden.*

b)   *Das Vorverfahren*

36   Das Vorverfahren durchzuführen, obliegt der Konkursverwaltung; sie verfügt über die Herausgabe der von Dritten beanspruchten Sachen (SchKG 242 I). So einfach, wie es sich liest, geht es allerdings nicht.

– Vielmehr muss die Konkursverwaltung, die bereit wäre, den Heraus-   37
gabeanspruch eines Dritten anzuerkennen, vorher noch die *Zweite
Gläubigerversammlung* begrüssen. Als oberstes Organ des Konkurses
(SchKG 253) kann diese nämlich anders beschliessen oder das Be-
streitungsrecht der Masse nach SchKG 260 einem oder einzelnen
Gläubigern abtreten lassen (KOV 47; BGE *116* III 102). Nur wenn die
Zweite Gläubigerversammlung der Konkursverwaltung beipflichtet
und kein Gläubiger die Abtretung verlangt, darf die Sache (oder
deren Erlös) dem Dritten herausgegeben werden.

Im *summarischen Verfahren* entscheidet die Konkursverwaltung al-   38
lerdings allein über die Herausgabe (KOV 49); nur in wichtigeren
Fällen ist den Gläubigern Gelegenheit zu geben, Abtretung zu verlangen.

Ausnahmsweise – aber selbst dann nur, wenn es sich nicht um Gegenstände von bedeu-   39
tendem Wert handelt (BGE *75* III 16) – kann die *Konkursverwaltung* nach KOV 51
auch im ordentlichen Verfahren die Freigabe selbständig verfügen, sofern das Dritteigentum von vornherein als erwiesen gilt, die sofortige Herausgabe der Sache im offen-
baren Interesse der Masse liegt oder der Drittansprecher eine angemessene Kaution
leistet.

– Wird hingegen der *Drittanspruch abgelehnt* (sei es von der Gläubiger-   40
versammlung, einem Abtretungsgläubiger oder der Konkursverwaltung selber), so setzt die Konkursverwaltung dem Dritten eine 20-tä-
gige (verlänger- und wiederherstellbare) *Frist zur Aussonderungsklage,* verbunden mit der Androhung, dass der Herausgabeanspruch als
verwirkt gelte, wenn die Frist nicht eingehalten werde (SchKG 242 II
und KOV 46).

Handelt es sich bei den beanspruchten Gegenständen um freie Aktiven (z. B. aner-   41
kannte Kompetenzstücke), so ist der Dritte darauf zu verweisen, ausserhalb des Konkursverfahrens direkt gegen den Konkursiten vorzugehen (KOV 54 II).

c)   *Der Aussonderungsprozess*

Die *Aussonderungsklage* wird mit dem Begehren auf Heraus-   42
gabe der Sache beim *Gericht des Konkursortes* angehoben (SchKG 242
II). *Kläger* ist immer der Drittansprecher, *Beklagter* die Masse oder ein
Abtretungsgläubiger.

Die Zweite Gläubigerversammlung entscheidet darüber, ob ein gegen die Masse einge-
leiteter Prozess weiterzuführen ist. Lehnt sie es ab, ist das Prozessführungsrecht denjenigen Gläubigern, die es verlangen, abzutreten (SchKG 260).

Der *Streitwert* bestimmt sich nach dem Schätzungswert der umstritte-   43
nen Sache.

44   Der Richter urteilt im *ordentlichen Zivilprozess.* Im Unterschied zum funktionsverwandten Widerspruchsprozess (SchKG 109 IV) sieht das SchKG hier keine Beschleunigung des Verfahrens vor; das kantonale Recht kann dies aber anordnen.

45   Wird die Klage gutgeheissen, muss die Streitsache dem Kläger herausgegeben werden; wird sie abgewiesen, bleibt sie endgültig in der Konkursmasse.

46   Das *Urteil* hat indessen – gleich wie übrigens auch die Verwirkung des Klagerechts – nur für das hängige Konkursverfahren Bedeutung; denn das Aussonderungsverfahren will nur die Zusammensetzung der Aktivmasse feststellen, verfolgt also nur einen *betreibungsrechtlichen Zweck.* Die Aussonderungsklage ist somit – wie die Widerspruchsklage – eine *betreibungsrechtliche Klage mit Reflexwirkung auf das materielle Recht.* – Gleiches gilt übrigens auch für die *Admassierungsklage* der Konkursmasse.

47   Im Falle eines Konkurswiderrufs würde das bedeuten:
      – hatte der Dritte obsiegt, so könnte der ehemalige Konkursit gegen ihn immer noch die *Vindikationsklage* anstrengen;
      – hatte die Masse obsiegt, war aber die Sache bei Konkurswiderruf noch nicht verwertet, so kann der Dritte seinerseits gegen den ehemaligen Konkursiten vindizieren;
      – war die Sache hingegen bereits verwertet, bleibt der Erwerber geschützt; der Dritte hat sein Eigentum verloren und kann nur noch gegen den ehemaligen Konkursiten wegen ungerechtfertigter Bereicherung vorgehen.

48   Ein letztinstanzliches kantonales Urteil ist bei gegebenen Voraussetzungen *berufungsfähig.*

§ 46   Die Erwahrung und Kollokation der Konkursforderungen

1   Wie der Bestand der Aktivmasse muss auch derjenige der Passivmasse nach Ablauf der öffentlich bekanntgemachten Eingabefrist endgültig und genau festgestellt werden. Ermittlung des verwertbaren Konkurssubstrates und der bei seiner Liquidation zu berücksichtigenden Konkursforderungen laufen nebeneinander her. Beides ist zunächst Aufgabe der Konkursverwaltung. Über eine streitige materielle Rechtslage zu entscheiden steht jedoch allein den zuständigen Gerichten zu.

I. Die Erwahrung der Konkursforderungen

Nach Ablauf der Eingabefrist prüft die Konkursverwaltung   2
die angemeldeten Forderungen und macht die zu ihrer Erwahrung –
«Verifizierung» – nötigen Erhebungen (SchKG 244). Dazu hat sie 60
Tage Zeit, weil bis zu diesem Zeitpunkt der Kollokationsplan erstellt
sein sollte; diese Frist kann von der Aufsichtsbehörde allerdings verlängert werden (SchKG 247 I und IV).

1. Gegenstand der Prüfung

Zu prüfen sind vor allem sämtliche – mündlich oder schriftlich,   3
rechtzeitig oder verspätet – *angemeldeten Konkursforderungen* (SchKG
244 und 251).

Aber selbst nicht angemeldete Forderungen sind unter gewissen Vor-   4
aussetzungen *von Amtes wegen* zu berücksichtigen:

– So die *aus dem Grundbuch ersichtlichen,* samt dem laufenden Zins,   5
jedoch ohne verfallene rückständige Zinsen (SchKG 246): die Grundpfandforderungen, die eingetragenen Dienstbarkeiten und Grundlasten sowie vorgemerkte persönliche Rechte, die wegen der Publizität
des Grundbuchs nicht noch besonders eingegeben zu werden brauchen.

– Forderungen, die durch *verpfändete Grundpfandtitel* gesichert sind,   6
weil auch diese im Lastenverzeichnis bereinigt werden (BGE *64* III
65 ff.; unten N. 21).

– Sodann werden *unmittelbare gesetzliche Rechte*, die *servitutes appa-*   7
rentes, oder *unmittelbare gesetzliche Verfügungsbeschränkungen* (z. B.
gesetzliche Vorkaufsrechte) ebenfalls von Amtes wegen berücksichtigt (vgl. § 28 N. 27).

2. Das Prüfungsverfahren

a)   *Umfang der Prüfung*

Die Konkursverwaltung muss untersuchen, ob die Forderun-   8
gen überhaupt bestehen, wie hoch sie sich belaufen, ob Sicherheiten
dafür gegeben sind und welcher Rang ihnen zivil- und konkursrechtlich
zukommt. Dabei wird in erster Linie auf die eingelegten Beweismittel
(Schuldscheine, Buchauszüge und dergleichen) abgestellt. Zudem sind
jedoch von Amtes wegen alle zweckdienlichen Erhebungen zu machen;

vom Gläubiger können zu diesem Zweck weitere Belege eingefordert werden (SchKG 244, KOV 59 I; BGE *112* III 39).

Beruht die Eingabe auf einem *gerichtlichen Entscheid* oder auf einer *Verwaltungsverfügung,* darf die Konkursverwaltung die betreffende Forderung natürlich nicht mehr in Frage stellen. In seiner Stellungnahme kann der Konkursit nur noch echte *nova* vorbringen (z. B. seitherige Tilgung).

b)   Stellungnahme des Konkursiten

9   Der Schuldner selbst muss zu jeder einzelnen Konkursforderung befragt werden; er soll sagen, ob er sie anerkenne oder nicht (SchKG 244 Satz 2, KOV 55; BGE *103* III 20). Die Konkursverwaltung ist jedoch nicht an seine Äusserung gebunden; sie entscheidet vielmehr frei über Anerkennung oder Nichtanerkennung (SchKG 245; BGE *112* III 38).

10   Die unterschriftliche Anerkennung der Forderung durch den Konkursiten hat hingegen praktische Bedeutung für die Wirkung des Konkursverlustscheins; dieser gilt dann nämlich als Schuldanerkennung im Sinne von SchKG 82 (SchKG 265 I; § 48 N. 26).

3.   Der Entscheid der Konkursverwaltung

11   Gelangt die Konkursverwaltung zur Überzeugung, dass eine Konkursforderung an sich und ihrer Höhe nach besteht, dass sie dem betreffenden Gläubiger zusteht, dass gegen die angegebenen Sicherheiten und den beanspruchten Rang nichts einzuwenden ist, so anerkennt sie den Anspruch. Andernfalls weist sie ihn ganz oder teilweise ab oder verweist ihn in den ihr zuerkannten Rang. Der Entscheid erfolgt in der sogenannten *Kollokationsverfügung.*

12   Mit der Erwahrung ist es streng zu halten:
– *Anerkennung* einer Forderung setzt voraus, dass sie hinreichend belegt ist. Sonst könnte der Konkursit – dem im späteren Verfahrensverlauf die Kollokationsklage nicht zusteht – den Entscheid der Konkursverwaltung mit Beschwerde anfechten (BGE *93* III 59; unten N. 41).
– Ebenso setzt *Abweisung* gründliche Prüfung voraus, z. B. Erhebungen über eine vom Schuldner behauptete Zahlung an den Gläubiger. Sonst könnte sich nun dieser bei der Aufsichtsbehörde beschweren, brauchte sich also nicht wegen eines oberflächlichen Entscheides die Kollokationsklage zuschieben zu lassen (BGE *96* III 106; unten N. 41).

13   Der Entscheid der Konkursverwaltung muss *eindeutig und unbedingt* sein (KOV 59 II); denn nur unter dieser Voraussetzung taugt er als Grundlage für die Verteilung des Konkursergebnisses und lässt auch keine Unsicherheit darüber aufkommen, wer allenfalls eine Kollokationsklage einzuleiten hat.

Bedingte Kollokation ist einzig zulässig, wo ein Anfechtungsprozess hängig ist; dann muss für den Fall des Obsiegens die gemäss SchKG 291 wiederauflebende Forderung des Anfechtungsbeklagten kolloziert werden (BGE *103* III 17; § 52 N. 55). Für die ausnahmsweise *Aussetzung* der Kollokation einer Forderung siehe BGE *121* III 36 f.

Nichts zu entscheiden hat die Konkursverwaltung hingegen über Forderungen, die im Zeitpunkt der Konkurseröffnung bereits Gegenstand eines Prozesses oder eines Verwaltungsverfahrens bilden (SchKG 207); sie sind bis zur Zweiten Gläubigerversammlung einstweilen bloss pro memoria im Kollokationsplan vorzumerken (KOV 63; BGE *83* III 77, *109* III 34 f., *112* III 36, *113* III 132). 14

Wird der Prozess (oder der Verwaltungsstreit) von der Masse oder von einem Abtretungsgläubiger (SchKG 260) fortgeführt (§ 41 N. 17), so übernimmt er die Funktion des Kollokationsprozesses; andernfalls gilt die Forderung als anerkannt, was einen späteren Kollokationsprozess ausschliesst (KOV 63 II).

Die *Kollokationsverfügung* der Konkursverwaltung kommt formell im Kollokationsplan zum Ausdruck. 15
– Jede *Abweisung* eines Anspruchs (auch eine Teilabweisung) ist darin kurz zu begründen, damit der Betroffene weiss, warum die Kollokation von seiner Eingabe oder vom Grundbucheintrag bezüglich Betrag, Zinsen, Pfandsicherung oder Rang abweicht (SchKG 248 und KOV 58 II). 16
– Nur die unveränderte *Gutheissung* einer Eingabe – durch Aufnahme in den Kollokationsplan – bedarf keiner Begründung. 17

Dabei darf die Konkursverwaltung aber nicht über den vom Gläubiger angemeldeten Anspruch hinausgehen; nicht zulässig wäre deshalb, eine Forderung in einem höheren Betrage zu kollozieren, selbst wenn es nur darum ginge, sich einer vom Gläubiger vorgenommenen Verrechnung zu widersetzen (BGE *71* III 185, *120* III 28; vgl. § 40 N. 58).

II. Der Kollokationsplan

1. Inhalt des Kollokationsplanes

Der Kollokationsplan gibt gesamthaft darüber Auskunft, wie die einzelnen Konkursforderungen bestandes-, betrags- und rangmässig im Verfahren behandelt werden sollen; er bringt – wie soeben dargelegt – deren Anerkennung oder Abweisung formell zum Ausdruck. Ob eine Forderung privat- oder öffentlichrechtlicher Natur ist, spielt keine Rolle. Im einzelnen sind in den Kollokationsplan aufzunehmen: 18
– Die *grundpfandgesicherten Forderungen* an einem Grundstück (einschliesslich Dienstbarkeiten, Grundlasten und vorgemerkte persönli- 19

che Rechte, ZGB 959), aber auch *gesetzliche Vorkaufsrechte* (ZGB 681). Überdies muss aus dem Plan hervorgehen, welche Lasten dem Erwerber des Grundstücks bei der Verwertung überbunden werden sollen (§ 47 N. 23).

20   Auch im Konkurs wird *für jedes einzelne Grundstück* des Konkursiten bezüglich der dinglichen Lasten *ein besonderes Lastenverzeichnis* erstellt (VZG 125). Diese Verzeichnisse bilden dann *Bestandteil des Kollokationsplanes* (SchKG 247 II). Infolgedessen werden im Konkurs die Lasten im Kollokationsverfahren bereinigt, nicht in einem eigenen Lastenbereinigungsverfahren wie in der Spezialexekution. Inhalt und Wirkung der Lastenverzeichnisse sind aber in beiden Fällen dieselben (vgl. § 28 N. 40 ff.).

21   – Die *faustpfandgesicherten Forderungen.*

Forderungen, für die ein Eigentümer- oder Inhaberschuldbrief als Faustpfand haftet, werden zwar *als faustpfandgesichert kolloziert,* doch wird der Schuldtitel bis höchstens zum Betrag der zugelassenen Faustpfandforderung *unter die Grundpfandforderungen aufgenommen* (VZG 126); ist die Faustpfandforderung kleiner als der verpfändete Grundpfandtitel, so ist der Mehrbetrag nicht als Grundpfand zu kollozieren (VZG 126 II). Auf diese Weise wird der Faustpfandgläubiger der Einfachheit halber gleich *wie ein Grundpfandgläubiger behandelt.* Verweise im Plan verhindern doppelte Berücksichtigung.

22   – Die *ungesicherten Forderungen,* rangmässig gegliedert nach den *Konkursklassen* (SchKG 219 IV; dazu § 42 N. 69 ff.). Als ungesichert gilt auch eine Forderung, für die ein Drittpfand bestellt ist (KOV 61; § 42 N. 16).

23   *Nicht* aufzunehmen sind dagegen *Aussonderungsansprüche* und *Masseverbindlichkeiten.* Jene werden im Aussonderungsverfahren abgeklärt (BGE *105* III 14), diese sind vorweg voll aus dem Bruttoerlös der Masse zu bezahlen (BGE *106* III 123 f.; § 48 N. 2); ihre Aufnahme im Kollokationsplan wäre sinnlos.

2.   Die Genehmigung des Kollokationsplanes

24   Besteht ein *Gläubigerausschuss,* muss ihm der Kollokationsplan (samt den Lastenverzeichnissen) zur Genehmigung unterbreitet werden. Das Gesetz räumt ihm 10 Tage ein für allfällige Änderungen; auch diese Frist kann die Aufsichtsbehörde verlängern (SchKG 247 III und IV).

25   Ohne ausdrückliche Ermächtigung durch die Gläubigerversammlung darf der Gläubigerausschuss allerdings keine Rechte anerkennen, welche die Konkursverwaltung abgewiesen hat. Auf Grund seiner gesetzlichen Befugnisse allein kann er nur Widerspruch erheben gegen Zulassungsverfügungen (SchKG 237 III Z. 4); er hat dann nur eine *Abwei-*

sungskompetenz. Die Verfügungen des Gläubigerausschusses sind im Kollokationsplan ausdrücklich anzugeben (KOV 64).

Wird ihm der Kollokationsplan nicht vorgelegt, kann sich der Gläubigerausschuss bei 26
der Aufsichtsbehörde beschweren.

Besteht kein Gläubigerausschuss, kann der Kollokationsplan sofort 27
nach seiner Erstellung aufgelegt und die Auflage öffentlich bekanntgemacht werden.

3. Die Auflegung des Kollokationsplanes

Der abgeschlossene Kollokationsplan wird samt den Belegen 28
(Forderungstitel und Beweismittel) und dem Inventar von der Konkursverwaltung (auch von einer ausseramtlichen) *beim Konkursamt* aufgelegt, damit jeder Interessent ihn einsehen und allenfalls eine Kollokationsklage vorbereiten kann (SchKG 249 I; BGE *103* III 19).

Das *Inventar* muss beigelegt werden, damit die Gläubiger abschätzen 29
können, ob sich angesichts des ausgewiesenen Konkurssubstrates ein
Streit um die zu erwartende Konkursdividende überhaupt lohnt. Darum
soll auch immer der *vollständige* Kollokationsplan aufgelegt werden;
auch die Passivmasse muss für die Gläubiger überblickbar sein (BGE
115 III 145 ff., eine «gestaffelte» Auflegung nach Klassen betreffend).
Nur ausnahmsweise, wenn ein Grundstück dringlich verwertet werden
muss, kann es sich rechtfertigen, das betreffende Lastenverzeichnis vorzeitig aufzulegen (VZG 128; § 28 N. 6; 47 N. 4).

Die Auflegung wird *öffentlich bekanntgemacht* (SchKG 249 II); von 30
diesem Zeitpunkt an läuft die *Frist zur Anhebung der Kollokationsklage,*
sofern der Plan nicht etwa erst später aufgelegt wird oder das Amt dem
Publikum nicht erst später zugänglich ist (SchKG 250 I – präzise die
französiche und italienische Fassung; BGE *93* III 87, *112* III 42).

Ausserdem erhält jeder Gläubiger, dessen Forderung ganz oder teil- 31
weise abgewiesen wurde oder der nicht den beanspruchten Rang erhielt – nicht aber jeder Gläubiger überhaupt, wie in der Pfändungsbetreibung –, eine *individuelle Anzeige* der Auflage mit Angabe der Abweisung, des Abweisungsgrundes und der Anfechtungsfrist (SchKG 249
III und KOV 68). Abweichungen von den Konkurseingaben und vom
Grundbuch werden also den Betroffenen besonders mitgeteilt.

Bei Schaden, den eine unrichtige Mitteilung oder die Unterlassung derselben einem 32
Gläubiger verursacht, stellt sich die Frage der Staatshaftung.

4.   Die Berichtigung des Kollokationsplanes

33   Der aufgelegte Kollokationsplan ist nicht ohne weiteres verbindlich. Aus verschiedenen, im Interesse der Verwirklichung des materiellen Rechts liegenden Gründen kann es noch zu *Änderungen* kommen:

34   – Im Vordergrund steht die Möglichkeit der *Anfechtung des Plans mit
      Beschwerde oder Klage,* die nach seiner Auflegung offensteht (Nähe-
      res unten N. 38 ff.).

35   – Während der Anfechtungsfrist ist aber die Konkursverwaltung be-
      fugt, unter bestimmten Voraussetzungen selber – ohne Anstoss sei-
      tens eines Betroffenen – auf ihre im Kollokationsplan getroffenen
      Entscheidungen zurückzukommen *(Selbstberichtigung).* Liegt ein Be-
      schwerdegrund vor, gelten hiefür die Regeln des Beschwerderechts
      (§ 6 N. 64). Handelt es sich um einen Klagegrund, besteht das Selbst-
      berichtigungsrecht nur solange, als noch keine Klage angehoben wor-
      den ist; nach Klageerhebung ist Selbstberichtigung nur zulässig, wenn
      die Konkursverwaltung den Willen zur Änderung schon vorher ge-
      äussert hat (BGE *57* III 190). Der Kollokationsplan ist nach einer
      solchen spontanen Änderung neu aufzulegen und die Auflage erneut
      zu publizieren (KOV 65).

36   – Ganz unabhängig von jeder Anfechtung kann sodann bis zum Schluss
      des Konkursverfahrens eine *verspätete Konkurseingabe* die Abände-
      rung des (unter Umständen schon rechtskräftigen) Kollokationsplanes
      nötig machen; dabei muss es sich allerdings entweder um eine *erstmali-
      ge Eingabe* handeln oder aber um einen Antrag auf Abänderung einer
      früheren, der auf *echten nova* beruht (SchKG 251 IV; BGE *115* III 73;
      § 44 N. 30). Auch solche Änderungen müssen publiziert werden; wird
      die verspätete Eingabe abgewiesen, so genügt eine blosse Anzeige an
      den betreffenden Gläubiger (SchKG 251 IV und KOV 69).

37   – Darüber hinaus lässt schliesslich die Praxis zu, auf eine unangefochten
      gebliebene, rechtskräftig gewordene Kollokationsverfügung von Am-
      tes wegen zurückzukommen,
          – wenn eine Forderung *offensichtlich* zu Unrecht oder falsch kollo-
            ziert worden ist (BGE *111* II 84),
          – wenn die *Folgen einer Unterlassung* (z. B. versehentliche Nichtbe-
            rücksichtigung) wiedergutzumachen sind
          – oder wenn *echte nova,* die eine Revision rechtfertigen (wie z. B.
            das Vorliegen eines nachträglich berichtigten Grundbuchauszuges
            oder eine Änderung der Rechtsverhältnisse seit der Kollokation),
            berücksichtigt werden sollen (BGE *111* II 84).

370

III. Die Anfechtung des Kollokationsplanes

1. Allgemeines

Der Kollokationsplan stellt einen Komplex verfahrensrechtli- 38
cher Verfügungen der Konkursverwaltung (zum Teil auch des Gläubigerausschusses) dar, die zugleich die materiellen Rechte der Gläubiger
und der Inhaber beschränkter dinglicher Rechte berühren. Deshalb
unterliegt er der Anfechtung sowohl durch *Beschwerde* als auch durch
gerichtliche *Klage,* je nachdem ob die Verletzung einer Verfahrensvor-
schrift gerügt oder der materiellrechtliche Inhalt einer Verfügung beanstandet wird (BGE *85* III 97, *115* III 145).

Rechtskräftig wird der Kollokationsplan immer erst nach unbenütz- 39
tem Ablauf der Anfechtungsfristen oder wenn über eine mittels Anfechtung beantragte Abänderung endgültig entschieden worden ist.

Die *Anfechtungsfrist* beträgt für die Beschwerde 10, für die Klage 20 40
Tage. Beide Fristen laufen von der Veröffentlichung der Planauflage an
(so ausdrücklich SchKG 250 I für die Klage; aus praktischen Gründen
muss das aber auch für die Beschwerde nach SchKG 17 II gelten).

2. Die Anfechtung mit Beschwerde

Massgebend sind die allgemeinen Vorschriften über die be- 41
treibungsrechtliche Beschwerde (§ 6). *Grund zur Beschwerde* bilden
ausschliesslich Verfahrensfehler bei der Erstellung des Planes.

Beispiele: 42
– der Entwurf wurde dem Gläubigerausschuss nicht zur Genehmigung unterbreitet;
– mangelhafte oder gar fehlende Auflage, Publikation oder individuelle Mitteilung;
– keine Angabe der Abweisungsgründe;
– fehlende Anhörung des Schuldners zu einzelnen Forderungen, wenn seine Stellungnahme zu einer andern Entscheidung geführt hätte (BGE *103* III 20);
– unklare Kollokationsverfügungen, so wenn Unsicherheit über den Umfang einer
  Pfandsicherheit oder über den Bestand mithaftender Zugehör besteht (BGE *103* III
  15 f., *105* III 30 f., *106* III 26 f., *114* III 25);
– oberflächliche Entscheide der Konkursverwaltung (oben N. 12);
– Verfügungen über Ansprüche, die (wie solche über ein Aussonderungsrecht oder eine
  Masseverbindlichkeit) nicht im Kollokationsplan zu treffen sind;
– die Aufnahme einer nicht eingegebenen oder nicht hinreichend belegten Forderung,
  z. B. nicht angemeldeter verfallener Hypothekarzinsen (BGE *93* III 59, *99* III 25);
– die Nichtbehandlung einer eingegebenen oder aus dem Grundbuch ersichtlichen Forderung.

43   Zur Beschwerde *legitimiert* sind alle Beteiligten: ausser den Gläubigern und dem Konkursiten unter Umständen auch Dritte, insbesondere Aussonderungsberechtigte.

44   Wird der Kollokationsplan im Beschwerdeverfahren abgeändert, muss er neu aufgelegt und die Neuauflage öffentlich bekanntgemacht werden.

3.   Die Anfechtung mit Klage

45   Klageweise Anfechtung des Kollokationsplans bezweckt immer die *materiellrechtliche Überprüfung* des Inhalts einer darin getroffenen Verfügung (BGE *114* III 113, *119* III 85). Man beklagt sich über eine *Verletzung des materiellen Rechts* und verlangt, dass ihm bei der Kollokation Rechnung getragen werde. Die Kollokationsklage richtet sich somit stets gegen die materielle Entscheidung der Konkursverwaltung im Rahmen der Erwahrung und Kollokation mit der Behauptung, sie sei inhaltlich falsch. Die Klage ist deshalb praktisch das bedeutsamere Anfechtungsmittel als die Beschwerde.

46   Grundsätzlich haben zwar die Vollstreckungsorgane keine Fragen des materiellen Rechts zu entscheiden. Bei der Erwahrung und Kollokation kommt aber die Konkursverwaltung nicht darum herum, diesbezüglich einen klaren *Vorentscheid* zu treffen, womit sie den Betroffenen den Weg zur Anfechtung mit der Klage und damit zur Beurteilung jener Fragen durch den Richter öffnet.

a)   *Gegenstand der Kollokationsklage*

47   Mit der Klage wird die Frage zur Beurteilung gestellt, *wie* ein geltend gemachter Anspruch *materiell richtig zu kollozieren* und damit der Berechtigte im Verfahren einzustufen sei. Man verlangt die dem materiellen Recht entsprechende Teilnahme (oder die Nichtteilnahme eines Konkurrenten) am Konkursergebnis. Beispielsweise wird geltend gemacht, die Konkursverwaltung habe über Anerkennung oder Abweisung einer Konkursforderung, über deren Höhe, Zins oder Rang falsch entschieden; oder ein beschränktes dingliches Recht oder ein vorgemerktes persönliches Recht sei zu Unrecht bzw. in einem falschen Rang anerkannt worden.

48   Dabei spielt es keine Rolle, ob die *Kollokation der eigenen oder einer fremden Forderung* angefochten wird; denn im Konkurs sind – anders als in der Pfändungsbetreibung (§ 30 N. 14) – in beiden Fällen materiellrechtliche Fragen zu überprüfen (SchKG 250 I und II). Das Anwendungsgebiet der Klage ist infolgedessen im Konkurs weiter als in der Pfändungsbetreibung.

Auch *öffentlichrechtliche Forderungen,* die noch nicht rechtskräftig   49
festgesetzt sind, werden nach neuester Praxis des Bundesgerichts grundsätzlich mittels Kollokationsklage nach SchKG 250 bereinigt, sofern
diese Klage nicht – wie z. B. im Verrechnungssteuerrecht (VStG 45) –
gesetzlich ausgeschlossen ist (BGE *120* III 35, 149). In bereits hängigen
Verwaltungsstreitverfahren kommt dagegen SchKG 207 II zur Anwendung (§ 41 N. 17).

b)   *Die Klagelegitimation*

Dem erweiterten Gegenstand der Kollokationsklage im Kon-   50
kurs entsprechend ist die Legitimation anders geregelt als in der Pfändungsbetreibung.

Aktivlegitimation

Klageberechtigt ist jeder Inhaber eines Anspruchs, der im   51
Kollokationsplan zu behandeln ist, also
– jeder Konkursgläubiger und
– jeder Inhaber eines beschränkten dinglichen Rechts (z. B. einer
  Dienstbarkeit) oder eines vorgemerkten persönlichen Rechts, das
  nicht im beanspruchten Masse anerkannt worden ist.

Dabei kann selbst ein Konkursgläubiger, dessen Forderung vollständig abgewiesen   52
worden ist, nicht nur seine eigene, ihn betreffende (Nicht-)Kollokation, sondern auch die
Kollokation eines Konkurrenten anfechten; doch wird dann dieser Prozess sistiert, bis
über seine eigene Kollokation endgültig entschieden ist.
    Kurrentgläubiger können allerdings ein Lastenverzeichnis nicht anfechten, soweit es
sich nur um den Vorrang eines Pfandgläubigers vor einem andern handelt (VZG 127 I);
daran haben weder sie noch die Masse ein Interesse (BGE *115* III 70 f.).

Dem *Konkursiten* hingegen ist der Klageweg verschlossen. Er ist   53
ausschliesslich auf die Beschwerde angewiesen, die für ihn deshalb besondere Bedeutung gewinnt, namentlich wenn er Erwahrungsmängel zu
rügen hat.

Passivlegitimation

Die Klage richtet sich: 54
– entweder gegen die *Konkursmasse,* wenn der Kläger die Kollokation
  seiner eigenen Ansprüche beanstandet (SchKG 250 I);
– oder gegen einen *anderen Ansprecher,* wenn der Kläger die Zulassung
  von dessen Ansprüchen anficht (SchKG 250 II).

c)   *Der Streitwert*

55   Der Streitwert bemisst sich nicht etwa nach dem Kapital der betroffenen Forderung oder des bestrittenen Teils derselben, sondern nur nach der *Dividende, die auf den bestrittenen Betrag entfiele, also nach dem möglichen Prozessgewinn* (BGE *82* III 95).

56   – Bei *Anfechtung der eigenen Kollokation* (SchKG 250 I) ist das die *Differenz der auf den Kläger entfallenden Dividende,* wobei die Dividende gemäss angefochtener Kollokation jener gemäss der beanspruchten gegenübergestellt wird (BGE *93* II 85);
        – bei der *Anfechtung der Kollokation eines Konkurrenten* (SchKG 250 II) berechnet sich diese *Differenz auf der dem Beklagten zufallenden Dividende* (BGE *114* III 114).

57   Der Streitwert der Klage nach SchKG 250 II bemisst sich somit nicht nach dem persönlichen Interesse des Klägers; vielmehr kann er – je nach Kapital der bestrittenen Forderung und erwartetem Dividendensatz – dieses Interesse sogar übersteigen. Das trifft zu, wenn der Prozessgewinn höher ist, als zur Tilgung von Forderung und Kosten des Klägers erforderlich wäre. SchKG 250 II bestimmt daher, dass ein solcher *Überschuss* zugunsten der übrigen Gläubiger in die Konkursmasse fällt; er verbleibt also nicht etwa dem Beklagten wie in der Spezialexekution (SchKG 148 III; § 30 N. 27).

58   Beispiele:
        – Steht der Rang im Streit, so ist die Differenz zwischen der Dividende, die sich gemäss angefochtener Kollokation für die Forderung ergibt, und dem Betrag, welcher gemäss Antrag des Klägers herausschauen würde, massgebend.
        – Betrifft die Klage ein Pfandrecht, das der Kläger für sich beansprucht, so richtet sich der Streitwert nach dem Mehrbetrag, der bei Gutheissung der Klage auf die Forderung des Klägers entfiele (BGE *106* III 69 f.).

d)   *Der Kollokationsprozess*

59   Der Streit wird vor Gericht *im beschleunigten Verfahren* ausgetragen (SchKG 250 III). Den Kantonen bleibt es unbenommen, ein vorangehendes Sühneverfahren vorzusehen (BGE *100* III 38, *113* III 90).

60   Die Klage muss binnen 20 Tagen beim *Gericht am Konkursort* eingereicht werden (SchKG 250 I); die Frist kann verlängert oder wiederhergestellt werden.

61   Die *Beweislast* obliegt immer der Partei, um deren Ansprüche es geht: bei der Klage nach SchKG 250 I trifft sie also den Kläger, bei derjenigen nach SchKG 250 II hingegen den Beklagten.

e)   *Wirkung des Urteils*

62   Das Urteil im Kollokationsprozess wirkt *nur im hängigen Konkursverfahren.* Entweder bestätigt das Gericht die angefochtene

Kollokationsverfügung oder es ändert sie ab. Das Urteil hat also keine über das konkrete Verfahren hinausgehende materiellrechtliche Bedeutung; es steht und fällt mit diesem. Einem Prozess ausserhalb des Konkurses stünde deshalb die res iudicata nicht entgegen. Die Kollokationsklage ist demnach zwar eine *konkursrechtliche Klage, aber mit Reflexwirkung auf das materielle Recht.*

Wird die Klage *gutgeheissen,* wirkt sich das Urteil verschieden aus, je nachdem ob gegen die Masse oder gegen einen anderen Gläubiger geklagt wurde, ob also der Prozess die eigene oder eine fremde Kollokation betraf: 63

– Hat der Gläubiger nach SchKG 250 I wegen seiner *eigenen Kollokation* geklagt, so ändert das gutheissende Urteil den Kollokationsplan mit *Wirkung für alle Gläubiger* ab; die Mitgläubiger erleiden im Umfang des Prozessgewinns des Klägers verhältnismässige Kürzungen auf ihren Dividenden. Das Prozessergebnis wird im ursprünglichen Kollokationsplan vorgemerkt und bei der Verteilung berücksichtigt (KOV 64 II). Der Plan muss nicht neu aufgelegt werden.   64

> Den *Mitgläubigern* steht nur dann noch ein Bestreitungsrecht zu (auszuüben wiederum durch Beschwerde oder mit Kollokationsklage gegen den siegreichen Gläubiger), wenn die *Konkursverwaltung* es nicht zum gerichtlichen Entscheid kommen lässt, sondern das Klagebegehren ganz oder zum Teil anerkennt; in diesem Falle muss die Änderung des Kollokationsplans neu aufgelegt und öffentlich bekannt gemacht werden (KOV 66; BGE *107* III 138, *108* III 24). War aber dem Gläubigerausschuss die Kompetenz zum Abschluss oder zur Genehmigung von Vergleichen übertragen worden, entfällt dieses Bestreitungsrecht, und im Vergleichsfall erübrigt sich eine Neuauflage (SchKG 237 III Z. 3; KOV 66 III).   65

– Hat hingegen der Gläubiger nach SchKG 250 II wegen einer *fremden Kollokation* geklagt, so wirkt sich das gutheissende Urteil *vorerst nur zwischen den Parteien* aus. Der obsiegende Kläger kann den Prozessgewinn – den Betrag, um den die Dividende des Beklagten herabgesetzt wird – bis zur vollen Deckung seiner Forderung und der Prozesskosten für sich beanspruchen. Erst ein allfälliger *Überschuss* wird dann, entsprechend dem berichtigten Kollokationsplan, unter die Gläubiger verteilt; er verbleibt also nicht dem Beklagten (SchKG 250 III; oben N. 57). Auch hier braucht der Kollokationsplan nicht nochmals aufgelegt zu werden.   66

Weil es sich um eine betreibungsrechtliche Streitigkeit mit Reflexwirkung auf das materielle Recht handelt, unterliegt das letztinstanzliche kantonale Urteil bei gegebenen Voraussetzungen der *Berufung und der Nichtigkeitsbeschwerde an das Bundesgericht.*   67

Die rechtskräftige Kollokation ist massgebend für die Verteilung des Verwertungserlöses der Konkursmasse.   68

§ 47   Die Verwertung

I.   *Allgemeines*

1.   Rechtsnatur und Zuständigkeit

1   Wie jeder vollstreckungsrechtliche Verwertungsakt sind auch diejenigen im Konkurs *öffentlichrechtliche Verfügungen* mit allen daraus folgenden Konsequenzen (insbesondere hinsichtlich Gewährspflicht und Anfechtung); es kann deshalb auf das bereits zur Spezialexekution Ausgeführte verwiesen werden (SchKG 259; § 26 N. 22 ff.).

2   Die Verwertung der Aktivmasse ist *Aufgabe der Konkursverwaltung.* Wie sie dabei vorzugehen hat, bestimmt aber – im ordentlichen Konkursverfahren – in der Regel die *Zweite Gläubigerversammlung.*

> Doch kann auch hier ausnahmsweise in Frage kommen, sachkundige Private (z. B. ein Auktionshaus) mit der Verwertung zu beauftragen (BGE *103* III 45 und *105* III 70 f.; § 26 N. 15).

2.   Zeitpunkt der Verwertung

3   Abgesehen vom *Notverkauf* sowie von der Verwertung von Wertpapieren und Waren zum *Börsen-* oder *Marktpreis* (SchKG 238 und 243 II), dürfen die Bestandteile der Aktivmasse erst verwertet werden, nachdem die *Zweite Gläubigerversammlung* stattgefunden hat; denn sie bestimmt im allgemeinen, wie zu verwerten ist (SchKG 243 III und 256). Diese Grundregel gilt für bewegliche wie für unbewegliche Sachen.

4   Die *Verwertung von Grundstücken* setzt indessen voraus, dass die *Lastenbereinigung* im Rahmen des Kollokationsverfahrens durchgeführt ist und allfällige Kollokationsprozesse rechtskräftig erledigt sind (§ 46 N. 20 ff.).

> Das gilt auch, wo nach SchKG 238 und 243 *dringliche Verwertung* geboten ist (VZG 128 I; BGE *107* III 90; § 45 N. 10) und nicht bis zur Zweiten Gläubigerversammlung zugewartet werden kann; immerhin darf dann die Lastenbereinigung beschleunigt durchgeführt werden (§ 46 N. 29). Nur im Falle von «*Überdringlichkeit*» (eine Ermessensfrage) kann die Aufsichtsbehörde die Verwertung ohne vorherige Lastenbereinigung bewilligen, unter der Bedingung allerdings, dass dadurch keine berechtigten Interessen verletzt werden: wenn z. B. ein bedeutend höherer Preis erzielt werden könnte (VZG 128 II; BGE *96* III 84, *119* III 87; vgl. auch § 28 N. 6).

5   *Fahrnis* hingegen darf auch dann verwertet werden, wenn daran bestehende Rechte (Pfandrechte) noch nicht bereinigt sein sollten (BGE

107 III 88), weil hier dem Erwerber keine Lasten überbunden werden, welche auf die Bestimmung des Veräusserungswertes Einfluss haben könnten.

II. Die Zweite Gläubigerversammlung

1. Einberufung und Zusammensetzung

Die sogenannte «Zweite Gläubigerversammlung» wird von 6
der Konkursverwaltung durch *individuelle Einladung* einberufen, sobald die Konkurseingaben geprüft sind, der Kollokationsplan erstellt und aufgelegt ist. Die Einladung muss mindestens 20 Tage vor der Versammlung verschickt werden (SchKG 252 I).

Teilnahmeberechtigt sind nun *alle Konkursgläubiger*, deren Forderun- 7
gen nicht bereits rechtskräftig abgewiesen sind (SchKG 252 I), also nicht etwa nur die Gläubiger mit rechtskräftig anerkannten Forderungen. Das Kollokationsverfahren kann bezüglich einzelner Ansprüche – etwa zufolge einer Beschwerde oder Klage – durchaus noch hängig sein. – Aussonderungsberechtigte und Massegläubiger (§ 48 N. 2) werden dagegen nicht eingeladen.

Der Unterschied zwischen «Erster» und «Zweiter» Gläubigerver- 8
sammlung liegt nicht nur in ihrer zeitlichen Folge, sondern vor allem auch in ihrer Zusammensetzung (die nun weniger zweifelhaft ist als die der Ersten) und in den Kompetenzen; er ist somit qualitativer Art. Jede weitere Versammlung nach der «Zweiten Gläubigerversammlung» stellt nichts anderes dar als diese selbst, die erneut zu einer Verhandlung zusammentritt. Sie kann von der Konkursverwaltung auf Verlangen eines Viertels der Gläubiger oder auch auf Antrag des Gläubigerausschusses wieder einberufen werden (SchKG 255).

2. Verhandlungsweise

Ein Mitglied der Konkursverwaltung führt in der Versamm- 9
lung den Vorsitz; über Beschlussfähigkeit und Abstimmung gilt dasselbe wie für die Erste Gläubigerversammlung (SchKG 252 III; § 45 N. 4 ff.).

Kommt *keine beschlussfähige Versammlung* zustande, so hat auch 10
hier die Konkursverwaltung dies festzustellen und die Anwesenden über den Stand und die Aussichten des Verfahrens zu orientieren; die bisherige Konkursverwaltung sowie der Gläubigerausschuss bleiben

dann bis zum Schluss des Verfahrens im Amt (SchKG 254; BGE *95* III 30). Beschlüsse, die der Zweiten Gläubigerversammlung vorbehalten sind, müssen dann auf dem *Zirkularweg* gefasst werden.

Ein Antrag gilt als angenommen, wenn die *Mehrheit der mit Zirkular angesprochenen Gläubiger* ihm innert der angesetzten Frist ausdrücklich oder stillschweigend zustimmt. Sind nicht alle Gläubiger bekannt, so kann die Konkursverwaltung ihre Anträge zudem öffentlich bekannt machen. – Zur Anfechtung der Gläubigerbeschlüsse siehe unten N. 13.

3. Kompetenzen

11   Weil in der Zweiten Gläubigerversammlung nur noch die voraussichtlich am Verwertungserlös teilhabenden Gläubiger vereinigt sind, stehen ihr wesentlich weiter gehende Kompetenzen zu als der Ersten. Sie bestimmt das ganze Verfahren in einer die Konkursverwaltung bindenden Weise.

12   Der Zweiten Gläubigerversammlung obliegt insbesondere:
– einen umfassenden *Bericht* der Konkursverwaltung über den Gang der Verwaltung und über den Stand der Masse (Aktiven und Passiven) entgegenzunehmen (SchKG 253 I);
– über die Bestätigung oder Neuwahl der *Konkursverwaltung* und des *Gläubigerausschusses* zu beschliessen oder ein solches Organ allenfalls erst einzusetzen (SchKG 253 II);
– *«unbeschränkt»* («souverainement») alles Weitere für die Durchführung des Konkurses anzuordnen (SchKG 253 II: z. B. die Vornahme eines Freihandverkaufs, den Verzicht auf die Geltendmachung von Rechtsansprüchen der Masse, Beschluss über die Weiterführung eines eingestellten Prozesses (SchKG 207, 256 I und 260; BGE *116* III 101);
– über einen vorgeschlagenen *Nachlassvertrag* zu verhandeln, was vorher in der Einladung besonders anzuzeigen ist (SchKG 252 II und 332).

13   Diese dem gemeinen Recht entstammende *Allmacht der Zweiten Gläubigerversammlung* wird einzig durch das *Beschwerderecht* unter Kontrolle gehalten. Diesbezüglich gelten die allgemeinen Regeln (§ 6). Als Beschwerdegrund kann jedoch *nur Rechtsverletzung,* nicht auch Unangemessenheit angerufen werden (BGE *109* III 88, *110* III 31) – ganz im Unterschied zur Anfechtung von Beschlüssen der Ersten Gläubigerversammlung (vgl. § 45 N. 13). Ausserdem beträgt die Beschwerdefrist hier 10 Tage (nicht bloss 5 wie gegen die meist dringlicheren Beschlüsse der Ersten Gläubigerversammlung).

III. Die Verwertungsarten

Gleich wie in der Pfändungsbetreibung steht auch im Konkurs   14
die *Versilberung* im Vordergrund (dazu § 26 N. 16). Mit Rücksicht auf
die besonderen Erfordernisse und die grosse Publizität der Generalexekution herrscht im Konkurs jedoch *grössere Freiheit*. Dies rechtfertigt
sich hier auch deshalb, weil *alle Gläubiger gemeinsam* über die ihnen
gutscheinende Art der Verwertung befinden können. Grundsätzlich führen aber auch im Konkurs die gleichen Wege zur Liquidation des
Vollstreckungssubstrats wie in der Pfändungsbetreibung (Versteigerung, Freihandverkauf, «Abtretung»).

1. Die öffentliche Versteigerung

Auch im Konkurs werden die zur Masse gehörenden Vermö-   15
genswerte *regelmässig* öffentlich versteigert, wenn die Zweite Gläubigerversammlung nichts anderes beschliesst (SchKG 256 I). Die Versteigerung wird hier zwar im grossen und ganzen ähnlich vorbereitet und
durchgeführt wie in der Betreibung auf Pfändung. Eigenart des Konkursverfahrens und Ziel der Generalexekution erheischen jedoch gewisse Abweichungen.

a) Vorbereitung

Im Konkurs hat die Konkursverwaltung die Steigerung vorzu-   16
bereiten. Sie setzt die *Steigerungsbedingungen* fest und erlässt die *Steigerungspublikation* (SchKG 257 I).

Sind *Grundstücke* zu verwerten, wird die Steigerung mindestens einen   17
Monat vorher öffentlich bekannt gemacht. Zudem werden die Steigerungsbedingungen (samt Lastenverzeichnis) auf dem Konkursamt zur
Einsicht aufgelegt; dies auch, wo eine ausseramtliche Konkursverwaltung eingesetzt ist (SchKG 257 II, 259 i. V. m. 134 und 135, KOV 98 I;
§ 28 N. 46 ff.).

Eine *individuelle Mitteilung* der Steigerung erhalten im Konkurs nur   18
die Grundpfandgläubiger und diejenigen Gläubiger, denen die Grundpfandtitel verpfändet sind (SchKG 257 III, KOV 71; BGE *94* III 101)
sowie die Inhaber von gesetzlichen Vorkaufsrechten (VZG 129). Sinnvoll wäre es, sie – wie in der Spezialexekution – auch anderen Beteiligten (vor allem dem Konkursiten) zugehen zu lassen (SchKG 139).

Nach der Praxis kann zuhanden der Pfandgläubiger eine neue Schät-   19
zung der Grundstücke angeordnet werden (BGE *51* III 6).

b) Durchführung

20   Die Versteigerung wird weitgehend nach den in der Spezialexekution geltenden Regeln durchgeführt (Verweise in SchKG 258 II
und 259). Doch ist sie im Konkurs insofern einfacher, als der *Zuschlag
ohne Rücksicht auf das Deckungsprinzip* erteilt wird (SchKG 126; §§ 27
N. 30, 28 N. 54). Hier wird also immer nach dreimaligem Aufruf
dem Meistbietenden zugeschlagen (SchKG 258 I, VZG 60; BGE *118*
III 52).

> Zwar kann in den Steigerungsbedingungen aufgrund eines Gläubigerbeschlusses ein
> *Mindestpreis* festgelegt werden (SchKG 258 II Satz 2); kommt aber nach gescheiter-
> ter Steigerung auch kein Freihandverkauf zu diesem Preis zustande, muss in einer folgen-
> den zweiten Steigerung ohne diese Beschränkung zugeschlagen werden (VZG 130 II und
> III).
> Der Pfandgläubiger kann sein Interesse im übrigen in der Weise wahrnehmen, dass er
> selber an der Steigerung teilnimmt und seine eigene Forderung herausbietet.

21   Die *Ausschaltung des Deckungsprinzips* entspricht dem Wesen der
Generalexekution. Im Konkurs muss ausnahmslos das ganze Vermögen
des Schuldners liquidiert werden: die Aktiven sind samt und sonders zu
verwerten, auch wenn Pfandrechte auf ihnen lasten. Mit einer Generalliquidation wäre nicht vereinbar, gewisse Vermögensstücke wegen «ungenügenden Angebotes» nicht zu verwerten, sie aus der Zwangsvollstreckung zu entlassen, wie es bei der Versteigerung in der Spezialexekution der Fall ist und sein muss.

22   Hingegen gilt im Interesse der Grundpfandgläubiger auch im Konkurs das Prinzip des *doppelten Aufrufs* (SchKG 258 II i. V. m. 142; vgl.
§ 28 N. 55 ff.).

23   Im übrigen kann nach SchKG 259 auf die Ausführungen zur Verwer-
tung beweglicher Sachen und von Grundstücken in der Spezialexeku-
tion verwiesen werden, so hinsichtlich:
– *Lastenüberbindung* bei den Grundstücken (SchKG 135; § 28 N. 23),
  wobei allerdings die Beibehaltung des Konkursiten für eine überbun-
  dene Schuld wegen der Generalliquidation auch der Passiven nicht in
  Frage kommt (VZG 130 IV).
– *Mindestzuschlagspreis* von Edelmetallen (SchKG 128; § 27 N. 33).
– *Zahlungsmodalitäten* (Zahlungstermin, Barzahlung, Zahlungsverzug;
  SchKG 129, 136, 137 und 143; §§ 27 N. 36 ff., 28 N. 64 ff.).
– *Bewilligungen* nach BewG oder BGBB *für den Grundstückerwerb*
  (§ 28 N. 61).
– *Eigentumsübergang* (§ 28 N. 62).

2.   Der Freihandverkauf

a)   Voraussetzungen

Der Freihandverkauf spielt im Konkurs eine grössere Rolle   24
als in der Spezialexekution. Er wird zugelassen:
- als *Notverkauf* (243 II Satz 1);
- wenn Wertpapiere oder andere Sachen mit einem *Markt-* oder *Bör-senpreis* sofort günstig verwertet werden können (SchKG 243 II Satz 2);
- überdies und vor allem aber, wenn immer es die *Zweite Gläubigerver-sammlung beschliesst* und die Pfandgläubiger hinsichtlich der Pfand-gegenstände damit einverstanden sind (SchKG 256 I und II; BGE *115* III 125).

Es bedarf also im Konkurs nicht, wie in der Spezialexekution, der Zustimmung aller Beteiligten zum Freihandverkauf (SchKG 130, 143 b). Im summarischen Konkurs entscheidet überhaupt die Konkursverwaltung allein (SchKG 231).

Selbst auf Beschluss der Gläubigerversammlung hin dürfen *Gegen-*   25
stände von bedeutendem Wert oder Grundstücke aber erst dann freihän-dig verkauft werden, wenn allen Gläubigern Gelegenheit geboten wur-de, den in Aussicht genommenen Preis zu überbieten (SchKG 256 III).

b)   Durchführung des Freihandverkaufs

Soweit es mit dem Wesen des Freihandverkaufs vereinbar ist,   26
sind bei seiner Abwicklung *die für die Versteigerung geltenden Regeln analog* anzuwenden (siehe oben N. 20). Nur erfolgt der Eigentumser-werb nach Auffasssung des Bundesgerichts hier nicht originär, wie beim Steigerungszuschlag; vielmehr bedarf es danach noch der öffentlichen Beurkundung des Vertrages und der Eintragung im Grundbuch (BGE *106* III 85; dazu aber § 28 N. 75). Zur Abwicklung des Freihandverkaufs von beweglichen Sachen siehe § 27 N. 44.

3.   Die «Abtretung von Rechtsansprüchen»

Diese Verwertungsart ist verwandt mit der Übernahme eines   27
Anspruchs durch einen Gläubiger zur Eintreibung nach SchKG 131 II in der Pfändungsbetreibung (§ 27 N. 45 ff.).
Wegen ihrer grossen praktischen Bedeutung wird sie im folgenden Abschnitt IV besonders behandelt.

4.   Die Verwertung eines Anteils an einem Gemeinschafts-vermögen sowie anderer Rechte

28   Auch in einem Konkurs können solche Vermögenswerte zur Verwertung kommen; diesbezüglich gilt das zur Pfändungsbetreibung Gesagte auch hier (§ 27 N. 64 ff.).

> *Einigungsverhandlungen* sind wohl zweckmässig, im Konkurs jedoch fakultativ (BGE *102* III 39); ausserdem bestimmt nicht die Aufsichtsbehörde die Art der Verwertung, sondern das zuständige Vollstreckungsorgan, also die Gläubigerversammlung oder die Konkursverwaltung (VVAG 16).

29   In Betracht kommen in erster Linie die Versteigerung oder der frei-händige Verkauf des *Liquidationsanteils* (für die Konkursverwaltung die einfachste Lösung), in zweiter Linie – auf Veranlassung der Kon-kursverwaltung – die *Auflösung* der Gemeinschaft und die Liquidation des Gemeinschaftsvermögens. Kommt es dabei zu Streitigkeiten mit anderen Gemeinschaftern, steht die Abtretung nach SchKG 260 an einen Konkursgläubiger zur Verfügung (vgl. hiezu § 27 N. 68 – für *Im-materialgüterrechte* siehe § 27 N. 69 f.).

IV.   Die «Abtretung von Rechtsansprüchen der Masse»

1.   Funktion und Wesen dieser «Abtretung»

30   *Wertpapiere,* die an der Börse oder auf dem ausserbörslichen Markt gehandelt werden, sind zum Börsen- oder Marktpreis zu versil-bern (SchKG 243 II). *Unbestrittene fällige Guthaben,* die sich in der Konkursmasse befinden, hat die Konkursverwaltung beim Drittschuld-ner einzuziehen (SchKG 243 I); sie brauchen nicht verwertet zu werden. *Nicht fällige, streitige* oder sonst (z. B. wegen Zahlungsunfähigkeit des Drittschuldners) nur *schwer einbringliche Forderungen* können dagegen nicht ohne weiteres eingezogen werden; deren Eintreibung auf dem Rechtswege wäre oft mit beträchtlichem Aufwand und erheblichem Risiko verbunden.

31   Solche *illiquiden Ansprüche* des Schuldners durch Versteigerung oder Verkauf zu verwerten, wäre meist unzweckmässig, weil kaum ein befrie-digendes Ergebnis erwartet werden könnte. Für sie ist in der General-exekution die «Abtretung» an einen Konkursgläubiger vorgesehen (SchKG 260), ähnlich wie in der Spezialexekution die Übernahme einer gepfändeten Forderung zur Eintreibung (SchKG 131 II; § 27 N. 57 ff.).

Trotz des irreführenden Wortlauts des Gesetzes («Abtretung von   32
Rechtsansprüchen») werden dabei keineswegs materielle Rechte aus
der Konkursmasse ausgeschieden und abgetreten wie im Falle einer
Zession. Vielmehr wird nur die *Kompetenz, sie geltend zu machen,* auf
einen Konkursgläubiger übertragen (BGE *111* II 83, *113* III 137). Es
handelt sich somit nicht um eine Zession im zivilrechtlichen Sinne,
sondern um eine *vollstreckungsrechtliche Liquidationsmassnahme,* die
anstelle der eigentlichen Verwertung – Versteigerung oder Freihandverkauf – treten kann (BGE *113* III 22).

Um Unklarheiten zu vermeiden, wäre es besser, hier gar nicht von «Abtretung» zu
reden, sondern – in Anlehnung an die verwandte Forderungsüberweisung zur Eintreibung
gemäss SchKG 131 II – von «Übernahme (bzw. Übertragung) von Rechtsansprüchen zur
Geltendmachung». In der Praxis vermeidet man den Irrtum, indem man einfach von
«Abtretung nach SchKG 260» spricht.

Die Abtretung spielt in der Generalexekution, wo das gesamte Ver-   33
mögen des Schuldners zu liquidieren ist, naturgemäss eine weit grössere
Rolle als in der Spezialexekution, in der illiquide Ansprüche ohnehin
nur in letzter Linie gepfändet werden.

2.   Der Gegenstand der «Abtretung»

Ihrem Wesen und ihrer Funktion entsprechend bedeutet die   34
Abtretung nach SchKG 260 somit nichts anderes, als dass die Konkursmasse dem Abtretungsgläubiger das *Prozessführungsrecht* für den «abgetretenen Anspruch» überträgt: der Abtretungsgläubiger wird ermächtigt, anstelle der Masse einen allfälligen Prozess um den Anspruch zu
führen. Richtigerweise ist somit nach dem Gegenstand des abgetretenen
Prozessführungsrechts zu fragen.

Das Gesetz spricht einfach von «Rechtsansprüchen» (SchKG 260 I).   35
Das können grundsätzlich sämtliche Vermögensrechte sein, die *Bestandteil der Konkursmasse* bilden (BGE *101* II 328), aber *auch Ansprüche,
die der Masse originär zustehen* (z. B. Anfechtungsansprüche und Masseforderungen).

Unter dem Begriff «Rechtsanspruch» sind aber nicht nur *zweifelhafte*   36
Aktiven zu verstehen (z. B. unsichere Forderungen), die geltend zu machen sind, sondern auch *blosse Bestreitungsrechte* (zur Abwehr unbe-
rechtigter Ansprüche gegen die Konkursmasse); in diesem Falle dient
die Abtretung nicht eigentlich der *Verwertung,* sondern ausnahmsweise
auch der *Aktiven-* oder sogar der *Passivenbereinigung.*

Die «abtretbaren Ansprüche» im einzelnen

a)   Zweifelhafte Aktiven

37   – In Betracht kommen vor allem *bestrittene Forderungen und andere zivilrechtliche Ansprüche,* die zur Konkursmasse gehören;

> *Beispiele:* unsichere Debitorenguthaben oder Masseforderungen (etwa aus Lieferung von Waren vor bzw. nach der Konkurseröffnung), der Anspruch auf Einzahlung ausstehender Aktienbeträge, Verantwortlichkeitsansprüche einer bankrotten Aktiengesellschaft gegen ihre Organe (s. OR 757; BGE *122* III 166 ff., *117* II 432 ff.), Anfechtung einer nicht gerechtfertigten Enterbung des Konkursiten sowie Geltendmachung seines Pflichtteilsrechts (ZGB 524).

38   – sodann bestrittene *Admassierungsansprüche,* (§§ 40 N. 26, 45 N. 31);
39   – alle zur Masse gehörenden *Anfechtungsansprüche;* (§ 40 N. 23);

> Darunter fallen Ansprüche aus paulianischer Anfechtung (SchKG 285 ff.; für diese ist die Abtretung sogar die einzig zulässige Verwertungsart, SchKG 256 IV), Ansprüche aus Verrechnungsanfechtung (SchKG 214) sowie aus Anfechtung einer dolosen Ausschlagung der Erbschaft durch den konkursiten Erben (ZGB 578).

40   – *im öffentlichen Recht* begründete Ansprüche, z. B. aus materieller Enteignung;
41   – Forderungen des Konkursiten, die im Zeitpunkt der Konkurseröffnung *bereits Gegenstand eines Verfahrens* bildeten (SchKG 207), wenn die Gläubiger auf Weiterführung des Verfahrens verzichten.

b)   Bestreitungsrechte

42   Sie umfassen alle auf Abwehr eines gegen die Konkursmasse erhobenen Anspruchs gerichteten Rechte, namentlich die Ablehnung
– eines *Aussonderungsanspruchs* (§ 40 N. 25 ff.; KOV 47);
– einer bei Konkurseröffnung bereits im Prozess liegenden *Konkursforderung* (SchKG 207), auch einer öffentlichrechtlichen (§ 46 N. 14 und 49); der Abtretungsgläubiger tritt dann in das hängige Verfahren ein;

> Die Bestreitung aller anderen Konkursforderungen wäre dagegen nie abtretbar: diese werden nämlich im *Kollokationsverfahren* bereinigt (s. dazu KOV 66 und § 46 N. 65).

– einer *Masseverbindlichkeit* (etwa eines Anwalts- oder Expertenhonorars, einer gegen die Masse selbst erhobenen Steuerforderung und dergleichen);
– einer *Begünstigungsklausel* in der Lebensversicherung (BGE *81* III 140, *105* III 133).

3.   Die formellen Voraussetzungen der Abtretung

Ausser dass *(materiell)* überhaupt ein «abtretbarer Anspruch»   43
vorliegt, setzt die Abtretung *formell* voraus:
– den Verzicht der Gläubiger auf die Geltendmachung des Anspruchs
  (a),
– das Abtretungsbegehren (b) eines legitimierten Gläubigers (c) und
– die Abtretungsverfügung der Konkursverwaltung (d).

a) Erstens muss also die «Gesamtheit der Gläubiger» *auf die Geltend-*   44
machung des fraglichen Rechts durch die Masse verzichten (SchKG 260
I). Das erfordert jedoch nicht Einstimmigkeit; es genügt vielmehr schon
ein *Mehrheitsbeschluss* der Zweiten Gläubigerversammlung oder durch
Zirkular (BGE *118* III 59, *116* III 101 f.). Dabei ist unerlässlich, dass *alle*
Gläubiger Gelegenheit erhalten, zur Frage des Verzichts Stellung zu
nehmen; eine Abtretung wäre sonst nichtig (BGE *118* III 59).

b) Zweitens *muss ein Gläubiger die Abtretung verlangen;* die Geltend-   45
machung eines streitigen Anspruchs kann man keinem Gläubiger einfach aufzwingen: einer wenigstens muss bereit sein, das Risiko zu übernehmen, das die Mehrheit für die Masse ablehnt.

Das *Abtretungsbegehren* kann an der Zweiten Gläubigerversamm-   46
lung selber oder binnen 10 Tagen danach gestellt werden (so ausdrücklich KOV 48 für eine streitige Aussonderung).

Im Falle eines Zirkularbeschlusses wird die Frist im Zirkular angesetzt. Eine solche
Befristung ist zwar im Gesetz nicht vorgesehen, sie ist aber praktisch notwendig, damit die
Aktivmasse in absehbarer Zeit liquidiert werden kann.

Wird ein streitiger Anspruch erst später entdeckt, kann das Abtre-   47
tungsverfahren immerhin auch dann noch, ja sogar noch nach Abschluss
des Konkursverfahrens eingeleitet werden (SchKG 269; dazu § 50 N. 9).

c) Zum Abtretungsbegehren *legitimiert ist jeder Konkursgläubiger,*   48
der im Kollokationsplan berücksichtigt worden ist. Selbst einem abge-
wiesenen Gläubiger darf wenigstens eine bedingte Abtretung nicht verwehrt werden, sofern er rechtzeitig Beschwerde oder Kollokationsklage
eingereicht hat. Wird seinem Begehren entsprochen, wird die Abtretung
unbedingt, wird es abgewiesen, fällt sie dahin (BGE *48* III 88, *113* III
21 f.).

Auch *mehrere Gläubiger* können die Abtretung ein und desselben Anspruchs verlan-   49
gen; dann wird er ihnen allen gemeinsam abgetreten.

Nicht legitimiert, die Abtretung zu verlangen, ist ein Konkursgläubi-   50
ger, gegen den sich der abzutretende Anspruch richtet. Derartige Abtre-

tung wäre nichtig, weil sie die Geltendmachung des Anspruchs illuso-
risch machen würde (BGE *54* III 211, *107* III 93).

51   d) Die Abtretung beruht aber nicht einfach auf dem Verzichtsbeschluss
der Gläubigerversammlung; vielmehr wird sie *durch die Konkursverwaltung förmlich verfügt.* Kommt der Anspruch erst nach Schluss des Konkurses zum Vorschein, verfügt das Konkursamt (SchKG 269).

52   Für diese *Abtretungsverfügung* wird regelmässig ein Formular verwendet. Darin wird
dem Abtretungsgläubiger bescheinigt, dass er nun befugt sei, den Anspruch gütlich oder
prozessual geltend zu machen (N. 58 ff.). Zudem wird ihm Frist gesetzt, binnen welcher er
den Anspruch geltend zu machen hat, und der Widerruf der Verfügung angedroht, wenn
er nicht rechtzeitig handle (N. 69). Erfolgte die Abtretung an mehrere Gläubiger, werden
sie angewiesen, im Prozessfalle als Streitgenossen vorzugehen (N. 61).

53   Gegen die Abtretungsverfügung kann bei der Aufsichtsbehörde *Beschwerde* geführt werden; so kann ein Gläubiger beanstanden, dass die
Voraussetzung zur Abtretung fehlten. Der Zivilrichter hingegen darf die
betreibungsrechtliche Gültigkeit der Abtretung – Nichtigkeit vorbehalten – nicht überprüfen, wenn es zum Prozess um den abgetretenen Anspruch kommt (BGE *113* III 22).

4.   Die Wirkungen der Abtretung

a)   *Unmittelbare Wirkungen*

54   Ihrem Zweck entsprechend bewirkt die konkursrechtliche
Abtretung zunächst bloss, dass das Recht auf Geltendmachung eines
der Masse zustehenden Anspruchs (auf Eintreibung oder Abwehr) –
insbesondere das Prozessführungsrecht – auf den Abtretungsgläubiger
übergeht. Die *Konkursverwaltung ist dazu nicht mehr befugt;* ohne Zustimmung des Abtretungsgläubigers dürfte sie den Anspruch auch nicht
mehr – etwa im Rahmen eines Freihandverkaufs – im wahren Sinne
verwerten (BGE *115* III 76). Vielmehr ist es nun *ausschliesslich Sache
des Abtretungsgläubigers,* den streitigen Anspruch *anstelle der Masse* mit
allen rechtlichen Mitteln, offensiv oder defensiv, geltend zu machen. Zu
diesem Zweck hat ihm die Konkursverwaltung alle dienlichen Unterlagen auszuhändigen.

55   Wie bereits erwähnt (oben N. 32) ändert die Abtretung an der materiellen Rechtslage – der Zugehörigkeit des Anspruchs zur Konkursmasse – nichts. Der «debitor cessus» kann deshalb weiterhin *befreiend* an die
Masse leisten, womit die Abtretung gegenstandslos wird (unten N. 70).
Andererseits ist er gegenüber dem Abtretungsgläubiger auf die *Einre-*

den beschränkt, die er gegenüber dem Konkursiten oder der Masse besitzt (BE *106* II 145). Einreden gegenüber dem Abtretungsgläubiger persönlich, wie etwa die Verrechnungseinrede, kann er nicht erheben. Ebensowenig kann er die Konkursforderung desselben oder die Kollokationsverfügung darüber in Frage stellen; auch die betreibungsrechtliche Gültigkeit der Abtretung selber kann er nicht bestreiten (oben N. 53).

Im Konkurs einer Aktiengesellschaft ist zu beachten: Bei Abtretung eines Verantwortlichkeitsanspruchs gegen ein Organ darf dem Abtretungsgläubiger die Einrede der *décharge* nicht entgegengehalten werden (obwohl an sich eine Einrede gegen die Konkursitin, s. OR 758; BGE *117* II 432, 440, *122* III 169). Gleiches gilt bei Abtretung an einen Aktionär, der dem Entlastungsbeschluss nicht zugestimmt hat.

Auch für den *Abtretungsgläubiger* ändert sich materiellrechtlich   56
nichts. Er nimmt nach wie vor neben allen übrigen Gläubigern am Konkurs und am allgemeinen Verwertungsergebnis teil. Bleiben seine Bemühungen erfolglos, hat er weiterhin Anspruch auf seine Konkursdividende.

Das abgetretene Verfolgungs- oder Verteidigungsrecht ist an die Kon-   57
kursforderung des Abtretungsgläubigers gebunden. Es kann infolgedessen nicht als selbständiges Recht, von seiner Konkursforderung losgelöst, weiterübertragen werden. Als *Nebenrecht* geht es aber mit der Konkursforderung auf einen Singular- oder Universalsukzessor über.

Beispiele:
– Stirbt der Abtretungsgläubiger, so vererbt sich das abgetretene Prozessführungsrecht mit der Konkursforderung;
– fällt er in Konkurs, wird es zusammen mit der Konkursforderung in die Konkursmasse des Abtretungsgläubigers gezogen (in diesem Konkurs kann es wiederum Gegenstand einer neuen Abtretung nach SchKG 260 bilden);
– die Pfändung des abgetretenen Prozessführungsrechts setzt die Pfändung der Konkursforderung voraus (BGE *109* III 29).
– Umgekehrt fällt das Recht des Abtretungsgläubigers dahin, wenn er seine Eigenschaft als Konkursgläubiger verliert (N. 48 oben).

b)   *Mittelbare Wirkungen*

aa) Zufolge der Abtretung *kann und muss* nun der Abtre-   58
tungsgläubiger (oder sein Rechtsnachfolger) handeln: d. h. *den ihm abgetretenen Rechtsanspruch geltend machen.* Wie er dabei vorgehen will, entscheidet er nach seinem Gutfinden.

Zwar ist er *ermächtigt, aber keineswegs verpflichtet,* den Prozessweg   59
zu beschreiten. Er kann den Prozess anheben oder in einen schon hängigen Prozess der Masse eintreten und ihn weiterführen; er kann aber

auch auf die Prozessführung verzichten, die Klage zurückziehen und mit der Gegenpartei einen gerichtlichen oder aussergerichtlichen Vergleich abschliessen (BGE *105* III 135).

60   Der vergleichsbereite Abtretungsgläubiger darf sich also durchaus mit dem «*debitor cessus*» auf eine *gütliche Einigung* verständigen, die ihm für seine Konkursforderung möglichst gute Deckung bietet. Auf keinen Fall ist er verpflichtet, darüber hinaus die Interessen auch der übrigen Gläubiger (die ja auf die Geltendmachung des Anspruchs verzichtet haben) wahrzunehmen.

61   Auch bei *Abtretung an mehrere Gläubiger* steht es jedem einzelnen frei, ob er prozedieren will oder nicht; sie stehen zueinander nicht in einem Gesamthandsverhältnis (BGE *107* III 95, *121* III 294). Jedoch bilden die prozesswilligen im Falle eines gerichtlich Vorgehens – nach Bundesrecht – eine «*notwendige Streitgenossenschaft*» in dem Sinne, dass sie den ihnen von der Masse abgetretenen Anspruch in einem einheitlichen Verfahren geltend machen müssen, das ein einheitliches Urteil erlaubt (BGE *121* III 490 ff.).

62   bb) Wenn auch die Abtretung nach SchKG 260 – ähnlich wie die Forderungsüberweisung zur Eintreibung (SchKG 131 II; § 27 N. 57) – prima vista eine gewisse Verwandtschaft mit dem *Auftrag* i. S. von OR 394 ff. (insbesondere dem Inkassomandat) aufzuweisen scheint, zeigen ihre mittelbaren Wirkungen doch erhebliche Unterschiede.

63   – Anders als ein Beauftragter handelt der Abtretungsgläubiger *auf eigene Gefahr* und in erster Linie auch *zu eigenem Nutzen,* darum auch *in seinem eigenen Namen* (BGE *109* III 29). Er trägt also einerseits das Risiko und zieht andererseits den Gewinn aus seinem optimistischen Vorgehen.

64   – Die *Kosten* eines verlorenen Prozesses gehen demzufolge – wie alle Kosten erfolgloser Rechtsverfolgung – *zu Lasten des Abtretungsgläubigers* (BGE *102* III 30, *105* III 140). Anders als ein Beauftragter hat er somit gegen die Konkursmasse keinen Anspruch auf Auslagenersatz oder gar auf Entschädigung seiner Bemühungen, selbst wenn er einen Prozess trotz aller Sorgfalt verloren hätte.

65   – Ausserdem *haftet der Abtretungsgläubiger der Masse* für allen Schaden, den er verschuldet (BGE *102* III 31): indem er zum Beispiel den Anspruch, den er verfolgen soll, verjähren lässt oder durch Säumnis das Klagerecht verwirkt; denn dadurch verlöre die Masse die ihr letztlich zustehende Möglichkeit, den Anspruch allenfalls doch noch als bestrittenes Recht durch Versteigerung oder Freihandverkauf zu verwerten (unten N. 72; SchKG 260 III). Der Schadenersatzanspruch der Masse gegen den Abtretungsgläubiger kann selber wieder einem

Konkursgläubiger abgetreten werden. – Allein deswegen, dass er nur die eigenen Interessen wahrt, wird der Abtretungsgläubiger aber nicht etwa schadenersatzpflichtig (oben N. 60).

– Andererseits hat aber der Abtretungsgläubiger vor allen übrigen   66
Gläubigern, die auf die Geltendmachung des abgetretenen Rechts verzichtet haben, Anspruch auf das positive Ergebnis seines Unternehmens, insbesondere auf den *Prozessgewinn.* Im Gegensatz zu einem Beauftragten ist er somit nicht zur Ablieferung verpflichtet. Was er hereinbringt, dient in erster Linie zur vollen Deckung der ihm erwachsenen Kosten und seiner eigenen Konkursforderung. Nur ein allfälliger *Überschuss* verbleibt der Masse (SchKG 260 II; BGE *113* III 137).

Besondere Teilungsregeln gelten wiederum bei der Abtretung eines gesellschaftsrechtlichen *Verantwortlichkeitsanspruchs.* Tritt dort ein Aktionär als Kläger auf, so fällt der Prozessgewinn nur insoweit in die Konkursmasse, als er nach Befriedigung allfälliger Abtretungsgläubiger auch die Beteiligung des klagenden Aktionärs übersteigt. Das Gesetz stellt hier das Risikokapital ausnahmsweise über das Fremdkapital (OR 757 II).

Von mehreren Abtretungsgläubigern haben natürlich nur diejenigen   67
Anspruch auf vorzugsweise Befriedigung, die wirklich gehandelt haben; das Ergebnis wird dann nach dem unter ihnen bestehenden Rangverhältnis verteilt (SchKG 219).

Besteht der Prozessgewinn nicht in Geld, sondern in einer *Sache,*   68
muss diese allerdings abgeliefert und vorerst von der Konkursverwaltung verwertet werden. Erst der daraus erzielte Erlös wird hierauf nach SchKG 260 II verteilt.

5.   Dauer und Widerruf der Abtretung

Da die Abtretung des Prozessführungsrechts eine *konkurs-*   69
rechtliche Liquidationsmassnahme darstellt, somit einen Bestandteil des Vollstreckungsverfahrens bildet, das binnen absehbarer Zeit beendigt werden muss, kann sie nicht unbeschränkt lange andauern. Deshalb wird sie indirekt befristet, indem die Konkursverwaltung dem Abtretungsgläubiger eine angemessene *Frist zur Anhebung der Klage* ansetzt. Lässt er die Frist unbenützt verstreichen, ist die Konkursverwaltung befugt, die Abtretung zu *widerrufen* (BGE *121* III 293). Solange sie das aber nicht ausdrücklich tut, gilt die Frist jeweils als stillschweigend verlängert (BGE *64* III 110). – Auch hierin unterscheidet sich die konkursrechtliche Abtretung wesentlich von einem zivilrechtlichen Auftrag, der jederzeit widerrufen werden kann (OR 404).

70   Nur ausnahmsweise darf schon vor Ablauf der Frist widerrufen werden, wenn der Dritte den streitigen Anspruch erfüllt, bevor der Abtretungsgläubiger Schritte zur Eintreibung unternommen hat; dadurch wird die *Abtretung gegenstandslos* (oben N. 55). Erwiese sich allerdings, dass allein schon die Tatsache der Abtretung für die Leistung des Dritten mitkausal war, würde es gegen Treu und Glauben verstossen, sie noch zu widerrufen und den Abtretungsgläubiger so um deren Früchte zu bringen (BGE *84* III 40, *102* III 32).

71   Selbstverständlich verliert die Abtretung ihre Wirksamkeit eo ipso, wenn der *Konkurs widerrufen* oder *eingestellt* wird (BGE *109* III 29).

6. Verfahrenslauf bei Nichtzustandekommen oder bei Widerruf einer Abtretung

72   Was soll geschehen, wenn kein Gläubiger die Abtretung des Anspruchs verlangt, auf dessen Geltendmachung die Mehrheit verzichtet hat, oder wenn die Abtretung widerrufen wird?

Selber darf die Konkursverwaltung den streitigen Anspruch nicht geltend machen, weil die Gesamtgläubigerschaft gerade das Gegenteil beschlossen hat – es sei denn, die Gläubiger kämen auf ihren Verzicht zurück. Vielmehr kann sie dann versuchen, den Anspruch doch noch zu versteigern oder freihändig zu verkaufen (SchKG 260 III); nur paulianische Anfechtungsansprüche dürfen nicht weiter veräussert werden (SchKG 256 IV; oben N. 39).

73   Gelingt die Verwertung des Anspruchs nicht, fällt das Verfügungsrecht darüber von der Masse auf den Konkursiten zurück: der Konkursbeschlag an diesem Anspruch erlischt.

§ 48   Die Verteilung

I.   *Vorbereitung der Verteilung*

1   Wie die Verwertung der Aktivmasse ist auch die Verteilung des Erlöses Aufgabe der Konkursverwaltung; diese führt sie von Amtes wegen durch. Die *Schlussverteilung* darf allerdings erst stattfinden, wenn sowohl die Aktiv- wie auch die Passivmasse bereinigt und rechtskräftig festgestellt sind, also nach rechtskräftiger Erledigung allfälliger Aussonderungs-, Admassierungs- oder Kollokationsstreitigkeiten (SchKG 261, KOV 83); zudem muss der Erlös der gesamten Aktivmasse eingegangen sein. *Vor* diesem Zeitpunkt dürfen – unter gewissen Bedin-

gungen – nur provisorische *Abschlagszahlungen* ausgerichtet werden (SchKG 266; unten N. 15 ff.).

1. Die Ermittlung des Reinerlöses

Aus dem eingegangenen Gesamterlös (Bruttoergebnis) müs- 2
sen vorweg die *Masseverbindlichkeiten* bezahlt werden. Das Gesetz definiert sie nicht allgemein, sondern nennt nur einzelne Beispiele (SchKG 262 I). Gemeinsames Merkmal ist, dass sie ihren *Entstehungsgrund nach der Konkurseröffnung* haben und dass sie nicht den Konkursiten, sondern die Konkursmasse selbst verpflichten (BGE *120* III 156, *106* III 124). Einzige Ausnahme hievon sind die Verbindlichkeiten, die zulässigerweise während einer Nachlassstundung eingegangen werden (SchKG 310 II; § 54 N. 45 ff.); kommt es nachträglich doch noch zum Konkurs, so sind sie in demselben (obwohl *vor* Konkurseröffnung begründet) als Masseverbindlichkeiten zu berücksichtigen.
Unter die Masseverbindlichkeiten fallen
– einerseits die *Massekosten,* d. h. die aus der Eröffnung und Durchfüh- 3
rung des Konkurses erwachsenen Verfahrenskosten (vor allem die Auslagen und Gebühren des Konkursamtes wie auch die Entschädigung einer ausseramtlichen Konkursverwaltung; SchKG 262 I) und
– andererseits die *Masseschulden,* d. h. die während des Konkurses zu 4
Lasten der Masse eingegangenen Verbindlichkeiten.

Als *Masseschulden* kommen namentlich in Betracht: Anwalts- und Expertenhonorare, 5
Schulden aus der Fortführung des Geschäftsbetriebes, Steuern und andere öffentlichrechtliche Abgaben, welche seit Konkurseröffnung der Masse anfallen, Verpflichtungen des Konkursiten, welche die Masse *realiter* erfüllen will sowie entsprechende Sicherheitsleistungen (SchKG 211 II; § 42 N. 36 f.).

Die Masseverbindlichkeiten gehören nicht in den Kollokationsplan 6
(§ 46 N. 23), weil sie *vorweg zu begleichen* sind. Kann mangels genügender Aktiven nicht mit einem kostendeckenden Bruttoerlös gerechnet werden, ist der Konkurs rechtzeitig einzustellen (SchKG 230, KOV 39; § 44 N. 21).
Ergibt sich erst nach der Verwertung, dass der Bruttoerlös nicht zur Deckung aller Masseverbindlichkeiten ausreicht, ist dieser nach der Praxis in folgender *Reihenfolge* zu verwenden: vorab für die *Auslagen* der Konkursverwaltung, dann zur Bezahlung der *Masseschulden* und erst zuletzt für die *Gebühren* sowie die *Entschädigung* der Konkursverwaltung (BGE *113* III 151).

7   Eine *Sonderregelung gilt für den Erlös von Pfandgegenständen.* Mit
Rücksicht auf den (materiellrechtlichen) Deckungsanspruch der Pfandgläubiger dürfen auf den Pfanderlös nur die Kosten ihrer Inventur,
Verwaltung und Verwertung verlegt werden, also keine Kosten, die das
übrige Massevermögen betreffen und daher von den nicht pfandgesicherten Gläubigern zu tragen sind (SchKG 262 II, KOV 85).

8   Ob man es mit einer Masseverbindlichkeit oder mit einer Konkursforderung zu tun hat, entscheidet im Streitfall der Zivilrichter oder – für
öffentlichrechtliche Forderungen – die zuständige Verwaltungsjustizbehörde (BGE *106* III 121 f., *120* III 156): der daran interessierte Gläubiger muss dann mit einer *Leistungsklage (auf Zahlung) gegen die Konkursmasse* vorgehen (§ 42 N. 8).

9   Was nach Tilgung der Masseverbindlichkeiten übrigbleibt, bildet –
nach Abzug der allgemeinen Kosten (KOV 85) – den zur Verteilung an
die Konkursgläubiger bestimmten *Reinerlös* (Nettoergebnis).

2.   Die Erstellung der Verteilungsliste und der Schlussrechnung

10   Nach Ermittlung des Reinerlöses erstellt die Konkursverwaltung die Verteilungsliste und die Schlussrechnung (SchKG 261). Beides
liegt 10 Tage lang beim Konkursamt auf. Jeder Gläubiger und der Konkursit erhalten eine *individuelle Anzeige,* die Gläubiger mit einem ihren
Anteil betreffenden Auszug (SchKG 263; KOV 87 I). Beides kann
während der Auflagefrist mit Beschwerde angefochten werden.

11   Die *Verteilungsliste* fusst auf dem rechtskräftigen Kollokationsplan
(BGE *97* III 39). Sie gibt Aufschluss darüber, welche Anteile am Reinerlös auf jede einzelne Konkursforderung entfallen (Pfandbetreffnisse
und Konkursdividenden).

12   Die *Schlussrechnung* enthält demgegenüber die Gesamtabrechnung
über den Konkurs; sie stellt alle Einnahmen (Zahlungen von Debitoren,
Erlös usw.) und Ausgaben (Gebühren, Auslagen und andere Masseve-
bindlichkeiten sowie Dividenden) einander gegenüber.

II.   *Durchführung der Verteilung*

1.   Regel

13   Nach unbenütztem Ablauf der Anfechtungsfrist oder nach
rechtskräftiger Erledigung allfälliger Beschwerden gegen die Vertei-

lungsliste und die Schlussabrechnung kann die Konkursverwaltung die Pfandbetreffnisse und Dividenden auszahlen (SchKG 264 I und KOV 88).

Anteile jedoch, die auf Forderungen unter aufschiebender Bedingung   14
(§ 42 N. 19) oder mit ungewisser Verfallzeit sowie auf Sicherheitsleistung (§ 7 N. 8) entfallen, werden nicht ausgezahlt, sondern bei der kantonalen Depositenanstalt hinterlegt (SchKG 264 III).

2.   Abschlagsverteilungen

Auch im Konkurs kann ein Bedürfnis nach einer vorzeitigen,   15
wenn auch nur *provisorischen Verteilung* bestehen. Solche Abschlagsverteilungen können sich vor allem nach der Verwertung von Pfandgegenständen, insbesondere von Grundstücken, als zweckmässig erweisen. Zur Anordnung zuständig ist der Gläubigerausschuss, wo ein solcher besteht (SchKG 237 III Z. 5), anderenfalls entscheidet die Konkursverwaltung darüber; im Summarkonkurs sind sie allerdings ausgeschlossen (§ 49 N. 11). Überdies dürfen Abschlagsverteilungen nur unter bestimmten *Voraussetzungen* vorgenommen werden.

– Ganz allgemein muss Gewähr dafür bestehen, dass *keine Beeinträch-*   16
tigung des Endergebnisses zu befürchten ist. Man muss dem Dekkungserfordernis für die Masseverbindlichkeiten und für die Konkursforderungen vorrangiger Gläubiger Rechnung tragen (BGE *105* III 89 f.).

– Sodann muss die *Frist zur Anfechtung des Kollokationsplanes abge-*   17
laufen sein (SchKG 266 I). Denn Abschlagszahlungen dürfen nur auf rechtskräftig kollozierte Forderungen ausgezahlt werden; auf bestrittene Forderungen entfallende Betreffnisse werden einstweilen zinstragend angelegt (SchKG 9; KOV 82 II; BGE *105* III 90). Zu hinterlegen sind auch – wie bei jeder Verteilung (oben N. 14) – die Teilbeträge für aufschiebend bedingte Forderungen, für Forderungen auf Sicherheitsleistung sowie für verspätete Konkurseingaben, die noch nicht kolloziert sind (SchKG 251 III).

– Schliesslich hat die Konkursverwaltung noch eine *provisorische Ver-*   18
teilungsliste beim Konkursamt aufzulegen. Wer etwas zu beanstanden hat, muss sich schon über diese provisorische Liste beschweren, nicht erst über die definitive (BGE *94* III 50). Bevor die provisorische Verteilungsliste in Rechtskraft erwachsen ist, darf nichts verteilt werden.

Auf verspätet angemeldete Forderungen werden früher vorgenom-   19
mene Abschlagsverteilungen nicht nachgezahlt (SchKG 251 III).

3. Quittierung, Urkundentilgung und Verlustschein

20   Für Quittierung und Urkundentilgung gelten dieselben Regeln wie in der Betreibung auf Pfändung (SchKG 264 II mit Hinweis auf SchKG 150; § 31 N. 2).

21   Der Verlustschein, den ein Konkursgläubiger erhält, hat indessen zum Teil andere Wirkungen als ein Pfändungsverlustschein, was mit dem Wesen des Konkurses und der besonderen Verfahrensweise zusammenhängt.

III. Der Konkursverlustschein

1. Empfänger eines Konkursverlustscheines

22   Wie in der Pfändungsbetreibung erhält auch im Konkurs jeder Gläubiger nach der Verteilung für den ungedeckten Betrag seiner Forderung einen Verlustschein: die amtliche Bescheinigung über den von ihm erlittenen Verlust (SchKG 265 I i. V. m. 149 I[bis]; § 31 N. 3 ff.). Weil aber in der Generalexekution immer auch die Pfänder – ohne Rücksicht auf das Deckungsprinzip – verwertet werden, können selbst Pfandgläubiger zu Verlust kommen. *Allen* nicht voll befriedigten Konkursgläubigern muss infolgedessen ein Verlustschein ausgestellt werden.

2. Wirkungen des Konkursverlustscheins

23   Zum Teil stimmen die Wirkungen des Konkursverlustscheins mit jenen des Pfändungsverlustscheins überein (SchKG 265 II, der auf SchKG 149 IV und 149 a verweist), zum Teil sind sie schwächer.

24   Übereinstimmung herrscht in folgenden Punkten:
– in den zivilrechtlichen Wirkungen der *Unverzinslichkeit der Verlustscheinforderung* (SchKG 149 IV) sowie deren *Verjährbarkeit* erst 20 Jahre nach der Ausstellung des Verlustscheins (SchKG 149 a I) – siehe hiezu die Ausführungen in § 31 N. 23 f. sowie N. 29 für die Löschung (SchKG 149 a II und III);
– in der betreibungsrechtlichen Wirkung als *Arrestgrund* (SchKG 271 I Z. 5).

25   Die übrigen Wirkungen weichen von denjenigen eines Pfändungsverlustscheines mehr oder weniger ab:

26   – So gilt der Konkursverlustschein *nur dann als Schuldanerkennung im Sinne von SchKG 82,* wenn der Konkursit die betreffende Forderung

anerkannt hat (SchKG 244); darum muss im Konkursverlustschein vermerkt werden, ob dies zutrifft oder ob der Schuldner die Forderung bestritten hat (SchKG 265 I Sätze 2 und 3).

– Der Konkursverlustschein berechtigt den Gläubiger auch nicht ohne weiteres zur Anhebung einer *Anfechtungsklage* (SchKG 285 II Z. 2); denn die Anfechtungsansprüche gehören zur Konkursmasse (SchKG 200) und können auch nach Schluss des Konkursverfahrens von einem einzelnen Konkursgläubiger nur aufgrund einer (allenfalls nachträglichen) Abtretung nach SchKG 260 geltend gemacht werden (SchKG 269). 27

– Eine «Fortsetzung der Betreibung ohne neues Einleitungsverfahren», wie sie der Pfändungsverlustschein gestattet (SchKG 149 III), kommt für eine Konkursverlustforderung nicht in Betracht, weil die früheren Betreibungen mit der Konkurseröffnung dahingefallen sind und demzufolge auch nicht mehr fortgesetzt werden können (SchKG 206). 28

– Aber auch eine *neue Betreibung* kann gegen den Konkursiten erst wieder angehoben werden, wenn er seit seinem Konkurs zu *«neuem Vermögen»* gekommen ist (SchKG 265 II Satz 2); er soll sich zunächst einmal wirtschaftlich und sozial erholen können (BGE *109* III 94). 29

Alle Wirkungen des Verlustscheines, welche die Gläubigerrechte einschränken – also Unverzinslichkeit und Betreibbarkeit nur bei Vorhandensein neuen Vermögens –, treffen auch jene Gläubiger, die am Konkursverfahren nicht teilgenommen haben (SchKG 267). Wer seine Forderung nicht eingegeben hat, wird somit hinsichtlich der Nachteile gleich behandelt wie die übrigen Konkursgläubiger. Der Vorteile – Dividendenzahlung, längere Verjährungsfrist, Arrestgrund – wird er dagegen nicht teilhaftig. 30

3.   Begriff und Feststellung des neuen Vermögens

A.   Der Begriff «neues Vermögen»

Das Vorhandensein neuen Vermögens ist nur erforderlich für eine (neue) Betreibung gegen eine *natürliche Person*. Juristische Personen, Kollektiv- und Kommanditgesellschaften gehen nach einem Konkurs unter: bei ihnen ist – unter Vorbehalt eines Nachkonkurses (§ 50 N. 5 ff.) – nach Schluss des Konkurses nichts mehr zu holen. Gegen sie werden in der Praxis meist auch gar keine Verlustscheine ausgestellt. 31

Natürliche Personen aber sollen sich vom Zusammenbruch wirtschaftlich und sozial erholen können, was nicht möglich wäre, liesse man 32 die Konkursgläubiger nach Abschluss des Konkurses sogleich wieder auf jeden Vermögenswert greifen, den der Konkursit seither erworben hat.

33 Unter «neuem Vermögen» im Sinne von SchKG 265 II Satz 2 ist daher nur neues *Nettovermögen* zu verstehen, der Überschuss der nach Beendigung des Konkurses erworbenen Aktiven über die neuen Schulden (BGE *99* I a 19, BGE *109* III 94). Der ehemalige Konkursit hat aber Anspruch auf eine *standesgemässe Lebensführung,* die es ihm erlaubt, eine neue Existenz aufzubauen; er darf deshalb nicht einfach auf den Notbedarf, das betreibungsrechtliche Existenzminimum, verwiesen werden.

Neu eingegangene Schulden sowie Verbindlichkeiten, die der Konkursit während des Konkurses persönlich eingegangen ist (§ 42 N. 7), unterliegen dieser Beschränkung natürlich nicht; für sie darf immer voll betrieben werden.

Ausserdem mag die wirtschaftliche Erholung auch durch *Lohnabtretungen* im Sinne von OR 325 erschwert sein: dem Zessionar gegenüber kann sich der Schuldner nicht auf mangelndes neues Vermögen berufen (BGE *114* III 42; § 40 N. 14).

34 Andererseits sollen aber in einer besseren wirtschaftlichen Lage des Schuldners doch auch die Verlustscheingläubiger wieder zu ihrem Recht kommen. Darum wird «neues Vermögen» nicht erst angenommen, wenn es tatsächlich beiseitegelegt und kapitalisiert wurde, sondern bereits dann, wenn der Schuldner – allein oder z. B. mit seinem Ehegatten – ein *Einkommen erzielt, das ihm erlauben würde, Vermögen zu bilden;* oder wenn er über neu erworbene Vermögenswerte, wenn auch nicht rechtlich, so doch zumindest *wirtschaftlich verfügen* kann (SchKG 265 II Satz 3). Der Schuldner darf somit nicht einfach sein Einkommen verprassen oder Vermögenswerte verschieben und auf diese Weise seine früheren Konkursgläubiger prellen.

Der als «neues Vermögen» *pfändbare Einkommensteil* wird in der Praxis so bestimmt, dass zum betreibungsrechtlichen Existenzminimum ein (kantonal jeweils unterschiedlicher) angemessener Zuschlag gewährt wird (z. B. 20, 30 oder gar 50 %); darüber liegendes Einkommen ist pfändbar.

Mit dem Einbezug von Vermögenswerten, die nur *wirtschaftlich* in der Verfügungsmacht des Schuldners stehen, soll missbräuchlichen Manipulationen (Vorschieben von Strohmännern und -frauen) begegnet werden. Anrechnung und Pfändung solcher Werte setzen deshalb voraus, dass das vorgeschobene, formale Recht des Dritten auf einer Handlung beruht, die der Schuldner in erkennbarer Absicht vorgenommen hat, um die Bildung von (ihm rechtlich zugehörigem) neuem Vermögen zu hintertreiben (SchKG 265 a III Satz 2). Doch selbst wenn diese Voraussetzung erfüllt ist, wird man – um nach der Pfändung unnötigen Streit mit dem Dritten möglichst zu vermeiden (unten N. 42) – solche Werte erst in allerletzter Linie heranziehen, nämlich erst dann, wenn sonst nichts Pfändbares greifbar ist (SchKG 95 III).

Auch der Sparanteil einer gemischten *Lebensversicherung* ist bei der Festsetzung pfändbaren neuen Vermögens zu berücksichtigen (BGE *108* III 33).

B. Die Feststellung des neuen Vermögens

Dass der ehemalige Konkursit für eine ungedeckt gebliebene   35
Konkursforderung (Altschuld) erst wieder betrieben werden kann,
wenn er zu neuem Vermögen gekommen ist, bedeutet für ihn eine
Rechtswohltat, die nicht missbraucht werden darf. Dem wird zunächst
schon bei der weiten Auslegung des Begriffes «neues Vermögen» Rechnung getragen. Besonders deutlich geschieht das dann auch in der Regelung des Feststellungsverfahrens: *der Richter soll entscheiden,* ob und
inwieweit der ehemalige Konkursit neues Vermögen erlangt hat. Das
erfolgt in zwei Phasen:
– zunächst in einem *summarischen Bewilligungsverfahren* für den
  Rechtsvorschlag des Schuldners (SchKG 265 a I–III);
– dann allenfalls noch im *Feststellungsprozess* über das Vorhandensein
  neuen Vermögens (SchKG 265 a IV).

a)   *Die Einrede mangelnden neuen Vermögens*

Will der Schuldner in einer neuen Betreibung für die Verlust-   36
scheinforderung die Einrede mangelnden neuen Vermögens erheben,
muss er das mit *Rechtsvorschlag* gegen den Zahlungsbefehl tun (SchKG
75 II). Dazu genügt die Erklärung: «Kein neues Vermögen». Bei Unterlassung ist die Einrede verwirkt, sie könnte also in einem späteren
Verfahrensstadium nicht nachgeholt werden (§ 18 N. 20).

Mit dieser Einrede wird nicht die Forderung an sich bestritten, sondern   37
bloss die derzeitige *Eintreibbarkeit auf dem Betreibungswege.* Erklärt der
Schuldner hingegen einfach «Rechtsvorschlag», so wird angenommen, er
bestreite nur die Schuld und *verzichte auf die Einrede.* Umgekehrt aber
lässt die Praxis – zugunsten des Schuldners – einen Rechtsvorschlag, der
nur die Einrede und sonst keine weitere Bestreitung enthält, auch als gegen die Forderung gerichtet gelten (BGE *108* III 6).

Erhebt der Schuldner die Einrede, so darf er während der Dauer der Betreibung nicht   38
erneut durch *Insolvenzerklärung* die Konkurseröffnung herbeiführen (SchKG 265 b). Das
muss – um Missbrauch zu verhindern – auch für einen Schuldner gelten, der die Einrede
unterlassen hat. Dennoch könnte es wiederum zum Konkurs kommen, nämlich bei Konkursfähigkeit des Schuldners sowie aufgrund eines (anderen) materiellen Konkursgrundes.

Die Einrede ist jedoch nicht an die Verlustscheinforderung geknüpft.   39
Sie *steht nur dem Schuldner persönlich zu,* nicht etwa auch seinen Erben;
diese haben die Möglichkeit, die Erbschaft auszuschlagen, um sich vor
Betreibungen durch Gläubiger ihres konkursiten Erblassers zu schützen
(BGE *65* III 58). Die Einrede bleibt dem Schuldner sogar erhalten,

wenn gegen ihn in der neuen Betreibung (auf Pfändung) ein Pfändungsverlustschein ausgestellt wird: sie stünde ihm demzufolge auch beim
dritten und allen weiteren Anläufen seines ehemaligen Konkursgläubigers zur Verfügung (BGE *69* III 86).

40 Im Gegensatz zum gewöhnlichen Rechtsvorschlag bewirkt der die
Einrede enthaltende aber nicht unmittelbar die Einstellung der Betreibung. Vielmehr wird er – wie jener in der Wechselbetreibung (§ 37
N. 15) – vom Betreibungsamt dem Richter am Betreibungsort zur Prüfung seiner Begründetheit überwiesen (SchKG 265 a I Satz 1). Bei gewöhnlichem Rechtsvorschlag hingegen kommt es einfach zum Rechtsöffnungsverfahren.

b) Das Bewilligungsverfahren

41 *Der Richter prüft summarisch* (SchKG 25 Z. 2d), ob die Einrede begründet ist, ob also der Rechtsvorschlag bewilligt werden kann. Er
fordert deshalb den Schuldner auf, seine *Einkommens- und Vermögensverhältnisse darzulegen* und *glaubhaft zu machen, dass er nicht zu neuem
Vermögen gekommen sei* (SchKG 265 a II). Der Gläubiger kann seinerseits dazu Stellung nehmen.

42 Ist das Nicht-Vorhandenseins neuen Vermögens glaubhaft gemacht,
so wird dem Schuldner der *Rechtsvorschlag bewilligt.* Im umgekehrten
Fall hingegen (ja schon im «Wahrscheinlichkeits-Patt») ist der Rechtsvorschlag abzuweisen. Dann muss der Richter zugleich den *rechneri-
schen Umfang* des neuen Vermögens feststellen; dieser Wert bildet die
Höchstgrenze für die Fortsetzung der Betreibung (SchKG 265 a III Satz
1). Bei gegebenen Voraussetzungen werden dabei bestimmte dem
Schuldner bloss wirtschaftlich zustehende Vermögenswerte als *pfändbar
erklärt* (SchKG 265 a III Satz 2, oben N. 34).

Das Betreibungsamt dürfte also nie von sich aus auf bloss wirtschaftliches Vermögen
des Schuldners greifen; vielmehr können davon nur diejenigen Werte gepfändet werden,
welche die richterliche Pfändbarerklärung ausdrücklich nennt; hierin gleicht diese dem
Arrestbefehl. Der betroffene Dritte (Strohmann) mag sich alsdann im Widerspruchsverfahren verteidigen.

43 Der Entscheid des Richters über den Rechtsvorschlag ist – vorbehältlich einer staatsrechtlichen Beschwerde ans Bundesgericht – endgültig
(SchKG 265 a I Satz 2).

c) Der Feststellungsprozess

44 Die im Bewilligungsverfahren unterlegene Partei kann nun
innert 20 Tagen seit Eröffnung des Entscheides den Richter des Betrei-

bungsortes zur *Beurteilung der Frage des neuen Vermögens* – nunmehr im ordentlichen, aber beschleunigten Prozess – anrufen (SchKG 265 a IV).

– Wurde der Rechtsvorschlag bewilligt, muss sich also der Gläubiger entscheiden, ob er auf (positive) Feststellung neuen Vermögens klagen will;

– bei Abweisung des Rechtsvorschlages liegt es am Schuldner, sich mit der Klage auf (negative) Feststellung des neuen Vermögens zur Wehr zu setzen.

Bei beiden Klagen handelt es sich um rein betreibungsrechtliche Streitigkeiten.

d)   *Verhältnis des Feststellungsverfahrens zur Rechtsöffnung*

Gegenstand des Feststellungsverfahrens nach SchKG 265 a ist   45
immer nur die Frage des Vorhandenseins oder Nichtvorhandenseins neuen Vermögens. Bestreitet der Schuldner mit seinem Rechtsvorschlag auch den Bestand und den Umfang der Verlustscheinforderung (oben N. 36 f.), so muss der ehemalige Konkursgläubiger, wenn er die Betreibung fortsetzen will, ausserdem noch die Rechtsöffnung durch den dafür zuständigen Richter verlangen.

Der Rechtsöffnungsrichter braucht aber seinen Entscheid nicht etwa   46
auszusetzen, bis im Feststellungverfahren das neue Vermögen und damit die Zulässigkeit der neuen Betreibung rechtskräftig feststehen; vielmehr kann schon nach Abweisung des Rechtsvorschlags im Bewilligungsverfahren zumindest die *provisorische Rechtsöffnung* erteilt werden, selbst bei noch hängigem Feststellungsprozess. Das ermöglicht es dem Gläubiger, sich mit einer provisorischen Pfändung abzusichern. Diese wird definitiv, sobald die Zulässigkeit der neuen Betreibung endgültig feststeht.

§ 49   Das summarische Konkursverfahren

1.   Das Wesen des summarischen Konkurses

Das summarische Konkursverfahren zeichnet sich dadurch   1
aus, dass es *einfach, rasch und* weitgehend *formlos* ist. Deshalb lässt es sich leichter den besonderen Verhältnissen des Einzelfalles anpassen als das ordentliche. Vor allem ist es auch *kostensparend,* sein Ergebnis

demzufolge für die Gläubiger meist günstiger. Zur Vereinfachung des Verfahrens trägt wesentlich bei, dass es in der Regel ganz in den Händen der Konkursverwaltung (hier grundsätzlich immer des Konkursamtes) liegt, was eine grosse Erleichterung bedeutet; Gläubigerversammlungen sind nur ausnahmsweise vorgesehen. Der summarische Konkurs ist ein weitgehend frei gestaltbares, ausgesprochen rationelles Liquidationsverfahren. Darum wird der Grossteil aller Konkurse danach abgewickelt.

2. Die Voraussetzungen

2   Ein Konkurs wird immer dann summarisch durchgeführt, wenn die *Kosten* des ordentlichen Verfahrens voraussichtlich nicht gedeckt wären oder wenn die *Verhältnisse einfach* sind (SchKG 231 I Z. 1 und 2). Die Frage der Kostendeckung entscheidet sich nach dem Ergebnis des Inventars (§ 44 N. 17 ff.). Ob einfache Verhältnisse vorliegen, ist vor allem unter dem Gesichtspunkt der Überblickbarkeit sowie der Prozessökonomie zu beurteilen; dies kann insbesondere bei sogenannten Privatkonkursen zutreffen, aber auch bei der Liquidation von kleineren oder allenfalls sogar mittleren Unternehmungen.

3   Auch ein *Hilfskonkurs* nach IPRG 166 ff. wird summarisch abgewickelt (IPRG 170 III; § 40 N. 9).

4   Den Anstoss zum Summarkonkurs gibt ein *Antrag des Konkursamtes an das Konkursgericht* (SchKG 231 I Einleitungssatz). Sind die Voraussetzungen gegeben, ordnet das Gericht das summarische Verfahren an. Jeder Gläubiger kann jedoch bis zur Verteilung die Durchführung des ordentlichen Verfahrens verlangen, wenn er die mutmasslich ungedeckten Kosten dafür vorschiesst oder sicherstellt (SchKG 231 II; KOV 39; BGE *113* III 139). Der Entscheid des Konkursgerichtes kann nur mit kantonalen Rechtsmitteln oder mit staatsrechtlicher Beschwerde ans Bundesgericht angefochten werden.

3. Die Ausgestaltung im einzelnen

5   Grundsätzlich wird der Summarkonkurs nach den Regeln des ordentlichen Verfahrens durchgeführt. Abweichungen davon finden sich in SchKG 231 III und KOV 32 II, 49, 70, 93 und 96.

6   Danach beginnt auch das summarische Verfahren mit der *Konkurspublikation* (SchKG 232, ohne Z. 5); *Spezialanzeigen* gemäss SchKG 233

können hingegen unterbleiben (KOV 40 II). Die *Eingabefrist* beträgt ebenfalls einen Monat (SchKG 231 III Z. 2).

Das *Inventar* mit der Ausscheidung der Kompetenzstücke wird erst zusammen mit dem *Kollokationsplan* aufgelegt (SchKG 231 III Z. 3, KOV 32 II); Feststellung der Aktiv- und der Passivmasse (Inventur und Kollokation) sowie deren Anfechtung erfolgen nach den Vorschriften für das ordentliche Verfahren (§§ 44, 45, 46). 7

Die *Verwaltung der Liquidationsmasse* obliegt dem *Konkursamt*. Die Einsetzung einer ausseramtlichen Konkursverwaltung wäre grundsätzlich nichtig (BGE *121* III 142 ff.); nur aufgrund eines einhelligen Gläubigerbeschlusses könnte sie in Frage kommen. 8

Gläubigerversammlungen finden in der Regel nicht statt (SchKG 231 III Z. 1); folgerichtig gibt es auch keinen *Gläubigerausschuss*. Erscheint es jedoch als wünschenswert, die Gläubiger zu wichtigen Fragen anzuhören, *kann* sie das Konkursamt zu einer Versammlung einberufen oder einen Gläubigerbeschluss auf dem Zirkularweg herbeiführen. Das *muss* es sogar tun, wenn der Schuldner einen *Nachlassvertrag vorschlägt* oder wenn über die Geltendmachung oder Bestreitung zweifelhafter Ansprüche oder deren Abtretung nach SchKG 260 zu entscheiden ist (BGE *118* III 59). Zu *Aussonderungsansprüchen* Dritter, welche das Konkursamt anerkennen möchte, muss die Stellungnahme der Gläubiger hingegen nur in «wichtigeren Fällen» eingeholt werden (KOV 49). 9

Die *Verwertung* kann nach Ablauf der Eingabefrist *jederzeit* stattfinden (SchKG 231 III Z. 2). Das Konkursamt hat dabei «die Interessen der Gläubiger bestmöglich» zu wahren. Im übrigen aber bestimmt es – und nicht die Gläubiger – die Verwertungsart nach freiem Ermessen. Doch hat es sich auch hier an gewisse Schranken zu halten (SchKG 231 III Z. 2 i. V. m. 256 II–IV): 10

– *Pfandgegenstände* dürfen nur mit Zustimmung der Pfandgläubiger freihändig verkauft werden.

– Beim Freihandverkauf von *Vermögensgegenständen von bedeutendem Wert* sowie von *Grundstücken* muss den Gläubigern Gelegenheit gegeben werden, ein höheres Angebot zu machen.

– *Grundstücke* dürfen auch im Summarverfahren in der Regel erst verwertet werden, wenn das Lastenverzeichnis erstellt und rechtskräftig ist (SchKG 231 III Z. 2 Satz 2).

– *Anfechtungsansprüche* dürfen nicht veräussert werden (§ 47 N. 39).

Der Erlös wird aufgrund einer *Verteilungsliste,* die – entgegen allgemeiner Praxis – nicht aufgelegt zu werden braucht, gleich wie im ordentlichen Verfahren verteilt (SchKG 231 III Z. 4; § 48); *Abschlagszahlungen* gibt es dagegen nicht, weil die Erstellung einer zusätzlichen proviso- 11 rischen Verteilungsliste das Verfahren nur unnötig verlängern und komplizieren würde (KOV 96; BGE *117* III 45 ff.).

12 Die Konkursgläubiger erhalten auch im summarischen Verfahren gewöhnliche *Verlustscheine.*

§ 50   Schluss des Konkursverfahrens und Nachkonkurs

I.   Schlussbericht und Schlusserkenntnis

1   Jedes Konkursverfahren, ob ordentlich oder summarisch durchgeführt, muss durch einen Entscheid des Konkursgerichts formell als geschlossen erklärt werden. Dieses *Schlusserkenntnis* ergeht gestützt auf einen Schlussbericht über den Verlauf der Liquidation, den die Konkursverwaltung nach der Verteilung dem Konkursgericht erstattet (SchKG 268 I und II, KOV 92, 93 und 95).

2   Das Gericht teilt das Schlusserkenntnis dem Konkursamt sowie dem Betreibungs-, dem Grundbuch- und dem Handelsregisteramt mit (SchKG 176 I Z. 3). Das Konkursamt macht hierauf den Schluss des Konkurses öffentlich bekannt (SchKG 268 IV).

3   Der Schuldner wird wieder voll verfügungsberechtigt. Juristische Personen, Kollektiv- und Kommanditgesellschaften werden nach durchgeführter Liquidation im Handelsregister gelöscht. Unter gewissen Bedingungen kann jedoch die Wiedereintragung verlangt werden (§ 44 N. 27).

4   Ausserdem benachrichtigt das Gericht die Aufsichtsbehörde, wenn es irgend etwas zur Geschäftsführung der Konkursverwaltung zu bemerken hat, damit diese allfällig notwendige Disziplinarmassnahmen treffen kann (SchKG 268 III).

II.   Der Nachkonkurs

5   Ein formell abgeschlossener Konkurs kann insofern gewisse Nachwirkungen zeigen, als er in beschränktem Masse wiederaufgenommen werden kann, wenn *nachträglich Vermögenswerte des Konkursiten entdeckt* werden, die eigentlich zur Masse gehörten, aber nicht einbezogen worden sind.

6   Der Nachkonkurs erstreckt sich somit nur auf *Aktiven* des Konkursiten, die der Zwangsvollstreckung entgangen sind, niemals auch auf

402

nachträglich angemeldete Konkursforderungen; diese können nach Schluss des Konkurses nicht mehr berücksichtigt werden (SchKG 251 I).

Zur Liquidierung in einem Nachkonkurs kommen aber einzig Akti- 7
ven in Betracht, die nach Beendigung des Konkurses zum Vorschein gekommen sind: *neu entdeckte Aktiven.* Der betreffende Vermögens-wert muss also *erst später* für die Konkursverwaltung und die Konkurs-gläubiger *feststellbar geworden* sein. Das trifft nicht zu, wenn er wegen einer Nachlässigkeit der Konkursorgane unerkannt geblieben war. Im-merhin schliesst das Wissen bloss eines einzigen Gläubigers den Nach-konkurs nicht aus BGE *90* III 41, *116* III 96, *117* III 73, *120* III 38).

Der Nachkonkurs kann von Amtes wegen durch das Konkursamt 8
oder auf Antrag eines Konkursgläubigers ausgelöst werden. Das Kon-kursamt soll dann die nachträglich zum Vorschein gekommenen Vermö-genswerte *«ohne weitere Förmlichkeit» verwerten* und den Erlös aus dieser Liquidation an die zu Verlust gekommen Gläubiger nach ihrer Rangordnung verteilen (SchKG 269 I).

Der Nachkonkurs stellt somit nicht etwa ein neues, selbständiges Konkursverfahren dar, sondern beschränkt sich auf eine nachgeholte Verwertung des neuentdeckten Vermö-genswertes sowie die Verteilung des daraus erzielten Erlöses nach dem bestehenden Kollokationsplan durch das Konkursamt und wird selbstverständlich am ursprünglichen Konkursort abgewickelt.

Handelt es sich beim nachträglich entdeckten Aktivum um einen 9
zweifelhaften Rechtsanspruch (z. B. um eine bestrittene Forderung des Konkursiten oder um einen ans Licht gekommenen Anfechtungsan-spruch), so darf das Konkursamt nicht einfach zur Verwertung schreiten; vielmehr sind dann die Konkursgläubiger zu benachrichtigen, damit sie entscheiden können, ob der Anspruch für die Masse geltend gemacht oder nach SchKG 260 einem Gläubiger abgetreten werden soll (SchKG 269 III).

Auch Beträge, die bei der ursprünglichen Verteilung zu hinterlegen 10
waren (SchKG 264 III; § 48 N. 14) und nachträglich frei werden (z. B. weil eine Bedingung nicht eingetreten ist), werden auf diese Weise verteilt; gleich wird es mit Konkursdividenden gehalten, die binnen 10 Jahren nicht bezogen werden (SchKG 269 II; BGE *93* III 113).

8. Kapitel: Arrest und paulianische Anfechtung

Der Erfolg jeder Schuldbetreibung hängt davon ab, ob genügend Vollstreckungssubstrat beigebracht und gesichert werden kann. Das geschieht (wenn man von der privatrechtlichen Verpfändung absieht) in erster Linie durch den Pfändungs- und den Konkursbeschlag sowie durch die Massnahmen zur Sicherung dieser Beschlagsrechte (SchKG 98 ff., § 22 N. 56 ff.; SchKG 223, 44 N. 16 ff.). Oft besteht allerdings ein Sicherungsbedürfnis schon *vor* der Pfändung oder der Konkurseröffnung: ihm entsprechen die *provisorische Pfändung* und das *Güterverzeichnis; beide Massnahmen setzen aber eine bereits ziemlich fortgeschrittene Betreibung voraus* (§§ 19 N. 89 f.; 36 N. 11 ff.). Doch ist die Gefahr, dass die für die Befriedigung der Gläubiger benötigte Vermögenssubstanz geschmälert wird, naturgemäss am grössten vor Beginn jeder Vollstreckung: Da kann der Schuldner sein Vermögen noch sehr leicht vermindern oder gar verschwinden lassen. Um auch dieser Gefahr zu wehren, stellt das Gesetz verschiedene Rechtsbehelfe zur Verfügung, die entweder solche Beseitigung von Vollstreckungssubstrat verhindern oder die Rückschaffung bereits beseitigter Vermögenswerte ermöglichen sollen.

– Zu diesen Sicherungsmitteln gehört unter anderem die Aufnahme eines *Retentionsverzeichnisses* sowie die *Rückschaffung* heimlich oder gewaltsam entfernter Retentionsgegenstände (SchKG 283 f.); diese Massnahmen sind allerdings auf Miet- und Pachtzinsforderungen für Geschäftsräume sowie auf Forderungen der Stockwerkeigentümergemeinschaft beschränkt (§ 34).

– Allgemein einsetzbar sind demgegenüber der *Arrest* (zur Sicherung) sowie die *paulianische Anfechtung* (zur Rückschaffung von Vollstreckungssubstrat). Diese beiden Rechtsbehelfe sind, ihrer grossen praktischen Bedeutung entsprechend, im Gesetz ausführlich geregelt.

§ 51   Der Arrest

I.   *Wesen und Funktion des Arrestes*

1.   Allgemeines

1   Arrest bedeutet ganz allgemein «Festnahme», «Verhaftung» – im zeitgemässen Schuldbetreibungsrecht: amtliche Beschlagnahmung von Vermögen des Schuldners. Festnahme und Überwachung des Schuldners selbst, den sogenannten Schuldverhaft, verbietet die Bundesverfassung (BV 59 III). Es gibt im schweizerischen Vollstreckungsrecht nur noch den *Vermögensarrest,* keinen Personalarrest.

2   Dieser Arrest *bezweckt* allein, den Erfolg einer schon eingeleiteten oder erst noch bevorstehenden Vollstreckung, in der die Voraussetzungen einer (provisorischen oder definitiven) Pfändung oder der Aufnahme eines Güterverzeichnisses noch nicht gegeben sind, durch Beschränkung der Verfügungsbefugnis des Schuldners zu sichern, nichts anderes (BGE *107* III 35). Folglich handelt es sich beim Arrest weder um eine Betreibungshandlung (wie bei der Pfändung) noch um die Schaffung irgendeines materiellen Vorzugsrechtes zugunsten des Gläubigers (wie bei der Verpfändung). Der Arrest hat vielmehr reine *Sicherungsfunktion* und daher auch bloss *provisorischen Charakter.* Dem ist bei der Auslegung und Anwendung des Gesetzes Rechnung zu tragen (BGE *116* III 115 f., *120* III 91).

2.   Arrest und einstweilige Verfügung des Zivilprozessrechts

3   Beides ist auseinanderzuhalten. Zwar charakterisiert sich der Arrest als eine auf die Bedürfnisse der Schuldbetreibung zugeschnittene einstweilige (superprovisorische) Verfügung. Dennoch hat er mit dieser Massnahme des Zivilprozessrechts nichts zu tun, wie auch umgekehrt die einstweilige Verfügung nicht anwendbar ist, wo das Bundesrecht den Arrest vorsieht (BV 64 I, SchKG 38 und 271): die Vollstreckung von Geldforderungen kann *ausschliesslich* durch einen Arrest gesichert werden, nie durch eine einstweilige Verfügung nach kantonalem Prozessrecht (BGE *93* III 79).

II.   Die Voraussetzungen des Arrestes

Die Arrestierung von Schuldnervermögen setzt voraus, dass   4
eine *Arrestforderung* besteht, ein *Arrestgegenstand* verfügbar ist und ein
Arrestgrund vorliegt, was alles der Gläubiger *glaubhaft* zu machen hat
(SchKG 272).

1.   Die Arrestforderung

In erster Linie setzt der Arrest also das Bestehen einer auf   5
dem Betreibungswege *vollstreckbaren Forderung* voraus: einen auf
Geldzahlung oder auf Sicherheitsleistung in Geld gerichteten Anspruch
(SchKG 272 I Z. 1). Doch darf die Forderung *nicht* schon *pfandgedeckt*
sein (SchKG 271 I Einleitungssatz).

Soweit Pfanddeckung besteht, wäre die Sicherung durch Arrest nicht nur überflüssig,
sondern sinnlos. Dann kann der Schuldner ohne weiteres auf Pfandverwertung betrieben
werden.

In der Regel muss sodann die *Forderung fällig* sein (SchKG 271 I   6
Einleitungssatz). Zwei Arrestgründe erlauben indessen die Arrestnahme auch für eine *nicht fällige Forderung:* wenn der Schuldner keinen
festen Wohnsitz hat oder wenn er sich durch Beseitigung von Vermögensgegenständen oder durch Flucht der Erfüllung seiner Verbindlichkeiten zu entziehen sucht. In diesen besonders dringlichen Fällen bewirkt der Arrest sogar die Fälligkeit der Forderung gegenüber dem
Schuldner (SchKG 271 I Z. 1 und 2 sowie 271 II).

2.   Der Arrestgegenstand

Weil der Arrest die spätere Vollstreckung absichern soll, kann   7
er nur *realisierbare Vermögenswerte* des Schuldners erfassen (SchKG
272 I Z. 3.). Arrestierbar ist somit alles, was auch *pfändbar* wäre. Darum
kann ein Arrest nur auf Sachen und Rechte gelegt werden, die – zumindest nach glaubwürdigen Angaben des Gläubigers – *rechtlich (nicht
bloss wirtschaftlich) dem Schuldner gehören* (unten N. 33). Was offensichtlich einem Dritten zusteht, wäre es auch bloss fiduziarisches Eigentum für den Schuldner, darf – bei Drohung von Nichtigkeit – sowenig
mit Arrest belegt werden, wie es später auch nicht gepfändet werden
könnte (BGE *106* III 86, *107* III 33; § 23 N. 2 ff.).

Höchstens im Falle eines sogenannten «*Durchgriffs*» dürfte Dritteigentum erfasst werden (s. BGE *102* III 165) oder wenn es sich bei der Arrestforderung um eine *Forderung aus einem Konkursverlustschein* handelt und die besonderen Voraussetzungen von SchKG 265 a III glaubhaft gemacht sind (§ 48 N. 33 f.)

8   Ob sich die mit Arrest zu belegenden Gegenstände im *Gewahrsam* des Schuldners oder eines Dritten befinden, ist – wie beim Pfändungsvollzug – gleichgültig.

9   Auch wenn sich der Gegenstand bei einem Dritten befindet (z. B. in einem Banktresor), wird also die Sache selbst arrestiert (BGE *108* III 97 f.; demgegenüber für den Konkursbeschlag § 40 N. 25 f.). Nur wenn er im Ausland liegt, muss – mit Rücksicht auf das Territorialitätsprinzip – gewissermassen ersatzweise der *Herausgabeanspruch* mit Beschlag belegt werden.

10   Soweit Pfändbarkeit besteht, kann auch *Einkommen* des Schuldners arrestiert werden; die einjährige Höchstdauer beginnt dann mit dem Arrestvollzug (SchKG 275 i. V. m. 93; vgl. dazu BGE *116* III 15).

3.   Die Arrestgründe

11   Arrestnahme kommt schliesslich nur in Frage, wenn die Erfüllung der Forderung in einer Weise gefährdet ist, dass ihre Vollstreckung fehlschlagen könnte. Das Gesetz zählt die *Gefährdungstatbestände,* die den Arrest erst rechtfertigen, abschliessend auf; man nennt sie *Arrestgründe.* Sie gleichen zum Teil den materiellen Konkursgründen (§ 38). Das SchKG selbst kennt deren fünf:

a)   Schuldner ohne festen Wohnsitz

12   Einen Arrestgrund bildet einmal die Tatsache, dass der Schuldner *nirgends,* weder in der Schweiz noch im Ausland, einen festen Wohnsitz hat: z. B. Zigeuner, wandernde Handwerker, Zirkusvolk (SchKG 271 I Z. 1).

b)   Unredliches Verhalten des Schuldners

13   Der Arrestgrund kann sodann in einem Verhalten des Schuldners bestehen, durch welches dieser *sich der Erfüllung seiner Verbindlichkeiten zu entziehen trachtet:*
– indem er *Vermögensstücke beiseite schafft,* sie z. B. verbirgt, verschenkt, in rascher Folge zu Schleuderpreisen verkauft oder sie ins Ausland bringt (BGE *119* III 92),
– oder indem er *flüchtet* oder Anstalten dazu trifft (SchKG 271 I Z. 2).

Beides setzt sowohl den objektiven Tatbestand als auch die *Absicht* 14
voraus, *sich der Zahlungspflicht zu entziehen.*

c)   *Schuldner auf Durchreise oder Markt- und Messebesuch*

Grund zum Arrest kann auch der Schuldner bieten, der zwar 15
festen Wohnsitz hat, sich aber auf der *Durchreise* befindet oder der dem
Personenkreis angehört, die *Märkte und Messen besuchen,* wie z. B.
Touristen, Marktfahrer, Schiess- und Schaubudenbesitzer. Ihnen gegenüber darf allerdings Arrest nur gelegt werden *für Forderungen, die ihrer*
Natur nach sofort zu erfüllen sind: das trifft beispielsweise zu auf Zech-
schulden, Rechnungen für Unterkunft, Fahrzeugreparaturen, Treib-
stoff- und andere Barkäufe, Platzgebühren (SchKG 271 I Z. 3). Allein
dieser Tatbestand rechtfertigt auch den Vollzug eines sogenannten *Ta-*
schenarrestes (BGE *112* III 51, unten N. 20).

d)   *Schuldner im Ausland*

Einen häufigen Arrestgrund bildet die Tatsache, dass der 16
Schuldner – gleichgültig welcher Nationalität – im Ausland ansässig ist,
somit in der Schweiz zivilrechtlich weder Sitz noch Wohnsitz, immerhin
aber Vermögen hat; das führt zum sogenannten «*Ausländerarrest*»
(SchKG 271 I Z. 4).

Der Gesetzgeber erblickte eine Gefährdung des Gläubigerinteresses darin, dass die
Rechtsverfolgung im Ausland im allgemeinen erschwert ist; darum soll sich der Gläubiger
durch Arrestierung von Vermögen in der Schweiz hier einen Vollstreckungsort schaffen
können *(forum arresti).*

Ausländisches Domizil des Schuldners allein genügt jedoch für die
Arrestierung seines hiesigen Vermögens nicht, vielmehr wird weiter
vorausgesetzt:
– Es darf gegenüber dem Schuldner *kein anderer Arrestgrund gegeben* 17
  sein: der «Ausländerarrest» kommt *bloss subsidiär* in Betracht. Das
  bedeutet, dass in der Schweiz gelegenes Vermögen eines unredlichen
  (Z. 2), durchreisenden (Z. 3) oder insolventen (Z. 5) Schuldners mit
  Domizil im Ausland auch dann mit Arrest belegt werden kann, wenn
  die besonderen Voraussetzungen des «Ausländerarrests» – siehe unten N. 19 – fehlen.
– Der Schuldner darf in der Schweiz *keinen Betreibungsort* haben, wo er 18
  betrieben werden könnte, also weder eine Geschäftsniederlassung
  noch ein Wahldomizil (SchKG 50 I und II).

19 – Sodann muss die Arrestforderung durch ein gerichtliches Urteil oder eine Schuldanerkennung, also durch einen provisorischen oder definitiven *Rechtsöffnungstitel,* ausgewiesen sein oder – in Ermangelung eines solchen – einen *genügenden Bezug zur Schweiz* (eine sog. Binnenbeziehung) haben. Auf diese Weise sollen Arrestverfahren ferngehalten werden, die mit unserem Land wenig oder nichts zu tun haben.

> Eine genügende Binnenbeziehung wird z. B. angenommen, wenn der Vertrag, auf dem die Forderung beruht, in der Schweiz abgeschlossen worden oder hier zu erfüllen ist oder wenn die Parteien hier einen Gerichtsstand oder ein Schiedsgericht vereinbart haben (BGE *106* I a 148; s. auch das Kreisschreiben des EJPD an die Kantonsregierungen aus dem Jahre 1986). Ferner wird genügen, dass der Gläubiger in der Schweiz domiziliert ist. Ungenügend wäre hingegen allein der Umstand, dass der auswärtige Schuldner hierzulande Vermögen besitzt.

20 Selbstverständlich kann der «Ausländerarrest» nur gewährt werden, wenn der Schuldner in der Schweiz Vermögen auf gewisse *Dauer* besitzt oder hierher gebracht hat; ein *Taschenarrest* gegenüber einem ausländischen Schuldner, der sich zufällig hier aufhält, wäre unzulässig (BGE *112* III 50 f.).

e) *Insolventer Schuldner*

21 Als letzten Arrestgrund nennt das Gesetz die *Ausstellung eines provisorischen oder eines definitiven Verlustscheines;* auch bei dieser Sachlage – offenkundige Insolvenz des Schuldners – rechtfertigt es sich, Vollstreckungssubstrat durch einen Arrest sofort sicherzustellen (SchKG 271 Z. 5).

> In Betracht kommen nicht nur Verlustscheine schweizerischen Rechts, sondern auch gleichwertige ausländische Bescheinigungen.

f) *Ausserordentliche Arrestgründe*

22 Neben diesen klassischen Arrestgründen des SchKG ist der Arrest auch *in Spezialgesetzen* vorgesehen:

23 aa) *Der Steuerarrest*
Die Bundesgesetzgebung stellt die *steuerrechtliche Sicherstellungsverfügung für gewisse Bundessteuern* einem Arrestbefehl gleich:
– Bundesgesetz über die Stempelabgaben (Art. 43; SR 641.10);
– Mehrwertsteuerverordnung (Art. 58; SR 641.201);
– Bundesgesetz über die direkte Bundessteuer (Art. 170; SR 642.11);
– Verrechnungssteuergesetz (Art. 47; SR 642.21).

24 Hier wird also der Arrest nicht – wie aufgrund der ordentlichen Arrestgründe – vom Arrestrichter verfügt, sondern unmittelbar durch die Steuerbehörde selbst. Weil die

Sicherstellungsverfügung durch Verwaltungsgerichtsbeschwerde beim Bundesgericht angefochten werden kann, wird die Einsprache gegen den Arrestbefehl jeweils ausgeschlossen.

Seit 1993 dürfen die *Kantone* für ihre Steuern in gleicher Weise vorgehen und den Steuerarrest in ihrer Gesetzgebung vorsehen: Bundesgesetz über die Harmonisierung der direkten Steuern der Kantone und Gemeinden (Art. 78; SR 642.14).

bb) Auch die von der *Eidgenössischen Zoll- und der Alkoholverwaltung* erlassenen 25
Sicherstellungsverfügungen sind zugleich Arrestbefehle: Zollgesetz (SR 631.0) und Alkoholgesetz (SR 680). – Beispiel in BGE *110* III 1.

4.   Die Zulässigkeit des Arrestes nach Völkerrecht

Im internationalen Verhältnis kann der Arrest von besonderen Voraussetzungen abhängen; er kann ausgeschlossen, erschwert oder auch erleichtert sein:

– Als ausserordentlichen und erleichterten Arrestgrund muss man of- 26
  fenbar nach *LugÜ 39* das besondere Exequatur gelten lassen (s. die
  Erläuterungen des Bundesamtes für Justiz in BBl. 1991 IV 313, dazu
  die Kritik in der Vorauflage § 19 N. 21 a).

– Nach *Immunitätsrecht* kann zwar auch auf Vermögen eines ausländi- 27
  schen Staates, das in der Schweiz liegt, Arrest gelegt werden (insb. ein
  Ausländerarrest); doch muss – auch bei Vorliegen eines Arrestgrundes – die völkerrechtliche Immunität respektiert werden; der Arrest
  ist daher nur zulässig:

  – Sofern die *Arrestforderung iure gestionis* begründet wurde; dies
    trifft nicht zu, wenn der fremde Staat in Ausübung seiner Hoheits-
    gewalt *(iure imperii)* gehandelt hat, wie z. B. bei der Verstaatli-
    chung ausländischen Besitzes des Gläubigers, der nun Schadener-
    satz geltend macht. In der Praxis ist die Unterscheidung allerdings
    oft nicht leicht (§ 7 N. 21).

  – Ausserdem kommen als *Arrestgegenstand* nur Bestandteile des
    Finanzvermögens in Betracht; denn nur dieses wäre auch pfänd-
    bar (BGE *108* III 110, *111* I a 64; § 23 N. 39).

– Die Internationalen Übereinkommen über den *Eisenbahnfrachtver-* 28
  kehr sowie über den *Eisenbahnpersonen-* und *Gepäckverkehr* (SR
  0.742.403.1) erlauben den Arrest auf Rollmaterial oder Fracht nur auf
  Grund eines Gerichtsentscheides, der im Sitzstaat der Bahngesell-
  schaft ergangen ist.

– Die noch heute gültige *Übereinkunft* zwischen der (alten) Eidge- 29
  nossenschaft und der *Krone Württemberg* (Konkursvertrag vom
  12. 12. 1825, dem mit Ausnahme von Neuenburg und Schwyz alle
  Kantone beigetreten sind) verbietet es, nach Eröffnung des Konkur-

ses über einen Schuldner in einem Vertragsstaat auf dessen Vermögen noch Arrest zu legen, es wäre denn zugunsten der Masse (BGE *104* III 68).

30 Die *Verletzung von Völkerrecht* kann jeder Betroffene mit einer besonderen staatsrechtlichen Beschwerde beim Bundesgericht rügen (OG 84 I c und d); im Falle unzulässiger Arrestierung von Vermögen eines fremden Staates braucht dieser zuvor nicht einmal gegen den Arrestbefehl Einsprache zu erheben (direkte Beschwerde nach OG 86 II).

III.   Das Arrestverfahren

31   Obwohl der Arrest nur eine provisorische Sicherungsmassnahme ist, bedeutet der Arrestbeschlag für den Schuldner doch einen empfindlichen Eingriff in seine Rechts- und Wirtschaftssphäre. Darum muss er in einem *gerichtlichen Verfahren* angeordnet werden; der Vollzug selbst obliegt dann dem Betreibungsamt.

1.   Das Arrestbegehren

32   Der Gläubiger, der seinen Vollstreckungsanspruch durch Arrest absichern will, muss sich mit einem mündlichen oder schriftlichen *Arrestbegehren an den Richter* wenden (SchKG 272 I). Darin hat er *glaubhaft zu machen,* dass die Voraussetzungen für den Arrest (Forderung, Arrestgrund und Arrestgegenstand) erfüllt sind. Es genügt also, den Richter anhand plausibler Darstellung und liquider Beweise von der Wahrscheinlichkeit seines Vorbringens zu überzeugen.

33 Wichtig ist, dass im Begehren die mit Arrest zu belegenden *Vermögenswerte bezeichnet* und deren *Standort angegeben* werden; denn ohne das könnte der Richter gar keinen vollziehbaren Arrestbefehl erlassen (SchKG 274 II Z. 4; BGE *109* III 125). Handelt es sich um Vermögensgegenstände, die dem Anschein nach einem *Dritten* gehören könnten – etwa weil der Gewahrsam, der Grundbucheintrag, der Inhalt des Titels oder die Bezeichnung des Bankkontos oder Bankdepots diese Vermutung nahelegen – muss der Gläubiger überdies die Gründe für die von ihm behauptete Berechtigung des Schuldners glaubhaft darlegen (BGE *107* III 35, *109* III 125 f.).

34 Ist die genaue Bezeichnung der einzelnen Arrestgegenstände nicht möglich, genügt eine allgemeine Umschreibung derselben ihrer *Gattung*

nach, wenn dabei wenigstens der Standort und der Gewahrsamsinhaber glaubhaft dargetan sind (BGE *100* III 28, *103* III 86 und 91).

Auch für den *Vollzug eines «Gattungsarrestes»* bedarf es somit einer minimalen *Spezi-* 35
fikation der Arrestgegenstände, z. B. folgendermassen: die im Lagerhaus der Firma X in Basel stehenden *Möbel* des Schuldners, seine im Zollfreilager Bern liegenden *Teppiche,* die in der Kunstgalerie Y in Zürich ausgestellten *Werke* des Schuldners, die im Tresor der Bank Z in Genf aufbewahrten *Gemälde,* der von dieser verwahrte *Schmuck* des Schuldners, dessen bei der Bank Z in Gstaad offen deponierte *Wertschriften* (Aktien, Obligationen, Schuldbriefe), seine dort bestehenden *Guthaben,* der Inhalt eines von ihm gemieteten *Schrankfachs.*

Unzureichend spezifiziert wäre der Arrestgegenstand hingegen mit einer *allgemeinen Umschreibung* wie: sämtliche dem Schuldner gehörenden, in einem bestimmten Gebäude in O. befindlichen Gegenstände; oder sämtliche ihm zustehenden Vermögenswerte bei der Bank Z (selbst wenn alle erdenklichen einzeln aufgezählt wären), namentlich wenn ein so formuliertes Begehren sich gleich gegen mehrere oder gar alle Platzbanken richten würde. Ein solcher Arrest, dem nicht der geringste *konkrete Hinweis* auf das tatsächliche Vorhandensein bestimmter Gegenstände an einem bestimmten Ort zugrunde liegt, wäre schlicht und einfach nichtig – nichts anderes als ein auf blosses Ausspionieren von Vermögen des Schuldners zielender und deshalb missbräuchlicher *«Sucharrest».*

Wohnt der *Gläubiger im Ausland,* so sollte er mit seinem Arrestbe- 36
gehren zugleich einen *Zustellungsort* in der Schweiz bezeichnen, sonst erfolgen Zustellung an ihn beim Betreibungsamt (SchKG 272 II; s. auch SchKG 67 I Z. 1, 232 II Z. 6; § 8 N. 13).

2. Die Bewilligung des Arrests

a) Die Zuständigkeit

Örtlich zuständig ist der Richter am Ort, wo sich der mit 37
Arrest zu belegende Vermögenswert befindet (SchKG 272 I). Schon deswegen muss im Arrestgesuch der Arrestgegenstand und sein Standort angegeben sein. Sind mehrere, in verschiedenen Amtskreisen liegende Gegenstände mit Arrest zu belegen, muss der für jeden einzelnen örtlich zuständige Richter den Arrest bewilligen. Dementsprechend hat ein Gläubiger unter Umständen auch mehrere Arrestbegehren zu stellen.

Diese Regelung kann den verpönten Sucharrest (oben N. 35) begünstigen, weil die verschiedenen Arrestrichter meist keine Kenntnis von auch anderswo hängigen Arrestverfahren haben, die insgesamt nur der Vermögensausforschung dienen.

Der *Arrestort* stimmt immer mit dem *Pfändungsort* überein (hiezu 38
§ 22 N. 19 ff.). Ein anderswo verfügter (oder vollzogener) Arrest wäre

nicht nur anfechtbar, sondern *nichtig* (wie bei der Pfändung: BGE *109* III 92, *112* III 117).

b)   *Das Verfahren*

39   Der Arrestrichter entscheidet über das Arrestgesuch im *summarischen* Verfahren (SchKG 25 Z. 2 a), und zwar aufgrund bloss *einseitiger Prüfung*, d. h. ohne den Schuldner zu benachrichtigen oder ihn gar anzuhören; dies widerspräche dem Wesen des Arrestes als einer überfallartigen, *superprovisorischen Massnahme* zum Schutze gefährdeter Gläubigerrechte (BGE *107* III 29). Erscheint die Darstellung des Gläubigers im Arrestbegehren *glaubhaft,* so entspricht der Richter dem Gesuch, bewilligt den Arrest und erlässt den *Arrestbefehl an das Betreibungsamt* zum Vollzug (SchKG 272 I, 274 I). Von diesem Entscheid erhält der Schuldner erst beim Vollzug Kenntnis.

40   In Anbetracht der fesselnden Wirkung des Arrestes darf *Glaubhaftigkeit* nicht leichthin angenommen werden. Der Richter muss vielmehr auf Grund sorgfältiger Prüfung davon überzeugt sein, dass die gesetzlichen Voraussetzungen für den Arrest *grösserer Wahrscheinlichkeit nach* erfüllt sind. Wo das nicht der Fall ist, aber dennoch ein Arrestbefehl erlassen wird, steht Willkür in Frage (BGE *97* I 680, *103* I a 494, *109* III 27 f.; s. auch oben N. 32).

c)   *Der Arrestbefehl*

41   Der Arrestbefehl muss alle Angaben enthalten, die es braucht, um ihn vollziehen und den hierauf vollzogenen Arrest allenfalls anfechten zu können (SchKG 274 II), nämlich:
– die Namen und Adressen des Gläubigers und des Schuldners;
– die Forderung, für die der Arrest verlangt wird;
– den Arrestgrund;
– die einzelnen mit Arrest zu belegenden Gegenstände und ihren Standort (zum Erfordernis der Spezifikation s. oben N. 33 ff.);
– den Hinweis auf die Schadenersatzpflicht des Gläubigers und auf die ihm allenfalls auferlegte Sicherheitsleistung (unten N. 83).

3.   **Der Arrestvollzug**

a)   *Zuständigkeit und Verfahren*

42   Der Richter stellt den Arrestbefehl dem *am Ort der gelegenen Sache zuständigen Betreibungsamt* zum Vollzug zu (SchKG 274 I). Voll-

zug durch ein örtlich nicht zuständiges Amt wäre nichtig (BGE *114* III 36; oben N. 38).

Lapidar erklärt das Gesetz die Bestimmungen für die Pfändung in SchKG 91–109 als *sinngemäss* anwendbar (SchKG 275; BGE *112* III 117). Indessen erheischen Wesen und Zweck des Arrestes als superprovisorische Sicherungsmassnahme für eine vielleicht noch ungewisse Forderung ein sinnvolles Abweichen von diesen Vorschriften in verschiedener Hinsicht: 43

– Der Arrestbefehl ist mit Rücksicht auf die Dringlichkeit der Sache *sofort zu vollziehen,* auch während eines Betreibungsstillstandes (SchKG 56; BGE *98* III 74, *113* III 143; § 11 N. 43). 44

– *Nur die im Arrestbefehl aufgeführten, im Betreibungskreis befindlichen Gegenstände* dürfen sichergestellt werden; Requisition kommt nicht in Frage (BGE *114* III 37). Der Vollzugsbeamte darf auch nicht (beim Schuldner oder bei Dritten) nach weiteren Vermögenswerten forschen und diese – sei es auch nur ersatzweise – erfassen. Ein über den Befehl hinausgehender Arrest ist nichtig (BGE *113* III 142). Das gilt namentlich auch für den Vollzug eines nicht genügend spezifizierten Gattungsarrestes. 45

– Die *Anwendung behördlichen Zwanges,* z. B. gewaltsames Öffnen eines gemieteten Bankfaches oder Inanspruchnahme von Polizeigewalt, ist ausgeschlossen (BGE *102* III 8). 46

– Dritte Gewahrsamsinhaber (insbesondere Banken, BGE *104* III 50 f.) sind zwar *auskunftspflichtig,* dürfen aber nicht durch Androhung von *Strafsanktionen* nach StGB 292 zu Auskunft oder zu sonstiger Mitwirkung gezwungen werden – ausser die Arrestforderung beruhe auf einem vollstreckbaren Titel: auf einem gerichtlichen Urteil, einem Urteilssurrogat oder einem rechtskräftigen Zahlungsbefehl (BGE *103* III 91, *107* III 151, *109* III 24). Immerhin könnte der Dritte dem Arrestgläubiger gegenüber für aus ungerechtfertigter Auskunftverweigerung erwachsenen Schaden zivilrechtlich haftbar werden. 47

– Der Arrestschuldner kann sich das freie Verfügungsrecht über die Arrestgegenstände bewahren, indem er dem Betreibungsamt *Sicherheit* dafür *leistet,* dass im Falle der Pfändung oder der Konkurseröffnung (also der Vollstreckung) die Arrestgegenstände oder gleichwertiger Ersatz bis zur Höhe der Arrestforderung samt Zinsen und Kosten greifbar vorhanden sein werden (SchKG 277; BGE *113* III 143, *116* III 40 f., *120* III 9). Als Sicherheit kommen vor allem in Betracht: Hinterlegung von Geld, Wertschriften und anderen Wertsachen, Solidarbürgschaft, Bankgarantie und dergleichen. 48

Die dem Betreibungsamt – vom Schuldner oder von einem Dritten – geleistete Sicherheit tritt an die Stelle der Arrestgegenstände; dem Gläubiger erwächst daraus kein Privileg (BGE *106* III 130 ff.; s. unten N. 55 ff.). Kommt es in der folgenden Betreibung später zur Pfändung, können die beschlagnahmten Arrestgegenstände nicht mehr gegen Sicherheitsleistung frei verfügbar gemacht werden (BGE *120* III 89).

b) Prüfung des Arrestbefehls durch das Betreibungsamt

49   Grundsätzlich hat das Betreibungsamt einen Arrestbefehl zu vollziehen, ohne ihn auf seine materielle Begründetheit zu prüfen. Namentlich wäre es nicht befugt, die Glaubhaftigkeit der Arrestvoraussetzungen zu überprüfen (BGE *107* III 36, *114* III 89). Nur wenn sich der Arrestbefehl als *unzweifelhaft nichtig* erwiese, müsste der Vollzug verweigert werden (BGE *120* III 40 f.); denn der Vollzug eines nichtigen Befehls wäre ebenfalls nichtig (SchKG 22).

50   Beispiele nichtiger Arreste:
– wenn *Rechtsmissbrauch* vorliegt, wie z. B. wenn *bedeutend mehr Vermögen arrestiert wird*, als zur Sicherung der Arrestforderung nötig wäre (dies kann insbesondere dann geschehen, wenn in verschiedenen Amtskreisen für dieselbe Forderung mehrere Arrestverfahren laufen (BGE *120* III 42 ff., 49 ff.); bei offensichtlichem *Sucharrest* (oben N. 35); wenn der Arrest unter treuwidrigen Umständen gelegt wird, so wenn der Schuldner zu angeblichen Vergleichsverhandlungen in die Schweiz gelockt wird, nur damit an seinem mitgeführten Vermögen ein Taschenarrest vollzogen werden kann (BGE *105* III 18, *112* III 51 f.);
– wenn sich der Arrestbefehl auf einen offensichtlich nicht existenten, unpfändbaren oder nicht dem Schuldner gehörenden Gegenstand bezieht (BGE *105* III 140, *106* III 132, *107* III 34, 100, *108* III 117, *109* III 95, 126, *116* III 109);
– wenn ein *im Arrestbefehl nicht genannter Vermögenswert* arrestiert wird (oben N. 45);
– bei *unzureichender Spezifikation* der Arrestgegenstände (oben N. 33 f.);
– wenn ein Vermögenswert arrestiert wird, der schon *nach den Angaben des Gläubigers nicht dem Schuldner* gehört;
– wegen *örtlicher Unzuständigkeit* des Arrestrichters oder des Betreibungsamtes (oben N. 38, 42);
– wegen *ungenügender Bezeichnung des Gläubigers oder des Schuldners* oder Angabe einer nicht existenten Person als Schuldner sowie wegen *ungenügender Angabe des Forderungs- oder des Arrestgrundes;*
– wenn *zwingende Vorschriften* des Gesetzes oder des Völkerrechts *offensichtlich verletzt* sind (BGE *108* III 107).

c) Die Arresturkunde

51   Der Vollzug des Arrestes wird vom Vollzugsbeamten in der Arresturkunde, auf der Rückseite des Arrestbefehls, bescheinigt und sofort dem Betreibungsamt übermittelt (SchKG 276 I); darin sind alle unter Beschlag genommenen Gegenstände mit ihrer Schätzung einzeln vermerkt (BGE *113* III 108).

Das Betreibungsamt stellt hierauf dem Gläubiger und dem Schuldner   52
sofort je eine Abschrift der Arresturkunde zu und benachrichtigt Dritte,
die durch den Arrest in ihren Rechten betroffen werden (SchKG 276
II). Von diesem Zeitpunkt an läuft die Frist zur Anfechtung des Arrestes
durch Beschwerde oder Einsprache sowie zur Prosekution (SchKG 278
und 279).

IV.   Die Wirkungen des Arrestes

1.   Für den Schuldner

Den Schuldner trifft der Arrest gleich wie eine Pfändung,   53
sofern er sich nicht durch Sicherheitsleistung sein Verfügungsrecht bewahrt hat (BGE *113* III 36). Abgesehen hievon sind die Bestimmungen
des Pfändungsrechts über die Beschränkung der Verfügungsbefugnis
und die Verwaltung der beschlagnahmten Vermögenswerte analog anwendbar (SchKG 96 und 98 ff.). *Verwertung* kommt einzig in Frage,
soweit sich nach SchKG 124 II ein *Notverkauf* aufdrängt (BGE *101*
III 27). Sonst sind Verwertungen erst in der Prosekutionsbetreibung
zulässig.

2.   Für den Gläubiger

Der Gläubiger erlangt durch den Arrest vorläufig nur die von   54
ihm angestrebte *Sicherung von Vollstreckungssubstrat* für seine bereits
hängige oder eine erst noch bevorstehende Betreibung. Die Exekution
selbst ist nur im Rahmen einer solchen Betreibung möglich, in der sich
der Schuldner durch Rechtsvorschlag gegen die Forderung des Gläubigers zur Wehr setzen kann (BGE *116* III 110).

Doch gewährt der Arrest dem Gläubiger im anschliessenden   55
Zwangsvollstreckungsverfahren *kein Vorrecht* auf Befriedigung aus
dem Erlös der Arrestgegenstände. Alle anderen Gläubiger, die mit ihm
in diesem Verfahren konkurrieren können – sei es als Konkursgläubiger
oder als Gläubiger derselben Pfändungsgruppe –, haben gleiches Recht
darauf (SchKG 281 III).

Im einzelnen bedeutet das (BGE *116* III 111 ff.):
– Die Vermögenswerte können trotz bereits bestehenden Arrestbeschlages später zugunsten eines anderen Gläubigers gepfändet werden;

- das Arrestgut fällt – wenn später über den Schuldner der Konkurs eröffnet wird – in die Konkursmasse (SchKG 199 I; BGE *116* III 116);
- die Objekte können auch Gegenstand eines nachfolgenden Arrestes für einen anderen Gläubiger sein.

56 *Zwei «Privilegien»* räumt das Gesetz dem Arrestgläubiger immerhin ein; sie verleihen dem Arrest – ausser seiner Sicherungsfunktion – noch einen zusätzlichen Wert:

57 a) Werden die Arrestgegenstände nach Ausstellung des Arrestbefehls für einen anderen Gläubiger gepfändet, bevor der Arrestgläubiger das Fortsetzungsbegehren stellen kann (weil er noch nicht betrieben hat oder seine Betreibung noch nicht so weit gediehen ist), so nimmt dieser gleichwohl *von Gesetzes wegen provisorisch an der Pfändung teil* (SchKG 281 I; BGE *116* III 44, 114; § 25 N. 11).

58 Diese provisorische Anschlusspfändung fällt jedoch dahin, wenn der Arrestgläubiger seinen Anspruch gegen den Schuldner nicht auf dem Betreibungsweg bis zum eigenen Fortsetzungsbegehren verfolgt; denn erst dieses führt zur endgültigen Teilnahme (BGE *119* III 93).

59 Dem Gläubiger soll durch diese Sonderregelung ermöglicht werden, auch ausserhalb der üblichen Anschlussfristen (SchKG 110/111) an einer Pfändung teilzunehmen (BGE *110* III 29, *113* III 37, *116* III 47). Ist der Arrestgläubiger jedoch nach dem Stand seiner Betreibung in der Lage, innerhalb der üblichen Anschlussfrist zu handeln, muss er sich unbedingt daran halten.

60 b) Ferner darf der Gläubiger die vom Arrest herrührenden *Kosten* (der Bewilligung und des Vollzuges) aus dem Erlös der Arrestgegenstände vorweg decken (SchKG 281 II).

61 Für die Geltendmachung der Arrestforderung begründet der Arrest schliesslich noch den besonderen *Betreibungsort und Gerichtsstand des Arrestes* (§ 10 N. 31 sowie unten N. 101 f.).

3. Für einen Dritten

62 *Drittschuldner und Drittgewahrsamsinhaber* müssen die mit dem Arrestbeschlag verbundene Zahlungs- und Verfügungssperre beachten, um sich vor Schaden zu bewahren (BGE *108* III 118). Dritte, welche an Arrestgegenständen eigene, dem Deckungsanspruch des Arrestgläubigers vorgehende Rechte geltend machen, müssen diese rechtzeitig anmelden (dazu unten N. 78 f.).

V.   *Der Rechtsschutz gegen den Arrest*

1.   Überblick

Der Arrestbehl ergeht ohne Ankündigung. Deshalb erfahren   63
die Betroffenen (der Schuldner und Dritte) normalerweise erst anlässlich des Vollzuges davon. Doch dann stehen ihnen folgende Mittel zur
Wahrung ihrer Rechte zur Verfügung:
- die *Einsprache* gegen den Arrestbefehl sowie die *Weiterziehung* des
  Einspracheentscheides (SchKG 278);
- die betreibungsrechtliche *Beschwerde* gegen den Arrestvollzug;
- dem Dritten zudem das *Widerspruchsverfahren* nach SchKG 106 ff.
  (SchKG 275);
- die *Arrest-Schadenersatzklage* (SchKG 273).

2.   Die Einsprache gegen den Arrestbefehl

a)   Funktion und Legitimation

Die Einsprache soll den vom Arrest Betroffenen nachträglich   64
rechtliches Gehör verschaffen. Sie gibt ihnen nun Gelegenheit, zur Frage
der Arrestbewilligung Stellung zu nehmen, diese ihrerseits wieder auf-
zugreifen und so dem Richter *Wiedererwägung* zu beantragen.

Legitimiert zur Einsprache ist, wer durch den Arrest «in seinen Rech-   65
ten betroffen ist» (SchKG 278 I). Das können sein: in erster Linie der
Arrestschuldner, dann *Drittansprecher, Drittverwahrer* von Arrestgegenständen (für den Schuldner oder für einen Vierten) sowie *Drittschuldner.*

Nicht legitimiert wäre dagegen der *Arrestgläubiger,* dessen Arrestbe-   66
gehren der Richter ganz oder teilweise abgewiesen oder nur gegen (als
zu hoch empfundene) Kaution bewilligt hat; er ist auf kantonale Rechtsmittel beschränkt.

Mit der Einsprache werden *nachträglich* die Voraussetzungen des   67
Verfahrens und insbesondere des Arrestes an sich bestritten. Dementsprechend dürfen sämtliche Einwände vorgebracht werden, die gegen
die Arrestbewilligung sprechen. Im einzelnen können in Frage kommen:
- fehlende *Prozessvoraussetzungen, Nichtigkeit* des Arrestes; obwohl   68
  Nichtigkeitsgründe von Amtes wegen berücksichtigt werden müssen,
  ist es sinnvoll, sie in der Einsprache darzulegen: der Arrestrichter
  erhält so meist erst die notwendigen Hinweise;

- *Unglaubhaftigkeit der vorgebrachten Arrestvoraussetzungen* (Forderung, Arrestgrund, Arrestgegenstand des Schuldners);
- Einrede der *Pfandsicherheit;*
- *Bestreitung neuen Vermögens,* sofern die Arrestforderung auf einem Konkursverlustschein beruht;
- mit der Einsprache kann ferner gerügt werden, der Arrestrichter habe vom Gläubiger keine oder eine zu geringe *Kaution* verlangt (SchKG 273);
- auch *völkerrechtliche* Einwände gegen den Arrest dürfen vorgebracht werden.

b) *Verfahren, Wirkungen und Entscheid*

69 Die Einsprache ist (mündlich oder schriftlich) beim *Arrestrichter* zu erheben, und zwar binnen der (wiederherstellbaren bzw. verlängerbaren) Frist von 10 Tagen nach Kenntnisnahme seiner Anordnung (SchKG 278 I). Das wird regelmässig im Zeitpunkt der Zustellung der Arresturkunde oder der allfälligen Benachrichtigung eines Dritten sein (SchKG 276 II, oben N. 52).

70 Die Einsprache hat *keine aufschiebende Wirkung;* der Arrest bleibt also bis zu ihrer Erledigung bestehen (SchKG 278 IV). Immerhin laufen während des Einspracheverfahrens die *Prosekutionsfristen* nicht (SchKG 278 V).

71 Der Arrestrichter gibt den Beteiligten – dem Arrestgläubiger, aber unter Umständen auch dem Betreibungsamt – Gelegenheit zur *Stellungnahme* (SchKG 278 II). Da es sich im Kern um Wiedererwägung der Arrestbewilligung handelt, können auch *neue Tatsachen* (nova) vorgebracht werden; nötigenfalls kann der Arrestgläubiger sogar einen anderen Arrestgrund anrufen. Doch muss der Einsprecher zu den nova selbstverständlich seinerseits Stellung nehmen können.

72 Der Arrestrichter entscheidet über die Einsprache – wiederum aufgrund *summarischer* Kognition – ohne Verzug (SchKG 278 II). Bei fehlender Legitimation wird er darauf nicht eintreten. Erscheint ihm nach wie vor *wahrscheinlich,* dass die Arrestvoraussetzungen erfüllt sind, weist er die Einsprache ab und bestätigt den Arrest. Andernfalls wird die Einsprache gutgeheissen und der Arrest aufgehoben oder modifiziert (z. B. durch Freigabe einzelner Arrestgegenstände oder Erhöhung der Kaution des Gläubigers).

73 Die *Kosten* der Einsprache (Spruchgebühren, Auslagen, Parteientschädigung) bestimmen sich nach GebV 48 und 62.

c)   *Weiterziehung des Einspracheentscheides*

Der Einspracheentscheid kann binnen 10 Tagen an ein oberes   74
Gericht weitergezogen werden (SchKG 278 III). Wie schon der
Einsprache kommt auch dieser Weiterziehung *kein Suspensiveffekt* zu
(SchKG 278 IV); sie hemmt aber ebenfalls den Lauf der *Prosekutionsfristen* (SchKG 278 V). Im übrigen gilt auch für das Weiterziehungsverfahren das zur Einsprache Gesagte; es geht nach wie vor um die Glaubhaftigkeit der Arrestvoraussetzungen. Ausserdem dürfen auch hier *neue
Tatsachen* vorgetragen werden. Wo bundesrechtliche Verfahrensvorschriften fehlen, ist kantonales Prozessrecht anzuwenden. Für die Kosten gelten GebV 61 und 62.

Der Entscheid über die Weiterziehung stellt einen letztinstanzlichen   75
kantonalen Endentscheid dar, gegen den *staatsrechtliche Beschwerde*
ans Bundesgericht erhoben werden kann.

3.   Die Beschwerde gegen den Arrestvollzug

Mit der Beschwerde (SchKG 17 ff.) werden *Fehler des Betrei-*   76
bungsamtes beim Arrestvollzug geltend gemacht. Die Gültigkeit des
Arrestbefehls hingegen haben die Aufsichtsbehörden – ausser es läge
Nichtigkeit vor – nicht zu überprüfen (N. 49 oben).

Grund zur Beschwerde bietet z. B.:
– *ein nichtiger* Arrestvollzug, sei es dass schon der Arrestbefehl nichtig oder das Betreibungsamt nicht zuständig war, oder wegen Arrestierung eines im Arrestbefehl nicht
  genannten Gegenstandes (oben N. 50);
– *ein anfechtbarer* Arrestvollzug, wie die Arrestierung eines unpfändbaren Vermögensstücks, der Entscheid des Betreibungsamtes über die Art und Angemessenheit der
  Sicherheit, die der Schuldner zu leisten hat, um sich das Verfügungsrecht über die
  Arrestgegenstände zu bewahren. (SchKG 277, oben N. 48; s. dazu BGE *108* III 101).

Beschwerde führen kann jedermann, der durch eine Verfügung des   77
Betreibungsamts beschwert wird, insbesondere also auch ein Dritter.

4.   Das Widerspruchsverfahren

Gleich wie nach einer Pfändung verlangt die Praxis auch beim   78
Arrest, dass das Widerspruchsverfahren eingeleitet wird, sobald ein
Dritter am Arrestgegenstand Rechte geltend macht, vor denen der
Vollstreckungsanspruch des Gläubigers zurücktreten müsste. Schon
vorher hat der Dritte allerdings die Möglichkeit, sich mit *Einsprache*
gegen den Arrestbefehl oder mit *Beschwerde* gegen den Arrestvollzug

für sein Recht einzusetzen (oben N. 65 und 77). Hat er damit Erfolg, erübrigt sich das anspruchsvollere Widerspruchsverfahren. Gelingt es ihm aber nicht, die von ihm beanspruchten Gegenstände auf diesem Wege freizubekommen – oder hat er überhaupt hievon abgesehen –, so dass *Arrestbefehl und Vollzug rechtskräftig* geworden sind, ist er auf die Durchführung des Widerspruchsverfahrens angewiesen.

79   Damit dürfte er aber nicht zuwarten, bis es im Rahmen der Prosekutionsbetreibung dann tatsächlich zur Pfändung der strittigen Gegenstände kommt (BGE *104* III 43 ff.). Ist der Arrest einmal rechtskräftig verfügt und vollzogen, muss sich der Drittansprecher *binnen angemessener Frist* melden; denn – wie bei der Pfändung – wird auch hier im Falle offensichtlich rechtsmissbräuchlicher Verzögerung der Anmeldung *Verwirkung* des Widerspruchsrechts angenommen (s. § 24 N. 23 ff.; BGE *114* III 92 ff., *112* III 62). Immerhin darf der Dritte den Ausgang einer Arresteinsprache bzw. einer Weiterziehung oder den Ausgang einer Beschwerde gegen den Arrestvollzug abwarten.

5.   Die Arrest-Schadenersatzklage

a)   Die Haftung des Arrestgläubigers

80   Mit der Schadenersatzklage macht der *Schuldner oder ein Dritter* die gesetzliche Haftung des Gläubigers nach SchKG 273 I für den Schaden geltend, den dieser durch einen *ungerechtfertigten Arrest* verursacht hat (BGE *115* III 125 ff.): beispielsweise eine Kreditschädigung oder vermögensrechtliche Nachteile zufolge behinderter Verfügungsmacht (BGE *93* I 284). *Berechnung des Schadens sowie Bemessung der Ersatzpflicht* richten sich nach OR.

81   Nicht gerechtfertigt ist ein Arrest, wenn keine eintreibbare Forderung oder kein Arrestgrund besteht. Erfolgreiche Abwehr des Arrests belegt dessen Widerrechtlichkeit.

82   Der *Arrestgläubiger haftet kausal,* also auch ohne Verschulden. Dem Geschädigten steht es jedoch frei, bei Vorliegen der Voraussetzungen von OR 41 ff. ausser Schadenersatz auch Genugtuung zu verlangen.

83   Im Hinblick auf seine Schadenersatzpflicht darf der Gläubiger zu *Sicherheitsleistung* verhalten werden (SchKG 273 I Satz 2; oben N. 41). Dies kann schon im Arrestbefehl geschehen (SchKG 274 II Z. 5); dann ist der Vollzug von deren Leistung abhängig. Die Sicherheit kann aber auch erst nachträglich verfügt oder allenfalls noch erhöht werden (BGE *112* III 112, *113* III 94).

Der Schadenersatzanspruch verjährt – analog OR 60 – nach einem   84
Jahr seit Feststehen der Rechtswidrigkeit des Arrestes und Kenntnis
vom Schaden (BGE *64* III 111); absolut tritt die Verjährung nach 10
Jahren ein. Solange der Arrest noch hängig ist, laufen diese Fristen
nicht.

b)   *Der Schadenersatzprozess*

Zuständig ist – nach Wahl des Klägers – der Richter am Wohn-   85
sitz des Beklagten oder am Arrestort (SchKG 273 II). Die Klage wird –
weil sie eine materiellrechtliche Streitigkeit betrifft – im *ordentlichen
Zivilprozess* beurteilt. Der Schadenersatzanspruch kann aber auch ein-
rede- oder widerklageweise geltend gemacht werden, insbesondere gegen die Arrestprosekutionsklage (SchKG 279). Bei genügendem Streitwert ist gegen das letztinstanzliche kantonale Urteil die Berufung ans
Bundesgericht gegeben.

Der Kläger trägt die *Beweislast* für den Schaden, die Widerrechtlich-   86
keit und den Kausalzusammenhang zwischen Arrest und Schaden. Wird
seine Klage gutgeheissen, so verfällt ihm die vom beklagten Arrestgläubiger geleistete Sicherheit bis zur Höhe des zugesprochenen Schadener-
satzes samt Kosten.

VI.   *Die Arrestprosekution*

1.   Zweck und Wesen der Prosekution

Dem vorsorglichen Charakter des Arrestes entsprechend   87
muss der Gläubiger seine Forderung binnen bestimmter Fristen auf dem
Vollstreckungsweg verfolgen; er darf es nicht einfach beim Sicherungs-
beschlag bewenden lassen. Im Rahmen dieser Arrestprosekution soll
der Arrestschuldner auch Gelegenheit erhalten, sich gegen die bis dahin
nur – im summarischen Verfahren – glaubhaft gemachte und deshalb
noch ungewisse Forderung *voll zu verteidigen.*

2.   Prosekutionswege und Fristen

Der Arrestgläubiger kann – und muss –, will er den Si-   88
cherungsbeschlag nicht verlieren, entweder *mit Klage und anschliessen-
der Betreibung oder direkt mit Betreibung* gegen den Schuldner vorge-

hen (SchKG 279 I; BGE *121* III 184). Und zwar muss dieses nunmehr
auf Vollstreckung gerichtete Verfahren *jeweils binnen 10 Tagen* eingeleitet und weitergeführt werden, wann immer dessen Fortgang von der
Initiative des Gläubigers abhängt und sobald dieser verfahrensrechtlich
zum nächsten Schritt in der Lage ist. Eine verpasste Prosekutionsfrist
wäre aber – obwohl Verwirkungsfrist – *wiederherstellbar.*

89 Die Frist zum ersten Schritt beginnt mit der *Zustellung der Arresturkunde;* während eines Einsprache- und Weiterziehungsverfahrens laufen die Prosekutionsfristen jedoch nicht (SchKG 279 I und 278 V). Erst
ein rechtskräftiger Arrest bedarf der Prosekution.

90 Das muss auch während eines gegen den Arrestvollzug gerichteten Beschwerdeverfahrens gelten, sonst müsste u. U. ein noch unsicherer Arrest prosequiert werden (BGE *108*
III 36 ff.).

91 *Unterbleibt die anhaltende Prosekution,* fällt der Arrest ohne weiteres
dahin (SchKG 280 Z. 1 und 2). Der Schuldner kann jederzeit verlangen,
dass ihm das Betreibungsamt den Wegfall des Arrestes bescheinige
(BGE *93* III 72, *106* III 92).

3. Die Prosekutionshandlungen im einzelnen

a) Prosekution auf dem Betreibungswege

92 – Binnen 10 Tagen seit Zustellung der Arresturkunde muss das *Betreibungsbegehren* gestellt sein (SchKG 279 I); hatte jedoch der Gläubiger schon vor der Bewilligung des Arrestes gegen den Schuldner
Betreibung eingeleitet, so gilt diese eo ipso als Prosekutionsbetreibung (arg. ex SchKG 279 I). Das trifft auch zu, wo der Arrest auf
einem provisorischen Verlustschein beruht.

Liegt dem Arrest ein definitiver Verlustschein zugrunde, so kann der Gläubiger direkt
das Fortsetzungsbegehren stellen, falls die 6-monatige Frist (SchKG 149 III) noch nicht
abgelaufen ist.

93 – Erklärt der Schuldner in der Prosekutionsbetreibung *Rechtsvorschlag,* so muss der Gläubiger binnen 10 Tagen seit dessen Mitteilung
Rechtsöffnung verlangen oder die *Klage auf Anerkennung* seiner Forderung *einreichen* (SchKG 279 II); wird ihm die Rechtsöffnung verweigert, muss er wiederum binnen 10 Tagen nach Eröffnung des
rechtskräftigen Entscheides klagen (SchKG 279 II Satz 2). Rechtskräftige Abweisung der Klage bewirkt – gleich wie auch der Rückzug
der Betreibung – den Hinfall des Arrests (SchKG 280 Z. 2 und 3).

Ist für die Klage ein *Schiedsgericht* zuständig, muss der Gläubiger binnen 10 Tagen die ersten Schritte zur Bestellung der Schiedsrichter unternehmen und, nach Bestellung des Schiedsgerichts, binnen abermals 10 Tagen die Klage einreichen (BGE *101* III 58, *112* III 123 ff.).

– Wurde kein Rechtsvorschlag erhoben oder sind dessen Wirkungen   94
rechtskräftig beseitigt worden, muss die Prosekutionsbetreibung noch *fortgesetzt* werden (SchKG 279 III). Dies geschieht, je nach der Person des Schuldners, auf dem Wege der Pfändung oder des Konkurses (SchKG 279 III Satz 2). Die Arrestgegenstände werden dann gepfändet oder in das Güterverzeichnis oder das Konkursinventar aufgenommen. Das Provisorium des Sicherungsbeschlags ist damit beendet; der Arrest hat seinen Zweck erreicht, an seine Stelle tritt der Pfändungs- der Konkursbeschlag.

Für das *Fortsetzungsbegehren* gelten an sich die ordentlichen Fristen   95
gemäss SchKG 88; doch muss der Gläubiger die 10-tägige Frist einhalten, wenn er den *Arrestbeschlag* (und damit gegebenenfalls auch eine provisorische Anschlusspfändung, oben N. 57 f.) aufrechterhalten will.

– Ausnahmsweise muss der Arrest zunächst durch *Pfandverwertungsbetreibung* prose-   96
quiert werden, wenn er – wegen ungenügender Pfanddeckung – für eine pfandgesicherte Forderung bewilligt wurde. Erst gestützt auf den Pfandausfallschein kann dann eine ordentliche Betreibung in Frage kommen (BGE *53* III 19).

b)   *Prosekution mit gerichtlicher Klage*

– Wie die Betreibung muss auch die Klage binnen der Prosekutionsfrist   97
anhängig gemacht werden und gilt eine bereits hängige Klage als Prosekutionsklage (SchKG 279 I). Für den Fall eines Schiedsgerichts siehe oben N. 93.

– Wird die Klage gutgeheissen, muss der Gläubiger binnen 10 Tagen seit   98
Eröffnung des rechtskräftigen Urteils die Prosekutionsbetreibung anheben und jeweils nach SchKG 279 II und III rechtzeitig weiterführen (SchKG 279 IV). Rechtskräftige Abweisung der Klage wie auch Rückzug derselben lässt den Arrest dahinfallen ((SchKG 280 Z. 2 und 3).

4.   Der Prosekutionsort

a)   *Für die Prosekutionsbetreibung*

Der Gläubiger hat die Wahl, den Schuldner am *Arrestort* oder   99
(wo ein solcher vorhanden ist) am *ordentlichen Betreibungsort* zu betrei-

ben (SchKG 52). Doch ist am Arrestort die Vollstreckung auf die Arrestgegenstände beschränkt; die Pfändung weiteren Vermögens (Ergän-
zungs- oder Nachpfändung) sowie die Konkursbetreibung sind dort ausgeschlossen – es sei denn, der Arrestort stimme zufälligerweise mit dem
ordentlichen Betreibungsort überein (§ 10 N. 31 f.).

100   Auch im Bereich des *LugÜ* ist Betreibung am Arrestort zulässig
(BGE *120* III 92): der Vorbehalt in LugÜ 3 (Ausschluss des *forum
arresti*) betrifft nämlich nur die Prosekutionsklage (s. den klaren Wortlaut von IPRG 4, auf den das LugÜ verweist).

> Demzufolge müssen auch nach LugÜ alle Betreibungshandlungen am Arrestort zuläs-
> sig sein, also auch die Rechtsöffnung; denn sie ist ebenfalls reine Betreibungshandlung
> (§§ 11 N. 41, 19 N. 22; die Frage wurde im erwähnten Bundesgerichtsentscheid offengelas-
> sen). Andernfalls würde die Lage des Gläubigers unnötig erschwert – was dem Zweck des
> LugÜ entgegenliefe.

b)   *Für die Prosekutionsklage*

101   Die Kantone können für die Arrestprosekutionsklage im Rahmen von BV 59 den *Arrestort als Gerichtsstand* bestimmen (BGE *96* I
147; ZPO 25 II); sonst gilt der ordentliche Gerichtsstand des Sitzes oder
Wohnsitzes des Beklagten. Die Klage am Arrestort kann jedoch – jedenfalls nach Bundesrecht – ausschliesslich die Arrestforderung zum Gegenstand haben (BGE *110* III 98).

102   Im *internationalen Verhältnis* hingegen sind das IPRG und einschlägige Staatsverträge zu beachten:
– IPRG 4, der den Arrestort nur als subsidiären Gerichtsstand vorsieht
   (d. h. für den Fall, dass in der Schweiz kein anderer Gerichtsstand
   gegeben ist).
– LugÜ 3, der den Arrestort als Gerichtsstand sogar schlechthin ausschliesst (siehe oben N. 100).

§ 52   Die paulianische Anfechtung

I.   Funktion und Rechtsnatur

1   Die paulianische Anfechtung ergänzt den Arrest in seiner
Gläubigerschutzfunktion. Während der rasche Zugriff des Arrestes die
Sicherstellung *noch vorhandenen* Schuldnervermögens ermöglicht,
dient die Anfechtung dazu, der Vollstreckung *entzogene Vermögenswer-*

te dieser wieder zuzuführen (SchKG 285 I). Es geht also darum, einen früheren Vermögensstand des Schuldners wiederherzustellen. Die französische Bezeichnung *«révocation»* drückt das klar aus.

Die Anfechtung zielt demnach auf die *Wiederbeschaffung entäusserter Vermögenswerte* zur Befriedigung der Gläubiger: die Wiederherstellung ihrer Exekutionsrechte. Sie beseitigt aber nicht etwa die zivilrechtlichen Wirkungen der angefochtenen Handlung, sondern macht diese nur insoweit *betreibungsrechtlich unbeachtlich,* als die Gläubiger einen Verlust erlitten haben oder sehr wahrscheinlich noch erleiden werden. 2

In diesem Sinne ist die Anfechtung ein *subsidiärer* Behelf des Betreibungsrechts. Die gesetzliche Regelung der Aktivlegitimation in SchKG 285 II bringt deutlich zum Ausdruck, dass sie erst in Betracht zu ziehen ist, wenn mit an Sicherheit grenzender Wahrscheinlichkeit feststeht, dass das vorhandene Schuldnervermögen zur Befriedigung der Gläubiger nicht ausreichen wird. Darin zeigt sich der funktionell-betreibungsrechtliche Zusammenhang zwischen Anfechtung und Exekution. 3

Pro memoria sei hier noch auf die (nicht-paulianische) Anfechtung einer fraudulösen Verrechnung im Konkurs oder im Nachlassverfahren nach SchKG 114 und 297 IV hingewiesen (§ 40 N. 54 f.). 4

II.   *Die Anfechtungstatbestände*

1.   **Voraussetzungen und Arten im allgemeinen**

Gegenstand einer Anfechtung können grundsätzlich nur *vermögensmindernde Rechtshandlungen* sein, die der Schuldner selber – oder ein von ihm bestellter Vertreter (BGE *95* III 86) – *vor der Pfändung* oder *vor der Konkurseröffnung* vorgenommen hat, in einem Zeitpunkt also, in dem er an sich über sein Vermögen noch frei verfügen konnte (SchKG 286–288). Denn über bereits dem Pfändungs- oder Konkursbeschlag unterworfene Vermögenswerte könnte er überhaupt nicht mehr rechtsgültig verfügen, so dass eine Schmälerung der Exekutionsrechte von vornherein ausgeschlossen ist (§§ 22 N. 67 ff., 41 N. 7 ff.). 5

Aber nicht jede Vermögensverminderung vor einer Exekution ist anfechtbar. Vielmehr muss die Rechtshandlung in einer Zeitspanne erfolgt sein, in der *Verdacht besteht,* der Schuldner habe – den finanziellen Zusammenbruch voraussehend oder zumindest ahnend – seine Gläubi- 6 ger schädigen oder einzelne von ihnen begünstigen wollen. Diese im Interesse der Rechtssicherheit begrenzte Frist wird treffend *«Verdachtsfrist»* oder *«période suspecte»* genannt: sie umfasst den Zeitraum eines Jahres vor der Pfändung bzw. vor der Konkurseröffnung oder vor der Bewilligung einer Nachlassstundung (SchKG 286 und 287, 331 II); im Falle fraudulöser Konspiration greift sie sogar 5 Jahre in die Vergangenheit zurück (SchKG 288).

Um Missbrauch auszuschliessen, werden diese Fristen um die Dauer eines Nachlassverfahrens, eines Konkursaufschubs, einer Notstundung und eines Rechtsstillstandes verlängert; nicht mitgerechnet wird ferner im Falle der Liquidation einer Erbschaft die Zeit zwischen dem Todestag und der Anordnung der Liquidation sowie die Dauer der vorausgegangenen Betreibung (SchKG 288 a und 343 II). So kann der Schuldner nicht einfach durch Ausnützung der ihm zustehenden Rechtsbehelfe den Betreibungsweg verzögern und damit willkürlich den Ablauf der Verdachtsfrist herbeiführen.

7   Der *Vertrauensschutz Dritter* im Geschäftsverkehr verlangt eine klare Umschreibung der anfechtbaren Tatbestände im Gesetz; jedermann soll im voraus wissen, wann und wo er gegebenenfalls die Anfechtung gewärtigen muss. Drei Tatbestandsgruppen sind zu unterscheiden:
– Erstens *Freigebigkeitsakte* des Schuldners verschiedenster Art; man nennt ihre Anfechtung die *Schenkungsanfechtung* (SchKG 286).
– Zweitens *Handlungen eines bereits überschuldeten Schuldners* zugunsten einzelner Gläubiger; sie bilden Gegenstand der sogenannten *Überschuldungs-* oder *Begünstigungsanfechtung,* gelegentlich auch Deckungsanfechtung genannt, weil es sich durchwegs um Fälle aussergewöhnlicher Forderungsdeckung handelt (SchKG 287).
– Drittens ganz allgemein *unredliche Handlungen* des Schuldners, mit denen er beabsichtigt, seine Gläubiger zu benachteiligen oder einzelne zum Nachteil anderer zu begünstigen; man spricht hier von *Absichts- oder Deliktsanfechtung* (SchKG 288).

8   Die Absichtsanfechtung ist aus der *«actio Pauliana»* des römischen Rechts hervorgegangen. Sie trägt diesen Namen nach ihrem Schöpfer, dem römischen Prätor Lucius Aemilius Paulus, der sie in Anwendung des *ius aequum* gewährte. Heute wird die Anfechtungsklage allgemein als «Pauliana» bezeichnet, und man unterscheidet, der oben erwähnten Gruppierung entsprechend, die Schenkungs-, die Überschuldungs- und die Absichtsbzw. Deliktspauliana.

9   Diese Einteilung der Anfechtungstatbestände hat auch praktische Bedeutung, weil die Anforderungen der Anfechtungsmöglichkeit von Gruppe zu Gruppe steigen.

10   Unter Umständen kann eine anfechtbare Handlung sogar einen *Straftatbestand* erfüllen, wenn es zur Konkurseröffnung, zur Ausstellung von Verlustscheinen oder zu einem gerichtlichen Nachlassvertrag kommt (StGB 163, 164 und 167). Mit der Annahme von

Strafbarkeit ist jedoch Zurückhaltung geboten: Nicht alles Anfechtbare ist auch schon ohne weiteres strafbar; vielmehr muss ein krasser Nachteil für die Gläubiger bzw. eine krasse Ungleichheit zwischen ihnen geschaffen worden sein (BGE *117* IV 25).

2. Die Schenkungspauliana

Mit der Schenkungspauliana können bereits *vollzogene* 11 *Schenkungen* im Sinne des Zivilrechts sowie andere unentgeltliche Verfügungen des Schuldners angefochten werden (SchKG 286 I). Noch nicht vollzogene Schenkungen bedürfen der Anfechtung nicht; denn die Ausstellung eines Verlustscheins oder die Konkurseröffnung hebt jedes Schenkungsversprechen von Gesetzes wegen auf (OR 250 II).

Auch *gemischte Schenkungen,* bei denen die vom Schuldner empfan- 12 gene Gegenleistung zu seiner eigenen Leistung in einem Missverhältnis steht, unterliegen der Anfechtung; die Klage lautet dann auf Erstattung des Wertunterschiedes (SchKG 286 II Z. 1; BGE *95* III 51/58).

Von der Anfechtung ausgenommen sind die gebräuchlichen Gelegenheitsgeschenke, 13 wie Hochzeits-, Geburtstags-, Paten- und ähnliche Geschenke (SchKG 286 I). Nicht nur der Anlass zu schenken muss aber gebräuchlich sein, sondern auch das Mass der Schenkung, was nach den Vermögensverhältnissen des Schuldners zu beurteilen ist.

Den Schenkungen stellt das Gesetz Rechtsgeschäfte gleich, mit de- 14 nen der Schuldner für sich selbst oder für einen Dritten eine *Leibrente,* eine *Pfrund,* eine *Nutzniessung* oder ein *Wohnrecht* erworben hat (SchKG 286 II Z. 2). Diese Tatbestände haben allerdings mit einer Schenkung nichts mehr zu tun, wenn der Schuldner selber der künftige Leistungsempfänger ist, doch soll das Vermögen auch nicht durch solche Selbstbegünstigung zum Nachteil der Gläubiger vermindert werden.

Alle diese Rechtsgeschäfte sind nach SchKG 286 immer nur dann 15 anfechtbar, wenn sie der Schuldner während der einjährigen *Verdachtsfrist* vorgenommen hat. Allein diesen *objektiven Tatbestand* hat der Anfechtungskläger zu beweisen. Auf die subjektiven Beweggründe der Beteiligten kommt es nicht an. Darum wird auch bei einer gemischten Schenkung weder die Absicht unentgeltlicher Zuwendung noch die Erkennbarkeit des Missverhältnisses zwischen Leistung und Gegenleistung verlangt (BGE *53* III 38). Sind die objektiven Voraussetzungen der Schenkungspauliana nicht erfüllt, kann nur noch eine andere, an strengere Voraussetzungen geknüpfte Anfechtung in Frage kommen: die Überschuldungs- oder die Deliktspauliana (BGE *95* III 47).

Ob der Schuldner im Zeitpunkt des Schenkungsaktes bereits zahlungsunfähig oder gar überschuldet war, ist unerheblich. Das Gesetz geht einfach von der unwiderlegbaren

Vermutung aus, dass ein derartiges Rechtsgeschäft den kurz darauf folgenden finanziellen Zusammenbruch des Schuldners zumindest mitverursacht hat.

3. Die Überschuldungspauliana

16   Die Überschuldungspauliana trifft bestimmte Rechtshandlungen, mit denen ein *überschuldeter Schuldner* einzelne Gläubiger bevorzugt hat. Die *Begünstigung* besteht regelmässig darin, dass ein Gläubiger vom Schuldner eine Sicherheit oder sogar Befriedigung erhält («Deckung» im weitesten Sinne), auf die er überhaupt nicht oder nicht in der gewählten Art oder doch nicht zu der betreffenden Zeit Anspruch hatte (sog. «inkongruente Deckung», BGE *117* IV 25).

Das Gesetz formuliert folgende Tatbestände:

17   – *Nachträgliche Bestellung einer Sicherheit* für eine bestehende Verbindlichkeit des Schuldners, die sicherzustellen er nicht schon früher rechtlich verpflichtet war (SchKG 287 I Z. 1). Darunter fällt insbesondere die nachträgliche Bestellung eines Pfandrechtes, aber auch jedes andere Rechtsgeschäft, dem wirtschaftlich betrachtet Sicherungsfunktion zukommt (z. B. eine Sicherungszession oder eine Sicherungsübereignung).

   Rechtliche Verpflichtung zur Sicherstellung aber schliesst diese Anfechtung aus (dann kann höchstens noch die Deliktspauliana nach SchKG 288 in Frage kommen); ebenso die Sicherstellung einer *fremden* Schuld, die aber, wenn sie ohne entsprechende Gegenleistung und ohne Verpflichtung erfolgte, gegebenenfalls gestützt auf SchKG 286 mit der Schenkungspauliana angefochten werden kann (BGE *95* III 47).

18   – *Tilgung einer Geldschuld auf ungewohnte Weise,* nämlich nicht mit Bargeld oder mit anderen üblichen Zahlungsmitteln (z. B. Check), sondern beispielsweise durch Hingabe einer Sache, Abtretung einer Forderung an Zahlungs statt oder durch Übernahme einer Forderung gegen den Gläubiger, um diesem die Verrechnung zu ermöglichen (SchKG 287 I Z. 2). Was orts- und branchenüblich ist, muss jedoch als «übliches Zahlungsmittel» anerkannt werden (so gegebenenfalls auch ein Wechsel; s. im übrigen BGE *85* III 199 ff.).

19   – *Bezahlung einer noch nicht fälligen Schuld* (SchKG 287 I Z. 3).

20   Wie die Schenkungspauliana setzt auch die Überschuldungspauliana voraus, dass der Schuldner die anfechtbare Handlung innerhalb der einjährigen *«période suspecte»* vorgenommen hat. Ausserdem muss er aber hier – im Gegensatz zu den Tatbeständen von SchKG 286 – zu dieser Zeit *effektiv überschuldet* gewesen sein; seine Passiven müssen also seine Aktiven schon damals überstiegen haben.

Diese objektiven Tatbestandselemente hat der Anfechtende zu bewei-   21
sen. Anders als bei der Schenkungspauliana steht nun aber dem Begünstigten eine *Entlastungsmöglichkeit* offen. Er wird zum Nachweis zugelassen, dass er die kritische Vermögenslage des Schuldners, seine Überschuldung, nicht gekannt hat und – bei der im Geschäftsverkehr üblichen
Sorgfalt – auch nicht hat erkennen können. Gelingt ihm dieser Beweis, ist
die gegenteilige Vermutung (Kenntnis der Überschuldung) widerlegt
und die Überschuldungsanfechtung ausgeschlossen (SchKG 287 II).
Dann kann höchstens noch die Deliktspauliana in Frage kommen.

Diesen schwierigen Entlastungsbeweis braucht der Begünstigte aber erst zu führen,
wenn es dem Anfechtenden gelungen ist, den oft ebenso schwierigen Nachweis der Überschuldung im Zeitpunkt der Handlung zu erbringen.

4.   Die Deliktspauliana

Am ausgedehntesten – sachlich und zeitlich – ist der *objektive*   22
Tatbestand der Absichts- oder Deliktspauliana. Nur ist diese Anfechtung
dann auch an erschwerte Voraussetzungen gebunden und deshalb am
schwierigsten durchzusetzen. Das Gesetz begnügt sich mit einer sehr allgemeinen Umschreibung: danach sind *«alle Rechtshandlungen»* anfechtbar, welche der Schuldner innerhalb der letzten 5 Jahre vor der Pfändung
oder der Konkurseröffnung in der dem anderen Teil erkennbaren Absicht vorgenommen hat, seine Gläubiger zu benachteiligen oder einzelne
von ihnen zum Nachteil anderer zu begünstigen (SchKG 288).

Das hervorstechende Merkmal dieses Anfechtungstatbestandes liegt   23
in der *Benachteiligungs-* bzw. *Begünstigungsabsicht* des Schuldners. Dabei genügt schon, dass sich dieser über die schädigende Folge seines
Handelns hat Rechenschaft geben müssen oder können; auch *dolus
eventualis* kann in Frage kommen, womit der Schuldner zwar einen
anderen, durchaus legitimen Zweck verfolgt, gleichzeitig aber eine
Schädigung der Gläubiger in Kauf nimmt (BGE *83* III 85).

Doch selbst solch doloses Handeln des Schuldners ist nur anfechtbar,   24
wenn die «böse Absicht» für den Begünstigten *erkennbar* war. Dieser
muss nicht unbedingt positiv davon gewusst haben, d. h. selber auch
bösgläubig gewesen sein; es genügt, wenn er bei Anwendung der gebotenen Sorgfalt hätte erkennen können und müssen, was der Schuldner
im Schilde führte (BGE *83* III 86). Dem Vertragspartner wird damit
eine gewisse *Erkundigungspflicht* auferlegt; sie geht allerdings nie so
weit, dass sie die normale Geschäftsabwicklung behindern würde (BGE
99 III 89).

25   Bei der Deliktspauliana obliegt es dem Anfechtenden, sämtliche Tatbestandselemente – die objektiven und die subjektiven – nachzuweisen:
die vermögensschädigende Rechtshandlung des Schuldners (BGE *101*
III 94), ihre Vornahme in der Verdachtsperiode, die Schädigungsabsicht
des Schuldners und deren Erkennbarkeit für den Vertragspartner (BGE
99 III 89). Nichts wird hier also zum Nachteil des Gegners vermutet.

26   Zur Deliktspauliana wird man regelmässig erst greifen, wenn die
leichteren Anfechtungsmöglichkeiten versagen, insbesondere weil die
angefochtene Handlung schon mehr als ein Jahr zurückliegt oder weil
kein typisches Freigebigkeits- oder Deckungsgeschäft vorliegt.

Beispiele:
– Wenn der Schuldner vor über einem Jahr einen ursprünglich ungesicherten Kredit
  nachträglich sichergestellt hat (BGE *83* III 85);
– wenn er dem Darleiher vor länger als einem Jahr Sachen verkauft hat, damit dieser die
  Kaufpreisschuld mit seiner ungesicherten Darlehensforderung verrechnen kann (BGE
  89 III 14);
– wenn er sich zur späteren Sicherstellung einer Verbindlichkeit zwar schon von allem
  Anfang an verpflichtet hat, die einseitige Begünstigung durch das Sicherungsgeschäft
  aber schon damals erkennbar war (BGE *89* III 47).
– Selbst der Austausch gleichwertiger Leistungen schliesst die Anfechtbarkeit ausnahmsweise nicht aus, wenn die vom Schuldner empfangene Leistung in einer die Gläubiger
  schädigenden Weise verwendet wurde und diese Absicht dem Vertragspartner erkennbar war (BGE *101* III 94).
  Keinen Anfechtungsgrund bildet dagegen eine Vermögenszuteilung im Zuge eines
  Güterstandswechsels; der Gläubiger kann und soll seine Interessen gestützt auf ZGB 193
  wahrnehmen (BGE *111* III 43 betreffend alt ZGB 188).

III.   Die Geltendmachung der Anfechtung

1.   Klage oder Einrede

27   Anfechtungsansprüche werden regelmässig durch selbständige *Klage* (Anfechtungsklage) geltend gemacht. Man kann sie aber auch
in einem anderen betreibungsrechtlichen Prozess einem Kläger *einrede-
weise* entgegenhalten: so gegenüber einer vom Begünstigten erhobenen
Widerspruchs-, Aussonderungs- oder Kollokationsklage (BGE *95* III
47, *114* III 111) oder gegenüber der Klage eines Gläubigers auf Anerkennung seines privilegierten Pfändungsanschlusses. Sogar *zur Begründung einer Klage,* namentlich einer Widerspruchs- oder Kollokationsklage gegen den Begünstigten, kann die Einrede der Anfechtbarkeit
herangezogen werden, vorausgesetzt dass die Legitimation zur Anfechtung gegeben ist (BGE *107* III 121, *115* III 142 f.).

Beispiele:
– Erhebt der Begünstigte *Widerspruchs-* oder *Aussonderungsklage* (SchKG 107, 242 II),
  weil das betreffende Objekt gepfändet wurde oder infolge Gewahrsams des Schuldners
  in die Konkursmasse gefallen war, so kann die Freigabe wegen anfechtbaren Erwerbes
  verweigert werden.
– Erhebt er *Kollokationsklage,* weil er unter die pfandgesicherten Forderungen aufgenommen sein will, so ist ihm diese Kollokation wegen anfechtbarer Sicherstellung zu
  verweigern, sofern die betreffende Einrede erhoben wird (BGE *114* III 110); die
  Forderung wird alsdann im 3. Rang kolloziert. Wurde die Forderung an sich schon in
  anfechtbarer Weise begründet, so kann sie sogar ganz abgewiesen werden.
– Befand sich das gepfändete Objekt im Gewahrsam des begünstigten Dritten, so kann
  die *Widerspruchsklage* des Gläubigers (auf Aberkennung des Drittanspruchs, SchKG
  108) mit der Anfechtbarkeit des Erwerbes begründet werden. Dasselbe gilt für den Fall
  einer *Admassierungsklage* der Konkursverwaltung (SchKG 242 III.).

Sogar *ausserhalb eines gerichtlichen Verfahrens* kann die Anfechtung   28
angerufen werden, nämlich von der Konkursverwaltung oder – im Falle
eines Liquidationsvergleichs – von den Liquidatoren im Rahmen der
Feststellung der Aktiv- und der Passivmasse (SchKG 331 III, der für die
Anfechtung allgemein gilt). Das ist praktisch bedeutsam, wenn die Verwirkungsfrist nach SchKG 292 abzulaufen droht.

2.   Die Aktivlegitimation

Die Aktivlegitimation hängt davon ab, ob die Anfechtung   29
infolge eines Konkurses oder einer Spezialexekution geltend gemacht
wird.
– In einer *Spezialexekution* ist jeder Gläubiger legitimiert, der einen   30
  provisorischen oder einen definitiven Pfändungsverlustschein erhalten hat (SchKG 285 II Z. 1). Auf Grund eines provisorischen Verlustscheins kann eine Klage des Gläubigers allerdings nur in dem Sinne
  gutgeheissen werden, dass das Anfechtungsobjekt erst verwertet werden darf, wenn in der hängigen Betreibung ein endgültiger Verlustschein ausgestellt wird (BGE *115* III 141 f.).

In der Spezialexekution zeigt sich die Subsidiarität der Anfechtung deutlich: Der
Angriff auf Drittvermögen ist erst erlaubt, wenn *feststeht,* dass das Schuldnervermögen
zur Befriedigung der Pfändungsgläubiger nicht ausreicht.

– Im und nach einem *Konkurs* stehen die Anfechtungsansprüche der   31
  Masse zu (SchKG 200 und 269). Darum ist hier ausschliesslich die
  Konkursverwaltung namens der Masse zur Anfechtung befugt. Ein
  Konkursgläubiger kann es nur dann sein, wenn ihm dieses Recht nach
  SchKG 260 abgetreten worden ist (SchKG 285 II Z. 2). Die Anfech-
  tung ist hier aber schon von der Konkurseröffnung an zulässig, weil

bei jedem Konkurs die Vermutung besteht, dass die Gläubiger zu Verlust kommen werden (BGE *53* III 215).

32 – Im Falle eines *Liquidationsvergleichs* wird das Anfechtungsrecht von den Liquidatoren ausgeübt, sofern es nicht an einzelne Gläubiger abgetreten worden ist (SchKG 325).

3. Die Passivlegitimation (SchKG 290)

33 Sie trifft
- in erster Linie einmal denjenigen, der das anfechtbare Rechtsgeschäft mit dem Schuldner abgeschlossen hat oder von diesem in anfechtbarer Weise befriedigt worden ist: den *Vertragspartner des Schuldners* oder den von ihm *Begünstigten,*
- aber auch die *Rechtsnachfolger* dieser Personen:
  - deren Gesamtnachfolger (insbesondere ihre Erben), gleichgültig ob sie gut- oder bösgläubig sind,
  - sowie ihre Singularsukzessoren (Käufer, Zessionare), sofern sie bösgläubig sind; die Rechte gutgläubiger Einzelnachfolger des Begünstigten sind somit geschützt.

4. Die Anfechtungsfrist

34 Das Anfechtungsrecht ist befristet, und zwar auf 2 Jahre seit der Zustellung des Pfändungsverlustscheins oder der Konkurseröffnung oder (beim Liquidationsvergleich) seit der Bewilligung der Nachlassstundung; nach Ablauf dieser Fristen ist es *verwirkt* (SchKG 292 und 331).

35 Wird der Anfechtungsanspruch erst in einem *Nachkonkurs* geltend gemacht (SchKG 269; § 50 N. 5 ff.), so kann diese Verwirkungsfrist erst im Zeitpunkt der Wiederaufnahme des Verfahrens zu laufen beginnen.

5. Gerichtsstand, Streitwert und Prozessverfahren

36 *Örtlich* zuständig ist der Richter am (schweizerischen) Wohnsitz des Beklagten; bei ausländischem Wohnsitz kann in der Schweiz am Betreibungs- oder Konkursort geklagt werden (SchKG 289).

Da es sich bei der Anfechtungsklage um eine vollstreckungsrechtliche Streitsache handelt, gilt diese Regelung auch im Anwendungsbereich des LugÜ (§ 4 N. 55).

Dem vollstreckungsrechtlichen Zweck der Klage entsprechend be- 37
misst sich ihr *Streitwert* nach dem Betrag, den die erfolgreiche Anfechtung dem Kläger einbringen könnte. Das Ergebnis ist somit verschieden,
je nachdem ob im Zusammenhang mit einem Konkurs oder ausserhalb
eines solchen geklagt wird:
- Im *Konkurs* (wie auch im Rahmen eines *Liquidationsvergleichs*) ergibt die erfolgreiche Anfechtung meist den vollen Wert des durch die
  anfechtbare Handlung entzogenen Vermögensteils; denn die Generalexekution erfasst stets das gesamte Vermögen des Schuldners.
- In der *Pfändungsbetreibung* gilt als Streitwert entweder der Wert des
  entzogenen Vermögensteils oder der noch zu deckende kleinere Forderungsbetrag des Anfechtungsgläubigers (BGE *85* III 188).
Das *Prozessverfahren* richtet sich nach kantonalem Recht.   38

IV. Die Wirkungen der erfolgreichen Anfechtung

1. Grundsätzliches

Das Urteil im Anfechtungsprozess hat *ausschliesslich voll-* 39
streckungsrechtliche Wirkung. Der Richter entscheidet einzig darüber,
ob und inwieweit ein Vermögenswert den Gläubigern durch eine nach
SchKG 286–288 anfechtbare Handlung entzogen worden ist und deshalb
zur Vollstreckung herangezogen werden kann.

Nur die *Gutheissung* der Anfechtungsklage kann überhaupt irgend- 40
welche Wirkungen zeitigen. Sie ermöglicht das *vollstreckungsrechtliche*
Beschlagsrecht an den seinerzeit entäusserten oder aufgegebenen Ver-
mögensteilen und verschafft so den Anspruch auf amtliche Verwertung
derselben sowie auf Befriedigung aus dem Erlös (SchKG 285 I). Kurzum, das *Vollstreckungssubstrat wird wiederhergestellt,* so wie es sich
ohne die angefochtene Rechtshandlung dargeboten hätte. Die Wiederherstellung geht jedoch – ihrem vollstreckungsrechtlichen Zweck entsprechend – immer nur so weit, als die Befriedigung der beteiligten
Gläubiger es erfordert; das sind sämtliche Konkurs- bzw. Nachlassgläubiger oder – in der Spezialexekution – der anfechtende Pfändungsgläubiger.

Dies lässt sich am deutlichsten in der Spezialexekution erkennen, wenn der entzogene
Vermögenswert grösser ist als der Betrag, den die volle Befriedigung des klagenden
Pfändungsgläubigers erfordert: Ein Mehrwert verbleibt stets dem Dritten. Der Schuldner
aber erhält nichts zurück, ihm wird nichts «zurückgegeben» (SchKG 291).

41   Das Urteil im Anfechtungsprozess hat somit *nie materiellrechtliche Wirkungen*. Der beklagte Dritte bleibt Eigentümer bzw. Gläubiger (Rechtsträger) einer anfechtbar erworbenen Sache, einer Forderung oder eines anderen Rechts: die erfolgreich angefochtenen Rechtshandlungen bleiben also zivilrechtlich gültig (BGE *115* III 141, *98* III 46). Doch hat das (vollstreckungsrechtliche) Urteil insofern *Reflexwirkung* auf das materielle Recht des beklagten Dritten, als dieser die Beschlagnahme und Verwertung dulden muss und dadurch faktisch und wertmässig sein Recht verliert (BGE *114* III 113).

Beispiel:
Betrifft die erfolgreiche Anfechtung ein Grundstück, so bleibt der beklagte Dritte als Eigentümer im Grundbuch eingetragen; er muss aber die Pfändung bzw. Admassierung und die anschliessende Verwertung dulden. Der Anfechtungsanspruch hat somit nur *«obligatorischen»*, nicht dinglichen Charakter (BGE *106* III 43 f.).

42   Wegen der Reflexwirkung auf das materielle Recht ist ein letztinstanzliches kantonales Urteil (bei gegebenem Streitwert) *berufungsfähig* (§ 4 N. 71).

2.   Die Primärwirkung: «Rückgabepflicht» des Beklagten

43   Der im Anfechtungsprozess unterlegene Beklagte ist – nach dem Wortlaut von SchKG 291 I Satz 1 – zur «Rückgabe» des anfechtbar Erworbenen verpflichtet. Damit ist, wie gesagt, gemeint, dass er die Pfändung oder Admassierung und die darauf folgende Verwertung der betreffenden Gegenstände dulden muss.

Im einzelnen gelten für diese «Rückgabepflicht» folgende Grundsätze:

44   a) Soweit noch vorhanden, sind die Vermögenswerte *in natura* beizubringen, samt den zivilen und natürlichen *Früchten,* letzteres nach Auffassung des Bundesgerichts – in Abweichung vom Besitzesrecht (ZGB 938, 940) – selbst bei gutgläubigem Nutzen und Gebrauch des betreffenden Gegenstandes durch den Beklagten (BGE *98* III 47). Das folgt aus dem Grundsatz, dass die Vollstreckungsmasse so wiederherzustellen ist, als habe die anfechtbare Handlung nie stattgefunden.

45   Die entäusserten Werte werden ohne weiteres zur Konkursmasse gezogen oder – wenn der Kläger auf Grund eines Pfändungsverlustscheines vorgegangen war – sofort gepfändet: es bedarf somit keiner Realvollstreckung dieses Anfechtungsurteils nach kantonalem Prozessrecht, ebensowenig der Rückübertragung des Eigentums an den Schuldner durch Grundbuchberichtigung oder Retrozession.

Der Beklagte haftet dabei für *verschuldete* Wertminderung bzw. 46
Untergang der Sache. Für zufälligen Wertverlust bzw. Untergang
braucht er dagegen nicht einzustehen (Ausnahme in N. 47); dafür kommen ihm aber auch *zufällige Wertsteigerungen* nicht zugut (BGE *98* III
46 f.).

Notwendigen Aufwand wird der Beklagte – als Masseverbindlichkeit – in Rechnung
stellen dürfen, denn solcher wäre auch beim Schuldner angefallen (s. auch ZGB 940 II).
Auch wertvermehrende *Investitionen* müssten entschädigt werden.

b) Ist Naturalerstattung nicht mehr oder nur noch zum Teil möglich, 47
so hat der Beklagte nach den allgemeinen Regeln von OR 97 ff. *Werter-*
satz zu leisten (auf dem Betreibungswege vollstreckbares Leistungsur-
teil). Von dieser Ersatzpflicht kann er sich nur durch den Nachweis
befreien, dass ihn an der Unmöglichkeit der Rückerstattung kein Verschulden trifft. Die *Exkulpation* ist ihm jedoch verwehrt, wenn er im
Zeitpunkt des Untergangs oder der Wertverminderung der Sache bereits in *Verzug* gesetzt war; dann haftet er auch für *Zufall* (OR 103; BGE
89 III 21). Befindet sich der Beklagte selbst im Konkurs, so kann der
Anspruch auf Wertersatz gegen ihn nur als gewöhnliche Konkursforderung geltend gemacht werden.

c) Von dieser sehr umfassenden Einlieferungspflicht ist einzig der 48
gutgläubige Empfänger einer Schenkung wenigstens teilweise befreit; er
braucht nur die bei ihm noch vorhandene Bereicherung herauszugeben
(SchKG 291 III).

3. Die Sekundärwirkungen: Gegenansprüche des Beklagten

Die Erfüllung der «Rückgabepflicht» durch den Beklagten hat 49
ihrerseits gewisse Rückwirkungen auf dessen eigene Rechte. Man kann
sie als die sekundären Wirkungen der erfolgreichen Anfechtung bezeichnen.

a) Rückleistungs- und Ersatzansprüche des Beklagten

Hatte der Beklagte für die angefochtene Rechtshandlung eine 50
Gegenleistung erbracht (z. B. bei einer gemischten Schenkung), so hat
er Anspruch darauf, dass sie ihm zurückerstattet wird (SchKG 291 I
Satz 2 und 3).

Im einzelnen ist wiederum zwischen der Anfechtung im Konkurs und
ausserhalb eines solchen zu unterscheiden:

51   – *Im Konkurs* des Schuldners hat der Beklagte in erster Linie *Anspruch
      auf Rückerstattung* der in der Konkursmasse noch vorhandenen Ge-
      genleistung; er kann gegebenenfalls deren *Aussonderung* verlangen.
      Ist seine Leistung nicht mehr effektiv vorhanden, steht ihm das Recht
      auf Herausgabe der vorhandenen *Bereicherung* zu. Wenn aber in der
      Konkursmasse überhaupt nichts mehr von der Gegenleistung des
      Beklagten vorhanden ist – also weder faktisch noch wertmässig –,
      kann nur noch eine Ersatzforderung gegen den Schuldner persönlich
      geltend gemacht werden.

52   Der *Herausgabeanspruch* auf die Sache oder auf die Bereicherung
      richtet sich *gegen die Masse*. Es handelt sich dabei – wie beim Ersatz
      für notwendigen Aufwand (N. 46) – um eine *Masseverbindlichkeit*.
      Mit dieser könnte der Beklagte seine eigene Pflicht zur Leistung von
      Wertersatz verrechnen.

53   Die gegen den Schuldner persönlich gerichtete Ersatzforderung muss
      der Beklagte hingegen als *Konkursforderung* eingeben. Seine Pflicht
      zu Wertersatz könnte er dann nicht mit derselben, sondern nur mit der
      ihm zufallenden Konkursdividende verrechnen.

54   – *In der Spezialexekution* richten sich die Gegenansprüche (auf Heraus-
      gabe bzw. Ersatz) durchwegs gegen den Schuldner. Besteht die Ge-
      genleistung des Beklagten in einer Sache, die für den klagenden Pfän-
      dungsgläubiger bereits gepfändet wurde, so kann der Beklagte sie
      oder ihren Erlös im *Widerspruchsverfahren* herausverlangen. Hat der
      Pfändungsgläubiger daraus schon Befriedigung erlangt, so kann der
      Beklagte die eigene Leistung entsprechend kürzen; denn aus beidem,
      sowohl aus dem mit der Anfechtungsklage zurückgewonnenen Ver-
      mögenswert als auch aus der Gegenleistung, darf der klagende Gläu-
      biger natürlich nicht Befriedigung beanspruchen.

b)   *Wiederaufleben getilgter Forderungen*

55   Fällt nach erfolgreicher Anfechtung die Tilgung einer Forde-
      rung des Beklagten dahin, so lebt diese mit der Rückerstattung des
      Empfangenen wieder auf (SchKG 291 II).

56   Im *Konkurs* nimmt die wiedererstandene Forderung als *Konkursfor-
      derung* teil; sie wird von Amtes wegen entsprechend kolloziert (§ 46
      N. 13; Kreisschreiben des Bundesgerichts vom 9. 7. 1915). Mit der darauf
      entfallenden Konkursdividende kann der Anfechtungsbeklagte die ihm
      nach SchKG 291 I obliegende Rückleistung der Zahlung verrechnen
      (BGE *103* III 17). Dagegen wäre Verrechnung mit der wiedererstande-
      nen Forderung selbst ausgeschlossen.

In der *Pfändungsbetreibung* ist die wiederauflebende Forderung   57
durch *Pfändungsanschluss* geltendzumachen.

Inwieweit auch *Nebenrechte* der anfechtbar getilgten Forderung wie-   58
deraufleben, ist umstritten. Für *Bürgschaften* ist dies nach der Rechtsprechung des Bundesgerichts jedenfalls dann anzunehmen, wenn der
Bürge von der anfechtbaren Tilgung gewusst oder sie gar gefördert hat
(BGE *61* III 51, *64* III 147). In den übrigen Fällen sollte der Bürge
hingegen billigerweise geschützt werden (für das Wiederaufleben von
Pfand- und Retentionsrechten vgl. BGE *89* III 22 f.).

9. Kapitel: Der Nachlassvertrag

§ 53   Wesen, Rechtsnatur und Arten des Nachlassvertrages

I.   Die Grundidee des Nachlasses

Jeder Gläubiger kann mit seinem Schuldner übereinkommen, 1
dass er auf seine Forderung ganz oder zum Teil verzichte (OR 115). Ein
einzelner Schulderlass hilft einem allseitig Bedrängten jedoch nicht aus
seiner finanziellen Not. Dazu bedürfte er des Entgegenkommens *aller*
Gläubiger. Diesem Ziel dient der Nachlassvertrag; kommt er unter Mitwirkung des Gerichts zustande, spricht man von einem gerichtlichen,
andernfalls von einem aussergerichtlichen Nachlassvertrag.

Beide Typen sind wesensverschieden, und zwar nicht nur ihrem Zu 2
standekommen, sondern auch ihren Voraussetzungen und Wirkungen
nach. Allein ihr *Zweck* bleibt immer derselbe: dem Schuldner soll das
Durchstehen einer Zwangsvollstreckung erspart bleiben, die Sanierung
seiner wirtschaftlichen Verhältnisse ermöglicht und das wirtschaftliche
Fortkommen erleichtert werden. Ziel eines Nachlassvertrages ist somit
mehr die Sanierung als die Liquidierung der wirtschaftlichen Existenz
des Schuldners. Nachlassvertragsrecht ist in diesem Sinne zugleich Sanierungsrecht. Nur der Liquidationsvergleich macht hievon eine Ausnahme (unten N. 18).

Auch die Gläubiger können aber ein Interesse daran haben, dass sie 3
in einer für den Schuldner milderen Form befriedigt werden; denn oft
wird ihnen der Nachlass ein besseres Ergebnis bringen als strenge
Zwangsexekution, wo alles so rasch wie möglich unter dem Hammer
liquidiert werden muss.

Im Nachlassverfahren können Freunde und Verwandte dem Schuldner beispringen, um
ihn vor dem Äussersten zu bewahren; der Schuldner kann durch Fortsetzung seiner
Erwerbstätigkeit zur besseren Befriedigung seiner Gläubiger beitragen, und wo Verwertungen nötig sind, kann eher die günstigste Gelegenheit abgewartet werden als in der
formstrengeren Zwangsverwertung.

Im volkswirtschaftlichen Interesse der *Erhaltung sanierungsfähiger* 4
Unternehmungen (und von Arbeitsplätzen) erleichtert das seit 1997 geltende Recht den Zugang zum Nachlassverfahren ganz wesentlich; den
«kleinen Schuldnern» bietet es überdies als Alternative das einfache

Verfahren der «einvernehmlichen privaten Schuldenbereinigung» an (§ 57 N. 2 ff.).

II. Der aussergerichtliche Nachlassvertrag

5 Der aussergerichtliche Nachlassvertrag beruht auf rein *privaten Rechtsgeschäften*, die der Schuldner mit jedem Gläubiger einzeln abschliesst. Er besteht somit aus einer Summe von individuellen Schulderlassverträgen (BGE *75* III 66), deren Inhalt nach dem Grundsatz der Vertragsfreiheit bestimmt werden kann (OR 19). Infolgedessen bietet er keine Gewähr für gleiche Behandlung aller Gläubiger (BGE *111* III 88).

In der Praxis werden den Gläubigern jedoch meist identische Offerten unterbreitet. Inhaltlich kann dasselbe wie bei einem gerichtlichen Vertrag vorgesehen sein: z. B. Stundung der Forderungen, Dividende mit Restschulderlass oder mit Nachforderungsrecht, Kombination aus beidem und ähnliches.

6 Seiner privatrechtlichen Natur entsprechend bindet der aussergerichtliche Nachlassvertrag nur jene Personen, die ihm zugestimmt haben. Sofern also jeder Gläubiger seine Zustimmung vom Mitziehen aller übrigen Gläubiger abhängig macht, kann der Nachlassvertrag überhaupt nur im *Einverständnis sämtlicher Gläubiger* zustandekommen. Das ist bloss in übersichtlichen Verhältnissen mit wenigen, leicht erreichbaren Gläubigern möglich. Bei einer grossen Gläubigerzahl sieht das aussergerichtliche Nachlasskonzept deshalb oft vor, die Kleingläubiger vorweg voll zu befriedigen, so dass hierauf der Vertrag unter den (wenigen) Hauptgläubigern ausgehandelt werden kann.

7 Für das Gelingen eines Nachlasses ist entscheidend, dass die Vergleichsverhandlungen *ohne Betreibungsdruck* geführt werden können. Im Hinblick darauf kann der kleine, nicht konkursfähige Schuldner um *Stundung zwecks einvernehmlicher Schuldenbereinigung* nachsuchen (SchKG 333 ff.; § 57 N. 2 ff.), eine überschuldete Kapitalgesellschaft oder Genossenschaft um *Konkursaufschub* (OR 725 a; §§ 38 N. 37, 57 N. 7 ff.).

8 Anders als das eigentliche Nachlassverfahren nach SchKG 293 ff. bezwecken diese beiden Stundungsverfahren also in erster Linie eine *aussergerichtliche Regelung* der Schuldverhältnisse. Scheitert sie, so steht dem Schuldner immer noch das gerichtliche Nachlassverfahren offen (s. etwa SchKG 336); dort ist zwar die Vertragsfreiheit eingeschränkt, dafür aber keine Einstimmigkeit mehr erforderlich (§ 54 N. 64).

III.   Der gerichtliche Nachlassvertrag

1.   Begriff und Rechtsnatur

Man kann den gerichtlichen Nachlassvertrag umschreiben als   9
das Ergebnis eines gesetzlich geregelten Verfahrens, in welchem der
Schuldner mit Zustimmung einer bestimmten Mehrheit seiner Gläubiger sowie unter gerichtlicher Mitwirkung und Aufsicht seine Schulden
auf eine für alle Gläubiger verbindliche Weise tilgen kann.

Er stellt somit kein Privatrechtsgeschäft dar wie der aussergerichtli-   10
che Vertrag. Er ist, trotz seines Namens, überhaupt kein eigentlicher
Vertrag; denn übereinstimmende Willensäusserungen zwischen dem
Schuldner und seinen Gläubigern bilden nicht durchwegs und jedenfalls
nicht ausschliesslich seinen Entstehungsgrund. Vielmehr kommt er
durch ein *Zusammenwirken des Schuldners, der Gläubigermehrheit und
staatlich bestellter Organe* (Sachwalter, Nachlassgericht) zustande.

Darum versagt die Deutung des Nachlassvertrages durch die «*Vertragstheorie*»; sie   11
würdigt nicht gebührend den Umstand, dass er kraft gerichtlicher Mitwirkung und Sank-
tionierung auch für die nicht zustimmende Gläubigerminderheit verbindlich ist. Andererseits bietet auch die «*Urteilstheorie*» keine zulängliche Erklärung, indem sie den Nachlassvertrag einfach als Ergebnis eines gerichtlichen Entscheides betrachtet; damit wird sein
anderes Element vernachlässigt, das Einverständnis einer Mehrheit von Gläubigern, ohne
das auch kein Richter einen Nachlassvertrag zustandebringen kann.

Die Voraussetzungen seines Zustandekommens – genügendes Ange-   12
bot des Schuldners, Zustimmung der Gläubigermehrheit, Mitwirken des
Gerichts – sowie seine Funktion qualifizieren den gerichtlichen Nachlassvertrag als ein *Surrogat der Zwangsvollstreckung*. Er tritt als besonderes öffentlichrechtliches Institut an deren Stelle und schliesst sie für
die von ihm betroffenen Forderungen schlechthin aus. Nachlassvertrag
und Zwangsvollstreckung unterscheiden sich wesentlich nur durch ihre
Verfahren, die Art und Weise, wie die Gläubiger vom Schuldner zufrie-
dengestellt werden («*Verfahrenstheorie*»; vgl. auch BGE *105* III 95).

Das Ergebnis eines Nachlassvertrages ist, gleich wie dasjenige der Zwangsvollstrek-   13
kung, für sämtliche Gläubiger verbindlich (Ausnahmen §§ 54 N. 77, 55 N. 7 ff.). Für die
zustimmenden beruht es auf *Erlass und Vergleich;* für die nicht zustimmenden bedcutet es
«*Zwangserlass*» und «*Zwangsvergleich*».

2.   Arten gerichtlicher Nachlassverträge

Das Vergleichsangebot des Schuldners an seine Gläubiger, das   14
die Zwangsvollstreckung gegen ihn ausschalten soll, kann verschiede-

nen Inhalts sein. Danach unterscheidet man drei *Grundtypen* von Nachlassverträgen:

15 – Mit dem *Stundungsvergleich* bietet der Schuldner seinen Gläubigern die vollständige Tilgung ihrer Forderungen nach einem bestimmten Zeitplan an.

16 – Der *Prozent-* oder *Dividendenvergleich* zielt demgegenüber auf die Bezahlung nur noch eines Teils der Forderungen in gleichem Verhältnis für alle Gläubiger und auf Erlass des Restes.

17 – Zum *Liquidationsvergleich* (Nachlassvertrag mit Vermögensabtretung) führt das Angebot des Schuldners, den Gläubigern sein gesamtes Vermögen oder wenigstens einen Teil davon zur Verfügung zu stellen, auf dass sie sich selber aus dessen Erlös Befriedigung verschaffen.

> Ein solcher Nachlassvertrag nähert sich schon stark dem Konkurs: eine in der Art des Konkurses durchzuführende, jedoch von manchen formellen Vorschriften des Konkursrechts befreite Vermögensliquidation.

18 Stundungs- und Prozentvergleich kannte das SchKG schon von Anfang an; sie stehen unter dem Titel «*Ordentlicher Nachlassvertrag*» (SchKG 314 ff.). Durch Novelle von 1949 wurde der in der Praxis entwickelte, konkursrechtlichen Regeln nachgebildete «*Nachlassvertrag mit Vermögensabtretung*» in das Gesetz aufgenommen (heute SchKG 317 ff.). Bei den ordentlichen Nachlassverträgen steht die Sanierung des Schuldners im Vordergrund, beim Nachlassvertrag mit Vermögensabtretung (wie beim Konkurs) die wirtschaftliche Liquidation.

19 In der Praxis enthalten die Nachlassverträge meist Komponenten aus verschiedenen Grundtypen. Beliebt ist insbesondere die *Kombination Stundungs- und Dividendenvergleich,* verbunden mit einer Teilliquidation unrentablen Vermögens.

§ 54 Das Nachlassverfahren

I. *Verfahrensablauf und Organe*

1 Dem Wesen des Nachlassvertrages als Zwangsvollstreckungsersatz entsprechend gliedert sich das Verfahren, in dem er zustande kommt, in drei Stadien:

– die Bewilligung der Nachlassstundung (*Bewilligungsverfahren:* N. 4 ff.),

- die Zustimmung der Gläubiger zum Vergleichsangebot des Schuldners (*Zustimmungsverfahren:* N. 51 ff.) und
- die gerichtliche Bestätigung des Nachlassvertrages (*Bestätigungsverfahren:* N. 69 ff.).

Danach kommt es zum *Vollzug* bzw. zur *Durchführung* des Nachlassvertrages (§ 55).

Im ganzen Verfahren sind eigene Organe tätig.   2
- das *Nachlassgericht* (N. 9),
- der *Sachwalter* (N. 21 ff.),
- die *Gläubigerversammlung* oder der *Gläubigerausschuss* (N. 60 ff. sowie § 55 N. 27),
- die *Liquidatoren* (§ 55 N. 27 ff.).

Für einzelne *Wirtschaftszweige* (Banken und Sparkassen, Versicherungen, Eisenbahn-   3
und Schiffahrtsunternehmen) sowie für *öffentlichrechtliche Körperschaften* bestehen Sonderregelungen; diesbezüglich sei auf Fritzsche/Walder, Bd. II verwiesen. Für die Landwirtschaft hingegen gilt seit dem Inkrafttreten des BGBB vollumfänglich das SchKG.

II.   Das Bewilligungsverfahren

1.   Einleitung des Verfahrens

Das Nachlassverfahren kann von Amtes wegen oder auf Gesuch des Schuldners oder eines Gläubigers eingeleitet werden.

a) Zur *Einleitung von Amtes wegen* kommt es, wenn der Konkursrichter   4
anlässlich der Prüfung eines Konkursbegehrens seinen Entscheid aussetzt und die Akten von sich aus dem Nachlassgericht überweist, weil Anhaltspunkte für das Zustandekommen eines Nachlassvertrages bestehen (SchKG 173 a II; dazu § 36 N. 42). Dadurch sollen Konkurse über sanierbare Unternehmen vermieden werden.

Die Vermögens- und Ertragslage des Schuldners darf also anhand konkreter Indizien nicht hoffnungslos erscheinen; denn es läge weder im Interesse der Verfahrensökonomie noch einer freien Marktwirtschaft, wenn jeder Konkurseröffnung über eine Unternehmung *officialiter* eine kostspielige Prüfung der Nachlassaussichten vorangehen müsste.

b) Jeder *Schuldner,* sei er eine natürliche oder eine juristische Person,   5
kann beim Nachlassgericht ein Gesuch um Bewilligung der Nachlassstundung stellen (SchKG 293 I). Für den *Kostenvorschuss* gilt GebV 49.

Eine Privatperson, die nicht konkursfähig ist, wird sich allerdings eher für das einfachere Verfahren der einvernehmlichen privaten Schuldenbereinigung nach SchKG 333 ff. entscheiden.

6   Das Gesuch muss eine Begründung und den *Entwurf* eines Nachlassvertrages enthalten. Dazu genügt, dass der Schuldner erst einmal allgemein seine Vorstellungen von der Art und Weise der Bereinigung seiner
Schuldverhältnisse bekanntgibt; ein konkreter «Entwurf» ergibt sich oft
erst im Verlauf des Verfahrens. Überdies muss das Gesuch von sämtlichen Unterlagen begleitet sein, aus denen die *Vermögens- Ertrags-* und
Einkommenslage ersichtlich ist (Bilanz, Erfolgsrechnung, Anhänge);
Buchführungspflichtige haben noch ein Verzeichnis ihrer Geschäftsbücher beizulegen. Ein diesen Anforderungen nicht genügendes Gesuch
kann nachträglich noch ergänzt werden (SchKG 32 IV).

7   Stellt der Schuldner seine Vermögenslage zu günstig oder zu ungünstig dar, so dass die
Gläubiger sich kein zuverlässiges Bild machen können, wird er strafbar (wegen Erschlei-
chens einer Nachlassstundung, eines betrugsähnlichen Deliktes; StGB 170; BGE *84* IV
158).

8   c) Schliesslich kann auch ein *Gläubiger* mit einem begründeten Gesuch die Einleitung des Nachlassverfahrens verlangen, wenn er vor der
Alternative steht, das Konkursbegehren zu stellen (SchKG 293 II). Das
ist in der Regel der Fall, wenn die dem Schuldner in der Konkursandrohung gesetzte Frist abgelaufen ist (SchKG 166 I) oder wenn ein materieller Konkursgrund vorliegt (SchKG 190 Z. 1 und 2, nicht jedoch Z. 3).
Der Gläubiger braucht nur glaubhaft zu machen, dass ein Nachlassvertrag zustandekommen könnte. Für den *Kostenvorschuss* gilt wiederum
GebV 49.

2.   Das Nachlassgericht

9   Das Nachlassgesuch wird von dem *am ordentlichen Betreibungsort* zuständigen Nachlassgericht geprüft (SchKG 293; BGE *98* III
38 f.). Den Kantonen steht es frei, ein unteres und ein oberes Nachlassgericht vorzusehen (SchKG 294 III). Im Kanton Bern ist der Gerichtspräsident untere, die kantonale Aufsichtsbehörde (eine Kammer
des Obergerichts) obere Instanz (EG/SchKG 13).

3.   Die Behandlung des Nachlassgesuches

a)   Das Verfahren

10   Der Nachlassrichter prüft die Voraussetzungen der Nachlassstundung von Amtes wegen *(Untersuchungsmaxime)*. Er trifft seinen
Entscheid im *Summarverfahren* (SchKG 25 Z. 2 a).

Nach Eingang des Gesuchs oder der vom Konkursrichter überwiese- 11
nen Akten trifft der Nachlassrichter unverzüglich die zur Erhaltung des
Vermögens des Schuldners notwendigen *vorsorglichen Massnahmen*
(SchKG 293 III). So kann er die *Nachlassstundung* einstweilen für höchstens 2 Monate *provisorisch bewilligen,* um drohenden Betreibungsdruck abzuwenden, sowie einen *provisorischen Sachwalter* ernennen
und diesen mit der Prüfung der wirtschaftlichen Lage des Schuldners
und der Sanierungaussicht beauftragen. Die provisorische Stundung
wird publiziert und im Grundbuch angemerkt (SchKG 293 IV i. V. m.
296). Der Sachwalter soll die für den «definitiven» Stundungsentscheid
erforderlichen Beurteilungsgrundlagen beschaffen; im übrigen stehen
ihm bereits die einem definitiven Sachwalter in SchKG 298 eingeräumten Befugnisse zu.

Sodann ist der Schuldner und gegebenenfalls der antragstellende Gläu- 12
biger unverzüglich *zur Verhandlung vorzuladen.* Der Nachlassrichter
kann auch andere Gläubiger anhören (SchKG 294 I). Namentlich wenn
das Verfahren von Amtes wegen in Gang gekommen ist oder ein Gläubiger das Gesuch gestellt hat, kann der Schuldner noch aufgefordert werden, die erforderlichen Unterlagen vorzulegen (SchKG 294 I Satz 2).

b)   *Der Entscheid des Nachlassgerichtes*

     Sobald er im Besitz der erforderlichen Unterlagen ist, ent- 13
scheidet der Nachlassrichter so rasch als möglich; er bewilligt die Nachlassstundung oder weist das Gesuch ab oder tritt aus formellen Gründen
nicht darauf ein. Vom Konkursrichter überwiesene Akten sendet er
diesem zurück, wenn er die Nachlassstundung nicht bewilligen kann.
Diese Rückweisung ist aber nicht selbständig anfechtbar, erst der nachfolgende Entscheid des Konkursrichters (insbes. die Konkurseröffnung)
wäre es.

Materiell setzt die Bewilligung der Stundung voraus, dass *Aussicht auf* 14
das Zustandekommen eines Nachlassvertrages besteht (SchKG 294 II,
295 I). Das ist der Fall, wenn nach den gegebenen Verhältnissen mit
einiger Wahrscheinlichkeit erwartet werden darf, dass die Gläubiger
dem Angebot zustimmen würden und der Nachlassvertrag dann bestätigt werden könnte. Bei dieser Beurteilung ist vor allem die Vermögens-,
Ertrags- und Einkommenslage des Schuldners entscheidend sowie die
Sicherstellung bestimmter Gläubiger, der Kosten und der Durchführung
des Vertrages (s. SchKG 306; N. 75 ff. unten). Bis zu einem gewissen
Grade dürfen auch *öffentliche Interessen* (Erhaltung von Arbeitsplätzen
oder abhängiger Firmen) berücksichtigt werden.

15   Nachlasswürdigkeit des Schuldners spielt nach neuem Recht keine Rolle mehr. Das Interesse an einer möglichen Sanierung einerseits und dasjenige der Gläubiger andererseits ist allein massgebend.

c)   *Weiterziehung des Entscheides*

16   Wo ein oberes Nachlassgericht besteht, kann der Entscheid binnen 10 Tagen nach dessen Eröffnung weitergezogen werden, und zwar
- vom *Schuldner* sowie vom *gesuchstellenden Gläubiger* in jedem Falle (SchKG 294 III),
- von den *anderen Gläubigern* nur, soweit er die Ernennung des Sachwalters betrifft (SchKG 294 IV; z. B., weil er nicht unabhängig oder zu teuer sei).

17   Der Entscheid des oberen oder einzigen Nachlassgerichts kann – als Vollstreckungssache – nur noch mit der staatsrechtlichen Beschwerde beim Bundesgericht angefochten werden.

4.   Das Verfahren im Konkurs des Schuldners

18   Der Schuldner kann einen Nachlassvertrag selbst dann noch vorschlagen, wenn über ihn bereits der Konkurs eröffnet ist (SchKG 332). Dann erübrigt sich das *Bewilligungsverfahren,* denn der Konkurs verschafft dem Schuldner bereits eine umfassende *Stundung* (SchKG 206; § 41 N. 22). Es bedarf auch keiner weiteren Organe. Der Schuldner gelangt mit seinem Vorschlag an die Konkursverwaltung, welche ihn zuhanden der Zweiten Gläubigerversammlung begutachtet. Die Aufgaben des Sachwalters übernimmt also, soweit erforderlich, die Konkursverwaltung (SchKG 332 II). Deren Antrag an die Gläubigerversammlung führt *direkt zum Zustimmungsverfahren.*

19   Der Lauf des Konkursverfahrens wird jedoch durch Einreichung des Nachlassvorschlages nicht beeinträchtigt. Erreicht es das Stadium der Verwertung, wird diese – wenn der Vorschlag nicht trölerisch erscheint – bis zum Entscheid des Nachlassrichters über die Bestätigung von der Konkursverwaltung eingestellt (SchKG 332 II; BGE *120* III 94 ff.).

III.   Die Nachlassstundung

20   Entspricht der Nachlassrichter dem Gesuch, so gewährt er dem Schuldner die *Nachlassstundung* und ernennt einen oder mehrere *Sachwalter.*

1. Der Sachwalter

a) Rechtsstellung

Der Sachwalter braucht nicht Beamter zu sein; vor allem kom- 21
men, ausser den Betreibungs- und Konkursbeamten, auch Anwälte,
Notare und Treuhänder – selbst juristische Personen – in Betracht.
Dennoch nimmt der Sachwalter als Vollstreckungsorgan stets eine
öffentlichrechtliche Stellung ein (SchKG 295 III); deshalb untersteht er
der Protokollpflicht (SchKG 8), der Ausstandspflicht (SchKG 10), dem
Selbstkontrahierungsverbot (SchKG 11), der Disziplinaraufsicht der
Aufsichtsbehörden (SchKG 14), und seine Verfügungen können mit
Beschwerde bei der kantonalen Aufsichtsbehörde angefochten werden
(SchKG 17 ff.); schliesslich haftet der Kanton auch für widerrechtliche
Handlungen des Sachwalters (SchKG 5). Seine Rechtsstellung ist daher
mit derjenigen einer ausseramtlichen Konkursverwaltung vergleichbar
(§ 45 N. 19 f.).

Mit der Bestätigung des Nachlassvertrages durch das Nachlassgericht 22
hören die amtlichen Funktionen des Sachwalters im allgemeinen auf,
ausser er wird mit dem *Vollzug* eines ordentlichen Nachlassvertrages
beauftragt (SchKG 314 II) oder bei einem Liquidationsvergleich als
Liquidator eingesetzt (SchKG 317 II).

b) Aufgaben des Sachwalters

Der Sachwalter führt das Nachlassverfahren *während der Stun-* 23
dungsphase nach den gesetzlichen Vorschriften durch und wahrt dabei
die Interessen des Schuldners und der Gläubiger *unparteiisch* (BGE 92
III 45). Im einzelnen überträgt ihm das Gesetz (in SchKG 295 II):
– die *Überwachung* der Handlungen des Schuldners, wobei dem Sachwalter ein Weisungsrecht zukommt (SchKG 298 I Satz 1);
– *Vorbereitung* und *Leitung* des *Zustimmungsverfahrens* insbesondere
   durch Festellung der Aktiven und Passiven (Inventarisierung und
   Schätzung des Schuldnervermögens, Schuldenruf und Zusammenstellung der Eingaben, SchKG 299 und 300) sowie durch Verhandlungen
   mit den Gläubigern, Vorbereiten und Leiten der Gläubigerversammlung und schliesslich durch Ausarbeiten des konkreten Nachlassvertrages und Berichterstattung an die Gläubiger (SchKG 302);
– *Instruktion* des *Bestätigungsverfahrens* durch Berichterstattung an das
   Nachlassgericht mit der Empfehlung zur Bestätigung oder Verwerfung des Nachlassvertrages (SchKG 304);

- die *Anzeigepflicht* bei unzulässigem (oder weisungswidrigem) Verhalten des Schuldners (SchKG 298 III)
- und die Pflicht zu periodischer *Berichterstattung* (SchKG 295 II c).

24 Damit der Sachwalter diese Aufgaben richtig erfüllen kann, ist ihm der Schuldner auskunftspflichtig.

25 Ausser diesen gesetzlichen Obliegenheiten kann der Nachlassrichter dem Sachwalter noch *besondere Aufgaben* auftragen; sie bestehen in Geschäftsführungs- und Vertretungsbefugnissen. Dadurch kann die Stellung des Sachwalters nach den Bedürfnissen des Einzelfalles verstärkt werden (Näheres unten N. 41, 43).

c)   Entschädigung

26 Der Nachlassrichter setzt die Entschädigung des Sachwalters pauschal fest (GebV 55 ff.); den Gesuchsteller kann er zur Sicherstellung anhalten (BGE *100* III 34, *105* III 26, *113* III 152). Mit Vorteil wird der Sachwalter periodisch *Vorschuss* verlangen.

Scheitert die Sanierung und kommt es zum Konkurs oder zu einem Liquidationsvergleich, so wird die Honorarforderung des Sachwalters in diesen Verfahren als *Masseverbindlichkeit* behandelt (SchKG 310 II).

2.   Die Wirkungen der Stundung

a)   Allgemeines

27 Der Weg bis zum Zustandekommen des Nachlassvertrages ist mehr oder weniger lang; es braucht einige Zeit, das Zustimmungsverfahren vorzubereiten und durchzuführen. Hiefür wird dem Schuldner Stundung bewilligt, während deren Dauer zwischen ihm und seinen Gläubigern weitgehend Waffenstillstand herrscht.

Ob die Beteiligten einen ordentlichen Nachlassvertrag oder einen Liquidationsvergleich anstreben, spielt noch keine Rolle: die Stundungswirkungen sind immer dieselben. Die Unterschiede werden erst bei der Durchführung des Nachlasses bedeutsam (§ 55).

b)   Beginn und Dauer der Stundung

28 Im Hinblick auf ihre Wirkungen – insbesondere das *Betreibungsverbot* und die *Verfügungsbeschränkung* – wird die Bewilligung der Nachlassstundung *öffentlich bekanntgemacht* sowie dem Betrei-

bungs- und dem Grundbuchamt unverzüglich *mitgeteilt* (SchKG 296). Die Stundung wirkt jedoch nicht erst von ihrer Publikation an, sondern – wie die Konkurseröffnung – unmittelbar mit dem Bewilligungsentscheid (BGE *110* III 102; § 41 N. 10); infolgedessen braucht sie im Grundbuch nur noch (deklaratorisch) angemerkt zu werden (SchKG 296 Satz 2). Wird die Bekanntmachung nicht schon vom Nachlassgericht veranlasst, besorgt sie der Sachwalter, der damit gleich den Schuldenruf verbinden kann (SchKG 300 I).

Die Stundung wird zunächst für 4 bis 6 Monate gewährt (SchKG 295 I); reicht die angesetzte Frist nicht aus, kann sie auf Antrag des Sachwalters insgesamt auf 12 Monate *verlängert* werden (SchKG 295 IV). In komplexen Fällen – z. B. bei Unternehmen mit internationalen Verzweigungen, Grosskonzernen, Grossunternehmen mit Holdingstruktur – ist Verlängerung sogar bis auf 24 Monate zulässig. Soll die Stundung mehr als 12 Monate betragen, müssen allerdings die Gläubiger angehört werden (SchKG 295 IV Satz 2); sie sollen die Möglichkeit haben, sich einer so langen Stundung durch Weiterziehung des Verlängerungsentscheides zu widersetzen. Die Dauer einer provisorisch gewährten Stundung wird an die definitive nicht angerechnet (SchKG 295 I). Jede Verlängerung der Stundung ist wie die erste zu publizieren und den interessierten Ämtern mitzuteilen. **29**

Die Wirkungen der Nachlassstundung erstrecken sich über die eingeräumte Dauer hinaus bis zur Publikation der Bestätigung des Nachlassvertrages durch das Nachlassgericht; dies allerdings nur, wenn der Sachwalter die Akten dem Gericht noch *vor* Ablauf der Stundung einreicht (SchKG 304 I; BGE *110* III 104), sonst fallen ihre Wirkungen bereits mit dem Ablauf der Stundungsfrist dahin (BGE *84* III 117, *85* I 77). **30**

c) *Betreibungsverbot*

Der Schuldner ist während der Stundung vor Vollstreckungshandlungen weitgehend geschützt: bereits *hängige Betreibungen dürfen nicht fortgesetzt und neue nicht mehr eingeleitet werden* (SchKG 297 I Satz 1; BGE *102* III 111). Früher vollzogene Handlungen (z. B. eine Pfändung) bleiben dagegen wirksam, bis über das Zustandekommen des Nachlassvertrages entschieden ist; infolgedessen wird eine bereits gepfändete Liegenschaft weiterhin vom Betreibungsamt verwaltet (VZG 16 II; BGE *76* III 108). Gepfändetes, abgeliefertes oder eingelöstes *Bargeld* darf sogar noch verteilt werden (Verweis auf SchKG 199 II). **31**

32   Vom Betreibungsverbot sind *ausgenommen:*
      – die Betreibung auf Pfändung für *Forderungen der ersten Klasse,* selbst
        bei Konkursfähigkeit des Schuldners (SchKG 297 II Z. 1) – für Lohn-
        und Unterhaltsforderungen ist diese Ausnahme gerechtfertigt, un-
        verständlich hingegen für Forderungen der Vorsorgeeinrichtungen;
      – die Betreibung auf Grundpfandverwertung für *grundpfandgesicherte
        Forderungen,* doch bleibt die Verwertung ausgeschlossen (SchKG 297
        II Z. 2; BGE *102* III 111);
      – die Betreibung auf Pfändung für Forderungen, die im Falle eines
        nachfolgenden Konkurses oder eines Liquidationsvergleichs *Masse-
        verbindlichkeiten* wären (s. hiezu N. 45 f. unten).

      Möglich sind auch der *Arrest* und andere unaufschiebbare *Sicherungs-
      massnahmen,* die aber schon ihrem Wesen nach eigentlich keine Betrei-
      bungshandlungen darstellen.

      Diese vielen Ausnahmen können laufende Sanierungsbemühungen empfindlich stören;
      deshalb mag es in einzelnen Fällen paradoxerweise einfacher sein, zunächst den Konkurs
      herbeizuführen und im Rahmen seiner viel stärkeren Stundungswirkung nachträglich
      einen Nachlassvertrag zustande zu bringen (SchKG 332).

d)   Hemmung des Fristlaufs

33   Soweit der Schuldner nicht mehr betrieben werden darf, wird
      der Lauf jeder Verjährungs- oder Verwirkungsfrist gehemmt (SchKG
      297 I Satz 2).

e)   Zinsen und Fälligkeit

34   Mit der Bewilligung der Stundung werden die vorher entstan-
      denen nicht pfandgesicherten Forderungen gegenüber dem Schuldner
      unverzinslich, sofern der (ordentliche) Nachlassvertrag nichts anderes
      bestimmt, z. B. eine Zinserleichterung einräumt (SchKG 297 III). Wird
      jedoch die Stundung widerrufen, so tritt – wie beim Konkurswiderruf
      (§ 42 N. 30) – Verzinslichkeit *ex tunc* wieder ein.
35   Auf die *Fälligkeit* der Forderungen hat die Nachlassstundung hinge-
      gen keinen Einfluss; sie verfallen normal. Nur wenn ein Liquida-
      tionsvergleich zustandekommt, werden sämtliche Nachlassforderungen,
      die grundpfandgesicherten ausgenommen, wie im Konkurs fällig (vgl.
      § 42 N. 14 f.).

f)   *Verrechnung*

Für die Verrechenbarkeit einer Nachlassforderung mit ei-   36
ner Forderung gegen den Gläubiger während der Stundung gelten die
konkursrechtlichen Regeln; nur tritt als Stichtag an die Stelle der Konkurseröffnung die Bekanntmachung der Stundung oder gegebenenfalls
des vorausgegangenen Konkursaufschubes (SchKG 297 IV; § 40
N. 42 ff.).

g)   *Verfügungrecht und Geschäftsführung*

Allgemein   37

Zum Schutze der Gläubiger ist während der Stundung das
Verfügungsrecht des Schuldners über sein Vermögen (und damit auch
seine Geschäftsführungsbefugnis) *eingeschränkt* – nicht aber, wie im
Konkurs, völlig aufgehoben. Das gilt auch dann, wenn von Anfang an
ein Liquidationsvergleich angestrebt wird; der Schuldner verliert sein
Verfügungsrecht hier erst mit der rechtskräftigen Bestätigung des Vertrages vollständig (SchKG 319 I; § 55 N. 23), also nicht schon mit der
Stundungsbewilligung, wie irrtümlich oft angenommen wird. Sonst aber
steht das Ziel der Sanierung im Vordergrund. Darum werden dem
Schuldner nur *bestimmte Rechtshandlungen verboten;* im übrigen darf er
aber – allerdings vom Sachwalter überwacht, der ihm Weisungen erteilen kann – frei verfügen (SchKG 298 und 295 II).

Erlaubtes Handeln

Grundsätlich soll der Schuldner sein Geschäft – unter Auf-   38
sicht des Sachwalters – selber weiterführen *(«Eigenverwaltung»).* Er
darf die dadurch bedingten, insbesondere die geschäftsüblichen Verträge selber abschliessen und erfüllen (SchKG 298 I Satz 1).

Verbotenes Handeln

Hier ist zu unterscheiden zwischen Handlungen, die das *Ge-*   39
setz, der *Nachlassrichter* oder der *Sachwalter* dem Schuldner verbieten.

aa) *Gesetzlich verboten* sind dem Schuldner (wie auch dem Sachwal-   40
ter) während der Stundung nur gewisse, an sich abschliessend aufgezähl-
te Rechtshandlungen (SchKG 298 II); die Verfügungsbefugnis des
Schuldners ist entsprechend aufgehoben. So kann er *nicht mehr rechts-*
gültig

- Teile des Anlagevermögen (insbesondere Grundstücke) veräussern oder belasten,
- Pfänder bestellen (auch nicht Sicherungsübereignungen und -zessionen vornehmen),
- Bürgschaften (oder andere Garantieverpflichtungen) eingehen oder
- unentgeltliche Verfügungen treffen.

41   Das Verbot gilt jedoch insofern nicht absolut, als der *Nachlassrichter* ausnahmsweise zur Vornahme solcher Handlungen *ermächtigen* kann. Das wird er – auf entsprechenden Antrag des Schuldners oder des Sachwalters – tun, wenn es die Weiterführung des Geschäftes erfordert.

42   Gesetzlich verbotene Geschäfte, die der Schuldner oder der Sachwalter ohne Ermächtigung vornehmen, sind *nicht rechtswirksam,* d. h. den Nachlassgläubigern gegenüber betreibungsrechtlich unbeachtlich: Veräusserte Objekte können – wie im Konkurs (§ 41 N. 8) – bedingungslos wieder beigebracht werden; Verpflichtungsgeschäfte berechtigen den Gläubiger weder zu einer Nachlassdividende, noch werden sie im Falle eines nachfolgenden Konkurses oder eines Liquidationsvergleichs überhaupt kolloziert. Es handelt sich also um eine umfassende betreibungsrechtliche Ungültigkeit.

43   bb) Über das gesetzliche Verfügungsverbot hinaus kann sodann der *Nachlassrichter anordnen,* dass gewisse Handlungen nur unter *Mitwirkung des Sachwalters* vorgenommen werden dürfen, oder er kann den Sachwalter sogar ermächtigen, die *Geschäftsführung anstelle des Schuldners* ganz zu übernehmen (SchKG 298 I Satz 2). Dann ist dem Schuldner entweder nur selbständiges Handeln oder schliesslich jegliches Handeln verboten. Hält er sich nicht daran, sind die von ihm ohne Mitwirkung des Sachwalters abgeschlossenen Rechtsgeschäfte und Verfügungen ebenfalls *nicht rechtsgültig,* wie im Falle der Nichtbeachtung des gesetzlichen Verbotes. Die betreffenden Forderungen wären somit nicht einmal als gewöhnliche Nachlassforderungen zu berücksichtigen.

Auf diese Weise kann der Nachlassrichter die Geschäftsführungsbefugnis auf die Bedürfnisse des Einzelfalles zuschneiden: so kann er z. B. die Gewährung oder die Aufnahme von Darlehen, die Entlassung von Arbeitskräften, die Eingehung oder Kündigung langfristiger Liefer-, Abnahme-, Miet- oder Leasingverpflichtungen, die Besetzung von Kaderpositionen und dergleichen von der Zustimmung des Sachwalters abhängig machen.

44   cc) Der *Sachwalter* kann im Rahmen seiner *Weisungsbefugnis* aber auch von sich aus Rechtshandlungen verbieten. Er mag sich seine Zustimmung generell oder für einzelne Geschäfte vorbehalten oder den Abschluss und die Abwicklung bestimmter Geschäfte überhaupt unter-

sagen. Widerhandlung des Schuldners gegen derartige Weisungen machen solche Geschäfte jedoch weder zivil- noch betreibungsrechtlich ungültig. Einzige Rechtsfolge wäre, dass Verpflichtungen daraus *keine Masseverbindlichkeiten, sondern nur gewöhnliche Nachlassforderungen* begründen (SchKG 310 e contrario). Verbote des Sachwalters sind daher weniger strikt.

Die betreffenden Weisungen des Schwalters können mit betreibungsrechtlicher Beschwerde an die Aufsichtsbehörde angefochten werden.

Neue Verbindlichkeiten als Masseverbindlichkeiten

Verflichtungen, die der Schuldner bzw. der Sachwalter während der Stundung im Rahmen der ihm zustehenden Verfügungs- bzw. Vertretungsbefugnis eingeht, werden nach Abschluss eines Liquidationsvergleichs (oder in einem späteren Konkurs) als *Masseverbindlichkeiten* anerkannt (SchKG 310 II). Weil diese nicht unter den Nachlassvertrag fallen, dürfen sie vorab und voll bezahlt werden. Dank dieser rechtlichen Qualifikation neu eingegangener Verbindlichkeiten lässt sich überhaupt noch jemand finden, der bereit ist, mit dem angeschlagenen Unternehmen «weiterzugeschäften».   45

Beispiele: die für Lieferungen des Schuldners während der Nachlassstundung geschuldete Mehrwertsteuer (BGE *96* I 247); die während der Stundung auflaufenden Lohnforderungen und Sozialversicherungsbeiträge (BGE *100* III 30); Honorarforderungen des Sachwalters im Stundungsverfahren (BGE *105* III 20, oben N. 26).   46

Keine Masseverbindlichkeit ist hingegen der Anspruch auf Sachgewährleistung gegen einen Unternehmer für Arbeiten, die schon vor der Stundung ausgeführt worden waren (BGE *107* III 110).   47

Anzeigepflicht des Sachwalters

Der Sachwalter hat Verstösse des Schuldners gegen das gesetzliche Verbot, gegen Anordnungen des Nachlassrichters oder gegen die eigenen Weisungen dem Nachlassgericht anzuzeigen. Dieses kann hierauf – nach Anhörung des Schuldners und der Gläubiger – dem Schuldner die Verfügungsbefugnis über sein Vermögen ganz entziehen oder sogar die Stundung widerrufen (SchKG 298 III).   48

3.   Widerruf der Stundung

Abgesehen vom soeben erwähnten Fall verbotener Eigenmacht des Schuldners (SchKG 298 III) kann die Nachlassstundung – auf Antrag des Sachwalters – vom Nachlassgericht auch widerrufen werden,   49 sofern es zur Erhaltung des Vermögens erforderlich ist oder wenn der Nachlassvertrag offensichtlich nicht zustandekommen wird (SchKG 295 V). Selbstverständlich müssen vor diesem folgenschweren Entscheid der Schuldner und die Gläubiger angehört werden.

50 Für die Weiterziehung des Widerrufs (SchKG 307), dessen Publikation (SchKG 308) sowie seine Wirkung als materieller Konkursgrund (SchKG 309) gilt das beim Verwerfungsentscheid noch Auszuführende (s. die Verweise in SchKG 295 und 298 sowie unten N. 80 ff.).

IV. Das Zustimmungsverfahren

51 Erst in diesem Stadium des Nachlassverfahrens erhalten die Gläubiger Gelegenheit, zum Vergleichsangebot des Schuldners förmlich Stellung zu nehmen.

1. Vorbereitungsmassnahmen des Sachwalters

52 Unmittelbar nach seiner Ernennung trifft der Sachwalter die für die Durchführung des Zustimmungsverfahrens erforderlichen Vorbereitungen: Inventar, Schuldenruf, Einberufung der Gläubigerversammlung.

a) Inventar

53 Als erstes nimmt der Sachwalter sofort das Inventar des gesamten Schuldnervermögens auf; er schätzt den Verkehrswert der einzelnen Bestandteile (SchKG 299), scheidet Kompetenzgut aus und merkt Drittansprüche vor.

54 Bedeutsam ist vor allem die *Schätzung der Pfandgegenstände* (SchKG 299 II und III). Pfandgesicherte Forderungen fallen nämlich nicht unter den Nachlassvertrag, weshalb sie bei der Ermittlung der zustimmenden Summenmehrheit nur in dem nach der Schätzung ungedeckten Betrag mitzählen (SchKG 305 II, 310 I Satz 2; BGE *107* III 42; vgl. insbesondere auch N. 64 f. unten).

Der Sachwalter legt die Pfandschätzung zur Einsicht auf und teilt sie zudem den Pfandgläubigern und dem Schuldner vor der Gläubigerversammlung schriftlich mit (SchKG 299 II). Jeder Beteiligte kann darauf binnen 10 Tagen beim Nachlassgericht gegen Kostenvorschuss eine neue, aber endgültige Schätzung verlangen (SchKG 299 III).

Auch *ausländisches Vermögen* des Schuldners ist in das Inventar auf- 55
zunehmen, obwohl im Nachlassverfahren – gleich wie im Konkurs (§ 40
N. 7 f.) – zwischenstaatlich das *Territorialitätsprinzip* vorherrscht (BGE
103 III 57 ff.). Der Einbezug von im Ausland gelegenen Vermögenstei-
len ist vor allem wichtig für die Beurteilung des Vergleichsangebots des
Schuldners unter dem Gesichtspunkt seiner Leistungsfähigkeit.

b)　　*Schuldenruf*

Durch *öffentliche Bekanntmachung* werden die Gläubiger auf- 56
gefordert, ihre Forderungen binnen 20 Tagen einzugeben, mit der Androhung, dass sie sonst bei den Verhandlungen über den Nachlassvertrag nicht stimmberechtigt wären (SchKG 300 I). Wer mitentscheiden
(annehmen oder ablehnen) will, muss also seinen Anspruch rechtzeitig
anmelden. Nicht oder zu spät angemeldete Forderungen sind aber dem
Nachlassvertrag ebenfalls unterworfen. Der Schuldenruf wird jedem
bekannten Gläubiger zudem brieflich mitgeteilt (SchKG 300 I Satz 2).

Aus den Geschäftsbüchern des Schuldners ersichtliche Forderungen 57
gelten als angemeldet (vgl. SchKG 321). Beim Liquidationsvergleich
sind – analog zum Konkurs – verspätete Eingaben bis zum Schluss der
Liquidation entgegenzunehmen (BGE *97* III 86 f.).

Wie im Konkurs wird zu jeder Forderungseingabe die *Erklärung des* 58
Schuldners darüber eingeholt, ob er sie anerkenne oder bestreite
(SchKG 300 II).

Bestreitung hat Bedeutung im weiteren Verlauf des Verfahrens:
– vorerst muss das Nachlassgericht entscheiden, inwieweit eine bestrittene Forderung
   stimmrechtsmässig zu berücksichtigen ist (SchKG 305 III), und
– bei Bestätigung eines ordentlichen Vertrages setzt dann der Nachlassrichter dem Gläubiger eine Frist von 20 Tagen zur gerichtlichen Geltendmachung seiner Forderung
   (SchKG 315, § 55 N. 14).

c)　　*Einberufung der Gläubigerversammlung*

Sobald ein *spruchreifer Entwurf eines Nachlassvertrages* vor- 59
liegt, lädt der Sachwalter die Gläubiger durch öffentliche Bekanntmachung zur Gläubigerversammlung ein mit dem Hinweis, dass die Akten
während 20 Tagen vor der Versammlung eingesehen werden können
(SchKG 301 I). Jedem bekannten Gläubiger wird diese Publikation
zudem einzeln mitgeteilt; die Bekanntmachung muss mindestens einen
Monat vor der Versammlung erfolgen (SchKG 301 I Satz 2).

2. Die Gläubigerversammlung

a) *Funktion und Zusammensetzung*

60 Der Gläubigerversammlung im Nachlassverfahren kommt eine ganz andere Bedeutung und Rechtsstellung zu als im Konkurs. Vor allem bildet die Versammlung hier *kein eigentliches Vollstreckungsorgan*. Sie kann namentlich keinerlei Beschlüsse fassen, weshalb ihre Tätigkeit auch nicht der Beschwerde ausgesetzt ist.

61 Die Gläubigerversammlung stellt im Nachlassverfahren vielmehr bloss eine Zusammenkunft der Gläubiger dar; sie dient einzig dem Zweck der *Meinungsbildung* – im Hinblick auf die spätere *individuelle Stellungnahme* der Gläubiger zum Vorschlag des Schuldners. Jeder Gläubiger stimmt einzeln zu, sei es an der Versammlung selbst oder später (SchKG 305 I). Darum kann auch nicht über das Gesuch des Schuldners abgestimmt werden.

62 Diese beschränkte rechtliche Bedeutung erlaubt es, *sämtliche Gläubiger* zuzulassen, gleichgültig ob sie «stimmberechtigt» sind oder nicht. Auch säumige Gläubiger, die ihr Stimmrecht verwirkt haben, sowie diejenigen, deren Stimmen bei der Ermittlung des Zustimmungsergebnisses gar nicht mitzählen (unten N. 65), dürfen deshalb der Versammlung beiwohnen.

b) *Verhandlungsablauf*

63 Der Sachwalter, der die Verhandlungen leitet, erstattet vorerst *Bericht über die Vermögens-, Ertrags- und Einkommenslage des Schuldners* (SchKG 302 I). Dieser hat persönlich zu erscheinen, um auf Verlangen *weitere Aufschlüsse* zu geben (SchKG 302 II); er soll aber auch Gelegenheit haben, seinen Vorschlag zu begründen und allenfalls noch zu ändern. Abwesenheit des Schuldners hindert indessen die Durchführung der Versammlung nicht. Schliesslich wird den versammelten Gläubigern der Entwurf des Nachlassvertrages zur unterschriftlichen Genehmigung vorgelegt (SchKG 302 III).

3. Die Annahme des Nachlassvertrages

64 Der Nachlassvertrag gilt als angenommen, wenn bis zum Bestätigungsentscheid die Mehrheit der Gläubiger, die zugleich mindestens zwei Drittel des Gesamtbetrages der Nachlassforderungen vertreten, oder ein Viertel der Gläubiger, die zugleich mindestens drei Viertel des Gesamtbetrages vertreten, zugestimmt haben (SchKG 305 I). Unter

beiden Voraussetzungen bedarf es somit einer bestimmten Zahl von *Kopfstimmen* und dazu noch einer bestimmten *Summenmehrheit;* im ersten Fall hat die Kopfstimmenzahl, im zweiten die Summengrösse der Forderungen das grössere Gewicht.

Bei der Ermittlung des Ergebnisses werden *nicht mitgerechnet* (SchKG 305 II):

- weder für ihre Person noch für ihre Forderung die konkursrechtlich   65 *privilegierten Gläubiger,* soweit sie nicht auf ihr Privileg verzichten (BGE *95* III 68); ihre Forderungen müssen ja sichergestellt sein, damit der Nachlassvertrag überhaupt bestätigt werden kann (SchKG 306 I Z. 2);
- der *Ehegatte* des Schuldners, ebenfalls weder für seine Person noch für seine Forderung (er soll, weil möglicherweise voreingenommen, das Ergebnis nicht beeinflussen können);
- die Gläubiger *pfandgesicherter Forderungen,* soweit diese nach der Schätzung des Sachwalters gedeckt sind (sie sind in dem durch das Pfand gedeckten Betrag dem Nachlassvertrag gar nicht unterworfen; SchKG 310 I).
- Ob und inwieweit *bedingte* und *bestrittene Forderungen* mitzuzählen   66 sind, entscheidet das Nachlassgericht im Bestätigungsverfahren, ohne indessen damit deren Rechtsbestand zu präjudizieren (SchKG 305 III). Über bestrittene Forderungen hat der ordentliche Richter am Ort des Nachlassverfahrens zu urteilen (SchKG 315; BGE *43* I 280); im Liquidationsvergleich werden sie im Kollokationsverfahren bereinigt (SchKG 321).

Wie schon erwähnt *genehmigt jeder Gläubiger den Vertragsentwurf*   67 *einzeln mit seiner Unterschrift* (SchKG 302 III); konkludente Zustimmung ist ausgeschlossen (BGE *106* III 37; anders beim Bankennachlass). Die Zustimmung braucht aber nicht schon an der Gläubigerversammlung selbst erteilt zu werden; zustimmen kann man bis zum Bestätigungsentscheid (SchKG 305 I). Bis zu diesem Zeitpunkt darf man seine Zustimmung aber auch wieder zurückziehen. Das «Stimmrecht» ist somit nur ein Zustimmungsrecht; wer von den Stimmberechtigten nicht zustimmt, hat abgelehnt.

4. Verfahren im Konkurs

In einem hängigen Konkurs beschränkt sich das ganze Zu-   68 stimmungsverfahren auf den Bericht der Konkursverwaltung über den vom Schuldner unterbreiteten Nachlassvertragsentwurf an die Zweite

Gläubigerversammlung und auf die Stellungnahme der einzelnen Gläubiger dazu (SchKG 332 I und II, oben N. 18). Inventar, Schuldenruf und Erklärungen des Schuldners zu den Forderungseingaben sind in diesem Stadium des Konkursverfahrens schon vorhanden.

V. Das Bestätigungsverfahren

1. Allgemeines

69   Im Bestätigungsverfahren *überprüft das Nachlassgericht* den von den Gläubigern mehrheitlich angenommenen Nachlassvertrag und erklärt ihn durch Entscheid für alle Gläubiger verbindlich oder verwirft ihn. Eine sorgfältige Prüfung ist vor allem auch für die Wahrnehmung der Interessen der ablehnenden Gläubigerminderheit bedeutsam. Der Bestätigungsentscheid stempelt den Nachlassvertrag als «gerichtlichen» ab, den Vergleich als «Zwangsvergleich».

2. Das Verfahren

70   Eingeleitet wird dieses letzte Stadium des Nachlassverfahrens dadurch, dass der *Sachwalter vor Ablauf der Stundung alle Akten mit seinem Bericht dem Nachlassgericht unterbreitet* (SchKG 304 I, oben N. 30). Im Bericht orientiert er über bereits erfolgte Zustimmungen und empfiehlt, den Vertrag zu bestätigen oder zu verwerfen (SchKG 304 I Satz 2).

71   Das Nachlassgericht macht hierauf den *Verhandlungstermin* öffentlich bekannt, lädt die Gläubiger und den Schuldner dazu ein und teilt den Gläubigern gleichzeitig mit, dass sie *Einwendungen* gegen den Nachlassvertrag in der Verhandlung vorbringen können (SchKG 304 III); sie dürfen aber auch schriftlich Stellung nehmen.

72   Das Gericht entscheidet «beförderlich» am Termin selbst (SchKG 304 II). Wie schon im Bewilligungsverfahren gilt die Untersuchungsmaxime; im übrigen kommt kantonales Prozessrecht zur Anwendung.

3. Der Entscheid

a) Allgemeines

73   Der *Sachentscheid* lautet entweder auf Bestätigung oder auf Verwerfung des Nachlassvertrages. Dabei ist das Nachlassgericht nicht

an die Genehmigung durch die Gläubigermehrheit gebunden. Deren Zustimmung ist jedoch erste Voraussetzung der Bestätigung; ohne sie kann auch ein gerichtlicher Nachlassvertrag nicht zustande kommen.

Aus rein formellem Grunde ist ein Sachentscheid ausgeschlossen, wenn der Sachwalter   74
die Akten und sein Gutachten erst nach Ablauf der Stundungsfrist überweist; denn damit
ist das Nachlassverfahren bereits erfolglos ausgelaufen. Der Entscheid kann nur noch auf
Nichteintreten lauten (BGE *85* I 77).

b)   *Materielle Voraussetzungen der Bestätigung*

Materiell knüpft SchKG 306 II die gerichtliche Bestätigung an folgende Voraussetzungen:

– Das Angebot des Schuldners muss vor allem einmal «in richtigem   75
  Verhältnis» zu seinen Möglichkeiten stehen (SchKG 306 II Z. 1); es
  soll ein unter diesem Gesichtspunkt *genügendes Angebot* sein. Bei der
  Beurteilung dieser Frage dürfen auch Anwartschaften und im Ausland liegendes Vermögen des Schuldners berücksichtigt werden (vgl.
  oben N. 55). Der gerichtliche Nachlassvertrag verlangt eben nicht nur
  von den Gläubigern, sondern auch vom Schuldner ein zumutbares
  Opfer.
– Für den *Liquidationsvergleich* wird diese Voraussetzung noch in der   76
  Weise präzisiert, dass das Verwertungsergebnis oder die von einem
  Dritten angebotene Summe insgesamt höher erscheinen muss als der
  voraussichtliche Erlös, der in einem Konkurs erzielt würde (SchKG
  306 II Z. 1bis). Massgebend für diese Prognose ist die Dividenener-
  wartung der Kurrentgläubiger; denn die angemeldeten privilegierten
  Gläubiger (sowie die Massegläubiger) müssen ohnehin vollständig
  befriedigt werden können.
– Der *Vollzug* des Nachlassvertrages (Dividende, Kostenliquidation)   77
  und die vollständige Befriedigung der *angemeldeten privilegierten
  Gläubiger* sowie die Erfüllung der *Masseverbindlichkeiten* müssen
  sichergestellt sein, es sei denn, die betreffenden Gläubiger verzichte-
  ten ausdrücklich darauf (SchKG 306 II Z. 2). Die Sicherstellungs-
  pflicht gehört zu den in der Praxis oft nur schwer erfüllbaren Voraussetzungen der Bestätigung (BGE *64* I 81). Im übrigen stellt sich die
  Frage der Sicherstellung nur beim ordentlichen Nachlassvertrag;
  beim Liquidationsvergleich geht das Verfügungsrecht über das Vermögen mit der Bestätigung auf die Gläubiger über (SchKG 317; § 55
  N. 23). Im Falle der Abtretung des Vermögens an einen Dritten muss
  allerdings der «Verkaufserlös» sichergestellt werden, aber nicht vom
  Schuldner, sondern vom Dritten (SchKG 318 I Z. 3).

78 – Keine Rolle spielt die subjektive Frage der Nachlasswürdigkeit des Schuldners (N. 15 oben).

c)   *Ergänzung des Vertrages durch das Nachlassgericht*

79   Im Interesse der Gläubiger – der zustimmenden wie der ablehnenden – darf das Nachlassgericht einzelne Bestimmungen des Nachlassvertrages abändern oder aufheben oder den Vertrag sogar ergänzen (SchKG 306 III). Das kann auf Antrag eines Beteiligten (auch des Sachwalters) oder von Amtes wegen geschehen. Auf diese Weise kann unter Umständen eine ungenügende Regelung korrigiert, insbesondere auch den Interessen einer Gläubigerminderheit Rechnung getragen werden.

d)   *Weiterziehung und Publikation des Entscheides*

80   Wo ein oberes kantonales Nachlassgericht besteht, kann der Entscheid binnen 10 Tagen nach seiner Eröffnung an dieses weitergezogen werden (SchKG 307). Legitimiert dazu ist:
– gegen einen *Verwerfungsentscheid* der Schuldner sowie jeder Gläubiger, der dem Nachlassvertrag zugestimmt hat;
– gegen einen *Bestätigungsentscheid* ebenfalls der Schuldner und jeder Gläubiger, der dem Nachlassvertrag nicht zugestimmt hat; ein zustimmender Gläubiger kann nur dann anfechten, wenn das Nachlassgericht ihm durch Abänderung des Vertrages nachträglich weitere Opfer auferlegt hat.

81   An das Bundesgericht kann der letztinstanzliche kantonale Entscheid nur mit staatsrechtlicher Beschwerde weitergezogen werden (Vollstrekkungssache).

82   Der rechtskräftige Entscheid wird *öffentlich bekanntgemacht* und dem Betreibungs- sowie dem Grundbuchamt mitgeteilt; wird einem konkursfähigen Schuldner ein Liquidationsvergleich bestätigt, so muss auch das Handelsregisteramt benachrichtigt werden (SchKG 308 I).

4.   Die Wirkungen des Entscheides

83   Der gerichtliche Entscheid schliesst in jedem Falle – ob zustimmend oder ablehnend – das Nachlassverfahren ab. Die Stundung, die bis dahin angedauert hat (oben N. 30), verliert mit der Publikation des Entscheides jede weitere Wirkung (SchKG 308 II). Im übrigen ist zu unterscheiden:

– Der *Verwerfungsentscheid* gestattet allen Gläubigern, ihre Forderun- 84
gen wieder auf dem Wege der Zwangsvollstreckung geltend zu machen, sei es durch Fortsetzung einer schon früher eingeleiteten Betreibung oder durch Anhebung einer neuen. Wie ein Stundungswiderruf
wirkt der Verwerfungsentscheid zudem vorübergehend als *materieller
Konkursgrund:* jeder Gläubiger ist dann berechtigt, binnen 20 Tagen
seit der Publikation des Entscheides sofort die Konkurseröffnung zu
verlangen, und zwar gegen jeden Schuldner, nicht nur gegen einen
konkursfähigen (SchKG 309 in Verbindung mit 190 I Z. 3).
– Mit dem rechtskräftigen *Bestätigungsentscheid* hingegen erwächst 85
auch der Nachlassvertrag selbst – der «Vergleich» – in Rechtskraft.
Seiner Durchführung und Erfüllung steht nichts mehr im Wege, so-
fern ihn das Nachlassgericht nicht nachher wieder (teilweise) aufhebt
oder (ganz) widerruft (§ 55 und 56).
Ausserdem bewirkt die Bestätigung:
  – Alle *hängigen Betreibungen,* aber auch *Arreste,* die wegen der 86
  Nachlassstundung nicht weiterverfolgt werden konnten, fallen
  dahin; ausgenommen sind die Pfandverwertungsbetreibungen
  (SchKG 311; § 55 N. 8). Für Bargeld gilt wiederum SchKG 199 II
  (N. 31 oben).
  – Ein *hängiger Konkurs,* in dessen Verlauf der Nachlassvertrag zu- 87
  stande kam, ist auf Antrag der Konkursverwaltung vom Konkursgericht zu widerrufen (SchKG 332 III und 195 I).
  – Der Schuldner kann für alle *nicht dem Nachlassvertrag unterwor-* 88
  fenen Verbindlichkeiten wieder voll betrieben werden (s. SchKG
  319 II, der dies für den Liquidationsvergleich ausdrücklich bestätigt).

§ 55   Die Durchführung des Nachlassvertrages

Der rechtskräftige Nachlassvertrag muss noch *vollzogen* wer- 1
den. Die Art und Weise dieser Durchführung bestimmt sich nach dem
materiellen Inhalt des Nachlasses.

I.   *Materielle Auswirkungen des Nachlassvertrages im allgemeinen*

Den *materiellen Inhalt* des Nachlasses bestimmt der «Ver- 2
trag». Er gibt Auskunft darüber, ob dem Nachlassschuldner *Stundung*

oder *Erlass* (z. B. teilweiser oder vollständiger Erlass von Kapital oder Zinsen, mit oder ohne Nachforderungsrecht, Teilerlass in Verbindung mit Stundung der Restforderung) gewährt wird sowie – beim Liquidationsvergleich – über den *Umfang der Vermögensabtretung* (SchKG 314 I bzw. 317 und 318; s. auch § 53 N. 14 ff.).

3   Die *Auswirkungen* dieses materiellen Nachlasses umschreibt hingegen das Gesetz. So braucht der Schuldner die Nachlassgläubiger nur noch in dem Masse (Dividende), zu der Zeit (Stundung) und auf die Art (Zahlung oder Vermögensabtretung) zu befriedigen, wie es der Nachlassvertrag festlegt. Hält er sich daran, sind seine Schulden entsprechend den Vertragsbestimmungen getilgt. Deshalb werden im Nachlassverfahren auch keine Verlustscheine ausgestellt. Umgekehrt kommt bei Nicht- oder Schlechterfüllung des Nachlassvertrages dessen Aufhebung oder gar dessen Widerruf in Frage (SchKG 313, 316; § 56).

> Während ein ordentlicher Nachlassvertrag immer nur Teilaspekte der Nachlassforderungen (z. B. Stundung oder Teilverzicht) betrifft, zielen die Wirkungen eines Liquidationsvergleichs aufs Ganze: Bezweckt ist eine konkursähnliche Generalliquidation des Schuldnervermögens (BGE *108* III 87); im Kern gleicht daher die Bestätigung des Liquidationsvergleichs einer Konkurseröffnung (BGE *110* III 111).

II.   Die Auswirkungen des Nachlassvertrages im einzelnen

1.   Allgemeinverbindlichkeit für die Nachlassgläubiger

4   Ein gerichtlicher Nachlassvertrag ist *für sämtliche Nachlassgläubiger verbindlich,* ungeachtet dessen, ob der einzelne zugestimmt oder am Verfahren überhaupt teilgenommen hat (Zwangsvergleich); auch säumige Gläubiger oder solche, die ihre Forderung gar nicht angemeldet haben, sind ihm also unterworfen (SchKG 310 I).

> Das bedeutet aber auch, dass stets alle Nachlassforderungen – ob angemeldet oder nicht – im vertraglich bestimmten Umfang zu erfüllen sind. Nur beim Liquidationsvergleich geht das Teilnahmerecht mit dem Abschluss der Liquidation unter; wie im Konkurs können Forderungseingaben nach abgeschlossener Verteilung nicht mehr berücksichtigt werden (SchKG 251; BGE *69* III 27 f.).

5   Die Allgemeinverbindlichkeit des Nachlassvertrages wird bekräftigt durch das *Verbot von Nebenversprechen.* Jede Zusicherung des Schuldners an einen Gläubiger, ihm mehr zu leisten, als ihm nach Vertrag gebührt, ist nichtig (SchKG 312).

Als *Nachlassgläubiger* gelten nach SchKG 310 I: 6
– alle Gläubiger, deren Forderungen *vor* Bekanntmachung der Stundung entstanden sind;
– die Gläubiger, deren Forderungen seither ohne Zustimmung des Sachwalters entstanden sind; das sind Forderungen, die der Schuldner *gegen die Weisungen des Sachwalters begründet* hat, nicht aber solche gegen das gesetzliche Verbot bzw. das richterliche Mitwirkungsgebot: letztere werden gar nicht berücksichtigt (SchKG 298 I und II; § 54 N. 42 f.);
– *Pfandgläubiger* für den durch das Pfand *nicht gedeckten Forderungsbetrag* (SchKG 310 I Satz 2, SchKG 324 und 327);
– die Gläubiger *privilegierter* Forderungen, sofern sie auf ihr Sicherstellungsrecht verzichtet oder ihre Forderung gar nicht angemeldet haben.

Ausnahmen von der Allgemeinverbindlichkeit

Gewisse Gläubiger sind dem Nachlassvertrag von vornherein *nicht*   7
unterworfen (gelten infolgedessen auch nicht als Nachlassgläubiger), nämlich:
– Die *Pfandgläubiger,* soweit ihre Forderungen durch das Pfand ge-   8
deckt sind; sie behalten ihr Einzelverfolgungsrecht und können nach Ablauf der Nachlassstundung ohne weiteres zur *Pfandverwertung* schreiten. Nur ein allfälliger Pfandausfall unterliegt dem Nachlassvertrag (gleich verhält es sich, wo ein *Eigentumsvorbehalt* vereinbart ist).
– Die *Gläubiger konkursrechtlich privilegierter Forderungen,* sofern sie 9
ihre Forderung angemeldet und auf ihr Sicherstellungsrecht nicht verzichtet haben (SchKG 306 II Z. 2; § 54 N. 65 und 77).
– Die Gläubiger von «*Masseforderungen*»; sie werden gleich behandelt 10
wie diejenigen von privilegierten Forderungen. Auch ihre vollständige Erfüllung muss also sichergestellt sein, sofern sie nicht ausdrücklich darauf verzichten (SchKG 306 II Z. 2).

Diese Forderungen entspringen den *während der Stundung* eingegangenen «Masseverbindlichkeiten» (s. dazu § 54 N. 45 ff.). Streng genommen kann nur beim Liquidationsvergleich oder im Konkurs von Masseverbindlichkeiten gesprochen werden, wo es eine verselbständigte Liquidationsmasse gibt.   11

Sonderfall der «Pfandstundung»

Auf *Grundpfandgläubiger* kann sich der Nachlassvertrag den-   12
noch ausnahmsweise auswirken, wenn der Nachlassrichter dem Schuldner *im Bestätigungsentscheid* eine sogenannte «*Pfandstundung*» ge-

währt. Um die Sanierung zu erleichtern, kann er nämlich – auf Antrag des Schuldners – die *Verwertung eines Grundpfandes* unter bestimmten Voraussetzungen und Vorbehalten auf höchstens ein Jahr nach Bestätigung des Nachlassvertrages *einstellen* (SchKG 306 a; BGE *84* III 110 f., *102* III 111).

13   Eine solche Pfandstundung setzt dreierlei voraus:
   – Die betreffende Grundpfandforderung muss vor Einleitung des Nachlassverfahrens entstanden sein,
   – es darf nicht mehr als ein Jahreszins ausstehen,
   – der Schuldner muss glaubhaft machen, dass er das Grundstück zum Betrieb seines Gewerbes benötigt und dass die Verwertung seine wirtschaftliche Existenz gefährden würde (SchKG 306 a I).
   Den betroffenen Grundpfandgläubigern muss Gelegenheit zu schriftlicher Vernehmlassung gegeben werden; ausserdem sind sie zur Gläubigerversammlung und zur Bestätigungsverhandlung persönlich einzuladen (SchKG 306 a II).
   Die Einstellung fällt von Gesetzes wegen dahin, wenn der Schuldner das Pfand freiwillig veräussert oder wenn er in Konkurs gerät oder stirbt (SchKG 306 a III). Auf Antrag des betroffenen Gläubigers und nach Anhörung des Schuldners kann sie auch widerrufen werden, wenn der Gläubiger glaubhaft macht, der Schuldner habe sie durch unwahre Angaben erwirkt oder sei zu neuem Vermögen oder Einkommen gelangt oder er würde durch die Verwertung in seiner Existenz nicht mehr gefährdet (SchKG 306 a IV).
   Pfandstundung kann vor allem bei einem ordentlichen Nachlassvertrag wirkungsvoll sein. Für ein Faustpfand käme sie nach Gesetz nicht in Frage.

2.   Behandlung bestrittener Nachlassforderungen

   Auch die vom Schuldner bestrittenen Nachlassforderungen unterliegen dem Vertrag. Sie werden wie folgt behandelt:

14   – Bei einem *ordentlichen Nachlassvertrag* hat der Schuldner auf Anordnung des Nachlassrichters die auf bestrittene Forderungen entfallenden Beträge bei der Depositenanstalt zu hinterlegen. Den betreffenden Gläubigern wird dann im Bestätigungsentscheid eine 20-tägige Frist zur gerichtlichen Geltendmachung der Forderung am Ort des Nachlassverfahrens angesetzt unter Androhung, dass im Unterlassungsfall die Sicherstellung der Dividende verloren gehe (SchKG 315).

15   – Beim *Liquidationsvergleich* hingegen werden bestrittene Nachlassforderungen – wie im Konkurs – im *Kollokationsplan* behandelt (unten N. 33).

3. Die Rechte der Gläubiger gegenüber Mitverpflichteten des Schuldners

Schon im Zustimmungverfahren kann für die Nachlassgläubiger bedeutsam sein, wie sich das Zustandekommen des Nachlassvertrages auf ihre Rechte gegenüber Mitverpflichteten des Schuldners (Mitschuldnern, Bürgen, Garanten, Gewährspflichtigen) auswirken wird. Das verlangt eine klare Regelung. 16

– Gegenüber den *zustimmenden Nachlassgläubigern* werden die Mitverpflichteten im Ausmass des Nachlasses grundsätzlich ebenfalls frei; sie können also nicht mehr für den vollen Forderungsbetrag belangt werden (SchKG 303; BGE *121* III 193). – Im Falle eines Solidarschuldverhältnisses vermag diese Lösung nicht recht zu überzeugen. 17

– Nur der *nichtzustimmende Gläubiger* verliert seine Rechte gegen sie nicht; diese erlöschen ihm nur insoweit, als er durch den Nachlassvertrag befriedigt wird (SchKG 303 I).

Indessen kann sich auch der Zustimmende das volle *Recht bewahren,* indem er 18

– den Mitverpflichteten mindestens 10 Tage vor der Gläubigerversammlung deren Ort und Zeit bekanntgibt und ihnen die Abtretung seiner Forderung gegen Zahlung anbietet (SchKG 303 II; zu den Modalitäten BGE *121* III 194)

– oder die Mitverpflichteten ermächtigt, an seiner Stelle über die Genehmigung des Nachlassvertrages zu entscheiden (SchKG 303 III).

Wenn hingegen eine Kollektiv- oder Kommanditgesellschaft einen Nachlassvertrag abschliesst, so werden deren Teilhaber *immer* von den Gesellschaftsschulden befreit (BGE *109* III 128).

III. *Vollzug und Vollzugsorgane*

Je nachdem, ob es sich um einen ordentlichen Nachlassvertrag oder um einen Liquidationsvergleich handelt, verläuft der Vollzug verschieden und sind auch eigene Organe damit betraut.

a) *Für den ordentlichen Nachlassvertrag*

Ein ordentlicher Nachlassvertrag kann an sich vom *Schuldner* selber abgewickelt werden: Verlangt ist im wesentlichen nur pünktliche Zahlung der Dividenden. Doch kann es sich als zweckmässig erweisen, 19 den bisherigen *Sachwalter* oder einen *Dritten* mit der Durchführung zu beauftragen; insbesondere können ihnen dazu Überwachungs-, Geschäftsführungs- und Liquidationsbefugnisse übertragen werden (SchKG 314 II). Meistens empfiehlt sich die Zusammenarbeit mit dem Schuldner; die Anordnungen des vollziehenden Sachwalters unterliegen der betreibungsrechtlichen Beschwerde (s. auch § 54 N. 22).

b)   *Beim Liquidationsvergleich*

20   Bei der Durchführung eines Liquidationsvergleichs amten hingegen immer besondere Organe: ein oder mehrere *Liquidatoren* und ein *Gläubigerausschuss,* die von der Gläubigerversammlung ernannt werden und deren Mitglieder im Nachlassvertrag einzeln bezeichnet werden müssen (SchKG 317 II und 318 I Z. 2).

IV.   *Die Durchführung des Nachlassvertrages mit Vermögensabtretung (Liquidationsvergleich)*

1.   Die «Vermögensabtretung»

21   Der Liquidationsvergleich bezweckt, das abgetretene Schuldnervermögen (Aktiven und Passiven) zwecks Gläubigerbefriedigung zu liquidieren. Dazu stellt der Schuldner sein Vermögen oder einen – im Nachlassvertrag genau auszuscheidenden – Teil davon (SchKG 318 II) zur Verfügung: allein das ist mit der «Abtretung» gemeint. Und zwar kann das nach SchKG 317 I auf zwei Arten geschehen:

22   a) Zum einen kann den Gläubigern das *Verfügungsrecht über die Aktiven des Schuldners eingeräumt und die Verwertung derselben überlassen werden.* Das ist der klassische Liquidationsvergleich, im Grunde genommen eine mildere Form des Konkurses (BGE *108* III 87 f., *114* III 120; oben N. 3). Auch hier wird das Schuldnervermögen verselbständigt: es bildet die *Nachlassmasse.* Um diese Verselbständigung auch nach aussen zum Audruck zu bringen, erhält die Firma eines im Handelsregister eingetragenen Schuldners den Zusatz «in Nachlassliquidation»; als solche kann sie – vertreten durch die Liquidatoren – klagen und betreiben sowie beklagt und betrieben werden (SchKG 319 II und IV).

23   Das Verfügungsrecht geht mit Eintritt der Rechtskraft des Nachlassvertrages von Gesetzes wegen, ohne dass es noch eines amtlichen Beschlages bedürfte, auf die Nachlassgläubiger über (SchKG 319 I; BGE

103 III 60); gleichzeitig erlöschen das Verfügungsrecht des Schuldners und die bisherigen Zeichnungsberechtigungen. Erst die nachfolgende Verwertung bewirkt dann den *materiellen* Rechtsübergang auf den Erwerber.

In der Regel erfasst diese Form der «Abtretung» das gesamte Aktiv-   24
vermögen des Schuldners (mit Ausnahme der im Inventar bezeichneten Kompetenzstücke, BGE *108* III 87).

b) Der Nachlassvertrag kann aber auch bestimmen, dass das Aktiv-   25
vermögen ganz oder teilweise *einem vertraglich bestimmten Dritten abgetreten* wird (SchKG 317 I). Dann wird der vom Dritten bezahlte Preis unter die Gläubiger verteilt. Damit erübrigt sich die eigentliche Verwertung durch die Liquidatoren.

Diese Art der Vermögensabtretung ist gedacht für Fälle, wo das Schuldnervermögen (z. B. ein Unternehmen) nicht zerstückelt, sondern als Ganzes oder zumindest im Umfang eines in sich geschlossenen Teils in ein anderes Unternehmen eingebracht werden soll (in ein bereits bestehendes oder ein noch zu gründendes «Auffangunternehmen»).

Der Schuldner befreit sich durch beide Arten der Vermögensabtre-   26
tung von seiner Schuldpflicht; es bleibt – abweichende Vertragsbestimmungen vorbehalten (s. N. 42) – keine Restschuld zurück.

2.   Die Liquidation des Vermögens

a)   Die Liquidationsorgane

Liquidiert wird durch einen oder mehrere *Liquidatoren,* die   27
der *Aufsicht des Gläubigerausschusses* unterstehen (SchKG 320 I). Beide Organe üben öffentlichrechtliche Funktionen aus. Demzufolge können ihre Verfügungen mit *Beschwerde* angefochten werden, und zwar bei der Aufsichtsbehörde, nicht etwa beim Nachlassgericht. Gegen Anordnungen der Liquidatoren über die *Verwertung* von Aktiven – nicht hingegen bei anderen Verfügungen (z. B. betreffend die Feststellung der Passivmasse) – ist jedoch vorerst binnen 10 Tagen beim Gläubigerausschuss *Einsprache* zu erheben; erst dessen Entscheid unterliegt dann der Beschwerde (SchKG 320 II). Anders als im Konkurs ist der Gläubigerausschuss insoweit ein Organ der Rechtspflege. Im übrigen gelten für die Beschwerde die gleichen Regeln wie im Konkurs; nur kann hier auch der Liquidator einen Beschwerdeentscheid weiterziehen (BGE *105* III 28).

Als Liquidator kann auch der frühere *Sachwalter* eingesetzt werden   28
(SchKG 317 II). Seine *Rechtsstellung* entspricht denn auch derjenigen eines Sachwalters (SchKG 320 III; siehe im einzelnen § 54 N. 21).

29   Die *Aufgaben* des Liquidators sind hingegen mit denjenigen einer Konkursverwaltung vergleichbar (BGE *114* III 121). Er hat alle zur Erhaltung, Verwaltung und Verwertung der Nachlassmasse sowie zur allfälligen Übertragung des abgetretenen Vermögens gehörenden Geschäfte zu besorgen; dabei vertritt er die Masse auch vor Gericht (SchKG 319 III und IV). Dauert die Liquidation länger als ein Jahr, so muss auf Ende jedes Kalenderjahres ein *Rechenschaftsbericht* erstellt, dem Nachlassgericht eingereicht und zur Einsicht der Gläubiger aufgelegt werden (SchKG 330 II).

30   Für rechtswidriges Handeln des Liquidators *haftet der Kanton* (SchKG 5). Mitglieder des Gläubigerausschusses dagegen haften für schuldhaft verursachten Schaden persönlich nach OR 41.

b)   *Das Liquidationsverfahren*

aa)   *Allgemeine Regeln*

31   Der Liquidationsvergleich wird im wesentlichen gleich *wie ein Konkurs* abgewickelt. Doch herrscht hier grössere Freiheit. Zunächst bestimmt der Nachlassvertrag die Art und Weise der Liquidation (Verwertung und Verteilung), soweit das Gesetz nichts Besonderes anordnet (SchKG 318 I Z. 3). Nötigenfalls können auch konkursrechtliche Vorschriften analog herangezogen werden, wenn es sich sachlich rechtfertigt (BGE *107* III 106, *113* III 150). Wesentlich ist, dass der Grundsatz der Gleichbehandlung der Gläubiger gewahrt bleibt.

> Beim *Bankennachlass* dürfen jedoch die Kleingläubiger sofort und ohne weitere Formalitäten vorweg befriedigt werden, falls dadurch an Zeit und Kosten erheblich gespart werden kann (BGE *111* III 90). Diese vernünftige Konzession an die Verfahrensökonomie wäre auch bei anderen Grossliquidationen angezeigt.

bb)   *Bereinigung der Aktiven*

32   Ist die Rechtszugehörigkeit eines in der Nachlassmasse befindlichen oder von dieser beanspruchten Vermögensbestandteils umstritten, müssen unter Umständen die erforderlichen *Aussonderungs-* und *Admassierungsverfahren* durchgeführt werden (SchKG 319 IV Satz 2; s. dazu § 45 N. 28 ff.).

cc)   *Kollokation der Gläubiger*

33   Auf Grund der Geschäftsbücher des Schuldners sowie der Eingaben der Gläubiger im vorangegangenen Nachlassstundungs- oder

Konkursverfahren wird von den Liquidatoren – ohne nochmaligen Schuldenruf – ein *Kollokationsplan* erstellt mit gleicher Rechtswirkung wie im Konkurs (SchKG 321; BGE *105* III 31, *115* III 145). Darin werden sämtliche Forderungen aufgenommen, die aus dem Liquidationserlös zu begleichen sind (Nachlassforderungen und privilegierte Forderungen). Nur Masseverbindlichkeiten gehören wiederum nicht hinein; sie sind wie die Kosten vorweg zu bezahlen. – Zur Kollokation der *Pfandforderungen* siehe unten N. 36 ff.

Die zu kollozierenden Forderungen werden mit der rechtskräftigen Bestätigung des Liquidationsvergleichs *fällig*, dies im Unterschied zum ordentlichen Nachlassvertrag (BGE *110* III 111; § 54 N. 35); für den *Zinsenlauf* s. § 54 N. 34; Forderungen in *fremder Währung* werden auf den Tag in Landeswährung umgerechnet, an dem der Nachlassvertrag rechtskräftig geworden ist (BGE *110* III 111). Die Umwandlung von *Realforderungen* in Geldforderungen (§ 42 N. 32) sowie die *Verrechnungsmöglichkeit* richtet sich nach konkursrechtlichen Grundsätzen (SchKG 297 IV).

dd)   Paulianische Anfechtung

Zu den Aufgaben des Liquidators gehört auch zu prüfen, ob   34
der Schuldner vor der Bestätigung des Nachlassvertrages *anfechtbare Rechtshandlungen* im Sinne von SchKG 285 ff. vorgenommen hat (SchKG 331 I und III). Massgebend für die Berechnung der Fristen ist anstelle der Pfändung oder der Konkurseröffnung die Bewilligung der Nachlassstundung; für die Geltendmachung kann die Verwirkungsfrist von SchKG 292 allerdings erst mit der rechtskräftigen Bestätigung des Liquidationsvergleichs zu laufen beginnen (s. § 52 N. 34).

Beim ordentlichen Nachlassvertrag besteht – mangels einer verselbständigten Liquidationsmasse – keine Anfechtungsmöglichkeit.

ee)   Verwertung

In der Anpassungsfähigkeit des Verwertungsverfahrens an ge-   35
gebene Verhältnisse liegt der entscheidende Vorteil des Liquidationsvergleichs gegenüber dem Konkurs (BGE *108* III 88). Hier können die Liquidatoren, im Einverständnis mit dem Gläubigerausschuss, die Art und den Zeitpunkt der Verwertung weitgehend frei bestimmen (SchKG 322). Auch hier kommen die öffentliche Versteigerung, der Freihandverkauf und die Abtretung von Rechtsansprüchen der Nachlassmasse (SchKG 325) in Frage.

Obwohl Pfandforderungen nicht unter den Nachlassvertrag fallen   36
(§ 54 N. 54 sowie oben N. 8), können die Pfänder unter Umständen doch

auch im Rahmen der Durchführung des Liquidationsvergleichs verwertet werden:

37 – *Grundpfänder* kann der Liquidator verwerten, solange der Grundpfandgläubiger keine eigene Betreibung auf Pfandverwertung einleitet (BGE *84* III 105). Dann muss ein Lastenverzeichnis erstellt und die Kollokation des Grundpfandgläubigers vorgenommen werden – wie im Konkurs (SchKG 323; § 46 N. 20 ff.). Dabei gilt, dass sich das Pfandrecht ohne weiteres auch auf die *Miet- und Pachtzinse* erstreckt, die seit der Bestätigung des Nachlassvertrages angefallen sind (ZGB 806; BGE *108* III 90).

38 Im Falle einer bereits laufenden selbständigen Betreibung des Grundpfandgläubigers verwertet hingegen das zuständige Betreibungsamt, und der Grundpfandgläubiger wird dann bei der Abwicklung des Liquidationsvergleichs nur noch mit dem geschätzten oder bereits feststehenden Pfandausfall in der III. Klasse kolloziert; in diesem Umfang hat er auch Anspruch auf Abschlagszahlungen (SchKG 327).

39 Auch im Liquidationsverfahren darf ein Grundstück nur dann freihändig verkauft werden, wenn die Pfandgläubiger, deren Forderungen durch den Kaufpreis nicht gedeckt sind, zustimmen (SchKG 323); von dieser Zustimmung kann abgesehen werden, wenn das Grundstück im Rahmen einer direkten Vermögensabtretung an einen Dritten die Hand wechseln soll.

40 – Selbst die *Faustpfandgläubiger* können die Pfandverwertung den Liquidatoren überlassen, indem sie das Pfand freiwillig abliefern. Liegt die baldige Verwertung im Interesse der Nachlassmasse, können sie sogar zur Ablieferung zwecks Verwertung im Rahmen des Liquidationsvergleichs gezwungen werden (SchKG 324 II). Erleidet der Pfandgläubiger in seiner eigenen Betreibung einen Ausfall, so wird er – gleich wie der Grundpfandgläubiger – für diesen Betrag im Liquidationsverfahren in der III. Klasse kolloziert und kann auch an Abschlagszahlungen teilhaben (SchKG 327).

ff) *Verteilung*

41 *Verteilungsliste, Verteilung* und *Schlussrechnung* richten sich weitgehend nach konkursrechtlichen Grundsätzen. Insbesondere dürfen auch hier *Abschlagszahlungen* nur aufgrund einer provisorischen Verteilungsliste ausgerichtet werden (SchKG 326). Gleichzeitig mit der definitiven Verteilungsliste ist auch eine Schlussrechnung (einschliesslich Kostenrechnung) aufzulegen (SchKG 328).

Die Zahlung der *Schlussdividende* erfolgt nur gegen Quittung und 42
Herausgabe des Forderungstitels (vgl. SchKG 264 II und 150).

Verlustscheine werden keine ausgestellt (oben N. 3); räumt aber der
Nachlassvertrag den Gläubigern ein *Nachforderungsrecht* gegen den
Schuldner oder gegen Dritte ein – aufgrund einer sogenannten «Besse-
rungsklausel» oder einer garantierten Mindestdividende – so erhalten
sie entsprechende Ausfallbescheinigungen (SchKG 318 I Z. 1).

Nach Abschluss des Verfahrens haben die Liquidatoren einen 43
Schlussbericht zu verfassen, der vom Gläubigerausschuss genehmigt,
dem Nachlassgericht eingereicht und zuhanden der Gläubiger aufgelegt
werden muss (SchKG 330).

Nicht bezogene Dividendenbeträge werden vorerst bei der Depositen- 44
anstalt hinterlegt und nach Ablauf von 10 Jahren vom Konkursamt
verteilt (SchKG 329 und 269).

§ 56   Aufhebung und Widerruf des Nachlassvertrages

1.   Allgemeines

Aufhebung und Widerruf des Nachlassvertrages (SchKG 313, 1
316) stellen zwei Massnahmen dar, seine Wirkungen nachträglich wieder
rückgängig zu machen:
- Die *Aufhebung* betrifft nur das Verhältnis eines *einzelnen* Gläubigers
  zum Nachlassschuldner; es handelt sich also bloss um eine *individuelle*
  Massnahme (SchKG 316).
- Der *Widerruf* hingegen bringt den Nachlassvertrag als Ganzes zu Fall;
  er bedeutet daher eine *kollektive* Massnahme (SchKG 313).

Beide Massnahmen können nur vom *Nachlassgericht,* welches den 2
Vertrag ursprünglich bestätigt hatte, und nur *auf Gesuch* eines betroffenen Gläubigers hin verfügt werden. Auf das Verfahren und eine allfällige Weiterziehung des Entscheides sind die Bestimmungen für das Bestätigungsverfahren analog anwendbar (SchKG 313 II und 316 II; § 54
N. 69 ff.).

2.   Die Aufhebung des Nachlassvertrages

Die Aufhebung kommt nur beim *ordentlichen Nachlassvertrag* 3
in Frage, nicht aber bei einem Liquidationsvergleich, weil hier das Ver-

mögen des Schuldners mit der Bestätigung des Nachlassvertrages in die Liquidationsmasse fällt, womit der Nachlassvertrag – soweit am Schuldner gelegen – erfüllt ist (§ 55 N. 21 ff.).

4   Die Aufhebung verlangen kann jeder Gläubiger, dem gegenüber die Bedingungen des Vertrages nicht erfüllt werden (SchKG 316 I): wenn z. B. die versprochene Dividende nicht pünktlich gezahlt wird oder wenn der Schuldner nach Ablauf der eingeräumten Stundung nicht zahlt. Voraussetzung ist somit, dass der Schuldner mit der Erfüllung seiner nachlassvertraglichen Verpflichtungen dem gesuchstellenden Gläubiger gegenüber im *Verzug* ist.

> Dieser soll den Schuldner jedoch *mahnen,* bevor er ein Aufhebungsbegehren stellt, denn nachlassvertragliche Termine sind Fälligkeitstermine, nicht Verfalltage (OR 102). Dem Gläubiger mag im Einzelfall sogar die Einräumung einer kurzen *Nachfrist* zumutbar sein.

5   Weil die *Aufhebung* des Nachlassvertrages als individuelle Massnahme einzig die Forderung des gesuchstellenden Gläubigers betrifft, wirkt sie auch nur zu seinen Gunsten. Die nachlassvertraglichen Rechte bleiben dabei erst noch bestehen: Der Gläubiger kann also jetzt seinen Schuldner wieder für die ganze Forderung betreiben, ohne indessen das Recht auf Dividende oder auf privilegierte Behandlung zu verlieren (SchKG 316 I in fine). Für die übrigen Gläubiger ändert sich nichts.

> Wegen dieser beschränkten Wirkungen muss der Aufhebungsentscheid denn auch weder publiziert werden, noch ergibt er – wie der Widerruf – einen materiellen Konkursgrund (SchKG 316 II).

3.   Widerruf des Nachlassvertrages

6   Grund zum Widerruf des ganzen Nachlassvertrages (eines ordentlichen wie eines Liquidationsvergleichs) ist nicht – wie im Falle der Aufhebung – pflichtwidriges Verhalten des Schuldners nach seiner Bestätigung, sondern der Umstand, dass er schon *auf unredliche Weise zustandegekommen* ist (SchKG 313).

> Das kann zutreffen, wenn der Schuldner einen Gläubiger begünstigt oder benachteiligt hat, z. B. durch unerlaubte Nebenversprechen (SchKG 312; OR 20); oder wenn er Vermögen verheimlicht, unwahre Angaben darüber gemacht oder seine Gläubiger sonstwie getäuscht hat (OR 28) oder wenn er sich des Stimmenkaufs oder der Erschleichung eines gerichtlichen Nachlassvertrages schuldig gemacht hat (StGB 168 und 170).

7   *Jedes Treu und Glauben verletzende Verhalten,* durch welches der Schuldner auf das Zustandekommen des Nachlassvertrages hingewirkt hat, bildet einen Widerrufsgrund. Immer muss es sich aber um einen

Sachverhalt handeln, der erst *nach* der Bestätigung des Vertrages zutage getreten ist.

Als kollektive Massnahme wirkt sich der Widerruf auf den Schuldner 8
und auf *alle* Gläubiger aus: er beseitigt sämtliche durch den Nachlassvertrag begründeten Rechte und Pflichten. *Alle Nachlassgläubiger* können den Schuldner wieder betreiben, wie wenn der Nachlassvertrag gar nicht bestätigt worden wäre. Gerade weil mit dem Widerruf die Gläubiger auch alle ihre nachlassvertraglichen Rechte verlieren, wird man sich im Einzelfalle wohl überlegen, ob er nicht mehr schadet als nützt.

Der Widerruf wird – wie das frühere Zustandekommen des Nachlass- 9
vertrages – *öffentlich bekanntgemacht*. Ausserdem bildet er – wie schon der Widerruf einer Nachlassstundung oder ein Verwerfungsentscheid (SchKG 295 V, 298 III, 309) – einen *materiellen Konkursgrund* (SchKG 313 II sowie § 54 N. 84). An diesem Konkurs nehmen dann nicht nur die bisherigen Nachlassgläubiger, sondern auch allfällige Neugläubiger teil.

In analoger Anwendung von SchKG 195 wird man auch dem Nachlassschuldner das 10
Recht einräumen müssen, beim Nachlassgericht den Widerruf des Nachlassvertrages zu verlangen, wenn er von sämtlichen Gläubigern die schriftliche Erklärung beibringt, dass sie ihre Forderungseingaben zurückziehen.

§ 57   Alternativen zum Nachlassvertrag

Das Nachlassvertragsrecht ist in gewissem Sinne unser allge- 1
meines Sanierungsrecht (§ 53 N. 2). Oft mag sich das Nachlassverfahren indessen als zu aufwendig und zu starr erweisen; oder dann kann es – durch seine grosse Publizität (s. SchKG 293 IV, 296, 300, 301, 304, 308) – gar den letzten Kredit eines Schuldners vernichten. Daher ist es im Einzelfall ratsam, Alternativen zu prüfen, die das Gesetz bereit hält: für «kleine Schuldner» die *einvernehmliche private Schuldenbereinigung* nach SchKG 333 ff., für Kapitalgesellschaften und Genossenschaften den *Konkursaufschub* nach OR 725 a.

I.   *Die einvernehmliche private Schuldenbereinigung*

Die Durchführung dieses Verfahrens *steht nur einem nicht der* 2
Konkursbetreibung unterliegenden Schuldner zur Verfügung. In Betracht kommen verschuldete Konsumenten und Privathaushalte, aber

auch kleine Betriebe (z. B. ein kleines Nähatelier), die nicht im Handelsregister eingetragen sind. Konkursfähigen Privatpersonen ist es hingegen verschlossen.

3   Der Schuldner muss sich mit einem *Gesuch,* in welchem er seine finanzielle Lage (Schulden, Einkommens- und Vermögensverhältnisse) darzulegen hat, an den *Nachlassrichter* wenden, der im summarischen Verfahren darüber entscheidet (SchKG 333 und 25 Z. 2 a). Erscheint eine Schuldenbereinigung nicht von vornherein als ausgeschlossen und sind die Kosten des Verfahrens (Gerichtsgebühren und Sachwalterkosten) sichergestellt, so gewährt ihm der Richter eine *Stundung* von höchstens 3 Monaten und ernennt einen *Sachwalter;* die Stundung kann bei Bedarf auf dessen Antrag auf höchstens 6 Monate verlängert, andererseits aber auch vorzeitig widerrufen werden, wenn die Schuldenbereinigung offensichtlich nicht zustande kommen kann (SchKG 334 I und II).

4   Die vorausgesetzte *Aussicht auf Schuldenbereinigung* darf angenommen werden, wenn der Schuldner über genügend eigene Mittel (vor allem auch Einkommen) verfügt, das er zur Abtragung seiner Altlasten einsetzen kann. Dann soll er sich nicht einfach in den Konkurs «flüchten» können (SchKG 191 II), sondern es darf ihm zugemutet werden, nach seinem Vermögen weiterhin für seine Schulden aufzukommen. Der *Umfang dieses Einsatzes* braucht dabei keineswegs in der ganzen pfändbaren Quote (§ 23 N. 53) zu bestehen; vielmehr wird er mit den Gläubigern nach Billigkeit frei vereinbart. Ebensowenig ist erforderlich, dass – wie beim Verwertungsaufschub (SchKG 123; § 27 N. 20) – Aussicht auf vollständige Tilgung der Forderungen besteht (s. die Möglichkeiten nach SchKG 335 I).

5   Der *Entscheid* des Nachlassrichters wird den Gläubigern mitgeteilt; für die Weiterziehung gelten die Bestimmungen des ordentlichen Nachlassverfahrens (SchKG 334 IV, 294 III und IV).

6   Die *Stundung* soll Gewähr dafür bieten, dass der Schuldner in Ruhe (ohne Betreibungsdruck) mit seinen Gläubigern zu einem Einvernehmen gelangen kann. Darum darf er während ihrer Dauer nur für *periodische familienrechtliche Unterhalts- und Unterstützungsbeiträge* betrieben werden und stehen die Fristen für Fortsetzungs- und Verwertungsbegehren sowie für die Dauer einer Lohnpfändung still (SchKG 334 III).

7   Die *Verfügungsbefugnis* des Schuldners ist während der Stundung in keiner Weise eingeschränkt. Der *Sachwalter* soll ihn in seinen Bemühungen um einen Bereinigungsvorschlag nur unterstützen; er ist – anders als in der ordentlichen Nachlassstundung (SchKG 298) – kein autoritärer Begleiter des Schuldners.

476

Im *Bereinigungsvorschlag* kann der Schuldner seinen Gläubigern z. B.   8
eine Dividende anbieten oder sie um Stundung ihrer Forderungen oder
um andere Zahlungs- oder Zinserleichterungen ersuchen (SchKG 335
I). Darüber verhandelt dann der Sachwalter mit den Gläubigern
(SchKG 335 II). Kommt die private Schuldenbereinigung – die nichts
anderes als einen *aussergerichtlichen Vergleich* darstellt – zustande, so
kann der Nachlassrichter den Sachwalter noch beauftragen, den Schuldner bei der Erfüllung der Vereinbarung zu überwachen (SchKG 335 III).

> Weil nur eine «einvernehmliche» Lösung angestrebt wird, wirkt sich die Schuldenberei-
> nigung – anders als ein Nachlassvertrag – auf ablehnende Gläubiger nicht aus: die Verein-
> barung gilt nur für jene Gläubiger, die zugestimmt haben.

Misslingt die Einigung mit den Gläubigern auf dieser privaten Ebene,   9
so bleibt dem Schuldner nichts anderes übrig als die Insolvenzerklärung
(SchKG 191) oder das gerichtliche Nachlassverfahren. In diesem wird
ihm dann die Dauer der Stundung auf die Dauer der Nachlassstundung
angerechnet (SchKG 336).

> Der Schuldner wird sich allerdings kaum noch auf ein wenig aussichtsreiches Nach-
> lassverfahren einlassen, sondern eher gleich die Insolvenzerklärung abgeben (§ 38
> N. 21 ff.).

II.   *Der Konkursaufschub*

Der Konkursaufschub ist ebenfalls kein allgemeines Institut,   10
sondern als *Sanierungshilfe für Kapitalgesellschaften* (Aktiengesellschaft, Kommanditaktiengesellschaft, Gesellschaft mit beschränkter
Haftung) *und Genossenschaften* vorgesehen. Die Frage, ob er zu gewähren sei, stellt sich dem *Konkursrichter,* der – aufgrund einer sog. Überschuldungsanzeige – eigentlich über die Gesellschaft den Konkurs eröffnen müsste (SchKG 192, OR 725 a I Satz 1; s. § 38 N. 33 ff.). Statt dessen
kann er aber, *auf Antrag des Verwaltungsrates oder eines Gläubigers –*
nicht dagegen von Amtes wegen –, den Konkurs aufschieben, wenn
Aussicht auf Sanierung besteht (OR 725 a I Satz 2, 764 II, 817 I, 903 II).
Der Entscheid ist nach SchKG 174 weiterziehbar (§ 36 N. 51 ff.).

> Solche Sanierungsaussicht besteht, wenn einerseits der *Bilanzverlust* durch entspre-
> chende Massnahmen beseitigt und die *Rentabilität* des Unternehmens wiederhergestellt
> werden kann und wenn zudem eine aussergerichtliche Verständigungslösung mit den
> Gläubigern (falls von ihnen Opfer gefordert werden) möglich erscheint. Sonst müsste die
> Sanierung in einem Nachlassverfahren gesucht werden; denn nur dort käme letzten Endes
> auch ein Zwangsvergleich in Frage.

477

11 Entspricht der Konkursrichter dem Gesuch, so gewährt er einen *befristeten Konkursaufschub* und trifft die *zur Erhaltung des Vermögens erforderlichen Massnahmen,* wie z. B. Anordnung eines Inventars und eines Schuldenrufs, Vormerkung einer Verfügungbeschränkung im Grundbuch, Verbot bestimmter Rechtshandlungen und dergleichen. Er kann auch einen *Sachwalter* einsetzen und dem Verwaltungsrat die Verfügungsbefugnis entziehen oder dessen Beschlüsse von der Zustimmung des Sachwalters abhängig machen; dann muss er aber auch die Aufgaben, die der Sachwalter im konkreten Fall besorgen soll, umschreiben (OR 725 a II). Erweist es sich als zweckmässig, kann der Sachwalter von sich aus oder auf Anordnung des Richters eine *Gläubigerversammlung* (zur Meinungsbildung) einberufen oder einen *Gläubigerausschuss* beiziehen (BGE *120* II 427). Eine nachträgliche *Verlängerung* des Aufschubs ist möglich, aber ebenso ein vorzeitiger *Widerruf.*

12 *Hauptzweck des Konkursaufschubs* ist, dass ohne den Druck eines laufenden Zwangsvollstreckungsverfahrens die Möglichkeit einer *Sanierung* der an sich konkursreifen Gesellschaft geprüft werden kann. Darum steht es auch im *Ermessen des Richters,* bereits hängige Betreibungen einzustellen und die Einleitung neuer Betreibungen zu verbieten oder zumindest Zwangsverwertungen zu verhindern (BGE *104* III 20). Entsprechend stehen dann aber auch die Verjährungs- und Verwirkungsfristen still.

13 Der Konkursaufschub hat indessen – anders als die Nachlassstundung – keine Auswirkungen auf den *Zinsenlauf* (s. demgegenüber SchKG 297 III); ebensowenig vermöchte er die *Fälligkeiten* zu beeinflussen.

14 Im Gegensatz zur Nachlassstundung wird der Konkursaufschub *nur dann veröffentlicht,* wenn es zum Schutze Dritter erforderlich ist. Das ist namentlich angezeigt, wenn der Aufschub länger (z. B. über einen Monat) dauert oder wenn der Richter ein generelles Betreibungsverbot verhängt. Diskretion dient aber der Sanierung besser als Publizität.

15 Kommt diese – privatrechtliche – Sanierung nicht fristgerecht zustande, bleibt dem Konkursrichter nichts anderes übrig, als nach SchKG 192 den Konkurs zu eröffnen, sofern die überschuldete Gesellschaft oder ein Gläubiger nicht doch noch an das Nachlassgericht gelangen und um Bewilligung einer Nachlassstundung nachsuchen oder der Richter selber Anhaltspunkte für das Zustandekommen eines Nachlassvertrages sieht (SchKG 173 a). Zu guter Letzt bleibt sogar noch der Vorschlag eines Nachlassvertrages im Konkurs möglich (SchKG 332).

In einem späteren Liquidationsverfahren kann der Konkursaufschub noch nachwirken auf   16
- die zeitliche Begrenzung der *Konkursprivilegien* (SchKG 219 V Z. 2; § 42 N. 81),
- die Berechnung der Verdachtsfrist bei der *Anfechtung* (SchKG 288 a Z. 2; § 52 N. 6),
- die Bestimmung des kritischen Zeitpunkts für die Zulässigkeit der *Verrechnung* (SchKG 297 IV).

Masseverbindlichkeiten hingegen hinterlässt er nicht.

479

10. Kapitel

§ 58   Die Notstundung

Gleich wie das Nachlassverfahren und der Rechtsstillstand 1
bezweckt auch die Notstundung eine Milderung der betreibungsrechtlichen Ordnung. Sie stellt jedoch – wie schon ihr Name sagt – eine *ausserordentliche Entlastungsmassnahme* dar, die für Notzeiten bereitgehalten wird.

Die Notstundung ist aus notrechtlichen Versuchen hervorgegangen 2
und hat erst im Jahre 1924 in das SchKG Eingang gefunden. Nach abermals notrechtlicher Umgestaltung (Erleichterung der Notstundung) zu Beginn des Zweiten Weltkrieges erhielt sie anlässlich der Gesetzesrevision von 1949 ihre heutige Gestalt, in der sie aber bis anhin – glücklicherweise – noch nie angewendet werden musste.

Ihre Rechtsgrundlage bilden die Bestimmungen in SchKG 337 bis 3
350. Diese sind jedoch *nicht unmittelbar anwendbar*, sondern müssen durch Beschluss einer Kantonsregierung und (konstitutiver) Zustimmung des Bundesrates erst noch anwendbar erklärt werden. Das soll nur bei ausserordentlichen Verhältnissen (Krieg, andauernde Wirtschaftskrise, Naturkatastrophe) geschehen. Ihrem Wesen nach stellt die Notstundung eine im Rahmen eines besonderen Moratoriums *individuell gewährte Einzelstundung* dar.

Angesichts des im Zuge der jüngsten Revision vorgenommenen Aus- 4
baus des Nachlassvertragsrechts sowie der Alternativen dazu – Rechtsstillstand (SchKG 57 ff., insb. 62), Konkursaufschub und private Schuldenbereinigung (§ 57) – dürfte die Notstundung praktisch vollends überflüssig werden.– Für Näheres sei daher auf den ausführlichen Gesetzestext sowie auf die Vorauflagen verwiesen.

Gesetzesregister

Die Ziffern verweisen auf Paragraphen und Randnoten.

I. SchKG

Art.		Art.		Art.	
1	3 N. 13; 4 N. 4	**16**	3 N. 8; 4 N. 37; 13	**28**	4 N. 2
2	3 N. 13; 4 N. 2, 7, 9; 5		N. 2 f.	**29**	3 N. 15; 4 N. 2, 37
	N. 4, 11	**17**	4 N. 38 42; 6 N. 7 ff.,	**30**	3 N. 14; 7 N. 12 ff.
3	3 N. 13		19, 31, 33, 43, 58, 64,	**30a**	3 N. 19; 4 N. 50; 7
4	6 N. 30; 22 N. 19;		96; 9 N. 16; 11 N. 11;		N. 21 ff.; 24 N. 59
	23 N. 74; 26 N. 14; 28		19 N. 25; 23 N. 10; 24	**31**	11 N. 19
	N. 9; 34 N. 23; 44 N. 2		N. 25; 26 N. 18; 31	**32**	6 N. 32, 41, 51, 81,
5	3 N. 14; 4 N. 2, 25,		N. 30; 46 N. 40, 41 ff.;		90; 11 N. 20 ff.; 16
	30, 49; 5 N. 6 ff.,		51 N. 76; 54 N. 21		N. 4 ff.; 18 N. 13, 26;
	16 ff.; 11 N. 3; 22	**18**	6 N. 9 f., 19, 33, 44,		22 N. 15; 26 N. 7; 37
	N. 37; 24 N. 24; 25		46, 76 f.		N. 16; 54 N. 6
	N. 14; 28 N. 44; 45	**19**	4 N. 41; 6 N. 9 f., 13,	**33**	11 N. 8, 10, 23 f., 28;
	N. 20; 54 N. 21; 55		15 f., 19, 33, 44, 47,		12 N. 23; 17 N. 7; 18
	N. 30		86 ff., 100; 11 N. 21		N. 15, 22, 28; 20
6	3 N. 12; 4 N. 2; 5	**20**	6 N. 31, 63, 87, 89,		N. 2; 22 N. 2, 9; 24
	N. 21 f.; 11 N. 14, 27		100		N. 61; 34 N. 40; 44
7	4 N. 70; 5 N. 20	**20a**	6 N. 12, 50 ff., 59 ff.,		N. 30
8	4 N. 12 ff.; 27 N. 44;		80 ff.; 13 N. 13 f.	**34**	12 N. 1, 3 ff.; 17
	28 N. 75; 45 N. 20; 54	**21**	6 N. 1		N. 16; 25 N. 40; 30
	N. 21	**22**	4 N. 38; 6 N. 1, 34, 60,		N. 11
8a	4 N. 16 ff., 23; 25		64; 9 N. 16; 10 N. 45;	**35**	12 N. 1, 7 ff., 22; 27
	N. 13; 31 N. 29; 45		11 N. 35; 17 N. 4; 23		N. 25; 28 N. 13; 44
	N. 20		N. 10, 51, 65; 51		N. 21
9	4 N. 29; 7 N. 8; 11		N. 49	**36**	6 N. 65; 24 N. 40; 36
	N. 3; 27 N. 30; 45	**23**	3 N. 13; 4 N. 2, 60; 5		N. 38; 37 N. 35
	N. 20; 48 N. 17		N. 11	**37**	24 N. 10, 12; 32
10	4 N. 31 ff.; 45 N. 20;	**24**	3 N. 13; 4 N. 2, 49, 78;		N. 5 f.; 34 N. 2
	54 N. 21		5 N. 12	**38**	1 N. 13; 6 N. 14; 7
11	4 N. 34; 6 N. 37; 45	**25**	3 N. 13, 15; 4 N. 2, 64,		N. 1 ff.; 9 N. 9, 14; 16
	N. 20; 54 N. 21		68 f.; 18 N. 20 , 35; 19		N. 3; 17 N. 4, 10; 36
12	4 N. 6, 27; 7 N. 10		N. 19; 20 N. 8; 36		N. 2; 51 N. 3
13	3 N. 13, 15; 4 N. 2,		N. 32; 37 N. 20; 39	**39**	4 N. 78; 9 N. 3 ff.; 10
	36, 38; 5 N. 11, 6 N. 46		N. 10; 48 N. 41; 51		N. 22; 35 N. 8; 36 N. 5
14	4 N. 38; 5 N. 2 ff; 6		N. 39; 54 N. 10; 57	**40**	4 N. 78; 9 N. 3 ff.; 11
	N. 7; 22 N. 37; 45		N. 3		N. 7; 36 N. 5
	N. 20; 54 N. 21	**26**	14 N. 3 ff., 9	**41**	9 N. 13 ff.; 22 N. 4; 32
15	3 N. 8, 11, 20; 4 N. 2,	**27**	3 N. 14, 15; 8		N. 7 ff.; 36 N. 7
	37 ff.; 27 N. 66; 28		N. 12 ff.; 13	**42**	9 N. 11; 10 N. 22; 22
	N. 3		N. 10		N. 4

483

485

SchKG-Schlussbestimmungen

II. KOV

Art.		Art.		Art.	
1 ff.	4 N. 13	**48**	47 N. 46	**70**	49 N. 5
6	4 N. 33	**49**	45 N. 38; 49 N. 5, 9	**71**	47 N. 18
8 ff.	4 N. 12	**51**	45 N. 39	**82**	6 N. 14
15a	4 N. 13	**54**	45 N. 41	**83**	48 N. 1
27	40 N. 8, 23	**55**	46 N. 9	**85**	48 N. 7, 9
31	44 N. 11	**58**	46 N. 16	**87**	48 N. 10
32	44 N. 14; 45 N. 7; 49	**59**	46 N. 8, 13	**88**	48 N. 13
	N. 5, 7	**61**	42 N. 16; 46 N. 22	**92**	50 N. 1
34	44 N. 11	**63**	46 N. 14	**93**	49 N. 5; 50 N. 1
39	48 N. 6; 49 N. 4	**64**	46 N. 25, 64	**95**	50 N. 1
40	44 N. 37; 49 N. 6	**65**	46 N. 35	**96**	49 N. 5, 11
45	45 N. 33 f.	**66**	46 N. 65; 47 N. 42	**97**	4 N. 79
46	45 N. 40	**68**	46 N. 31	**98**	47 N. 17
47	45 N. 37; 47 N. 42	**69**	46 N. 36		

III. VZG

Art.		Art.		Art.	
1	28 N. 1	**34**	28 N. 24 f., 29	**63**	28 N. 66
8	22 N. 48	**35**	28 N. 24	**66**	28 N. 63
9	6 N. 18; 22 N. 48, 50	**36**	28 N. 20, 29	**67**	28 N. 63
10	24 N. 2	**37**	28 N. 32 f.	**68**	28 N. 38, 53, 63
11	22 N. 71	**39**	28 N. 34	**72**	28 N. 67
12	22 N. 71	**40**	28 N. 39	**73**	28 N. 1
14	23 N. 80, 85	**42**	28 N. 58	**74**	28 N. 8
15	22 N. 60, 63, 70, 75,	**43**	28 N. 33	**79**	29 N. 3, 5; 30 N. 3
	86, 88	**44**	28 N. 45	**83**	29 N. 4
16	11 N. 44; 22 N. 87, 89,	**45**	28 N. 46, 49 ff., 64 f.	**85**	6 N. 14
	91; 54 N. 31	**46**	28 N. 49 ff.	**88**	33 N. 5, 14
17	22 N. 90	**47**	28 N. 49 ff.	**89**	41 N. 29 f.
18	22 N. 90	**48**	28 N. 49 ff.	**90**	33 N. 14
20	22 N. 91	**49**	28 N. 49 ff.	**91**	22 N. 75, 86; 33 N. 8
22	22 N. 91 f., 93; 29	**50**	28 N. 49 ff.	**94**	33 N. 8
	N. 4, 6	**51**	28 N. 49	**97**	33 N. 20
23	22 N. 61	**52**	28 N. 48	**99**	33 N. 17 f.
24	22 N. 19	**53**	28 N. 54	**100**	33 N. 7
27	27 N. 2; 28 N. 10	**56**	28 N. 56 f.	**101**	33 N. 17
28	28 N. 27	**57**	28 N. 59	**102**	33 N. 21
29	28 N. 14, 44	**58**	28 N. 60	**103**	33 N. 24
30	28 N. 16, 18	**59**	28 N. 62	**104**	28 N. 56
32	28 N. 7	**60**	47 N. 20	**107**	33 N. 27
33	28 N. 28	**60a**	28 N. 18	**108**	33 N. 27

IV. GebV

V. IPRG

VI. LUGÜ

VII. Das Vollstreckungsrecht betreffende Bestimmungen im Zivilrecht

1. ZGB

2. OR

Sachregister

Die Ziffern verweisen auf Paragraphen und Randnoten; ausführlichere Fundstellen sind kursiv gedruckt.

501